DICCIONARIO
BÁSICO DE LA
LENGUA ESPAÑOLA

ESPASA

DICCIONARIOS
ESPASA

ESPASA **e** PLUS

Director Editorial: Juan González Álvaro
Directora de Diccionarios: Marisol Palés Castro
Diseño de la cubierta: Álvaro Reyero

© De esta edición: Espasa Calpe, S. A., Madrid, 1998

Depósito legal: M. 8.426-1998
ISBN: 84-239-9067-2

Impreso en España/Printed in Spain
Impresión: ROTAPAPEL, S. L.

Editorial Espasa Calpe, S. A.
Carretera de Irún, km 12,200. 28049 Madrid

Prólogo

¿Para qué ocuparnos de nuestra propia lengua? ¿No aprendimos ya de niños? ¿No sabemos utilizarla perfectamente para defendernos en la vida? Sí, sin duda, todos nosotros, gracias al idioma, podemos ocupar un lugar dentro de esa gran estructura que es la sociedad, fuera de la cual quedaríamos excluidos de la civilización y reducidos, como Robinson, a una existencia puramente individual.

En principio, una lengua es capaz de servir a las necesidades de expresión de todos sus hablantes. Lo que en algún momento le falte sabe suplirlo, unas veces tomando la palabra prestada de otra lengua, otras veces valiéndose de sus recursos de creación propios. Ahora bien, el hecho de que la lengua tenga una capacidad infinita de expresión no quiere decir que toda esa potencia esté de hecho en cada hablante. Cada uno posee una parcela de su lengua, suficiente para lo que necesita a diario. Pero esa parcela es la que le han dado su entorno social y su educación. Es, por tanto, variable: existe una desigualdad, a veces grande, entre unos y otros en cuanto al dominio que tienen del idioma común.

Dentro del gran arsenal que constituye la lengua hay que distinguir, en una dimensión *horizontal* —especial—, varios círculos concéntricos. El más inmediato es el ámbito local: la lengua hablada en una ciudad concreta presenta, con respecto a otras, diferencias tanto más sensibles cuanto mayor es la distancia geográfica que las separa. El segundo círculo es la región: no es igual la forma de hablar en una zona septentrional y en una meridional, o en una zona interior y otra costera, o en la capital y la provincia. El tercero es la nación: las fronteras políticas no dejan de marcar variaciones en cuanto al uso de la lengua común. Y hay otra dimensión, *vertical*, no menos significativa, constituida por el nivel sociocultural. Es evidente que la forma de vida y el grado de cultura determinan en los hablantes diferencias en cuanto al uso de formas lingüísticas y en cuanto a capacidad de expresión.

Así como en la dimensión horizontal es el círculo más interno, más reducido, el que implica una mayor diversidad, en la dimensión vertical la mayor diversidad se presenta en los estratos más bajos. Como la personalidad lingüística de un individuo se define por la intersección de las dos coordenadas, el factor diversidad será más acusado en las personas confinadas en un ámbito local y con un nivel sociocultural poco desarrollado. Y no hay que perder de vista que, en un instrumento de comunicación como el lenguaje, así como un grado notable de unidad formal favorece el perfecto entendimiento entre los usuarios, la diversidad es un factor negativo, puesto que dificulta y oscurece el intercambio más allá de los límites del entorno personal.

Ese factor de diversidad o peculiaridad no es *absolutamente* negativo: dentro de sus reducidos límites naturales es perfectamente válido. Es al salir de ellos cuando más que un vehículo de comunicación se convierte en un obstáculo. ¿Cómo puede aspirar a un empleo, reclamar ante las autoridades, declarar ante el juez, redactar cualquier documento formal, hablar en público, cómo puede en cualquier caso manifestarse con la precisión deseada, alguien que no cuente con más medios expresivos que los de su breve espacio vital dentro de la sociedad? ¿Y cómo puede descifrar con eficacia los miles de mensajes que le vienen de fuera: de la información, de la publicidad, de los políticos, de los medios oficiales? No basta comprender a medias, hay que hacer que aflore el sentido pleno de cada mensaje y precaverse ante las sospechosas ambigüedades y los intentos de manipulación por parte de quienes *sí* conocen bien, para sus propios designios, las armas del lenguaje.

Para vivir en el mundo de hoy y para progresar dentro de la sociedad es preciso contar con una buena competencia lingüística. Es necesario para la persona disponer de un dominio —activo y pasivo— de las formas lingüísticas que le faculte para la mejor intercomunicación con los círculos más amplios y los niveles más altos que sea posible dentro de la lengua. Esto es, dominar las formas más admitidas por todos.

Estos niveles son los del habla de las personas cultas y los de la forma escrita de la lengua, tal como la encontramos en la prensa más prestigiosa del país y, sobre todo, en la literatura. La práctica habitual de la lectura es el mejor medio para adquirir, mantener y ampliar la capacidad lingüística.

Es imprescindible el apoyo del estudio y la reflexión: la aplicación de la mente a considerar lo que nos dicen, cómo nos lo dicen, cómo lo decimos, cómo lo decimos y cómo sería mejor que lo dijéramos. Y para ayudarnos en esta preciosa y personalísima actividad mental están los libros como este que el lector tiene entre las manos. Un libro de consulta y orientación destinado a ser un medio eficaz para el enriquecimiento de la capacidad práctica del hablante en los dos útiles esenciales de la comunicación: la expresión de lo propio y la comprensión de lo ajeno.

MANUEL SECO
Real Academia Española

Abreviaturas

a.	alemán.	arauc.	araucano.
a. C.	antes de Cristo.	arc.	arcaico o arcaica.
abl.	ablativo.	art.	artículo.
abs.	absoluto.	ast.	asturiano.
abr.	abreviatura.	aum.	aumentativo.
ac.	acusativo.	aux.	verbo auxiliar.
acep.	acepción.	azt.	azteca.
adj.	adjetivo o adjetival.	barb.	barbarismo.
adv.	adverbio o adverbial.	burg.	burgalés.
adv. a.	adverbio de afirmación.	c.	como.
adv. c.	adverbio de cantidad.	C.	centígrado (después
adv. correlat.	adverbio correlativo de		de un número con
cant.	cantidad.		indicación de
adv. d.	adverbio de duda.		grados: 17º).
adv. interrog. l.	adverbio interrogativo	cast.	castellano.
	de lugar.	cat.	catalán.
adv. l.	adverbio de lugar.	célt.	céltico.
adv. lat.	adverbio latino.	celtolat.	celtolatino.
adv. m.	adverbio de modo.	colect.	colectivo.
adv. n.	adverbio de negación.	com.	género común.
adv. o.	adverbio de orden.	comp.	comparativo o
adv. relat. cant.	adverbio relativo de		comparativa.
	cantidad.	conc.	concesiva.
adv. relat. l.	adverbio relativo de	cond.	condicional.
	lugar.	conj.	conjunción.
adv. t.	adverbio de tiempo.	conj. ad.	conjunción adversativa.
adverb.	adverbial.	conj. comp.	conjunción
advers.	adversativa.		comparativa.
alt.	altitud o altura.	conj. cond.	conjunción
amb.	ambiguo.		condicional.
amer.	americanismo.	conj. cop.	conjunción copulativa.
angl.	anglicismo.	conj. dist.	conjunción distributiva.
ant.	anticuado o anticuada.	conj. disy.	conjunción disyuntiva.
Apl.	Aplicado.	conj. il.	conjunción ilativa.
Apl. a pers.,	Aplicado a persona,	conjug.	conjugación.
ú. t. c. s.	úsase también como	contr.	contracción.
	substantivo.	copul.	copulativo o copulativa.
apóc.	apócope.	corr.	corresponden.
ár.	árabe.	corrup.	corrupción.

d.	diminutivo.	gén.	género.
d. C.	después de Cristo.	genit.	genitivo.
d. t.	dícese también.	ger.	gerundio.
dat.	dativo.	germ.	germánico.
def.	verbo defectivo.	grecolat.	grecolatino.
dem.	demostrativo.	guar.	guaraní.
depart.	departamento.	h.	hacia.
depon.	deponente.	hebr.	hebreo.
deriv.	derivado.	hol.	holandés.
des.	desinencia.	hom.	homónimo.
desp.	despectivo o despectiva.	homóf.	homófono.
desus.	desusado o desusada.	i.	inglés.
det.	determinado.	ibér.	ibérico.
dialec.	dialectal.	íd.	ídem.
díc.	dícese.	ilat.	ilativo o ilativa.
dim.	diminutivo.	imper. o imperat.	imperativo.
distrib.	distributivo o distributiva.	imperf.	imperfecto.
		impers.	verbo impersonal.
disyunt.	disyuntivo o disyuntiva.	in.	infijo.
e.	ejemplo.	incoat.	verbo incoativo.
E.	Este.	indef.	indefinido.
epic.	epiceno.	indet.	indeterminado.
escand.	escandinavo.	indic.	indicativo.
esp.	español.	inf.	infinitivo.
etc.	etcétera.	infl.	influido, influencia.
etim.	etimología.	insep.	inseparable.
excl.	exclamación o exclamativo.	intens.	intensivo.
		interj.	interjección o interjectiva.
explet.	expletivo o expletiva.		
expr.	expresión.	interr.	interrogativo o interrogativa.
expr. adv.	expresión adverbial.		
expr. elípt.	expresión elíptica.	intr.	verbo intransitivo.
expr. prov.	expresión proverbial.	inus.	inusitado o inusitada.
f.	substantivo femenino, o género femenino.	inv.	invariable.
		irl.	irlandés.
f. pl.	femenino plural.	irón.	irónico o irónica.
fam.	familiar.	irreg.	irregular.
fest.	festivo o festiva.	it.	italiano o italiana.
fig.	figurado o figurada.	iterat.	iterativo.
flam.	flamenco.	kmh.	kilómetro por hora.
fr.	francés.	km/s.	kilómetro por segundo.
fr., frs.	frase, frases.		
fr. proverb.	frase proverbial.	l.	latín o latino.
frec.	verbo frecuentativo.	l. c.	latín científico.
fut.	futuro.	lat.	latitud (Geog.) o latino (adv. lat.).
g.	griego.		
g. mod.	griego moderno.	leon.	leonés.
gaél.	gaélico.	liter.	literalmente.
galic.	galicismo.	loc.	locución.
gall.	gallego.	loc. adj.	locución adjetiva.

loc. adv.	locución adverbial.	p. ext.	por extensión.
loc. cit.	loco citato (en el lugar citado).	p. f.	participio de futuro.
		p. f. p.	participio de futuro pasivo.
loc. conjunt.	locución conjuntiva.		
loc. interj.	locución interjectiva.	p. p.	participio pasivo.
loc. prepos.	locución prepositiva.	p. us.	poco usado.
long.	longitud.	P. G. M.	Primera Guerra Mundial.
m.	substantivo masculino, o género masculino.	pág.	página.
		part.	partícula.
m. adv.	modo adverbial.	part. comp.	partícula comparativa.
m. adv. interrog.	modo adverbial interrogativo.	part. conj.	partícula conjuntiva.
		part. insep.	partícula inseparable.
m. conj.	modo conjuntivo.	pers.	persona.
m. conj. ad.	modo conjuntivo adversativo.	pl.	plural.
		poét.	poético o poética.
m. conj. cond.	modo conjuntivo condicional.	pop.	popular.
		port.	portugués.
m. or.	mismo origen.	pr.	pronúnciese.
m. pl.	masculino plural.	pref.	prefijo.
m.-s.	metros por segundo.	prep.	preposición.
m. s. n. m.	metros sobre el nivel del mar.	prep. insep.	preposición inseparable.
		pres.	presente.
m. y f.	substantivo masculino y femenino.	pret.	pretérito.
		prin.	principal.
mej.	mejicano.	priv. o privat.	privativo o privativa.
mer.	meridional.	prnl.	pronominal.
metapl.	metaplasmo.	pron.	pronombre.
metát.	metátesis.	pron. correlat. cant.	pronombre correlativo de cantidad.
mixt.	mixteco.		
mod.	moderno.	pron. dem.	pronombre demostrativo.
moz.	mozárabe.		
n.	nace (por un río), neutro o nombre.	pron. exclam.	pronombre exclamativo.
n. p.	nombre propio.	pron. indef.	pronombre indefinido.
N.	Norte.		
NE.	Nordeste.	pron. interrog.	pronombre interrogativo.
neerl.	neerlandés.		
neg.	negación.	pron. pers.	pronombre personal.
negat.	negativo o negativa.	pron. pos.	pronombre posesivo.
neol.	neologismo.	pron. relat.	pronombre relativo.
nom.	nominativo.	pron. relat. cant.	pronombre relativo de cantidad.
núm., núms.	número, números.		
O.	Oeste.	pronun. and.	pronunciación andaluza.
onomat.	onomatopeya.	pronun. esp.	pronunciación española.
p.	participio.	pronun. gran.	pronunciación granadina.
p. a.	participio activo.		
p. ant.	por antonomasia.	prov.	provincia.
p. e.	por ejemplo.	provenz.	provenzal.
p. excel.	por excelencia.		

proverb.	proverbial.	Ú. m.	Úsase más.
rec.	verbo recíproco.	Ú. m con neg.	Úsase más con
refr., refrs.	refrán, refranes.		negación.
reg.	región o regular.	Ú. m. c. prnl.	Úsase más como
regr.	regresivo.		pronominal.
rep.	república.	Ú. m. c. s.	Úsase más como
rioj.	riojano.		substantivo.
rur.	rural.	Ú. m. con neg.	Úsase más con
rúst.	rústico.		negación.
s.	segundo, siglo (delante	Ú. m. en pl.	Úsase más en
	de un número romano)		plural.
	o substantivo.	Ú. t. c.	Úsase también
S.	Sur.		como.
S. G. M.	Segunda Guerra	Ú. t. c. abs.	Úsase también como
	Mundial.		absoluto.
S. M.	Su Majestad.	Ú. t. c. adj.	Úsase también como
S. S.	Su Santidad.		adjetivo.
sánscr.	sánscrito.	Ú. t. c. intr.	Úsase también como
sant.	santanderino.		intransitivo.
sent.	sentido.	Ú. t. c. prnl.	Úsase también como
sep.	separativo.		pronominal.
sept.	septentrional.	Ú. t. c. s.	Úsase también como
sign.	significa o significación.		substantivo.
sin.	sinónimo.	Ú. t. c. s. f.	Úsase también como
sing.	singular.		substantivo
sir.	siriaco o siríaco.		femenino.
SO.	Sudoeste.	Ú. t. c. s. m.	Úsase también como
subj.	subjuntivo.		substantivo
subst.	substantivo.		masculino.
suf.	sufijo.	Ú. t. c. tr.	Úsase también como
sup., superl.	superlativo.		transitivo.
t.	temporal, tiempo.	Ú. t. en pl.	Úsase también en
t. f.	terminación femenina.		plural.
tag.	tagalo.	Ú. t. en sing.	Úsase también en
tecn.	tecnicismo.		singular.
term.	terminación.	unip.	unipersonal.
teut.	teutónico.	Usáb. o usáb.	Usábase.
tr.	verbo transitivo.	V. o v.	Véase.
Ú. o ú.	Úsase.	vasc.	vascuence.
Ú. c.	Úsase como.	visigót.	visigótico.
Ú. c. s. f.	Úsase como	voc.	vocativo.
	substantivo	vol.	volumen.
	femenino.	vulg.	vulgar, vulgarismo o
Ú. c. s. m.	Úsase como		vulgarmente.
	substantivo	zap.	zapoteca.
	masculino.		

A

a. f. Primera letra del abecedario y primera de las vocales. ‖ prep. Denota el complemento de la acción del verbo. ‖ Indica dirección, término, situación, intervalo de lugar o de tiempo, etc.

ábaco. m. Tablero con alambres y bolas para enseñar a contar. ‖ Parte superior del capitel.

abadía. f. Iglesia, monasterio, territorio, jurisdicción o bienes de un abad o abadesa.

abajo. adv. l. Hacia lugar o parte inferior. ‖ En lugar posterior. ‖ interj. de desaprobación.

abalanzarse. prnl. Lanzarse.

abandonar. tr. Dejar, desamparar. ‖ Desistir, renunciar. ‖ Dejar un lugar. ‖ prnl. Confiarse. ‖ fig. Dejarse dominar. ‖ fig. Descuidar, prestar poco interés.

abanico. m. Instrumento para dar aire. ‖ fig. Conjunto de ideas, opciones, etc.

abaratar. tr. y prnl. Bajar el precio de una cosa.

abarca. f. Calzado rústico de cuero.

abarcar. tr. Ceñir, rodear. ‖ Comprender, contener.

abarrotar. tr. Llenar, atestar.

abastecer. tr. y prnl. Proveer, aprovisionar.

abatir. tr. y prnl. Derribar, bajar, tumbar. ‖ fig. Humillar. ‖ fig. Hacer perder el ánimo.

abdicar. tr. Renunciar al trono. ‖ fig. Ceder, abandonar.

abdomen. m. Vientre, cavidad que contiene el estómago y los intestinos.

abecedario. m. Serie de las letras de un idioma.

abeja. f. Insecto que produce la cera y la miel.

aberración. f. Desviación, extravío. ‖ Desvío aparente de los astros. ‖ Imperfección de un sistema óptico que produce una visión defectuosa.

abertura. f. Hendidura, grieta, agujero. ‖ Diámetro útil de un sistema de lentes.

abeto. m. Árbol conífero, de tronco recto y muy elevado, ramas horizontales y copa cónica.

abicharse. prnl. amer. Criar gusanos la fruta o las heridas.

abigarrado, da. adj. De varios colores, mal combinados. ‖ Heterogéneo, sin orden ni conexión.

abismo. m. Profundidad grande. ‖ Infierno. ‖ fig. Cosa inmensa, insondable o incomprensible.

abjurar. tr. e intr. Retractarse.

ablandar. tr. Poner blando. Ú. t. c. prnl. ‖ Laxar, suavizar. ‖ fig. Mitigar. Ú. t. c. prnl. ‖ prnl. Acobardarse.

ablande. m. amer. Rodaje de un automóvil.

abnegación. f. Renuncia, sacrificio.

abocado, da. adj. Expuesto, amenazado. ‖ Se dice del vino que no es seco ni dulce.

abofetear. tr. Dar de bofetadas.

abogaderas. f. pl. amer. Argumentos engañosos.

abogado, da. m. y f. Persona legalmente autorizada para defender en juicio los derechos o intereses de los litigantes. ‖ fig. Que intercede.

abogar. intr. Defender en juicio. ‖ fig. Interceder.

abolengo. m. Ascendencia de abuelos o antepasados. ‖ Herencia que viene de los abuelos.

abolir. tr. Derogar un precepto o costumbre.

abollar. tr. Producir una depresión con un golpe.

abominar. tr. Condenar, maldecir. ‖ Aborrecer, detestar.

abonar. tr. Acreditar como bueno. ‖ Salir fiador. ‖ Mejorar alguna cosa. ‖ Echar abono en la tierra. ‖ Pagar. ‖

Asentar en las cuentas corrientes las partidas que correspondan al haber. || Inscribir a una persona, mediante pago, para que pueda asistir a algún lugar o recibir algún servicio. Ú. m. c. prnl.

abonero, ra. m. y f. amer. Comerciante ambulante que vende por abonos o pagos a plazos.

abordar. tr. Rozar o chocar una embarcación con otra. Ú. t. c. intr. || Atracar una nave. || fig. Acercarse a alguno para tratar con él un asunto. || fig. Emprender o plantear un negocio que ofrezca dificultades. || intr. Tomar puerto una nave.

aborigen. adj. Originario del suelo en que vive. || adj. y com. Se dice del primitivo morador de un país. Ú. m. en pl.

aborrecer. tr. Tener aversión. || Abandonar las aves el nido, los huevos o las crías.

abortar. intr. Parir antes del tiempo en que el feto puede vivir independientemente. || fig. Fracasar, malograrse.

abotagarse o **abotargarse.** prnl. Hincharse, inflarse el cuerpo.

abrasar. tr. Reducir a brasa, quemar. Ú. t. c. prnl. || Agitar o consumir a uno una pasión. Ú. t. c. prnl. || intr. Estar muy caliente una cosa.

abrazar. tr. Ceñir con los brazos. Ú. t. c. prnl. || Estrechar entre los brazos. Ú. t. c. prnl. || fig. Rodear, ceñir. || fig. Contener, incluir. || fig. Adoptar, seguir.

abrevar. tr. Dar de beber al ganado. || intr. Beber el ganado.

abreviar. tr. Acortar, reducir a menos tiempo o espacio. || intr. Acelerar, apresurar.

abreviatura. f. Representación abreviada de una palabra. || Compendio, resumen.

abrigo. m. Defensa contra el frío. || Prenda exterior que sirve para abrigar. || Refugio. || fig. Amparo, auxilio.

abril. m. Cuarto mes del año: consta de 30 días. || pl. fig. Años de la primera juventud.

abrir. tr. Descubrir lo que está cerrado u oculto. Ú. t. c. prnl. || Separar del marco la hoja, o las hojas de una puerta. || Descorrer un cerrojo. || Romper, despegar. || Extender lo doblado. || Horadar, hacer accesible. || Inaugurar. || Ir a la cabeza o delante. || prnl. Sincerarse.

abrochar. tr. Cerrar, ajustar con broches, corchetes, etc. Ú. t. c. prnl.

abrojo. m. Planta leñosa, cuyo fruto está armado de fuertes púas.

abrumar. tr. Agobiar con algún peso o trabajo. || fig. Molestar.

abrupto, ta. adj. Escarpado. || Áspero, violento.

abscisa. f. Coordenada horizontal en un plano cartesiano rectangular.

absolutismo. m. Sistema del gobierno que se ejerce sin ninguna limitación. || Autoritarismo, totalitarismo.

absoluto, ta. adj. Que excluye toda relación. || Independiente, ilimitado, sin restricción.

absolver. tr. Liberar de algún cargo u obligación. || Declarar no culpable a un acusado. || Perdonar los pecados.

absorber. tr. Atraer un cuerpo las moléculas de otro en estado líquido o gaseoso. || Llamar la atención, ensimismar. || Asumir, incorporar.

absorto, ta. adj. Admirado, pasmado, ensimismado.

abstemio, mia. adj. y s. Que no bebe vino ni otros licores.

abstenerse. prnl. Privarse de alguna cosa. || Dejar de hacer algo.

abstracto, ta. adj. No concreto, que no tiene realidad propia. || De difícil comprensión.

abstraer. tr. Considerar aisladamente las cualidades de un objeto, o el mismo objeto en su pura esencia o noción. || intr. y prnl. Con la prep. *de,* hacer caso omiso, prescindir. || prnl. Enajenarse de los objetos sensibles y considerar lo que se tiene en el pensamiento.

absurdo, da. adj. Contrario y opuesto a la razón.

abuchear. tr. Reprobar con murmullos o ruidos.

abuelo, la. m. y f. Padre o madre del padre o de la madre. || fig. Hombre o mujer ancianos. || pl. El abuelo y la abuela.

abulia. f. Falta de voluntad o disminución notable de su energía.

abultar. tr. Aumentar el bulto de alguna cosa. || Hacer de bulto o relieve. || Aumentar la cantidad, intensidad, grado, etc. || Ponderar, encarecer. || intr. Tener o hacer bulto.

abundancia. f. Copia, gran cantidad de algo.

aburrir. tr. Molestar, fastidiar. || Aborrecer, abandona r. || prnl. Cansarse de alguna cosa.

abusar. intr. Usar mal, excesiva, injusta, impropia o indebidamente de algo o de alguien. || Violar a una persona. || prnl. amer. Espabilarse, estar muy atento.

abyecto, ta. adj. Despreciable, vil.

acá. adv. l. Indica lugar menos determinado que el que se denota con el adv. *aquí*. || En este mundo o vida temporal.

acabar. tr. Dar fin a una cosa. Ú. t. c. intr. y prnl. || Apurar, consumir. || Poner mucho esmero en la conclusión de una obra. || intr. Rematar, terminar. || Morir. || Extinguirse, aniquilarse. Ú. t. c. prnl.

academia. f. Sociedad científica, literaria o artística establecida con autoridad pública. || Junta o reunión de los académicos. || Casa donde los académicos tienen sus juntas. || Establecimiento docente.

acallar. tr. Hacer callar. || fig. Aplacar, sosegar.

acalorar. tr. Dar o causar calor. || Fatigar con el demasiado trabajo o ejercicio. Ú. m. c. prnl. || Promover, avivar. || prnl. fig. Enardecerse en la conversación.

acampar. intr., tr. y prnl. Detenerse en despoblados, alojándose o no en tiendas o barracas.

acantilado, da. adj. Se dice del fondo del mar cuando forma escalones. || Se dice de la costa cortada verticalmente. Ú. t. c. s. m. || m. Escarpa casi vertical en un terreno.

acaparar. tr. Adquirir y retener mercancías para controlar el precio en el mercado. || fig. Disfrutar o apropiarse de todo o la mayor parte de una cosa.

acariciar. tr. Hacer caricias. Ú. t. c. prnl. || Tratar a alguno con amor y ternura. || Pensar en hacer o conseguir algo.

acarrear. tr. Transportar en carro. || Por ext., transportar de cualquier manera. || fig. Producir o traer consigo algún daño.

acaso. m. Casualidad, suceso imprevisto. || adv. m. Por casualidad. || adv. d. Quizá.

acatar. tr. Tributar homenaje de sumisión y respeto. || Obedecer. || amer. Percatarse de algo.

acatarrar. tr. Resfriar, constipar. || prnl. Contraer catarro.

acaudillar. tr. Mandar, como jefe, gente de guerra. || Guiar, conducir. || prnl. Elegir caudillo.

acceder. intr. Consentir en lo que otro quiere. || Ceder uno a la idea de otro. || Tener entrada o paso a un lugar. || Tener acceso a una situación, o llegar a alcanzarla.

acceso. m. Acción de llegar o acercarse. || Entrada o paso. || fig. Entrada al trato o comunicación con alguno. || fig. Arrebato o exaltación. || Acometimiento o repetición de un estado morboso.

accesorio, ria. adj. Que depende de lo principal. Ú. t. c. s. || Secundario. || Se dice de la palabra que no tiene autonomía fonética o sintáctica. || m. Utensilio auxiliar para determinado trabajo.

accidente. m. Calidad o estado que aparece en alguna cosa sin que sea parte de su esencia. || Suceso eventual que altera el orden regular de las cosas. || Suceso eventual del que involuntariamente resulta daño. || Pasión o movimiento del ánimo. || Irregularidad del terreno.

acción. f. Ejercicio de la facultad de actuar que tiene un ser. || Efecto de hacer. || Influencia o impresión producida por la actividad de cualquier agente sobre algo. || Postura, ademán. || Gestos y movimientos del que habla. ‖ Posibilidad o facultad de hacer alguna cosa. ‖ Cada una de las partes en que está dividido el capital de una empresa. ‖ Título de una de esas partes del capital. ‖ Sucesión de hechos, en las obras narrativas, dramáticas y cinematográficas. ‖ En la filmación de películas, voz con que se advierte que empieza una toma.

acechar. tr. Observar, aguardar cautelosamente.

aceite. m. Grasa líquida que se obtiene por presión de las aceitunas, de algunos otros frutos o semillas y de algunos animales. ‖ Líquido oleaginoso que se encuentra formado en la naturaleza o que se obtiene de ciertos minerales bituminosos.

aceituna. f. Fruto del olivo.

acelerar. tr. Dar celeridad. Ú. t. c. prnl. ‖ Aumentar la velocidad. Ú. t. c. intr. ‖ Accionar el mecanismo acelerador.

acelga. f. Planta hortense comestible.

acento. m. Mayor realce con que se pronuncia determinada sílaba de una palabra. ‖ Signo ortográfico que se coloca en ciertos casos sobre alguna letra, para dar a la pronunciación algún matiz. ‖ Particulares inflexiones de voz de una región. ‖ Modulación de la voz.

acepción. f. Significado en que se toma una palabra o una frase.

aceptar. tr. Recibir voluntariamente algo. ‖ Aprobar. ‖ Admitir las condiciones en un desafío. ‖ Obligarse por escrito a pagar una letra o libranza.

acequia. f. Canal por donde se conducen las aguas para regar y otros fines.

acera. f. Orilla de la calle o de otra vía pública, con pavimento adecuado para el tránsito de los peatones.

acerca de. loc. prep. En cuanto a, respecto a, a propósito de.

acercar. tr. y prnl. Poner a menor distancia de lugar o tiempo. ‖ Llevar algo o a alguien a algún lugar.

acero. m. Aleación de hierro y carbono, en diferentes proporciones. ‖ Cualquiera de los aceros especiales. ‖ fig.

Arma blanca, y en especial la espada. ‖ Temple y corte de las armas blancas. ‖ fig. Ánimo, brío.

acérrimo, ma. adj. fig. sup. de *acre*. Muy firme y entusiasta.

acertar. tr. Dar en el punto a que se dirige algo. ‖ Encontrar, hallar. Ú. t. c. intr. ‖ Hallar el medio apropiado para lograr algo. ‖ Dar con lo cierto en lo dudoso, ignorado u oculto. ‖ Hacer algo con acierto. Ú. t. c. intr. ‖ intr. Con la prep. *a*, y un infinitivo, suceder por casualidad.

acertijo. m. Especie de enigma para entretenerse en adivinarlo. ‖ Cosa muy problemática.

acetona. f. Líquido incoloro de olor característico, que se obtiene por destilación seca de la madera o por fermentación de hidratos de carbono con diversos microorganismos.

achacar. tr. Atribuir, imputar.

achantar. tr. Acoquinar, apabullar. ‖ prnl. fam. Aguantarse o esconderse mientras dura un peligro. ‖ Callarse resignadamente o por cobardía. ‖ Abstenerse de intervenir.

achaque. m. Indisposición o enfermedad habitual. ‖ Indisposición o enfermedad ligera.

achatar. tr. y prnl. Poner chata alguna cosa.

achicar. tr. Reducir el tamaño de alguna cosa. Ú. t. c. prnl. ‖ Extraer el agua de un dique, barco, etc. ‖ fig. Humillar. Ú. t. c. prnl. ‖ fig. Hacerse de menos.

achicharrar. tr. Freír, cocer, asar o tostar demasiado. Ú. t. c. prnl. ‖ fig. Calentar demasiado. Ú. t. c. prnl. ‖ prnl. Experimentar un calor excesivo.

achicoria. f. Planta de hojas ásperas y comestibles. Su infusión se usa como tónico aperitivo.

achuchar. tr. Azuzar. ‖ fam. Aplastar, estrujar. ‖ intr. y prnl. amer. Tiritar, estremecerse por frío y fiebre.

achucharrar. tr. amer. Aplastar, estrujar. ‖ amer. Arrugar, encoger, amilanar. Ú. t. c. prnl.

achunchar. tr. y prnl. amer. Avergonzar, turbar.

achura. f. amer. Asadura de una res. Ú. m. en pl.

achurar. tr. amer. Sacar las achuras. || amer. Matar a tajos a una persona o animal.

aciago, ga. adj. Infausto, infeliz, de mal agüero.

acicalar. tr. Limpiar, bruñir, principalmente las armas blancas. || Dar en una pared el último pulimento. || fig. Adornar, aderezar a una persona. Ú. m. c. prnl.

ácido, da. adj. Que tiene sabor agrio. || fig. áspero, desabrido. || m. Sustancia química que reacciona con las bases formando sales.

aclamar. tr. Dar voces la multitud en honor y aplauso de alguna persona. || Conferir, por unanimidad, algún cargo u honor.

aclarar. tr. Quitar lo que empaña la claridad o transparencia de alguna cosa. Ú. t. c. prnl. || Aumentar la extensión o el número de los espacios que hay en alguna cosa. || Quitar el jabón a la ropa. || Hacer más perceptible la voz. || Explicar. || intr. Disiparse las nubes o la niebla.

aclimatar. tr. y prnl. Acostumbrar a un ser orgánico o clima diferente. || fig. Hacer que una cosa se desarrolle en lugar distinto al que tuvo su origen.

acné. f. Enfermedad de la piel caracterizada por una inflamación crónica de las glándulas sebáceas.

acoger. tr. Admitir a alguien en su casa o compañía. || Dar refugio. || Admitir, aceptar. || Admitir con un sentimiento determinado un hecho o a una persona. || fig. Proteger. || prnl. Refugiarse. || Invocar para sí los beneficios que concede una disposición. || fig. Valerse de algún pretexto para disimular algo.

acólito. m. Monaguillo. || fig. Persona que depende otra.

acollarar. tr. amer. Unir por el cuello dos animales, a dos personas o dos cosas. || prnl. vulg. amer. Amancebarse.

acometer. tr. Embestir con ímpetu. || Emprender, intentar. || Con la prep. *a*, decidirse o empezar a ejecutar una acción.

acomodar. tr. Ajustar o adaptar una cosa a otra. || Disponer o arreglar de modo conveniente. || Colocar en un lugar cómodo. || Proveer. || fig. Amoldar o ajustar a una norma. Ú. t. c. intr. y c. prnl. || Referir o aplicar. || fig. Concertar, conciliar. || fig. Colocar en un estado o cargo. Ú. t. c. prnl. || Agradar, parecer o ser algo conveniente. Ú. t. c. intr. || prnl. Avenirse, conformarse.

acompañar. tr. Estar o ir en compañía de otro. Ú. t. c. prnl. || fig. Juntar una cosa a otra. || Existir una cosa junto a otra o simultáneamente con ella. Ú. t. c. prnl. || Existir o hallarse algo en una persona.

acomplejar. tr. Causar a una persona un complejo. || prnl. Padecer un complejo.

acondicionar. tr. Dar cierta condición o calidad. || Con los advs. *bien*, *mal*, u otros semejantes, disponer o preparar alguna cosa. || Climatizar. || prnl. Adquirir cierta condición o calidad.

acongojar. tr. y prnl. Oprimir, fatigar, afligir.

aconsejar. tr. Dar consejo. || Inspirar una cosa algo a uno. || prnl. Tomar consejo o pedirlo a otro.

acontecer. intr. Suceder.

acoplar. tr. Ajustar entre sí dos piezas o cuerpos. || Ajustar una pieza al sitio donde deba colocarse. || Unir dos animales para uncirlos o algo parecido. || Procurar la unión sexual de los animales. Ú. t. c. prnl. || Emplear a alguien en algún trabajo. || Agrupar dos aparatos para que funcionen combinadamente. || amer. Agregar uno o varios vehículos a otro que los remolca. || prnl. fig. y fam. Encariñarse dos personas.

acoquinar. tr. y prnl. Amilanar, acobardar a alguien.

acordar. tr. Determinar algo de común acuerdo o por mayoría de votos. || prnl. Recordar.

acorde. adj. Conforme. || m. Sonidos combinados con armonía.

acordeón. m. Instrumento músico de viento, compuesto de lengüetas de metal, un pequeño teclado y un fuelle que se acciona con el brazo izquierdo.

acorralar. tr. Meter el ganado en el corral. Ú. t. c. prnl. || fig. Cercar a uno para que no pueda escapar. || fig. Dejar a uno confundido y sin tener qué responder. || fig. Intimidar, acobardar.

acortar. tr., intr. y prnl. Disminuir la longitud, duración o cantidad de alguna cosa.

acosar. tr. Perseguir, sin darle tregua ni reposo, a un animal o a una persona. || Hacer correr al caballo. || fig. Perseguir, fatigar a alguno.

acosijar. tr. amer. Agobiar, atosigar.

acostar. tr. y prnl. Echar o tender a alguno para que duerma o descanse. || Arrimar o acercar. || intr. Ladearse. Ú. t. c. prnl. || Pararse la balanza en posición que el fiel no coincida con el punto o señal de equilibrio. || Llegar a la costa. || prnl. e intr. fig. Adherirse, inclinarse. || prnl. Mantener relación sexual una persona con otra.

acostumbrar. tr. Hacer adquirir costumbre de alguna cosa. || intr. Tener costumbre de alguna cosa. || prnl. Adquirir costumbre de una cosa.

acotar. tr. Reservar el uso de un terreno manifestándolo por medio de cotos. || Reservar, prohibir o limitar de otro modo. || Poner cotas, en los planos. || Citar textos. || Poner notas a un texto. || Cortar a un árbol todas las ramas por la base.

acre. adj. Áspero y picante al gusto y al olfato. || fig. Tratándose del genio o de las palabras, áspero y desabrido. || m. Medida inglesa de superficie equivalente a 40 áreas y 47 centiáreas.

acrecentar. tr. Aumentar. Ú. t. c. prnl. || Mejorar, enriquecer, enaltecer.

acreditar. tr. Hacer digna de crédito alguna cosa. Ú. t. c. prnl. || Afamar. Ú. t. c. prnl. || Asegurar de que algo es lo que parece. || Testimoniar con documento

fehaciente que una persona lleva facultades para desempeñar un cometido.

acreedor, ra. adj. Que tiene derecho a pedir el cumplimiento de alguna obligación. Ú. m. c. s. || Que tiene derecho a que se satisfaga una deuda. Ú. m. c. s. || Que tiene mérito para obtener alguna cosa.

acribillar. tr. Abrir muchos agujeros en alguna cosa. || Hacer muchas heridas o picaduras a una persona o a un animal.

acrílico, ca. adj. Se apl. a las fibras y a los materiales plásticos que se obtienen por la polimerización del ácido o de sus derivados.

acróbata. com. Persona que da saltos, hace habilidades sobre el trapecio, la cuerda floja o ejecuta cualesquiera otros ejercicios gimnásticos.

acta. f. Relación escrita de lo sucedido, tratado o acordado en una junta. || Certificación en que consta la elección de una persona.

actitud. f. Postura del cuerpo humano o del animal. || fig. Manifestada disposición del ánimo.

activo, va. adj. Que obra o tiene virtud de obrar. || Diligente y eficaz. || Que obra sin dilación. || Se dice del funcionario mientras presta servicio. || Se dice de los materiales de radiactividad media o baja, así como de los lugares donde se manipulan. || Importe total del haber de una persona natural o jurídica.

acto. m. Hecho o acción. || Hecho público o solemne. || Cada uno de los ejercicios literarios que se celebraban en las universidades como prueba de estudio u otro fin. || División importante de una obra escénica.

actor, triz. m. y f. Persona que representa en el teatro, cine, televisión, etc. || Personaje de una acción o de una obra literaria.

actual. adj. Presente, en el mismo momento. || Que existe, sucede o se usa en el momento de que se habla.

actuar. intr. Ejercer una persona o cosa actos propios de su naturaleza. || Obrar, comportarse de una determinada manera. ‖ Interpretar un papel en una obra teatral, cinematográfica, etc. ‖ En der., formar autos, proceder judicialmente.

acuarela. f. Pintura con colores diluidos en agua. ‖ pl. Colores con los que se realiza esta pintura.

acuario. m. Depósito de agua donde se tienen vivos animales o vegetales acuáticos. ‖ Edificio destinado a la exhibición de animales acuáticos vivos.

acuático, ca. adj. Que vive en el agua. ‖ Perteneciente o relativo al agua.

acuciar. tr. Estimular. ‖ Desear con vehemencia.

acudir. intr. Ir uno al sitio adonde le conviene o es llamado. ‖ Ir o acudir con frecuencia a alguna parte. ‖ Venir. ‖ Ir en socorro de alguno. ‖ Atender. ‖ Recurrir a alguno. ‖ Valerse de alguna cosa para algún fin.

acueducto. m. Conducto artificial para conducir agua.

acullico. m. amer. Pequeña bola hecha con hojas de coca que se masca para sacar el jugo.

acumular. tr. y prnl. Juntar y amontonar.

acunar. tr. Mecer al niño en la cuna.

acuñar. tr. Imprimir y sellar una pieza de metal por medio de cuño o troquel. ‖ Hacer o fabricar moneda. ‖ Meter cuñas. ‖ fig. Dar forma a expresiones o conceptos.

acuoso, sa. adj. Abundante en agua. ‖ Parecido a ella. ‖ De agua o relativo a ella. ‖ De mucho jugo.

acurrucarse. prnl. Encogerse para resguardarse del frío.

acusar. tr. Imputar a uno algún delito, culpa, etc. ‖ Denunciar, delatar. Ú. t. c. prnl. ‖ Notar, tachar. ‖ Censurar, reprender. ‖ Manifestar, revelar. ‖ Tratándose del recibo de cartas, oficios, etc., avisarlo, notificarlo.

acusetas. m. amer. Acusica.

acusete, ta. adj. y s. amer. Acusón, soplón.

acústico, ca. adj. Perteneciente o relativo al órgano del oído o a la acústi-

ca. ‖ f. Calidad sonora de un local. ‖ Parte de la física, que trata de la formación y propagación de los sonidos.

adaptar. tr. Acoplar, ajustar una cosa a otra. Ú. t. c. prnl. ‖ Hacer que un objeto o mecanismo desempeñe funciones distintas de aquellas para las que fueron construidos. ‖ Modificar una obra científica, literaria, musical, etc.

adecuar. tr. y prnl. Acomodar una cosa a otra.

adefesio. m. fam. Despropósito, disparate. Ú. m. en pl. ‖ fam. Traje o adorno ridículo y extravagante. ‖ fam. Persona de apariencia ridícula y extravagante.

adelantar. tr. Mover o llevar hacia adelante. Ú. t. c. prnl. ‖ Acelerar, apresurar. ‖ Anticipar. ‖ Ganar la delantera a alguno o a algo. Ú. m. c. prnl. ‖ intr. Funcionar un reloj más deprisa de lo debido.

adelante. adv. l. Más allá. ‖ adv. t. En tiempo futuro.

adelgazar. tr. y prnl. Poner delgada a una persona o cosa. ‖ intr. Enflaquecer.

ademán. m. Movimiento o actitud con que se manifiesta un estado de ánimo. ‖ pl. Modales.

además. adv. c. A más de esto o aquello.

adentro. adv. l. A o en lo interior. ‖ m. pl. Lo interior del ánimo.

adepto, ta. adj. y s. Afiliado en alguna secta o asociación. ‖ Partidario de alguna persona o idea.

aderezar. tr. Componer, adornar. Ú. t. c. prnl. ‖ Guisar. ‖ Disponer o preparar. Ú. t. c. prnl. ‖ Remedar o componer alguna cosa. ‖ Componer con ciertos ingredientes algunas bebidas.

adeudar. tr. Deber, tener deudas. ‖ Satisfacer impuesto o contribución. ‖ Cargar, anotar en el debe. ‖ prnl. Endeudarse.

adherir. tr. Pegar una cosa a otra. ‖ intr. Pegarse una cosa con otra. Ú. t. c. prnl. ‖ fig. Convenir en un dictamen o partido y abrazarlo. Ú. m. c. prnl.

adhesivo, va. adj. Capaz de adherirse o pegarse. ‖ m. Sustancia que pega dos cuerpos. ‖ Objeto que se pega a otro.

adicción. f. Dependencia del organismo a alguna droga tóxica.

adición. f. Acción y efecto de añadir o agregar. || Añadidura que se hace en alguna obra o escrito. || Operación de sumar.

adicto, ta. adj. y s. Dedicado, muy inclinado, apegado. || Unido a otro para entender en algún asunto. || Drogadicto.

adiestrar. tr. Hacer diestro. Ú. t. c. prnl. || Enseñar, instruir. Ú. t. c. prnl. || Guiar, encaminar.

adinerado, da. adj. Acaudalado, rico.

¡adiós! interj. que se emplea para despedirse. || Denota que ya es irremediable un daño.

adiposo, sa. adj. Grasiento, lleno de grasa o gordura.

aditivo, va. adj. Que puede o que debe añadirse. || m. Sustancia que se añade a un producto para conservar lo o mejorarlo.

adivinar. tr. Predecir lo futuro o descubrir las cosas ocultas o ignoradas. || Acertar lo que quiere decir un enigma.

adjetivo, va. adj. Se dice de la palabra que acompaña al sustantivo, concordando con él en género y número, para limitar o completar su significado. || Perteneciente al adjetivo, o que participa de su índole o naturaleza.

adjudicar. tr. Declarar que una cosa corresponde a una persona. || prnl. Apropiarse uno alguna cosa. || fig. En algunas competiciones, ganar.

adjuntar. tr. Enviar, juntamente con una carta u otro escrito, notas, facturas, etc. || Poner inmediatamente un vocablo junto a otro.

administrar. tr. Gobernar un territorio y a las personas que lo habitan. || Dirigir una institución. || Ordenar, organizar, en especial a la hacienda o bienes. Ú. t. c. prnl. || Desempeñar un cargo o dignidad. || Suministrar, proporcionar o distribuir alguna cosa.

admirar. tr. Causar sorpresa la vista o consideración de alguna cosa. || Ver, contemplar o considerar con estima o agrado especiales a una persona o cosa juzgadas. Ú. t. c. prnl.

admitir. tr. Recibir o dar entrada. || Aceptar. || Permitir o sufrir.

adobe. m. Masa de barro moldeada en forma de ladrillo y secada al sol.

adolescencia. f. Edad que sucede a la niñez y que transcurre desde la pubertad hasta el pleno desarrollo.

adonde. adv. l. A qué parte, o a la parte que. || Donde.

adondequiera. adv. l. A cualquier parte. || Dondequiera.

adoptar. tr. Recibir como hijo al que no lo es naturalmente. || Recibir, haciéndolos propios, pareceres, métodos, ideologías, etc., creados por otros. || Tomar resoluciones o acuerdos con previo examen. || Adquirir una configuración determinada.

adoquín. m. Piedra labrada en forma rectangular para empedrados. || fig. y fam. Persona torpe.

adorar. tr. Reverenciar con sumo honor o respeto a un ser. || Reverenciar y honrar a Dios como lo es debido. || Amar con extremo. || fig. Gustar de algo extremadamente.

adormecer. tr. Dar o causar sueño. Ú. t. c. prnl. || fig. Acallar, entretener. || fig. Calmar, sosegar. || prnl. Empezar a dormirse.

adormilarse. prnl. Dormirse a medias.

adorno. m. Lo que se pone para la hermosura de personas o cosas.

adosar. tr. Poner una cosa contigua a otra.

adquirir. tr. Ganar, conseguir. || Comprar.

adrede. adv. m. A propósito, con deliberada intención.

adrenalina. f. Hormona segregada principalmente por las glándulas suprarrenales que aumenta la presión sanguínea.

adscribir. tr. Inscribir, atribuir. || Agregar a una persona al servicio de un cuerpo o destino. Ú. t. c. prnl.

aduana. f. Oficina pública donde se registran las mercancías y mercaderías que se importan o exportan, y cobran los derechos que adeudan.

aducir. tr. Presentar pruebas, razones.

adueñarse. prnl. Hacerse uno dueño de una cosa. ‖ Hacerse dominante algo en una o varias personas.

adular. tr. Hacer o decir elogios, generalmente sin fundamento, de una persona, con fines interesados.

adulterio. m. Relación sexual de persona casada con otra de distinto sexo que no sea su cónyuge.

adulto, ta. adj. Llegado a su mayor crecimiento o desarrollo. Ú. t. c. s. ‖ fig. Llegado a su mayor grado de perfección.

adusto, ta. adj. Quemado, tostado, ardiente. ‖ fig. Austero, rígido, melancólico.

advenedizo, za. adj. Se dice del que llega a una posición que no le corresponde o a un lugar en el que le consideran extraño.

adverbio. m. Parte invariable de la oración cuya función consiste en modificar la significación del verbo, de un adjetivo o de otro adverbio.

adversario, ria. m. y f. Persona contraria o enemiga.

adverso, sa. adj. Contrario, enemigo, desfavorable. ‖ Opuesto materialmente a otra cosa.

advertir. tr. Fijar en algo la atención. Ú. t. c. intr. ‖ Llamar la atención de uno sobre algo. Ú. t. c. intr. ‖ Aconsejar, amonestar. ‖ intr. Atender, aplicar el entendimiento. Ú. t. c. tr.

adviento. m. Tiempo que precede a la Navidad.

adyacente. adj. Situado en la inmediación o proximidad de otra cosa.

aéreo, a. adj. De aire. ‖ Perteneciente o relativo al aire. ‖ fig. Sutil, fantástico, sin solidez ni fundamento. ‖ Se dice de los animales o plantas que viven en contacto directo con el aire atmosférico.

aeródromo. m. Sitio destinado al despegue y aterrizaje de los aviones.

aeromoza. f. amer. Azafata.

aeronáutica. f. Ciencia o arte de la navegación aérea. ‖ Conjunto de medios destinados al transporte aéreo.

aeronave. f. Vehículo capaz de navegar por el aire.

aeroplano. m. Avión.

aeropuerto. m. Aeródromo para el tráfico regular de aviones.

aerosol. m. Suspensión de partículas muy finas en un medio gaseoso. ‖ Aparato utilizado para producir esta dispersión con cualquier líquido.

afable. adj. Agradable en la conversación y el trato.

afán. m. Trabajo excesivo. ‖ Actitud de entregarse alguien a una actividad con todo su interés.

afanador, ra. m. y f. amer. Persona que, en los establecimientos públicos, se encarga de las tareas de limpieza.

afanar. tr. vulg. Hurtar. ‖ prnl. Entregarse al trabajo con solicitud y empeño.

afear. tr. y prnl. Hacer o poner feo. ‖ fig. Reprochar, recriminar.

afección. f. Impresión que hace una cosa en otra. ‖ Afición o inclinación. ‖ Enfermedad.

afectar. tr. Poner demasiado estudio o cuidado en las palabras, movimientos, adornos, etc. ‖ Fingir. ‖ Hacer impresión una cosa en una persona, causando en ella alguna sensación. Ú. t. c. prnl. ‖ Producir daño o enfermedad, atacar.

afecto, ta. adj. Inclinado a una persona o cosa. ‖ m. Cariño, simpatía hacia una persona o cosa.

afeitar. tr. Hermosear con afeites. Ú. t. c. prnl. ‖ Cortar al ras con navaja o maquinilla la barba, el bigote o el pelo en general. Ú. t. c. prnl. ‖ Esquilar a una caballería las crines y las puntas de la cola. ‖ Cortar y limar las puntas de los cuernos al toro de lidia.

afeminado, da. adj. Que se parece a las mujeres. Ú. t. c. s. ‖ Que parece de mujer.

aferrar. tr. Agarrar fuertemente. Ú. t. c. intr. ‖ prnl. fig. Insistir con tenacidad en algún dictamen u opinión. Ú. t. c. intr.

afianzar. tr. Dar fianza por alguno. ‖ Afirmar o asegurar con puntales, cla-

vos, etc., Ú. t. c. prnl. ‖ Asir, agarrar.
Ú. t. c. prnl.

afición. f. Inclinación, amor a una
persona o cosa. ‖ Ahínco. ‖ fam. Conjunto de personas aficionadas a las
corridas de toros y otros espectáculos.

afijo, ja. adj. y m. Se dice de la partícula o palabra que se adjunta a una
palabra para formar otras derivadas o
compuestas.

afilar. tr. Sacar filo. ‖ Aguzar, sacar
punta. ‖ fig. Afinar la voz. ‖ amer. Flirtear. ‖ amer. Realizar el acto sexual. ‖
prnl. Adelgazarse la cara, nariz o dedos.
‖ amer. Prepararse, disponerse cuidadosamente para cualquier tarea.

afiliar. tr. y prnl. Asociar una persona a otras que forman corporación.

afín. adj. Próximo, contiguo. ‖ Que
tiene afinidad con otra cosa. ‖ com.
Pariente por afinidad.

afinar. tr. Perfeccionar, dar el último
punto a una cosa. Ú. t. c. prnl. ‖ Hacer
fina o cortés a una persona. Ú. t. c.
prnl. ‖ Purificar los metales. ‖ Poner en
tono los instrumentos músicos. ‖ intr.
Cantar o tocar entonando con perfección los sonidos.

afincar. intr. Adquirir fincas. Ú. t. c.
prnl. ‖ tr. Arraigar, fijar, establecer, asegurar, apoyar. Ú. t. c. prnl.

afirmar. tr. Poner firme, dar firmeza.
Ú. t. c. prnl. ‖ Asegurar o dar por cierta alguna cosa. ‖ prnl. Asegurarse en
algo. ‖ Ratificarse uno en lo dicho.

afligir. tr. y prnl. Causar molestia o
sufrimiento físico. ‖ Causar tristeza o
angustia moral. ‖ prnl. Sentir sufrimiento físico o pesadumbre moral.

aflojar. tr. Disminuir la presión o la
tirantez. Ú. t. c. prnl. ‖ fig. y fam.
Entregar uno dinero u otra cosa. ‖ intr.
fig. Perder fuerza una cosa. ‖ fig. Dejar
uno de emplear el mismo vigor o aplicación que antes en alguna cosa.

aflorar. intr. Asomar a la superficie
del terreno un filón o capa mineral. ‖ tr.
Cerner la harina o cribar los cereales.

afluir. intr. Acudir en abundancia o
concurrir en gran número a un lugar o

sitio. ‖ Verter un río sus aguas en las de
otro, o en un lago o mar. ‖ Fluir algo
hacia un punto.

afonía. f. Falta de voz.

aforo. m. Capacidad total de las localidades de un teatro u otro recinto de
espectáculos públicos.

afortunado, da. adj. Que tiene buena suerte. ‖ Que es resultado de la buena suerte. ‖ Feliz, que produce felicidad
o resulta de ella.

afrenta. f. Vergüenza y deshonor que
resulta de algún dicho, hecho o imposi-
ción de una pena. ‖ Dicho o hecho
afrentoso.

africano, na. adj. y s. De África.

afrodisiaco o **afrodisíaco, ca.** adj. Que
excita el apetito sexual. ‖ Se dice de la sustancia que tiene esta propiedad. Ú. t. c. s.

afrontar. tr. Poner una cosa enfrente de
otra. Ú. t. c. intr. ‖ Poner cara a cara. ‖
Hacer frente al enemigo, a un peligro, etc.

afuera. adv. l. Fuera del sitio en el
que uno está. ‖ En la parte exterior. ‖ f.
pl. Alrededores de una población.

afuereño, ña. adj. y s. amer. Forastero, que es o viene de afuera.

agachar. tr. fam. Inclinar o bajar
alguna parte del cuerpo. Ú. t. c. intr. ‖
prnl. fam. Encogerse.

agalla. f. Excrecencia redonda que se
forma en algunos árboles por la picadura de ciertos insectos. ‖ Amígdala. Ú. m.
en pl. ‖ Cada una de las branquias que
tienen los peces. Ú. m. en pl. ‖ amer.
Codicia. ‖ pl. Valentía, audacia.

agalludo, da. adj. amer. Se dice de la
persona animosa, resuelta, valiente. ‖
amer. Ambicioso, avaricioso.

ágape. m. Convite de caridad que
tenían entre sí los primeros cristianos. ‖
Por ext., banquete.

agarrar. tr. Asir fuertemente con la
mano de cualquier modo. ‖ Coger,
tomar. ‖ fig. y fam. Conseguir lo que se
intentaba. ‖ intr. Prender una planta. ‖
prnl. Asirse fuertemente de alguna cosa.

agarrotar. tr. Apretar fuertemente los
fardos con cuerdas, que se retuercen por
medio de un palo. ‖ Apretar una cosa

fuertemente. ‖ Estrangular en el garrote. ‖ Oprimir material o moralmente.

agasajar. tr. Tratar con atención expresiva y cariñosa. ‖ Halagar o favorecer a uno con regalos. ‖ Hospedar.

agauchar. tr. amer. Hacer que una persona tome el aspecto, los modales y las costumbres propias del gaucho. Ú. m. c. prnl.

agazaparse. prnl. Agacharse, encogiendo el cuerpo contra la tierra.

agencia. f. Diligencia, solicitud. ‖ Oficio de agente. ‖ Oficina del agente. ‖ Empresa destinada a gestionar asuntos ajenos o a prestar determinados servicios. ‖ Sucursal de una empresa.

agenda. f. Libro o cuaderno en que se apuntan, para no olvidarlas, aquellas cosas que se han de hacer. ‖ Relación de los temas que han de tratarse en una reunión; orden del día.

agente. adj. Que obra o tiene virtud de obrar. ‖ Persona, animal o cosa que realiza la acción del verbo. ‖ com. Persona o cosa que produce un efecto. ‖ Persona que obra en poder de otro.

ágil. adj. Ligero, pronto, expedito. ‖ Se dice de la persona que se mueve con soltura.

agitar. tr. Mover violentamente. Ú. t. c. prnl. ‖ Inquietar. Ú. t. c. prnl. ‖ fig. Provocar la inquietud política o social.

aglomerar. tr. Amontonar, juntar. Ú. t. c. prnl. ‖ Unir fragmentos de una o varias sustancias con un aglomerante.

aglutinar. tr. y prnl. Pegar una cosa con otra.

agobiar. tr. Encorvar la parte superior del cuerpo hacia la tierra y hacer que se incline una cosa por peso excesivo. ‖ fig. Rebajar, humillar. ‖ fig. Rendir, deprimir o abatir. Ú. t. c. prnl. ‖ fig. Causar gran molestia o fatiga. Ú. t. c. prnl.

agolpar. tr. Juntar de golpe en un lugar. ‖ prnl. Juntarse de golpe muchas personas o animales en un lugar. ‖ fig. Venir juntas ciertas cosas; como penas, lágrimas, etc.

agonía. f. Estado previo a la muerte. ‖ fig. Pena o aflicción extremada. ‖ fig.

Angustia provocada por conflictos espirituales. ‖ fig. Ansia o deseo vehemente. ‖ m. pl. fam. Hombre apocado y pesimista.

agostar. tr. Secar el excesivo calor las plantas. Ú. t. c. prnl. ‖ Arar o cavar la tierra en el mes de agosto. ‖ Cavar la tierra para plantar viña en ella. ‖ intr. Pastar el ganado en rastrojeras o en dehesas durante el verano.

agosto. m. Octavo mes del año. ‖ Temporada en que se hace la recolección de granos. ‖ Cosecha.

agotar. tr. y prnl. Extraer todo el líquido que hay en una capacidad cualquiera. ‖ fig. Gastar del todo. ‖ fig. Cansar extremadamente.

agraciado, da. adj. Que tiene gracia o es gracioso. ‖ Bien parecido. ‖ Afortunado en un sorteo.

agradar. intr. Complacer, contentar, gustar. Ú. t. c. prnl. ‖ prnl. Sentir agrado o gusto.

agradecer. tr. Corresponder con gratitud a un favor. ‖ fig. Corresponder una cosa al trabajo empleado en conservarla o mejorarla.

agrandar. tr. y prnl. Hacer más grande alguna cosa.

agrario, ria. adj. Relativo al campo. ‖ Que en política defiende los intereses de la agricultura. Ú. t. c. s.

agravar. tr. Aumentar el peso de alguna cosa. ‖ Oprimir con gravámenes o tributos. ‖ Aumentar la gravedad de una situación o de un enfermo.

agravio. m. Ofensa que se hace a uno en su honra o fama. ‖ Hecho o dicho con que se hace esta ofensa. ‖ Perjuicio que se hace a uno en sus derechos o intereses.

agregar. tr. Unir unas personas o cosas a otras. Ú. t. c. prnl. ‖ Añadir algo a lo ya dicho o escrito. ‖ Destinar a alguna persona a un cuerpo u oficina sin plaza efectiva.

agresión. f. Acto de acometer a alguno para hacerle daño. ‖ Acto contrario al derecho de otro. ‖ Ataque armado de una nación contra otra.

agreste. adj. Perteneciente al campo. ‖ Áspero, inculto. ‖ fig. Rudo, tosco, grosero.

agricultura. f. Cultivo de la tierra. ‖ Arte de cultivar la tierra.

agrio, gria. adj. Que produce sensación de acidez. ‖ Agriado. ‖ fig. Difícilmente accesible. ‖ fig. Acre, áspero. ‖ Hablando de castigos y sufrimientos, difícilmente tolerable. ‖ m. pl. Frutas agridulces, como el limón, la naranja y otras semejantes.

agrupar. tr. y prnl. Reunir en grupo. ‖ Constituir una agrupación.

agua. f. Cuerpo formado por la combinación de un volumen de oxígeno y dos de hidrógeno, líquida, inodora e insípida. ‖ Licor extraído por infusión, disolución o emulsión de flores, plantas o frutos, y usado en medicina y perfumería. ‖ pl. Visos y ondulaciones que tienen algunas telas, piedras, maderas, etc. ‖ Destellos de las piedras preciosas.

aguacero. m. Lluvia repentina, impetuosa y de poca duración. ‖ fig. Sucesos y cosas molestas, que en gran cantidad caen sobre una persona.

aguachar. tr. amer. Domesticar un animal. ‖ prnl. amer. Amansarse, aquerenciarse.

aguachento, ta. adj. amer. Impregnado, empapado o lleno de agua. ‖ amer. Se dice de la fruta u otro alimento insípido por exceso de agua.

aguanieve. f. Agua que cae de las nubes mezclada con nieve.

aguantar. tr. Reprimir o contener. ‖ Resistir. Ú. t. c. intr. ‖ Tolerar a disgusto a algo molesto. Ú. t. c. prnl. ‖ Adelantar el torero el pie izquierdo, en la suerte de matar. ‖ intr. Reprimirse.

aguardar. tr. Esperar a que venga o llegue alguien o algo. ‖ prnl. Detenerse. Ú. t. c. intr. ‖ intr. Reprimirse. Ú. t. c. prnl. intr.

aguardiente. m. Bebida que, por destilación, se saca del vino y otras sustancias.

aguarrás. m. Aceite volátil de trementina. También se denomina *esencia de trementina*.

aguasarse. prnl. amer. Tomar los modales y costumbres del guaso.

agudo, da. adj. Delgado, afilado. Se dice del corte o punta de instrumentos. ‖ Se dice del ángulo menor que el recto. Ú. t. c. m. ‖ fig. Sutil. ‖ fig. Vivo, gracioso y oportuno. ‖ fig. Se apl. al dolor vivo y penetrante y a la enfermedad grave y de no larga duración. ‖ fig. Se dice de los sentidos prontos en sus sensaciones. ‖ Se dice del olor subido y del sabor penetrante. ‖ fig. Ligero, veloz. ‖ Se dice del sonido alto. ‖ En gram., se dice de la sílaba o vocal acentuadas y de la palabra que lleva el acento en la última sílaba. ‖ Se apl. al acento gráfico representado por el signo (´).

agüero. m. Presagio o señal de cosa futura. ‖ Pronóstico formado supersticiosamente.

aguijón. m. Extremo puntiagudo de la aguijada. ‖ Órgano abdominal que posee el escorpión y algunos insectos y con el cual pican. ‖ Espina de las plantas. ‖ fig. Estímulo, incitación.

águila. f. Ave rapaz diurna, de 80 a 90 cm de alt., de vista muy perspicaz, fuerte musculatura y vuelo rapidísimo. ‖ Cualquier otra ave de características semejantes. ‖ Enseña de la legión romana y de algunos ejércitos modernos. ‖ fig. Persona viva y perspicaz.

aguileño, ña. adj. Rostro largo y delgado. ‖ Perteneciente al águila. ‖ f. Planta que se cultiva por adorno en los jardines.

aguinaldo. m. Regalo que se da por las Navidades.

agüita. f. amer. Infusión de hierbas u hojas.

aguja. f. Barrita puntiaguda de metal u otra materia con que se cose, borda, teje, etc. ‖ Tubito metálico que se enchufa en la jeringuilla para poner inyecciones. ‖ Varilla de metal, concha, etc., utilizada en el tocado de las mujeres. ‖ Manecilla del reloj.

agujero. m. Abertura más o menos redonda en una cosa.

agujetas. f. pl. Molestias dolorosas que pueden sentirse en los músculos después de un esfuerzo.

aguzar. tr. Hacer o sacar punta. || Afilar. || fig. Aguijar, estimular. || Preparar los animales los dientes o las garras para comer o despedazar. || fig. Despabilar o forzar el entendimiento para que preste más atención.

ahí. adv. l. En ese lugar, o a ese lugar. || En esto, o en eso. || Precedido de las prep. *de* o *por*, esto o eso.

ahijado, da. m. y f. Cualquier persona, respecto de sus padrinos.

ahínco. m. Eficacia, empeño o diligencia grande.

ahíto, ta. adj. Que padece indigestión. || Harto. || m. Indigestión.

ahogar. tr. Matar a alguno impidiéndole la respiración. Ú. t. c. prnl. || fig. Extinguir, apagar. Ú. t. c. prnl. || fig. Oprimir, fatigar. Ú. t. c. intr. y c. prnl. || Sumergir en agua, encharcar. || En el ajedrez, hacer que el rey adverso no pueda moverse sin quedar en jaque. || Inundar el carburador. Ú. t. c. prnl.

ahora. adv. t. A esta hora, en este momento, en el tiempo actual o presente. || Dentro de poco tiempo. || conj. ad. Pero, sin embargo.

ahorcar. tr. Quitar la vida a uno echándole un lazo al cuello y colgándole de él en la horca u otra parte. Ú. m. c. prnl. || Dejar, abandonar.

ahorrar. tr. Guardar dinero o evitar un gasto o consumo mayor. Ú. t. c. prnl. || fig. Evitar algún trabajo, riesgo, etc. Ú. t. c. prnl.

ahuecar. tr. Poner hueco o cóncavo. || Mullir o hacer menos compacto. || tr. fig. Dicho de la voz, hablar con afectación. || intr. fam. Ausentarse de una reunión. || prnl. fig. Engreírse.

ahuesarse. prnl. amer. Quedarse inútil o sin prestigio una persona o cosa. || amer. Quedarse una mercancía sin vender.

ahumar. tr. Poner al humo. || Llenar de humo. Ú. t. c. prnl. || intr. Despedir humo lo que se quema. || prnl. Tomar los guisos sabor a humo.

ahuyentar. tr. Hacer huir.

aire. m. Mezcla gaseosa que forma la atmósfera de la Tierra. || Atmósfera terrestre. Ú. t. en pl. || Viento. || fig. Parecido entre las personas. || Aspecto.

airoso, sa. adj. fig. Garboso o gallardo. || fig. Se dice del que realiza algo con éxito.

aislar. tr. Circundar o cercar por todas partes. || tr. y prnl. Dejar una cosa sola o separada de otras. || fig. Incomunica r.

ajar. tr. Maltratar, manosear, arrugar, marchitar. || prnl. Deslucirse una cosa o una persona.

ajedrez. m. Juego de tablero entre dos personas, cada una de las cuales dispone de 16 piezas movibles. || Conjunto de piezas de este juego.

ajeno, na. adj. Perteneciente a otro. || Extraño. || Diverso. || fig. Impropio, que no corresponde.

ajetrearse. prnl. Fatigarse yendo y viniendo de una parte a otra.

ají. m. amer. Pimiento picante.

ajo. m. Planta de bulbo, blanco, redondo y de olor fuerte, usado mucho como condimento. || Cada una de las partes o dientes en que está dividido el bulbo de ajos.

ajuar. m. Conjunto de muebles, enseres y ropas de la casa, o los que aporta la mujer al matrimonio.

ajustar. tr. Poner alguna cosa de modo que venga justa con otra. Ú. t. c. prnl. || Conformar, acomodar, encajar. Ú. t. c. prnl. || Arreglar, moderar. Ú. t. c. prnl. y en sent. fig. || Concertar. || Liquidar una cuenta. || Concretar el precio de alguna cosa. || Contratar a alguna persona para realizar algún servicio. Ú. t. c. prnl.

al. contr. de la prep. *a* y el art. *el*.

ala. f. Parte del cuerpo de algunos animales, de que se sirven para volar. || Hilera o fila. || Parte de una cosa que por su situación o forma se parece a un ala. || Cada una de las partes que se extienden a los lados del cuerpo principal de un edificio u otra construcción. || Alero del tejado.

alabar. tr. Elogiar, celebrar con palabras. U. t. c. prnl. ‖ prnl. Jactarse o vanagloriarse.

alacena. f. Hueco hecho en la pared, con puertas y anaqueles, a modo de armario.

alacrán. m. Escorpión.

alambre. m. Hilo de metal.

alarde. m. Ostentación y gala que se hace de alguna cosa.

alargar. tr. Dar más longitud a una cosa. U. t. c. prnl. ‖ Estirar, desencoger. ‖ Prolongar una cosa, hacer que dure más tiempo. U. t. c. prnl. ‖ Retardar, diferir, dilatar.

alarido. m. Grito lastimero.

alarma. f. Señal para prepararse inmediatamente a la defensa o al combate. ‖ Dispositivo que avisa de un peligro o de alguna particularidad. ‖ fig. Inquietud, susto o sobresalto.

alba. f. Amanecer. ‖ Primera luz del día antes de salir el sol. ‖ Túnica blanca que los sacerdotes se ponen para celebrar los oficios divinos.

albacea. com. Ejecutor testamentario.

albanés, sa. adj. y s. De Albania. ‖ m. Lengua albanesa.

albañil. m. Maestro u oficial de albañilería.

albarán. m. Relación de mercancías que se entregan al cliente.

albarda. f. Pieza principal del aparejo de las caballerías de carga, especie de silla.

albedrío. m. Potestad de obrar por reflexión y elección. ‖ Antojo o capricho.

albergue. m. Lugar en que una persona halla hospedaje o resguardo.

albino, na. adj. y s. Falto, por anomalía congénita, del pigmento que da a ciertas partes del organismo de los hombres y animales los colores propios de cada especie, raza, etc.

albo, ba. adj. poét. Blanco.

albóndiga. f. Bolita de carne o pescado picado.

alborada. f. Amanecer. ‖ Música al alba.

albornoz. m. Especie de capa o capote con capucha. ‖ Bata de tela esponjosa que se utiliza después del baño.

alboroto. m. Vocerío, estrépito. ‖ Desorden, tumulto. ‖ Asonada, motín. ‖ Sobresalto, inquietud.

alborozo. m. Gran regocijo, placer o alegría.

álbum. m. Libro en blanco cuyas hojas se llenan con breves composiciones literarias, sentencias, piezas de música, fotografías, grabados. ‖ Disco de larga duración que contiene canciones de uno o varios autores.

alcahuete, ta. m. y f. Persona que procura, encubre o facilita amores ilícitos.

alcaide. m. El que tenía a su cargo la guarda de una fortaleza. ‖ El que en las cárceles custodiaba a los presos.

alcalde, esa. m. y f. Persona que preside un ayuntamie nto.

alcantarilla. f. Puentecillo en un camino. ‖ Acueducto subterráneo fabricado para recoger las aguas de lluvia o residuales y darles paso.

alcanzar. tr. Llegar a juntarse con una persona o cosa que va delante. ‖ Llegar a tocar o coger. ‖ Coger alguna cosa alargando la mano. ‖ Alargar, tender una cosa a otro. ‖ Llegar a percibir con la vista, oído u olfato. ‖ Conseguir, lograr. ‖ intr. Llegar hasta cierto punto o término. ‖ Ser suficiente o bastante una cosa para algún fin.

alcayata. f. Escarpia.

alcazaba. f. Recinto fortificado, dentro de una población murada.

alcázar. m. Fortaleza, recinto fortificado. ‖ Casa o palacio real. ‖ En los buques, espacio desde el palo mayor hasta la popa.

alcoba. f. Aposento destinado para dormir.

alcohol. m. Líquido que se obtiene por la destilación del vino o de otros licores.

alcurnia. f. Ascendencia, linaje.

aldaba. f. Pieza de metal que se pone en las puertas para llamar. ‖ Barra o travesaño con que se aseguran los postigos o puertas.

aldea. f. Pueblo de corto vecindario y, por lo común, sin jurisdicción propia.

aleación. f. Producto homogéneo, de propiedades metálicas, compuesto de dos o más elementos, uno de los cuales, al menos, debe ser un metal.

aleatorio, ria. adj. Relativo al juego de azar. || Dependiente de algún suceso fortuito.

aleccionar. tr. y prnl. Instruir, amaestrar, enseñar.

aledaño, ña. adj. Lindante, colindante. || m. Confín, término, límite. Ú. m. en pl.

alegar. tr. Citar, traer uno a favor de su propósito, como prueba, disculpa o defensa, algún hecho, dicho, ejemplo, etc. || Tratándose de méritos, servicios, etc., exponerlos para fundar en ellos alguna pretensión. || intr. Traer el abogado leyes y razones en defensa de su causa. || amer. Discutir.

alegoría. f. Ficción en virtud de la cual una cosa representa o significa otra diferente. || Obra o composición literaria o artística de sentido alegórico.

alegría. f. Grato y vivo movimiento del ánimo que, por lo común, se manifiesta con signos externos. || Palabra s, gestos o actos con que se manifiesta alegría. || Ajonjolí, planta. || pl. Regocijos y fiestas públicas. || Cante y baile andaluz, cuya tonada es viva y graciosa.

alejar. tr. y prnl. Poner lejos o más lejos.

alelar. tr. y prnl. Poner lelo.

alemán, na. adj. y s. De Alemania. || m. Idioma alemán.

alentar. tr. y prnl. Animar, infundir aliento o esfuerzo, dar vigor. || intr. Respirar.

alergia. f. Alteración del organismo producida por la absorción de ciertas sustancias que le dan una sensibilidad especial ante una nueva acción de esas sustancias aun en cantidades mínimas. || Por ext., sensibilidad extremada y contraria frente a ciertos temas, personas o cosas.

alero. m. Parte inferior del tejado que sale fuera de la pared.

alerón. m. Aleta giratoria que se monta en la parte posterior de las alas de un avión.

alerta. adv. m. Con vigilancia y atención. || interj. Voz que se emplea para excitar a la vigilancia. Ú. t. c. s. m. || f. Situación de vigilancia o atención. || adj. Atento, vigilante.

aleta. f. Cada una de las membranas externas, a manera de alas, que tienen los peces para nadar. || Especie de calzado de goma que usan las personas para impulsarse en el agua, al nadar o bucear. || Guardabarros que sobresale de la caja de un carruaje.

aletargar. tr. Causar letargo. || prnl. Padecerlo.

alevín. m. Cría de ciertos peces de agua dulce que se utiliza para repoblar. || fig. Joven principiante que se inicia en una disciplina o profesión.

alevosía. f. Cautela para asegurar la comisión de un delito contra las personas. Es circunstancia que agrava la pena. || Traición, perfidia.

alfabetizar. tr. Ordenar alfabéticamente. || Enseñar a leer y a escribir.

alfabeto. m. Abecedario. || Conjunto de todas las letras de una lengua o idioma. || Conjunto de los símbolos empleados en un sistema de comunicación. || Sistema de signos convencionales, como perforaciones en tarjetas, u otros, que sirve para sustituir al conjunto de las letras y de los números.

alfarería. f. Arte de fabricar vasijas de barro. || Taller donde se fabrican y tienda donde se venden.

alféizar o alfeiza. m. Vuelta o derrame que hace la pared en el corte de una puerta o ventana.

alfil. m. Pieza grande del juego de ajedrez que se mueve diagonalmente.

alfiler. m. Clavillo metálico con punta en un extremo y cabecilla en el otro que sirve para sujetar. || Joya de forma semejante al alfiler.

alfombra. f. Tejido de lana o de otras materias con que se cubre el piso de las habitaciones y escaleras.

alforja. f. Especie de talega abierta por el centro y cerrada por los extremos. Ú. m. en pl.

alga. f. Cualquiera de las plantas que viven preferentemente en el agua, y que, en general, están provistas de clorofila.

algazara. f. Ruido, griterío.

álgebra. f. Parte de las matemáticas que estudia la cantidad considerada en general y representada por letras u otros signos.

álgido, da. adj. Muy frío. || fig. Importante, culminante.

algo. pron. indef. Designa una cosa que no se puede o no se quiere nombrar. || También denota cantidad indeterminada, o parte de una cosa. || adv. c. Un poco, no del todo.

algodón. m. Planta de fruto capsular con varias semillas envueltas en una borra larga y blanca. || Esta misma borra. || Hilado o tejido de esta borra.

alguacil. m. Oficial inferior de justicia que ejecuta las órdenes del tribunal a quien sirve. || Oficial inferior ejecutor de los mandatos de los alcaldes. || Aguacililllo.

alguien. pron. indet. que indica vagamente una persona cualquiera. || m. fam. Persona de importancia.

algún. adj. apóc. de *alguno*. Se usa sólo antepuesto a nombres masculinos.

alguno, na. adj. Se aplica indeterminadamente a una persona o cosa con respecto a varias. || Ni poco ni mucho; bastante. || pron. indet. Alguien.

alhaja. f. Joya. || Adorno o mueble precioso. || fig. Cosa de mucho valor y estima.

aliar. tr. y prnl. Unir, coligar. || prnl. Unirse, en virtud de tratado, los Estados unos con otros.

alias. adv. lat. De otro modo, por otro nombre. || m. Apodo.

alicaído, da. adj. Caído de alas. || fig. y fam. Débil, falto de fuerzas. || Desanimado.

alicate. m. Tenaza de acero. Ú. t. en pl.

aliciente. m. Atractivo o incentivo.

alienar. tr. y prnl. Enajenar.

alienígena. adj. y s. Extraterrestre. || Extranjero.

aliento. m. Acción de alentar. || Respiración, aire expulsado al respirar. || Vigor del ánimo, esfuerzo, valor.

aligerar. tr. y prnl. Hacer ligero o menos pesado. || tr. Abreviar, acelerar. || fig. Aliviar, moderar.

alijo. m. Conjunto de géneros de contrabando.

alimaña. f. Animal, y en especial el perjudicial a la caza menor o a la ganadería.

alimento. m. Cualquier sustancia que sirve para nutrir o para mantener la existencia de algo. || fig. Sostén, fomento.

alinear. tr. Poner en línea recta. Ú. t. c. prnl. || Componer un equipo deportivo.

aliñar. tr. Aderezar, adornar, condimentar.

alisar. tr. Poner liso. || Arreglar ligeramente el cabello. || Pulimentar, pulir.

alistar. tr. y prnl. Inscribir en lista a alguno. || Prevenir, aparejar, disponer. || prnl. Sentar plaza en la milicia.

aliviar. tr. Aligerar, quitar a una persona o cosa parte de la carga o peso. Ú. t. c. prnl. || fig. Disminuir, mitigar una enfermedad, una pena, una fatiga. Ú. t. c. prnl. || fig. Acelerar el paso.

aljaba. f. Caja portátil para flechas.

aljibe. m. Cisterna. || Embarcación o buque para el transporte de agua dulce. || Cada una de las cajas en que se tiene el agua a bordo.

allá. adv. Indica tiempo remoto o lugar lejano indeterminado.

allanar. tr. Poner llano. Ú. t. c. intr. y c. prnl. || Reducir una construcción o un terreno al nivel del suelo. || fig. Vencer alguna dificultad. || Pacificar, aquietar. || fig. Entrar a la fuerza en casa ajena y recorrerla contra la voluntad de su dueño.

allegado, da. adj. Cercano, próximo. || Pariente. Ú. m. c. s.

allende. adv. l. De la parte de allá. ‖ adv. c. Además. ‖ prep. Más allá de, de la parte de allá de.

allí. adv. l. En aquel lugar o sitio. ‖ A aquel lugar. ‖ adv. t. Entonces.

alma. f. Parte espiritual e inmortal del hombre. ‖ Principio sensitivo de los animales y vegetativo de las plantas. ‖ fig. Persona, individuo. ‖ Parte principal de una cosa. ‖ Lo que da vida y aliento a algo.

almacén. m. Local donde se guardan mercancías o se venden al por mayor. ‖ Establecimiento comercial. Ú. t. c. pl.

almanaque. m. Registro o catálogo de todos los días del año con datos astronómicos, meteorológicos, religiosos, etc. ‖ Calendario.

almena. f. Cada uno de los prismas que coronan los muros de las antiguas fortalezas.

almíbar. m. Azúcar disuelto en agua y espesado al fuego. ‖ Dulce de almíbar.

almidón. m. Sustancia blanca que se encuentra en los cereales y otras plantas. ‖ Compuesto químico líquido que se aplica a los tejidos para darles mayor rigidez.

almirante. m. Oficial que ostenta el cargo supremo de la armada.

almirez. m. Mortero de metal.

almohada. f. Colchoncillo para reclinar la cabeza o para sentarse sobre él.

almorrana. f. Dilatación de las venas en la extremidad del recto o en el exterior del ano. Ú. m. en pl.

almuerzo. m. Comida que se toma por la mañana. ‖ Comida del mediodía o primeras horas de la tarde.

alojar. tr. Hospedar, aposentar. Ú. t. c. prnl. y c. intr. ‖ Colocar una cosa dentro de otra. Ú. t. c. prnl.

alopecia. f. Caída o pérdida del pelo.

alpargata. f. Calzado de tela con suelo de cáñamo o de caucho.

alpinismo. m. Deporte que consiste en la ascensión a las altas montañas.

alpiste. m. Planta gramínea forrajera cuya semilla sirve para alimento de pájaros y para otros usos.

alquilar. tr. Dar o tomar alguna cosa para usar de ella, por un tiempo y precio determinados. ‖ prnl. Ajustarse para un trabajo o servicio.

alquimia. f. Arte con que se pretendía la transmutación de los metales.

alquitrán. m. Sustancia untuosa oscura, de olor fuerte, que se obtiene de la destilación de la hulla y de algunas maderas.

alrededor. adv. l. con que se denota la situación de personas o cosas que circundan a otras. ‖ adv. c. fam. Cerca, sobre poco más menos. ‖ m. Contorno de un lugar. Ú. m. en pl.

alta. f. Orden que se comunica al enfermo a quien se da por sano, para que vuelva a su vida normal. ‖ Documento que acredita la entrada de un militar en servicio activo. ‖ Ingreso en un cuerpo, profesión, carrera.

altanería. f. fig. Altivez, soberbia.

altar. m. Piedra sobre la que se ofrecen sacrificios a la divinidad. ‖ Mesa sobre la que se celebra la misa.

altavoz. m. Aparato electroacústico que transforma la energía eléctrica en ondas sonoras y eleva la intensidad del sonido.

alterar. tr. y prnl. Cambiar la esencia o forma de una cosa. ‖ Perturbar, inquietar. ‖ Estropear, descomponer.

altercado. m. Disputa, porfía.

alternar. tr. Hacer o decir algo por turno y sucesivamente. ‖ Distribuir alguna cosa entre personas o cosas que se turnan sucesivamente. ‖ intr. Sucederse unas cosas a otras repetidamente. Ú. t. c. prnl. ‖ Mantener comunicación amistosa unas personas con otras. ‖ En ciertas salas de fiesta o lugares similares, tratar las mujeres contratadas para ello con los clientes, para estimularles a hacer gasto en su compañía.

alteza. f. fig. Elevación, sublimidad. ‖ Tratamiento honorífico que se da a los príncipes e infantes.

altibajos. m. pl. fam. Desigualdades o altos y bajos de un terreno. ‖ fig. y fam. Alternativa de bienes y males o de sucesos prósperos y adversos.

altipampa. f. amer. Meseta de mucha extensión y a gran altitud.

altisonante o **altísono, na.** adj. Muy sonoro, retumbante.

altivo, va. adj. Orgulloso, soberbio.

alto, ta. adj. Levantado, elevado sobre la Tierra. || De gran estatura. || Se dice de la porción de un país que se halla a mayor altitud. || Tratándose de ríos, parte que está más próxima a su nacimiento. || De altura considerable. || Elevado. || Sonoro, ruidoso. || De gran dignidad o categoría. || m. Altura. || Sitio elevado. || Detención, parada. || adv. l. En lugar o parte superior. || adv. m. En voz fuerte o que suene bastante.

altoparlante. m. amer. Altavoz.

altozano. m. Monte de poca altura en terreno bajo.

altruismo. m. Diligencia en procurar el bien ajeno.

alubia. f. Judía, planta, fruto y semilla.

alucinación. f. Sensación subjetiva falsa.

alucinógeno. m. Sustancia que provoca alucinación, psicosis.

alud. m. Gran masa de nieve que se desprende de los montes con violencia y estrépito.

aludir. intr. Hacer referencia. || Referirse a personas o cosas, mencionarlas.

alumbrar. tr. Llenar de luz y claridad. Ú. t. c. intr. || Poner luz o luces en algún lugar. || Acompañar con luz a otro. || Parir la mujer. Ú. t. c. intr.

aluminio. m. Metal de color y brillo similares a los de la plata, ligero y buen conductor del calor y de la electricidad.

alumno, na. m. y f. Persona que recibe enseñanza de otro. || Discípulo respecto de su maestro o de la escuela, clase, colegio o universidad donde estudia.

aluvión. m. Avenida fuerte de agua, inundación. || fig. Cantidad de personas o cosas agolpadas.

alveolo o **alvéolo.** m. Celdilla. || Cavidad en que están engastados los dientes. || Cada una de las ramificaciones de los bronquiolos.

alzado, da. adj. Se dice del ajuste o precio que se fija en determinada cantidad. || Rebelde, sublevado. || amer. Se dice de la persona engreída, soberbia e insolente. || amer. Se dice de los animales domésticos que se hacen montaraces y, en algunas partes, de los que están en celo. || m. Dibujo, sin perspectiva, de la proyección vertical de un edificio, pieza, máquina, etc. || f. Estatura del caballo. || Recurso de apelación.

alzar. tr. Levantar. || En la misa, elevar la hostia y el cáliz tras la consagración. Ú. t. c. intr. || Quitar, recoger, guardar. || prnl. Sublevarse, levantarse en rebelión. || Sobresalir en una superficie.

ama. f. Señora de la casa. || Dueña de algo. || La que tiene uno o más criados, respecto de ellos. || Criada principal de una casa. || Nodriza.

amable. adj. Afable, complaciente.

amaestrar. tr. y prnl. Enseñar o adiestrar.

amago. m. Amenaza. || Señal o indicio de alguna cosa.

amainar. tr. Recoger las velas de una embarcación. || intr. Perder su fuerza el viento. || fig. Aflojar en algún deseo o empeño. Ú. t. c. tr.

amalgama. f. Aleación de mercurio con otro metal. || fig. Mezcla.

amamantar. tr. Dar de mamar.

amancay. m. amer. Nombre de diversas plantas de la zona andina, cuya flor, blanca o amarilla, recuerda a la azucena. || Flor de estas plantas.

amancebarse. prnl. Convivir y mantener relaciones sexuales un hombre y una mujer sin estar casados.

amanecer. impers. Empezar a aparecer la luz del día. || intr. Estar en un paraje, situación o condición determinados al aparecer la luz del día. || Aparecer de nuevo o manifestarse alguna cosa al rayar el día. || fig. Empezar a manifestarse alguna cosa.

amanecer. m. Tiempo durante el cual amanece. || Comienzo de algo.

amanerado, da. adj. y s. Que adolece de amaneramiento.

de vidrio cerrado herméticamente, que contiene por lo común una dosis de líquido inyectable.

ampolleta. f. amer. Bombilla.

ampuloso, sa. adj. Hinchado y redundante.

amputar. tr. Cortar y separar enteramente del cuerpo un miembro o parte de él.

amueblar. tr. Dotar de muebles un edificio, una habitación, una casa, etc.

amuleto. m. Objeto al que supersticiosamente se atribuye virtud sobrenatural.

anacoreta. com. Persona que vive en lugar solitario, entregada a la contemplación y a la penitencia.

anacronismo. m. Error en la época a que corresponde alguna cosa. ‖ Cosa impropia de las costumbres o ideas de una época.

anagrama. m. Palabra que resulta de la transposición de las letras de otra: de *amor*, Roma.

anales. m. pl. Relaciones de sucesos por años.

analfabeto, ta. adj. y s. Que no sabe leer ni escribir. ‖ fig. Ignorante.

analgésico, ca. adj. y m. Que produce analgesia o calma el dolor físico. Se dice en especial de algunos medicamentos.

análisis. m. Distinción y separación de las partes de un todo hasta llegar a conocer sus principios o elementos. ‖ Estudio minucioso. ‖ Examen químico o bacteriológico para dar un diagnóstico.

analogía. f. Similitud. ‖ Semejanza entre cosas distintas. ‖ Parte de la gram. que estudia las palabras consideradas aisladamente.

anarquía. f. Falta de todo gobierno en un Estado. ‖ fig. Desorden, confusión, por ausencia o flaqueza de la autoridad pública. ‖ Por ext., desconcierto, incoherencia, barullo.

anatomía. f. Ciencia que estudia la estructura de los seres vivos, y especialmente del cuerpo humano.

anca. f. Cada una de las dos mitades laterales de la parte posterior de algunos animales. ‖ Cadera.

ancestral. adj. Relativo a los antepasados. ‖ Tradicional y de origen remoto.

anchura. f. La menor de las dos dimensiones principales de los cuerpos. ‖ Amplitud o capacidad grandes. ‖ fig. Libertad, desahogo.

anciano, na. adj. y s. Se dice de la persona que tiene muchos años y de lo que es propio de tales personas.

ancla. f. Instrumento de hierro, en forma de arpón o anzuelo doble, que sirve para sujetar las naves al fondo del mar.

áncora. f. Ancla. ‖ Defensa, refugio.

andamio. m. Armazón de tablones o vigas para colocarse encima de ella y trabajar en la construcción o reparación de edificios.

andar. intr. Ir dando pasos. Ú. t. c. prnl. ‖ Funcionar un mecanismo. ‖ Transcurrir el tiempo.

andar. m. Modo de andar.

andén. m. En las estaciones de los ferrocarriles, especie de acera a lo largo de la vía. ‖ En los puertos de mar, espacio de terreno sobre el muelle. ‖ Acera de un puente. ‖ amer. Acera de la calle.

andinismo. m. amer. Deporte de montaña en los Andes.

andrajo. m. Pedazo o jirón de ropa muy usada. ‖ fig. y desp. Persona o cosa muy despreciable.

andrógino, na. adj. Se dice del organismo animal o vegetal que reúne en un mismo individuo los dos sexos.

androide. m. Autómata de figura de hombre.

andurrial. m. Paraje extraviado o fuera del camino. Ú. m. en pl.

anécdota. f. Relato breve de un suceso curioso.

anegar. tr. y prnl. Ahogar a uno sumergiéndolo en el agua. ‖ Inundar de agua. ‖ Abrumar, agobiar. ‖ prnl. Naufragar la nave.

anejo, ja. adj. y s. Anexo, agregado. ‖ m. Iglesia sujeta a otra principal. ‖

Grupo de población rural incorporado a otro para formar un municipio.

anemia. f. Empobrecimiento de la sangre, por disminución de su cantidad total, o la cantidad de hemoglobina y el número de glóbulos rojos.

anestesia. f. Falta o privación general o parcial de la sensibilidad. || Sustancia utilizada para anestesiar.

anexo, xa. adj. y s. Se dice de lo que está unido o agregado a otra cosa respecto de ella. || Aquello que se anexa.

anfibio, bia. adj. Se dice de los animales y plantas que pueden vivir en el agua y fuera de ella. Ú. t. c. s. || Se dice de los vehículos que pueden caminar por tierra y por agua. Batracio. Ú. t. c. s. y en pl.

anfiteatro. m. Edificio de forma redonda u oval con gradas alrededor, y en el cual se celebraban varios espectáculos. || Conjunto de asientos colocados en gradas semicirculares en las aulas y en los teatros.

anfitrión, na. m. y f. Persona que tiene invitados a su mesa.

ánfora. f. Cántaro alto y estrecho, de cuello largo, con dos asas.

ángel. m. Espíritu celeste creado por Dios para su servicio. || fig. Gracia, simpatía. || fig. Persona de calidades propias de los espíritus angélicos.

ángelus. m. Oración en honor del misterio de la Encarnación.

angina. f. Inflamación de las amígdalas o de éstas y la faringe.

anglicanismo. m. Conjunto de doctrinas de la religión de inspiración protestante, predominante en Inglaterra.

anglicismo. m. Vocablo o giro de la lengua inglesa empleado en otra.

anglosajón, na. adj. Individuo procedente de los pueblos germanos que en el s. V invadieron a Inglaterra. Ú. t. c. s. || Perteneciente a los anglosajones. || m. Lengua germánica de la que procede el inglés moderno.

angoleño, ña. adj. y s. De Angola.

angosto, ta. adj. Estrecho, reducido.

ángulo. m. Cada una de las dos porciones de plano limitadas por dos semirrectas que parten de un mismo punto. || Figura formada por dos líneas que parten de un mismo punto. || Rincón. || Esquina o arista. || fig. Punto de vista.

angustia. f. Aflicción, congoja. || Temor opresivo.

anhelar. intr. Respirar con dificultad. || tr. Tener ansia o deseo vehemente de conseguir alguna cosa.

anidar. intr. Hacer nido las aves o vivir en él. Ú. t. c. prnl. || Morar, habitar. Ú. t. c. prnl. || Hallarse o existir algo en una persona o cosa.

anilla. f. Cada uno de los anillos que sirven para colocar colgaduras. || pl. En gimnasia, aros en los que se hacen diferentes ejercicios.

anillo. m. Aro pequeño. || Aro de metal u otra materia que se lleva, principalmente por adorno, en los dedos de la mano. || Moldura que rodea el fuste de las columnas. || Cada uno de los segmentos en que está dividido el cuerpo de los gusanos o artrópodos.

ánima. f. Alma. || Alma del purgatorio. || fig. Hueco del cañón de las piezas de artillería.

animado, da. adj. Dotado de alma. || Alegre, divertido. || Concurrido.

animadversión. f. Enemistad, ojeriza. || Crítica o advertencia severa.

animal. m. Ser orgánico que vive, siente y se mueve por propio impulso. || adj. Relativo al animal. || fig. Se dice de la persona incapaz, grosera o muy ignorante. Ú. t. c. s.

ánimo. m. Alma o espíritu en cuanto es principio de la actividad humana. || Valor, esfuerzo, energía. || Intención, voluntad. || fig. Atención o pensamiento.

animosidad. f. Aversión.

aniquilar. tr. y prnl. Reducir a la nada. || fig. Destruir o arruinar enteramente. || prnl. fig. Deteriorarse mucho algo.

anís. m. Planta de flores pequeñas y blancas, y de semillas aromáticas y de sabor agradable. || Semilla de esta planta. || Aguardiente anisado.

aniversario. m. Día en que se cumplen años de algún suceso.

ano. m. Orificio del conducto digestivo por el cual se expele el excremento.

anoche. adv. t. En la noche de ayer.

anochecer. impers. Empezar a faltar la luz del día, venir la noche. ‖ intr. Llegar a estar en un paraje, situación o condición determinados al empezar la noche.

anochecer. m. Tiempo durante el cual anochece.

anodino, na. adj. Insignificante, ineficaz.

anomalía. f. Irregularidad, discrepancia de una regla.

anonadar. tr. Reducir a la nada. Ú. t. c. prnl. ‖ fig. Apocar. ‖ fig. Humillar, abatir. Ú. t. c. prnl.

anónimo, ma. adj. Se dice de la obra que no lleva el nombre de su autor. ‖ Se dice del autor cuyo nombre no es conocido. Ú. t. c. s. m. ‖ m. Escrito en el que no se expresa el nombre del autor.

anormal. adj. No normal. ‖ com. Persona cuyo desarrollo físico o intelectual es inferior al que corresponde a su edad.

anotar. tr. Poner notas en un escrito o libro. ‖ Apuntar. ‖ Hacer anotación en un registro público.

ansia. f. Anhelo. ‖ Congoja o fatiga que causa en el cuerpo inquietud o agitación violenta. ‖ Angustia. ‖ pl. Náusea.

antagonismo. m. Oposición sustancial en doctrinas y opiniones. ‖ Rivalidad.

antaño. adv. t. En el año pasado. ‖ Por ext., en tiempo antiguo.

antártico, ca. adj. Se dice del polo Sur, opuesto al polo Norte o ártico. ‖ Por ext., meridional.

ante. prep. En presencia de, delante de. ‖ En comparación, respecto de. ‖ Se usa como prefijo.

antebrazo. m. Parte del brazo desde el codo hasta la muñeca.

anteceder. tr. Preceder.

antecesor, ra. adj. Anterior en tiempo. ‖ m. y f. Persona que precedió a otra en una dignidad, empleo u obra. ‖ m. Antepasado, ascendiente. Ú. m. en. pl.

antediluviano, na. adj. Anterior al diluvio universal. ‖ fig. Antiquísimo.

antelación. f. Anticipación con que sucede una cosa respecto a otra.

antemano. adv. t. Con anticipación, anteriormente.

antena. f. Dispositivo de formas muy diversas que, en los emisores y receptores de ondas electromagnéticas, sirve para emitirlas o recibirlas. ‖ Apéndices articulados que tienen en la cabeza muchos animales artrópodos.

anteojo. m. Instrumento óptico para ver objetos lejanos, compuesto principalmente de dos tubos cilíndricos, entrante uno en otro, y de dos lentes.

antepasado, da. adj. Dicho de tiempo, anterior a otro tiempo pasado. ‖ m. y f. Abuelo o ascendiente. Ú. m. en pl.

antepenúltimo, ma. adj. y s. Inmediatamente anterior al penúltimo.

anteponer. tr. y prnl. Poner delante. ‖ Preferir, estimar más.

anterior. adj. Que precede en lugar o tiempo.

antes. adv. t. y l. que denota prioridad de tiempo o lugar. ‖ adv. o. que denota prioridad. ‖ conj. ad. que denota idea de contrariedad y preferencia en el sentido de una oración respecto del de otra.

antesala. f. Sala que precede a la principal de una casa.

antibiótico, ca. adj. Sustancia química, como la penicilina, que destruye los microbios.

anticiclón. m. Área de alta presión atmosférica, en la que reina buen tiempo.

anticipar. tr. Hacer que ocurra alguna cosa antes del tiempo regular. ‖ Fijar tiempo anterior al señalado para hacer alguna cosa. ‖ Tratándose de dinero, darlo antes del tiempo señalado.

anticonceptivo, va. adj. y s. Se dice del medio, práctica o agente que impide el embarazo de las hembras.

anticuado, da. adj. Que no está en uso hace mucho tiempo.

anticuario, ria. m. y f. Persona que estudia las cosas antiguas. ‖ Persona que las colecciona o negocia con ellas.

anticuerpo. m. Sustancia existente en el organismo animal o producida en él por la introducción de un antígeno, que se opone a la acción de otros elementos como bacterias, toxinas, etc.

antídoto. m. Medicamento contra un veneno. ‖ fig. Medio para no incurrir en un vicio o falta.

antiestético, ca. adj. Contrario a la estética. ‖ Feo.

antifaz. m. Velo o máscara con que se cubre la cara.

antiguo, gua. adj. Que existe desde hace mucho tiempo. ‖ Que existió o sucedió en tiempo remoto. ‖ m. pl. Los que vivieron en siglos remotos.

antipatía. f. Sentimiento de aversión, repulsión o desacuerdo hacia alguna persona o cosa.

antípoda. adj. y s. Se dice de cualquier habitante del globo terrestre con respecto a otro que more en lugar diametralmente opuesto. Ú. m. en pl. ‖ fig. y fam. Se aplica a las personas y a las cosas que tienen oposición entre sí.

antojarse. prnl. Hacerse objeto de vehemente deseo alguna cosa.

antología. f. Libro que contiene una selección de textos literarios de uno o varios autores y, p. ext., cualquier medio (libro, disco o colección de discos, exposición, etc.) que incluya una selección de obras artísticas.

antónimo, ma. adj. y m. Se dice de las palabras que expresan ideas opuestas o contrarias.

antorcha. f. Hacha, vela grande de cera. ‖ fig. Lo que sirve de guía. ‖ Lámpara eléctrica de gran potencia que, en cinematografía, se usa para poder filmar en la oscuridad.

antro. m. Caverna, cueva, gruta. ‖ fig. Local, establecimiento, vivienda, etc., de mal aspecto o reputación.

antropófago, ga. adj. y s. Salvaje que come carne humana.

antropología. f. Ciencia que tiene por objeto el estudio del hombre y considera sus variedades raciales y culturales.

anuario. m. Libro que se publica al principio de cada año para que sirva de guía a las personas de determinadas profesiones.

anudar. tr. y prnl. Hacer nudos. ‖ fig. Juntar, unir.

anular. tr. Dar por nulo un precepto, contrato, etc.

anular. adj. Relativo al anillo. ‖ De figura de anillo. ‖ Se dice del cuarto dedo de la mano. Ú. t. c. s.

anunciar. tr. Dar noticia o aviso de alguna cosa. ‖ Pronosticar. ‖ Hacer propaganda o anuncios comerciales.

anverso. m. En las monedas y medallas, cara principal. ‖ Primera página impresa de un pliego.

anzuelo. m. Arponcillo o garfio, que pendiente de un sedal, sirve para pescar. ‖ Trampa, atractivo.

añadir. tr. Agregar, incorporar una cosa a otra. ‖ Aumentar, acrecentar, ampliar.

añagaza. f. Señuelo para coger aves. ‖ fig. Artificio para atraer con engaño.

añejo, ja. adj. Se dice de ciertas cosas que tienen uno o más años. ‖ fig. y fam. Que tiene mucho tiempo.

añicos. m. pl. Pedazos pequeños en que se divide alguna cosa al romperse.

añil. m. Arbusto leguminoso. ‖ Pasta de color azul oscuro obtenida de esta planta. ‖ Color de esta planta.

año. m. Tiempo que transcurre durante una revolución real de la Tierra en su órbita alrededor del Sol. ‖ Período de doce meses.

añorar. tr. e intr. Recordar con pena la ausencia o pérdida de persona o cosa muy querida.

apabullar. tr. Confundir, intimidar a una persona, haciendo exhibición de fuerza o superioridad.

apacentar. tr. Dar pasto a los ganados. ‖ fig. Instruir, enseñar. ‖ prnl. Pacer el ganado.

apacible. adj. Manso, dulce y agradable. ‖ De buen temple, tranquilo.

apaciguar. tr. y prnl. Poner en paz, sosegar, aquietar.

apadrinar. tr. Asistir como padrino a una persona. || fig. Patrocinar, proteger. || prnl. Ampararse, valerse, acogerse.

apagar. tr. Extinguir el fuego o la luz. Ú. t. c. prnl. || Aplacar, disipar. Ú. t. c. prnl. || Echar agua a la cal viva. || Interrumpir el funcionamiento de un aparato desconectándolo de su fuente de energía.

apaisado, da. adj. Figura u objeto de forma rectangular cuya base es mayor que su altura.

apalabrar. tr. Concertar de palabra dos o más personas alguna cosa.

apalancar. tr. Levantar, mover alguna cosa con palanca. || prnl. Acomodarse en un sitio, permanecer inactivo en él.

apalear. tr. Dar golpes con palo. || Varear el fruto del árbol.

apañar. tr. Coger con la mano. || Recoger y guardar alguna cosa, o apoderarse de ella ilícitamente. || Acicalar, asear, ataviar. || Aderezar o condimentar. || Remendar lo que está roto. || fam. Abrigar, arropar. || prnl. Darse maña para hacer algo, arreglárselas, ingeniárselas. || amer. Encubrir.

aparador. m. Mueble donde se guarda lo necesario para el servicio de la mesa.

aparato. m. Instrumento o reunión de lo que se necesita para algún fin. || Pompa, ostentación. || Artificio mecánico. || Conjunto de órganos que en los animales o en las plantas desempeñan una misma función. || Conjunto de instituciones, leyes, etc., de un Estado.

aparatoso, sa. adj. Que tiene mucha ostentación.

aparcar. tr. Colocar transitoriamente en un lugar coches u otros vehículos. || Aplazar, postergar un asunto o decisión.

aparear. tr. Ajustar una cosa con otra, de forma que queden iguales. || Juntar las hembras de los animales con los machos para que críen. Ú. t. c. prnl.

aparecer. intr. y prnl. Manifestarse, dejarse ver. || Parecer, encontrarse, hallarse. || Cobrar existencia o darse a conocer por primera vez.

aparejo. m. Preparación, disposición para alguna cosa. || Arreo necesario para montar, uncir o cargar los animales. || Objetos necesarios para hacer ciertas cosas.

aparentar. tr. Manifestar o dar a entender lo que no es o no hay. || Tener una persona el aspecto correspondiente a su edad.

apariencia. f. Aspecto exterior de una persona o cosa. || Verosimilitud, probabilidad. || Cosa que parece y no es.

apartado, da. adj. Retirado, remoto. || Diferente, diverso. || Correspondencia que se aparta en el correo para que los interesados la recojan.

apartamento. m. Piso, vivienda, generalmente pequeña, que forma parte de un edificio.

apartar. tr. y prnl. Separar, dividir. || Quitar a una persona o cosa del lugar donde estaba. || Retirar. || fig. Disuadir.

aparte. adv. l. En otro lugar. || A distancia, desde lejos. || adv. m. Separadamente. || Con omisión. || m. En la representación escénica, lo que dice cualquier a de los personajes, suponiendo que no le oyen los demás. || Párrafo.

apasionar. tr. y prnl. Causar, excitar alguna pasión. || Atormentar, afligir. || prnl. Aficionarse con exceso a una persona o cosa.

apatía. f. Impasibilidad del ánimo. || Dejadez, indolencia, falta de vigor o energía.

apear. tr. Desmontar o bajar de una caballería o carruaje. Ú. m. c. prnl. || fig. Sondear, superar, vencer alguna dificultad.

apedrear. tr. Arrojar piedras a una persona o cosa. || Matar a pedradas. || impers. Caer pedrisco. || Padecer daño con el pedrisco las viñas, los árboles frutales o las mieses.

apego. m. fig. Afecto, cariño.

apelar. intr. Recurrir al juez o tribunal superior para que revoque la sentencia que se supone injustamente dada por el inferior. || Recurrir a una persona o cosa. || Referirse.

apellido. m. Nombre de familia con que se distinguen las personas.

apelmazar. tr. y prnl. Hacer que una cosa esté menos esponjada de lo requerido.

apelotonar. tr. y prnl. Formar pelotones, amontonar.

apenar. tr. prnl. Causar pena, afligir.

apenas. adv. m. Penosamente. || Casi no. || adv. t. Luego que, al punto que.

apencar. intr. fam. Apechugar.

apendejarse. prnl. amer. Ponerse bobo o acobardarse.

apéndice. m. Cosa adjunta o añadida a otras. || Prolongación delgada y hueca que se halla en la parte inferior del intestino ciego. || Anexo, suplemento.

apendicitis. f. Inflamación del apéndice.

apercibir. tr. Prevenir, disponer lo necesario para alguna cosa. Ú. t. c. prnl. || Amonestar, advertir. || prnl. Percibir, observar, caer en la cuenta.

aperitivo, va. adj. y m. Que sirve para abrir el apetito. || m. Bebida y manjares que se toman antes de una comida principal.

apero. m. Conjunto de instrumentos de cualquier oficio. Ú. m. en pl.

apesadumbrar. tr. y prnl. Causar pesadumbre, afligir.

apestar. tr. Causar, comunicar la peste. Ú. t. c. prnl. || intr. Arrojar o comunicar mal olor. Ú. más en las terceras personas. || Fastidiar, cansar.

apetecer. tr. Tener gana de alguna cosa, o desearla. || intr. Gustar, agradar una cosa.

apetito. m. Impulso instintivo que nos lleva a satisfacer deseos y necesidades. || Gana de comer.

apiadar. tr. Causar piedad. || prnl. Tener piedad.

ápice. m. Extremo superior o punta de alguna cosa. || Acento o signo que se pone sobre las letras. || Parte pequeñísima.

apilar. tr. Amontonar, poner una cosa sobre otra, haciendo pila o montón.

apiñar. tr. y prnl. Juntar o agrupar estrechamente personas y cosas.

apisonar. tr. Apretar con pisón la tierra.

aplacar. tr. y prnl. Amansar, mitigar, suavizar.

aplanadora. f. amer. Máquina para aplanar.

aplanar. tr. Allanar, poner llano algo. || fig. y fam. Dejar a uno pasmado. || prnl. Venirse al suelo algún edificio.

aplastar. tr. Deformar una cosa, aplanándola o disminuyendo su grueso. Ú. t. c. prnl. || fig. Derrotar, vencer, humillar. || fig. y fam. Apabullar.

aplaudir. tr. Dar palmadas en señal de aprobación o entusiasmo. || Celebrar con palabras u otras demostraciones a personas o cosas.

aplazar. tr. Convocar. || Diferir un acto. || amer. Suspender un examen.

aplicar. tr. Poner una cosa sobre otra. || Emplear alguna cosa para mejor conseguir un determinado fin. || fig. Referir a un caso particular lo que se ha dicho en general. || fig. Destinar, adjudicar. || prnl. fig. Dedicarse a un estudio. || fig. Esmerarse en una tarea.

aplomo. m. Gravedad, serenidad. || Verticalidad.

apocar. tr. Mermar, disminuir. || fig. Humillar, abatir. Ú. t. c. prnl.

apócope. f. Supresión de letras al fin de un vocablo.

apócrifo, fa. adj. Fabuloso, supuesto o fingido. || No auténtico.

apoderar. tr. Dar poder una persona a otra para que la represente. || prnl. Hacerse alguien o algo dueño de alguna cosa, ocuparla, dominarla.

apodo. m. Nombre que suele darse a una persona, tomado de sus defectos corporales o de alguna otra circunstancia.

apogeo. m. Punto en que la Luna se halla a mayor distancia de la Tierra. || Punto culminante o más intenso de un proceso.

apolillar. tr. y prnl. Roer la polilla.

apología. f. Discurso en alabanza de personas o cosas.

apólogo. m. Fábula, composición literaria.

apoltronarse. prnl. Hacerse perezoso, holgazán.

apoquinar. tr. vulg. Pagar uno, generalmente con desagrado, lo que le corresponde.

aporrear. tr. Golpear. || fig. Importunar, molestar.

aportar. tr. Dar o proporcionar, sobre todo bienes. || Contribuir cada cual con lo que le corresponde. || Presentar pruebas, razones, etc.

aposento. m. Cuarto o pieza de una casa. || Posada, hospedaje.

apósito. m. Remedio que se aplica exteriormente sujetándolo con vendas.

aposta. adv. m. Adrede.

apostar. tr. y prnl. Pactar entre sí los que disputan que, aquel que no tuviera razón, perderá la cantidad de dinero que se determine o cualquiera otra cosa. || Poner una o más personas en determinado paraje para algún fin. || Arriesgar cierta cantidad de dinero en la creencia de que alguna cosa, como juego, contienda deportiva, etc., tendrá tal o cual resultado.

apostatar. intr. Renegar de la fe cristiana o de las creencias en que uno ha sido educado.

apostilla. f. Acotación que aclara, interpreta o completa un texto.

apóstol. m. Cada uno de los doce principales discípulos de Jesucristo. || También se dio este nombre a San Pablo y a San Bernabé. || El que propaga una doctrina.

apóstrofo. m. Signo ortográfico (') que indica la elisión de una o más letras.

apoteosis. f. Ensalzamiento de una persona con grandes honores y alabanzas.

apoyar. tr. Hacer que una cosa descanse sobre otra. || Basar, fundar. || fig. Favorecer, ayudar. || fig. Confirmar, probar, sostener alguna opinión o doctrina. || prnl. fig. Servirse de algo como apoyo.

apreciar. tr. Poner precio o tasa a las cosas. || fig. Estimar el mérito de las personas o de las cosas. || fig. Graduar el valor de alguna cosa.

aprehender. tr. Coger, asir, prender.

apremiar. tr. Dar prisa. Ú. t. c. intr. || Obligar legalmente a uno a que haga alguna cosa que no quiere hacer. || Imponer apremio o recargo.

aprender. tr. Adquirir el conocimiento de alguna cosa. || Fijar algo en la memoria.

aprensión. f. Aprehensión. || Idea infundada o extraña. Ú. m. en pl. || Miramiento, reparo.

apresar. tr. Hacer presa con las garras o colmillos. || Aprisionar.

apresurar. tr. y prnl. Dar prisa, acelerar.

apretar. tr. Estrechar fuertemente || Poner una cosa sobre otra o en torno a ella haciendo fuerza. || Aguijar, espolear. || Poner más tirante. || Reducir a menor volumen. || Acosar. Ú. t. c. intr. || fig. Activar, tratar de llevar a efecto con urgencia.

apretujar. tr. fam. Apretar mucho y reiteradamente. || prnl. Oprimirse varias personas en un recinto demasiado estrecho.

apretura. f. Opresión causada por la excesiva concurrencia de gente. || fig. Aprieto, apuro.

aprieto. m. Apretura de la gente. || fig. Conflicto, apuro.

aprisa. adv. m. Con celeridad, presteza y prontitud.

aprisionar. tr. Poner en prisión. || fig. Atar, sujetar.

aprobado. m. En los exámenes, calificación mínima de aptitud o idoneidad.

aprobar. tr. Dar por bueno. || Asentir a doctrinas u opiniones. || Declarar hábil y competente a una persona. || Obtener aprobado en una asignatura o examen.

apropiado, da. adj. Acomodado o proporcionado para el fin a que se destina.

apropiarse. prnl. Tomar para sí alguna cosa haciéndose dueño de ella.

aprovechar. intr. Servir de provecho alguna cosa. || Adelantar en estudios, virtudes, artes, etc. || tr. Emplear útilmente alguna cosa. || prnl. Sacar utilidad de alguna cosa.

aproximar. tr. y prnl. Arrimar, acercar.

apto, ta. adj. Idóneo, hábil.

apuesta. f. Acción y efecto de apostar una cantidad. || Cosa que se apuesta.

apuesto, ta. adj. De buena presencia. || Elegante, gallardo.

apunarse. prnl. amer. Padecer puna o soroche.

apuntar. tr. Asestar un arma. || Señalar. || Tomar nota por escrito de algo. || En los teatros, ejercer el apuntador su tarea. || intr. Empezar a manifestarse.

apunte. m. Nota que se hace por escrito de alguna cosa. || Pequeño dibujo tomado del natural rápidamente. || pl. Extracto de las explicaciones de un profesor que toman los alumnos para sí.

apuñalar. tr. Dar puñaladas.

apurar. tr. Acabar o agotar. || fig. Apremiar, dar prisa. || prnl. Afligirse, preocuparse.

apuro. m. Escasez grande. || Aflicción, conflicto. || Apremio, prisa.

aquejar. tr. fig. Acongojar, afligir, fatigar.

aquel, lla, llo, llos, llas. Formas de pron. dem. en los tres géneros m., f. y n. y en ambos números sing. y pl. Designan lo que física o mentalmente está lejos de la persona que habla o de la persona con quien se habla. Las formas m. y f. se usan como adj. y como s.

aquí. adv. l. En este lugar. || A este lugar. || adv. t. Ahora, en el tiempo presente.

aquiescencia. f. Asenso, consentimiento.

aquietar. tr. y prnl. Sosegar, apaciguar.

ara. f. Altar en que se ofrecen sacrificios. || Piedra consagrada del altar.

árabe. adj. De Arabia. U. t. c. com. || m. Idioma árabe.

arabismo. m. Vocablo o giro de esta lengua empleado en otra.

arado. m. Instrumento de agricultura que sirve para arar la tierra.

arahuaco, ca. adj. Se dice de los pueblos y lenguas que se extendieron desde las Antillas Mayores hasta la costa norte de Sudamérica. U. t. c. s. y pl. || m. Lengua hablada por estos pueblos.

arameo, a. adj. y s. Descendiente de Aram, ant. región de Asia. || m. Lengua semítica hablada por los arameos.

arancel. m. Tarifa oficial en aduanas, ferrocarriles, etc. || Tasa.

araña. f. Arácnido pulmonado de cuatro pares de patas y abdomen abultado, que segrega un hilo sedoso. || Candelabro sin pie y con varios brazos.

arañar. tr. Rasgar ligeramente la piel con las uñas, un alfiler u otra cosa. U. t. c. prnl. || Rayar superficialmente.

arar. tr. Remover la tierra haciendo surcos con el arado.

araucano, na. adj. Pueblo del centro y sur de Chile. U. m. en pl. || Relativo a este pueblo. || m. Idioma de los araucanos.

arbitrariedad. f. Acto contra la justicia o la razón, dictado por el capricho.

árbitro, tra. adj. y s. Que puede hacer algo por sí solo sin dependencia de otro. || m. y f. Persona que en competiciones deportivas cuida de la aplicación del reglamento.

árbol. m. Planta perenne, de tronco leñoso y elevado, que se ramifica a cierta altura del suelo.

arbusto. m. Planta perenne, de tallos leñosos y ramas desde la base, como la liga, la jara, etc.

arca. f. Caja, comúnmente de madera sin forrar y con tapa llana. || Caja para guardar dinero, cofre. || pl. Pieza donde se guarda el dinero en las tesorerías.

arcaico, ca. adj. Relativo al arcaísmo. || Muy antiguo.

arcaísmo. m. Voz, frase o manera de decir anticuadas.

arcano, na. adj. Secreto, recóndito, reservado. || m. Misterio, cosa oculta y muy difícil de conocer.

arcén. m. Margen u orilla. || En una carretera, cada uno de los márgenes reservados a un lado y otro de la calzada para uso de peatones, tránsito de vehículos no automóviles, etc.

archipiélago. m. Conjunto, generalmente numeroso, de islas agrupadas en una superficie, más o menos extensa, de mar.

archivo. m. Local en que se custodian documentos públicos o particulares. ‖ Conjunto de estos documentos.

arcilla. f. Sustancia constituida por agregados de silicatos hidratados de aluminio con hierro, magnesio, calcio, sodio y potasio, que se endurece al agregarle agua.

arcipreste. m. Presbítero que, por indicación del obispo de la diócesis, tiene ciertas atribuciones sobre las iglesias de un determinado territorio.

arco. m. En geometría, porción de curva. ‖ Arma que sirve para disparar flechas. ‖ Construcción curva sobre un vano.

arder. intr. Estar encendido. ‖ fig. Estar muy agitado, apasionado.

ardid. m. Artificio empleado para el logro de algún intento.

ardilla. f. Mamífero roedor de unos 20 cm de largo sin la cola, de color oscuro rojizo por el lomo y blanco por el vientre. Vivo y ligero, se cría en los bosques.

arduo, dua. adj. Muy difícil.

área. f. Espacio de tierra comprendido entre ciertos límites. ‖ Medida de superficie, que es un cuadrado de 10 m de lado. Abr., *a*. ‖ En determinados juegos, zona marcada delante de la meta. ‖ En geometría, superficie comprendida dentro de un perímetro. ‖ Conjunto de materias o ideas que están relacionadas entre sí.

arena. f. Conjunto de partículas desagregadas de las rocas. ‖ fig. Lugar del combate o la lucha. ‖ fig. Redondel de la plaza de toros.

arenga. f. Discurso pronunciado ante una multitud con el fin de enardecer los ánimos.

arepa. f. amer. Torta hecha de maíz seco que generalmente se sirve rellena de carne.

argamasa. f. Mortero hecho de cal, arena y agua, que se emplea en las obras de albañilería.

argelino, na. adj. y s. De Argelia o de Argel.

argénteo, a. adj. De plata. ‖ Plateado.

argentino, na. adj. Argénteo. ‖ Que suena como la plata. ‖ De la República Argentina. Se apl. a pers., Ú. t. c. s.

argolla. f. Aro grueso de hierro, que sirve para amarre o de asidero.

argot. m. fam. Jerga, jerigonza, germanía. ‖ Lenguaje especial entre personas de un mismo oficio o actividad.

argucia. f. Sutileza, sofisma, argumento falso presentado con agudeza.

argüir. tr. Sacar en claro, deducir como consecuencia natural. ‖ Descubrir, probar. ‖ Acusar. ‖ intr. Refutar, poner argumentos en contra.

argumento. m. Razonamiento empleado para demostrar algo. ‖ Asunto de que se trata en una obra.

árido, da. adj. Seco, de poca humedad. ‖ fig. Falto de amenidad. ‖ m. pl. Granos, legumbres y otras cosas sólidas a que se aplican medidas de capacidad.

ario, ria. adj. Individuo o estirpe noble en las lenguas antiguas de India e Irán. Ú. t. c. s. ‖ Indoeuropeo. ‖ Se dice del individuo perteneciente a un pueblo de estirpe nórdica, formado por los descendientes de los antiguos indoeuropeos, que la ideología nazi consideraba superior y por ello destinada a dominar el mundo.

arisco, ca. adj. Áspero, intratable.

arista. f. Línea que resulta de la intersección de dos superficies, considerada por la parte exterior del ángulo que forman.

aristocracia. f. Gobierno en que sólo ejercen el poder las personas más notables del Estado. ‖ Clase noble de una nación, provincia, etc. ‖ Por ext., clase que sobresale entre las demás por alguna circunstancia.

aritmética. f. Parte de las matemáticas que estudia la composición y descomposición de la cantidad representada por números.

arlequín. m. Personaje cómico de la antigua comedia italiana. ‖ fig. y fam. Persona informal.

arma. f. Instrumento, medio o máquina destinados a ofender o a defenderse. ‖ Cada uno de los institutos combatientes de una fuerza militar. ‖ pl. Conjunto de las que lleva un guerrero. ‖ fig. Medios para conseguir alguna cosa.

armada. f. Conjunto de fuerzas navales de un Estado. ‖ Escuadra, conjunto de buques de guerra.

armadura. f. Conjunto de armas de hierro con que se vestía para su defensa a los que habían de combatir. ‖ Pieza o conjunto de piezas unidas unas con otras, en que o sobre que se arma alguna cosa.

armar. tr. Vestir o poner a uno armas. Ú. t. c. prnl. ‖ Proveer de armas. Ú. t. c. prnl. ‖ Preparar para la guerra. Ú. t. c. prnl. ‖ Juntar entre sí las varias piezas de que se compone un mueble, artefacto, etc. ‖ prnl. Disponer del ánimo necesario para conseguir un fin o resistir una contrariedad.

armario. m. Mueble en que se guardan libros, ropas u otros objetos.

armatoste. m. Cualquier máquina o mueble tosco, pesado y mal hecho.

armazón. amb. Armadura, pieza sobre la que se arma alguna cosa.

armenio, nia. adj. y s. De Armenia. ‖ m. Lengua armenia.

armisticio. m. Suspensión de hostilidades pactadas entre pueblos y ejércitos beligerantes.

armonía. f. Combinación de sonidos simultáneos y diferentes, pero acordes. ‖ Grata variedad de sonidos y pausas que resulta en la prosa o en el verso por la feliz combinación de las sílabas, voces y cláusulas. ‖ fig. Conveniente proporción y correspondencia de unas cosas con otras. ‖ fig. Amistad.

arnés. m. Armadura. ‖ pl. Guarniciones de las caballerías.

aro. m. Pieza de hierro o de otra materia rígida, en forma de circunferencia.

aroma. f. Perfume, olor muy agradable.

arpa. f. Instrumento musical, de figura triangular, con cuerdas colocadas verticalmente y que se tocan con ambas manos.

arpón. m. Astil de madera armado por uno de sus extremos con una punta de hierro que sirve para herir o penetrar, y de otras dos que miran hacia atrás y hacen presa.

arqueología. f. Ciencia que estudia todo lo que se refiere a las artes y a los monumentos de la antigüedad.

arquetipo. m. Modelo.

arquitectura. f. Arte de proyectar y construir edificios. ‖ Estructura.

arrabal. m. Barrio fuera del recinto de la población a que pertenece. ‖ Cualquiera de los sitios extremos de una población. ‖ pl. Afueras.

arraigar. intr. y prnl. Echar o criar raíces. ‖ Hacerse muy firme y difícil de extinguir o extirpar un afecto, virtud, vicio, uso o costumbre. ‖ prnl. Establecerse, radicarse en un lugar.

arramblar. tr. Dejar los ríos, arroyos o torrentes cubierto de arena el suelo por donde pasan, en tiempo de avenidas. ‖ fig. Arrastrarlo todo, llevándoselo con violencia.

arramplar. tr. e intr. fam. Llevarse codiciosamente todo lo que hay en algún lugar.

arrancar. tr. Sacar de raíz. ‖ Sacar con violencia una cosa del lugar a que está adherida, o de que forma parte. Ú. t. c. prnl. ‖ intr. Iniciarse el funcionamiento de una máquina o el movimiento de traslación de un vehículo. Ú. t. c. tr. ‖ Obtener o conseguir algo de una persona con trabajo, violencia o astucia. ‖ Empezar a hacer algo de modo inesperado. Ú. t. c. prnl. ‖ Provenir.

arras. f. pl. Lo que se da como prenda o señal en algún contrato. ‖ Las 13 monedas que, al celebrarse el matrimonio, entrega el desposado a la desposada.

arrasar. tr. Allanar la superficie de alguna cosa. ‖ Echar por tierra, arruinar. ‖ Llenar o cubrir los ojos de lágri-

arroz

mas. Ú. t. c. prnl. ‖ intr. Tener algo o alguien un éxito extraordinario.

arrastrar. tr. Llevar a una persona o cosa por el suelo, tirando de ella. ‖ fig. Llevar uno tras sí, o traer a otro a su dictamen o voluntad. ‖ prnl. fig. Humillarse.

arrear. tr. Estimular a las bestias para que echen a andar o para que aviven el paso. ‖ Dar prisa, estimular. Ú. t. c. intr. ‖ Pegar o dar golpes. ‖ amer. Robar ganado.

arrebatar. tr. Quitar o tomar algo con violencia. ‖ Llevar tras sí o consigo con fuerza irresistible. ‖ fig. Sacar de sí, conmover poderosamente. Ú. t. c. prnl. ‖ prnl. Enfurecerse. ‖ Cocerse o asarse mal y precipitadamente un alimento por exceso de fuego.

arrechucho. m. fam. Ataque de cólera. ‖ fam. Indisposición repentina y pasajera.

arreciar. intr. y prnl. Irse haciendo cada vez más recia, fuerte o violenta alguna cosa.

arrecife. m. Banco o bajo en el mar, casi a flor de agua.

arredrar. tr. y prnl. Apartar, separar. ‖ fig. Retraer, hacer volver atrás; amedrentar, atemorizar.

arreglar. tr. y prnl. Ajustar, conformar. ‖ Componer, ordenar, concertar. ‖ Reparar algo roto o que no funciona. ‖ Solucionar, enmendar. ‖ Acicalar.

arremangar. tr. y prnl. Remangar.

arremeter. intr. Acometer con ímpetu y furia. ‖ Arrojarse con presteza.

arremolinarse. prnl. fig. Amontonarse o apiñarse desordenadamente las gentes.

arrendar. tr. Ceder o adquirir por precio el goce o aprovechamiento temporal de cosas, obras o servicios.

arrepentirse. prnl. Pesarle a uno de haber hecho o haber dejado de hacer alguna cosa.

arrestar. tr. Detener, poner preso. ‖ prnl. Determinarse, arrojarse a una acción o empresa ardua.

arriar. tr. Bajar las velas, las banderas, etc., que estén en lo alto.

arriba. adv. ‖ A lo alto, hacia lo alto. ‖ En lo alto, en la parte alta. ‖ En lugar anterior. ‖ En situación de superioridad. ‖ interj. Se emplea para animar a alguno a que se levante, a que suba, etc.

arribar. intr. Llegar la nave al puerto. ‖ Llegar por tierra a cualquier paraje. Ú. t. c. prnl. ‖ fig. y fam. Llegar a conseguir lo que se desea.

arriero. m. El que trajina con bestias de carga.

arriesgar. tr. y prnl. Poner a riesgo.

arrimar. tr. y prnl. Acercar o poner una cosa junto a otra. ‖ prnl. Apoyarse sobre algo, como para descansar o sostenerse. ‖ fig. Acogerse a la protección de alguien o de algo, valerse de ella.

arrinconar. tr. Poner algo en un rincón o lugar retirado. ‖ fig. Privar a uno del cargo o favor que gozaba; no hacer caso de él.

arritmia. f. Falta de ritmo regular. ‖ Irregularidad y desigualdad en las contracciones del corazón.

arrobar. tr. Embelesar. ‖ prnl. Enajenarse, quedar fuera de sí.

arrodillar. tr. Hacer que uno hinque la rodilla o ambas rodillas. ‖ prnl. e intr. Ponerse de rodillas.

arrogante. adj. Altanero, soberbio. ‖ Valiente, brioso. ‖ Gallardo, airoso.

arrojar. tr. Impulsar con violencia una cosa. ‖ Echar. ‖ fig. Tratándose de cuentas, documentos, etc., presentar, dar como resultado. ‖ fam. Vomitar. Ú. t. c. intr.

arrojo. m. fig. Osadía, intrepidez.

arrollar. tr. Envolver algo en forma de rollo. ‖ fig. Desbaratar o derrotar al enemigo. ‖ Atropellar, no hacer caso de leyes ni de otros miramientos. ‖ fig. Confundir, dejar a una persona sin poder replicar.

arropar. tr. y prnl. Cubrir o abrigar con ropa.

arroyo. m. Caudal corto de agua, casi continuo. ‖ Cauce por donde corre.

arroz. m. Planta herbácea que se cría en terrenos muy húmedos, y cuyo fruto es un grano oval, harinoso y blanco después de descascarillado, que, cocido, es alimento de mucho uso.

arruga. f. Pliegue que se hace en la piel. ‖ Pliegue deforme e irregular que se hace en la ropa o en cualquiera tela o cosa flexible.

arruinar. tr. y prnl. Causar ruina. ‖ Destruir, causar grave daño.

arrullo. m. Canto grave o monótono con que se enamoran las palomas y las tórtolas. ‖ Habla dulce con que se enamora a una persona. ‖ fig. Cantarcillo grave y monótono para adormecer a los niños.

arsenal. m. Establecimiento en que se construyen, reparan y conservan las embarcaciones. ‖ Almacén general de armas y otros efectos de guerra. ‖ Conjunto o depósito de noticias, datos, etc.

arte. amb. Aptitud e industria para hacer algo. ‖ Acto mediante el cual imita o expresa el hombre lo material o lo invisible, y crea copiando o fantaseando. ‖ Conjunto de reglas para hacer bien algo. ‖ Cautela, astucia.

artefacto. m. Obra mecánica hecha según arte. ‖ Artificio, máquina, aparato.

arteria. f. Vaso que lleva la sangre desde el corazón a las demás partes del cuerpo. ‖ Calle principal de una población.

artero, ra. adj. Mañoso, astuto, falso.

artesa. f. Cajón para amasar el pan, mezclar cemento, etc.

artesano, na. m. y f. Persona que hace por su cuenta y manualmente objetos a los que imprime un sello personal, a diferencia del obrero fabril. ‖ adj. Perteneciente o relativo a la artesanía.

ártico, ca. adj. Del polo Norte.

articulación. f. Enlace de dos partes de una máquina. ‖ Pronunciación de sonidos. ‖ Unión de un hueso con otro.

articular. tr. Unir, enlazar. Ú. t. c. prnl. ‖ Pronunciar las palabras claras y distintamente.

artículo. m. Parte de la oración que expresa el género y número del nombre. ‖ Mercancía con que se comercia. ‖ Cada una de las partes en que se divide un escrito, tratado, ley, etc. ‖ Escrito de

cierta extensión de un periódico o revista. ‖ Cada una de las divisiones de un diccionario encabezada por una voz.

artífice. com. Artista. ‖ Autor.

artificio. m. Arte o habilidad. ‖ Predominio de la elaboración artística sobre la naturalidad. ‖ Artefacto. ‖ fig. Disimulo, doblez.

artillería. f. Material de guerra que comprende cañones, morteros y otras máquinas. ‖ Cuerpo militar destinado a este servicio.

artilugio. m. Mecanismo, artefacto; suele usarse con sentido despectivo. ‖ Ardid o maña.

artimaña. f. Trampa. ‖ fam. Artificio.

artista. com. Persona que se dedica a algún arte. ‖ Persona que hace alguna cosa con suma perfección.

artritis. f. Inflamación de las articulaciones.

artrosis. f. Enfermedad crónica de las articulaciones.

arzobispo. m. Obispo de provincia eclesiástica de quien dependen otras sufragáneas.

as. m. Carta de la baraja o cara del dado que llevan el número uno. ‖ fig. Persona que destaca en su clase, profesión, etc.

asa. f. Asidero.

asador. m. Utensilio para asar. ‖ Varilla en que se clava y se pone al fuego lo que se quiere asar.

asadura. f. Conjunto de las entrañas del animal. Ú. t. en pl. ‖ Hígado.

asalariado, da. adj. y s. Que percibe un salario por su trabajo.

asaltar. tr. Acometer una fortaleza para conquistarla. ‖ Atacar a una persona. ‖ Robar. ‖ Acometer, sobrevenir, ocurrir de pronto alguna cosa; como una enfermedad, un pensamiento, etc.

asamblea. f. Reunión de personas para algún fin. ‖ Cuerpo político y deliberante, como el congreso o el senado.

asar. tr. Hacer comestible un manjar tostándolo al fuego. ‖ prnl. fig. Sentir extremado ardor o calor.

ascendencia. f. Serie de ascendientes o antecesores de una persona.

ascender. intr. Subir. || fig. Progresar en empleo o dignidad. || Importar una cuenta. || tr. Dar o conceder un ascenso.

ascendiente. com. Persona de quien desciende otra. || m. Influencia sobre otro.

ascenso. m. Subida. || fig. Mejora de categoría en un empleo.

ascensor. m. Aparato para subir o bajar en los edificios.

asco. m. Repugnancia producida por algo que incita a vómito. || fig. Impresión desagradable.

ascua. f. Pedazo de materia sólida candente.

asear. tr. y prnl. Limpiar, lavar.

asechanza. f. Engaño o artificio.

asediar. tr. Aislar con tropas un punto fortificado. || fig. Importunar.

asegurar. tr. Dejar firme y seguro. || Afirmar. || Poner a cubierto por un contrato mediante el cual una persona, natural o jurídica, previo pago de una prima, se obliga a resarcir las pérdidas o daños que ocurran a determinadas cosas.

asemejar. intr. Tener semejanza. || prnl. Mostrarse semejante.

asentaderas. f. pl. Nalgas.

asentar. tr. Poner en un asiento. Ú. m. c. prnl. || Tratándose de pueblos o edificios, situar, fundar. || Anotar algo para que conste. || prnl. Establecerse. || Posarse un líquido o fijarse un sólido.

asentir. intr. Admitir como cierto.

aseo. m. Limpieza, esmero, cuidado. || Cuarto de baño.

asepsia. f. Ausencia de microbios.

asequible. adj. Que puede conseguirse.

aserción. f. Acción y efecto de afirmar o par por cierta alguna cosa.

aserrar. tr. Cortar con sierra.

aserruchar. tr. amer. Cortar o dividir con serrucho la madera u otra cosa.

asesinar. tr. Matar con alevosía o premeditación.

asesorar. tr. Dar consejo o dictamen en materia de cierta dificultad. || prnl. Tomarlo.

asestar. tr. Dirigir o descargar contra un objetivo un proyectil o un golpe.

aseverar. tr. Afirmar o asegurar lo que se dice.

asexuado, da. adj. Sin sexo definido.

asexual. adj. Sin intervención del sexo.

asfalto. m. Betún negro, sólido, que se emplea en el pavimento de carreteras, aceras, etc.

asfixia. f. Suspensión de las funciones vitales por falta de respiración. || Sensación de agobio producida por el excesivo calor o por el enrarecimiento del aire.

así. adv. m. De esta o de esa manera. || adv. c. Tan. || conj. En consecuencia, por lo cual, de tal suerte que. || Aunque, por más que.

asiático, ca. adj. y s. De Asia.

asiduo, dua. adj. Frecuente, puntual, perseverante.

asiento. m. Lo que sirve para sentarse. || Emplazamiento. || Localidad de un espectáculo. || Poso, sedimento de un líquido. || Anotación en libros de contabilidad. || Partida de una cuenta.

asignar. tr. Señalar lo que corresponde a uno, fijar. || Nombrar para un cargo. || Destinar a un uso determinado.

asignatura. f. Cada una de las materias que se enseñan en un centro docente o de que consta una carrera o plan de estudios.

asilo. m. Refugio. || Establecimiento benéfico en que se recogen ancianos o desvalidos.

asimetría. f. Falta de simetría.

asimilar. tr. Asemejar. Ú. t. c. prnl. || Conceder a los individuos de una profesión derechos iguales a los de otra. || Apropiarse los organismos de las sustancias necesarias para su conservación o desarrollo. || Comprender lo que se aprende.

asir. tr. Tomar, agarrar. || prnl. Agarrarse a alguna cosa. || fig. Tomar ocasión o pretexto, aprovecharse.

asistenta. f. Mujer que sirve como criada en un casa sin residir en ella y que cobra generalmente por horas.

asistir. tr. Acompañar a alguien a un acto público. ‖ Servir interinamente un criado. ‖ Socorrer, ayudar. ‖ intr. Hallarse presente.

asma. f. Enfermedad de los bronquios, caracterizada por sofocaciones intermitentes.

asno. m. Animal más pequeño que el caballo y de orejas largas. ‖ fig. Persona bruta.

asociación. f. Conjunto de personas, animales o plantas. ‖ Sociedad, comunidad.

asocio. m. amer. Compañía, colaboración, asociación. Ú. m. en la loc. *en asocio.*

asolar. tr. Destruir. ‖ Secar los campos el calor, una sequía.

asomar. intr. Empezar a verse. ‖ Dejar entrever por una abertura, ventana, etc. Ú. t. c. prnl.

asombrar. tr. y prnl. fig. Causar gran admiración o extrañeza. ‖ Asustar.

asonancia. f. Correspondencia de un sonido con otro. ‖ En métrica, correspondencia de vocales a partir del último acento.

aspa. f. Cruz en forma de X. ‖ Mecanismo exterior del molino de viento.

aspaviento. m. Demostración aparatosa de un sentimiento.

aspecto. m. Apariencia, semblante.

áspero, ra. adj. De superficie desigual. ‖ fig. Desabrido, falto de afabilidad.

aspirar. tr. Atraer el aire exterior a los pulmones. ‖ Pretender, ansiar. ‖ Succionar el polvo con una máquina.

aspirina. f. Medicamento contra el dolor.

asqueroso, sa. adj. Repugnante.

asta. f. Palo de la bandera. ‖ Cuerno.

asterisco. m. Signo ortográfico (*) para notas aclaratorias.

asteroide. m. Planeta pequeño.

astigmatismo. m. Defecto visual por desigualdad en la curvatura del cristalino.

astil. m. Mango que tienen las hachas, azadas, picos y otros instrumentos semejantes. ‖ Barra horizontal, de cuyos extremos penden los platillos de la balanza.

astilla. f. Fragmento irregular de madera o mineral.

astillero. m. Lugar donde se construyen y reparan los buques.

astro. m. Cuerpo celeste. ‖ Persona que sobresale.

astrología. f. Pronóstico del porvenir mediante los astros.

astronauta. com. Tripulante de una astronave.

astronave. f. Vehículo destinado a la navegación espacial.

astronomía. f. Ciencia de los astros.

astuto, ta. adj. Hábil, sutil, sagaz.

asueto. m. Vacación corta.

asumir. tr. Tomar para sí. ‖ Aceptar.

asunto. m. Materia de que se trata. ‖ Tema o argumento de una obra. ‖ Negocio.

asustar. tr. y prnl. Causar susto.

atacar. tr. Acometer, embestir. ‖ Actuar una sustancia sobre otra.

atajo. m. Senda que abrevia el camino.

atalaya. f. Torre en lugar alto para vigilancia. ‖ Altura desde donde se descubre mucho espacio de tierra o mar.

atañer. intr. Corresponder, incumbir.

atar. tr. Sujetar con ligaduras. ‖ fig. Inmovilizar. ‖ fig. Relacionar. ‖ prnl. fig. Ceñirse o reducirse a una cosa o materia determinada.

atardecer. intr. e impers. Caer la tarde. ‖ m. Final de la tarde.

atarear. tr. Señalar tarea. ‖ prnl. Entregarse mucho al trabajo.

atasco. m. Impedimento, estorbo. ‖ Obstrucción de un conducto. ‖ Embotellamiento de vehículos.

ataúd. m. Caja donde se lleva un cadáver a enterrar.

atavío. m. Adorno; vestidura.

ateísmo. m. Negación de la existencia de Dios.

atemorizar. tr. y prnl. Acobardar, intimidar.

atemperar. tr. y prnl. Moderar, templar. ‖ Acomodar una cosa a otra.

atenazar. tr. fig. Hacer sufrir, atormentar.

atención. f. Interés. ‖ fig. Cuidado, esmero. ‖ Cortesía. ‖ pl. Negocios, ocupaciones. ‖ Cumplidos, miramientos.

atender. tr. e intr. Aplicar el entendimiento a un objeto. ‖ Tener en cuenta, escuchar. ‖ Cuidar.

ateneo. m. Asociación científica o literaria.

atenerse. prnl. Ajustarse, sujetarse a algo.

atentado. adj. m. Acto criminal contra el Estado o una autoridad y, p. ext., contra cualquier persona o cosa, con la finalidad de alterar el orden establecido. ‖ Acción contraria a un principio que se considera recto.

atentar. tr. Infringir, transgredir. ‖ intr. Cometer atentado.

atento. ta. adj. Que fija la atención en algo. ‖ Cortés, amable.

atenuar. tr. fig. Disminuir.

ateo, a. adj. y s. Que niega la existencia de Dios.

aterir. tr. y prnl. Pasmar de frío.

aterrar. tr. Aterrorizar. Ú. t. c. prnl.

aterrizar. intr. Posar en tierra un avión. ‖ fig. Caer al suelo. ‖ fig. Aparecer, presentarse una persona repentinamente en alguna parte.

aterrorizar. tr. y prnl. Causar terror.

atesorar. tr. Guardar cosas de valor. ‖ fig. Tener buenas cualidades.

atestar. tr. Llenar de algo alguna cosa.

atestiguar. tr. Declarar como testigo. ‖ Testimoniar.

atiborrar. tr. y prnl. Llenar algo en exceso. ‖ Atracar de comida.

ático, ca. adj. Del Ática o de Atenas. Ú. t. c. s. ‖ m. Dialecto de la lengua griega. ‖ Último piso de un edificio.

atinar. intr. Acertar.

atípico, ca. adj. Que no encaja en un tipo, modelo.

atisbar. tr. Observar.

atisbo. m. Conjetura.

atizar. tr. Remover el fuego. ‖ Avivar, estimular. ‖ fig. y fam. Pegar, golpear.

atlas. m. Libro de mapas geográficos o láminas.

atletismo. m. Práctica de ejercicios atléticos. ‖ Conjunto de normas que regulan las actividades atléticas.

atmósfera o **atmosfera.** f. Masa gaseosa que rodea la Tierra y, p. ext., de cualquier astro. ‖ fig. Ambiente.

atocinar. tr. Hacer los tocinos del cerdo y salarlos. ‖ prnl. fig. y fam. Irritarse.

atolladero. m. fig. Dificultad. ‖ Apuro.

atolondrar. tr. y prnl. Aturdir.

atómico, ca. adj. Relativo al átomo. ‖ Relacionado con los usos de la energía atómica o sus efectos.

atomizar. tr. Dividir en partes sumamente pequeñas, pulverizar.

átomo. m. Elemento primario de la composición química de los cuerpos. ‖ fig. Cualquier cosa muy pequeña.

atónito, ta. adj. Estupefacto, pasmado o espantado.

átono, na. adj. Sin acento prosódico. ‖ Sin fuerza.

atontar. tr. y prnl. Aturdir o atolondrar.

atorar. tr., intr. y prnl. Atascar, obstruir.

atormentar. tr. y prnl. Causar dolor. ‖ fig. Causar aflicción.

atornillar. tr. Sujetar con tornillos. ‖ Mantener obstinadamente a alguien en un sitio, cargo, etc. Ú. t. c. prnl.

atosigar. tr. y prnl., fig. Fatigar, apremiar.

atracar. tr. Arrimar una embarcación a tierra. ‖ Asaltar con propósito de robo. ‖ tr. y prnl., fam. Hartar de comida y bebida.

atraer. tr. Traer hacia sí. ‖ fig. Captar la voluntad.

atragantar. tr. y prnl. Atravesarse en la garganta. ‖ fig. y fam. Atascarse en la conversación.

atrancar. tr. Cerrar la puerta con tranca. ‖ Atascar, obstruir.

atrapar. tr. fam. Coger al que huye. ‖ fam. Agarrar.

atrás. adv. l. En o hacia la parte posterior.

atrasar. tr. Retardar. Ú. t. c. prnl. ‖ Hacer retroceder las agujas del reloj. ‖ intr. Señalar el reloj tiempo que ya ha pasado. Ú. t. c. prnl. ‖ prnl. Quedarse atrás. ‖ Dejar de crecer las personas, los animales y las plantas.

atravesar. tr. Poner algo de modo que pase de una parte a otra ‖ Pasar de parte a parte. ‖ Pasar circunstancialmente por una situación favorable o desfavorable. ‖ prnl. Interponerse. ‖ fig. Sentir antipatía.

atreverse. prnl. Osar.

atribuir. tr. Aplicar, conceder. Ú. t. c. prnl. ‖ Asignar algo a alguien como de su competencia. ‖ fig. Achacar, imputar.

atribular. tr. Causar tribulación. ‖ prnl. Padecerla.

atributo. m. Cualidad de un ser. ‖ En arte, símbolo que denota el carácter de las figuras. ‖ En gram., función que desempeña el adjetivo cuando se coloca en posición inmediata al sustantivo de que depende.

atril. m. Mueble en forma de plano inclinado para sostener libros o papeles abiertos.

atrincherar. tr. Fortificar una posición militar con trincheras. ‖ prnl. Ponerse en trincheras a cubierto del enemigo.

atrio. m. Patio interior por lo común cercado de pórticos. ‖ Espacio que hay delante de algunos templos y palacios. ‖ Zaguán.

atrofia. f. Falta de desarrollo de cualquier parte del cuerpo.

atronar. tr. Ensordecer con ruido.

atropellar. tr. Pasar precipitadamente por encima de alguna persona. ‖ Alcanzar violentamente un vehículo a alguien. ‖ fig. Proceder sin miramiento o respeto. ‖ prnl. fig. Precipitarse.

atroz. adj. Cruel, inhumano. ‖ fam. Muy grande o desmesurado.

atuendo. m. Atavío, vestido.

atufar. tr. y prnl. Oler mal. ‖ Marearse con el tufo.

aturdimiento. m. Perturbación de los sentidos.

aturdir. tr. y prnl. Causar aturdimiento. ‖ fig. Confundir, desconcertar.

aturrullar. tr. y prnl., fam. Confundir, turbar.

atusar. tr. y prnl. Recortar e igualar el pelo con tijeras. ‖ prnl. Acicalarse.

audaz. adj. Osado, atrevido.

audición. f. Acción de oír. ‖ Función del sentido del oído. ‖ Concierto público. ‖ Sesión de prueba de un artista.

audiencia. f. Acto de oír la autoridad a quien acude a ella. ‖ Tribunal de justicia de un territorio. ‖ Este mismo territorio y el edificio del tribunal. ‖ Conjunto de personas que en un momento dado atienden un programa de radio o televisión.

audífono. m. Aparato para oír mejor los sordos.

audiovisual. adj. Que se refiere conjuntamente al oído y a la vista.

auditor, ra. m. y f. Revisor de cuentas colegiado.

auditorio. m. Conjunto de oyentes. ‖ Sala destinada a conciertos, recitales, conferencias.

auge. m. Período o momento de mayor elevación o intensidad de un proceso o estado de cosas.

augurio. m. Presagio.

aula. f. Sala destinada a la enseñanza.

aullido. m. Voz triste y prolongada de algunos animales.

aumentar. tr. y prnl. Acrecentar. Ú. t. c. intr. ‖ Mejorar.

aun. adv. m. Incluso. ‖ conj. conc. Seguido de gerundio, aunque.

aún. adv. t. Todavía. ‖ adv. m. Denota ponderación.

aunar. tr. y prnl. Unir para algún fin.

aunque. conj. Denota una oposición no absoluta.

aupar. tr. y prnl. Levantar a una persona. ‖ fig. Ensalzar.

aura. f. Irradiación luminosa de ciertos seres. ‖ fig. Favor, aplauso, aceptación general.

áureo, a. adj. De oro.

aureola o **auréola.** f. Disco o círculo luminoso. ‖ fig. Fama de algunas personas por sus virtudes.

auricular. m. En los aparatos radiofónicos y telefónicos, pieza que se aplica a los oídos.

aurora. f. Claridad que precede a la salida del Sol.

auscultar. tr. Aplicar el oído o el estetoscopio a ciertos puntos del cuerpo humano a fin de explorar los sonidos normales o patológicos producidos en las cavidades del pecho o vientre.

ausente. adj. y s. Que no está presente. || com. Distraído.

auspicio. m. Agüero. || Protección, favor. || pl. Señales que presagian un resultado favorable o adverso.

austero, ra. adj. Severo, rígido. || Sobrio.

austral. adj. Relativo al polo y al hemisferio Sur.

australiano, na. adj. y s. De Australia.

austriaco, ca o **austríaco, ca.** adj. y s. De Austria.

auténtico, ca. adj. Acreditado. || Autorizado o legalizado.

auto. m. abr. de automóvil. || Resolución judicial. || pl. Conjunto de actuaciones de un procedimiento judicial.

autobiografía. f. Vida de una persona escrita por ella misma.

autobús. m. Vehículo de gran capacidad dedicado preferentemente al transporte urbano de viajeros.

autocar. m. Autobús para transporte entre distintas ciudades.

autóctono, na. adj. y s. Aborigen, originario del país en que vive.

autodidacto, ta. adj. y s. Que se instruye por sí mismo.

autoescuela. f. Escuela para enseñar a conducir automóviles.

autógrafo, fa. adj. y m. Se dice de lo escrito por la mano de su autor.

autómata. m. Máquina que imita los movimientos de un ser animado y, p. ext., persona que se mueve como un autómata. || fig. y fam. Persona que se deja dirigir por otra.

automático, ca. adj. Mecanismo que funciona por sí mismo. || Aparato que funciona por medios mecánicos. || fig. Maquinal. || m. Especie de corchete.

automóvil. adj. Que se mueve por sí mismo. || m. Vehículo movido por un motor de explosión.

autonomía. f. Condición de la persona que no depende de nadie. || Potestad que dentro del Estado goza un determinado territorio para regir su vida interior. || Ese mismo territorio. || Capacidad máxima de un vehículo para efectuar un recorrido sin repostar.

autopista. f. Carretera de alta velocidad con varios carriles para cada dirección y desviaciones a distinto nivel.

autopsia. f. Examen anatómico de un cadáver.

autor, ra. m. y f. Realizador de algo, especialmente el creador de una obra literaria o artística.

autoridad. f. Potestad, facultad de mandar y hacerse obedecer. || Persona que las ejerce. || Especialista en determinada materia.

autorizar. tr. Conceder permiso, poder o facultad. || Aprobar.

autorretrato. m. Retrato de una persona hecho por ella misma.

autoservicio. m. Lugar público en que el cliente se sirve solo.

autovía. f. Especie de autopista con desviaciones al mismo nivel.

auxiliar. tr. Socorrer, ayudar.

auxiliar. adj. y com. Que auxilia. || Se dice de verbos como *haber* y *ser* que sirven para conjugar los demás. || com. Empleado subalterno. || Profesor encargado de sustituir a los catedráticos.

aval. m. Firma al pie de un escrito por la que una persona responde de otra. || Escrito con ese mismo fin.

avanzar. intr. Ir hacia adelante. || Progresar.

avaro, ra. adj. y s. Que acumula dinero y no lo emplea. || fig. Tacaño, miserable.

avasallar. tr. Dominar, rendir o someter a obediencia.

avatar. m. Vicisitud. Ú. m. en pl.

ave. f. Animal vertebrado, de respiración pulmonar y sangre caliente, cuerpo cubierto de plumas y con dos alas aptas, por lo común, para el vuelo.

avejentar. tr. y prnl. Envejecer antes de tiempo.

avemaría. f. Oración cristiana.

avena. f. Planta que se cultiva para alimento de caballerías.

avenida. f. Crecida impetuosa de un río. || Calle muy ancha. || fig. Concurrencia de varias cosas.

avenir. tr. y prnl. Reconciliar. || prnl. Entenderse bien con alguien.

aventajar. tr. Dar, llevar o sacar ventaja. || prnl. Adelantarse.

aventar. tr. Echar al viento los granos que se limpian en la era.

aventura. f. Suceso extraño y peligroso. || Casualidad. || Empresa de resultado incierto. || Relación amorosa ocasional.

avergonzar. tr. Causar vergüenza. || prnl. Sentirla.

avería. f. Daño, deterioro que impide el funcionamiento de algo.

averiar. tr. y prnl. Dañar o deteriorar algo.

averiguar. tr. Buscar la verdad hasta descubrirla.

aversión. f. Asco, repugnancia.

aviación. f. Navegación aérea en aparatos más pesados que el aire. || Cuerpo militar que utiliza este medio.

aviar. tr. Disponer algo para el camino. || Arreglar, vestir. Ú. t. c. prnl.

ávido, da. adj. Ansioso, codicioso.

avieso, sa. adj. Torcido, malintencionado. || fig. Malvado.

avío. m. Preparativo. || Provisión de los pastores. || Conveniencia, interés personal. || pl. fam. Utensilios necesarios.

avión. m. Especie de vencejo. || Vehículo más pesado que el aire, provisto de alas, que vuela propulsado por uno o varios motores.

avisar. tr. Notificar, anunciar. || Advertir o aconsejar. || Llamar a alguien para que preste un servicio.

avispa. f. Insecto provisto de aguijón que vive en sociedad.

avispado, da. adj. fig. y fam. Vivo, despierto, agudo.

avistar. tr. Alcanzar con la vista.

avivar. tr. Excitar, animar. || fig. Hacer que arda más el fuego.

axila. f. Sobaco.

ayer. adv. t. En el día inmediatamente anterior al de hoy. || fig. Hace algún tiempo. || fig. En tiempo pasado. || m. Tiempo pasado.

ayo, ya. m. y f. Persona encargada de criar y educar a un niño.

ayudar. tr. Cooperar. || Auxiliar, socorrer. Ú. t. c. prnl. || Valerse de la ayuda de otro.

ayunar. intr. Abstenerse de comer o beber.

ayuntamiento. m. Corporación que administra el municipio. || Casa consistorial. || Acto sexual.

azada. f. Pala para remover la tierra.

azafata. f. Mujer que atiende al público en congresos, exposiciones, o a los pasajeros de un avión, tren, autobús, etc.

azafrán. m. Planta cuyos estigmas, de color rojo anaranjado, se usan para condimento.

azar. m. Casualidad.

azaroso, sa. adj. Incierto, agitado, desgraciado.

azorar. tr. y prnl. Turbar, sobresaltar, aturdir.

azoro. m. amer. Acción y efecto de azorar o azorarse.

azote. m. Instrumento de suplicio. || Golpe dado con el azote. || Golpe en las nalgas con la palma de la mano. || Golpe repetido del agua o del aire. || fig. Aflicción, calamidad. || fig. Persona extremadamente violenta.

azotea. f. Cubierta llana de un edificio. || fig. y fam. Cabeza.

azteca. adj. y com. Antiguo pueblo dominador del territorio conocido después con el nombre de México.

azúcar. amb. Cuerpo sólido de color blanco y sabor dulce, que se extrae de la caña en los países tropicales y de la remolacha en los templados.

azucena. f. Planta con tallo alto y flores muy olorosas.

azufre. m. Metaloide de color amarillo que por frotación se electriza fácilmente y da un olor agrio característico.

azul. adj. y s. Del color del cielo sin nubes.

azulejo. m. Ladrillo pequeño vidriado, de varios colores.

azuzar. tr. Incitar, achuchar a los perros para que embistan. ‖ fig. Irritar, estimular.

B

b. f. Segunda letra del abecedario español y primera de sus consonantes. Su nombre es *be*.

baba. f. Saliva espesa y abundante. ‖ Líquido viscoso segregado por algunos animales y plantas.

babero. m. Prenda que se pone a los niños sobre el pecho para evitar que se manchen.

babor. m. Lado izquierdo de la embarcación mirando de popa a proa.

babucha. f. Zapato ligero y sin tacón.

baca. f. Parte superior de los vehículos para llevar bultos.

bachata. f. amer. Juerga.

bache. m. Hoyo que se hace en el pavimento de calles o caminos. ‖ Interrupción accidental. ‖ Desigualdad de la densidad atmosférica que determina un momentáneo descenso del avión. ‖ Mal momento en la vida de una persona.

bachicha. com. amer. Apodo con que se designa al inmigrante italiano.

bachiller. com. Persona que ha obtenido el grado que se concede al terminar la segunda enseñanza. ‖ Persona que ha recibido el primer grado académico que se otorgaba antes a los estudiantes de facultad.

bacilo. m. Bacteria en forma de bastoncillo.

bacteria. f. Microorganismo vegetal, sin núcleo. Interviene en procesos como la fermentación y puede ser la causa de enfermedades infecciosas como el tifus, el cólera, etc.

báculo. m. Cayado.

badajo. m. Pieza que pende en el interior de las campanas, y con la cual se golpean éstas para hacerlas sonar.

badén. m. Zanja que forma en el terreno el paso de las aguas llovedizas. ‖ Cauce empedrado que se hace en una carretera para dar paso a un corto caudal de agua. ‖ Por ext., bache de la carretera.

bagaje. m. Equipaje. ‖ Conjunto de conocimientos o noticias de que dispone una persona.

bagatela. f. Cosa de poca sustancia y valor.

bagual, la. adj. amer. Incivil. ‖ amer. Potro o caballo no domado.

bahía. f. Entrada de mar en la costa, de extensión menor que el golfo.

bailar. intr. Mover el cuerpo al compás de la música. U. t. c. tr. ‖ Moverse una cosa sin salir de un espacio determinado. U. t. c. tr. ‖ Girar algo rápidamente en torno a su eje. ‖ Retozar. ‖ Llevar algo demasiado ancho.

baja. f. Disminución del precio. ‖ Pérdida o falta de un individuo. ‖ Cese de industrias o profesiones sometidas a impuesto. ‖ Formulario fiscal para tales declaraciones. ‖ Documento que acredita la baja laboral. ‖ Cese de una persona en un cuerpo, profesión, carrera, etc.

bajar. intr. Ir a lugar más bajo. Ú. t. c. prnl. ‖ Disminuirse. ‖ tr. Poner alguna cosa en lugar inferior. ‖ Rebajar el nivel. ‖ Apear. Ú. t. c. intr. y c. prnl. ‖ Inclinar hacia abajo. ‖ Disminuir la estimación, precio o valor de alguna cosa. ‖ fig. Humillar, abatir. Ú. t. c. prnl. ‖ Descender en el sonido desde un tono agudo a otro más grave. ‖ prnl. Inclinarse uno hacia el suelo.

bajel. m. Buque, barco.

bajo, ja. adj. De poca altura. ‖ Que está en lugar inferior. ‖ Inclinado hacia abajo. ‖ Hablando de colores, poco vivo. ‖ Se dice del oro y de la plata, cuando tienen sobrada liga. ‖ Humilde. ‖ Despreciable. ‖ Vulgar. ‖ Barato. ‖ m. Lugar hondo. ‖ Bajío. ‖ Casco de las caballerías. ‖ Voz e instrumento que produce sonidos más graves. ‖ Persona que tiene esa voz o toca ese instrumento. ‖ adv. Abajo. ‖ En voz baja o que apenas se oiga. ‖ prep. Debajo de.

bala. f. Proyectil de armas de fuego. ‖ Fardo.

balacera. f. amer. Tiroteo.

balada. f. Composición poética de tono sentimental.

baladí. adj. Insignificante, de poco valor.

balance. m. Movimiento que hace un cuerpo, inclinándose ya a un lado, ya a otro. ‖ fig. Vacilación, inseguridad. ‖ Confrontación del activo y el pasivo para averiguar el estado de un negocio.

balancear. intr. Dar o hacer balances. Ú. t. c. prnl. ‖ fig. Dudar. ‖ Poner en equilibrio.

balancín. m. Madero paralelo al eje de las ruedas delanteras de un carruaje. ‖ Palo largo que usan los volatineros para mantenerse en equilibrio. ‖ Columpio. ‖ Mecedora.

balanza. f. Instrumento que sirve para pesar.

balar. intr. Dar balidos.

balbucear. intr. Balbucir.

balbucir. intr. Hablar o leer con pronunciación dificultosa, trastocando a veces las letras o las sílabas.

balcón. m. Hueco abierto al exterior desde el suelo de la habitación, con barandilla saliente. ‖ Esta barandilla.

balda. f. Anaquel de armario o alacena.

baldar. tr. Privar una enfermedad o accidente el uso de algún miembro. Ú. t. c. prnl. ‖ Causar a uno gran contrariedad. ‖ Fallar en juegos de cartas.

balde. m. Cubo para sacar y transportar agua.

balde (de). loc. adv. Gratis. ‖ Sin motivo, sin causa.

baldío, a. adj. Terreno que no se labra. ‖ Vano, sin fundamento.

baldosa. f. Ladrillo para solar.

balido. m. Voz del carnero, el cordero, la oveja, la cabra, el gamo y el ciervo.

baliza. f. Señal fija o flotante que se pone de marca en el agua.

ballena. f. Mamífero cetáceo, el mayor de todos los animales conocidos, que llega a crecer hasta más de 30 m de longitud. Vive en todos los mares. ‖ Cada una de las láminas córneas y elásticas que tiene la ballena en la mandíbula superior.

ballesta. f. Máquina antigua de guerra para arrojar piedras o saetas gruesas. ‖ Arma portátil antigua, para disparar flechas, saetas y bodoques. ‖ Cada uno de los muelles en los que descansa la caja de los coches.

ballet. m. Espectáculo artístico constituido esencialmente por la unión de la música y el movimiento. ‖ Música que acompaña a este espectáculo.

balneario. m. Establecimiento de baños, especialmente los medicinales.

balompié. m. Fútbol.

balón. m. Pelota grande que se usa en varios deportes. ‖ Éste mismo deporte. ‖ Recipiente para contener cuerpos gaseosos.

baloncesto. m. Juego entre dos equipos de cinco jugadores cada uno, que valiéndose de las manos, tratan de introducir el balón en un aro al que se le llama cesto.

balonmano. m. Juego parecido al fútbol que se juega con las manos entre dos equipos de once o siete jugadores cada uno.

balsa. f. Charca. || Conjunto de maderas, que unidos, forman una superficie flotante.

bálsamo. m. Líquido aromático que fluye de ciertos árboles y que se espesa por la acción del aire. || Medicamento que se aplica como remedio en las heridas y llagas. || fig. Consuelo, alivio.

bambolear. intr. y prnl. Moverse a un lado y otro sin perder el sitio en que está.

banal. adj. Trivial, común, insustancial.

banana. f. Plátano.

bancal. m. Rellano de tierra que se aprovecha para algún cultivo. || Arena amontonada a la orilla del mar.

bancarrota. f. Quiebra comercial.

banco. m. Asiento en que pueden sentarse varias personas. || Establecimiento público de crédito. || Multitud de peces. || En los mares, ríos y lagos navegables, bajo que se prolonga en una gran extensión. || Tratándose de hielo, iceberg.

banda. f. Cinta ancha que se lleva atravesada desde un hombro al costado opuesto. || Lado. || Cuadrilla de gente armada. || Bandada, manada. || Grupo musical. || Todas las frecuencias comprendidas entre los límites definidos de frecuencia. || Cada una de las zonas delimitadas como tales en un campo deportivo.

bandada. f. Conjunto de aves que vuelan juntas y, p. ext., conjunto de peces. || Tropel o grupo bullicioso de personas.

bandazo. m. Tumbo o balanceo violento que da una embarcación hacia cualquiera de los dos lados. || Por ext., cualquier movimiento semejante a ese. || fig. Cambio inesperado de ideas, opiniones, etc.

bandear. tr. Atravesar, pasar de parte a parte; taladrar. || amer. Cruzar un río de una orilla a otra. || prnl. Saberse gobernar o ingeniar para satisfacer las

necesidades de la vida o para salvar otras dificultades.

bandeja. f. Pieza plana o algo cóncava, para servir, presentar o depositar cosas. || Pieza movible, en forma de caja descubierta y de poca altura, que divide horizontalmente el interior de un baúl, maleta, etc.

bandera. f. Tela cuadrada o rectangular, que se asegura por uno de sus lados a un asta o a una driza, y se emplea como insignia y señal.

banderilla. f. Palo delgado armado de un arponcillo que usan los toreros para clavarlo en la cerviz de los toros.

bandido, da. m. y f. Bandolero, salteador. || Persona perversa.

bando. m. Edicto. || Facción, partido.

bandolera. f. Correa que cruza por el pecho y la espalda y que lleva un gancho para colgar un arma de fuego.

bandolero. m. Ladrón, salteador de caminos. || Bandido.

bangaña. f. amer. Vasija tosca elaborada con la cáscara de ciertas frutas.

banqueta. f. Asiento pequeño y sin respaldo. || Banco corrido.

banquete. m. Comida para celebrar algo. || Comida espléndida.

banquillo. m. Asiento en que se coloca el procesado ante el tribunal.

bañador. m. Prenda o conjunto de prendas para bañarse. || Traje de baño femenino de una sola pieza.

bañar. tr. Meter el cuerpo o parte de él en agua o en otro líquido. Ú. t. c. prnl. || Sumergir algo en un líquido. || Humedecer, regar o tocar el agua del mar, de un río, etc. || Cubrir algo con una capa de otra sustancia. || Tratándose del sol, la luz o el aire, dar de lleno.

bañera. f. Baño, pila.

baño. m. Acción y efecto de bañar o bañarse. || Acción y efecto de someter al cuerpo o parte de él al influjo intenso o prolongado de un agente físico (calor, frío, vapor, sol, etc.). || Agua o líquido para bañarse. || Pila que sirve para bañar o lavar el cuerpo o parte de él. || Cuarto de baño. || Sitio donde hay aguas para bañarse. ‖ Capa de materia extraña con que queda cubierto lo bañado. ‖ pl. Lugar con aguas medicinales.

bar. m. Establecimiento de bebidas. ‖ Baro, unidad de medida de la presión atmosférica; equivale a 100 millones de pascales.

barahúnda. f. Ruido y confusión grandes.

baraja. f. Conjunto de naipes que sirven para varios juegos.

baranda. f. Barandilla. ‖ Borde o cerco que tienen las mesas de billar.

barandilla. f. Antepecho compuesto de balaustres y pasamanos.

baratija. f. Cosa menuda y de poco valor. U. m. en pl.

barato, ta. adj. Se dice de cualquier cosa de bajo precio. ‖ fig. Que se logra con poco esfuerzo. ‖ m. Venta a bajo precio. ‖ adv. Por poco precio.

barba. f. Parte de la cara, debajo de la boca. ‖ Pelo que nace en esta parte de la cara y en los carrillos. Ú. t. en pl. ‖ Este mismo pelo crecido. ‖ Mechón de pelo que crece en la quijada inferior del ganado cabrío.

barbacoa. f. Parrilla usada para asar al aire libre carne o pescado.

barbarie. f. fig. Rusticidad, falta de cultura. ‖ fig. Fiereza, crueldad.

barbarismo. m. Vicio del lenguaje, que consiste en pronunciar o escribir mal las palabras, o en emplear vocablos impropios.

bárbaro, ra. adj. Individuo de cualquiera de los grupos de pueblos que en el s. v invadieron el imperio romano y se extendieron por la mayor parte de Europa. Ú. t. c. s. ‖ Relativo a los bárbaros. ‖ fig. Fiero, cruel. ‖ Estupendo.

barbecho. m. Tierra de labranza que no se siembra durante uno o más años.

barbilampiño. adj. Que no tiene barba, o tiene poca.

barbilla. f. Punta o remate de la barba. ‖ Papada. ‖ Apéndice carnoso que tienen algunos peces en la parte inferior de la cabeza.

barbitúrico, ca. adj. ácido orgánico cristalino cuyos derivados tienen propiedades hipnóticas y sedantes. En dosis excesivas poseen acción tóxica.

barca. f. Embarcación pequeña.

barco. m. Vehículo flotante que se utiliza para transportar por el agua personas, animales o cosas.

baremo. m. Conjunto de normas establecidas convencionalmente para evaluar los méritos personales, la solvencia de las empresas, etc. ‖ Cuaderno o tabla de cuentas ajustadas. ‖ Lista o repertorio de tarifas.

barítono. m. Voz media entre la de tenor y la de bajo. ‖ El que tiene esta voz.

barniz. m. Disolución de una o más resinas en un líquido que al aire se volatiliza o se deseca. ‖ Baño que se da al barro, loza y porcelana. ‖ fig. Noción superficial de una ciencia.

barómetro. m. Instrumento para determinar la presión atmosférica.

barón, esa. m. y f. Título nobiliario, que en España es inmediatamente inferior al de vizconde. ‖ f. Mujer del barón.

barquillo. m. Hoja delgada de pasta de harina sin levadura y azúcar, generalmente en forma de canuto.

barra. f. Pieza generalmente prismática o cilíndrica y más larga que gruesa. ‖ Pieza de pan de forma alargada. ‖ Mostrador de un bar. ‖ Banco de arena o piedras en el mar. ‖ En música, línea que corta el pentagrama para separar los compases.

barraca. f. Albergue construido toscamente. ‖ Vivienda rústica de las huertas de Valencia y Murcia, con cubierta de cañas. ‖ amer. Edificio en que se almacenan cueros, lanas, maderas, etc.

barracón. m. Caseta tosca.

barragana. f. Concubina.

barranco. m. Despeñadero, precipicio. ‖ Erosión producida en la tierra por las corrientes de aguas de lluvia.

barrendero, ra. m. y f. Persona que tiene por oficio barrer.

barreño, ña. m. y f. Vasija de barro más ancha por la boca que por la base.

‖ Por. ext., cualquier recipiente de forma análoga realizado en otro material.

barrer. tr. Limpiar el suelo con la escoba. ‖ fig. Llevarse todo lo que había en alguna parte.

barrera. f. Valla, obstáculo. ‖ Parapeto. ‖ Antepecho de las plazas de toros. ‖ En las mismas plazas, primera fila de ciertas localidades.

barricada. f. Parapeto improvisado para defenderse de algo.

barriga. f. Vientre. ‖ fig. Parte abultada de una vasija, columna, etc.

barril. m. Vasija de madera, de tamaño variable, que sirve para conservar y transportar diferentes licores y géneros.

barrio. m. Parte de una población. ‖ Arrabal. ‖ Grupo de casas o aldea dependiente de otra población.

barrito. m. Berrido del elefante.

barro. m. Masa que resulta de la mezcla de tierra y agua. ‖ Lodo que se forma cuando llueve. ‖ Granillo que sale en el rostro.

barroco, ca. adj. Se dice del estilo artístico desarrollado en Europa y América durante los s. XVII y XVIII, que se caracteriza por la profusión de adornos en que predomina la línea curva. Ú. t. c. m. ‖ Se apl. a lo excesivamente recargado en adornos.

barrote. m. Barra gruesa. ‖ Barra de hierro para afianzar o reforzar algo.

barruntar. tr. Conjeturar, presentir.

barullo. m. fam. Confusión, desorden.

basar. tr. Asentar algo sobre una base. ‖ fig. Fundar, apoyar. Ú. t. c. prnl.

basca. f. Náusea, desazón en el estómago. U. m. en pl. ‖ fig. Ímpetu colérico o muy precipitado, en una acción o en un asunto. ‖ fam. Pandilla de amigos.

báscula. f. Balanza para grandes pesos.

bascular. intr. Moverse un cuerpo de un lado a otro girando sobre un eje vertical. ‖ En algunos vehículos de transporte, inclinarse la caja para que la carga resbale por su propio peso.

base. f. Fundamento o apoyo principal. ‖ Basa. ‖ Línea o superficie en que

descansa una figura. ‖ En una potencia, cantidad que ha de multiplicarse por sí misma tantas veces como indica el exponente. ‖ En quím., cuerpo orgánico o inorgánico, que tiene la propiedad de combinarse con los ácidos para formar sales. ‖ Instalación en que se guarda material bélico o se entrena parte de un ejército.

basilisco. m. Animal fabuloso, al que se atribuía la propiedad de matar con la vista. ‖ Reptil saurio. ‖ fig. Hombre furioso o dañino.

bastar. intr. Ser suficiente. Ú. t. c. prnl. ‖ Abundar.

bastardilla. adj. y f. Letra cursiva.

bastardo, da. adj. y s. Que degenera de su origen o naturaleza. ‖ Se dice del hijo natural o nacido fuera del matrimonio.

bastidor. m. Armazón de madera o metal para fijar lienzos, vidrios, etc. ‖ Armazón sobre el que se instala la decoración teatral. ‖ Armazón metálica que soporta la caja de un vehículo.

bastión. m. Baluarte.

basto. m. Cualquiera de los naipes del palo de bastos. ‖ pl. Uno de los cuatro palos de la baraja española.

basto, ta. adj. Tosco, áspero, sin pulimentar. ‖ Inculto, ordinario.

bastón. m. Vara con puño y contera para apoyarse al andar. ‖ Insignia de mando o de autoridad.

basura. f. Inmundicia, suciedad. ‖ Desecho, residuos. ‖ Persona o cosa despreciable. ‖ Estiércol de las caballerías.

bata. f. Prenda para estar en casa o para trabajar.

batacazo. m. Golpe fuerte y ruidoso que da alguna persona cuando cae. ‖ Caída.

batalla. f. Combate de un ejército con otro. ‖ Justa, torneo. ‖ fig. Lucha, pelea.

batata. f. Planta con tubérculos parecidos a las patatas. ‖ Tubérculo comestible de las raíces de esta planta.

batería. f. Conjunto de piezas de artillería. ‖ Unidad de tiro de artillería. ‖ Obra de fortificación. ‖ Conjunto de cañones de los barcos de guerra. ‖ Conjunto de instrumentos de percusión de una banda u orquesta. || Acumulador de electricidad. || Conjunto de utensilios de cocina. || com. Persona que toca la batería en un grupo musical.

batiborrillo o **batiburrillo.** m. Mezcla de cosas.

batir. tr. Dar golpes. || Derribar una pared, un edificio. || Dar en una pared el sol, el agua o el aire. || Mover con fuerza algo. || Revolver alguna cosa para que se condense o para que se disuelva. || Martillar una pieza de metal hasta reducirla a chapa. || Peinar el pelo hacia arriba. || Derrotar al enemigo. || Reconocer, explorar. || Vencer a un contrincante. || prnl. Combatir.

batuta. f. Varita con que el director de orquesta indica el compás.

baúl. m. Arca, cofre.

bautismo. m. Sacramento de la Iglesia que confiere el carácter de cristiano.

baya. f. Fruto carnoso, jugoso, cuyas semillas están rodeadas de pulpa, como la uva, la grosella y otros.

bayeta. f. Tela de lana, floja y poco tupida. || Paño para fregar.

bayoneta. f. Arma blanca que se ajusta en boca del fusil.

bayunco, ca. adj. amer. Rústico, grosero.

baza. f. Número de cartas que en ciertos juegos de naipes recoge el que gana. || Oportunidad.

bazar. m. En Oriente, mercado público. || Tienda donde se venden mercancías diversas.

bazofia. f. Mezcla de heces o sobras de comida. || fig. Cosa mala, despreciable.

bazo, za. adj. De color moreno y que tira a amarillo. || m. Víscera de los vertebrados, situada a la izquierda del estómago.

be. f. Nombre de la letra *b*. || Onomatopeya de la voz del carnero, de la oveja y de la cabra. || m. Balido.

beato, ta. adj. Feliz, bienaventurado. || Se dice de la persona beatificada. Ú. m. c. s. || Piadoso. || fig. Que finge virtud. Ú. t. c. s.

bebé. m. Niño muy pequeño.

bebedizo, za. adj. Potable. || m. Bebida medicinal. || Filtro, elixir.

beber. tr. e intr. Ingerir un líquido. || fig. Informarse, recibir opiniones, ideas, etc. || intr. Ingerir bebidas alcohólicas. || Brindar.

bebida. f. Líquido que se bebe.

beca. f. Faja de paño que se usa como insignia. || Plaza o prebenda de colegial. || fig. Ayuda económica para cursar estudios.

becerro, rra. m. y f. Cría de la vaca menor de un año. || m. Piel de ternero o ternera curtida.

bedel, la. m. y f. Empleado subalterno de los establecimientos de enseñanza y otros centros oficiales.

beige. adj. y m. Color café con leche; pajizo, amarillento.

béisbol. m. Juego de pelota entre dos equipos, en el que los jugadores han de recorrer ciertos puestos o bases de un circuito.

beldad. f. Belleza. || Persona muy bella.

belén. m. fig. Nacimiento, representación del de Jesucristo. || fig. y fam. Confusión, desorden.

belga. adj. y s. De Bélgica.

bélico, ca. adj. Relativo a la guerra.

beligerante . adj. y com. Se apl. a la potencia, Estado, grupo que está en guerra, o que está de parte de alguno de los contendientes. Ú. m. en pl. || Belicoso.

bellaco, ca. adj. y s. Ruin, villano, pícaro. || Astuto.

bello, lla. adj. Que agrada a los sentidos. || Bueno, excelente.

bemba. f. amer. Boca de labios gruesos y abultados.

bendecir. tr. Alabar, ensalzar. || Consagrar al culto divino una cosa. || Formar cruces en el aire con la mano extendida.

beneficio. m. Bien que se hace o se recibe. || Utilidad, provecho, ganancia. || Labor y cultivo que se da a los campos. || Derecho que corresponde a uno por ley o privilegio.

beneplácito. m. Aprobación, permiso. || Complacencia.

benevolencia. f. Simpatía y buena voluntad.

bengala. f. Fuego artificial que al arder produce chispas de distintos colores.

benigno, na. adj. Afable, benévolo, piadoso. || Templado, apacible.

benjamín, na. m. y f. Hijo menor. || Persona de menor edad en cualquier grupo.

beodo, da. adj. y s. Embriagado, borracho, ebrio.

berenjena. f. Planta solanácea, de fruto aovado de piel morada, comestible.

bergantín. m. Buque de dos palos y velas cuadradas.

berlina. f. Coche cerrado, de dos asientos comúnmente.

bermejo, ja. adj. Rubio, rojizo.

bermudas. adj. y m. pl. Pantalón ajustado que llega hasta la rodilla.

berrido. m. Voz del becerro y otros animales. || fig. Grito estridente.

berrinche. m. fam. Rabieta, enojo grande.

berzotas. com. fig. Persona ignorante o necia.

besar. tr. Tocar o acariciar con los labios, en señal de saludo, amistad o reverencia. || fig. y fam. Tropezar.

bestia. f. Animal cuadrúpedo, especialmente el doméstico de carga. || com. fig. Persona ruda e ignorante.

betún. m. Nombre genérico de varias sustancias, compuestas de carbono e hidrógeno, que se encuentran en la naturaleza y arden con llama, humo espeso y olor peculiar. || Crema o líquido para lustrar el calzado.

biberón. m. Utensilio para la lactancia artificial.

biblia. f. Conjunto de los libros del Antiguo y Nuevo Testamento.

bibliografía. f. Descripción, conocimiento de libros, de sus ediciones, etc. || Relación de libros o escritos referentes a una materia determinada.

biblioteca. f. Local donde se tiene considerable número de libros ordenados para su lectura o consulta. || Colección de libros. || Mueble para colocar libros.

bicarbonato. m. Sal formada por una base y por ácido carbónico en doble cantidad que en los carbonatos neutros. El bicarbonato sódico es muy utilizado para neutralizar la acidez gástrica y facilitar la digestión.

bíceps. adj. Se dice de los músculos pares que tienen por arriba dos porciones o cabezas, especialmente el del brazo. Ú. t. c. s.

bicho. m. Animal pequeño. || Toro de lidia. || Animal doméstico. || fig. Persona mala.

bicicleta. f. Vehículo de dos ruedas iguales. La delantera es directriz y la trasera motriz.

bicoca. f. fig. y fam. Ganga.

bidé. m. Lavabo de asiento.

bidón. m. Recipiente con cierre hermético para transportar líquidos.

biela. f. Barra que en las máquinas transforma un movimiento de vaivén en otro de rotación, o viceversa.

bien. m. Lo que en sí mismo tiene el complemento de la perfección, o lo que es objeto de la voluntad. || Objeto que satisface una necesidad. || Lo que enseña la moral se debe hacer, o lo que es conforme al deber. || Utilidad, beneficio. || adj. De buena posición social. || adv. m. Perfecta o acertadamente. || Con gusto, de buena gana. || Sin inconveniente o dificultad. || Sano. || Mucho, muy. || Repetido, hace las veces de conj. distributiva. || m. pl. Hacienda, riqueza.

bienaventurado, da. adj. Afortunado, feliz. || irón. Cándido. Ú. t. c. s.

bienestar. m. Comodidad. || Abundancia, riqueza.

bienhechor, ra. adj. Que hace el bien. || Protector.

bienio. m. Tiempo de dos años.

bienvenida. f. Venida o llegada feliz. || Parabién.

bife. m. amer. Trozo de carne que se sirve asada o a la plancha. || amer. Bofetada.

bifurcarse. prnl. Dividirse en dos ramales, brazos o puntas.

bigamia. f. Estado del hombre o mujer casados con dos personas al mismo tiempo.

bigardo, da. adj. y s. Vago, vicioso.

bilateral. adj. Relativo a ambos lados. || Se dice del acuerdo, contrato, o negociación en que intervienen dos partes.

bilingüismo. m. Uso habitual de dos lenguas en una misma región.

bilis. f. Humor amargo, de color amarillo o verdoso, segregado por el hígado.

billar. m. Juego que se ejecuta impulsando con tacos bolas de marfil en una mesa rectangular forrada de paño, rodeada de barandas elásticas y sin troneras o sin ellas. || Mesa en que se juega. || Lugar donde está el billar.

billete. m. Carta breve. || Tarjeta que da derecho para entrar u ocupar asiento en alguna parte o para viajar en un vehículo. || Cédula que acredita participación en una rifa o lotería. || Cédula impresa que representa cantidades de dinero en metálico.

billón. m. Un millón de millones, que se expresa por unidad seguida de doce ceros. || En EE. UU., Italia y algún otro país, un millar de millones.

binario, ria. adj. Compuesto de dos elementos, unidades o guarismos.

bingo. m. Juego de azar parecido a la lotería con cartones. || Premio que se entrega al ganador. || Sala donde se juega.

binóculo. m. Anteojo con lentes para ambos ojos.

binomio. m. Expresión compuesta de dos términos algebraicos separados por los signos de suma o resta.

biodegradable. adj. Se dice de las sustancias que se descomponen por un proceso natural biológico.

biografía. f. Historia de la vida de una persona.

biología. f. Ciencia que trata de los seres vivos, considerándolos en su doble aspecto morfológico y fisiológico.

biombo. m. Mampara compuesta de varios bastidores articulados.

biopsia. f. Procedimiento de investigación clínica que consiste en separar del organismo vivo una porción de un órgano determinado para practicar su examen histológico.

biosfera. f. Conjunto de los medios en que se desenvuelve la vida vegetal y animal. || Conjunto que forman los seres vivos con el medio en que se desarrollan.

bípedo, do o **bípede.** adj. y s. De dos pies.

biquini. m. Bañador de mujer de dos piezas de reducidas dimensiones.

birlar. tr. Matar, derribar. || Quitar algo, robar.

birria. f. Mamarracho, adefesio. || Persona o cosa de poco valor o importancia.

bis. adv. c. Se emplea para dar a entender que una cosa debe repetirse o está repetida.

bisabuelo, la. m. y f. Respecto de una persona, el padre o la madre de su abuelo o de su abuela.

bisagra. f. Herraje de dos piezas que permite el giro de puertas y ventanas.

bisbisar o **bisbisear.** tr. fam. Musitar.

bisexual. adj. y s. Hermafrodita. || Se dice de la persona que mantiene relaciones sexuales con personas de su mismo sexo o del contrario, indistintamente.

bisiesto. adj. y m. Se dice del año de 366 días. Excede del común en un día, que se añade al mes de febrero. Se repite cada cuatro años.

bisnieto, ta. m. y f. Respecto de una persona, hijo o hija de su nieto o de su nieta.

bisojo, ja. adj. y s. Persona que padece estrabismo.

bisoñé. m. Peluca que cubre sólo la parte anterior de la cabeza.

bisoño, ña. adj. y s. Soldado o tropa nuevos. || fig. y fam. Nuevo, inexperto.

bisturí. m. Instrumento cortante usado en cirugía.

bisutería. f. Industria que produce objetos de adorno, hechos de materiales no preciosos. || Local o tienda donde se venden dichos objetos. || Estos mismos objetos.

bitácora. f. Armario situado cerca del timón, en que se pone la brújula.

bizantino, na. adj. De Bizancio. ‖ fig. Se dice de las discusiones baldías o demasiado sutiles.

bizarría. f. Gallardía, valor. ‖ Generosidad, lucimiento.

bizco, ca. adj. Bisojo. Ú. t. c. s. ‖ Se dice del ojo y de la mirada torcidos.

bizcocho. m. Pan sin levadura que se cuece dos veces para que se seque y dure mucho. ‖ Masa de harina, huevos y azúcar cocida al horno.

biznieto, ta. m. y f. Bisnieto.

blanco, ca. adj. De color de nieve o leche. Es el color de la luz solar, no descompuesta en los colores del espectro. Ú. t. c. s. ‖ De color más claro que otras cosas de la misma especie. ‖ Se dice de la raza europea o caucásica. Ú. t. c. s. ‖ m. Objeto para ejercitarse en el tiro y puntería. ‖ Intermedio entre dos cosas.

blandir. tr. Mover un arma u otra cosa con movimiento oscilante o vibratorio.

blando, da. adj. Tierno, suave, que cede fácilmente al tacto. ‖ fig. Falto de violencia, fuerza o intensidad. ‖ Benévolo, falto de energía o severidad. ‖ Débil de carácter.

blasfemia. f. Palabra o expresión injuriosa contra Dios o las personas o cosas sagradas. ‖ fig. Injuria grave contra una persona.

blasón. m. Arte de explicar y describir los escudos de armas. ‖ Figura de un escudo. ‖ Escudo de armas. ‖ Honor, fama.

bledo. m. fig. Cosa insignificante, de poco o ningún valor.

blindar. tr. Revestir con chapas metálicas de protección.

bloc. m. Conjunto de hojas de papel en blanco.

blondo, da. adj. Rubio, claro. ‖ f. Encaje de seda.

bloque. m. Trozo grande de piedra u hormigón. ‖ Conjunto de hojas de papel superpuestas y pegadas por uno de sus cantos. ‖ Agrupación ocasional de partidos políticos. ‖ Manzana de casas. ‖ En los motores de explosión, pieza de fundición en cuyo interior se ha labrado el cuerpo de uno o varios cilindros. ‖ Conjunto de países que, en torno a otro de mayor ascendencia mundial, mantienen características ideológicas, políticas, militares o económicas comunes.

bloquear. tr. Cortar las comunicaciones de una ciudad, puerto, territorio, etc. ‖ Detener, frenar el funcionamiento de un mecanismo o el desarrollo de un proceso. ‖ Interrumpir la prestación de un servicio por la interposición de un obstáculo o por el exceso de demanda. ‖ Inmovilizar la autoridad una cantidad, cuenta o crédito.

blusa. f. Prenda de vestir, amplia y con mangas, que cubre la parte superior del cuerpo.

boato. m. Ostentación, lujo.

bobina. f. Carrete. ‖ Rollo de hilo, cable, papel, etc. ‖ Cilindro de hilo conductor devanado. ‖ Rollo de papel continuo que emplean las rotativas. ‖ Cilindro con dos discos laterales, en el que se enrolla la película cinematográfica.

bobo, ba. adj. y s. De poco entendimiento y capacidad. ‖ Candoroso.

boca. f. Órgano del aparato digestivo de los animales, destinado a la recepción del alimento. ‖ Pinza de las patas delanteras de los crustáceos. ‖ Parte afilada de algunas herramientas. ‖ fig. Entrada o salida. ‖ fig. Abertura, agujero.

bocacalle. f. Entrada de una calle.

bocadillo. m. Panecillo partido longitudinalmente en dos mitades y relleno con algún manjar. ‖ Pompa o globo que sale de la boca de los personajes de cómics y tebeos y que contiene sus palabras o pensamientos. ‖ amer. Dulce que en unas partes se hace de coco y en otras de batata.

bocado. m. Cantidad de comida que cabe de una vez en la boca. ‖ Un poco de comida. ‖ Mordisco. ‖ Pedazo de cualquier cosa que se arranca con la boca. ‖ Freno de las caballerías.

bocajarro (a). loc. adv. A quemarropa, desde muy cerca. ‖ fig. De improviso, inopinadamente.

bocanada. f. Cantidad de aire, humo o líquido que se toma en la boca de una vez. ‖ Por ext., cualquier porción de humo, aire, etc., que sale o entra de alguna abertura.

bocera. f. Suciedad que queda pegada en los labios después de comer o beber. ‖ pl. com. Bocazas, persona habladora y jactanciosa.

boceto. m. Esbozo o bosquejo que hace el artista antes de empezar una obra, que sirve de base a la definitiva. ‖ fig. Esquema, croquis.

boche. f. amer. Desaire. ‖ amer. Pelea, pendencia. ‖ amer. Fiesta bulliciosa.

bochinche. m. Tumulto, barullo.

bochorno. m. Aire caliente en el estío. ‖ Calor sofocante. ‖ Sofocación. ‖ fig. Rubor, vergüenza.

bocina. f. Instrumento de metal, en forma de trompeta, para hablar a distancia. ‖ Aparato acústico de los automóviles. ‖ Pabellón de los gramófonos. ‖ Caracola que sirve de bocina.

boda. f. Casamiento y fiesta con que se solemniza. Ú. m. en pl.

bodega. f. Lugar donde se guarda y cría el vino. ‖ Almacén o tienda de vinos. ‖ Cosecha o mucha abundancia de vino. ‖ Despensa. ‖ Granero. ‖ Espacio interior de los buques.

bodrio. m. Caldo con algunas sobras de sopa, mendrugos, verduras y legumbre. ‖ Guiso mal aderezado. ‖ Cosa mal hecha.

bofetada. f. Golpe que se da en el carrillo con la mano abierta. ‖ fig. Desaire, ofensa.

bogar. intr. Remar.

bohemio, mia. adj. y s. De Bohemia. ‖ Gitano. ‖ Se dice de la persona inconformista, que lleva una vida libre y no convencional. ‖ Se apl. también a este tipo de vida. Ú. t. c. f.

boicot o **boicoteo.** m. Presión que se ejerce sobre una persona o entidad suprimiendo o dificultando cualquier relación con ella.

boina. f. Gorra sin visera, redonda y chata.

bola. f. Cuerpo esférico. ‖ Juego que consiste en tirar con la mano una bola de hierro. ‖ En algunos juegos de naipes, lance que consiste en hacer uno todas las bazas. ‖ Canica. ‖ fig. y fam. Embuste, mentira.

boleadoras. f. pl. Conjunto de dos o tres bolas de piedra u otra materia pesada, usado en América del Sur para cazar animales.

bolera. f. Lugar destinado al juego de bolos.

bolero, ra. adj. y s. fig. y fam. Que dice muchas mentiras. ‖ m. y f. Bailarín de bolero. ‖ m. Canción melódica lenta, de tema amoroso, originaria de las Antillas. ‖ Baile popular español. ‖ Música y canto de este baile. ‖ Chaquetilla corta de señora.

boletería. f. amer. Taquilla, casillero o despacho de billetes.

boletín. m. Publicación especial de asuntos científicos, artísticos, históricos o literarios.

boleto. m. amer. Billete.

boliche. m. Bola pequeña. ‖ Juego de bolos. ‖ Bolera. ‖ amer. Establecimiento comercial de poca importancia, especialmente en el que se despachan y consumen bebidas y comestibles.

bólido. m. Masa mineral que atraviesa rápidamente la atmósfera y suele estallar en pedazos. ‖ fig. Automóvil que alcanza gran velocidad, especialmente el que participa en carreras.

bolígrafo. m. Utensilio para escribir cargado con tinta especial y una bolita metálica en la punta.

bolilla. f. amer. Bola pequeña numerada que se usa en los sorteos. ‖ amer. Cada uno de los temas numerados en que se divide el programa de una materia para su enseñanza.

boliviano, na. adj. y s. De Bolivia.

bollo. m. Pieza esponjosa de varias formas y tamaños, hecha con masa de harina y agua y cocida al horno. ‖ Abolladura. ‖ fig. Hinchazón.

bolo. m. Trozo de palo labrado, con base plana. ‖ pl. Juego que consiste en derribar con bolas los palos llamados bolos.

bolsa. f. Especie de saco que sirve para llevar o guardar algo. || Saquillo en el que se echaba dinero. || Cierta arruga del vestido. || Reunión oficial de los que operan con efectos públicos. || Lugar donde se celebran estas reuniones.

bolsear. tr. amer. Quitarle a uno furtivamente algo de valor.

bolsillo. m. Bolsa en que se guarda el dinero. || Saquillo cosido en los vestidos y que sirve para meter en él algunas cosas usuales. || fig. Caudal de una persona.

bolso. m. Bolsillo del dinero y de la ropa. || Bolsa de mano frecuentemente pequeña, en general usada por las mujeres para llevar dinero, documentos, objetos de uso personal, etc.

bomba. f. Máquina para elevar un líquido. || Proyectil esférico, hueco y lleno de pólvora, que se dispara con mortero por elevación. || Cualquier pieza hueca, llena de materia explosiva y provista del artificio necesario para que estalle en el momento conveniente. || fig. Información inesperada que se suelta de improviso y causa estupor.

bombacha. f. amer. Calzón o pantalón bombacho usado en el campo. Ú t. en pl.

bombacho. adj. y m. Se dice de los pantalones anchos y ceñidos por abajo.

bombardear. tr. Arrojar o disparar bombas. || En fís., lanzar radiaciones o partículas contra el átomo. || fig. Acosar a preguntas.

bombear. tr. Arrojar o disparar bombas de artillería. || Lanzar por alto una pelota o balón haciendo que siga una trayectoria parabólica. || Elevar agua u otro líquido por medio de una bomba.

bombero, ra. m. y f. Persona que tiene por oficio trabajar con la bomba hidráulica. || Cada uno de los operarios encargados de extinguir los incendios.

bombilla. f. Globo de cristal en el que se ha hecho el vacío y dentro del cual va colocado un hilo de platino, carbón, tungsteno, etc., que al paso de una co-

rriente eléctrica se pone incandescente. || amer. Caña delgada, usada para sorber el mate en América, que termina en forma de almendra agujereada, para que pase la infusión y no la hierba del mate.

bombillo. m. amer. Bombilla eléctrica.

bombín. m. Sombrero hongo. || Bomba pequeña usada sobre todo para hinchar balones y neumáticos de bicicleta.

bombo. m. Tambor muy grande que se emplea en las orquestas y en las bandas militares. || Persona que toca este instrumento. || Caja cilíndrica o esférica y giratoria que sirve para efectuar sorteos.

bombón. m. Pequeño dulce de chocolate. || fig. y fam. Mujer guapa y atractiva.

bombona. f. Vasija metálica muy resistente, que sirve para contener gases a presión y líquidos muy volátiles.

bonachón, na. adj. y s. fam. De carácter crédulo y amable.

bonanza. f. Tiempo tranquilo en el mar. || fig. Prosperidad.

bondad. f. Calidad de bueno. || Natural inclinación a hacer el bien. || Blandura y apacibilidad de genio.

bonete. m. Gorro, comúnmente de cuatro picos, usado por los eclesiásticos.

bongo. m. amer. Especie de canoa usada por los indios de América Central. || amer. Balsa de maderos para pasaje y carga.

bonificar. tr. Tomar en cuenta y asentar una partida en el haber. || Conceder, por algún concepto, un aumento, generalmente proporcional y reducido, en una cantidad que alguien ha de cobrar o un descuento en la que ha de pagar.

bonito, ta. adj. Lindo, agraciado. || m. Pez parecido al atún, pero más pequeño y muy sabroso.

bono. m. Vale que puede canjearse por dinero, comestibles u otros artículos de consumo. || Abono que permite disfrutar algún servicio durante una temporada. || En econ., título de deuda emitido comúnmente por una tesorería pública, por una empresa industrial o comercial.

bonsai. m. Técnica japonesa consistente en detener el crecimiento de los árboles con fines ornamentales. ‖ Árbol obtenido mediante esta técnica.

boñiga. f. Excremento del ganado vacuno.

boquete. m. Entrada angosta de un lugar. ‖ Abertura en una pared.

boquilla. f. Pieza por donde se sopla en algunos instrumentos de viento. ‖ Tubo pequeño que sirve para fumar cigarros. ‖ Parte de la pipa que se introduce en la boca. ‖ Extremo anterior del cigarro puro. ‖ Filtro del cigarrillo.

borbollón. m. Erupción del agua al hervir, manar, llover, etc.

borbotar. intr. Nacer o hervir el agua impetuosamente o haciendo ruido.

borbotón. m. Borbollón.

borda. f. Canto superior del costado de un buque.

bordar. tr. Adornar una tela o piel con bordadura. ‖ Ejecutar algo con arte y primor.

borde. adj. fam. Tosco, torpe. Ú. t. c. com. ‖ m. Extremo u orilla de algo. ‖ En las vasijas, orilla o labio que tienen alrededor de la boca.

bordillo. m. Encintado de la acera, de un andén.

boreal. adj. Septentrional.

borla. f. Conjunto de hebras o cordoncillos sujeto por uno de sus cabos. ‖ Insignia de los doctores y licenciados universitarios.

borracho, cha. adj. Ebrio, embriagado por la bebida. Ú. t. c. s. ‖ Que se embriaga habitualmente. Ú. t. c. s. ‖ fig. y fam. Vivamente poseído por alguna pasión.

borrador. m. Escrito de primera intención, en que se hacen o pueden hacerse adiciones, supresiones o enmiendas. ‖ Libro en que se anota algo que luego se pasa a otro definitivo. ‖ Goma de borrar. ‖ Utensilio para borrar la pizarra.

borrar. tr. y prnl. Hacer desaparecer lo escrito, pintado. ‖ Hacer borrosos los límites de algo. ‖ Dar de baja.

borrasca. f. Tempestad, temporal. ‖ fig. Riesgo o contratiempo que se padece en algún negocio.

borrego, ga. m. y f. Cordero o cordera de uno a dos años. ‖ Persona que se somete gregaria o dócilmente a la voluntad ajena. ‖ m. fig. Nubecilla blanca, redondeada.

borrico, ca. m. y f. Asno. ‖ fig. y fam. Persona muy necia. Ú. t. c. adj. ‖ m. Borriqueta.

borrón. m. Mancha de tinta sobre el papel. ‖ Imperfección que desluce o afea. ‖ fig. Acción indigna que mancha y oscurece la reputación o fama.

borroso, sa. adj. Escrito, dibujo o pintura cuyos trazos aparecen desvanecidos y confusos. ‖ Que no se distingue con claridad.

bosnio, nia. adj. y s. De Bosnia.

bosque. m. Sitio poblado de árboles y matas. ‖ fig. Abundancia desordenada de alguna cosa; confusión, cuestión intrincada.

bosquejo. m. Traza primera y no definitiva de una obra pictórica. ‖ fig. Idea vaga de algo.

bostezar. intr. Abrir la boca involuntariamente.

bota. f. Odre pequeño con una boquilla con pitorro por donde se llena de vino y se bebe. ‖ Cuba para guardar vino y otros líquidos. ‖ Calzado que resguarda el pie y parte de la pierna.

botánica. f. Rama de la biología que tiene por objeto el estudio de los vegetales. Se llama también *fitología*.

botar. tr. Arrojar, tirar, echar fuera. ‖ Echar al agua un buque. ‖ intr. Saltar la pelota, balón, etc., al chocar contra una superficie dura. ‖ Dar botes, saltar.

botarate. com. y adj. fam. Persona alborotada y de poco juicio.

bote. m. Salto. ‖ Vasija pequeña, comúnmente cilíndrica. ‖ Barco pequeño, de remo y sin cubierta. ‖ En bares y otros establecimientos públicos, caja para recoger las propinas. ‖ Dinero que no se ha repartido en un sorteo por no haber aparecido acertantes y que se acumula para el siguiente.

botella. f. Vasija de cristal, vidrio o barro cocido, con el cuello estrecho, que sirve para contener líquidos. || Contenido de una botella.

botica. f. Farmacia. || En algunas partes, tienda de mercader.

botijo. m. Vasija de barro poroso, que se usa para refrescar el agua.

botín. m. Despojo del enemigo. || Calzado que cubre parte de la pierna a la que se ajusta con botones, hebillas o correas.

botiquín. m. Mueble para guardar medicina s. || Conjunto de estas medicinas.

botón. m. Yema de un vegetal. || Flor cerrada y cubierta por las hojas. || Pieza pequeña para abrochar. || Pieza que al oprimirla hace funcionar a algunos aparatos eléctricos. || pl. usado en sing. Muchacho que hace los recados.

boutique. f. Tienda pequeña para artículos de moda. || Tienda especializada en cualquier producto selecto.

bóveda. f. Obra de fábrica curvada que cubre un espacio entre muros o pilares.

bóvido, da. adj. y s. Se dice de los mamíferos rumiantes con cuernos.

bovino, na. adj. Relativo al toro o a la vaca. || Se dice de todo mamífero rumiante con el estuche de los cuernos liso, el hocico ancho y desnudo y la cola larga, con un mechón en el extremo. Ú. t. c. s.

boxeo. m. Deporte que consiste en la lucha de dos púgiles que sólo pueden emplear los puños, enfundados en guantes especiales.

boya. f. Cuerpo flotante que se pone en el agua como señal. || Corcho que se pone en la red para que no se hunda.

boyante. adj. fig. Que tiene fortuna o felicidad creciente. || Se dice del buque que por llevar poca carga no cala todo lo que debe calar.

bozal. m. Esportilla que, colgada de la cabeza, se pone en la boca a las bestias de labor y de carga, para que no deterioren los sembrados. || Aparato que se pone en la boca a los perros para que no muerdan.

braga. f. Prenda interior, generalmente ceñida, usada por las mujeres y los niños de corta edad, que cubre desde la cintura hasta el arranque de los muslos con aberturas para el paso de éstos. Ú. t. en pl.

braguero. m. Aparato o vendaje destinado a contener las hernias o quebraduras.

bragueta. f. Abertura de los calzones o pantalones por delante.

brahmanismo. m. Religión de la India, hoy denominada oficialmente *hinduismo*.

bramido. m. Voz del toro y de otros animales salvajes. || fig. Grito del hombre cuando está colérico y furioso. || fig. Ruido grande producido por el aire, el mar.

brandy. m. Coñac.

branquia. f. Órgano respiratorio de muchos animales acuáticos. Ú. m. en pl.

brasa. f. Leña o carbón encendidos.

brasero. m. Pieza de metal, en la que se echan brasas para calentarse. || Aparato semejante pero con una resistencia eléctrica como fuente de calor.

brasileño, ña. adj. y s. De Brasil.

bravata. f. Amenaza proferida con arrogancia.

bravo, va. adj. Valiente, esforzado. || Bueno, excelente. || Hablando de animales, fiero o feroz. || Se dice del mar embravecido. || Áspero, inculto. || Enojado, violento. || Valentón, bravucón. || fig. y fam. De genio áspero.

braza. f. Medida de longitud equivalente a 2 varas ó 1,6718 m. || Estilo especial de natación.

brazalete. m. Aro de metal que rodea el brazo y se usa como adorno.

brazo. m. Miembro superior del cuerpo humano. || Parte de este miembro desde el hombro hasta el codo. || Pata delantera de los cuadrúpedos. || Lo que tiene forma de brazo. || Cada uno de los palos que salen desde la mitad del respaldo del sillón hacia adelante y que sirven para apoyar los brazos. || Ramificación. || Sección dentro de una asociación. || pl. Braceros, jornaleros.

brea. f. Sustancia viscosa que se obtiene de varias coníferas. || Lienzo muy basto con que se suelen cubrir y forrar los fardos de ropa y cajones. || Arbusto chileno, compuesto, del cual se extraía resina.

brebaje. m. Bebida, en especial la compuesta de ingredientes desagradables.

brecha. f. Abertura que hace en la muralla la artillería. || Cualquier abertura hecha en una pared o edificio. || Rotura de un frente de combate. || Masa rocosa consistente constituida por fragmentos de rocas de diferentes formas y tamaños. || Herida, especialmente la hecha en la cabeza.

bregar. intr. Luchar, reñir. || Trabajar afanosamente. || fig. Luchar con trabajos o dificultades.

breve. adj. De corta duración o extensión. || Aplicado a palabra, grave. || m. Documento pontificio menos solemne que la bula. || adv. t. Pronto.

bribón, na. adj. y s. Haragán. || Pícaro, bellaco.

bricolaje. m. Serie de pequeños trabajos o arreglos caseros.

brida. f. Freno del caballo con las riendas y todo el correaje. || Reborde circular en el extremo de los tubos metálicos para acoplar unos a otros.

brigada. f. Unidad integrada por dos o más regimientos de un arma determinada. || Categoría superior dentro de la clase de suboficial. || Conjunto de personas reunidas para ciertos trabajos.

brillar. intr. Resplandecer. || fig. Lucir o sobresalir en talento, hermosura, etc.

brinco. m. Salto.

brindar. intr. Manifestar, al ir a beber vino u otro licor, el bien que se desea a personas o cosas. || tr. Ofrecer voluntariamente a uno alguna cosa. || fig. Invitar las cosas a que alguien se

aproveche de ellas o las goce. || prnl. Ofrecerse voluntariamente a hacer alguna cosa.

brío. m. Pujanza. || fig. Espíritu, resolución. || fig. Garbo, gallardía, gentileza.

brisa. f. Viento fresco y suave.

británico, ca. adj. y s. De Gran Bretaña.

brizna. f. Filamento o hebra. || Parte delgada de alguna cosa.

broca. f. Carrete que dentro de la lanzadera lleva el hilo para la trama de ciertos tejidos. || Barrena que se usa con las máquinas de taladrar. || Clavo redondo y de cabeza cuadrada con que los zapateros afianzan la suela en la horma.

brocado. m. Tela de seda entretejida con oro o plata. || Tejido fuerte, todo de seda, con dibujo de distinto color que el del fondo.

brocha. f. Escobilla de cerda con mango que sirve para pintar. || Pincel para enjabonar la barba.

broche. m. Conjunto de dos piezas para engancharse entre sí. || Adorno de joyería que se prende en la ropa.

broma. f. Persona o cosa pesada o molesta. || Bulla, algazara. || Chanza, burla. || Molusco marino, cuyas valvas perforan las maderas sumergidas.

bronca. f. Disputa ruidosa. || Represión áspera. || Manifestación colectiva y ruidosa de desagrado. || amer. Enojo, enfado, rabia.

bronce. m. Aleación de cobre y estaño de color amarillo rojizo, muy tenaz y sonoro.

broncear. tr. Dar color de bronce. || prnl. Ponerse morena la piel por efecto de los rayos del sol.

bronco, ca. adj. Tosco, áspero. || Se dice de los metales quebradizos. || fig. Se dice de la voz desagradable y áspera.

bronquio. m. Cada uno de los dos conductos en que se bifurca la tráquea y que entran en los pulmones. Ú. m. en pl.

bronquiolo o **bronquíolo.** m. Cada una de las últimas ramificaciones de los bronquios. Ú. m. en pl.

bronquitis. f. Inflamación aguda o crónica de la mucosa de los bronquios.

brotar. intr. Salir la planta de la tierra. || Salir en la planta renuevos, flores, hojas, etc. || Manar el agua de los manantiales. || fig. Salir en el cutis granos, viruelas.

broza. f. Conjunto de despojos de las plantas. || Desecho de alguna cosa. || Maleza. || fig. Cosas inútiles que se dicen o escriben.

bruces (a, o de). loc. adv. Boca abajo.

brujería. f. Práctica supersticiosa atribuida a personas que se supone tienen pacto con el diablo o con espíritus malignos.

brújula. f. Instrumento para determinar las direcciones de la superficie terrestre. || Instrumento que indica el rumbo de la nave. || fig. Lo que sirve de guía.

bruma. f. Niebla, especialmente la que se forma sobre el mar. || Confusión, ofuscación mental.

bruñir. tr. Dar lustre a una cosa.

brusco, ca. adj. áspero, desapacible. || Rápido, repentino.

bruto, ta. adj. Necio, incapaz. Ú. t. c. s. || Vicioso. || Se dice de las cosas toscas. || Se dice del peso total, sin descontar la tara. || Referido al sueldo, cantidad sin descuentos. || m. Animal irracional.

bucear. intr. Nadar debajo del agua. || Trabajar como buzo. || fig. Explorar acerca de algún tema.

buche. m. Bolsa membranosa que comunica con el esófago de las aves. || Porción de líquido que cabe en la boca. || fam. Estómago.

bucle. m. Rizo helicoidal del cabello. || Cualquier cosa en forma de hélice. || En inform., secuencia de instrucciones que se repite hasta que se cumple una condición prescrita.

budismo. m. Doctrina filosófica, religiosa y moral fundada en la India en el s. VI a. C. por Buda.

buen. adj. apóc. de *bueno*. Se usa precediendo a un sustantivo o a un verbo en infinitivo.

buenaventura. f. Buena suerte. || Adivinación que hacen las gitanas de la suerte de las personas.

bueno, na. adj. Que tiene bondad en su género. || A propósito para alguna cosa. || Gustoso, divertido. || Sano. || Se dice irónicamente de la persona simple o bonachona. Ú. m. c. s. || No deteriorado y que puede servir. || Bastante, suficiente. || fam. Se dice de la persona de gran atractivo físico. || adv. De acuerdo. || Basta.

buey. m. Toro castrado.

bufanda. f. Prenda con que se abriga el cuello y la boca.

bufar. intr. Resoplar con furor el toro y el caballo y otros animales. || fig. y fam. Manifestar ira o extremo enojo de algún modo.

bufete. m. Mesa de escribir con cajones. || fig. Estudio o despacho de un abogado. || fig. Clientela del abogado.

bufón, na. adj. Chocarrero. || m. y f. Persona vestida grotescamente que vivía en los palacios dedicada a hacer reír al rey y al resto de la corte. || Payaso, individuo que intenta hacer reír.

buhardilla. f. Ventana en el tejado de una casa. || Habitación en el desván de una casa.

buhonería. f. Chucherías y baratijas de poca monta. Ú. t. c. colect. y en pl.

bujía. f. Vela de cera blanca o parafina. || Pieza que en los motores de combustión sirve para que salte la chispa eléctrica.

bula. f. Sello de plomo que va pendiente de ciertos documentos pontificios. || Documento pontificio relativo a materia de fe o de interés general.

bulevar. m. Calle generalmente ancha y con árboles.

búlgaro, ra. adj. y s. De Bulgaria.

bulimia. f. Enfermedad cuyo principal síntoma es el hambre exagerada e insaciable.

bulla. f. Griterío. || Concurrencia de mucha gente.

bullir. intr. Hervir un líquido. || Agitarse una masa de personas, animales u objetos. || Moverse alguien continuamente, no parar quieto. || Ocurrir, surgir algo con frecuencia y abundancia.

bulo. m. Noticia falsa propalada con algún fin.

bulto. m. Volumen de cualquier cosa. || Cuerpo que por alguna circunstancia no se distingue lo que es. || Elevación causada por cualquier hinchazón. || Fardo, maleta, baúl, etc., hablando de transportes o viajes.

bumerán. m. Arma arrojadiza, característica de los indígenas australianos, que vuelve al punto de partida.

bungalow. m. Casa de campo o playa de construcción ligera.

bunker o **búnker.** m. Fortificación, a menudo subterránea, para defenderse de los bombardeos. || fig. Sector más inmovilista de una sociedad.

buque. m. Barco grande y sólido, adecuado para navegaciones de importancia.

burbuja. f. Glóbulo de aire que se forma en los líquidos.

burdel. m. Casa de prostitución.

burdo, da. adj. Tosco, grosero.

burguesía. f. Conjunto de los ciudadanos de las clases medias y acomodadas.

buril. m. Instrumento para grabar sobre metales.

burla. f. Acción o palabras con que se ridiculiza a personas o cosas. || Engaño.

burlar. tr. Esquivar algo o a alguien. Ú. m. c. prnl. || Engañar, mentir. || Chasquear. || Frustrar la esperanza, el deseo. || prnl. Hacer burla de personas o cosas. Ú. t. c. intr.

burocracia. f. Conjunto de normas, papeles y trámites necesarios para gestionar cualquier asunto en un despacho u oficina. || Complicación y lentitud excesiva en la realización de estas gestiones, particularmente las que dependen de la administración de un Estado. || Influencia excesiva de los funcionarios públicos en los negocios del Estado. || Conjunto de funcionarios públicos.

burro, rra. m. y f. Asno, animal. || fig. y fam. Persona laboriosa y de mucho aguante. || fig. y fam. Persona de poco entendimiento. Ú. t. c. adj. || m. Armazón para sujetar y tener en alto una de las cabezas del madero que se ha de aserrar. || Rueda central dentada del torno de la seda. || Juego de naipes. || Instrumento de gimnasia.

buscar. tr. Hacer algo para hallar o encontrar alguna persona o cosa. || Provocar.

busto. m. Escultura o pintura de la cabeza y parte superior del tórax. || Parte superior del cuerpo humano.

butaca. f. Silla de brazos con el respaldo inclinado hacia atrás. || Entrada, tíquet, etc., para ocupar una butaca en el teatro. || Asiento de la planta baja de cines y teatros.

buzo. m. El que tiene por oficio trabajar sumergido en el agua. || Mono de trabajo.

buzón. m. Conducto por donde desaguan los estanques. || Abertura por donde se echan las cartas para el correo. || Por ext., caja preparada para este fin. || fig. Boca enorme.

C

c. f. Tercera letra del alfabeto castellano y segunda de sus consonantes. Su nombre es *ce*. ‖ Cien en la numeración romana.

cabal. adj. Exacto, preciso. ‖ fig. Completo, perfecto.

cábala. f. Tradición oral que entre los judíos explicaba y fijaba el sentido de los libros del Antiguo Testamento. ‖ Cálculo supersticioso para adivinar una cosa. ‖ fig. Conjetura, suposición. Ú. m. en pl. ‖ Intriga, maquinación.

cabalgar. intr. Montar a caballo. Ú. t. c. tr. ‖ Ir una cosa sobre otra.

cabalgata. f. Comparsa de jinetes, carrozas, bandas de música, etc.

caballería. f. Caballo, mulo, asno o cualquier animal que sirve para cabalgar. ‖ Cuerpo de soldados a caballo. ‖ Institución de los caballeros que hacían profesión de las armas. ‖ Orden militar.

caballeriza. f. Sitio destinado para estancia de los caballos y bestias de carga. ‖ Conjunto de animales que la ocupan y de los criados que los sirven.

caballero, ra. adj. Que cabalga. ‖ m. Hidalgo de calificada nobleza. ‖ El que pertenece a alguna de las órdenes de caballería. ‖ El que se porta con nobleza y generosidad ‖ Señor, tratamiento de cortesía. ‖ Hombre. Se emplea para referirse a lo relativo al hombre.

caballete. m. Línea más elevada de un tejado. ‖ Pieza que sirve para sostener las sillas de montar. ‖ Soporte donde se coloca el cuadro para pintar. ‖ Pieza formada por un madero horizontal apoyado en dos palos cruzados que sirve de soporte a un tablero usado como mesa.

caballo. m. Mamífero équido, grande y fuerte, que se domestica fácilmente, muy útil al hombre como montura y animal de tiro. ‖ Pieza del juego de ajedrez, la única que salta sobre las demás. ‖ Naipe que representa un caballo con su jinete. ‖ Aparato gimnástico. ‖ fam. Heroína, droga.

cabaña. f. Casa tosca hecha en el campo. ‖ Grupo de cabezas de ganado.

cabaret. m. Nombre que se da a grandes salas donde se baila y se dan espectáculos variados, especialmente nocturnos.

cabecera. f. Principio o parte principal de algunas cosas. ‖ Parte de la cama donde se ponen las almohadas. ‖ Origen de un río. ‖ Capital o población principal de un territorio. ‖ Título o adorno que se pone al comienzo de una página o capítulo.

cabecilla. m. Jefe de rebeldes. ‖ Individuo más importante de un grupo o de una banda.

cabellera. f. El pelo de la cabeza. ‖ Estela luminosa de algunos cometas.

cabello. m. Cada uno de los pelos que nacen en la cabeza. ‖ Conjunto de todos ellos.

caber. intr. Poder contenerse una cosa dentro de otra. ‖ Tener lugar o entrada. ‖ Tocarle a uno o pertenecerle alguna cosa. ‖ Ser posible. ‖ tr. Coger, tener capacidad. ‖ Admitir.

cabero, ra. adj. amer. Último.

cabestrillo. m. Banda pendiente del hombro para sostener la mano o el brazo lastimados.

cabestro. m. Ronzal que se ata a la cabeza o al cuello de la caballería. ‖ Buey manso que sirve de guía a los toros.

cabeza. f. Parte superior del cuerpo del hombre y superior o anterior de muchos animales. ‖ Principio o parte extrema de una cosa. ‖ Cráneo. ‖ Juicio, talento, intelecto. ‖ fig. Persona, individuo. ‖ fig. Res. ‖ Capital, población principal. ‖ Parte de los magnetófonos que sirve para grabar, borrar o reproducir lo grabado. ‖ m. Jefe de una familia, comunidad, corporación, etc.

cabildo. m. Comunidad de eclesiásticos capitulares de una iglesia. ‖ Ayuntamiento, corporación. ‖ Junta celebrada por un cabildo. ‖ Sala donde se celebra. ‖ Corporación que en Canarias representa a los pueblos de cada isla.

cabina. f. Pequeño departamento, generalmente aislado. ‖ Locutorio individual de teléfono. ‖ En los cines, recinto aislado donde están los aparatos de proyección. ‖ En aeronaves, camiones y otros vehículos automóviles, espacio reservado para el conductor y personal técnico. ‖ En instalaciones deportivas, recinto para mudarse de ropa.

cabizbajo, ja. adj. Persona que tiene la cabeza inclinada hacia abajo por abatimiento o tristeza. ‖ Preocupado.

cable. m. Maroma gruesa. ‖ Cordón más o menos grueso formado por uno o varios hilos conductores, que se emplea en electricidad, en las comunicaciones telegráficas o telefónicas, etc. ‖ Cablegrama. ‖ fig. Pequeña ayuda que se presta a alguien para hacerle salir de un apuro.

cabo. m. Cualquiera de los extremos de las cosas. ‖ Extremo que queda de alguna cosa. ‖ Hilo o hebra. ‖ Punta de tierra que penetra en el mar. ‖ Fin, término de una cosa. ‖ Cuerda. ‖ Individuo de la clase de tropa inmediata superior al soldado.

cabra. f. Mamífero rumiante doméstico, con cuernos huecos y vueltos hacia atrás. ‖ f. pl. Cabrillas, manchas de las piernas.

cabrear. tr. fig. y fam. Enfadar. Ú. m. c. prnl.

cabriola. f. Brinco que dan los que danzan, cruzando varias veces los pies en el aire. ‖ fig. Voltereta o salto en el aire.

cabrón. m. Macho de la cabra, con grandes cuernos y un gran mechón debajo de la mandíbula inferior. ‖ fig. y vulg. Marido de mujer adúltera. ‖ fig. y vulg. Persona de mala índole.

caca. f. fam. Excremento humano. ‖ fig. y fam. Suciedad, inmundicia. ‖ fig. y fam. Cosa mal hecha.

cacahuete. m. Planta procedente de América, con fruto en legumbre que penetra en el suelo para madurar. ‖ Fruto de esta planta.

cacao. m. Árbol de América cuyo fruto se emplea como principal ingrediente del chocolate. ‖ Semilla de este árbol. ‖ Polvo obtenido moliendo esta semilla, que se consume solo o disuelto en leche. ‖ fig. Jaleo, follón, escándalo.

cacarear. intr. Cantar el gallo o la gallina. ‖ tr. fig. y fam. Exagerar. ‖ fig. y fam. Contar algo a mucha gente.

cacastle. m. amer. Armazón de madera para llevar algo a cuestas. ‖ amer. Especie de banasta para transportar frutos, hortalizas, etc. ‖ amer. Esqueleto de los vertebrados, especialmente del hombre.

cacerola. f. Vasija con asas o mango para guisar.

cacha. f. Cada una de las dos piezas que forman el mango de las navajas y de algunos cuchillos. Ú. m. en pl. ‖ fam. Nalga.

cacharpas. f. pl. amer. Trastos de poco valor.

cacharpaya. f. amer. Fiesta con que se despide al carnaval y, en ocasiones, al viajero.

cacharro. m. Vasija tosca. ‖ Pedazo de ella. ‖ fam. Aparato viejo. ‖ Vasija o recipiente para usos culinarios.

cachava. f. Cayado.

cachear. tr. Registrar a alguien, especialmente por si lleva armas.

cachete. m. Golpe que se da con la mano en la cabeza o en la cara. ‖ Carrillo de la cara, y especialmente el abultado. ‖ Cachetero, puñal.

cachetón, na. adj. amer. De carrillos abultados. ‖ amer. Vanidoso.

cachimba. f. Pipa para fumar.

cachimbo. m. amer. Cachimba.

cachiporra. f. Palo que termina en una bola. ‖ adj. amer. Farsante, vanidoso.

cachiporrearse. prnl. amer. Jactarse, alabarse de alguna cosa.

cacho. m. Pedazo pequeño de alguna cosa. ‖ amer. Racimo de bananas. ‖ amer. Cuerno de animal. ‖ amer. Cubilete de dados.

cachorro, rra. m. y f. Perro de poco tiempo. ‖ Cría de otros mamíferos.

cacique. m. Jefe de una tribu de indios. ‖ com. fig. y fam. Persona que en un pueblo o comarca ejerce excesiva influencia. ‖ fig. y fam. Déspota.

caco. m. fig. Ladrón.

cacofonía. f. Vicio del lenguaje, que consiste en la repetición frecuente de unas mismas sílabas o letras.

cacto o cactus. m. Planta cactácea, de tallo grueso acostillado y verrugoso con pelos y espinas.

cada. Pronombre de función adjetiva que establece una correspondencia distributiva.

cadalso. m. Tablado que se levanta para un acto solemne, y en especial el que se utilizaba para ajusticiar a los condenados a muerte.

cadáver. m. Cuerpo muerto.

cadena. f. Serie de eslabones enlazados entre sí. ‖ fig. Sometimiento, dominio. ‖ Sucesión de cosas, acontecimientos, etc. ‖ Serie de montañas. ‖ fig. Conjunto de establecimientos pertenecientes a una sola empresa o sometidos a una sola dirección. ‖ Conjunto de instalaciones destinadas a la fabricación sucesiva de las distintas fases de un proceso industrial. ‖ Sistema de reproducción del sonido, que consta básicamente de tocadiscos, magnetófono, radiorreceptor, amplificador y altavoces. ‖ Conjunto de centros emisores que emiten simultáneamente el mismo programa de radio o televisión.

cadencia. f. Serie de sonidos, movimientos o acciones que se suceden de un modo regular. ‖ Ritmo, compás.

cadera. f. Cada una de las dos partes salientes formadas por los huesos superiores de la pelvis.

cadete. m. Alumno de una academia militar. ‖ amer. Aprendiz o recadero de un establecimiento comercial.

caducar. intr. Prescribir, perder su validez una ley, testamento, contrato, etc. ‖ Extinguirse un derecho, una facultad, una instancia o recurso. ‖ fig. Desgastarse o acabarse una cosa.

caduco, ca. adj. Decrépito, muy anciano. ‖ Perecedero, poco durable. ‖ Gastado, obsoleto. ‖ Se dice de las hojas que se caen todos los años.

caer. intr. Venir un cuerpo de arriba abajo por la acción de su propio peso. Ú. t. c. prnl. ‖ Perder un cuerpo el equilibrio. Ú. t. c. prnl. ‖ Desprenderse una cosa del lugar u objeto a que estaba adherida. Ú. t. c. prnl. ‖ fig. Dejar de ser, desaparecer. ‖ fig. Sentar bien o mal. ‖ fig. Perder la prosperidad, fortuna, empleo o favor. ‖ fig. Llegar a comprender algo, darse cuenta de ello. ‖ fig. Dejar de ser, desaparece r.

café. m. Cafeto. ‖ Semilla del cafeto. ‖ Bebida que se hace por infusión con esta semilla tostada y molida. ‖ Casa o sitio público donde se vende y toma esta bebida.

cafeína. f. Alcaloide blanco, estimulante del sistema nervioso. Se encuentra en el café, té, cola, mate, cacao, y otros vegetales. Se llama también *teína.*

cafetería. f. Establecimiento donde se sirve café y otras bebidas.

cafeto. m. Árbol tropical, de hojas persistentes muy verdes y flores blancas, cuyo fruto en baya roja con dos semillas es el café.

cafre. adj. y com. Habitante de la parte oriental de África del Sur. ‖ fig. Bárbaro y cruel. ‖ fig. Zafio y rústico.

cagar. intr., tr. y prnl. Evacuar el vientre. ‖ tr. fig. y fam. Manchar, deslucir, echar a perder alguna cosa.

cagarruta. f. Cada una de las porciones del excremento del ganado menor y de ciervos, gamos, corzos, conejos y liebres.

caja. f. Pieza hueca de varias formas y tamaños que sirve para meter o guardar alguna cosa. ‖ Mueble para guardar con seguridad dinero y objetos de valor. ‖ Ataúd. ‖ Parte exterior de madera que cubre y resguarda algunos instrumentos, como el órgano o el piano, o que forma parte del instrumento, como la guitarra y el violín. ‖ Oficina pública de correos situada en una población. ‖ Lugar o dependencia destinada en las tesorerías, bancos y casas de comercio para recibir o guardar dinero o valores equivalentes y para hacer pagos.

cajero, ra. m. y f. Persona que en las tesorerías, bancos, etc., está encargada de la caja.

cajetilla. f. Paquete de tabaco.

cajón. m. Caja grande. ‖ Cualquiera de los receptáculos de algunos muebles que se pueden sacar y meter en ciertos huecos donde se ajustan. ‖ amer. Cañada larga por donde fluye algún río o arroyo. ‖ amer. Ataúd.

cal. f. Óxido de calcio, sustancia blanca que al contacto del agua se hidrata o apaga hinchándose con desprendimiento de calor, y, mezclada con arena, forma la argamasa o mortero.

calabozo. m. Lugar donde se encierra a determinados presos o arrestados. ‖ Celda de una cárcel. ‖ Celda para presos incomunicados.

calamar. m. Molusco comestible, de cuerpo oval, con diez tentáculos y dos láminas laterales a modo de aletas. Posee una bolsa de tinta que expulsa cuando le persiguen.

calambre. m. Contracción espasmódica, involuntaria y dolorosa de ciertos músculos. ‖ Sensación de temblor que experimenta el cuerpo humano al recibir una pequeña descarga eléctrica.

calamidad. f. Desgracia o infortunio que alcanza a muchas personas. ‖ fig. y fam. Persona incapaz, inútil o molesta.

calaña. f. Naturaleza de una persona o cosa. Suele tener sentido negativo.

calar. tr. Penetrar un líquido en un cuerpo permeable. ‖ Atravesar un cuerpo con una espada, barrena, etc. ‖ Imitar la labor de la randa o encaje en las telas. ‖

Agujerear tela, papel, etc. ‖ Sumergir en el agua. ‖ amer. Apabullar, confundir. ‖ prnl. Mojarse una persona. ‖ Pararse bruscamente un motor.

calato, ta. adj. amer. Desnudo, en cueros.

calavera. f. Conjunto de los huesos de la cabeza mientras permanecen unidos, pero despojados de la carne y de la piel. ‖ m. fig. Hombre de poco juicio. ‖ fig. Hombre libertino.

calcar. tr. Sacar copia de un dibujo, inscripción o relieve por contacto con el original. ‖ fig. Imitar o reproducir con exactitud y a veces servilmente.

calcetín. m. Calceta o media que cubre el tobillo y parte de la pierna.

calcinar. tr. Reducir a cal viva los minerales calcáreos. ‖ Someter al calor los minerales de cualquier clase. ‖ Quemar.

calcio. m. Metal blanco, que, combinado con el oxígeno, forma la cal.

cálculo. m. Cómputo de alguna cosa con operaciones matemáticas. ‖ Conjetura. ‖ Concreción anormal que se forma en el interior de algún tejido o conducto.

caldear. tr. y prnl. Hacer que algo que antes estaba frío, aumente perceptiblemente de temperatura. ‖ Excitar. ‖ Animar, estimular el ánimo de un auditorio, de un ambiente, etc. ‖ Hacer ascua el hierro.

caldera. f. Recipiente de metal, grande y redondo, que sirve para calentar o cocer alguna cosa. ‖ Depósito en el que se hace hervir el agua hasta el punto de ebullición. ‖ Depresión de grandes dimensiones.

calderilla. f. Monedas de metal de valores bajos.

caldero. m. Caldera pequeña. ‖ Lo que cabe en él.

caldo. m. Líquido que resulta de cocer en agua carne, pescado, legumbres, etc. ‖ Cualquiera de los jugos vegetales destinados a la alimentación. U. m. en pl.

calé. com. Gitano.

calefacción. f. Sistema de producir calor. ‖ Conjunto de aparatos destinados a calentar un edificio.

calefón. m. amer. Calentador de agua para uso generalmente doméstico.

calendario. m. Sistema de división del tiempo. || Almanaque, cuadro de los días, semanas, meses, fiestas, etc., del año. || Previsión y distribución de un trabajo o actividad.

calentar. tr. y prnl. Dar calor. || fig. Avivar, animar, enardecer. || fig. y fam. Golpear, pegar, azotar. || Excitar sexualmente. || prnl. fig. Enfervorizarse en la disputa o porfía.

calentura. f. Fiebre. || amer. Descomposición por fermentación lenta que sufre el tabaco apilado.

calesita. f. amer. Tiovivo.

calibre. m. Diámetro interior o exterior de los cuerpos cilíndricos. || Instrumento que sirve para comprobar las medidas de las piezas. || fig. Tamaño, importancia, clase.

calidad. f. Propiedad o conjunto de propiedades inherentes a una cosa. || Superioridad o excelencia. || Carácter, genio o índole. || Clase, condición. || Nobleza del linaje. || fig. Importancia.

cálido, da. adj. Que da calor. || Caluroso. || Afectuoso.

caliente. adj. Que tiene o produce calor. || fig. Acalorado. || fig. Excitado sexualmente. || Se dice de los colores dorados o rojizos.

califa. m. Título de los príncipes sarracenos que, como sucesores de Mahoma, ejercieron la suprema potestad religiosa y civil en Asia, África y España.

calificar. tr. Apreciar o determinar las cualidades o circunstancias de una persona o cosa. || Expresar o declarar este juicio. || Juzgar el grado de suficiencia de un alumno u opositor en un examen o ejercicio. || Ennoblecer, ilustrar, acreditar. || En gram.: denotar un adjetivo la cualidad de un sustantivo.

caligrafía. f. Arte de escribir con letra clara y bien formada. || Conjunto de rasgos que caracterizan la escritura de una persona, escrito, etc.

calima o **calina.** f. Bruma, neblina.

cáliz. m. Vaso sagrado donde se consagra el vino en la misa. || poét. Copa o vaso. || Cubierta externa de las flores completas. || fig. Padecimiento, amargura, trabajo.

callampa. f. amer. Seta. || amer. Sombrero de fieltro.

callar. intr. y prnl. No hablar, guardar silencio. || Cesar de hablar, gritar, cantar, hacer ruido, etc. || No manifestar lo que se siente o se sabe. Ú. t. c. tr.

calle. f. Vía en poblado. || Espacio o camino limitado por dos líneas o hileras de cosas. || fig. La gente, el público en general. || fig. Libertad, por contraste con cárcel, detención, etc. || En dep.: franja por la que ha de desplazarse cada deportista.

callejero, ra. adj. Relativo a la calle. || Que gusta de callejear. || m. Lista de las calles de una ciudad.

callo. m. Dureza que por roce o presión se forma en los pies, manos, rodillas, etc. || pl. Pedazos de estómago de la vaca, ternera o carnero, que se comen guisados.

calma. f. Estado de la atmósfera cuando no hay viento. || fig. Cesación, interrupción. || fig. Paz, tranquilidad. || fig. y fam. Cachaza, pachorra.

caló. m. Lenguaje o dialecto de los gitanos.

calor. m. ú. a veces como f. Energía producida por la vibración acelerada de las moléculas, que se manifiesta elevando la temperatura y dilatando los cuerpos y llega a fundir los sólidos y a evaporar los líquidos. || Sensación que experimenta un cuerpo ante otro de temperatura más elevada. || Aumento de la temperatura del cuerpo. || fig. Ardor, actividad, entusiasmo. || fig. Afecto, buena acogida.

caloría. f. Unidad de energía térmica. También se utiliza como medida del contenido energético de los alimentos.

calumnia. f. Acusación falsa, hecha maliciosamente para causar daño.

calvario. m. Vía crucis. || fig. y fam. Serie o sucesión de adversidades y padecimientos.

calvo, va. adj. Que ha perdido el cabello. Ú. t. c. s. ‖ Pelado, sin vegetación. ‖ f. Parte de la cabeza de la que se ha caído el pelo. ‖ Parte de una piel, felpa u otro tejido semejante que ha perdido el pelo por el uso.

calza. f. Cuña con que se calza. ‖ fam. Media.

calzada. f. Camino empedrado y ancho. ‖ Parte de la calle comprendida entre las dos aceras, por donde circula el tráfico rodado.

calzado, da. adj. Con zapatos. ‖ Se dice de algunos religiosos porque usan zapatos, en contraposición a los descalzos. ‖ m. Cualquier prenda que sirve para cubrir y resguardar el pie o la pierna.

calzar. tr. Cubrir el pie y algunas veces la pierna con el calzado. Ú. t. c. prnl. ‖ Usar guantes, espuelas, etc. Ú. t. c. prnl. ‖ Poner cuñas o calces.

calzón. m. Prenda de vestir masculina con dos perneras y que cubre desde la cintura hasta las rodillas. ‖ Pantalón.

calzoncillo. m. Prenda interior masculina, cuyas perneras pueden ser de longitud variable. Ú. m. en pl.

cama. f. Mueble para dormir o descansar, acondicionado con colchón, sábanas, mantas, almohada, etc. ‖ Plaza para un enfermo en el hospital. ‖ fig. Sitio donde se echan los animales para su descanso.

camada. f. Conjunto de crías que paren de una vez las hembras de ciertos animales.

cámara. f. Sala o pieza principal de una casa. ‖ Junta, asociación. ‖ Nombre de ciertos cuerpos legislativos. ‖ Habitación de un rey o de un papa. ‖ En las armas de fuego, espacio que ocupa la carga. ‖ Anillo tubular de goma, que forma parte de los neumáticos. ‖ Máquina fotográfica. ‖ Aparato destinado a registrar imágenes animadas para el cine o la televisión. ‖ com. Operador de cine o televisión.

camarada. com. Compañero de estudios, profesión, ideología, etc.

camarero, ra. m. y f. Persona que sirve a los clientes en bares, restaurantes, hoteles o establecimientos similares. ‖ f. Criada principal de una casa.

camarilla. f. Conjunto de personas que influyen en las decisiones de alguna autoridad superior o personaje importante. ‖ Grupo de familiares, amigos o colegas que acaparan un asunto sin dejar participar a los demás.

camarote. m. Habitación de un barco.

cambiar. tr. Tomar o hacer tomar, en vez de lo que se tiene, algo que lo sustituya. Ú. t. c. prnl. y con la prep. *de* c. intr. ‖ Convertir en otra cosa. Ú. t. c. prnl. ‖ Dar o tomar monedas o valores por sus equivalentes. ‖ Intercambiar. ‖ Devolver algo que se ha comprado. ‖ intr. Mudar o alterar una persona o cosa su condición o apariencia física o moral. Ú. t. c. prnl. ‖ En los vehículos de motor, pasar de una marcha o velocidad a otra.

cambucho. m. amer. Cucurucho. ‖ amer. Cesta o canasto en que se echan los papeles inútiles, o se guarda la ropa sucia. ‖ amer. Tugurio. ‖ amer. Funda o forro de paja que se pone a las botellas para que no se rompan.

camelar. tr. fam. Galantear, requebrar. ‖ fam. Seducir, engañar adulando. ‖ fam. Amar, querer.

camello, lla. m. y f. Rumiante, oriundo de Asia central, de gran tamaño, que tiene el cuello largo, la cabeza proporcionalmente pequeña y dos gibas en el dorso. ‖ m. Traficante o vendedor de droga en pequeñas cantidades.

camerino. m. En los teatros, cuarto donde los actores se visten, maquillan, etc.

camerunés, sa. adj. y s. De Camerún.

camilla. f. Cama estrecha y portátil para trasladar enfermos o heridos. ‖ Mesa redonda cubierta por una faldilla, debajo de la cual hay una tarima en la que se coloca el brasero.

caminar. intr. Ir de viaje. ‖ Ir andando de un lugar a otro. ‖ fig. Seguir su curso los ríos, los planetas, etc. ‖ tr. Andar determinada distancia.

caminata. f. fam. Paseo o recorrido largo y fatigoso.

camino. m. Vía de tierra por donde se transita habitualmente. ‖ Vía que se construye para transitar. ‖ Jornada, viaje, recorrido, ruta. ‖ fig. Dirección que ha de seguirse para llegar a un lugar. ‖ fig. Medio para hacer o conseguir alguna cosa.

camión. m. Vehículo automóvil destinado al transporte de mercancías pesadas.

camisa. f. Prenda de vestir hecha de lienzo, algodón u otra tela, que cubre el torso. ‖ Telilla con que están cubiertos algunos frutos. ‖ Piel de la culebra, de la que se desprende periódicamente. ‖ Revestimiento interior de una pieza mecánica. ‖ Cubierta de un libro.

camiseta. f. Camisa corta y con mangas anchas. ‖ Prenda interior, ajustada y sin cuello, que se pone directamente sobre el cuerpo, debajo de la camisa. ‖ La misma prenda, más ancha y de colores variados, que se lleva externamente.

camisón. m. Camisa larga que se usa para dormir.

camomila. f. Manzanilla, hierba y flor.

camorra. f. fam. Riña o pendencia. ‖ Organización de tipo mafioso que opera en Nápoles y otras ciudades del sur de Italia.

camote. m. amer. Batata. ‖ amer. Enamoramiento. ‖ amer. Amante, querida. ‖ amer. Mentira, bola.

campamento. m. Acción de acampar o acamparse. ‖ Lugar donde se establecen temporalmente fuerzas del ejército o grupos de personas, con tiendas, barracas, etc. ‖ Conjunto de estas personas e instalaciones.

campana. f. Instrumento de metal, en forma de copa invertida, que suena al golpearlo el badajo. ‖ Instrumento metálico de diversas formas que suena golpeado por un martillo o resorte.

campanario. m. Torre, espadaña o armadura donde se colocan las campanas.

campaña. f. Campo llano sin montes ni aspereza. ‖ Expedición militar. ‖ Conjunto de actos que se dirigen a conseguir un fin determinado de tipo político, económico, publicitario, etc.

campechano, na. adj. fam. Franco. ‖ Que se comporta con llaneza y cordialidad. ‖ fam. Afable, sencillo.

campeonato. m. Certamen o competición en que se disputa el premio en ciertos juegos o deportes. ‖ Triunfo obtenido en el certamen.

campeón, na. m. Héroe famoso en armas. ‖ m. y f. Vencedor de una competición deportiva. ‖ fig. Defensor, paladín.

campesino, na. adj. Se dice de lo que es propio del campo o perteneciente a él. ‖ Labrador. U. t. c. s.

camping. m. Lugar acondicionado para acampar o vivir al aire libre. ‖ Esta actividad.

campiña. f. Campo llano, especialmente dedicado al cultivo.

campo. m. Terreno extenso fuera de poblado. ‖ Tierra laborable. ‖ Campiña. ‖ Sembrados, árboles y demás cultivos. ‖ Terreno contiguo a una población. ‖ Terreno reservado para ciertos ejercicios, especialmente deportivos. ‖ fig. Ámbito real o imaginario propio de una actividad. ‖ Conjunto determinado de materias, ideas o conocimientos. ‖ Espacio en que se manifiesta cualquier acción física a distancia.

camposanto. m. Cementerio católico.

campus. m. Espacio, terrenos, jardines, etc., adjuntos a una ciudad universitaria.

camuflar. tr. Disimular la presencia de armas, tropas, etc. ‖ fig. Disimular dando a una cosa el aspecto de otra. ‖ Esconder algo o a alguien. U. t. c. prnl.

can. m. Perro.

cana. f. Cabello blanco. Ú. m. en pl. ‖ amer. Cárcel.

canadiense. adj. y s. De Canadá. ‖ f. Cazadora o chaquetón de piel con el pelo hacia el interior. ‖ Tipo de tienda de campaña.

canal. m. Estrecho marítimo, natural o artificial. ‖ amb. Cauce artificial por donde se conduce el agua. ‖ Parte más profunda y limpia de la entrada de un puerto. ‖ Teja delgada y combada que, en los tejados, forma los conductos por donde corre el agua. ‖ Cada uno de estos conductos. ‖ Res muerta y abierta, sin despojos. ‖ Cada una de las bandas de frecuencia en que puede emitir una estación de televisión.

canalizar. tr. Abrir canales. ‖ Regularizar el cauce o la corriente de un río. ‖ fig. Encauzar, orientar.

canalla. f. fig. y fam. Gente baja, ruin. ‖ m. fig. y fam. Persona despreciable y ruin.

canalón. m. Conducto que recibe y vierte el agua de los tejados. ‖ Canelón, pasta.

canana. f. Cinto dispuesto para llevar cartuchos.

canapé. m. Escaño o sofá con el asiento y el respaldo acolchados. ‖ Aperitivo que consta de una rebanadita de pan con ciertos manjares.

canasta. f. Cesto de mimbres, ancho de boca, que suele tener dos asas. ‖ Juego de naipes. ‖ Tanto en el juego del baloncesto. ‖ Aro de hierro fijado a un tablero por el que hay que introducir el balón en este juego.

cancán. m. Danza muy movida, de origen francés. ‖ Prenda interior femenina para mantener holgada la falda.

cancanear. intr. amer. Tartajear, tartamudear. ‖ amer. Trepidar con un ruido especial el motor que empieza a fallar.

cancela. f. Rejilla que se pone en el umbral de algunas casas.

cancelar. tr. Anular, dejar sin validez. ‖ Saldar, pagar una deuda. ‖ Suspender lo que se tenía previsto.

cáncer. m. Tumor maligno que invade y destruye los tejidos orgánicos. ‖ fig. Mal moral que arraiga en la sociedad sin que se le pueda poner remedio.

cancha. f. Local o espacio destinado a la práctica de determinados deportes o juegos. ‖ Suelo del frontón o trinquete con pavimento de piedra o cemento y del mismo ancho que el frontis. ‖ amer. En general, terreno, espacio, local o sitio llano y despejado. ‖ amer. Corral o cerca-

do espacioso para depositar ciertos objetos. ‖ amer. Habilidad que se adquiere con la experiencia. ‖ interj. amer. Se emplea para pedir que abran paso.

canchero, ra. m. y f. amer. Persona que tiene una cancha de juego o cuida de ella. ‖ adj. amer. Ducho y experto en determinada actividad. ‖ amer. Se apl. al trabajador encargado de una cancha.

canciller. m. Empleado auxiliar en las embajadas, legaciones, consulados o agencias diplomáticas y consulares. ‖ En algunos países, jefe de Gobierno o magistrado supremo. ‖ En algunos países, ministro de Asuntos Exteriores.

canción. f. Composición en verso, que se canta, o hecha a propósito para que se pueda poner en música. ‖ Música con que se canta esta composición. ‖ Composición lírica amorosa de estilo petrarquista, que se cultivó sobre todo en el s. XVI. ‖ Cosa dicha con repetición insistente o pesada.

candado. m. Cerradura suelta contenida en una caja de metal, que por medio de anillas o armellas asegura puertas, cofres, etc.

candela. f. Vela para alumbrar. ‖ fig. Lumbre, fuego. ‖ Unidad de intensidad luminosa.

candelabro. m. Candelero de dos o más brazos.

candente. adj. Se dice del cuerpo, generalmente metal, cuando se enrojece o blanquea por la acción del calor. ‖ fig. Vivo, de actualidad, apasionante.

candidato, ta. m. y f. Persona que pretende alguna dignidad, honor o cargo, o que es propuesta para alguno de ellos.

cándido, da. adj. Sencillo, ingenuo, sin malicia ni doblez. ‖ Blanco, de color de nieve o leche.

candil. m. Lámpara de aceite para alumbrar formada por dos recipientes de metal superpuestos. ‖ amer. Araña, especie de candelabro colgado del techo. ‖ pl. Planta trepadora.

candileja. f. Vaso interior del candil. ‖ Cualquier vaso pequeño en que se pone aceite u otra materia combustible para que ardan una o más mechas. || pl. Línea de luces en el proscenio del teatro.

candinga. f. amer. Majadería. || amer. Enredo, batiburrillo.

candombe. m. amer. Baile de los negros de América del Sur. || amer. Tambor. || amer. Casa o sitio donde se baila.

canelón. m. Canalón de tejados. || Pasta de harina de trigo, cortada de forma rectangular con la que se envuelve un relleno de carne, pescado, verduras, etc. Ú. m. en pl.

cangrejo. m. Crustáceo de río o de mar comestible.

canguro. m. Mamífero marsupial herbívoro de Australia, que anda a saltos, con las extremidades delanteras mucho más cortas que las posteriores, cola robusta en la que se apoya y una bolsa en el vientre para llevar la cría. || com. Persona que se dedica a cuidar a niños pequeños, en su domicilio, y que cobra el servicio por horas.

caníbal. adj. y com. Antropófago. || fig. Salvaje, cruel, feroz.

canica. f. Juego de niños que se hace con bolitas de barro, vidrio u otra materia dura. Ú. m. en pl. || Cada una de estas bolitas.

canijo, ja. adj. y s. fam. Débil y enfermizo. || Pequeño.

canillita. m. amer. Vendedor callejero de periódicos.

canino, na. adj. Relativo al can. || Se apl. a las propiedades que tienen semejanza con las del perro. || adj. y m. Cada uno de los cuatro dientes, situados entre los incisivos y los premolares, llamados también *colmillos*.

canjear. tr. Intercambiar recíprocamente algo a alguien.

cano, na. adj. Que tiene blanco todo o lo más del pelo o de la barba. || fig. Anciano y antiguo. || fig. y poét. Blanco.

canoa. f. Embarcación de remo muy estrecha, ordinariamente de una pieza.

canon. m. Regla o precepto. || Catálogo o lista. || Modelo de características perfectas. || Prestación pecuniaria que grava una concesión gubernativa. || pl. Derecho canónico.

canónico, ca. adj. Conforme a los sagrados cánones y demás disposiciones eclesiásticas.

canónigo. m. Eclesiástico que forma parte del cabildo de una catedral.

canonizar. tr. Declarar solemnemente santo a un venerable, ya beatificado.

cansancio. m. Falta de fuerzas que resulta de haberse fatigado. || Aburrimiento, tedio.

cansar. tr. y prnl. Causar cansancio, fatigar. || Aburrir, hartar. || Enfadar, molestar.

cantar. intr. y tr. Formar con la voz sonidos melodiosos y variados. || fig. Componer o recitar alguna poesía. || fig. Celebrar, ensalzar. || fig. En algunos juegos de naipes, declarar cierta jugada. || tr. Decir algo entonada y rítmicamente. || intr. fig. y fam. Descubrir o confesar lo secreto. || fig. y fam. Ser algo muy llamativo y evidente.

cantar. m. Composición poética destinada a ser cantada. || Poema narrativo que canta hechos históricos o legendarios.

cántaro. m. Vasija grande de barro o metal, angosta de boca, con una o dos asas.

cantera. f. Sitio de donde se extrae piedra. || fig. Lugar, institución, etc., que proporciona personas con una capacidad específica para una determinada actividad.

cántico. m. Canto religioso.

cantidad. f. Propiedad de lo que es capaz de aumento y disminución y puede medirse y numerarse. || Cierto número de unidades. || Porción grande o abundante de algo. || Porción indeterminada de dinero.

cantimplora. f. Frasco aplanado para llevar la bebida. || Especie de garrafa.

cantina. f. Local público en que se venden bebidas y algunos comestibles.

canto. m. Acción y efecto de cantar. || Arte de cantar. || Composición de música vocal. || Composición poética, especialmente de tema heroico. || Extremidad, lado, punta, esquina o remate de algo. || Trozo de piedra. || En el cuchillo o en el sable, lado opuesto al filo. || Corte del libro, opuesto al lomo.

cantón. m. Región, territorio. || División administrativa de algunos países.

canuto. m. Parte de una caña comprendida entre dos nudos. || Cañón de palo, metal u otra materia, corto y no muy grueso, que sirve para diferentes usos. || Porro, cigarrillo de marihuana o hachís.

caña. f. Tallo de las plantas gramíneas. || Nombre de varias plantas gramíneas, por lo común de tallo hueco y nudoso. || Canilla del brazo o de la pierna. || Tuétano. || Parte de la bota o de la media que cubre la pierna. || Vaso, alto y estrecho generalmente, de vino o cerveza. || Vara larga y flexible que se emplea para pescar.

cañada. f. Espacio de la tierra entre dos alturas poco distantes entre sí. || Vía para los ganados trashumantes.

cáñamo. m. Planta anual de unos 2 m de altura, cuya semilla es el cañamón. Con su fibra textil se hacen tejidos, cuerdas, alpargatas, etc.

cañaveral. m. Sitio poblado de cañas.

cañería. f. Conducto o tubería por donde circulan o se distribuyen las aguas o el gas.

cañinque. adj. y com. amer. Enclenque, débil.

caño. m. Tubo corto de metal, vidrio o barro. || Chorro de agua. || Tubo por el que sale el agua en una fuente.

cañón. m. Pieza hueca y larga, a modo de caña. || Tubo de un arma de fuego. || Pieza de artillería, de gran longitud respecto a su calibre. || Parte córnea y hueca de la pluma del ave. || Paso estrecho o garganta profunda entre dos montañas, por donde suelen correr los ríos.

caoba. f. Árbol americano de hasta de 30 m de altura, cuya madera es muy estimada en ebanistería. || m. Color rojizo parecido al de esta madera. Ú. t. c. adj.

caos. m. Estado de confusión en que se hallaban las cosas al momento de su creación. || fig. Confusión, desorden.

capa. f. Prenda de vestir larga y suelta, sin mangas, abierta por delante. || Tela encarnada con vuelo para torear. || Sustancia diversa que se sobrepone en una cosa para cubrirla o bañarla. || Estrato de los terrenos.

capacidad. f. Espacio disponible para contener algo. || Extensión o espacio de algún sitio o local. || Aptitud o suficiencia para algo. || fig. Talento o disposición para comprender bien las cosas. || En inform., máximo número de bits almacenable en una memoria.

capar. tr. Extirpar o inutilizar los órganos genitales. || fig. y fam. Disminuir o cercenar.

caparazón. m. Cubierta rígida que cubre el tórax y a veces todo el dorso de muchos crustáceos. || Esqueleto torácico del ave. || Coraza que protege el cuerpo de las tortugas. || Cubierta que se pone al caballo para protegerlo. || fig. Coraza, protección.

capataz. m. El que gobierna y vigila a cierto número de trabajadores. || Persona a cuyo cargo está la labranza y administración de las haciendas de campo.

capaz. adj. Que tiene capacidad. || Grande o espacioso. || fig. Apto, proporcionado, suficiente para alguna cosa determinada. || fig. De buen talento, diestro.

capcioso, sa. adj. Engañoso, artificioso.

capea. f. Lidia de becerros por aficionados.

capellán. m. Sacerdote que ejerce sus funciones en una institución, comunidad o casa particular.

caperuza. f. Gorro o capucha que remata en punta inclinada hacia atrás.

capi. m. amer. Maíz. || amer. Vaina de simiente, como la judía o fréjol, cuando está tierna.

capia. f. amer. Maíz blanco y muy dulce que se emplea en la preparación de dulces. ‖ amer. Dulce o masita compuesta con harina de capia y azúcar.

capicúa. adj. y m. Cifra que se lee igual de izquierda a derecha que de derecha a izquierda.

capilar. adj. Relativo al cabello o a la capilaridad. ‖ Se aplica a los vasos sanguíneos muy finos. Ú. t. c. m.

capilla. f. Iglesia pequeña. ‖ Edificio contiguo a una iglesia o parte integrante de ella, con altar y advocación particular. ‖ Oratorio privado.

capirotada. f. amer. Plato criollo que se hace con carne, maíz tostado y queso, manteca y especias. ‖ amer. Entre el vulgo, la fosa común del cementerio.

capital. adj. Perteneciente a la cabeza. ‖ Fundamental, principal, importante. ‖ Se dice de la pena de muerte. ‖ m. Hacienda, caudal, patrimonio. ‖ Valor de lo que, de manera periódica o accidental, rinde u ocasiona rentas, intereses o frutos. ‖ Factor de la producción, constituido por el dinero frente al trabajo. ‖ f. Población principal y cabeza de un Estado. ‖ Población importante en relación con algo que se expresa.

capitalismo. m. Régimen económico fundado en el predominio del capital como elemento de producción y creador de riqueza.

capitán, na. m. Oficial del ejército que tiene a su cargo una compañía, escuadrón o batería. ‖ El que manda un buque mercante de cierta importancia. ‖ Caudillo. ‖ m. y f. Jefe de un grupo, banda, equipo deportivo, etc.

capitel. m. Parte superior de la columna.

capitular. adj. Relativo a un cabildo o al capítulo de una orden. ‖ intr. Pactar. ‖ Rendirse bajo determinadas condiciones.

capítulo. m. Cada división de un libro u otro escrito. ‖ Asamblea o cabildo de religiosos o clérigos regulares.

capó. m. Cubierta del motor del automóvil.

capota. f. Cubierta plegable de algunos carruajes o automóviles.

capote. m. Capa de abrigo hecha con mangas. ‖ Capa de los toreros. ‖ Especie de gabán ceñido al cuerpo y con faldones largos, que usan los militares.

capotera. f. amer. Percha para la ropa. ‖ amer. Maleta de viaje hecha de lienzo y abierta por los extremos.

capricho. m. Idea o propósito que uno forma sin razón aparente. ‖ Antojo, deseo pasajero. ‖ Objeto de tal antojo o deseo.

cápsula. f. Cajita cilíndrica de metal con que se cierran algunas botellas. ‖ Envoltura membranosa que reviste o envuelve un órgano. ‖ Fruto seco. ‖ Envoltura soluble de ciertos medicamentos. ‖ Por ext., el conjunto de la envoltura y el medicamento que va dentro. ‖ Compartimiento de las naves espaciales, en la que van los cosmonautas y los aparatos de observación y transmisión.

captar. tr. Percibir por medio de los sentidos. ‖ Recibir, recoger sonidos o imágenes. ‖ Percatarse de algo. ‖ Atraer a una persona. ‖ Recoger las aguas.

capturar. tr. Apresar, aprehender, apoderarse de alguien o de algo.

capucha. f. Pieza en forma de gorro puntiagudo que llevan algunas prendas de vestir en la parte superior de la espalda.

capullo. m. Envoltura del gusano de seda o de las larvas de otros insectos. ‖ Botón de las flores. ‖ fig. Prepucio, glande. ‖ vulg. Ingenuo, torpe. Ú. t. c. adj. ‖ vulg. Persona que hace faenas.

caqui. m. Color que va desde el amarillo ocre al verde gris. ‖ Tela de este color que se utiliza para uniformes militares. ‖ Árbol originario del Japón y la China, que produce un fruto del mismo nombre, parecido al tomate, dulce y carnoso.

cara. f. Parte anterior de la cabeza. ‖ Semblante, expresión del rostro. ‖ fig. Aspecto, apariencia. ‖ Fachada o frente de alguna cosa. ‖ Superficie de alguna cosa. ‖ Anverso de las monedas. ‖ fig. y fam. En ciertas expresiones, descaro. ‖ Cada una de las superficies que forman o limitan un poliedro.

carabela. f. Antigua embarcación muy ligera, larga y angosta, con tres palos.

carabina. f. Arma de fuego de menor longitud que el fusil. ‖ fig. y fam. Señora de compañía que acompañaba a las parejas para que no estuvieran solos. ‖ Por ext., cualquier persona que acompaña a una pareja.

caracol. m. Molusco gasterópodo de concha en espiral. ‖ Rizo del pelo. ‖ Una de las cavidades que constituyen el laberinto del oído de los vertebrados.

caracola. f. Caracol. ‖ Concha de un gran caracol marino.

carácter. m. Conjunto de cualidades psíquicas y afectivas, que condicionan la conducta de cada individuo humano. ‖ Rasgo distintivo. ‖ Condición, índole, naturaleza. ‖ Firmeza, energía. ‖ Cualidades que moralmente diferencian de otro un conjunto de personas o todo un pueblo. ‖ Letra o signo de escritura. Ú. m. en pl. ‖ En inform., cada uno de los signos, dígitos o letras en que se subdivide una palabra o un registro de ordenador.

caracterizar. tr. Determinar los atributos peculiares de una persona o cosa. ‖ Acreditar. ‖ Maquillar o vestir al actor conforme al personaje que ha de representar. Ú. t. c. prnl.

carámbano. m. Pedazo de hielo más o menos largo y puntiagudo que se va formando al helarse el agua que gotea.

carambola. f. Lance del juego de billar que consiste en conseguir que una de las bolas toque a las otras dos. ‖ fig. y fam. Doble resultado que se alcanza mediante una sola acción. ‖ Casualidad.

caramelo. m. Pasta de azúcar hecha almíbar al fuego y endurecida al enfriarse. ‖ Azúcar derretido que no cristaliza.

carantoña. f. fam. Halago y caricia que se hacen a uno para conseguir de él alguna cosa. Ú. m. en pl.

carátula. f. Máscara para ocultar la cara. ‖ fig. Profesión de comediante. ‖ Portada de un libro o funda de un disco.

caravana. f. Grupo de personas que viajan juntas con sus vehículos, animales, etc., especialmente por desiertos o lugares peligrosos. ‖ Aglomeración de vehículos en una carretera. ‖ Semirremolque habitable.

carbón. m. Mineral sólido, negro y muy combustible, que resulta de la combustión incompleta de la leña. ‖ Brasa o ascua después de apagada. ‖ Carboncillo de dibujar.

carbónico, ca. adj. Se aplica a muchas combinaciones en que entra el carbono.

carbonizar. tr. y prnl. Reducir a carbón un cuerpo orgánico, calcinar.

carbono. m. Elemento químico no metálico, que se encuentra en todos los compuestos orgánicos y algunos inorgánicos.

carburador. m. Aparato de los motores de explosión donde se mezcla el carburante con el aire.

carburante. m. Combustible, mezcla de hidrocarburos, que se emplea en los motores de explosión y de combustión interna.

carburar. tr. Mezclar los gases o el aire atmosférico con los carburantes gaseosos o con los vapores de los carburantes líquidos, para hacerlos combustibles o detonantes. ‖ intr. Funcionar con normalidad.

carcajada. f. Risa impetuosa y ruidosa.

carcamal. com. y adj. fam. Persona decrépita y achacosa. Suele tener valor despectivo.

carcasa. f. Armazón, estructura sobre la que se monta algo. ‖ Cierta bomba incendiaria.

cárcel. f. Edificio destinado para la custodia y reclusión de los presos.

carcoma. f. Pequeño insecto que roe la madera. ‖ fig. Preocupación continua que mortifica y consume.

cardar. tr. Peinar con la carda una materia textil antes del hilado. ‖ Peinar de forma que el pelo quede más esponjoso. Ú. t. c. prnl.

cardenal. m. Cada uno de los prelados miembros del Sacro Colegio de consejeros del papa. ‖ Mancha amoratada en la piel a causa de un golpe. ‖ Pájaro americano de plumaje muy hermoso, rojo, y canto agradable.

cárdeno, na. adj. Morado.

cardiaco, ca o **cardíaco, ca.** adj. Del corazón. ‖ Enfermo de él. Ú. t. c. s.

cardinal. adj. Principal, fundamental. ‖ Se dice de cada uno de los cuatro puntos del horizonte que sirven para orientarse. ‖ Se dice del adjetivo numeral que expresa el número, sin relación de orden.

cardo. m. Planta de hojas espinosas, a veces comestibles. ‖ fig. Persona arisca.

carecer. intr. No tener.

carestía. f. Penuria, falta o escasez. ‖ Subido precio de las cosas de uso común.

careta. f. Máscara para cubrir la cara o para protegerla.

cargamento. m. Conjunto de mercancías que carga un vehículo.

cargar. tr. Echar peso sobre algo. ‖ Poner algo sobre lo que lo ha de transportar. ‖ Preparar un arma. ‖ Proveer a algo de la carga que necesita para ser útil. ‖ Acumular energía eléctrica en un aparato. ‖ Gravar, imponer. ‖ Atacar. ‖ Anotar en una cuenta, adeudar. ‖ fig. Fastidiar. ‖ Tomar o tener sobre sí alguna obligación o cuidado. ‖ prnl. fig. fam. Matar. ‖ Llenarse o llegar a tener abundancia de ciertas cosas.

cargosear. tr. amer. Importunar, molestar.

cari. adj. amer. De color pardo o plomizo.

caricatura. f. Representación deformada y grotesca de algo. ‖ Esa misma deformación. ‖ Reproducción mala o ridícula de algo o alguien que se pretende emular.

caricia. f. Roce como demostración de cariño. ‖ Sensación suave y agradable que produce el roce de algo.

caridad. f. Sentimiento de amor al prójimo. ‖ Limosna o auxilio que se da a los necesitados.

caries. f. Infección de un diente.

carillón. m. Grupo de campanas con sonido armónico. ‖ Ese sonido. ‖ Instrumento de percusión.

cariño. m. Amor, afecto. ‖ fig. Expresión de dicho sentimiento. Ú. m. en pl. ‖ fig. Esmero.

carisma. m. Fascinación, encanto que ejercen algunas personas.

cariz. m. Aspecto que va tomando algo.

carmesí. adj. Rojo.

carmín. adj. De color rojo encendido. ‖ m. Lápiz rojo de labios.

carnal. adj. Relativo a la carne. ‖ Sensual.

carnaval. m. Tiempo que precede a la cuaresma. ‖ Fiesta popular que se celebra en él. U. m. en pl.

carne. f. Parte muscular del cuerpo humano o animal. ‖ Alimento de muchos animales en contraposición al pescado. ‖ Parte mollar de la fruta, que está bajo la cáscara o pellejo. ‖ El cuerpo y los placeres relacionados con él, en oposición al alma y la espiritualidad.

carné. m. Documento de carácter personal que indica la identidad o la afiliación a una asociación, partido, etc.

carnear. tr. amer. Matar y descuartizar las reses, para aprovechar su carne.

carnero. m. Rumiante doméstico de cuernos en espiral.

carnicería. f. Tienda donde se vende carne. ‖ Destrozo. ‖ Escabechina. ‖ Herida o lesión con mucha sangre.

carnívoro, ra. adj. y s. Que se alimenta de carne.

caro, ra. adj. De precio elevado. ‖ Amado, querido. ‖ adv. m. A muy alto precio.

carpa. f. Pez de río comestible. ‖ Toldo sobre un circo o tenderete. ‖ amer. Tienda de playa. ‖ amer. Tenderete que, en las fiestas populares, despacha comestibles y bebidas.

carpeta. f. Cartera grande para escribir sobre ella y guardar papeles.

carpintero, ra. m. y f. Persona que por oficio labra la madera.

carrera. f. Acción de correr. || Competición deportiva en la que se corre. || Recorrido de un vehículo de alquiler. || Estudios universitarios repartidos en una serie de años con los que se obtiene un título profesional. || Profesión. || Línea de puntos sueltos de una media o prenda de punto. || Carretera que antes fue camino.

carreta. f. Carro bajo y alargado de dos ruedas.

carrete. m. Cilindro taladrado por el eje en el que se enrolla algo.

carretilla. f. Carro pequeño de mano con una rueda.

carriel. m. amer. Maletín de cuero. || amer. Bolsa de viaje con varios compartimientos para papeles y dinero.

carril. m. Surco. || Cada una de las dos barras de acero laminado o hierro de las vías férreas. || En las vías públicas, banda longitudinal destinada al tránsito de una sola fila de vehículos.

carrillo. m. Parte carnosa de la cara, desde el pómulo al mentón.

carro. m. Carruaje de dos o cuatro ruedas, con lanza o varas para enganchar el tiro, y tablas para sostener la carga. || Pieza de la máquina de escribir en la que va el rodillo con el papel y que se desplaza a un lado y otro. || amer. Automóvil.

carrocería. f. Caja de un automóvil, para pasajeros o carga.

carroña. f. Carne corrompida.

carroza. f. Coche grande adornado. || amer. Coche fúnebre. || com. pop. Viejo, antiguo, anticuado.

carruaje. m. Vehículo montado sobre ruedas.

carrusel. m. Tiovivo. || fig. Concurso de manifestaciones de una misma actividad.

carta. f. Escrito, generalmente cerrado, que se envía a una persona para comunicarle algo. || Naipe. || Norma constitucional de una entidad u organización política. || Lista de ofertas de un restaurante. || Mapa.

cartabón. m. Instrumento de dibujo en forma de triángulo rectángulo.

cartapacio. m. Funda o bolsa para libros y papeles.

cartel. m. Anuncio o aviso en sitio público con fines informativos o publicitarios. || Reputación.

cartelera. f. Sección de los periódicos donde se anuncian espectáculos.

cartero, ra. m. y f. Persona que reparte el correo. || f. Estuche rectangular de bolsillo plegado por la mitad para documentos, tarjetas, billetes, etc. || Bolsa o maletín de mano para libros, papeles y documentos. || Cubierta formada de dos hojas rectangulares, unidas por uno de sus lados, para dibujar o escribir sobre ellas, o guardar papeles. || Empleo y ejercicio de ministro. || Valores comerciales que forman parte del activo. || amer. Bolso de las mujeres.

cartílago. m. Ternilla, tejido elástico adherido a ciertas articulaciones óseas de los animales vertebrados.

cartilla. f. Cuaderno pequeño que contiene el alfabeto. || Libreta o cuaderno donde se anotan ciertas circunstancias que afectan a su titular.

cartografía. f. Arte y técnica de trazar cartas geográficas.

cartomancia o **cartomancía.** f. Adivinación por los naipes de la baraja.

cartón. m. Conjunto de varias hojas de papel húmedas, fuertemente comprimidas. || Hoja hecha de pasta de trapo, papel viejo y otras materias. || Dibujo previo a una obra de pintura, mosaico, tapicería o vidriería. || Caja con diez paquetes de cigarrillos.

cartucho. m. Carga de pólvora encerrada en un tubo metálico. || Cucurucho. || Cajita de plástico que puede contener películas fotográficas, cinematográficas, cintas magnetofónicas, etc.

cartulina. f. Cartón delgado y terso.

casa. f. Edificio o parte de él para habitar. || Conjunto de personas que viven juntas. || Descendencia o linaje. || Establecimiento industrial o mercantil. || Cada una de sus delegaciones. || Nombre de ciertas casillas de algunos juegos, como el parchís.

casaca. f. Prenda ceñida, con mangas y faldones.

casamentero, ra. adj. y s. Que gusta de facilitar bodas de los demás.

casar. intr. Contraer matrimonio. Ú. m. c. prnl. || Corresponder, ajustar, encajar, unir. || tr. Autorizar y llevar a cabo el matrimonio de dos personas al que tiene licencia para ello. || Anular una sentencia.

casar. m. Conjunto de casas que no llega a formar pueblo.

cascabel. m. Bola hueca de metal que lleva algo en su interior que la hace sonar.

cascanueces. m. Instrumento a modo de tenaza para partir nueces.

cascar. tr. Quebrar. Ú. t. c. prnl. || fam. Golpear. || intr. fig. y fam. Morir. || fam. Charlar sin parar.

cáscara. f. Corteza exterior de los huevos y de varias frutas.

cascarrabias. com. Persona que se enoja fácilmente.

casco. m. Armadura u otra cubierta resistente que protege la cabeza. || Cuerpo de un barco o avión sin el aparejo y las máquinas. || Botella o envase para líquidos. || Cada uno de los pedazos de vasija o vaso que se rompe. Ú. t. c. pl. || Conjunto de edificios de una población. || Uña del pie o de la mano del caballo que se corta y alisa para poner la herradura.

caserío. m. Conjunto de casas. || Casa de campo y sus dependencias.

caserón. m. Casa muy grande y destartalada.

caseta. f. Garita, casilla en playas, ferias, exposiciones, etc. || Casita del perro guardián.

casete. amb. Cinta magnetofónica y la cajita de plástico que la contiene. || Magnetófono.

casi. adv. c. Poco menos de, cerca de, con corta diferencia, por poco. || adv. m. Indica indecisión.

casilla. f. Casa pequeña. || División del papel rayado o del tablero de ajedrez.

casillero. m. Mueble con divisiones para clasificación. || Cada una de estas divisiones. || Marcador de puntos en algunos deportes.

casino. m. Casa de juego. || Club, sociedad de recreo.

caso. m. Suceso. || Casualidad, oportunidad. || Asunto. || Problema, pregunta. || Cada enfermo en que se manifiesta una enfermedad. || Función de una palabra en la oración, y forma adoptada según el caso.

caspa. f. Escamilla que se forma en la cabeza o raíz del cabello.

caspiroleta. f. amer. Bebida compuesta de leche caliente, huevos, canela, aguardiente, azúcar y algún otro ingrediente.

casquillo. m. Cartucho vacío. || Soporte metálico de una bombilla.

casquivano, na. adj. Se dice de la persona insensata e informal. || f. Mujer de trato frívolo con los hombres.

casta. f. Generación, estirpe. || Grupo de habitantes de un país. || Raza animal formada por unos determinados caracteres que se transmiten por herencia.

castaño, ña. adj. y s. Color de cáscara de castaña. || m. Árbol de copa alta y fruto comestible, y su madera. || f. Fruto del castaño, como una nuez. || fam. Golpe, bofetada. || fam. Borrachera. || fam. Persona o cosa muy aburrida.

castañuela. f. Instrumento de percusión, con dos mitades cóncavas.

castellano, na. adj. y s. De Castilla. || m. Lengua oficial de España e Hispanoamérica. || Alcaide o gobernador de un castillo.

castigo. m. Sanción, pena impuesta. || fig. Persona o cosa que causa continuas molestias o padecimientos.

castillo. m. Edificio fortificado con murallas. || En un barco, cubierta de proa.

castizo, za. adj. y s. De buen linaje. || Se dice del lenguaje puro. || Del carácter tradicional de un país.

casto, ta. adj. Se dice del que practica la castidad o está de acuerdo con ella.

‖ Honesto, puro, sin picardía ni sensualidad.

castrar. tr. Extirpar los órganos genitales. ‖ fig. Debilitar o inutilizar algo.

castrense. adj. Relativo al ejército o a la profesión militar.

casual. adj. Eventual, fortuito.

cataclismo. m. Desastre, catástrofe. ‖ fig. Gran desastre social, económico o político.

catacumba. f. Templo y cementerio subterráneo de los primitivos cristianos, especialmente en Roma. Ú. m. en pl.

catadura. f. Gesto o semblante.

catalán, na. adj. y s. De Cataluña. ‖ m. Lengua oficial de Cataluña y hablada en otros dominios de la antigua Corona de Aragón.

catalejo. m. Anteojo que sirve para ver a larga distancia.

catálogo. m. Lista ordenada de personas o cosas.

cataplasma. f. Masa de consistencia blanda, aplicada como calmante. ‖ fig. Persona pesada y fastidiosa.

catapulta. f. Antigua máquina militar para arrojar piedras o saetas.

catar. tr. Probar.

catarata. f. Cascada grande de agua. ‖ Opacidad del cristalino del ojo.

catarro. m. Resfriado común.

catastro. m. Censo y patrón estadístico de las fincas rústicas y urbanas.

catástrofe. f. Desastre, suceso desgraciado e inesperado. ‖ fig. Se apl. a cosas que son de mala calidad o mal hechas.

catear. tr. fig. y fam. Suspender en los exámenes a un alumno. ‖ amer. Explorar terrenos en busca de alguna veta minera. ‖ amer. Allanar la casa ajena.

catecismo. m. Compendio de la doctrina cristiana.

cátedra. f. Empleo, plaza y departamento de un catedrático. ‖ Asignatura que enseña y aula donde lo hace.

catedral. f. Iglesia principal de una diócesis.

catedrático, ca. m. y f. Profesor o profesora titular de una cátedra.

categoría. f. Clase, condición. ‖ Cada uno de los grupos de una clasificación de objetos. ‖ Cada una de las jerarquías establecidas en una profesión o carrera. ‖ Uno de los diferentes elementos de clasificación que suelen emplearse en las ciencias.

categórico, ca. adj. Rotundo.

catequesis. m. Enseñanza de la religión cristiana.

cateto, ta. m. y f. desp. Persona palurda, torpe, inculta. ‖ m. Cada lado del ángulo recto en el triángulo rectángulo.

catolicismo. m. Religión cristiana profesada por la Iglesia católica romana.

catorce. adj. Diez más cuatro. ‖ Decimocuarto. Ú. t. c. s.

catre. m. Cama ligera individual.

cauce. m. Lecho fluvial. ‖ fig. Procedimiento, camino seguido.

caucho. m. Látex producido por varias plantas tropicales que, después de coagularla, es una masa impermeable muy elástica que tiene muchas aplicaciones en la industria, como la fabricación de neumáticos, aislantes y tuberías.

caudal. adj. Relativo a la cola. ‖ m. Hacienda, bienes. ‖ Cantidad de agua de una corriente.

caudillo. m. Jefe de un ejército o comunidad.

causa. f. Motivo, fundamento u origen. ‖ Empresa o ideal. ‖ Litigio, pleito judicial. ‖ amer. Puré de papas, aderezado con lechugas, queso fresco, aceitunas, choclo y ají. Se come frío.

cáustico, ca. adj. Que quema o corroe. ‖ fig. Mordaz, agresivo.

cautela. f. Precaución, reserva. ‖ Astucia, sutileza para engañar.

cautivar. tr. Aprisionar. ‖ fig. Atraer, ganar.

cauto, ta. adj. Que obra con sagacidad o precaución.

cava. m. Vino espumoso. ‖ f. Bodega. ‖ adj. Se dice de cada una de las dos venas que llevan la sangre a la aurícula derecha del corazón. Ú. t. c. f.

cavar. tr. Levantar y mover la tierra. || intr. Ahondar, penetrar.

caverna. f. Cueva, oquedad profunda, subterránea o entre rocas.

cavernícola. adj. y com. Troglodita. || desp. fig. y fam. Retrógrado.

caviar o **cavial.** m. Manjar de huevas de diferentes peces, sobre todo del esturión.

cavidad. f. Hueco dentro de un cuerpo.

cavilar. tr. Pensar, fijar tenazmente la atención.

cayado. m. Bastón curvo por la parte superior. || Báculo de los obispos.

cazar. tr. Coger o matar animales silvestres. || Atrapar, pillar algo difícil. || fig. y fam. Sorprender en un descuido.

cazo. m. Recipiente de cocina, metálico y con mango. || Especie de cucharón semiesférico con mango largo para pasar líquidos de un recipiente a otro. || Cantidad de líquido que puede contener.

cazuela. f. Recipiente de cocina más ancho que alto. || Guisado.

cazurro, rra. adj. y s. fam. Reservado, de pocas palabras. || Tosco.

ce. f. Nombre de la letra *c*.

cebada. f. Planta herbácea gramínea anual, parecida al trigo.

cebadura. f. amer. Cantidad de yerba que se pone en el mate cuando se prepara la infusión.

cebar. tr. Engordar a un animal, y p. ext., a una persona. || fig. Cargar de combustible una máquina o poner el cebo a un cohete. || amer. Preparar mate. || prnl. fig. Ensañarse.

cebo. m. Comida para alimentar, engordar o atraer a los animales. || Engaño, atractivo, incentivo.

cebolla. f. Planta de huerta, de bulbo comestible.

cebolleta. f. Planta muy parecida a la cebolla.

cebra. f. Animal africano parecido al asno, de piel rayada.

cecear. intr. Pronunciar la *s* con sonido de *c*.

cedazo. m. Criba muy tupida, tamiz. || Red grande para pescar.

ceder. tr. Dar, transferir. || intr. Rendirse alguien. || Cesar, disminuir la fuerza o resistencia.

cedilla. f. Letra *c* con una virgulilla debajo (*ç*). || Dicha virgulilla.

cédula. f. Papel o documento en que se hace constar algo.

cefalea. f. Dolor de cabeza.

cegar. tr. Quitar la vista. || fig. Ofuscar. Ú. t. c. intr. y prnl. || fig. Cerrar, tapar. || intr. Perder la vista.

ceja. f. Prominencia curva con pelo sobre la cuenca del ojo. || Pelo que lo cubre. || Listón que tiene los instrumentos de cuerda entre el clavijero y el mástil, para apoyo o separación de las cuerdas. || Cejilla.

cejar. intr. Retroceder. || fig. Flaquear, aflojar o ceder.

celda. f. Cuarto pequeño en un convento, una cárcel, etc. || Celdilla.

celebrar. tr. Alabar. || Conmemorar, festejar. Ú. t. c. prnl. || Realizar con solemnidad. Ú. t. c. prnl. || Decir misa. Ú. t. c. intr.

célebre. adj. Famoso. || Ocurrente, gracioso.

celeridad. f. Prontitud, rapidez, velocidad.

celeste. adj. Del cielo. || Se apl. al color azul claro parecido al cielo.

celestina. f. fig. Alcahueta.

célibe. adj. y com. Se dice de la persona que no se ha casado o que voluntariamente renuncia a las relaciones sexuales.

celo. m. Cuidado, esmero, interés. || Envidia, recelo. || Excitación sexual de los animales. || pl. Sospecha, inquietud por la fidelidad de la persona amada. || Envidia que siente alguien hacia otro que acapara todas las atenciones o todos los éxitos.

celofán. m. Película transparente y flexible para envolver.

celosía. f. Enrejado de pequeños listones de las ventanas.

célula. f. Pequeña cavidad. || Unidad microscópica de los seres vivos. || Unidad básica de algunas organizaciones políticas.

celuloide. m. Nitrocelulosa flexible plastificada con alcanfor. || Por ext., cinta cinematográfica.

celulosa. f. Componente sólido de la membrana de las células vegetales.

cementerio. m. Necrópolis, lugar cercado para enterrar cadáveres.

cemento. m. Mezcla de arcilla molida y cal que en contacto con el agua se endurece. Se utiliza para unir los elementos de la construcción.

cena. f. Comida que se hace al atardecer o por la noche.

cencerro. m. Campana pequeña que se ata al cuello de las reses.

cenefa. f. Borde o ribete.

cenicero. m. Lugar para depositar la ceniza.

cenit. m. Punto del firmamento que corresponde verticalmente a un lugar de la Tierra. || Culminación, apogeo.

cenizo, za. adj. De color de ceniza. || m. Planta silvestre. || fam. Aguafiestas, persona de mala suerte. || Polvo gris que queda después de una combustión completa. || pl. fig. Residuos de un cadáver.

censo. m. Lista de la población o riqueza de un país. || Contrato por el que un inmueble se sujeta al pago de una renta anual.

censurar. tr. Juzgar, criticar. || Corregir, suprimir algo en una obra o información dirigida al público. || Reprobar, reprochar.

centauro. m. Monstruo fabuloso, con tronco de hombre y cuerpo de caballo.

centella. f. Rayo. || Chispa. || Destello intermitente de luz. || fig. Persona o cosa muy veloz o muy breve.

centena o **centenada.** f. Conjunto de cien unidades.

centenar. m. Centena.

centenario, ria. adj. De la centena. || Que tiene cien años de edad. Ú. t. c. s. || m. Tiempo en que se cumplen una o más centenas de años de algún acontecimiento.

centeno. m. Planta gramínea parecida al trigo.

centígrado, da. adj. De la escala termométrica dividida en cien grados.

centímetro. m. Centésima parte de un metro.

céntimo. m. Centésima parte de una unidad monetaria.

centinela. com. Soldado que vigila un puesto. || fig. Observador.

centralita. f. Aparato que conecta una o varias líneas telefónicas.

centralizar. tr. Reunir en un centro común. Ú. t. c. prnl. || Asumir el poder público facultades atribuidas a organismos regionales y locales.

centro. m. Punto del que equidistan todos los de la circunferencia, o los extremos de cualquier superficie. || Lo que está en medio. || Parte central de una ciudad. || Institución educativa, científica, social, etc. || Grupo de células con una función. || En deporte, pase largo. || fig. Punto de atención. || Tendencia o grupo político de los centristas.

centroamericano, na. adj. y s. De América central.

centroeuropeo, a. adj. De Europa central.

centuria. f. Siglo. || En la milicia romana, compañía de cien hombres.

ceñir. tr. Rodear, ajustar la cintura. || prnl. fig. Mantenerse, ajustarse a unos límites en lo que se hace o se dice.|| fig. Amoldarse a lo que uno tiene.

ceño. m. Gesto de enfado o preocupación arrugando la frente.

cepa. f. Tronco de la vid. || fig. Raíz u origen de una familia.

cepillo. m. Caja para limosnas en la iglesia. || Utensilio de limpieza hecho con cerdas o material análogo. || Herramienta de carpintero.

cepo. m. Trampa para cazar animales. || Cualquier instrumento que sirve para sujetar algo.

cera. f. Sustancia amarillenta combustible que segregan las abejas. || Sustancia que segregan ciertas glándulas del conducto auditivo externo.

cerámica. f. Arte de fabricar objetos de barro, loza y porcelana. || Conjunto de estos objetos.

cerbatana. f. Canuto para lanzar flechas soplando por un extremo.

cerca. f. Valla, tapia que rodea algo. || adv. l. y t. Denota proximidad.

cercano, na. adj. Próximo, inmediato.

cercenar. tr. Cortar. || Disminuir.

cerciorar. tr. y prnl. Asegurar la verdad de una cosa.

cerco. m. Lo que ciñe o rodea. || Asedio. || Marco de una puerta o ventana.

cerda. f. Pelo grueso de la cola y crin de las caballerías y del cuerpo de otros animales.

cerdo, da. adj. y s. Persona sucia o de malas intenciones. || m. y f. Mamífero doméstico de hocico cilíndrico que se cría para aprovechar su carne.

cereal. adj. y m. Se apl. a las plantas gramíneas de cuyos frutos se obtiene harina. || Se apl. a estos mismos frutos, como el trigo, el centeno o la cebada.

cerebelo. m. Parte inferior y posterior del encéfalo.

cerebro. m. Parte superior del encéfalo; es el centro del sistema nervioso. || fig. Inteligencia, talento, y persona que los posee. || fig. Persona que tiene las ideas o que dirige un proyecto.

ceremonia. f. Forma exterior de un culto. || Acto solemne. || Cumplido, formalidad, además afectados.

cerilla. f. Vela muy delgada. || Fósforo. || Cerumen.

cerner o **cernir.** tr. Separar con el cedazo la harina del salvado. || prnl. Mantenerse en el aire. || fig. Amenazar un mal inminente.

cero. m. Cardinal que expresa una cantidad nula. || Signo con que se representa. || Signo sin valor propio.

cerradura. f. Mecanismo con llave que sirve para cerrar.

cerrajero, a. m. y f. Persona que hace o repara cerraduras.

cerrar. tr. Encajar en su marco una puerta o ventana. || Tapar una abertura. || Poner término a una cosa. || Terminar un plazo. || Cesar una actividad. || Ir en último lugar. || Juntar las partes de algo. || Dar por concertado un acuerdo o pac-

to. || Dar por finalizada la actividad de un negocio, definitivamente o a diario. Ú. t. c. intr. y prnl. Cicatrizar una herida. || prnl. fig. Empeñarse en algo.

cerril. adj. fig. y fam. Grosero. || fig. Obstinado, obcecado.

cerro. m. Colina, elevación del terreno.

cerrojo. m. Barra cilíndrica de hierro para cerrar puertas. || En ciertas armas de fuego, cilindro metálico que cierra la recámara.

certamen. m. Competición. || Concurso para estimular con premios una actividad.

certero, ra. adj. Seguro, acertado.

certeza o **certidumbre.** f. Conocimiento seguro y evidente de algo.

certificar. tr. Afirmar algo. Ú. t. c. prnl. || Obtener un certificado que acredite haber enviado algo por correo. || Asegurar algo por documento público.

cerumen. m. Cera de los oídos.

cerveza. f. Bebida espumosa obtenida por fermentación de la cebada y aromatizada con lúpulo.

cervical. adj. De la cerviz.

cerviz. f. Parte posterior del cuello, nuca, cogote, pescuezo.

cesar. intr. Suspenderse, acabarse algo. || Dejar de desempeñar un cargo, o dejar de hacer algo.

cesárea. f. Operación quirúrgica en la que, a través de una abertura practicada en el abdomen, se extrae al niño del útero de la madre.

césped. m. Hierba menuda y tupida que cubre el suelo. || Campo de fútbol.

cesta. f. Recipiente de mimbres o madera flexible. || Especie de paleta cóncava para jugar a la pelota. || En baloncesto, red que cuelga del aro por donde debe introducirse el balón.

cesto. m. Cesta grande más ancha que alta.

cesura. f. En poesía menuda, corte o pausa que divide un verso en dos partes o hemistiquios.

cetrería. f. Arte de criar halcones y demás aves de caza. || Caza con halcones.

cetro. m. Vara, bastón o insignia de mando. ‖ El mando mismo.

ch. f. Fonema que tradicionalmente era considerado la cuarta letra del alfabeto español, y la tercera de sus consonantes. En este diccionario, siguiendo el criterio de destacados lexicógrafos, la *ch* ha sido englobada en la *c*, según las normas de alfabetización universal.

chabacano, na. adj. Grosero, de mal gusto.

chabola. f. Choza, caseta. ‖ Barraca mísera en los suburbios de los grandes núcleos urbanos.

chacal. m. Mamífero cánido, de tamaño medio entre el lobo y la zorra. Es carnívoro y vive en Asia y África.

chacanear. tr. amer. Espolear con fuerza a la cabalgadura.

chácara. f. amer. Chacra, granja. ‖ amer. Monedero.

chacarero, ra. adj. amer. Dueño de una chácara o granja. ‖ m. y f. amer. Persona que trabaja en ella. ‖ f. amer. Baile popular argentino de parejas sueltas.

chacha. f. fam. Niñera. ‖ Sirvienta.

cháchara. f. fam. Charla inútil y frívola.

chacra. f. amer. Alquería o granja.

chafar. tr. Aplastar. Ú. t. c. prnl. ‖ Arrugar la ropa. ‖ fig. y fam. Confundir, apabullar. ‖ fig. y fam. Desengañar, deprimir a alguien.

chaflán. m. Cara que resulta en un sólido de cortar por un plano una esquina o ángulo diedro. ‖ Plano largo y estrecho que, en lugar de esquina, une dos paramentos o superficies planas, que forman ángulo.

chagual. m. amer. Planta de tronco escamoso y flores verdosas. La médula del tallo nuevo es comestible; las fibras sirven para cordeles, y la madera seca para suavizar las navajas de afeitar.

chajá. m. amer. Ave zancuda de más de medio metro de longitud, de color gris, cuello largo, plumas altas en la cabeza y dos púas en la parte anterior de sus grandes alas. Anda erguida y con lentitud, y lanza un fuerte grito, que sir-

vió para darle nombre. Se domestica con facilidad.

chajuán. m. amer. Bochorno, calor.

chal. m. Paño más largo que ancho que usan las mujeres como abrigo o adorno.

chala. f. amer. Hoja que envuelve la mazorca de maíz que, una vez seca, se usa para liar cigarrillos. ‖ amer. Sandalia de cuero crudo.

chalado, da. adj. y s. fam. Alelado, necio. ‖ fam. Muy enamorado.

chalé o **chalet.** m. Casa independiente, de una o varias plantas, con jardín.

chaleco. m. Prenda de vestir, sin mangas, que se pone encima de la camisa.

chamaco, ca. m. y f. amer. Niño, muchacho.

chamagoso, sa. adj. amer. Mugriento. ‖ amer. Aplicado a cosas, bajo, vulgar y deslucido.

chamán. m. Hechicero que se supone con poder para entrar en contacto con los espíritus y los dioses, adivinar el porvenir y curar enfermos.

chamarilero, ra. m. y f. Persona que se dedica a comprar y vender trastos viejos.

chamizo. m. Leño medio quemado. ‖ Choza cubierta de ramas secas. ‖ fig. y fam. Tugurio.

champán o **champaña.** m. Vino blanco espumoso de origen francés.

champiñón. m. Hongo comestible.

champú. m. Jabón líquido para lavar la cabeza.

chamuscar. tr. y prnl. Quemar una cosa por la parte exterior.

chancar. tr. amer. Triturar, moler, especialmente minerales. ‖ amer. Apalear, golpear, maltratar algo o a alguien.

chancho, cha. m. y f. amer. Cerdo, animal. ‖ adj. amer. Puerco, sucio, deaseado.

chanchullo. m. fam. Negocio ilícito, tejemaneje.

chancla o **chancleta.** f. Chinela sin talón, o con el talón doblado. ‖ amer. Mujer, en especial la recién nacida.

chándal. m. Prenda para hacer deporte.

changa. f. amer. Insecto dañino para las plantas. || amer. Persona bribona. || amer. Colilla del cigarro de marihuana. || amer. Trabajo del changador. || amer. Chapuza.

changador. m. amer. Mozo encargado de transportar los equipajes.

chantaje. m. Amenaza de pública difamación o daño para obtener algún provecho. || Presión que, mediante amenazas, se ejerce sobre alguien para obligarle a obrar en determinado sentido.

chanza. f. Dicho festivo y gracioso. || Burla, broma.

chapa. f. Hoja o lámina de metal, madera u otra materia. || Tapón metálico que cierra herméticamente las botellas. || Placa, distintivo de algún cuerpo especial. || fig. Dinero.

chaparrón. m. Lluvia fuerte de corta duración. || fig. Abundancia de cosas. || amer. Riña, regaño, reprimenda.

chapitel. m. Remate de las torres en forma piramidal. || Capitel.

chapotear. intr. Sonar el agua batida por los pies o las manos. || Producir ruido al mover las manos o los pies en el agua o en el lodo.

chapulín. m. amer. Langosta, cigarrón.

chapurrear o **chapurrar.** tr. e intr. Hablar con dificultad un idioma.

chapuza. f. Trabajo ocasional de poca monta. || Cosa mal hecha.

chapuzar. tr., intr. y prnl. Meter de cabeza en el agua.

chaqué. m. Especie de levita, que a partir de la cintura se abre hacia atrás formando dos faldones.

chaqueta. f. Prenda exterior de vestir con mangas, que se ajusta al cuerpo y llega hasta las caderas.

chaquetón. m. Chaqueta grande.

charada. f. Adivinanza, acertijo.

charanga. f. Música militar con sólo instrumentos de viento. || Grupo musical de carácter jocoso.

charango. m. Especie de bandurria, de cinco cuerdas, que usan los indios andinos.

charape. m. amer. Bebida fermentada hecha con aguardiente de jugo de maguey, miel, clavo y canela.

charca. f. Charco grande.

charco. m. Agua u otro líquido estancada en un hoyo o depresión del terreno.

charcutería. f. Establecimiento donde se venden embutidos y, a veces, quesos.

charla. f. fam. Conversación amistosa. || Conferencia breve.

charlar. intr. fam. Hablar mucho y sin sustancia. || fam. Conversar, platicar por pasatiempo.

charol. m. Barniz muy brillante. || Cuero con este barniz. || Bandeja para servir, presentar o depositar cosas.

charqui. m. amer. Tasajo, carne salada.

charquicán. m. amer. Guiso hecho con charqui, ají, patatas, judías y otros ingredientes.

chascar. intr. y tr. Dar chasquidos.

chascarrillo. m. fam. Anécdota jocosa. || Chiste.

chasco. m. Burla, engaño. || fig. Decepción.

chasis. m. Armazón. || Bastidor para placas fotográficas.

chasquido. m. Sonido que se hace con el látigo o la honda cuando se sacuden en el aire. || Ruido que se produce al romperse alguna cosa. || Ruido que se produce con la lengua al separarla súbitamente del paladar o al frotar las yemas de los dedos corazón y pulgar de una mano.

chatarra. f. Escoria que deja el mineral de hierro. || Hierro viejo. || Aparato viejo e inservible. || fig. y fam. Cosa de poco valor.

chato, ta. adj. De nariz pequeña y aplastada. U. t. c. s. || Se dice de la nariz que tiene esta forma. || Romo, plano, corto. || m. fig. y fam. Vaso de vino. || m. y f. Apelativo cariñoso. U. m. c. interj.

chaucha. f. amer. Moneda chica de plata o níquel. || amer. Moneda de plata de baja ley. || amer. Patata temprana o menuda que se deja para simiente. || amer. Judía verde. || pl. amer. Escasa cantidad de dinero.

chaval, la. m. y f. Muchacho, joven.

chécheres. m. pl. amer. Baratijas, cachivaches.

checo, ca. adj. y s. De la República Checa. ‖ Checoslovaco. ‖ m. Lengua de los checos.

checoslovaco, ca o **checoeslovaco, ca.** adj. y s. De Checoslovaquia.

chele. adj. y com. amer. Se dice de la persona muy blanca o rubia. ‖ m. amer. Legaña.

chepa. f. fam. Corcova, joroba.

cheque. m. Documento u orden de pago para que una persona retire la cantidad asignada de los fondos que el librador dispone en una cuenta bancaria.

chequeo. m. Reconocimiento médico.

chévere. adj. amer. Gracioso, bonito, elegante, agradable. ‖ amer. Excelente.

chic. adj. Elegante.

chicano, na. adj. y s. Se dice de la persona de origen mexicano nacida y criada o residente en los EE. UU.

chicha. f. fam. Carne comestible. ‖ amer. Bebida alcohólica que resulta de la fermentación del maíz en agua azucarada.

chiche. adj. amer. Se dice de la persona muy blanca o rubia. ‖ amer. Pequeño, delicado, bonito. ‖ amer. Pecho de la mujer. Ú t. en f. ‖ amer. Juguete, entretenimiento de niños.

chichón. m. Bulto en la cabeza producido por un golpe.

chicle. m. Goma de mascar.

chico, ca. adj. Pequeño, de poco tamaño. ‖ Niño, muchacho. Ú. t. c. s. ‖ m. y f. Recadero, aprendiz. ‖ f. Criada.

chiflar. intr. Silbar. ‖ tr. Mofar, hacer burla. Ú. t. c. prnl. ‖ fam. Beber mucho. ‖ prnl. fam. Perder uno las facultades mentales. ‖ fam. Sentir gran atracción. ‖ Enamorarse.

chigua. f. amer. Especie de cesto hecho con cuerdas o corteza de árboles, de forma oval y boca de madera. Sirve para muchos usos domésticos y hasta de cuna.

chilaba. f. Prenda de vestir, con capucha, que usan los moros.

chile. m. Ají, pimiento.

chileno, na. adj. y s. De Chile.

chillar. intr. Dar chillidos. ‖ Chirriar. ‖ Levantar mucho la voz por costumbre o por enfado.

chillido. m. Grito agudo y desagradable.

chilpayate, ta. m. y f. amer. Niño pequeño; hijo.

chimenea. f. Conducto para dar salida al humo. ‖ Hogar o fogón. ‖ Conducto por donde sale la lava en los volcanes. ‖ Grieta estrecha en una mina o roca.

chimpancé. m. Mono antropomorfo africano, de brazos largos y cabeza grande.

chinama. f. amer. Choza, cobertizo de cañas y ramas.

chinche. f. Insecto hemíptero, de color rojo oscuro y cuerpo aplastado. Sus picaduras son muy irritantes. ‖ Chincheta. ‖ com. fig. y fam. Persona fastidiosa. Ú. t. c. adj.

chincheta. f. Clavito metálico de cabeza circular y chata.

chinchilla. f. Mamífero roedor, propio de América meridional, parecido a la ardilla. ‖ Piel de este animal, de color gris, muy estimada.

chinchulín. m. amer. Tripas del ganado ovino o vacuno, trenzadas y asadas. Ú m. en pl.

chinerío. m. amer. Conjunto de mujeres.

chingar. tr. Beber con frecuencia. ‖ Importunar, molestar. ‖ Estropear, fracasar. Ú. t. c. prnl. ‖ amer. Practicar el coito, fornicar. Es voz vulgar y malsonante. ‖ intr. amer. Colgar un vestido más a un lado que de otro. ‖ prnl. amer. No acertar, fracasar.

chino, na. adj. y s. De China. ‖ adj. amer. Se dice de la persona aindiada. Ú t. c. s. ‖ amer. Se usa como designación afectiva, cariñosa o despectiva. ‖ m. Idioma de los chinos.

chip. m. Placa de silicio de unos pocos milímetros de superficie, que sirve de soporte de un circuito integrado.

chipirón. m. Calamar pequeño.

chipriota. adj. y s. De Chipre.

chiribita. f. Chispa. ‖ pl. Partículas que se mueven en el interior de los ojos y ofuscan la vista.

chirigota. f. fam. Burla, broma.

chiringuito. m. Quiosco o puesto de bebidas al aire libre.

chiripa. f. En el juego del billar, tanto hecho por casualidad. ‖ fig. y fam. Casualidad favorable.

chiripá. m. amer. Paño rectangular que se pasa por entre los muslos y que se sujeta por los extremos delantero y trasero, usado por los gauchos de Argentina, Brasil, Paraguay y Uruguay.

chirona. f. fam. Cárcel.

chirriar. intr. Emitir un sonido agudo. ‖ Chillar algunos pájaros. ‖ fig. y fam. Cantar desentonadamente.

chirusa. f. amer. Mujer del pueblo bajo, normalmente mestiza o descendiente de mestizos.

chisme. m. Murmuración, cuento. ‖ Baratija, trasto pequeño. ‖ Cualquier objeto del que se desconoce el nombre.

chispa. f. Partícula encendida que salta de la lumbre, del hierro herido por el pedernal, etc. ‖ Diamante muy pequeño. ‖ Gota de lluvia menuda y escasa. ‖ Partícula de cualquier cosa. ‖ fig. Ingenio.

chisporrotear. intr. fam. Despedir chispas reiteradamente.

chistar. intr. Hablar o hacer ademán de hacerlo. Ú. m. con neg. ‖ Llamar la atención de alguien.

chiste. m. Dicho agudo y gracioso. ‖ Suceso gracioso. ‖ Burla, chanza.

chistera. f. Sombrero de copa.

chivarse. prnl. vulg. Delatar, acusar.

chivato, ta. adj y s. Soplón, delator, acusador. ‖ m. Chivo que pasa de seis meses y no llega al año. ‖ m. fig. Dispositivo que advierte de una anormalidad.

chivo, va. m. y f. Cría de la cabra. ‖ f. amer. Perilla, barba.

chocar. intr. Dar violentamente una cosa con otra. ‖ fig. Pelear. ‖ fig. Indisponerse con alguno. ‖ Causar extrañe-

za. ‖ tr. Darse las manos en señal de saludo, conformidad, enhorabuena, etc.

chochear. intr. Tener debilitadas las facultades mentales por la edad. ‖ fig. y fam. Tener debilidad exagerada por algo o alguien.

choclo. m. amer. Mazorca tierna de maíz.

chocolate. m. Pasta alimenticia hecha con cacao y azúcar molidos. ‖ Bebida que se hace con esta pasta junto con agua o leche. ‖ fig. Hachís.

chocolatina. f. Tableta delgada de chocolate.

chófer o **chofer.** m. Conductor de automóvil.

chollo. m. fam. Ganga. ‖ Trabajo o negocio que produce beneficio con muy poco esfuerzo.

cholo, la. adj. amer. Mestizo de sangre europea e indígena. Ú t. c. s. ‖ m. y f. amer. Tratamiento cariñoso.

chomba. f. amer. Prenda de vestir hecha de lana a modo de chaleco cerrado.

chongo. m. amer. Moño o rizo de pelo.

chonta. f. amer. Árbol, variedad de la palma espinosa, cuya madera, fuerte y de color oscuro y jaspeado, se emplea para hacer bastones y otros objetos de adorno.

chontal. adj. y com. amer. Se dice de una tribu maya-quiché de América Central y de las personas o cosas pertenecientes a ella. ‖ amer. Se dice de la persona rústica e inculta.

chorizo. m. Embutido de carne de cerdo, picada y adobada. ‖ vulg. Ratero, ladronzuelo. ‖ amer. Haz hecho con barro, mezclado con paja, que se utiliza para hacer las paredes de los ranchos.

choro. m. amer. Mejillón.

chorote. m. amer. Chocolatera de loza sin vidriar. ‖ amer. Toda bebida espesa. ‖ amer. Especie de chocolate con el cacao cocido en agua y endulzado con pan de azúcar sin refinar.

chorrear. intr. Caer un líquido formando chorro. ‖ Gotear.

chorrera. f. Lugar por donde chorrea un líquido y señal que deja al chorrear.

|| Adorno de encaje que se ponía en la abertura de la camisa.

chorro. m. Líquido o gas que sale con fuerza por una abertura. || Caída sucesiva de cosas iguales y menudas. || fig. Abundancia, gran cantidad.

choto, ta. m. y f. Cabrito. || Ternero.

chovinismo. m. Amor excesivo a todo lo de la patria propia con desprecio de lo ajeno.

choza. f. Cabaña cubierta de ramas o paja.

chubasco. m. Chaparrón, aguacero. || fig. Adversidad, contratiempo.

chubasquero. m. Impermeable.

chúcaro, ra. adj. amer. Arisco, bravío, sobre todo dicho del ganado vacuno y del caballar y mular sin desbravar.

chuchería. f. Baratija, fruslería. || Dulce, golosina.

chucho, cha. m. y f. fam. Perro que no es de raza pura. || m. amer. Escalofrío. || amer. Fiebre producida por el paludismo, fiebre intermitente. || amer. Miedo. || fig. Apatía. || amer. Peseta.

chueco, ca. adj. amer. De piernas arqueadas. || amer. Torcido, ladeado.

chufla. f. Burla, broma.

chuleta. f. Costilla de ternera, carnero o cerdo. || fig. y fam. Bofetada, guantazo. || Entre estudiantes, nota o papelito que se lleva oculto para consultarlo disimuladamente en los exámenes. || m. fam. Chulo, presumido.

chulla. adj. amer. Se dice del objeto que se ha quedado sin su par.

chulo, la. adj. Que actúa o habla con chulería. Ú. t. c. s. || Bonito, gracioso. || Rufián.

chuño. m. amer. Fécula de la patata.

chupar. tr. Extraer con los labios el jugo de una cosa. Ú. t. c. intr. || Embeber los vegetales el agua o la humedad. || fig. y fam. Absorber, tragar. || fig. y fam. Despojar a alguien de sus bienes con astucia y engaño. || prnl. Adelgazar, enflaquecer. || Tener que soportar algo.

chupete. m. Pieza de goma en forma de pezón que se pone en el biberón o se da a los niños para que chupen.

churo. m. amer. Rizo de pelo.

churrasco. m. Carne asada a la plancha o a la parrilla.

churrete. m. Mancha alargada.

churro, rra. adj. Se dice de la res ovina de lana basta y rígida. Ú. t. c. s. || Se dice de su lana. || m. Pasta de harina y azúcar frita, en forma cilíndrica estriada. || fam. Chapuza, cosa mal hecha.

churumbel. m. Niño, muchacho.

chusco, ca. adj. Que tiene gracia. || m. Pedazo de pan, panecillo.

chusma. f. Gente soez, gentuza, populacho. || Muchedumbre.

chuspa. f. amer. Bolsa, morral. || amer. Bolsa pequeña para llevar el tabaco.

chutar. tr. En el fútbol, lanzar fuertemente el balón con el pie. || prnl. Inyectarse droga.

chuzo. m. Palo armado con un pincho de hierro. || Carámbano. || Bastón del sereno.

cianuro. m. Sal resultante del ácido cianhídrico, que tiene sabor a almendras amargas y es muy venenosa.

cibernética. f. Ciencia sobre las conexiones nerviosas y de comunicación en los seres vivos. || Ciencia que estudia la construcción de aparatos y las disposiciones que transforman los datos que se les suministran en un resultado.

cicatería. f. Ruindad, tacañería, mezquindad.

cicatriz. f. Señal que queda de una herida. || fig. Impresión que queda en el ánimo por algún sentimiento pasado.

cicerone. com. Persona, guía que explica a los visitantes las peculiaridades de un monumento, ciudad.

ciclismo. m. Deporte y uso de la bicicleta.

ciclo. m. Período de tiempo, o fenómenos que se repiten ordenadamente. || Serie de fases por las que pasa un fenómeno periódico hasta que se reproduce una fase anterior. || Conjunto de una serie de fenómenos u operaciones que se repiten ordenadamente. || Serie de conferencias relacionadas entre sí por el tema. || Conjunto de tradiciones épicas concernientes a un determinado período de tiempo, a un grupo de sucesos o a un personaje heroico.

ciclomotor. m. Motocicleta pequeña con un motor poco potente.

ciclón. m. Huracán. || fig. Persona muy impetuosa.

ciego, ga. adj. Sin vista. Ú. t. c. s. || fig. Obcecado, dominado por una pasión. || fig. Se dice de cualquier conducto obstruido. || Se dice de una parte del intestino grueso, anterior al colon. Ú. t. c. s.

cielito. m. amer. Baile campesino de parejas con ritmo de vals.

cielo. m. Espacio que rodea la Tierra. || Paraíso. || Parte superior de alguna cosa. || Apelativo cariñoso.

ciempiés. m. Animal invertebrado con veintiún pares de patas.

cien. adj. apóc. de *ciento*.

ciénaga. f. Lugar lleno de cieno o pantanoso.

ciencia. f. Conocimiento ordenado y, generalmente experimental, de las cosas. || Conjunto de conocimientos relativo a un objeto determinado. || fig. Saber, cultura. || Conjunto de conocimientos relativos a las matemáticas, física, química y naturaleza.

cieno. m. Lodo blando en el fondo del agua o en sitios bajos y húmedos.

científico, ca. adj. De la ciencia, o de sus métodos. || Que practica o investiga una ciencia. Ú. t. c. s.

ciento. adj. Diez veces diez. || m. Guarismo del número ciento. || Centena.

cierre. m. Acción y resultado de cerrar. || Lo que sirve para ello.

cierto, ta. adj. Verdadero. || Se usa algunas veces en sentido indeterminado. || Seguro de la verdad. || adv. afirm. Ciertamente.

ciervo, va. m. y f. Mamífero rumiante de cuernos que se ramifican con los años.

cifra. f. Número, signo con que se representa. || Escritura secreta, clave.

cifrar. tr. Escribir en clave. || Con la preposición *en*, reducir a una sola cosa

fundamental lo que ordinariamente consiste en varias.

cigarrillo. m. Cigarro pequeño de picadura envuelta en un papel de fumar.

cigarro. m. Rollo de hojas de tabaco.

cigüeña. f. Ave zancuda, migradora, que anida en las torres.

cilicio. m. Vestidura áspera o con pinchos para la mortificación.

cilindro. m. Cuerpo limitado por una superficie curva y dos planos circulares. || Tubo en que se mueve el émbolo de una máquina. || Cualquier pieza mecánica con esta forma.

cima. f. Parte más alta de los montes, árboles, etc. || fig. Remate, culminación.

cimiento. m. Parte del edificio debajo de tierra. Ú. m. en pl. || fig. Fundamento, principio.

cinc. m. Metal blanco azulado y de brillo intenso. Símbolo, Zn.

cincel. m. Herramienta para labrar piedras y metales.

cincha. f. Correa para asegurar la silla o albarda sobre la caballería.

cinco. adj. Cuatro y uno. || Quinto. || m. Guarismo del número cinco.

cincuenta. adj. Cinco veces diez. || m. Guarismo del número cincuenta.

cine. m. apóc. de *cinematógrafo* y *cinematografía*. || Local donde se proyectan películas cinematográficas.

cinematografía. f. Arte e industria de hacer películas cinematográficas.

cinético, ca. adj. Del movimiento. || f. Teoría según la cual los cuerpos están compuestos de moléculas o átomos, cuya energía de movimiento constituye el calor. || Parte de la física que estudia el movimiento. || Parte de la química relativa a la velocidad de las reacciones.

cingalés, sa. adj. y s. De Ceilán, actualmente Sri Lanka. || m. Idioma hablado en esta isla.

cínico, ca. adj. Hipócrita. || Descarado, irreverente. || Se dice de la escuela filosófica griega fundada por Antístenes, y de sus miembros, que rechazaban los convencionalismos sociales y defendían una vida austera.

cinta. f. Tira de tela u otro material para distintos usos: para sujetar el pelo, de máquina de escribir, transportadora, magnetofónica, de vídeo. ‖ Película cinematográfica.

cinto. m. Cinta para ceñir y ajustar la cintura.

cintura. f. Parte del cuerpo humano, por encima de las caderas.

cinturón. m. Cinto de cuero que sujeta el pantalón a la cintura. ‖ Cinto para llevar pendiente la espada o el sable. ‖ Cinta o cordón para ajustar el vestido al cuerpo.

circo. m. Edificio romano para algunos espectáculos. ‖ Lugar donde actúan malabaristas, payasos, animales amaestrados, etc. ‖ El mismo espectáculo. ‖ Depresión entre cimas altas formada por la erosión de las aguas.

circuito. m. Lugar comprendido dentro de un perímetro. ‖ Contorno. ‖ Trayecto fijado para diversas carreras. ‖ Cada enlace de una red de establecimientos de servicios públicos. ‖ Conjunto de conductores que recorre una corriente eléctrica.

circular. intr. Andar en derredor, ir y venir. ‖ Transitar. ‖ Pasar los valores de una a otra persona.

circular. adj. Del círculo. ‖ f. Escrito a varias personas para ordenar o notificar algo.

círculo. m. Superficie limitada por la circunferencia. ‖ Grupo de personas. ‖ Sociedad recreativa, política, artística, y su edificio. ‖ Conjunto de relaciones de una persona.

circuncidar. tr. Cortar circularmente una porción del prepucio.

circundar. tr. Cercar, rodear.

circunferencia. f. Curva cerrada, cuyos puntos equidistan de otro interior llamado centro. ‖ Contorno de una superficie, territorio, mar, etc.

circunflejo. adj. En francés, portugués, tipo de acento (^).

circunloquio. m. Rodeo de palabras para expresar algo.

circunscribir. tr. Concretar, limitar. ‖ Trazar una figura geométrica dentro de otra, con determinados puntos comunes. ‖ prnl. Ceñirse, concretarse.

circunscripción. f. División administrativa, militar, electoral, de un territorio.

circunstancia. f. Elemento accidental y objetivo que afecta a la sustancia de algo. ‖ Ese mismo elemento cuando se convierte en subjetivo. ‖ pl. En derecho, motivos que afectan a una responsabilidad o culpa.

circunvalar. tr. Cercar, rodear.

cirio. m. Vela de cera de un pabilo, larga y gruesa. ‖ fam. Lío, pelea.

ciruela. f. Fruto comestible del ciruelo.

ciruelo. m. Árbol frutal de hojas entre aovadas y lanceoladas, dentadas y con flores blancas. Su fruto es la ciruela.

cirugía. f. Especialidad y técnica de la medicina cuyo fin es curar las enfermedades mediante operaciones realizadas con instrumentos concebidos científicamente.

cisma. m. Separación de los miembros de una comunidad con respecto a la doctrina que seguían. ‖ Discordia.

cisne. m. Ave palmípeda de cuello largo y flexible, cabeza pequeña, patas cortas y alas grandes.

cisterna. f. Depósito para el agua de lluvia o para la retenida en un retrete. ‖ Recipiente en un vehículo para transportar líquidos.

cita. f. Día, hora y lugar para encontrarse dos personas. ‖ Repetición de palabras dichas o escritas por alguien con las que se intenta dar autoridad o justificar lo que se está diciendo.

citar. tr. Convocar señalando día, hora y lugar. ‖ Alegar, mencionar autores, textos para probar lo que se dice o escribe. ‖ En der., notificar mediante llamamiento judicial. ‖ Incitar al toro para que embista.

cítrico, ca. adj. Del limón. ‖ m. pl. Frutas agrias o agridulces, como el limón y la naranja, y plantas que las producen.

ciudad. f. Población grande, y su núcleo urbano. ‖ Conjunto de edificios o instalaciones destinadas a una determinada actividad.

ciudadano, na. adj. y s. De una ciudad. || m. y f. El habitante de un Estado como sujeto de derechos políticos.

ciudadela. f. Fortificación permanente en el interior de una plaza.

cívico, ca. adj. Civil. || Patriótico. || Del civismo.

civil. adj. Ciudadano. || Sociable, atento. || Que no es militar ni eclesiástico. Ú. t. c. s. || En der., de las relaciones privadas entre los ciudadanos. || m. Guardia civil.

civilización. f. Cultura o estado social de un grupo humano.

civilizar. tr. y prnl. Introducir en un pueblo la civilización de otro. || Educar.

civismo. m. Interés por los acontecimientos institucionales del país. || Cortesía, educación.

cizaña. f. Planta gramínea que crece espontáneamente en los sembrados. || fig. Cosa mala que se mezcla entre las buenas. || fig. Disensión, enemistad.

clamar. intr. Quejarse a voces pidiendo ayuda. || Desear en alta voz con vehemencia.

clamor. m. Grito fuerte o lastimero. || Griterío confuso de una multitud.

clan. m. En sociedades primitivas, tribu o familia. || desp. Grupo restringido de personas unidas por vínculos o intereses comunes.

clandestino, na. adj. Secreto, oculto. || Sin los requisitos exigidos por una disposición gubernativa.

clara. f. Materia que rodea la yema del huevo. || Parte rala en el cabello o en un tejido. || Claridad. || Bebida compuesta por cerveza y gaseosa.

claraboya. f. Tragaluz, ventana en el techo o en lo alto de las paredes.

clarear. impers. Empezar a amanecer. Ú. t. c. intr. || Irse disipando las nubes. || prnl. Transparentarse.

clarín. m. Instrumento de viento, de sonidos muy agudos. || Registro muy agudo del órgano. || El que toca el clarín.

clarinete. m. Instrumento de viento que posee un tubo de madera con agu-

jeros que se tapan con los dedos o con llaves. || com. Persona que toca este instrumento.

clarividencia. f. Facultad de comprender y discernir claramente las cosas. || Penetración, perspicacia.

claro, ra. adj. Bañado de luz. || Evidente, patente. || Limpio, puro, cristalino, diáfano. || Inteligible. || fig. Sincero, franco. || m. Especie de claraboya. || Espacio sin árboles en el interior de un bosque. || adv. m. Con claridad. || interj. para afirmar o dar por cierto algo.

clase. f. Orden o número de personas del mismo grado, calidad u oficio. || Orden en que, con arreglo a determinadas condiciones o calidades, se consideran comprendidas diferentes personas o cosas. || Cada división de estudiantes que asisten a un aula. || Aula, lugar en que se enseña. || Lección diaria del maestro. || Grupo taxonómico que comprende varios órdenes.

clásico, ca. adj. Se dice del autor o de la obra que se tiene por modelo digno de imitación en cualquier literatura o arte. Apl. a pers., ú. t. c. s. || Perteneciente a la literatura o al arte de la antigüedad griega y romana, y a los que en los tiempos modernos los han imitado. Apl. a pers., ú. t. c. s. || Partidario del clasicismo. Ú. t. c. s. || Se apl. a la música de tradición culta, por oposición a la ligera o pop.

clasificar. tr. Ordenar o disponer por clases. || prnl. Obtener determinado puesto en una competición.

clasista. adj. y com. Que es partidario de las diferencias de clase en la sociedad.

claudicar. intr. Cojear. || fig. Ceder, transigir, consentir, rendirse. || Dejar de seguir los propios principios o normas, por flaqueza.

claustro. m. Galería que cerca el patio principal de una iglesia o convento. || Conjunto de profesores de un centro docente en ciertos grados de la enseñanza.

claustrofobia. f. Sensación morbosa de angustia, producida por la permanencia en lugares cerrados.

cláusula. f. Cada una de las disposiciones de un contrato, tratado, etc. ‖ Oración gramatical.

clausura. f. En los conventos religiosos, recinto interior donde no pueden entrar seglares. ‖ Acto solemne con que se termina un congreso, un tribunal, etc.

clausurar. tr. Cerrar, poner fin a la actividad de organismos, establecimientos, etc. ‖ Cerrar un local por mandato oficial. ‖ Cerrar físicamente algo.

clavar. tr. Introducir un clavo u otra cosa aguda, a fuerza de golpes, en un cuerpo. ‖ Asegurar con clavos una cosa en otra. ‖ fig. Fijar. ‖ fig. y fam. Cobrar a uno más de lo justo.

clave. f. Explicación de los signos convenidos para escribir en cifra. ‖ Noticia o idea por la cual se hace comprensible algo. ‖ En mús., signo al principio del pentagrama para determinar el nombre de las notas. ‖ m. Clavicémbalo.

clavel. m. Planta herbácea perenne de tallo nudoso y delgado, hojas largas, estrechas y puntiagudas y flores terminales de cinco pétalos. ‖ Flor de esta planta.

clavícula. f. Cada uno de los dos huesos situados transversalmente en uno y otro lado de la parte superior del pecho.

clavija. f. Trozo cilíndrico o ligeramente cónico de madera, metal, etc., que sirve para asegurar el ensamblaje de dos maderas, para eje de giro en las partes movibles de una máquina o aparato, etc. ‖ Cada una de las llaves de madera que se usan en los instrumentos para asegurar y tensar las cuerdas.

clavo. m. Pieza metálica, larga y delgada, con cabeza y punta, que sirve para fijarla en alguna parte, o para asegurar una cosa a otra. ‖ Callo duro que se cría regularmente sobre los dedos de los pies. ‖ Especie de olor muy aromático y agradable, y sabor acre y picante, obtenida de la flor del clavero.

claxon. m. Bocina de los automóviles.

clemencia. f. Virtud que modera el rigor de la justicia.

cleptomanía. f. Propensión morbosa al hurto.

clérigo. m. El que ha recibido las órdenes sagradas. ‖ En la Edad Media, hombre de estudios.

clero. m. Conjunto de los clérigos.

cliché. m. Clisé de imprenta. ‖ Imagen fotográfica negativa. ‖ fig. Idea o expresión demasiado repetida o formularia.

cliente, ta. m. y f. Respecto del que ejerce alguna profesión, persona que utiliza sus servicios. ‖ Persona que compra en un establecimiento o suele comprar en él.

clima. m. Conjunto de condiciones atmosféricas de una zona geográfica. ‖ Ambiente, circunstancias de un lugar o situación.

climatizar. tr. Realizar las operaciones necesarias para obtener un clima ideal en el interior de un local.

climatología. f. Ciencia que estudia el clima.

clímax. m. Gradación retórica ascendente, y su término más alto. ‖ Punto más alto de un proceso. ‖ Momento culminante de un poema o de una acción dramática.

clínico, ca. adj. y s. Relativo a la clínica o a la enseñanza práctica de la medicina. ‖ m. y f. Persona dedicada al ejercicio de la medicina. ‖ f. Enseñanza práctica de la medicina. ‖ Departamento de los hospitales destinados a dar esta enseñanza. ‖ Hospital privado.

clip. m. Barrita de metal o plástico, doblada sobre sí misma, que sirve para sujetar papeles. ‖ Especie de horquilla del pelo. ‖ Película o vídeo de corta duración, generalmente de carácter musical.

clítoris. m. Órgano carnoso eréctil situado en el ángulo anterior de la vulva.

cloaca. f. Conducto para las aguas sucias de las poblaciones. ‖ Porción final del intestino de las aves. ‖ fig. Lugar inmundo o repugnante.

clon. m. Conjunto de individuos pluricelulares nacidos de una misma célula o estirpe celular, absolutamente homogéneos desde el punto de vista genético.

cloro. m. Metaloide gaseoso de color verde amarillento, olor fuerte y sabor cáustico. Símbolo, *Cl.*

clorofila. f. Pigmento verde de los vegetales y de algunas algas que transforma la energía luminosa en energía química en virtud de la cual se produce la fotosíntesis.

cloroformo. m. Líquido incoloro, de olor agradable que se emplea como anestésico.

club. m. Sociedad donde se debaten asuntos públicos. || Sociedad creada para la consecución de fines deportivos, culturales, políticos, etc. || Bar, generalmente nocturno, donde se bebe y se baila.

coacción. f. Violencia física, psíquica o moral para obligar a una persona para que diga o haga algo contra su voluntad. || En der., poder legítimo del derecho para imponer su cumplimiento.

coadyuvar. tr. Contribuir o ayudar a la consecución de alguna cosa.

coagular. tr. y prnl. Cuajar, solidificar un líquido.

coalición. f. Confederación, liga, unión.

coartada. f. Argumento de inculpabilidad de un reo por hallarse en el momento del crimen en otro lugar. || Excusa.

coartar. t. Limitar, restringir.

coba. f. fam. Embuste gracioso. || Adulación.

cobarde. adj. y com. Pusilánime, miedoso.

cobaya o **cobayo.** f. Mamífero roedor, parecido al conejo, pero más pequeño, y con orejas y patas cortas. Se llama también *conejillo de Indias.*

cobertizo. m. Tejado saledizo para guarecerse de la lluvia. || Sitio cubierto rústicamente para resguardarse de la intemperie.

cobertor. m. Colcha. || Manta.

cobijar. tr. y prnl. Cubrir, tapar. || fig. Albergar.

cobra. f. Serpiente venenosa.

cobrar. tr. Percibir una cantidad adeudada. || Recuperar. || Tomar o sentir ciertos movimientos de ánimo. || Adquirir. || fam. Recibir golpes.

cobre. m. Metal rojizo, maleable y dúctil. Símbolo, *Cu.* || pl. Conjunto de los instrumentos metálicos de viento de una orquesta.

coca. f. Arbusto de cuyas hojas se extrae la cocaína. || Hoja de este árbol. || Cocaína.

cocaína. f. Alcaloide de la coca que se usa como anestésico y también como droga y estupefaciente.

cocal. m. amer. Sitio poblado de cocoteros.

cocer. tr. Preparar alimentos por medio del fuego. || Someter a la acción del calor en el horno pan, cerámica, piedra caliza, etc. || intr. Hervir un líquido. || prnl. Prepararse alguna cosa sin que se manifieste al exterior. || Sentir mucho calor.

cochambre. amb. fam. Suciedad, cosa puerca.

coche. m. Vehículo, por lo común, de cuatro ruedas. || Vagón del tren o del Metro.

cochino, na. m. y f. Cerdo. || fig. y fam. Persona muy sucia. Ú. t. c. adj. || fig. y fam. Persona de malas intenciones.

cochiquera. f. Pocilga.

cocido. m. Guiso de carne, tocino, hortalizas y garbanzos, muy común en España.

cociente. m. Resultado que se obtiene dividiendo una cantidad por otra.

cocina. f. Lugar en que se guisa. || Aparato para cocinar. || fig. Arte de guisar.

cocinar. tr. e intr. Guisar. || Planear, tramar.

coco. m. Palma de las zonas tropicales, de 20 a 25 m de altura, que produce fruto dos o tres veces al año. || Fantasma que se figura para meter miedo a los niños. || fig. y fam. Cabeza humana.

cocodrilo. m. Reptil de 4 a 5 m de largo, cubierto de escamas durísimas en forma de escudo, que vive en las regiones intertropicales y es temible por su voracidad.

cocotero. m. Coco, árbol.

cóctel. m. Bebida compuesta de una mezcla de licores a los que se añaden otros ingredientes. || Reunión donde se beben cócteles.

cocuyo. m. amer. Insecto coleóptero de la América tropical, que despide de noche una luz azulada.

códice. m. Manuscrito antiguo de importancia artística, literaria o histórica.

codicia. f. Deseo intenso de riquezas. || fig. Deseo vehemente.

codificar. tr. Reunir en un cuerpo único textos legales o reglamentarios que regulan una misma materia. || Transformar mediante las reglas de un código la formulación de un mensaje. || En inform., traducir la información al lenguaje del ordenador.

código. m. Recopilación de leyes de un país. || Conjunto de leyes sobre una materia determinada. || fig. Conjunto de reglas y signos que permite formular y comprender un mensaje.

codo. m. Parte exterior de la articulación del brazo con el antebrazo. || Coyuntura de los cuadrúpedos. || Trozo de tubo, doblado en ángulo o en arco, usado en cañerías.

coeficiente. adj. Que juntamente con otra cosa produce un efecto. || m. Número o, en general, factor que, escrito inmediata mente antes de un monomio, hace oficio de multiplicador. || Grado o intensidad de una propiedad o característica, generalmente en forma de cociente.

coetáneo, a. adj. y s. De la misma edad. || Contemporáneo.

coexistir. intr. Existir una persona o cosa a la vez que otra.

cofia. f. Red de seda o hilo que se ajusta a la cabeza para recogerse el pelo. || Tocado femenino que forma parte del uniforme de algunas profesiones.

cofradía. f. Congregación o hermandad de devotos. || Gremio o asociación.

cofre. m. Caja para guardar objetos de valor.

coger. tr. Agarrar, asir, tomar. || Atrapar, apresar. || Sorprender. || Alcanzar,

atropellar. || Contraer una enfermedad. || Enganchar el toro. || Ocupar cierto espacio. || vulg. Realizar el acto sexual. || intr. Hallarse, estar situado.

cogollo. m. Parte interior de algunas hortalizas. || Brote que arrojan los árboles y otras plantas. || fig. Lo escogido, lo mejor.

cogorza. f. Borrachera.

cogote. m. Parte superior y posterior del cuello.

cohabitar. tr. Habitar con otro u otros. || Hacer vida marital el hombre y la mujer.

cohechar. tr. Sobornar a un funcionario público. || Alzar el barbecho.

coherencia. f. Conexión, enlace lógico de una cosa con otra.

cohesión. f. Acción y efecto de adherirse las cosas entre sí. || fig. Unión. || Unión íntima entre las moléculas de una sustancia. || Fuerza de atracción que las mantiene unidas.

cohete. m. Artificio de pólvora que se eleva en el aire, donde estalla con fuerte estampido o produciendo formas coloreadas diversas. || Artificio que se mueve en el espacio por propulsión a chorro.

cohibir. tr. y prnl. Refrenar, reprimir, contener.

coincidir. intr. Convenir o ajustarse una cosa con otra. || Ocurrir dos cosas al mismo tiempo. || Concurrir simultáneamente dos personas en el mismo lugar.

coito. m. Cópula, unión sexual.

cojín. m. Almohadón.

cojo, ja. adj. y s. Persona o animal que cojea o que le falta un pie o una pierna. || Se dice también de algunas cosas inanimadas, cuando se balancean de un lado a otro por no asentar bien sobre una superficie o estar desniveladas.

cojón. m. vulg. Testículo. || pl. Se usa como interj.

col. f. Planta hortense crucífera de la que se cultivan muchas variedades, todas comestibles.

cola. f. Extremidad posterior de la columna vertebral de algunos animales.

‖ Extremo posterior de cualquier cosa. ‖ Hilera de personas que esperan vez. ‖ Pasta que sirve para pegar.

colaborar. intr. Trabajar con otra u otras personas en obras literarias, científicas, políticas, etc.

colada. f. Acción y efecto de colar, especialmente la ropa. ‖ Lejía en que se cuela o blanquea. ‖ Lavado periódico de la ropa.

colapso. m. Estado de postración extrema, con insuficiencia circulatoria. ‖ Paralización del tráfico o de otras actividades.

colar. tr. Pasar un líquido por cedazo o colador. ‖ Blanquear la ropa después de lavada. ‖ fam. Pasar una cosa con engaño o artificio. ‖ intr. fam. Intentar dar apariencia de verdad a lo que es un engaño. ‖ prnl. fam. Introducirse a escondidas. ‖ fig. y fam. Cometer equivocaciones. ‖ fam. Saltarse el turno. ‖ fam. Estar muy enamorado.

colcha. f. Cobertura de cama.

colchón. m. Saco relleno de lana, pluma, cerda, etc., que sirve para dormir sobre él.

colchoneta. f. Colchón más estrecho que los ordinarios.

cole. m. fam. apóc. de *colegio*.

colección. f. Conjunto de cosas de una misma clase.

colecta. f. Recaudación de donativos hechos con un mismo fin.

colectividad. f. Conjunto de individuos que forman un grupo.

colectivo, va. adj. Relativo a cualquier agrupación de individuos. ‖ m. Grupo de personas con intereses comunes. ‖ amer. Autobús.

colega. com. Persona que tiene la misma profesión o actividad que otra. ‖ fam. Amigo, compañero.

colegiata. f. Iglesia, que no siendo sede episcopal, tiene abad y canónigos seculares.

colegio. m. Establecimiento de enseñanza para niños y jóvenes. ‖ Agrupación formada por los individuos de una misma profesión.

cólera. f. Bilis. ‖ fig. Ira, enojo. ‖ m. Enfermedad aguda caracterizada por vómitos repetidos y abundantes deposiciones.

colesterol. m. Sustancia grasa que existe normalmente en la sangre, en la bilis y en otros humores.

coleta. f. Cabello recogido en el cogote que cae en forma de cola.

coletilla. f. Adición breve a lo escrito o hablado. ‖ Repetición, durante una conversación, de una misma expresión o palabra.

colgar. tr. Poner una cosa pendiente de otra, sin que llegue al suelo. ‖ fig. y fam. Ahorcar. ‖ fig. Imputar, achacar. ‖ intr. Estar una cosa en el aire pendiente de otra, como las campanas. ‖ Depender de la voluntad o dictamen de otro. ‖ prnl. Ser dependiente de las drogas.

colibrí. m. Pájaro americano de tamaño muy pequeño y pico largo y débil.

cólico. m. Trastorno orgánico doloroso caracterizado por violentos retortijones, sudores y vómitos.

colilla. f. Resto del cigarro que se tira.

colina. f. Elevación natural de terreno, menor que una montaña.

colindar. intr. Lindar entre sí dos o más fincas.

colirio. m. Medicamento que se emplea en las enfermedades de los ojos.

colisión. f. Choque de dos cuerpos. ‖ fig. Oposición.

collado. m. Depresión suave por donde se puede pasar fácilmente de un lado a otro de una sierra.

collar. m. Adorno que rodea el cuello. ‖ Insignia de algunas magistraturas, dignidades y órdenes de caballerías.

collarín. m. Aparato ortopédico en forma de collar que se emplea para inmovilizar las vértebras cervicales.

colmar. tr. Llenar una medida de modo que lo que se echa en ella levante más que los bordes. ‖ Dar con abundancia.

colmena. f. Lugar o recipiente donde se alojan las abejas y fabrican los panales de miel. ‖ Conjunto de abejas alojadas en él.

colmillo. m. Diente agudo y fuerte, colocado entre el más lateral de los incisivos y la primera muela. ‖ Cada uno de los dos dientes en forma de cuerno que tienen los elefantes.

colmo. m. Porción de materia árida que sobresale por encima de los bordes del vaso que la contiene. ‖ fig. Complemento o término de alguna cosa.

colocar. tr. y prnl. Poner a una persona o cosa en su debido lugar. ‖ Poner a uno en un empleo. Ú. t. c. prnl. ‖ prnl. Ponerse eufórico por efecto del alcohol o de las drogas.

colofón. m. Anotación al final de los libros, que expresa el nombre del impresor y el lugar y fecha de la impresión. ‖ fig. Frase, actitud, que pone término a un asunto, obra, situación, etc.

colombiano, na. adj. y s. De Colombia.

colombino, na. adj. Relativo a Cristóbal Colón o a su familia.

colon. m. Parte del intestino grueso entre el ciego y el recto.

colonia. f. Conjunto de personas que van de un territorio a otro, nacional o extranjero, para establecerse en él y lugar donde se establecen. ‖ Territorio dominado y administrado por una potencia extranjera. ‖ Agua perfumada.

coloniaje. m. amer. Período de dominación española en América.

colonizar. tr. Establecer colonia en un país.

colono. com. Persona que habita en una colonia. ‖ Labrador que cultiva una heredad por arrendamiento.

coloquial. adj. Relativo al coloquio. ‖ Se dice de las voces, frases, lenguaje, etc., propios de la conversación cotidiana.

coloquio. m. Conversación entre dos o más personas. ‖ Reunión en que se convoca a un número limitado de personas para que debatan un tema elegido previamente. ‖ Género de composición literaria en forma de diálogo.

color. m. Impresión que los rayos de luz reflejados por un cuerpo producen en la retina del ojo. ‖ Sustancia preparada para pintar. ‖ Colorido. ‖ fig. Carácter peculiar de algunas cosas. ‖ fig. Matiz de opinión o facción política.

colorado, da. adj. Que tiene color. ‖ Que tiene color más o menos rojo.

colorete. m. Cosmético de color rojo para poner en las mejillas.

colorido. m. Disposición e intensidad de los diversos colores de una pintura. ‖ fig. Carácter peculiar de algo. ‖ fig. Animación.

coloso. m. Estatua que excede mucho al tamaño natural. ‖ fig. Persona o cosa que por sus cualidades sobresale muchísimo.

columna. f. Apoyo sensiblemente cilíndrico, compuesto por lo común de basa, fuste y capitel, que sirve para sostener techumbres o adornar edificios. ‖ En hojas impresas, cualquiera de las partes en que suelen dividirse las páginas de arriba abajo. ‖ Forma cilíndrica que toman algunos fluidos, en su movimiento ascensional.

columnata. f. Serie de columnas de un edificio.

columpio. m. Cuerda fuerte atada en alto por sus dos extremos y en cuyo centro puede sentarse y mecerse una persona.

coma. f. Signo ortográfico (,) que sirve para indicar la división de las frases o miembros más cortos de la oración y que en aritmética separa los enteros de los decimales.

coma. m. Estado de inconsciencia con pérdida de la sensibilidad y capacidad de movimiento, pero manteniendo las funciones circulatoria y respiratoria.

comadre. f. Partera. ‖ Madrina de bautizo de una criatura respecto del padre, la madre o el padrino. ‖ Vecina y amiga con quien se tiene más trato y confianza.

comadreja. f. Mamífero carnicero nocturno de color pardo, muy perjudicial para las aves.

comadrona. f. Partera.

comandante. m. Jefe militar de categoría comprendida entre las de capitán y teniente coronel. ‖ Militar que ejerce el mando en ocasiones determinadas, sin tener el grado.

comando. m. Mando militar. ‖ Pequeño grupo de tropas de choque. ‖ Grupo armado de terroristas.

comarca. f. División de territorio que comprende varias poblaciones.

comba. f. Juego de niños que consiste en saltar por encima de una cuerda. ‖ Esta misma cuerda. ‖ Curvatura que toman algunos cuerpos sólidos cundo se encorvan.

combar. tr. y prnl. Doblar, encorvar una cosa.

combatir. intr. Pelear. Ú. t. c. prnl. ‖ tr. Acometer, embestir. ‖ fig. Atacar, reprimir. ‖ fig. Contradecir, impugnar.

combinar. tr. Unir cosas diversas, de manera que formen un compuesto. ‖ fig. Concertar, traer a identidad de fines. ‖ Armonizar una cosa con otra. ‖ prnl. Ponerse de acuerdo dos o más personas para una acción conjunta.

combustible. adj. Que puede arder. ‖ m. Cuerpo o sustancia, que al arder produce energía calorífica.

combustión. f. Acción o efecto de arder o quemar. ‖ Reacción química entre el oxígeno y un material combustible, acompañada de desprendimiento de energía.

comedia. f. Obra dramática de enredo y desenlace festivos o placenteros. ‖ Obra dramática de cualquier género. ‖ Género cómico. ‖ fig. Farsa o fingimiento. ‖ fig. Suceso cómico.

comedirse. prnl. Moderarse, contenerse.

comedor, ra. adj. Que come mucho. ‖ m. Aposento destinado en las casas para comer. ‖ Establecimiento destinado para servir comidas.

comensal. com. Cada una de las personas que comen en una misma mesa.

comentar. tr. Explanar, declarar el contenido de un escrito, para que se entienda con más facilidad. ‖ fam. Hacer comentarios.

comentario. m. Juicio, parecer o consideraciones, emitidos oralmente o por escrito, sobre personas, asuntos, cosas, etc.

comenzar. tr. e intr. Empezar.

comer. intr. Masticar el alimento en la boca y pasarlo al estómago. Ú. t. c. tr. ‖ Tomar alimento. ‖ Tomar la comida principal. ‖ fig. Gastar, corroer. ‖ fig. En algunos juegos, ganar una pieza al contrario. ‖ prnl. fig. Cuando se habla o escribe, omitir alguna cosa.

comerciar. intr. Negociar comprando y vendiendo o permutando géneros.

comestible. adj. Que se puede comer. ‖ m. Cualquier alimento. Ú. m. en pl.

cometa. m. Astro que suele ir acompañado de un rastro luminoso llamado cola y que sigue órbitas elípticas muy excéntricas alrededor del Sol. ‖ f. Armazón plana de cañas sobre la cual se pega papel o tela y que se arroja al aire sujeta por un hilo largo.

cometer. tr. Hablando de faltas, incurrir en ellas.

cometido. m. Comisión, encargo. ‖ Trabajo u obligación.

cómic. m. Secuencia de viñetas o representaciones gráficas que narran una historia mediante imágenes y texto que aparece encerrado en un globo *bocadillo*.

comicios. m. pl. Junta que tenían los romanos para tratar de los negocios públicos. ‖ Actos electorales.

cómico, ca. adj. Relativo a la comedia. ‖ Se apl. al actor que representa papeles jocosos. ‖ Divertido. ‖ m. y f. Comediante.

comida. f. Alimento. ‖ Alimento que se toma al mediodía o primeras horas de la tarde. ‖ Acción de comer.

comienzo. m. Principio de una cosa.

comillas. f. pl. Signo ortográfico («...», "...") que se pone al principio y al fin de las frases incluidas como citas o ejemplos. También se emplea para destacar una palabra o frase.

comino. m. Hierba umbelífera, cuyas semillas se usan en medicina y para condimento. ‖ fig. Cosa insignificante, de poco valor.

comisario, ria. m. y f. Persona que tiene poder y facultad de otro para ejecutar alguna orden o entender en algún negocio. || Agente policial encargado de una comisaría de distrito.

comisión. f. Acción de cometer. || Conjunto de personas encargadas por una corporación o autoridad para entender en algún asunto. || Porcentaje que, sobre lo que vende, cobra un vendedor de cosas ajenas.

comisura. f. Punto de unión de ciertas partes similares del cuerpo, como los labios y los párpados.

comité. m. Comisión de personas encargadas para un asunto. || Junta directiva de una colectividad.

comitiva. f. Acompañamiento, gente que va acompañando a alguno.

como. adv. m. Del modo o la manera que (se acentúa en la primera sílaba cuando es adv. interrog. o excl.) || En sent. comp. denota equivalencia o igualdad. || Según, conforme. || En calidad de. || conj. cond. Si. || conj. causal. Porque.

cómoda. f. Mueble con tablero de mesa y cajones que ocupan todo el frente y sirven para guardar ropa.

comodín. m. En algunos juegos de naipes, carta que se puede aplicar a cualquier suerte favorable. || fig. P. ext., lo que se hace servir para fines diversos.

cómodo, da. adj. Fácil, que requiere poco esfuerzo. || Agradable. || Se apl. a la persona que se encuentra a gusto.

comoquiera. adv. m. De cualquier manera.

compact disc. m. Disco que utiliza la técnica de grabación digital y que se reproduce mediante lectura óptica de rayo láser.

compacto, ta. adj. Se dice de los cuerpos de textura apretada y poco porosa. || Se dice de la impresión que en poco espacio tiene mucha lectura.

compadecer. tr. y prnl. Sentir lástima o pena por la desgracia o el sufrimiento ajenos.

compadre. m. Padrino de un niño respecto de los padres o la madrina. || Amigo, conocido.

compaginar. tr. Ordenar cosas que tienen alguna conexión. Ú. t. c. prnl. || En impr., ajustar las galeradas para formar páginas. || Corresponder o conformarse bien una cosa con otra. Ú. t. c. prnl.

compañero, ra. m. y f. Persona que acompaña a otra para algún fin. || En los cuerpos y comunidades, cada uno de los individuos con relación a los demás. || Lo que hace juego con otra cosa.

compañía. f. Efecto de acompañar. || Persona o personas que acompañan a otra u otras. || Sociedad de hombres de negocios. || Unidad militar, mandada normalmente por un capitán. || Grupo de actores teatrales.

comparar. tr. Fijar la atención en dos o más objetos para descubrir sus diferencias o semejanzas. || Cotejar.

comparecer. intr. Presentarse uno en algún lugar, llamado o convocado por otra persona, o de acuerdo con ella.

comparsa. f. Acompañamiento. || Conjunto de personas que en festejos públicos van vestidas con trajes de una misma clase. || com. Persona que forma parte del acompañamiento en las representaciones teatrales.

compartimiento o **compartimento.** m. Cada parte en que se divide un territorio, edificio, caja, etc. || Departamento de un vagón de tren.

compartir. tr. Repartir, distribuir las cosas en partes. || Participar. || Usar algo en común.

compás. m. Instrumento formado por dos piernas articuladas que sirve para trazar curvas regulares y tomar distancias. || En mús., cada uno de los períodos de tiempo iguales en que se marca el ritmo de una fase musical. || Por ext., ritmo de otras actividades.

compasión. f. Sentimiento de conmiseración y lástima hacia quienes sufren penalidades o desgracias.

compatible. adj. Que tiene aptitud o idoneidad para unirse o concurrir en un mismo lugar o sujeto.

compatriota. com. Persona de la misma patria que otra.

compendio. m. Breve y sumaria exposición, oral o escrita, de lo más sustancial de una materia. || Aquello que reúne en sí todo lo que se expresa.

compenetrarse. prnl. Penetrar las partículas de una sustancia entre las de otra, o recíprocamente. || Fig. Influirse hasta identificarse a veces cosas distintas. || fig. Identificarse las personas en ideas, gustos, opiniones y sentimientos.

compensar. tr. y prnl. Igualar en opuesto sentido el efecto de una cosa con el de otra. Ú. t. c. intr. || Resarcir, indemnizar. || Merecer la pena hacer algo.

competencia. f. Disputa o contienda entre dos o más sujetos. || Rivalidad. || Incumbencia. || Aptitud, idoneidad. || Atribución legítima a un juez u otra autoridad para el conocimiento de un asunto. || amer. Competición deportiva.

competer. intr. Pertenecer, incumbir a uno alguna cosa.

competir. intr. Rivalizar entre sí dos o más personas. Ú. t. c. rec. || Igualar una cosa a otra análoga.

compilar. tr. Reunir, en un solo cuerpo de obra, extractos o fragmentos de otras. || En inform., traducir una lenguaje de alto nivel a código absoluto o a lenguaje ensamblador.

compinche. com. fam. Amigo, camarada. || fam. Amigote.

complacer. tr. Causar a otro satisfacción o placer, agradarle. || prnl. Deleitarse.

complejo, ja. adj. Se dice de lo que se compone de elementos diversos. || Complicado. || m. Conjunto o unión de dos o más cosas. || Conjunto de establecimientos comerciales, deportivos, turísticos, industriales, etc. || En psicol., conjunto de tendencias, ideas y emociones, generalmente inconscientes y adquiridas durante la infancia, que influyen en la personalidad y conducta de un individuo.

complemento. m. Lo que se añade a otra cosa para hacerla íntegra o perfecta. || En gramática, palabra o palabras que, en una oración, completan el significado de uno o varios componentes de la misma.

completar. tr. Integrar, hacer cabal una cosa. || Hacerla perfecta en su clase.

completo, ta. adj. Lleno, cabal. || Acabado, perfecto. || Entero, con todas sus partes. || Total, absoluto.

complexión. f. Constitución fisiológica del individuo.

complicar. tr. Mezclar, unir cosas diversas entre sí. || fig. Enredar, dificultar, confundir. Ú. t. c. prnl. || Comprometer a alguien en un asunto.

cómplice. com. Persona que sin ser autora de un delito coopera a su perpetración.

complot. m. Conjuración o conspiración de carácter político o social. || fam. Confabulación.

componenda. f. Arreglo o transacción censurable.

componer. tr. Formar una cosa juntando y ordenando varias. || Constituir. || Reparar, ordenar. || Adornar. Ú. t. c. prnl. || Ajustar, concordar. || Moderar. || Hacer una obra literaria o musical. || Juntar los caracteres de imprenta para formar las palabras.

comportamiento. m. Conducta, manera de portarse.

comportar. tr. fig. Sufrir, tolerar. || prnl. Portarse, conducirse.

compositor, ra. adj. y s. Que compone. || Que hace composiciones musicales.

compostura. f. Reparación de una cosa descompuesta o rota. || Aseo, aliño. || Ajuste, convenio. || Modestia, mesura y circunspección.

compota. f. Dulce de fruta cocida con agua y azúcar.

comprar. tr. Adquirir algo por dinero. || Sobornar.

comprender. tr. Contener, incluir en sí alguna cosa. Ú. t. c. prnl. || Entender, alcanzar, penetrar. || Encontrar justificados o naturales los actos o sentimientos de otro.

compresa. f. Lienzo fino o gasa doblada varias veces que se emplea para contener hemorragias, cubrir heridas, etc.

compresión. f. Acción y efecto de comprimir.

comprimir. tr. y prnl. Oprimir, apretar, estrechar, reducir a menor volumen. || Reprimir y contener.

comprobar. tr. Verificar, confirmar la veracidad o exactitud de alguna cosa.

comprometer. tr. y prnl. Exponer o poner a riesgo a alguna persona o cosa, en una acción o caso aventurado. || Responsabilizar. || prnl. Contraer un compromiso.

compromiso. m. Convenio entre litigantes por el que se someten al dictamen de un tercero. || Obligación contraída, palabra dada. || Dificultad.

compuerta. f. Plancha fuerte de madera o de hierro que se coloca en los canales, diques, etc., para graduar o cortar el paso del agua.

compulsar. tr. Cotejar dos o más documentos. || Legalizar la copia de un documento oficial.

compungir. tr. Mover a compunción. || prnl. Contristarse o dolerse uno de alguna culpa propia, o de la aflicción ajena.

computador, ra. m. y f. Ordenador.

computar. tr. Contar o calcular una cosa por números. || Tomar en cuenta.

comulgar. intr. Recibir la comunión, Eucaristía. || fig. Coincidir en ideas o sentimientos con otra persona.

común. adj. Se dice de lo que, no siendo privativamente de ninguno, pertenece o se extiende a varios. || Corriente. || Ordinario, vulgar. || Bajo, de inferior clase y despreciable. || m. Todo el pueblo de cualquier provincia, ciudad, villa o lugar.

comuna. f. Conjunto de individuos que viven en comunidad autogestionada por ellos y al margen de las conveniencias sociales. || amer. Ayuntamiento.

comunicación. f. Acción y efecto de comunicar o comunicarse. || Escrito en que se comunica alguna cosa. || Escrito que un autor presenta a un congreso o reunión de especialistas para su conocimiento y discusión. || Trato entre las personas. || Unión y medio de unión entre cosas o lugares. || pl. Correos, telégrafos, teléfonos, etc.

comunicado, da. adj. Se dice de lugares a los que se puede acceder con facilidad. || m. Nota, declaración o parte que se comunica para conocimiento público.

comunicar. tr. Hacer a otro partícipe de lo que uno tiene. || Hacer saber a uno alguna cosa. || Conversar, tratar con alguno de palabra o por escrito. U. t. c. prnl. || Dar un teléfono la señal de que la línea está ocupada. || prnl. Tratándose de cosas inanimadas, tener correspondencia o paso con otras.

comunidad. f. Calidad de común, que pertenece a varios. || Junta o congregación de personas que viven unidas bajo ciertas constituciones o reglas, como los conventos, colegios, etc.

comunión. f. Participación en lo común. || En la Iglesia católica, acto de recibir la Eucaristía.

comunismo. m. Sistema de organización político-social que propugna la abolición de la propiedad privada y el establecimiento de la comunidad de bienes.

con. prep. que sign. el medio, modo o instrumento que sirve para hacer alguna cosa. || Antepuesta al infinitivo, equivale a gerundio. || Juntamente y en compañía.

conato. m. Empeño, esfuerzo. || Propensión, tendencia. || Comienzo de una acción, especialmente si no llega a cumplirse.

concatenar. tr. fig. Unir o enlazar.

cóncavo, va. adj. Línea o superficie curvas que, respecto del que mira, tienen su parte más deprimida en el centro.

concebir. intr. y tr. Quedar preñada la hembra. || fig. Formar idea, hacer concepto de una cosa, comprenderla. || tr. fig. Comenzar a sentir alguna pasión o afecto.

conceder. tr. Dar, otorgar. || Asentir, convenir. || Atribuir una cualidad o condición a una persona o cosa.

concejal, la. m. y f. Persona que tiene un cargo en el ayuntamiento o concejo municipal.

concejo. m. Ayuntamiento, casa y corporación municipales. || Municipio.

concentrar. tr. fig. Reunir en un centro o punto lo que estaba separado. Ú. t. c. prnl. || prnl. Reflexionar profundamente.

concéntrico, ca. adj. Se dice de las figuras y de los sólidos que tienen un mismo centro.

concepto. m. Idea que concibe o forma el entendimiento. || Pensamiento expresado con palabras. || Opinión, juicio. || Crédito en que se tiene a una persona o cosa.

concernir. intr. Atañer, corresponder.

concertar. tr. Componer, ordenar, arreglar. || Pactar, ajustar, tratar, acordar un negocio. Ú. t. c. prnl. || Acordar entre sí voces o instrumentos músicos. || Cotejar, concordar.

concesión. f. Acción y efecto de conceder. || Otorgamiento gubernativo a favor de particulares o de empresas. || Contrato que una empresa hace a otra, o a un particular, de vender y administrar sus productos en una localidad determinada. || Acción y efecto de ceder en una posición ideológica, actitud, etc.

concesionario, ria. adj. y s. Persona o entidad que tiene la exclusiva de distribución de un producto determinado en una zona. || m. Persona a quien se hace o transfiere una concesión.

concha. f. Cubierta que protege el cuerpo de los moluscos, y p. ext., caparazón de las tortugas y pequeños crustáceos. || fig. Cualquier cosa que tiene la forma de la concha de los animales. || Carey.

conciencia. f. Propiedad del espíritu humano de reconocerse en sus atributos esenciales y en todas las modificaciones que en sí mismo experimenta. || Conocimiento interior del bien que debemos hacer y del mal que debemos evitar.

concierto. m. Ajuste o convenio. || Función de música, en que se ejecutan composiciones sueltas. || Composición musical para diferentes instrumentos en que uno o varios llevan la parte principal.

conciliábulo. m. Junta o reunión ilegal para tratar de algo que se quiere mantener oculto.

conciliar. tr. y prnl. Poner de acuerdo, reconciliar. || Granjear o ganar los ánimos y la benevolencia. Ú. t. c. prnl.

concilio. m. Junta o congreso para tratar alguna cosa, especialmente de los obispos y otros eclesiásticos de la Iglesia católica.

concisión. f. Brevedad.

conciudadano, na. m. y f. Cada uno de los ciudadanos de una misma ciudad o nación, respecto de los demás.

cónclave o **conclave.** m. Lugar en donde los cardenales se juntan y se encierran para elegir sumo pontífice. || La misma junta de los cardenales.

concluir. tr. Acabar o finalizar una cosa. Ú. t. c. prnl. || Determinar y resolver sobre lo que se ha tratado. || Inferir, deducir una verdad de otras.

concordancia. f. Correspondencia y conformidad de una cosa con otra. || En gram., correspondencia de accidentes entre dos o más palabras variables.

concordar. tr. Poner de acuerdo lo que no lo está. || intr. Coincidir una cosa con otra. || En gram., formar concordancia. Ú. t. c. tr.

concordia. f. Paz, armonía. || Ajuste o convenio entre personas.

concretar. tr. Combinar, concordar. || Reducir a lo más esencial. || prnl. Reducirse a tratar o hablar de una sola cosa.

concreto, ta. adj. Se dice de cualquier objeto considerado en sí mismo, con exclusión de cuanto pueda serle extraño o accesorio. || Determinado, preciso. || m. amer. Hormigón.

concubina. f. Mujer que cohabita con un hombre que no es su marido.

concupiscencia. f. Apetito y deseo de los bienes terrenos. || Deseo desordenado de placeres sexuales.

concurrir. intr. Juntarse en un mismo lugar o tiempo diferentes personas, sucesos o cosas. ‖ Contribuir para determinado fin. ‖ Tomar parte en un concurso.

concurso. m. Concurrencia, reunión de personas en un mismo lugar. ‖ Asistencia o ayuda. ‖ Oposición para ocupar un cargo o dignidad. ‖ Competencia entre los que aspiran a ejecutar una obra o prestar un servicio.

conde, sa. m. Título nobiliario, situado en jerarquía después del marqués y antes que el vizconde. ‖ f. Mujer del conde, o la que por sí heredó u obtuvo un condado.

condecorar. tr. Dar o imponer condecoraciones.

condena. f. Sentencia judicial que pronuncia una pena. ‖ Extensión y grado de la pena.

condenar. tr. Pronunciar el juez sentencia, imponiendo al reo la pena correspondiente. ‖ Reprobar una doctrina u opinión. ‖ Tabicar o incomunicar una habitación. ‖ prnl. Para los cristianos, incurrir en la pena eterna.

condensar. tr. Convertir un vapor en líquido o en sólido. U. t. c. prnl. ‖ Reducir una cosa a menor volumen. U. t. c. prnl. ‖ fig. Sintetizar, resumir, compendiar.

condescender. intr. Acomodarse por bondad al gusto y voluntad de otro.

condición. f. Índole, naturaleza o propiedad de las cosas. ‖ Calidad del nacimiento o estado social de los hombres. ‖ Calidad o circunstancia con que se hace o promete una cosa. ‖ Circunstancia necesaria para que otra pueda suceder.

condicional. adj. Que incluye y lleva consigo una condición o requisito. ‖ En gram., se dice del modo potencial, que expresa la acción del verbo como posible.

condicionar. intr. Convenir una cosa con otra. ‖ tr. Hacer depender una cosa de alguna condición. ‖ Influir.

condimento. m. Lo que sirve para sazonar la comida y darle buen sabor.

condolencia. f. Participación en el pesar ajeno. ‖ Pésame.

condolerse. prnl. Compadecerse de lo que otro siente o padece.

condón. m. Preservativo.

cóndor. m. Ave rapaz diurna, de la misma familia que el buitre. Habita en los Andes y es la mayor de las aves que vuelan.

conducir. tr. Llevar, transportar de una parte a otra. ‖ Guiar un vehículo automóvil. ‖ Dirigir un negocio o la actuación de una colectividad. ‖ intr. Convenir, ser a propósito para algún fin. ‖ prnl. Comportarse, proceder de esta o la otra manera.

conducta. f. Manera de conducirse o comportarse una persona.

conducto. m. Canal, comúnmente cubierto, que sirve para dar paso y salida a las aguas y otras cosas. ‖ fig. Mediación o intervención de una persona para la solución de un negocio, obtención de noticias, etc. ‖ fig. Medio, vía, procedimiento.

conductor, ra. adj. y s. Que conduce. ‖ Se dice de los cuerpos que, en mayor o menor medida, conducen el calor y la electricidad.

conectar. tr., intr. y prnl. Establecer contacto entre dos partes de un sistema mecánico o eléctrico. ‖ Unir, enlazar, establecer relación, poner en comunicación.

conejo. m. Mamífero lagomorfo, de unos 40 cm de largo, pelo espeso, orejas largas y cola muy corta. Su carne es comestible.

conexión. f. Enlace, concatenación. ‖ pl. Amistades.

confabularse. prnl. Ponerse de acuerdo dos o más personas, generalmente para perjudicar a otras.

confeccionar. tr. Hacer determinadas cosas materiales, especialmente compuestas, como licores, dulces, venenos, prendas de vestir, etc.

confederación. f. Alianza, liga, unión o pacto entre personas, grupos, organizaciones, Estados, etc., para un determinado fin. ‖ Organismo resultante de esta unión.

conferencia. f. Disertación en público sobre algún punto doctrinal. ‖ Reunión de representantes de gobiernos o Estados para tratar asuntos internacionales. ‖ Comunicación telefónica interurbana.

conferir. tr. Conceder, asignar a uno dignidad o derechos. ‖ Cotejar y comparar una cosa con otra. ‖ fig. Atribuir o prestar una cualidad no física a una persona o cosa.

confesar. tr. Manifestar uno sus hechos, ideas o sentimientos. Ú. t. c. prnl. ‖ Declarar sus pecados el penitente al confesor en el sacramento de la penitencia. Ú. t. c. prnl. ‖ Oír el confesor al penitente en el sacramento de la penitencia. ‖ Declarar el reo o el litigante ante el juez.

confesonario. m. Cabina dentro de la cual se coloca el sacerdote para oír las confesiones sacramentales en las iglesias.

confeti. m. Pedacitos de papel de varios colores que se arrojan las personas unas a otras en los días de carnaval u otras fiestas.

confiar. intr. Esperar con firmeza y seguridad. ‖ tr. Encargar o poner al cuidado de uno algún negocio u otra cosa.

confidencia. f. Revelación secreta, noticia reservada.

configurar. tr. y prnl. Dar determinada forma a una cosa.

confín. m. Término o raya que divide las poblaciones, provincias, naciones, etc. ‖ Último término a que alcanza la vista.

confinar. intr. Lindar, estar contiguo a otro territorio, mar, río, etc. ‖ tr. Desterrar a alguien, señalándole un lugar determinado de donde no puede salir en cierto tiempo.

confirmación. f. Acción y efecto de confirmar. ‖ Uno de los siete sacramentos de la Iglesia católica. ‖ Prueba de la verdad y certeza de un suceso.

confirmar. tr. Corroborar la verdad de algo. ‖ Asegurar. Ú. t. c. prnl. ‖ Administrar el sacramento de la confir-

mación. Ú. t. c. prnl. ‖ Dar validez definitiva a algo. Ú. t. c. prnl.

confiscar. tr. Privar a alguien de sus bienes y aplicarlo s al fisco.

confitar. tr. Cubrir con baño de azúcar las frutas o semillas para hacerlas más gratas al paladar. ‖ Cocer las frutas en almíbar.

confitería. f. Tienda en que se venden dulces.

confitura. f. Fruta u otra cosa confitada.

conflagración. f. Incendio. ‖ fig. Guerra.

conflicto. m. Lo más recio de un combate. ‖ fig. Lucha. ‖ fig. Apuro.

confluir. intr. Juntarse en un lugar varios ríos o caminos. ‖ fig. Concurrir en un sitio mucha gente que viene de diversas partes. ‖ fig. Concurrir diversos factores en un determinado hecho.

conformar. tr., intr. y prnl. Ajustar, concordar una cosa con otra. ‖ intr. y prnl. Convenir una persona con otra. ‖ prnl. Resignarse.

conforme. adj. Igual, proporcionado, correspondiente. ‖ Acorde con otro en un mismo dictamen. ‖ m. Asentamiento que se pone al pie de un escrito. ‖ adv. m. En proporción a, con arreglo a, de manera que, según.

confort. m. Comodidad.

confortar. tr. y prnl. Dar vigor o animar.

confrontar. tr. Carear una persona con otra. ‖ Cotejar. ‖ Enfrentar. Ú. t. c. prnl.

confundir. tr. y prnl. Mezclar dos o más cosas diversas, de modo que las partes de las unas se incorporen con las de las otras. ‖ Equivocar. ‖ fig. Humillar. ‖ Turbar, desconcertar. Ú. t. c. prnl.

confusión. f. Acción y efecto de confundir. ‖ fig. Perplejidad, desasosiego. ‖ fig. Humillación. ‖ Falta de orden, de concierto y de claridad.

confuso, sa. adj. Mezclado, revuelto. ‖ Oscuro, dudoso. ‖ fig. Turbado.

conga. f. Danza popular de Cuba, de origen africano.

congelador. m. Compartimento especial, generalmente el de los frigoríficos, donde se produce hielo y se guardan los alimentos.

congelar. tr. Helar un líquido. Ú. m. c. prnl. ‖ Someter alimentos a muy bajas temperaturas para conservarlos. ‖ fig. Declarar inmodificables sueldos, precios, créditos, etc.

congénere. adj. y com. Del mismo género, origen o clase.

congeniar. intr. Tener dos o más personas genio, carácter o inclinaciones que concuerdan fácilmente.

congénito, ta. adj. Que se engendra juntamente con otra cosa. ‖ Connatural, que nace con uno.

congestión. f. Acumulación excesiva de sangre en alguna parte del cuerpo. ‖ fig. Concurrencia excesiva de personas, vehículos, etc., que ocasiona un entorpecimiento del tráfico en un paraje o vía pública.

congoja. f. Desmayo, angustia del ánimo.

congoleño, ña o **congolés, sa.** adj. y s. Del Congo.

congraciar. tr. Conseguir la benevolencia de alguien. Ú. m. c. prnl.

congratular. tr. y prnl. Manifestar alegría y satisfacción a la persona a quien ha acaecido un suceso feliz.

congregación. f. Junta o reunión. ‖ Hermandad autorizada de devotos. ‖ Institución religiosa cuyos miembros viven en comunidad y emiten votos simples.

congregar. tr. y prnl. Juntar, reunir.

congreso. m. Junta de varias personas para deliberar sobre algún asunto. ‖ Edificio donde los diputados a Cortes celebran sus sesiones. ‖ En algunos países, asamblea nacional.

congruencia. f. Conveniencia, oportunidad. ‖ Relación lógica.

conífero, ra. adj. y s. Se dice de las plantas fanerógamas gimnospermas, de hojas persistentes y fruto en forma cónica, como los pinos, cipreses y abetos.

conjetura. f. Juicio probable que se forma de algo.

conjugación. f. Acción y efecto de conjugar. ‖ En gram., serie ordenada de las distintas formas de un mismo verbo o comunes a un grupo de verbos de igual flexión, con las cuales se denotan sus diferentes modos, tiempos, números y personas.

conjugar. tr. Poner o decir en serie ordenada las palabras de varia inflexión con que en el verbo se denotan sus diferentes modos, tiempos, números y personas. ‖ Unir.

conjunción. f. Junta, unión. ‖ Parte invariable de la oración que une palabras u oraciones, señalando la relación existente entre ellas.

conjunto, ta. adj. Unido o contiguo a otra cosa. ‖ m. Unión de varias cosas o personas. ‖ Juego de vestir compuesto de la combinación de varias prendas. ‖ Grupo musical. ‖ En mat., colección de elementos que cumplen una determinada condición característica.

conjurar. intr. Ligarse con otro, mediante juramento, para algún fin. Ú. t. c. prnl. ‖ fig. Conspirar, uniéndose muchas personas o cosas contra uno, para hacerle daño o perderle. Ú. t. c. prnl. ‖ tr. Exorcizar. ‖ Impedir, alejar un daño.

conllevar. tr. Implicar, suponer, acarrear. ‖ Soportar, sufrir.

conmemorar. tr. Recordar públicamente un personaje o acontecimiento.

conmensurar. tr. Medir con igualdad o debida proporción.

conmigo. Forma especial del pron. personal *mi*, cuando va precedido de la prep. *con*.

conminar. tr. Amenazar. ‖ Exigir algo bajo amenaza de castigo.

conmiseración. f. Compasión que uno tiene del mal de otro.

conmoción. f. Movimiento o perturbación violenta del ánimo o del cuerpo. ‖ fig. Alteración de una multitud, ciudad, etc.

conmover. tr. y prnl. Perturbar, inquietar, alterar, mover fuertemente o con eficacia. ‖ Enternecer, mover a compasión.

conmutar. tr. Cambiar una cosa por otra. ‖ Sustituir castigos impuestos por otros menos graves.

connotar. tr. Sugerir una palabra, frase o discurso, un significa do secundario que se suma a su valor principal.

cono. m. Volumen limitado por una superficie cónica, cuya directriz es una circunferencia, y por un plano que forma su base. ‖ Por ext., cualquier superficie que tenga esta forma.

conocer. tr. Averiguar por el ejercicio de las facultades intelectuales la naturaleza, cualidades y relaciones de las cosas. ‖ Entender, echar de ver. ‖ Reconocer. ‖ Tener trato y comunicación con alguno. Ú, t. c. prnl. ‖ Juzgar adecuadamente. Ú. t. c. prnl. ‖ Saber, entender.

conque. conj. il. con la cual se enuncia una consecuencia natural de lo que acaba de decirse.

conquistar. tr. Ganar mediante operación de guerra un territorio, población, posición, etc. ‖ fig. Ganar la voluntad de una persona. ‖ fig. Conseguir alguna cosa, generalmente con esfuerzo, habilidad o venciendo algunas dificultades. ‖ fig. Enamorar a una persona.

consabido, da. adj. Que es sabido por cuantos intervienen en un acto de comunicación. ‖ Conocido, habitual, característico.

consagrar. tr. Hacer sagrada a una persona o cosa. ‖ Pronunciar el sacerdote en la misa las palabras de la transustanciación. ‖ Dedicar, ofrecer a Dios por culto o voto una persona o cosa. Ú. t. c. prnl. ‖ fig. Dedicar con suma eficacia y ardor una cosa a determinado fin. ‖ fig. Conferir a alguien fama o éxito. Ú. t. c. prnl.

consanguinidad. f. Unión, por parentesco natural, de varias personas que descienden de una misma raíz o tronco.

consciente. adj. Que siente, piensa, quiere y obra con conocimiento de lo que hace.

conscripción. f. amer. Servicio militar.

conscripto. m. amer. Soldado.

consecuencia. f. Proposición que se deduce de otra o de otras. ‖ Hecho o acontecimiento que se sigue o resulta de otro. ‖ Correspondencia lógica entre la conducta de un individuo y los principios que profesa.

consecuente. adj. Que sigue en orden respecto de una cosa. ‖ Se dice de la persona cuya conducta guarda correspondencia lógica con los principios que profesa. ‖ m. Proposición que se deduce de otra que se llama *antecedente*.

consecutivo, va. adj. Se dice de las cosas que se siguen o suceden sin interrupción. ‖ Se dice de la oración gramatical que expresa consecuencia de lo indicado en otra u otras. Ú. t. c. f. ‖ Se dice de la conjunción que expresa relación de consecuencia.

conseguir. tr. Alcanzar, lograr lo que se desea.

consejo. m. Parecer o dictamen que se da o toma hacer o no hacer una cosa. ‖ Organismo encargado oficialmente de una función consultiva, legislativa, judicial o administrativa.

consenso. m. Asenso, consentimiento. ‖ Acuerdo de todas las personas que componen una corporación o el de varios partidos políticos en torno a un tema de interés general para un país.

consentir. tr. Permitir algo o condescender en que se haga. Ú. t. c. intr. ‖ Mimar excesivamente a alguien, ser muy indulgente.

conserje. com. Persona que tiene a su cargo la custodia y el cuidado de un establecimiento público.

conserva. f. Alimento preparado de forma que se mantenga inalterable en sus propiedad es hasta su consumo.

conservante. adj. y m. Que conserva. ‖ m. Sustancia que retrasa el proceso de deterioro de los alimentos.

conservar. tr. Mantener algo o cuidar de su permanencia. Ú. t. c. prnl. ‖ Guardar con cuidado una cosa. ‖ Hacer conservas.

conservatorio. m. Establecimiento, oficial por lo común, en el que se dan enseñanzas de música, declamación y otras artes conexas.

considerar. tr. Pensar, reflexionar una cosa con cuidado. || Tratar a alguien con respeto. || Examinar con detenimiento. || Juzgar, estimar.

consigna. f. Orden que se da al que manda un puesto, en la milicia, o a un subordinado en agrupaciones políticas. || En las estaciones de ferrocarril, aeropuertos, etc., local en que los viajeros depositan temporalmente equipajes, paquetes, etc.

consignar. tr. Señalar y destinar una cantidad determinada para el pago de algo que se debe o se constituye. || Poner en depósito una cosa. || Depositar a disposición de la autoridad judicial la cosa debida. || Tratándose de opiniones, votos, doctrinas, hechos, circunstancias, datos, etc., hacerlos constar por escrito.

consigo. Forma especial del pron. pers. *si*, cuando va precedido de la prep. *con*.

consistencia. f. Duración, estabilidad, solidez. || Trabazón, coherencia entre las partículas de una masa.

consistir. intr. Estribar, estar fundada una cosa en otra. || Ser efecto de una causa.

consistorio. m. Junta que celebra el papa con asistencia de los cardenales. || En algunas ciudades y villas principales de España, ayuntamiento o cabildo secular.

consola. f. Mesa hecha para estar arrimada a la pared; se destina de ordinario a sostener adornos. || En algunas máquinas, sistemas electrónicos o informáticos, etc., panel de control y mandos.

consolar. tr. y prnl. Aliviar la pena o aflicción de uno.

consolidar. tr. Dar firmeza y solidez a una cosa. || fig. Asegurar del todo, afianzar más y más una cosa, como la amistad, la alianza, etc.

consomé. m. Caldo en que se ha sacado la sustancia de la carne.

consonancia. f. Identidad de sonido en la terminación de dos palabras, des-

de la vocal que lleva el acento. || fig. Relación de igualdad o conformidad que tienen algunas cosas entre sí.

consonante. adj. Se dice de cualquier voz con respecto a otra de la misma consonancia. U. t. c. s. m. || Se dice de la letra que no puede pronunciarse si no es con una vocal. U. t. c. f. || Se dice de la rima que se consigue con la igualdad de sonidos a partir de la última vocal acentuada. || Que tiene relación de igualdad o conformidad con otra cosa.

consorcio. m. Participación y comunicación de una misma suerte con uno o varios. || Agrupación de entidades con intereses comunes.

consorte. com. Persona que es partícipe y compañera con otra u otras en la misma suerte. || Marido y mujer respecto a su cónyuge.

conspirar. intr. Aliarse contra alguien o contra algo, especialmente contra una autoridad. || fig. Concurrir varias cosas a un mismo fin.

constancia. f. Firmeza y perseverancia del ánimo en las resoluciones y en los propósitos. || Acción de hacer constar o certificar alguna cosa.

constar. intr. Ser cierta y manifiesta alguna cosa. || Quedar registrado por escrito u oralmente algo. || Tener un todo determinadas partes. || Tener un verso la medida y acentuación de los de su clase.

constatar. tr. Comprobar, hacer constar.

constelación. f. Conjunto de estrellas identificable a simple vista por su peculiar disposición.

consternar. tr. y prnl. Preocupar mucho, desalentar.

constiparse. prnl. Acatarrarse, resfriarse.

constitución. f. Acto y resultado de constituir. || Esencia y calidades de una cosa. || Ley escrita fundamental de la organización de un Estado. || Manera en que están constituidos los sitemas y aparatos orgánicos, cuyas funciones determinan el grado de fuerza y vitalidad de cada individuo.

constituir. tr. Formar, componer. ‖ prnl. Seguido de una de las preposiciones *en* o *por*, asumir obligación, cargo o cuidado.

constreñir. tr. Obligar, compeler por fuerza a uno a que haga algo. ‖ Apretar, cerrar.

construir. tr. Fabricar, edificar. ‖ Ordenar las palabras, o unirlas entre sí con arreglo a las leyes de la construcción gramatical.

consubstancial. adj. Consustancial.

consuegro, gra. m. y f. Los padres de un cónyuge con respecto a los del otro.

consuelo. m. Descanso, alivio. ‖ Gozo, alegría.

consuetudinario, ria. adj. Se dice de lo que es de costumbre.

cónsul. m. Nombre de ciertos magistrados en distintas épocas. ‖ com. Representante de un país en otra nación.

consulta. f. Parecer o dictamen que se pide o se da acerca de una cosa. ‖ Conferencia entre profesionales para resolver alguna cosa. ‖ Examen o inspección que el médico hace a un enfermo. ‖ Local en que el médico recibe a los pacientes.

consultar. tr. Deliberar una o varias personas sobre un asunto. ‖ Pedir parecer, dictamen o consejo. ‖ fig. Buscar datos en libros, periódicos, ficheros, etc.

consumar. tr. Llevar a cabo totalmente una cosa. ‖ En der., dar cumplimiento a un contrato o a otro acto jurídico.

consumir. tr. Tomar alimentos o bebidas, especialmente en bares, establecimientos públicos, etc. ‖ Comprar y utilizar lo que ofrece el mercado. ‖ Destruir, extinguir. Ú. t. c. prnl. ‖ Gastar. Ú. t. c. prnl. ‖ fig. Desazonar, afligir. ‖ fig. Agotar, debilitar. Ú. t. c. prnl.

consustancial. adj. Que es de la misma sustancia y esencia que otro.

contabilidad. f. Sistema para llevar las cuentas de una entidad. ‖ Conjunto de esas cuentas.

contabilizar. tr. Contar, llevar la cuenta. ‖ Apuntar una partida o cantidad en los libros de cuentas.

contable. adj. Que puede ser contado. ‖ com. Persona que lleva la contabilidad de una empresa.

contactar. tr. Establecer contacto o comunicación.

contacto. m. Acto y resultado de tocarse o relacionarse. ‖ Relación o trato que se establece entre dos o más personas o entidades. ‖ Persona que sirve de enlace. ‖ Conexión entre dos partes de un circuito eléctrico.

contagiar. tr. y prnl. Transmitir a otro u otros una enfermedad contagiosa. ‖ fig. Comunicar o transmitir a otro gustos, vicios, costumbres, etc.

contaminar. tr. Alterar la pureza de alguna cosa. ‖ Degradar el medio ambiente con sustancias perjudiciales. Ú. t. c. prnl. ‖ Contagiar. Ú. t. c. prnl.

contar. tr. Numerar o computar las cosas considerándolas como unidades homogéneas. ‖ Referir un suceso. ‖ Poner o meter en cuenta. ‖ Tener en cuenta, considerar. ‖ Hablando de años, tenerlos. ‖ intr. Hacer cuentas según reglas de aritmética. ‖ Valer por.

contemplar. tr. Poner la atención en alguna cosa. ‖ Considerar, juzgar. ‖ Mirar algo con detenimiento.

contemporáneo, a. adj. y s. Existente en la misma época. ‖ Actual.

contemporizar. intr. Acomodarse uno al gusto o dictamen ajeno.

contencioso, sa. adj. Se dice de las materias sobre las que se entiende en juicio. ‖ Se dice del juicio contradictorio entre partes o de sus materias.

contender. intr. Batallar, luchar. ‖ fig. Disputar, discutir.

contenedor, ra. adj. Que contiene. ‖ m. Embalaje metálico grande y recuperable, de dimensiones normalizadas internacionalmente, usado para el transporte de mercancías. ‖ Recipiente para depositar basuras y otros desperdicios.

contener. tr. Encerrar dentro de sí una cosa a otra. ‖ Sujetar el impulso de un cuerpo. ‖ prnl. Reprimir o moderar una pasión.

contenido, da. adj. fig. Que se conduce con moderación. ‖ m. Lo que se contiene dentro de una cosa. ‖ Significado de un signo lingüístico o de un enunciado.

contento, ta. adj. Alegre, satisfecho. ‖ m. Alegría, satisfacción.

contestar. tr. Responder. ‖ intr. Adoptar una actitud de contestación, rechazo de lo establecido. ‖ Atestiguar uno lo mismo que otros han dicho.

contexto. m. Serie del discurso, tejido de la narración, hilo de la historia. ‖ fig. Conjunto de circunstancias que acompañan a un suceso.

contienda. f. Pelea, batalla. ‖ Discusión, debate.

contigo. Forma especial del pron. pers. *ti*, cuando va precedido de la prep. *con*.

contigüidad. f. Inmediación de una cosa a otra.

continencia. f. Moderación en pasiones y afectos. ‖ Abstinencia de las actividades sexuales.

continente. adj. Que contiene. ‖ Se dice de la persona que tiene continencia. ‖ m. Cosa que contiene en sí a otra. ‖ Cada una de las grandes masas emergidas de la corteza terrestre, generalmente separadas por los océanos.

contingencia. f. Posibilidad de que una cosa suceda o no; y esta misma cosa. ‖ Riesgo.

contingente. adj. Que puede suceder o no. ‖ m. Contingencia, cosa. ‖ Fuerzas militares de que dispone el mando. ‖ Grupo que se distingue de otros miembros en una reunión u organismo. ‖ Cuota que se señala a un país o a un industrial para la importación de determinados productos.

continuar. tr. Proseguir lo comenzado. ‖ intr. Durar, permanecer. ‖ prnl. Seguir, extenderse.

continuo, nua. adj. Que continúa. ‖ Se dice de las cosas que tienen unión entre sí. ‖ Perseverante.

contonearse. prnl. Mover al andar afectadamente los hombros y las caderas.

contorno. m. Conjunto de líneas que limitan una figura. ‖ Canto de una moneda o medalla. ‖ Lo que rodea a algo.

contorsión. f. Movimiento convulsivo de músculos o miembros. ‖ Ademán grotesco, gesticulación ridícula.

contra. prep. que denota oposición y contrariedad. ‖ Enfrente. ‖ Hacia, en dirección. ‖ A cambio de. ‖ m. Concepto opuesto o contrario a otro. Ú. en contraposición a *pro*. ‖ f. fam. Dificultad, inconveniente. ‖ Oposición ante un proceso revolucionario.

contraataque. m. Reacción ofensiva contra el avance del enemigo. ‖ pl. Líneas fortificadas que oponen los sitiados a los ataques de los sitiadores.

contrabajo. m. Instrumento de arco, el más grave y mayor de los de su clase. ‖ Voz más grave que la de bajo. ‖ com. Persona que tiene esta voz. ‖ Persona que toca el contrabajo.

contrabando. m. Fabricación, exportación o introducción de géneros prohibidos o sujetos a derechos arancelarios. ‖ fig. Lo que parece ilícito. ‖ fig. Cosa que se hace contra el uso ordinario.

contracción. f. Acción y efecto de contraer. ‖ Figura de dicción que consiste en hacer una sola palabra de dos. ‖ Sinéresis.

contraceptivo o **contraconceptivo.** m. Anticonceptivo.

contrachapado. adj. y s. Tablero formado por varias capas finas de madera encoladas de modo que sus fibras queden entrecruzadas.

contráctil. adj. Capaz de contraerse con facilidad.

contractual. adj. Estipulado por contrato.

contradecir. tr. y prnl. Decir lo contrario de lo que otro dice o de lo que uno mismo ha dicho antes. ‖ Oponerse una cosa con otra. ‖ prnl. Decir o hacer lo contrario de lo que se ha dicho o hecho.

contraer. tr. Estrechar una cosa con otra. ‖ Adquirir costumbres, vicios, enfermedades, etc. ‖ Asumir compromisos, obligaciones. ‖ prnl. Reducirse a menor tamaño. Ú. t. c. tr. ‖ prnl. Encogerse un nervio o un músculo.

contrafuerte. m. Pieza de cuero con que se refuerza el calzado por la parte del talón. ‖ Pilar adosado a un muro para fortalecerlo.

contrahecho, cha. adj. y s. Que tiene deformado el cuerpo.

contraindicar. tr. Disuadir de la utilidad de un medicamento, remedio o acción. ‖ Señalarlo como perjudicial en determinados casos.

contralto. m. Voz media entre tiple y tenor. ‖ com. Persona que la tiene.

contraluz. amb. Vista desde el lado opuesto a la luz. ‖ Fotografía tomada en esas condiciones.

contramaestre. m. Oficial que dirige la marinería de un barco.

contraorden. f. Orden que revoca otra anterior.

contrapartida. f. Asiento para corregir algún error en la contabilidad. ‖ Asiento del haber, compensado en el debe, y viceversa. ‖ fig. Algo que tiene por objeto compensar lo que se recibe de otro.

contrapeso. m. Peso que sirve para contrabalancear otro. ‖ fig. Lo que equilibra una cosa.

contraponer. tr. Comparar una cosa con otra contraria. ‖ Poner una cosa contra otra. Ú. t. c. prnl.

contraportada. f. Página anterior a la portada o posterior a la portadilla de un libro o revista. ‖ Parte posterior de la cubierta de un libro.

contraproducente. adj. Se dice de lo de efectos opuestos a lo que se persigue.

contrapuerta. f. Portón. ‖ Puerta detrás de otra.

contrapunto. m. Concordancia armoniosa de dos voces contrapuestas. ‖ Contraste entre dos cosas simultáneas. ‖ amer. Desafío de dos o más cantantes populares.

contrario, ria. adj. Opuesto. Ú. t. c. s. ‖ fig. Que daña o perjudica. ‖ m. y f. Persona que tiene enemistad, sigue pleito o contiende con otra.

contrarreforma. f. Movimiento de reacción católica, intelectual y político, destinado a combatir los efectos de la Reforma protestante.

contrarrestar. tr. Resistir. ‖ fig. Neutralizar una cosa los efectos de otra.

contrasentido. m. Interpretación contraria al sentido lógico de las palabras, expresiones, ideas, etc.

contraseña. f. Seña reservada que se dan unas personas a otras para entenderse o reconocerse.

contrastar. tr. Resistir, hacer frente. ‖ Ensayar y fijar la ley de monedas y metales preciosos y la exactitud de las pesas y medidas. ‖ intr. Mostrar notable diferencia dos cosas cuando se comparan.

contrata. f. Escritura en que se asegura un contrato. ‖ El mismo contrato. ‖ Contrato para ejecutar una obra o prestar un servicio por un precio determinado.

contratiempo. m. Accidente inesperado.

contrato. m. Pacto o convenio oral o escrito, entre partes que se obligan sobre una materia o cosa determinada. ‖ Documento que lo acredita.

contravenir. intr. Obrar en contra de lo que está mandado.

contraventana. f. Puerta que interiormente cierra sobre la vidriera. ‖ Puerta exterior para mayor resguardo de ventanas y vidrieras.

contribuir. intr. Pagar cada uno la cuota que le corresponde por un impuesto. Ú. m. c. tr. ‖ Concurrir voluntariamente con una cantidad para determinado fin. ‖ fig. Ayudar a otros al logro de un fin.

contrición. f. Dolor de haber ofendido a Dios.

contrincante. com. Persona que pretende una cosa, o discute, con otra u otros.

control. m. Comprobación, fiscalización, intervención. ‖ Dominio, mando. ‖ Sitio donde se controla.

controversia. f. Discusión larga y reiterada.

controvertir. intr. y tr. Discutir detenidamente sobre una materia.

contumacia. f. Obstinación en el error.

contundente. adj. Que produce contusión. || fig. Que convence.

contusión. f. Daño producido por un golpe que no causa herida.

convalecer. intr. Recobrar las fuerzas perdidas por enfermedad. || fig. Fortalecer.

convalidar. tr. Revalidar lo ya aprobado. || Dar validez académica en un país, institución, facultad, etc., a estudios aprobados en otro lugar.

convencer. tr. y prnl. Persuadir, conseguir que uno cambie de opinión. || Probarle una cosa de manera que no la pueda negar. || Gustar, satisfacer.

convención. f. Norma o práctica admitida por responder a precedentes o a la costumbre. || Acuerdo, convenio. || Asamblea de los representantes de un país, partido político, etc.

convenio. m. Pacto, acuerdo entre personas, organizaciones, instituciones, etc.

convenir. intr. Ser de un mismo parecer. U. t. c. tr. y prnl. || Ser útil, provechoso.

convento. m. Casa de religiosos o religiosas. || Comunidad que habita en él.

convergir o **converger.** intr. Dirigirse a un mismo punto. || fig. Concurrir varias cosas al mismo fin.

conversación. f. Acción y efecto de conversar.

conversar. intr. Hablar entre sí dos o más personas.

converso, sa. adj. y s. Se dice de la persona convertida al cristianismo, especialmente musulmanes y judíos.

convertir. tr. Trocar una cosa en otra. U. t. c. prnl. || Ganar a alguien para que profese una religión o la practique. U. t. c. prnl. || prnl. Mudarse de religión, vida o ideario.

convexo, xa. adj. Se dice de la línea o superficie curvas con su parte más prominente, respecto de las que la mira, en el centro.

convicción. f. Convencimiento. || Idea fuertemente arraigada.

convicto, ta. adj. y s. Se dice del reo a quien legalmente se ha probado su delito.

convidar. tr. Rogar una persona a otra que le acompañe a comer, a una función o a cualquier otra cosa que se haga por vía de obsequio. || fig. Mover, incitar. || prnl. Invitarse voluntariamente.

convite. m. Acción y efecto de convidar. || Comida o banquete a que es uno convidado.

convivir. intr. Cohabitar.

convocar. tr. Citar, llamar para una reunión. || Anunciar un examen, oposición, etc.

convoy. m. Escolta, guardia. || Conjunto de buques, carruajes o efectos escoltados. || Vinagreras para el servicio de mesa. || fig. y fam. Séquito.

convulsión. f. Contracción y estiramiento involuntario de uno o más miembros o músculos del cuerpo. || fig. Agitación violenta. || Sacudida de la tierra o del mar.

cónyuge. com. y pl. Consorte, marido y mujer, respectivamente uno al otro.

coña o **coñac.** m. Aguardiente de graduación alcohólica elevada, obtenido por destilación de vinos envejecidos en barriles de roble.

coño. m. vulg. Parte externa del aparato genital femenino. || interj. que denota enfado o asombro.

cooperar. intr. Obrar juntamente con otro u otros.

coordenado, da. adj. Se apl. a las líneas que sirven para determinar la posición de un punto, y a los ejes o planos a que se refieren aquellas líneas. U. m. en f. pl.

coordinar. tr. Ordenar metódicamente. || Reunir medios, esfuerzos, etc., para una acción común.

copa. f. Vaso con pie para beber. || Líquido que cabe en una copa. || Conjunto de ramas y hojas de la parte superior del árbol. || Parte hueca del sombrero. || Carta del palo de copas de los naipes. || pl. Este palo.

copar. tr. Hacer en ciertos juegos una puesta equivalente a la de la banca. ‖ fig. Conseguir en una elección todos los puestos. ‖ fig. Ganar todos los premios de una competición.

copete. m. Pelo levantado sobre la frente. ‖ Moño de plumas de algunas aves. ‖ Mechón de crin que cae al caballo sobre la frente. ‖ fig. Atrevimiento, altanería.

copetín. m. amer. Aperitivo, copa de licor.

copia. f. Abundancia. ‖ Reproducción de un escrito. ‖ Reproducción exacta de una obra artística. ‖ Imitación servil del estilo o de una obra artística. ‖ Remedo de una persona. ‖ Lo que resulta de reproducir algo.

copiar. tr. Hacer una copia. ‖ Escribir lo que dice otro en un discurso o dictado. ‖ Imitar. ‖ fig. poét. Hacer descripción de una cosa. ‖ Hacer un trabajo o examen reproduciendo indebidamente un libro, el examen de otro compañero, apuntes, etc. Ú. t. c. intr.

copiloto. m. Piloto auxiliar.

copioso, sa. adj. Abundante.

copla. f. Estrofa. ‖ Composición poética que sirve de letra para una canción popular. ‖ pl. fam. Versos. ‖ Cuentos, habladurías, impertinencias.

copo. m. Mechón de cáñamo, lana, lino, algodón, etc., en disposición de hilarse. ‖ Porción de nieve trabada que cae cuando nieva. ‖ Grumo.

copón. m. Copa grande en que se guarda el Santísimo Sacramento.

cópula. f. Atadura, ligazón. ‖ Acto sexual. ‖ Término que une el predicado con el sujeto.

coqueta. f. Tocador con espejo.

coquetear. intr. Tratar de agradar a alguien valiéndose de ciertos medios y actitudes. ‖ Tomar contacto con alguna actividad, idea, opinión, etc., sin entregarse a ella por completo.

coraje. m. Valor. ‖ Irritación, ira.

coral. adj. Relativo al coro. ‖ m. Colonia de pólipos celentéreos. ‖ Pólipero del coral, que se emplea en joyería. ‖ f. Coro de cantantes.

coraza. f. Armadura compuesta de peto y espaldar. ‖ Blindaje. ‖ Cubierta del cuerpo de los quelonios.

corazón. m. Víscera muscular, impulsora de la circulación de la sangre, que existe en muchos animales. ‖ Palo de la baraja francesa. Ú. m. en pl. ‖ fig. Ánimo, valor. ‖ fig. Voluntad, amor. ‖ fig. Centro de una cosa. ‖ fig. Pedazo de algunas materias que se corta en forma de corazón. ‖ fig. Interior de una cosa inanimada. ‖ Apelativo cariñoso. ‖ adj. Se dice del tercero de los cinco dedos y el más largo de ellos. Ú. t. c. m.

corazonada. f. Impulso espontáneo con que uno se mueve a ejecutar alguna cosa arriesgada y difícil. ‖ Presentimiento.

corbata. f. Tira de tela que, como adorno, se anuda al cuello.

corcel. m. Caballo ligero.

corchete. m. Broche compuesto de macho y hembra que sirve para sujetar. ‖ Macho del corchete. ‖ Pieza de madera con que los carpinteros sujetan el madero que labran. ‖ Signo ortográfico [ ], que equivale al paréntesis. ‖ amer. Grapa.

corcho. m. Tejido vegetal de la zona periférica del tronco de árboles y arbustos, especialmente del alcornoque.

corcova. f. Curvadura anómala de la columna vertebral o del pecho.

cordel. m. Cuerda delgada. ‖ Distancia de cinco pasos. ‖ Vía pastoril para los ganados trashumantes.

cordero, ra. m. Cría de la oveja, que no pasa de un año. ‖ fig. Persona mansa y dócil.

cordial. adj. Que tiene virtud para fortalecer el corazón. ‖ Afectuoso, de corazón. ‖ m. Bebida confortante.

cordillera. f. Serie de montañas enlazadas entre sí.

cordón. m. Cuerda delgada. ‖ Cuerda con que se ciñen el hábito los religiosos de algunas órdenes. ‖ Conjunto de personas o elementos dispuestos para proteger o vigilar.

cordura. f. Prudencia, juicio.

coreano, na. adj. y s. De Corea.

coreografía. f. Arte de la danza. || Arte de componer bailes. || Conjunto de movimientos que compone una pieza de baile.

corinto. adj. y s. Color rojo oscuro.

cornada. f. Golpe dado con el cuerno. || Herida que produce dicho golpe.

cornamenta. f. Cuernos de algunos cuadrúpedos.

córnea. f. Membrana dura y transparente, situada en la parte anterior del globo del ojo.

corneta. f. Instrumento músico de viento, semejante al clarín. || com. Persona que toca la corneta.

cornisa. f. Cuerpo voladizo con molduras que remata una construcción.

cornudo, da. adj. Que tiene cuernos. || fig. Se apl. al marido de mujer adúltera. Ú. t. c. s.

coro. m. Conjunto de personas reunidas para cantar. || Conjunto de actores que actuaban en los intervalos de las tragedias griegas y romanas. || Composición musical para varias voces. || Lugar del templo dedicado al coro.

corona. f. Cerco de ramas o flores, o de metal precioso, con que se ciñe la cabeza. || Conjunto de flores y hojas dispuestas en círculo. || Aureola de las imágenes. || Coronilla. || Tonsura de los eclesiásticos. || Halo. || fig. Dignidad real. || fig. Reino o monarquía. || Superficie comprendida entre dos circunferencias concéntricas. || Parte de un diente que sobresale de la encía.

coronar. tr. Poner la corona en la cabeza. Ú. t. c. prnl. || Investir de autoridad soberana. Ú. t. c. prnl. || En el juego de damas, poner un peón sobre otro cuando éste llega a ser dama. || fig. Terminar, rematar.

coronel. m. Jefe militar que manda un regimiento.

coronilla. f. Parte superior de la cabeza. || Tonsura de los clérigos.

corpiño. m. Prenda de vestir muy ajustada al cuerpo.

corporación. f. Agrupación de profesionales. || Asociación u organismo oficial, generalmente público pero independiente de la administración estatal, como las cámaras de comercio, los ayuntamientos, etc.

corporal. adj. Relativo al cuerpo. || m. Lienzo que se extiende en el altar para poner sobre él la hostia y el cáliz. Ú. m. en pl.

corpóreo, a. adj. Que tiene cuerpo o consistencia. || Relativo al cuerpo.

corpulencia. f. Tamaño y magnitud de un cuerpo.

corpus. m. Conjunto de datos, textos u otros materiales sobre determinada teoría, doctrina, disciplina, etc. || Con mayúscula, día que celebra la Iglesia católica la institución de la Eucaristía.

corpúsculo. m. Cuerpo muy pequeño.

corral. m. Sitio cerrado y descubierto en las casas o en el campo donde generalmente se guarda animales domésticos. || Patio donde se representaban comedias.

correa. f. Tira de cuero. || La que, unida en sus extremos, sirve en las máquinas para transmitir el movimiento rotativo de una rueda o polea a otra. || Cinturón. || fig. Aguante, paciencia.

correccional. adj. Se dice de lo que conduce a la corrección. || m. Establecimiento penitenciario para menores, reformatorio.

correcto, ta. adj. Libre de errores o defectos. || Se dice de la persona cuya conducta es irreprochable.

corredera. f. Ranura o carril por donde resbala una pieza en ciertas máquinas.

corredor, ra. adj. y s. Que corre mucho. || Se dice de aves muy aptas para correr y no para el vuelo. || m. y f. Persona que por oficio interviene en compras y ventas de cualquier clase. || Persona que practica la carrera en competiciones deportivas. || m. Galería corrida alrededor del patio de algunas casas.

corregir. tr. Enmendar lo errado. || Advertir, amonestar, reprender. || Repasar y evaluar un profesor los ejercicios y exámenes de sus estudiantes.

correlación. f. Correspondencia o relación recíproca.

correligionario, ria. adj. y s. Que profesa la misma religión que otro. ‖ Que tiene la misma opinión política que otro.

correntada. f. amer. Corriente impetuosa de agua.

correo. m. Servicio público que transporta la correspondencia. Ú. t. en pl. ‖ Tren, coche, etc., que lleva correspondencia. ‖ Casa, oficina donde se recibe y se da la correspondencia. ‖ Buzón donde se deposita. ‖ Correspondencia que se despacha o recibe.

correoso, sa. adj. Flexible y elástico. ‖ Dúctil, maleable.

correr. intr. Caminar deprisa. ‖ Hacer alguna cosa con rapidez. ‖ Moverse los fluidos y líquidos. ‖ Fluir o moverse el agua, el viento. ‖ Ir, pasar, extenderse. ‖ Transcurrir el tiempo. ‖ Circular, difundir. ‖ tr. Perseguir. ‖ Cambiar de sitio. Ú. t. c. prnl. ‖ Cerrar cerrojos. ‖ Desplazar, hacer que se deslice una cosa. ‖ Exponerse a un peligro. ‖ fig. Avergonzar, confundir. Ú. t. c. prnl. ‖ prnl. Apartarse. ‖ Excederse. ‖ Hablando de colores, manchas, etc., extenderse fuera de su lugar. ‖ vulg. Eyacular o experimentar el orgasmo.

correspondencia. f. Acción y efecto de corresponder o corresponderse. ‖ Trato recíproco entre personas. ‖ Conjunto de cartas que se envían o reciben. ‖ Relación que existe o se establece entre distintos elementos. ‖ Sinonimia. ‖ Comunicación entre estancias, habitaciones o ámbitos.

corresponder. intr. Pagar, compensar con igualdad afectos, beneficios o agasajos. Ú. t. c. tr. ‖ Tocar o pertenecer. ‖ Tener proporción o relación una cosa con otra. Ú. t. c. prnl. ‖ prnl. Comunicarse.

corresponsal. adj. y com. Que tiene correspondencia. ‖ Se apl. al periodista que desde otra ciudad o desde el extranjero envía noticias a la redacción de un periódico, revista, etc. ‖ Se dice de la persona encargada de mantener en el extranjero las relaciones comerciales de una empresa.

corretear. intr. fam. Andar de calle en calle o de casa en casa. ‖ fam. Correr en varias direcciones.

corrida. f. Carrera. ‖ Espectáculo en que se lidian toros.

corriente. adj. Que corre. ‖ Se dice del mes, año, etc., actual o que va transcurriendo. ‖ Que está en uso en el momento. ‖ Sabido, admitido comúnmente. ‖ Que sucede con frecuencia. ‖ Común, no extraordinario. ‖ f. Movimiento de una masa de agua, aire, etc., en una dirección. ‖ Paso de la electricidad por un conductor. ‖ Tendencia, opinión.

corro. m. Cerco que forma la gente para hablar, solazarse, etc. ‖ Espacio que incluye. ‖ Espacio circular. ‖ Juego de niñas.

corroborar. tr. y prnl. Vivificar y dar mayores fuerzas al débil. ‖ fig. Apoyar el argumento o la opinión con nuevos raciocinios o datos.

corroer. tr. Desgastar lentamente una cosa como rayéndola. Ú. t. c. prnl. ‖ fig. Sentir los efectos de algún sentimiento.

corromper. tr. Alterar y trastocar la forma de alguna cosa. Ú. t. c. prnl. ‖ Echar a perder, pudrir. Ú. t. c. prnl. ‖ Sobornar o cohechar. ‖ fig. Viciar, pervertir. Ú. t. c. prnl.

corrupción. f. Acción y efecto de corromper o corromperse.

corsario, ria. adj. Embarcación y navegante autorizado por su país para perseguir y saquear a los de un país enemigo. ‖ m. Pirata.

corsé. m. Prenda interior que usan las mujeres para ajustarse el cuerpo.

cortafrío. m. Cincel fuerte para cortar hierro frío a golpes de martillo.

cortafuego. m. Vereda ancha que se deja en los sembrados para que no se propaguen los incendios. ‖ Pared gruesa de fábrica que se construye en los edificios con el mismo fin.

cortapisa. f. fig. Condición, limitación.

cortar. tr. Dividir una cosa o separar sus partes con algún instrumento cortante. Ú. t. c. prnl. ‖ Alzar la baraja. ‖ Acortar distancia. ‖ Recortar. ‖ Suspender, interrumpir. ‖ intr. Tomar el camino más corto. ‖ prnl. Turbarse. ‖ Separarse los componentes de la leche o una salsa.

corte. m. Filo del instrumento con que se corta y taja. ‖ Acción y efecto de cortar o cortarse. ‖ Arte y acción de cortar las diferentes piezas que requieren la hechura de un vestido, de un calzado, etc. ‖ fig. Vergüenza, turbación. ‖ f. Población donde habitualmente reside el soberano en las monarquías. ‖ Familia y comitiva del rey. ‖ Séquito, acompañamiento. ‖ amer. Tribunal de justicia.

cortejar. tr. Galantear, requebrar.

cortés. adj. Atento, comedido, afable.

cortesano, na. adj. Perteneciente a la corte. ‖ Cortés. ‖ m. y f. Persona que sirve al rey o vive en su corte. ‖ f. Prostituta refinada.

corteza. f. Porción externa de órganos animales o vegetales. ‖ fig. Exterioridad de una cosa no material.

cortijo. m. Posesión de tierra y casa de labor.

cortina. f. Paño grande con que se cubren y adornan las puertas, ventanas, etc. ‖ fig. Lo que encubre y oculta algo. ‖ Lienzo de muralla que está entre dos baluartes.

cortometraje. m. Película cuya duración es entre ocho y treinta minutos.

corto, ta. adj. De poca longitud, tamaño o duración. ‖ Escaso o defectuoso. ‖ Que no alcanza al punto de su destino. ‖ fig. Tímido. ‖ fig. De escaso talento o poca instrucción. ‖ fig. Falto de palabras para explicarse.

cortocircuito. m. Fenómeno eléctrico que se produce accidentalmente por contacto entre dos conductores y suele determinar una descarga.

corvo, va. adj. Arqueado o combado. ‖ f. Parte de la pierna opuesta a la rodilla.

cosa. f. Todo lo que existe, ya sea real o irreal, concreto o abstracto. ‖ Ser inanimado, en contraposición con los seres animados. ‖ Aquello que se piensa, se dice o se hace. ‖ En oraciones negativas equivale a *nada*. ‖ pl. Instrumentos. ‖ Hechos o dichos propios de alguna persona. ‖ Acontecimientos que afectan a una o varias personas.

coscorrón. m. Golpe en la cabeza.

cosecha. f. Conjunto de frutos de la recolección. ‖ Temporada en que se recogen.

cosechar. intr. y tr. Hacer la cosecha. ‖ fig. Atraerse simpatías, odios, etc.

coser. tr. Unir con hilo enhebrado en la aguja. ‖ Hacer labores de aguja. ‖ Engrapar papeles uniéndolos con máquina. ‖ fig. Unir una cosa con otra, de suerte que queden muy juntas. ‖ fig. Producir varias heridas en el cuerpo con algún arma.

cosijo. m. amer. Inquietud.

cosmético, ca. adj. y m. Se dice de los productos hechos para el cuidado o embellecimiento del cuerpo humano. ‖ f. Arte de aplicar estos productos.

cósmico, ca. adj. Perteneciente al cosmos.

cosmología. f. Ciencia que estudia las leyes que rigen el mundo físico.

cosmonauta. com. Tripulante de una cosmonave.

cosmonave. f. Vehículo capaz de navegar más allá de la atmósfera terrestre.

cosmopolita. adj. Persona que considera a todo el mundo como patria suya. Ú. t. c. s. ‖ Se dice de lo que es común a todos los países. ‖ Se apl. a los lugares donde convive gente de diferentes países.

cosmos. m. Mundo, universo.

coso. m. Plaza de toros.

cosquillas. f. pl. Sensación que experimentan algunas partes del cuerpo al tocarlas otra persona y que provoca involuntariamente la risa.

costa. f. Orilla del mar y tierra que está cerca de ella. ‖ Cantidad que se paga por una cosa. ‖ pl. Gastos judiciales.

costado. m. Cada una de las dos partes laterales del cuerpo humano. ‖ Lado derecho o izquierdo de un ejército. ‖ Lado.

costal. adj. Perteneciente a las costillas. ‖ m. Saco grande.

creído

costalada. f. Golpe que uno da al caer de espaldas o de costado.

costar. intr. Tener que pagar determinado precio por una cosa. || fig. Causar una cosa dificultad.

costarricense o **costarriqueño, ña.** adj. y s. De Costa Rica.

coste. m. Gasto realizado para la obtención de una cosa o servicio.

costear. tr. Pagar los gastos de alguna cosa. || Ir navegando sin perder de vista la costa. || prnl. Producir una cosa los gastos que ocasiona.

costilla. f. Cada uno de los huesos largos y encorvados que nacen del espinazo y van hacia el pecho. || fig. y fam. Esposa. || pl. fam. Espalda del cuerpo humano.

costo. m. Coste. || fig. Hachís.

costra. f. Corteza endurecida sobre una cosa blanda. || Postilla.

costumbre. f. Modo habitual de proceder o conducirse. || Práctica muy usada que ha adquirido fuerza de ley. || Lo que se hace más comúnmente.

costura. f. Acción y efecto de coser.

costurar. tr. amer. Coser.

cotejar. tr. Confrontar una cosa con otra u otras.

cotidiano, na. adj. Diario.

cotillear. intr. fam. Chismorrear.

cotillón. m. Fiesta con que se celebra algún día señalado.

cotizar. tr. Pagar una cuota. || Alcanzar un precio las acciones, valores, etc. de una sociedad. Ú. t. c. prnl. || fig. Gozar de mayor o menor estimación una persona o cosa en relación con un fin determinado. Ú. t. c. prnl.

coto. m. Terreno acotado. || Mojón, hito. || Pez fluvial comestible.

cotorra. f. Papagayo pequeño. || Urraca. || Ave prensora americana, parecida al papagayo. || fig y fam. Persona habladora.

cotorrear. intr. Hablar con exceso.

covacha. f. Cueva pequeña. || Vivienda pobre, incómoda, pequeña.

coyuntura. f. Articulación entre dos huesos. || fig. Conjunto de circunstan-

cias que intervienen en la resolución de un asunto importante. || fig. Sazón, oportunidad para alguna cosa.

coz. f. Patada violenta que dan las caballerías. || fig. y fam. Acción o palabra injuriosa o grosera. || fig. Patada de una persona.

crac. m. Quiebra económica de una empresa, Estado, etc.

cráneo. m. Caja ósea en que está contenido el encéfalo.

craso, sa. adj. Grueso, gordo o espeso. || fig. Se dice del error grave.

cráter. m. Boca por donde los volcanes arrojan humo, ceniza, lava, etc.

crear. tr. Producir algo de la nada. || Producir una obra literaria, artística, etc. || fig. Establecer, fundar. || fig. Instituir un nuevo empleo o dignidad. || fig. Hacer, por elección o nombramiento, a una persona lo que antes no era. || prnl. Imaginarse, formarse una imagen en la mente.

crecer. intr. Aumentar, desarrollarse. || prnl. Tomar uno mayor autoridad, importancia o atrevimiento.

credencial. adj. Que acredita. || f. Documento que permite tomar posesión de su plaza a un empleado.

credibilidad. f. Calidad de creíble.

crédito. m. Préstamo que se pide a una entidad bancaria habiendo garantizado su devolución. || Reputación, fama. || Situación o condiciones que facultan a una persona o entidad para obtener de otra fondos. || Opinión que goza una persona de que cumplirá los compromisos que contraiga. || Aceptación de algo como verdadero.

credo. m. Símbolo de la fe. || fig. Conjunto de doctrinas comunes a una colectividad.

crédulo, la. adj. Que cree fácilmente.

creer. tr. Tener por cierto, aceptar como verdad. || intr. Tener fe en las verdades religiosas. || Pensar, juzgar. || Tener una cosa por verosímil o probable. Ú. t. c. prnl.

creído, da. adj. fam. Persona vanidosa, orgullosa. || Crédulo, confiado.

crema. f. Mezcla de leche, azúcar, huevos y otros ingredientes que se utiliza en la elaboración de pasteles. ‖ Pasta para dar brillo al calzado. ‖ Confección cosmética para diversos usos. ‖ Sopa espesa. ‖ Nata de la leche. ‖ Natillas espesas. ‖ fig. Lo más distinguido de un grupo social.

cremación. f. Acción de quemar.

cremallera. f. Barra metálica con dientes en uno de sus cantos, para engranar con un piñón. ‖ Cierre que consiste en dos tiras flexibles guarnecidas de dientes que se traban o se destraban según el sentido en que se desliza una abrazadera.

crematorio, ria. adj. Relativo a la cremación. ‖ m. Lugar donde se incineran los cadáveres.

cremería. f. amer. Lugar donde se fabrica mantequilla, queso y otros productos lácteos.

crepitar. intr. Producir un ruido la madera y otras cosas al arder.

crepúsculo. m. Claridad que hay al anochecer y al atardecer. ‖ fig. Decadencia.

crespo, pa. adj. Ensortijado o rizado. ‖ fig. Irritado o alterado.

cresta. f. Carnosidad roja sobre la cabeza de algunas aves. ‖ Moño de plumas de ciertas aves. ‖ fig. Cumbre de una montaña. ‖ Cima de una ola.

cretinismo. m. Retraso patológico en lo físico y en la inteligencia por el mal funcionamiento o ausencia del tiroides. ‖ fig. Estupidez, idiotez, falta de talento.

cretino, na. adj. y s. Que padece cretinismo. ‖ fig. Estúpido, necio.

cretona. f. Tela de algodón, blanca o estampada.

creyente. adj. y com. Que cree, particularmente en una religión.

cría. f. Acción y efecto de criar a los hombres y a los animales. ‖ Niño o animal mientras se está criando. ‖ Conjunto de hijos que tienen de un parto, o en un nido, los animales.

criadero, ra. m. Lugar donde se trasplantan los árboles. ‖ Lugar destinado para la cría de animales.

criadilla. f. Testículo en algunos animales de matadero.

criado, da. m. y f. Sirviente.

criandera. f. amer. Nodriza.

criar. tr. Crear. ‖ Producir, engendrar. Ú. t. c. prnl. ‖ Nutrir y alimentar. ‖ Instruir, educar y dirigir. ‖ Fundar una cosa.

criatura. f. Toda cosa criada. ‖ Niño de poco tiempo.

criba. f. Lámina agujereada y fija en un aro de madera, que sirve para cribar. ‖ Cualquier aparato mecánico que se emplea para cribar.

crimen. m. Delito grave. ‖ Asesinato. ‖ fig. Acción o cosa que perjudica a alguien o algo.

criminal. adj. Perteneciente al crimen. ‖ Que ha cometido un crimen. Ú. t. c. com.

crin. f. Conjunto de cerdas que tienen algunos animales en la parte superior del cuello. Ú. m. en pl.

crío, a. m. y f. Niño o niña que se está criando.

criollo, lla. adj. Descendiente de padres europeos nacidos en América. Ú. t. c. s. ‖ Se dice de la persona nacida en un país hispanoamericano. Ú. t. c. s.

cripta. f. Piso subterráneo en una iglesia. ‖ Lugar subterráneo utilizado para enterrar a los muertos.

crisis. f. Cambio considerable en la evolución de una enfermedad. ‖ Cambio importante en el desarrollo de otros procesos. ‖ Situación de un asunto cuando está en un momento decisivo o grave. ‖ Problema, conflicto, situación delicada.

crisma. amb. Óleo consagrado que se usa para unciones sacramentales. ‖ f. fig. Cabeza.

crisol. m. Vaso que se emplea para fundir metales. ‖ Cavidad inferior de los hornos que sirve para recibir el metal fundido.

crispar. tr. y prnl. Causar contracción repentina y pasajera en un músculo. ‖ fig. Irritar, exasperar.

cristal. m. Vidrio incoloro y muy transparente. ‖ Cuerpo sólido de forma poliédrica.

cristalizar. intr. Tomar forma cristalina. Ú. t. c. prnl. || fig. Tomar forma clara y precisa las ideas, sentimientos o deseos. || tr. Hacer tomar la forma cristalina a ciertas sustancias.

cristianismo. m. Religión cristiana. || Conjunto de los fieles cristianos.

cristiano, na. adj. Perteneciente a la religión de Cristo. || Que profesa la fe de Cristo. Ú. t. c. s. || fig. Persona, ser viviente.

criterio. m. Norma para juzgar o para conocer la verdad. || Opinión.

crítica. f. Arte de juzgar y evaluar las cosas. || Juicio formado sobre una obra de literatura o arte. || Censura. || Conjunto de opiniones sobre cualquier asunto.

criticar. tr. Juzgar de las cosas, fundándose en los principios de un arte o ciencia. || Censurar.

crítico, ca. adj. Perteneciente a la crítica. || Decisivo, que ocasiona o supone un cambio importante. || m. y f. Persona que ejerce la crítica.

croar. intr. Cantar la rana.

cromático, ca. adj. Relativo a los colores. || Se apl. al sistema músico que procede por semitonos.

cromosoma. m. Cada uno de ciertos corpúsculos que existen en el núcleo de las células y en los que residen los factores hereditarios.

crónica. f. Historia en que se observa el orden de los tiempos. || Artículo periodístico sobre temas de actualidad.

crónico, ca. adj. Se apl. a las enfermedades de larga duración. || Que viene de tiempo atrás.

cronología. f. Ciencia que determina el orden y fechas de los sucesos históricos. || Serie de personas o sucesos históricos por orden de fechas. || Manera de computar los tiempos.

cronometrar. tr. Medir con el cronómetro.

cronómetro. m. Reloj de precisión.

croqueta. f. Fritura de carne, pescado, etc., con leche, huevo y harina.

croquis. m. Esquema o plano poco detallado de un terreno o lugar. || Diseño o dibujo ligero.

crótalo. m. Instrumento músico semejante a la castañuela. || Serpiente venenosa de América, llamada también *serpiente de cascabel.*

cruce. m. Acción de cruzar o poner dos cosas en forma de cruz. || Punto donde se cortan mutuamente dos líneas. || Paso destinado a los peatones. || Acción de cruzar los animales para mejorar la raza. || Interferencia telefónica o de emisiones radiadas.

crucero. m. El que lleva la cruz en las procesiones. || Cruce de calles. || Cruz de piedra que se coloca en el cruce de caminos y en los atrios. || Buque de guerra de gran velocidad. || Viaje por mar recorriendo un itinerario turístico. || Barco dedicado a estos viajes.

crucial. adj. Decisivo, fundamental, crítico.

crucificar. tr. Fijar o clavar en una cruz a una persona. || fig. y fam. Sacrificar, perjudicar.

crucifijo. m. Efigie o imagen de Cristo crucificado.

crucifixión. f. Acción y efecto de crucificar.

crucigrama. m. Entretenimiento que consiste en rellenar un casillero con palabras que se entrecruzan. || Este mismo casillero.

crudo, da. adj. Se dice de los comestibles que no están bien cocidos o maduros. || fig. Se apl. al tiempo muy frío. || Se dice del petróleo que está sin refinar. Ú. t. c. m. || De color semejante al de la arena; amarillento. || Duro, cruel.

cruel. adj. Que se deleita en hacer mal. || Que se complace en los padecimientos ajenos. || fig. Insufrible. || fig. Sangriento, duro, violento.

cruento, ta. adj. Sangriento.

crujir. intr. Hacer cierto ruido algunos cuerpos cuando se frotan o rozan unos con otros o se rompen.

cruz. f. Figura formada de dos líneas que se atraviesan o cortan perpendicularmente. ‖ Insignia y señal de cristiano. ‖ Distintivo de muchas órdenes religiosas, militares y civiles. ‖ Reverso de las monedas. ‖ fig. Peso, carga o trabajo.

cruzar. tr. Atravesar una cosa sobre otra en forma de cruz. ‖ Atravesar un camino, campo, calle, etc. ‖ Dar machos de distinta procedencia a las hembras de los animales de la misma especie. ‖ Pasar por un punto o camino dos personas o cosas en dirección opuesta. ‖ prnl. Pasar por un mismo punto dos personas o cosas en dirección opuesta.

cu. f. Nombre de la letra q.

cuadernillo. m. Conjunto de cinco pliegos de papel.

cuaderno. m. Conjunto o agregado de algunos pliegos de papel, doblados y cosidos en forma de libro.

cuadra. f. Lugar donde se guardan los animales. ‖ Conjunto de caballos, generalmente de carreras. ‖ amer. Manzana de casas.

cuadrado, da. adj. Se apl. a la figura plana cerrada por cuatro líneas rectas iguales que forman otros tantos ángulos rectos. Ú. t. c. m. ‖ Por ext., se dice del cuerpo prismático de sección cuadrada. ‖ fig. Se dice de la persona muy gruesa y corpulenta. ‖ m. Segunda potencia de un número.

cuadrangular. adj. Que tiene o forma cuatro ángulos.

cuadrar. tr. Dar a una cosa figura de cuadro o cuadrado. ‖ Hacer que coincidan los totales de una cuenta, balance, etc. ‖ intr. Conformarse o ajustarse una cosa con otra. ‖ prnl. Pararse una persona con los pies formando una escuadra. ‖ fig. Mantenerse firme en una actitud.

cuadrícula. f. Conjunto de los cuadrados que resultan de cortarse perpendicularmente dos series de rectas paralelas.

cuadriga. f. Tiro de cuatro caballos enganchados de frente. ‖ Carro tirado por cuatro caballos de frente.

cuadrilátero, ra. adj. Que tiene cuatro lados. ‖ m. Polígono de cuatro lados. ‖ En boxeo, plataforma cuadrada donde tienen lugar los combates.

cuadrilla. f. Reunión de personas que realizan juntas una misma obra.

cuadro, dra. adj. y s. Cuadrado de superficie plana cerrada de cuatro rectas iguales que forman cuatro ángulos rectos. ‖ m. Rectángulo, paralelogramo. ‖ Lienzo, lámina, etc. de pintura. ‖ Marco, cerco que guarnece algunas cosas. ‖ Grupo de personas que durante algunos momentos de los espectáculos teatrales permanecen a vista del público.

cuadrúpedo. adj. y s. Se apl. al animal de cuatro pies.

cuádruple. adj. Que contiene un número cuatro veces exactamente. ‖ Se dice de la serie de cuatro cosas iguales o semejantes.

cuajada. f. Leche cuajada similar al requesón o el yogur.

cuajar. intr. Solidificar un líquido. Ú. t. c. prnl. ‖ Crear la nieve una capa sobre el suelo u otra superficie. ‖ fig. y fam. Lograrse, tener efecto una cosa. U. t. c. prnl.

cual. pron. relat. Es palabra átona y no tiene otra variación que la de número. ‖ Forma con el artículo el pron. relat. compuesto. ‖ pron. interrog. y pron. exclam. Con acento, equivale a qué, quién. ‖ pron. indef. Con acento, establece una correlación entre personas o cosas.

cualesquiera. pron. indet. pl. de cualquiera.

cualidad. f. Cada una de las circunstancias o caracteres, naturales o adquiridos, que distinguen a las personas o cosas. ‖ Manera de ser de una persona o cosa.

cualificar. tr. Atribuir o apreciar cualidades.

cualitativo, va. adj. Que denota cualidad.

cualquier. pron. indet. apóc. de cualquiera.

cualquiera. adj. indet. Una persona indeterminada, alguno. Ú. t. c. adj. ‖ Vulgar, poco importante. U. t. c. s.

cuan. adv. c. excl. que se emplea para encarecer el grado o la intensidad. ‖ adv. correlativo de tan, empleado en comparaciones de equivalencia o igualdad.

cuando. conj. Puesto que, si, ya que. || adv. t. Equivale al momento en que se hace algo. || adv. interrog. Con acento, equivale a *en qué momento*.

cuantificar. tr. Expresar numéricamente una magnitud.

cuantitativo, va. adj. Perteneciente o relativo a la cantidad.

cuanto, ta. pron. relat. c. m. pl. Todas las personas que. || pron. relat. c. m. y f. pl. Todos los que, todas las que. || pron. relat. c. m. y f. pl. Todos los... que, todas las... que. Se agrupa con un nombre. Ú menos en sing. || pron. relat. c. n. Todo lo que.

cuarenta. adj. Cuatro veces diez. || m. Conjunto de signos con que se representa el número cuarenta.

cuarentena. f. Conjunto de 40 unidades. || Espacio de tiempo que están privados de comunicación los que vienen de lugares infectados o sospechosos de algún mal contagioso.

cuaresma. f. Tiempo de cuarenta y seis días que, desde el miércoles de ceniza inclusive, precede a la festividad de la Resurrección.

cuartear. tr. Dividir en trozos o partes. || prnl. Hendirse, rajarse, agrietarse alguna cosa.

cuartel. m. Cada uno de los sitios en que se reparte y acuartela el ejército. || Edificio destinado para alojamiento de la tropa. || Buen trato que los vencedores ofrecen a los vencidos.

cuarterón, na. adj. y s. Nacido en América de mestizo y española, o de español y mestiza. || m. Cuarta parte de una libra.

cuartilla. f. Hoja de papel para escribir cuyo tamaño es el de la cuarta parte de un pliego.

cuarto, ta. adj. Que sigue inmediatamente en orden al o a lo tercero. || Se dice de cada una de las cuatro partes iguales en que se divide un todo. Ú. t. c. m. || f. Palmo. || m. Habitación, aposento. || pl. Dinero.

cuate. adj. amer. Gemelo, mellizo. Ú t. c. s. || amer. Igual o semejante. || amer. Amigo íntimo. Ú t. c. s.

cuatrero, ra. adj. y s. Se dice del ladrón de ganado.

cuatro. adj. Tres y uno. || Con ciertas voces se usa con valor indeterminado para indicar escasa cantidad. || Cuarto, que sigue al tercero.

cuatrocientos, tas. adj. Cuatro veces ciento. || m. Conjunto de signos con que se representa el número cuatrocientos.

cuba. f. Recipiente de madera, que sirve para contener líquidos. || fig. Líquido que cabe en una cuba. || fig. y fam. Persona que tiene gran vientre.

cuba-libre o **cubalibre.** m. Bebida que se compone de ron, ginebra, coñac, etc., y un refresco de cola.

cubano, na. adj. y s. De Cuba.

cubata. m. fam. Cubalibre.

cubertería. f. Conjunto de cucharas, tenedores, y utensilios semejantes para el servicio de mesa.

cubeta. f. dim. de *cuba*. || Recipiente muy usado en operaciones químicas, y especialmente en las fotográficas.

cúbico, ca. adj. Perteneciente al cubo, sólido regular. || De figura de cubo geométrico o parecido a él.

cubículo. m. Aposento, alcoba.

cubierta. f. Lo que se pone encima de una cosa para taparla o resguardarla. || Forro de papel del libro en rústica. || Banda que protege exteriormente la cámara de los neumáticos. || fig. Pretexto, simulación. || Cada uno de los pisos de un navío, especialmente el superior.

cubierto. m. Servicio de mesa que se pone a cada uno de los que han de comer. || Juego compuesto de cuchara, tenedor y cuchillo. || Conjunto de viandas que se ponen a un mismo tiempo en la mesa. || Comida que en los restaurantes se da por un precio fijo.

cubil. m. Guarida de las fieras.

cubilete. m. Recipiente parecido a un vaso.

cúbito. m. El hueso más grueso y largo del antebrazo.

cubo. m. Recipiente de figura de cono truncado, con asa en la circunferencia mayor. || Pieza central en que se encajan los rayos de la rueda de los carruajes. ‖ Tercera potencia de un monomio, polinomio o número. ‖ Sólido regular limitado por seis cuadradas iguales.

cubrir. tr. Ocultar y tapar una cosa con otra. U. t. c. prnl. ‖ Juntarse el macho con la hembra para fecundarla. ‖ Poner el techo a un edificio. ‖ Proteger. ‖ Completar. ‖ Seguir de cerca un periodista las incidencias de un acontecimiento. ‖ prnl. Ponerse el sombrero, la gorra, etc. ‖ fig. Hacerse digno de una estimación positiva o negativa.

cucaña. f. Palo largo, untado de jabón o de grasa, por el cual se ha de trepar o andar para coger como premio un objeto atado a su extremidad.

cuchara. f. Instrumento que se compone de una palita cóncava y un mango, y que sirve para llevar a la boca las cosas líquidas, blandas o menudas. ‖ amer. Herramienta de los albañiles para alisar el yeso o la argamasa.

cuchi. m. amer. Cerdo.

cuchichear. intr. Hablar en voz baja o al oído a uno.

cuchilla. f. Instrumento compuesto de una hoja muy ancha de hierro acerado, de un solo corte, con su mango para manejarlo. ‖ Hoja de cualquier arma blanca de corte. ‖ Hoja de afeitar. ‖ Pieza del arado que sirve para cortar verticalmente la tierra.

cuchillo. m. Instrumento formado por una hoja de acero y de un corte solo, con mango.

cuchitril. m. fig. y fam. Habitación estrecha y desaseada.

cuclillas (en). loc. adv. con que se explica la postura o acción de doblar el cuerpo de suerte que las asentaderas se acerquen al suelo o descansen en los calcañares.

cuco, ca. adj. fig. y fam. Bonito, mono. ‖ fig. y fam. Taimado y astuto. U. t. c. s. ‖ m. Oruga o larva de cierta mariposa nocturna. ‖ Cuclillo, ave.

cucurucho. m. Papel, cartón o barquillo arrollado en forma cónica.

cueca. f. amer. En Bolivia, Chile, Perú y otros países suramericanos, baile de pareja suelta, en el que se representa el asedio amoroso de una mujer por un hombre. ‖ amer. Música que acompaña este baile.

cuello. m. Parte del cuerpo más estrecha que la cabeza, que une a ésta con el tronco. ‖ Parte superior y más angosta de una vasija. ‖ Tira de una tela unida a la parte superior de los vestidos que rodea el cuello.

cuenca. f. Cavidad en que está cada uno de los ojos. ‖ Territorio cuyas aguas afluyen todas a un mismo río, lago o mar.

cuenco. m. Vaso de barro, hondo y ancho, y sin borde o labio.

cuenta. f. Acción y efecto de contar. ‖ Cálculo u operación aritmética. ‖ Registro de cantidades que se han de pagar o cobrar. ‖ Cada una de las bolitas que componen un rosario, collar, etc. ‖ Cuidado, obligación. ‖ Consideración, atención. ‖ Explicación, justificación.

cuentagotas. m. Utensilio para verter un líquido gota a gota.

cuentakilómetros. m. Aparato que registra los kilómetros recorridos por un vehículo.

cuento. m. Relato de un suceso. ‖ Mentira, pretexto, simulación. ‖ Enredo, chisme. ‖ Breve narración de sucesos ficticios y de carácter sencillo, hecha con fines morales o recreativos.

cuerazo. m. amer. Latigazo.

cuerda. f. Conjunto de hilos torcidos que forman un solo cuerpo más o menos grueso, largo y flexible. ‖ Hilo especial que se emplea en muchos instrumentos músicos para producir los sonidos por su vibración. ‖ Línea recta tirada de un punto a otro de un arco o porción de curva. ‖ Resorte o muelle que pone en funcionamiento diversos mecanismos, como un reloj, un juguete, etc.

cuerdo, da. adj. y s. Que está en su juicio. ‖ Prudente, sensato.

cuerear. tr. amer. Dar una paliza, azotar. ‖ amer. Ocuparse de las tareas de desollar una res para sacarle la piel.

cuerno. m. Prolongación ósea que tienen algunos animales en la frente. ‖ Antena de los animales articulados. ‖ Instrumento músico de viento. ‖ fig. Término con que se alude a la infidelidad de uno de los miembros de una pareja. Ú. m. en pl.

cuero. m. Pellejo que cubre la carne de los animales. ‖ Esta misma piel ya curtida. ‖ Odre que sirve para contener líquidos. ‖ amer. Prostituta. ‖ amer. Látigo.

cuerpo. m. Lo que tiene extensión limitada y produce impresión en nuestros sentidos por calidades que le son propias. ‖ En el hombre y en los animales, conjunto de las partes materiales que componen su organismo. ‖ Conjunto de personas que desempeñan una misma profesión. ‖ Objeto material en que pueden apreciarse la longitud, la latitud y la profundidad. ‖ Parte central o principal de una cosa. ‖ Cadáver. ‖ Tamaño de los caracteres de imprenta.

cuervo. m. Pájaro carnívoro, algo mayor que la paloma y de plumaje negro.

cuesta. f. Terreno en pendiente.

cuestación. f. Petición o demanda de limosnas.

cuestión. f. Pregunta que se hace o propone para averiguar la verdad de una cosa, controvirtiéndola. ‖ Gresca, riña. ‖ Punto o materia dudosos o discutibles. ‖ Asunto o materia en general.

cuestionar. tr. Controvertir un punto dudoso, proponiendo las razones, pruebas y fundamentos de una y otra parte.

cuestionario. m. Lista de cuestiones o preguntas. ‖ Programa de temas de una oposición, una clase, etc.

cueva. f. Cavidad subterránea. ‖ Sótano.

cuévano. m. Cesto grande y hondo.

cuidado. m. Solicitud y atención para hacer bien algo. ‖ Recelo, temor.

cuidar. tr. Poner diligencia en la ejecución de algo. ‖ Asistir a alguien que lo necesita. ‖ Guardar, proteger, conservar. ‖ prnl. Mirar uno por su salud, darse buena vida.

cuita. f. Trabajo, desventura.

culata. f. Parte posterior de la caja de la escopeta, pistola o fusil. ‖ Parte posterior del tubo de cualquier arma grande o pieza de artillería. ‖ Pieza metálica que se ajusta al bloque de los motores de explosión y cierra el cuerpo de los cilindros.

culebra. f. Nombre vulgar de los ofidios de tamaño no excesivamente grande y no venenosos.

culinario, ria. adj. Relativo a la cocina.

culminar. intr. Llegar algo al grado más elevado, significativo o extremado que pueda tener. ‖ tr. Dar fin o cima a una tarea.

culo. m. Nalgas de las personas y ancas de los animales. ‖ Ano. ‖ fig. Extremo inferior o posterior de algo.

culpa. f. Falta más o menos grave cometida a sabiendas y voluntariamente. ‖ Responsabilidad que recae sobre alguien por haber cometido un acto incorrecto.

culpable. adj. Se dice de aquel a quien se puede echar o se echa la culpa de una falta, un delito, etc. Ú. t. c. com. ‖ Se dice de la persona o cosa que es causante de algo malo.

cultismo. m. Palabra procedente del latín y que no ha sufrido alteraciones fonéticas. ‖ Culteranismo.

cultivar. tr. Dar a la tierra y las plantas las labores necesarias para que fructifiquen. ‖ fig. Hablando del conocimiento, del trato o de la amistad, poner todos los medios necesarios para mantenerlos y estrecharlos. ‖ fig. Desarrollar, ejercitar el talento, la memoria, el ingenio, etc. ‖ fig. Practicar o dedicarse a un arte, ciencia o lengua.

culto, ta. adj. Cultivado. ‖ fig. Dotado de cultura o formación. ‖ m. Homenaje que se tributa a Dios, a la Virgen y a los santos.

cultura. f. Cultivo. ‖ fig. Resultado o efecto de cultivar los conocimientos humanos. ‖ Conjunto de modos de vida y costumbres de una época o grupo social.

culturismo. m. Práctica sistemática de ejercicios gimnásticos para el desarrollo de los músculos.

cumbia. f. amer. Danza popular colombiana y panameña de ritmo vivo que se baila por parejas.

cumbre. f. Cima o parte superior de un monte. ‖ fig. La mayor elevación de algo o último grado a que puede llegar. ‖ Reunión del más alto nivel.

cumpleaños. m. Aniversario del nacimiento de una persona.

cumplimentar. tr. Recibir o hacer visita de cumplimiento. ‖ Poner en ejecución una orden, trámite, etc.

cumplir. tr. Ejecutar, llevar a efecto. ‖ Dicho de la edad, llegar a tener aquella que se indica o un número cabal de años o meses. ‖ intr. Quedar bien. ‖ Acabar el plazo señalado para algo. Ú. t. c. prnl.

cúmulo. m. Montón de muchas cosas puestas unas sobre otras. ‖ fig. Multitud de cosas aunque no sean materiales. ‖ Conjunto de nubes propias del verano, que tiene apariencia de montañas nevadas.

cuna. f. Camita para niños, con unas barandillas laterales. ‖ fig. Patria o lugar de nacimiento de alguien. ‖ fig. Estirpe, linaje. ‖ fig. Origen de algo.

cundir. intr. Extenderse hacia todas partes algo. ‖ Dar mucho de sí una cosa. ‖ fig. Hablando de cosas inmateriales, extenderse, propagarse. ‖ fig. Hablando de trabajos, adelantar, progresar.

cuneta. f. Zanja en cada uno de los lados de un camino.

cuña. f. Pieza de madera o metal terminada en ángulo diedro muy agudo. ‖ Recipiente para recoger la orina y los excrementos del enfermo que no puede abandonar el lecho.

cuñado, da. m. y f. Hermano o hermana del marido respecto de la mujer, y hermano o hermana de la mujer respecto del marido.

cuño. m. Molde para grabar piezas de metal. ‖ Este mismo grabado.

cuota. f. Cantidad fija con que se contribuye a los fines y sostenimiento de un club, sociedad deportiva, etc.

cupido. m. Dios del amor. ‖ fig. Hombre enamoradizo y galanteador.

cupo. m. Parte asignada o repartida a una persona o colectividad d. ‖ Número de reclutas asignado para hacer el servicio militar cada año.

cupón. m. Parte que se corta de un anuncio, invitación, bono, etc.

cúpula. f. Bóveda en forma de una media esfera u otra aproximada, con que se cubre un edificio o parte de él. ‖ fig. Grupo dirigente de un organismo, institución, entidad, etc.

cura. m. Sacerdote encargado de una parroquia. ‖ f. Acción y efecto de curar o sanar.

curandero, ra. m. y f. Persona que se dedica al arte de curar sin título oficial de médico.

curar. intr. y prnl. Sanar, recobrar la salud. ‖ tr. Aplicar al enfermo los remedios correspondientes a su enfermedad. Ú. t. c. prnl. ‖ Hablando de carnes, pescados, embutidos, etc., prepararlos por medio de la sal, el humo, el frío seco, etc.

curare. m. Sustancia negra, resinosa y amarga, muy venenosa, con la que los indígenas de América del Sur impregnan sus flechas para paralizar a sus presas.

curcuncho. m. amer. Jorobado o joroba.

curia. f. Tribunal donde se tratan los negocios contenciosos. ‖ Servicios u oficina administrativa eclesiástica o religiosa.

curioso, sa. adj. Que tiene curiosidad. Ú. t. c. s. ‖ Que excita curiosidad. ‖ Limpio y aseado. ‖ Que trata una cosa con particular cuidado. ‖ m. amer. Curandero.

currículo. m. Plan de estudios. ‖ Conjunto de estudios y prácticas destinadas a que el alumno desarrolle plenamente sus posibilidades. ‖ Currículum vitae.

curriculum vitae. m. Conjunto de datos biográficos, académicos y laborales de una persona, que se utiliza sobre todo cuando se aspira a un puesto de trabajo.

cursar. tr. Estudiar una materia en un centro educativo. ‖ Dar curso a una solicitud, instancia, etc.

cursi. adj. y com. Persona que presume de fina y elegante sin serlo. Ú. t. c.

s. || fam. Se dice de lo que, con apariencia de elegancia o riqueza, es ridículo y de mal gusto.

cursivo, va. adj. y s. Se dice de carácter y de la letra de imprenta inclinada a la derecha.

curso. m. Dirección o evolución de algo. || Camino, recorrido que sigue algo. || En las universidades y escuelas públicas, tiempo señalado en cada año para asistir a oír las lecciones.

cursor. m. Pieza que se desliza a lo largo de otra. || Marca luminosa parpadeante o fija que, en algunos aparatos como el ordenador, indica la posición en al que aparecerá el siguiente carácter que se introduzca.

curtir. tr. Adobar, aderezar las pieles. || fig. Tostar el sol o el aire el cutis. Ú. m. c. prnl. || fig. Acostumbrar a uno a la vida dura, endurecer. Ú. t. c. prnl.

curva. f. Línea que tiene sus puntos en distinta dirección sin formar ángulos. || Representación gráfica de las fases sucesivas de un fenómeno. || Tramo curvo de una carretera, camino, línea férrea, etc.

curvar. tr. y prnl. Encorvar, doblar, torcer.

curvatura. f. Calidad de curvo.

cúspide. f. Cumbre de los montes. || Remate superior. || Vértice de la pirámide o del cono. || fig. Momento o situación culminante de algo o alguien.

custodia. f. Protección, vigilancia. || Escolta de un preso. || Pieza en que se expone la Eucaristía.

cutáneo, a. adj. Perteneciente al cutis o a la piel.

cutícula. f. Película de piel delgada y delicada, sobre todo la que está pegada a la base de las uñas. || Epidermis.

cutis. m. Piel del cuerpo humano, principalmente del rostro.

cuto, ta. adj. amer. Se dice del animal de rabo muy corto o que carece de él. || amer. Aplicado a un ser humano, manco. Ú. t. c. s. || amer. Se dice del vestido muy corto.

cutre. adj. y com. fam. Pobre, de mala calidad.

cuy. m. amer. Cobaya.

cuyo, ya. pron. relat. y pos. De quien, del, cual, de lo cual. Concierta en género y número, no con el nombre del poseedor o antecedente, sino con el de la persona o cosa poseída.

cuzcuz. m. Cuscús.

D

d. f. Cuarta letra del abecedario español y tercera de sus consonantes. Su nombre es *de*. || Letra numeral romana que tiene el valor de quinientos.

dactilar. adj. Digital.

dádiva. f. Donativo, regalo, cosa que se da sin esperar nada a cambio.

dado. m. Cubito en cuyas caras hay señalados puntos de uno a seis, y que sirve para varios juegos de azar.

daga. f. Arma blanca antigua, de hoja corta.

dama. f. Mujer distinguida. || La que acompañaba y servía a la reina, a la princesa o a las infantas. || Actriz principal. || Reina en el juego del ajedrez. || pl. Juego que se ejecuta en un tablero con piezas redondas.

damnificado, da. adj. Persona que, junto a otras, ha sufrido grave daño, normalmente colectivo.

dandi. m. Hombre elegante y atildado.

danés, sa. adj. y s. De Dinamarca.

danzar. tr. Bailar. ‖ intr. Moverse con rapidez, agitación.

daño. m. Perjuicio que se hace a algo o alguien. ‖ Dolor, mal físico.

dar. tr. Donar. ‖ Entregar. ‖ Producir. ‖ Otorgar, conceder. ‖ Con voces que expresan un efecto, ejecutar la acción significada por ellas; a veces ú. t. c. intr. ‖ fam. Golpear, zurrar. ‖ Comunicar, informar. ‖ Causar. ‖ Sonar las campanas de un reloj. ‖ Realizar. Ú. t. c. prnl. ‖ intr. Importar, valer. ‖ prnl. Entregarse, dedicarse. ‖ Tener especial habilidad para hacer algo.

dardo. m. Lanza pequeña arrojadiza. ‖ fig. Dicho satírico y molesto.

dársena. f. Parte resguardada de un puerto para carga y descarga.

datar. tr. Fechar. ‖ Determinar la fecha. ‖ intr. Haber empezado algo en el tiempo que se determina.

dátil. m. Fruto comestible de la palmera datilera.

dato. m. Antecedente necesario para el conocimiento de algo. ‖ Documento, testimonio, fundamento.

de. f. Nombre de la letra *d*.

de. prep. Denota posesión o pertenencia. ‖ Expresa origen o procedencia. ‖ Indica naturaleza o cualidad. ‖ Expresa el modo de hacer algo, la materia de que está hecho o lo contenido en ello. ‖ Indica el asunto de que se trata o el tiempo en que sucede o se ejecuta. ‖ Denota sentido partitivo.

deambular. intr. Caminar sin dirección determinada; pasear.

debajo. adv. l. En lugar inferior. ‖ fig. Con sumisión, sujeción o dependencia.

debate. m. Discusión, disputa. ‖ Contienda, combate.

deber. m. Obligación. ‖ Deuda. ‖ pl. Trabajos escolares para hacer en casa.

deber. tr. Estar obligado a algo. Ú. t. c. prnl. ‖ Tener por causa, ser consecuencia de. Ú. t. c. prnl. ‖ Con un sustantivo, estar obligado a dar lo que indica el sustantivo. ‖ intr. Con la partícula *de* seguida de infinitivo denota una probabilidad. ‖ prnl. Sentirse obligado. ‖ Ser la causa una cosa de otra.

débil. adj. Flojo, endeble. Ú. t. c. s. ‖ fig. Escaso, deficiente.

debut. m. Estreno de una obra. ‖ Presentación pública de un artista. ‖ Por ext., primera actuación de alguien en cualquier actividad.

década. f. Serie de diez. ‖ Período de diez años.

decaer. intr. Ir a menos. ‖ Debilitarse, perder fuerza, importancia o valor.

decano, na. m. y f. Miembro más antiguo de una comunidad. Ú. t. c. adj. ‖ Persona que con este título es nombrada para presidir una corporación o una facultad universitaria, aunque no sea el miembro más antiguo.

decapitar. tr. Cortar la cabeza.

decena. f. Conjunto de diez unidades.

decenio. m. Período de diez años.

decente. adj. Honesto, justo. ‖ Digno. ‖ Suficiente, regular. ‖ De buena calidad. ‖ Limpio, aseado.

decepción. f. Desengaño, desilusión.

decidir. tr. Dar una solución definitiva. ‖ Resolver, tomar una determinación. Ú. t. c. prnl.

décima. f. Combinación métrica de diez versos octosílabos. ‖ Décima parte de un grado de fiebre en el termómetro.

decimal. adj. De cada una de las diez partes iguales en que se divide una cantidad. ‖ Del sistema métrico de pesas y medidas, cuyas unidades son multiplos o divisores de diez. ‖ Del sistema de numeración cuya base es diez.

décimo, ma. adj. Que sigue inmediatamente en orden al noveno. ‖ De cada una de las diez partes iguales en que se divide un todo. Ú. t. c. s. ‖ m. Décima parte del billete de lotería.

decir. tr. Pronunciar. ‖ Declarar. ‖ Explicar. ‖ Asegurar, opinar. ‖ Nombrar. ‖ intr. Convenir, armonizar o no una cosa con otra.

decir. m. Dicho, palabra.

decisión. f. Resolución. ‖ Firmeza de carácter.

declamar. intr. Hablar en público. ‖ Hablar con vehemencia. ‖ Recitar con la entonación y los ademanes convenientes. Ú. t. c. tr.

declarar. tr. Exponer, manifestar, conocer. ‖ Manifestar a la Administración del Estado los ingresos y los bienes que se tienen y que están sometidos a impuesto. ‖ intr. Testificar, manifestar los testigos o el reo ante el juez bajo juramento lo que saben sobre los hechos que originaron la causa judicial. ‖ prnl. Revelar algo personal o un sentimiento.

declinar. intr. Caer. ‖ fig. Decaer, menguar. ‖ fig. Aproximarse a su fin. ‖ tr. fig. Rehusar, rechazar. ‖ Poner las palabras en sus casos gramaticales.

declive. m. Pendiente. ‖ Decadencia.

decolorar. tr. y prnl. Quitar color.

decorar. tr. Adornar, embellecer. ‖ Poner en una casa o habitación muebles, cuadros, lámparas, etc., para crear en ella un ambiente determinado.

decoro. m. Honra, recato. ‖ Seriedad.

decrecer. intr. Menguar, disminuir.

decrépito, ta. adj. De edad muy avanzada y con achaques. Ú. t. c. s. ‖ Se dice de las cosas que han llegado a su decadencia.

decretar. tr. Resolver, decidir. ‖ Decidir el juez acerca de las peticiones de las partes. ‖ Hacer y publicar decretos.

dedal. m. Utensilio pequeño, cónico y hueco, que se pone en la extremidad de un dedo para empujar la aguja sin herirse.

dedicar. tr. Consagrar al culto. ‖ Ofrecer algo como obsequio. ‖ Emplear, destinar, aplicar. Ú. t. c. prnl.

dedo. m. Cada una de las extremidades móviles en que terminan las manos y los pies del hombre y de muchos animales. ‖ Medida de longitud del ancho de un dedo.

deducir. tr. Sacar consecuencias. ‖ Rebajar, restar, descontar.

defecar. intr. Expulsar los excrementos.

defecto. m. Carencia, falta. ‖ Imperfección.

defender. tr. Amparar, proteger, luchar para ello. Ú. t. c. prnl. ‖ Mantener, sostener una ideología, causa, etc.,

contra la opinión ajena. ‖ Abogar por alguien. Ú. t. c. prnl. ‖ prnl. Responder suficientemente bien en una actividad o situación difícil.

deferencia. f. Condescendencia, consideración, adhesión al proceder ajeno por respeto. ‖ fig. Muestra de respeto o cortesía.

deficiencia. f. Defecto o imperfección.

déficit. m. En econ., cantidad que falta para que los ingresos se equilibren con los gastos. ‖ Falta o escasez de algo que se juzga necesario.

definir. tr. Fijar y explicar con claridad y precisión la significación de una palabra, la naturaleza de una cosa, los caracteres de un concepto. Ú. t. c. prnl. ‖ Resolver algo dudoso.

definitivo, va. adj. Decisivo, que resuelve y concluye.

deflación. f. Medida destinada a combatir la inflación que consiste en la disminución de los precios y de la circulación del papel moneda.

deforestar. tr. Despojar un terreno de plantas forestales.

deforme. adj. Desproporcionado o irregular en la forma. ‖ Que ha sufrido una deformación.

defraudar. tr. Estafar, cometer un fraude. ‖ Quitar a alguien algo que le pertenece con abuso de confianza. ‖ Eludir los impuestos. ‖ fig. Decepcionar, desencantar.

defunción. f. Muerte de una persona.

degenerar. intr. y prnl. No corresponder algo a su primitiva calidad. ‖ Decaer en un individuo o una especie animal o vegetal las virtudes y características de sus antepasados.

deglutir. tr. Engullir, ingerir, tragar los alimentos.

degollar. tr. Cortar la garganta o el cuello. ‖ fig. Matar el espada al toro con una estocada delantera.

degradar. tr. Deponer o rebajar de grado y dignidad. ‖ Humillar. Ú. t. c. prnl. ‖ Disminuir progresivamente la luz y el color de un cuadro para conseguir la perspectiva.

degustar. tr. Probar o paladear alimentos.

dehesa. f. Tierra acotada y dedicada a pastos.

dejar. tr. Soltar algo o apartarse de ello. ‖ Seguido de la prep. *de*, omitir. ‖ Consentir, permitir. Ú. t. c. prnl. ‖ Producir ganancia. ‖ Abandonar. ‖ Encargar. ‖ Faltar, ausentarse. ‖ Legar. ‖ No continuar lo empezado. Ú. t. c. intr. ‖ Prestar. ‖ prnl. Descuidarse de sí mismo. ‖ Entregarse a una ocupación. ‖ Abandonarse. ‖ Someterse. ‖ Olvidar algo en un sitio.

deje. m. Acento o modo de hablar peculiar de una comunidad o persona.

del. contr. de la prep. *de* y del art. *el*.

delantal. m. Prenda que, atada a la cintura, cubre la delantera de los vestidos. ‖ Mandil.

delante. adv. l. En la parte anterior. ‖ Enfrente. ‖ adv. m. A la vista, en presencia.

delatar. tr. Revelar voluntariamente a la autoridad un delito, designando al autor. ‖ Descubrir, poner de manifiesto algo.

delegar. tr. Dar una persona a otra facultad o poder para que le represente.

deleitar. tr. y prnl. Agradar, producir deleite.

deletrear. intr. Pronunciar separadamente cada letra o sílaba.

deleznable. adj. Desagradable. ‖ Que se rompe fácilmente.

delgado, da. adj. Flaco, de pocas carnes. ‖ Estrecho.

deliberado, da. adj. Voluntario, intencionado.

deliberar. intr. Meditar sobre el pro y el contra de una decisión antes de adoptarla. ‖ tr. Someter a discusión.

delicado, da. adj. Fino, atento. ‖ Débil, enfermizo. ‖ Liso, suave. ‖ Quebradizo. ‖ Difícil. ‖ Agudo, ingenioso. ‖ Suspicaz. ‖ Escrupuloso.

delicia. f. Placer muy intenso. ‖ Lo que lo produce.

delimitar. tr. Limitar, poner límites.

delinquir. intr. Cometer delito.

delirar. intr. Desvariar. ‖ fig. Disparatar. ‖ Padecer alucinaciones durante el sueño.

delito. m. Acción que quebranta la ley.

delta. f. Isla triangular entre los brazos de la desembocadura de un río.

demacrarse. tr. y prnl. Perder carnes, enflaquecer.

demagogia. f. Ideología o actuación política que trata de agradar al pueblo con promesas o realizaciones fáciles ocultándole o no afrontando problemas más importantes.

demanda. f. Petición. ‖ Pregunta. ‖ Pedido de mercancías. ‖ Petición a un tribunal del reconocimiento de un derecho, o de un litigante en juicio.

demarcar. tr. Limitar, señalar los límites.

demás. adj. y pron. indet. Precedido de los artículos *lo, la, los, las*, lo otro, la otra, los otros, las otras. ‖ El resto.

demasiado, da. adj. Excesivo. ‖ adv. c. Con exceso.

demencia. f. Locura.

democracia. f. Forma de gobierno en que el pueblo ejerce la soberanía mediante la elección de sus dirigentes. ‖ Comunidad gobernada de esta forma. ‖ Doctrina que la defiende.

demografía. f. Estudio estadístico de una colectividad humana.

demoler. tr. Destruir, derribar.

demonio. m. Diablo. ‖ Persona mala o traviesa.

demorar. tr. y prnl. Retardar. ‖ intr. y prnl. Detenerse en un lugar.

demostrar. tr. Probar mediante una demostración. ‖ fig. Dar pruebas. ‖ Manifestar algo indicio de otra cosa. ‖ Enseñar algo prácticamente.

demostrativo, va. adj. Que demuestra. ‖ En gramática, adjetivos y pronombres que señalan personas o cosas. Ú. t. c. s.

denegar. tr. No conceder lo que se pide.

dengue. m. Delicadeza afectada.

denigrar. tr. Desacreditar, desprestigiar. ‖ Agraviar, ultrajar.

denominar. tr. y prnl. Nombrar, dar un título particular.

denostar. tr. Insultar.

denotar. tr. Indicar, significar.

denso, sa. adj. Compacto, muy pesado en relación con su volumen. || Apiñado, apretado, unido. || fig. Se dice del escrito con demasiado contenido en relación con su extensión. || fig. Oscuro, confuso.

dentadura. f. Conjunto de dientes de una persona o un animal.

dentera. f. Sensación áspera en los dientes por comer o ver ciertas cosas u oír ruidos desagradables. || fig. y fam. Envidia.

dentífrico, ca. adj. y m. Sustancia para la limpieza de la dentadura.

dentista. adj. y com. Especialista dedicado al cuidado de la boca.

dentro. adv. l. y t. A o en el interior de un espacio.

denuedo. m. Brío, esfuerzo, valor, intrepidez.

denuesto. m. Injuria grave.

denunciar. tr. Informar, avisar. || Promulgar. || Declarar oficialmente el estado ilegal de algo. || Notificar la rescisión de un contrato, la terminación de un tratado. || fig. Delatar.

deparar. tr. Suministrar, proporcionar, conceder. || Poner delante.

departamento. m. Parte de un territorio, edificio, vehículo, etc. || Ministerio o ramo de la Administración pública. || amer. Apartamento. || En las universidades, unidad de docencia e investigación, formada por una o varias cátedras de materias afines. || En algunos países de América, división de un territorio sujeta a una autoridad administrativa.

departir. intr. Hablar, conversar.

depauperar. tr. Empobrecer. || Debilitar, extenuar. Ú. m. c. prnl.

depender. intr. Estar subordinado. || Necesitar de otro. || Producirse una cosa condicionada por otra.

dependiente, ta. m. y f. Persona empleada en un comercio.

depilar. tr. Arrancar o provocar la caída del pelo o vello.

deplorar. tr. Lamentar, sentir profundamente.

deponer. tr. Abandonar. || Destituir. || intr. Evacuar el vientre.

deportar. tr. Desterrar.

deporte. m. Juego, ejercicio físico. || Pasatiempo, diversión.

deposición. f. Acción y resultado de deponer. || Evacuación de vientre.

depositar. tr. Poner cosas de valor bajo custodia. || Colocar. || Encerrar. || prnl. Sedimentarse.

depravar. tr. y prnl. Corromper, pervertir.

depreciar. tr. Disminuir o rebajar el valor o precio de algo.

deprimir. tr. Disminuir el volumen de un cuerpo por la presión. || Hundir alguna parte de un cuerpo. || fig. Humillar. Ú. t. c. prnl. || Producir, sufrir, manifestar desaliento o pesimismo. Ú. t. c. prnl.

deprisa. adv. Con celeridad, presteza o prontitud.

depurar. tr. Limpiar, purificar. Ú. t. c. prnl. || Echar de un grupo político a los miembros considerados como disidentes.

derecho, cha. adj. Recto. || Que está a mano derecha. || Justo. || f. Lado derecho, mano derecha. || La parte moderada y conservadora de la colectividad política de un país. || m. Facultad de disponer o hacer legítimamente. || Justicia. || Conjunto de disposiciones de una comunidad. || Ciencia que las estudia. || Privilegio. || pl. Tributo que se paga por una mercancía o por otro uso consignado por la ley. || Honorarios de ciertas profesiones.

deriva. f. Desvío de un barco de su verdadero rumbo.

derivar. intr. Proceder de algo. Ú. t. c. prnl. || Desviarse del buque de su rumbo. Ú. t. c. prnl. || tr. Formar una palabra a partir de otra. || En mat., obtener una derivada.

dermatología. f. Parte de la medicina que se ocupa de la piel y de sus enfermedades.

dermis. f. Capa situada debajo de la epidermis.

derogar. tr. Abolir, anular una norma o ley.

derramar. tr. Verter, esparcir. Ú. t. c. prnl. ‖ Repartir, distribuir. ‖ prnl. Esparcirse, desmandarse.

derrapar. intr. Patinar un vehículo.

derredor. m. Circuito o contorno.

derrengar. tr. y prnl. Cansarse.

derretir. tr. Hacer líquido un sólido por el calor. Ú. t. c. prnl. ‖ prnl. Enamorarse o ponerse excesivamente cariñoso con alguien.

derribar. tr. Demoler. ‖ Arrojar a tierra. ‖ prnl. Dejarse caer.

derrocar. tr. Echar a alguien de un cargo con violencia.

derrochar. tr. Despilfarrar, dilapidar.

derrotar. tr. Vencer a un enemigo o rival.

derrotero. m. Rumbo señalado en la carta de navegación. ‖ fig. Camino, rumbo para llegar a un fin.

derruir. tr. Derribar, destruir un edificio.

derrumbar. tr. y prnl. Precipitar, despeñar. ‖ Destruir una construcción. ‖ fig. Hacer caer el ánimo de alguien.

desabrochar. tr. y prnl. Soltar los broches, corchetes, botones.

desacato. m. Falta de respeto. ‖ En derecho, ofensa a una autoridad.

desacertado, da. adj. Sin acierto.

desacreditar. tr. Disminuir o quitar el crédito o la estimación.

desactivar. tr. Inutilizar los dispositivos que harían estallar un artefacto explosivo. ‖ fig. Anular cualquier potencia activa, como la de procesos fisicoquímicos, planes económicos, etc.

desafiar. tr. Retar, provocar. ‖ Enfrentarse a algo o alguien.

desafinar. intr. y prnl. Destemplarse, desentonar un instrumento o la voz. ‖ intr. fig. Decir algo indiscreto, inoportuno.

desaforado, da. adj. Excesivo, desmedido.

desagradar. intr. y prnl. Disgustar, fastidiar.

desagüe. m. Conducto de salida de aguas.

desaguisado. m. Cosa mal hecha.

desahogar. tr. Aliviar a alguien en su trabajo. ‖ Consolar. Ú. t. c. prnl. ‖ prnl. Expansionarse, dar rienda suelta a un sentimiento o queja.

desahuciar. tr. Abandonar toda esperanza. ‖ Expulsar a un inquilino. ‖ Dar por incurable los médicos a un enfermo.

desaire. m. Desdén, desprecio.

desalentar. tr. y prnl. Desanimar.

desaliño. m. Abandono, falta de aseo y pulcritud.

desalmado, da. adj. Cruel, inhumano.

desalojar. tr. Hacer salir. ‖ intr. Abandonar un lugar voluntariamente.

desamortización. f. Acción jurídica que hace posible la venta de bienes pertenecientes a manos muertas o entidades que no los pueden vender (Iglesia, corona, nobleza, etc.)

desamparar. tr. Dejar sin amparo o protección.

desangrar. tr. fig. Empobrecer. ‖ prnl. Perder mucha sangre.

desanimar. tr. Desalentar. ‖ Disuadir. ‖ prnl. Perder la ilusión.

desapacible. adj. Desagradable.

desaparecer. intr. Ocultarse, esconderse. ‖ Ausentarse de un lugar.

desapercibido, da. adj. Desprevenido, inadvertido.

desaprensivo, va. adj. y s. Sin escrúpulos.

desarmador. m. amer. Destornillador.

desarmar. tr. Quitar las armas. ‖ Desmontar, separar las piezas de algo. Ú. t. c. prnl. ‖ Dejar a alguien sin respuesta en una discusión. ‖ Templar, calmar las iras de alguien.

desarraigar. tr. y prnl. Arrancar de raíz. ‖ Suprimir una pasión, una costumbre, un vicio, etc.

desarrollar. tr. fig. Crecer, ampliar. Ú. t. c. prnl. ‖ fig. Explicar. ‖ prnl. Suceder, ocurrir, acontecer de un modo, en un lugar, etc., determinados.

desarticular. tr. Separar dos huesos articulados. || Desorganizar una conspiración o una banda de malhechores.

desasistir. tr. Desamparar.

desasosiego. m. Inquietud.

desastre. m. Calamidad, catástrofe. || fig. Se apl. a cosas de mala calidad, mal resultado, mal aspecto, etc. || Persona con muy mala suerte, sin habilidad o llena de imperfecciones.

desatar. tr. y prnl. Soltar lo atado. || fig. Provocar una reacción brusca de algo. || prnl. Desencadenarse. || fig. Excederse en hablar. || fig. Proceder con una conducta o un lenguaje desordenado.

desatascar. tr. Sacar lo que está atascado. || Quitar lo que obstruye un conducto.

desatornillar. tr. Sacar un tornillo dándole vueltas.

desatino. m. Falta de tino. || Despropósito, error.

desatrancar. tr. Quitar la tranca o el mecanismo que cierra la puerta. || Desatascar.

desavenencia. f. Desacuerdo, discordia.

desayuno. m. Primera comida del día.

desazón. f. Desasosiego. || Picor.

desbancar. tr. Quitar el puesto, suplantar. || En ciertos juegos, ganar todo el dinero al banquero.

desbandada. f. Huida en desorden.

desbarajuste. m. Desorden.

desbaratar. tr. fig. Deshacer, impedir.

desbarrar. intr. fig. Disparatar, errar.

desbocar. tr. Quitar o romper la boca de una cosa. || prnl. Dejar de obedecer un caballo al freno y dispararse. || Darse sí, agrandarse excesivamente una abertura.

desbordar. tr. Sobrepasar, abrumar. || Derramarse, salir de un cauce. Ú. t. c. intr. y prnl. || prnl. Exaltarse.

descabalar. tr. y prnl. Dejar incompleto algo que normalmente se compone de varias cosas.

descabellado, da. adj. fig. Absurdo.

descafeinado. adj. Se dice del café al que se le ha quitado la cafeína. Ú. t. c.

m. || Se apl. a todo lo que ha perdido su fuerza original.

descalabrar. tr. Herir en la cabeza. || fig. Perjudicar.

descalabro. m. Contratiempo, infortunio.

descalificar. tr. y prnl. Excluir de una competición. || Desacreditar.

descalzar. tr. y prnl. Quitar el calzado.

descaminar. tr. y prnl. fig. Apartar de un buen propósito.

descampado. m. Terreno llano y descubierto.

descansar. intr. Cesar en el trabajo. || fig. Tener algún alivio. || Reposar, dormir. || Delegar, confiar algún trabajo a alguien. Ú. t. c. s. || Estar algo apoyado en otra cosa. Ú. t. c. tr.

descansillo. m. Rellano de una escalera.

descapotable. adj. y m. Se dice del coche de capota plegable.

descargar. tr. Quitar la carga. || Disparar armas de fuego. || Golpear con violencia. Ú. t. c. intr. || fig. Librar de un cargo u obligación. || intr. Deshacerse una nube en lluvia.

descarnar. tr. y prnl. Quitar al hueso la carne.

descaro. m. Desvergüenza, atrevimiento.

descarozar. tr. amer. Quitar el hueso o carozo a las frutas.

descarriar. tr. Apartar del camino. || fig. Apartar a alguien de lo que se considera justo o decente.

descarrilar. intr. Salir un vehículo del carril por el que circula.

descartar. tr. y prnl. Desechar.

descastado, da. adj. y s. Ingrato o poco cariñoso con los parientes o amigos.

descender. intr. Bajar. || Caer, fluir. || Proceder de un mismo principio o persona común.

descerrajar. tr. Forzar una cerradura. || fig. y fam. Disparar con un arma de fuego contra alguien.

descifrar. tr. Leer un escrito cifrado o en caracteres desconocidos mediante la clave adecuada. || Explicar o interpretar algo oscuro y de difícil comprensión.

descodificar o **decodificar.** tr. Aplicar inversamente a un mensaje codificado las reglas de su código para obtener la forma primitiva del mensaje.

descolgar. tr. Bajar lo colgado. || Levantar el auricular del teléfono. || En algunos deportes, dejar atrás un corredor a sus competidores. U. t. c. prnl. || prnl. Escurrirse por una cuerda. || Decir o hacer algo inoportunamente.

descollar. intr. Sobresalir.

descolorido, da. adj. De color pálido.

descomponer. tr. y prnl. Desordenar. || Separar las partes de un compuesto. || fig. Irritar, alterar. || prnl. Pudrirse. || Enfermar.

descomunal. adj. Extraordinario, enorme.

desconcertar. tr. y prnl. Desordenar. || Sorprender. || prnl. Perder la serenidad.

desconectar. tr. y prnl. Interrumpir una conexión eléctrica. || fig. Perder contacto, desunir.

desconfiar. intr. Recelar, sospechar.

descongelar. tr. y prnl. Hacer que algo pierda el estado de congelación. || Desbloquear una cuenta, un sueldo, etc., congelados.

desconocer. tr. Ignorar.

desconsuelo. m. Angustia y pena profundas por falta de consuelo.

descontar. tr. Rebajar una cantidad de una suma. || fig. Dar por cierto. || Abonar al contado una letra u otro documento no vencido quitando de su valor la cantidad correspondiente a los intereses por el dinero que se anticipa.

descontento, ta. adj. Disgustado. || m. Disgusto o desagrado.

descontrol. m. Falta de control sobre algo. || fam. Falta de orden o de disciplina.

desconvocar. tr. Cancelar una convocatoria.

descorazonar. tr. y prnl. fig. Desanimar, acobardar.

descorrer. tr. Plegar lo que estaba estirado, como unas cortinas, un lienzo, etc.

descoyuntar. tr. y prnl. Desencajar un hueso.

descrédito. m. Disminución o pérdida de la buena fama.

descreído, da. adj. y s. Incrédulo.

descremado, da. adj. Se dice de la leche y derivados a los que se ha quitado la grasa.

describir. tr. Dibujar un cuerpo al moverse una determinada figura imaginaria. || Explicar, reseñar con detalle cómo es algo o alguien.

descuartizar. tr. Despedazar.

descubrir. tr. Encontrar. || Manifestar. || Destapar. || Inventar. || prnl. Quitarse el sombrero.

descuento. m. Rebaja de un precio o disminución de una deuda.

descuerar. tr. amer. Desollar, despellejar. || amer. Murmurar de alguien, criticarlo.

descuidar. tr. y prnl. Abandonar, desatender. || prnl. No cuidar de sí mismo.

desde. prep. que indica principio en el tiempo y en el espacio.

desdecir. intr. fig. Desmentir. || prnl. Retractarse de lo dicho.

desdén. m. Menosprecio.

desdentado, da. adj. y s. Sin dientes.

desdibujar. tr. y prnl. Hacer confusa una imagen.

desdicha. f. Desgracia. || Miseria, necesidad.

desdoblar. tr. y prnl. Extender lo doblado. || Formar dos o más cosas separando los elementos que suelen estar juntos en otra.

desdoro. m. Deshonra.

desear. tr. Aspirar, querer con vehemencia. || Sentir apetito sexual por una persona.

desechar. tr. Excluir, arrojar. || Apartar de sí. || Rechazar.

desecho. m. Desperdicio, residuo.

desembarazar. tr. y prnl. Quitar un obstáculo. || prnl. Apartarlo de sí.

desembarcar. tr. Sacar de una embarcación. || intr. Salir de ella.

desembocar. intr. Desaguar una corriente de agua. || Tener una calle salida.

desembolsar. tr. fig. Pagar o entregar dinero.

desembuchar. tr. fig. y fam. Decir lo que se tenía callado.

desempeñar. tr. Recuperar lo empeñado. ‖ Llevar a cabo, realizar un trabajo o una función determinada.

desempleo. m. Paro forzoso.

desempolvar. tr. Quitar el polvo. ‖ fig. Usar, hacer de nuevo o recordar algo que llevaba mucho tiempo olvidado.

desencadenar. tr. Quitar las cadenas que atan algo o a alguien. ‖ fig. Originar o producir movimientos impetuosos de fuerzas naturales. Ú. t. c. prnl. ‖ fig. Originar, provocar sentimientos o actitudes generalmente apasionados o violentos. Ú. t. c. prnl.

desencajar. tr. y prnl. Sacar algo de su sitio. ‖ prnl. Desfigurarse el rostro.

desenfado. m. Forma de actuar desenvuelta y sin prejuicios.

desenfreno. m. fig. Libertinaje.

desengañar. tr. y prnl. Sacar del error o engaño. ‖ Quitar esperanzas o ilusiones o dejar de creer en algo.

desenlace. m. Solución o conclusión de un relato, obra dramática, etc.

desenlazar. tr. y prnl. Desatar los lazos, desasir.

desenmascarar. tr. Quitar la máscara. Ú. t. c. prnl. ‖ fig. Descubrir cómo es en realidad una persona o cosa.

desenredar. tr. Deshacer una cosa enredada.

desenrollar. tr. y prnl. Extender lo enrollado.

desenroscar. tr. y prnl. Extender lo que está enroscado. ‖ Sacar de su sitio lo que está introducido a rosca.

desentenderse. prnl. Ignorar algo o fingir que no se entiende. ‖ Dejar de ocuparse de algo, no intervenir en ello.

desenterrar. tr. Exhumar. ‖ fig. Recordar lo olvidado largo tiempo.

desentonar. tr. En mús., desafinar. ‖ fig. Quedar mal dentro de un conjunto.

desentrañar. tr. Adivinar, resolver un problema.

desenvainar. tr. Sacar de su vaina o funda la espada u otra arma blanca.

desenvolver. tr. Extender lo envuelto o empaquetado. Ú. t. c. prnl. ‖ prnl. fig. Desarrollarse algo. ‖ fig. Obrar con soltura.

deseo. m. Tendencia de la voluntad a conocer, conseguir algo. ‖ Cosa deseada.

desequilibrar. tr. y prnl. Hacer perder el equilibrio. ‖ Volver loco a alguien.

desertar. intr. Abandonar un militar su puesto. ‖ fig. Apartarse de una causa, idea, o dejar de frecuentar algo.

desesperar. tr. y prnl. Perder toda esperanza. Ú. t. c. intr. ‖ prnl. fam. Impacientarse.

desestimar. tr. Desdeñar, despreciar. ‖ Denegar una petición.

desfachatez. f. fam. Descaro, desvergüenza.

desfalcar. tr. Apropiarse uno de bienes o dinero que tenía bajo su custodia. ‖ Quitar parte de una cosa, y dejarla descabalada.

desfallecer. intr. Perder las fuerzas. ‖ Desmayarse. ‖ fig. Abatirse, perder el ánimo.

desfase. m. Falta de concordancia o sincronización, desajuste.

desfavorable. adj. Perjudicial. ‖ Adverso.

desfigurar. tr. y prnl. Deformar. ‖ Afear. ‖ Disfrazar, enmascarar.

desfiladero. m. Paso estrecho entre montañas.

desfilar. intr. Marchar en fila o formación. ‖ Pasar una tropa formada delante de una autoridad, monumento, bandera, etc. ‖ Pasear los modelos una colección de ropa por una pasarela.

desfogar. tr. y prnl. fig. Desahogar.

desgajar. tr. y prnl. Arrancar con violencia una rama del tronco. ‖ Despedazar.

desgalichado, da. adj. Desgarbado.

desgana. f. Inapetencia. ‖ fig. Disgusto, indiferencia, abulia.

desgañitarse. prnl. fam. Gritar con todas las fuerzas. ‖ Quedarse ronco.

desgarrar. tr. y prnl. Rasgar. ‖ fig. Destrozar.

desgastar. tr. y prnl. Gastar poco a poco algo por el roce o el uso. ‖ prnl. Perder fuerza, poder o vigor.

desglosar. tr. Separar algo de un todo, para estudiarlo por separado.

desgracia. f. Infortunio, percance. ‖ Acontecimiento funesto. ‖ Pérdida de la condición de valido o favorito.

desgraciar. tr. Dañar a una persona o cosa o impedir su desarrollo o perfeccionamiento. Ú. t. c. prnl.

desgravar. tr. Rebajar un impuesto.

desguañangar. tr. amer. Desvencijar. ‖ amer. Dañar, perjudicar. ‖ amer. Desanimarse.

desguazar. tr. Deshacer un barco para la chatarra, y p. ext., cualquier vehículo.

deshabitar. tr. Abandonar una vivienda. ‖ Despoblar.

deshacer. tr. Destruir, disolver. Ú. t. c. prnl. ‖ Derrotar. ‖ Derretir. Ú. t. c. prnl. ‖ Disolver algo en un líquido. Ú. t. c. prnl. ‖ fig. Anular un tratado. ‖ prnl. Trabajar con ahínco.

desharrapado, da. adj. y s. Andrajoso.

desheredar. tr. Excluir de una herencia.

deshidratar. tr. y prnl. Quitar a un cuerpo el agua que contiene.

deshielo. m. Acción de deshacerse la nieve y el hielo, y época en que sucede. ‖ fig. Distensión en las relaciones entre países, personas, etc.

deshojar. tr. y prnl. Quitar las hojas o los pétalos.

deshollinar. tr. Limpiar de hollín las chimeneas.

deshonor. m. Pérdida del respeto, la estimación. ‖ Descrédito.

deshonrar. tr. Quitar la honra Ú. t. c. prnl. ‖ Injuriar.

desidia. f. Negligencia.

desierto, ta. adj. Despoblado. ‖ Se dice de la subasta en que nadie participa o del concurso o certamen sin ganador. ‖ m. Gran extensión árida y despoblada.

designar. tr. Destinar para un fin. ‖ Denominar, nombrar.

designio. m. Proyecto, propósito.

desigual. adj. Diferente. ‖ Escabroso, accidentado. ‖ Cubierto de asperezas. ‖ fig. Arduo. ‖ fig. Variable, inconstante.

desilusión. f. Pérdida de la ilusión. ‖ Desengaño.

desinencia. f. Terminación variable de una palabra.

desinfectar. tr. y prnl. Destruir los gérmenes nocivos.

desinflar. tr. y prnl. Sacar el contenido de un cuerpo inflado. ‖ fig. Desanimar, desilusionar rápidamente.

desinsectar. tr. Limpiar de insectos.

desintegrar. tr. y prnl. Disgregar, separar los elementos de un todo.

desinterés. m. Falta de interés. ‖ Generosidad.

desistir. intr. Renunciar a una empresa, un intento o un derecho.

deslavazado, da. adj. Blando. ‖ fig. Sin trabazón ni unión.

desleír. tr. y prnl. Diluir, disolver algo en un líquido.

deslenguado, da. adj. fig. Mal hablado, desvergonzado.

desligar. tr. y prnl. Desatar, soltar las ligaduras. ‖ fig. Dispensar. ‖ prnl. Independizarse.

deslindar. tr. Señalar los límites. ‖ fig. Aclarar.

desliz. m. Descuido, tropiezo, resbalón. ‖ fig. Falta.

deslizar. tr. Pasar suavemente un cuerpo sobre otro. Ú. t. c. prnl. ‖ Decir como por descuido. ‖ intr. y prnl. Resbalar, escurrirse. ‖ fig. Decir o hacer algo sin reflexionar. ‖ prnl. fig. Escaparse, evadirse.

deslucir. tr. y prnl. Quitar la gracia, el atractivo. ‖ fig. Desacreditar.

deslumbrar. tr. y prnl. Cegar la vista por demasiada luz. ‖ fig. Asombrar, fascinar.

desmadre. m. Desbarajuste, caos, confusión. ‖ Jolgorio, juerga.

desmán. m. Exceso, abuso, atropello.

desmanchar. tr. amer. Quitar las manchas de una cosa. ‖ amer. Separarse de un grupo.

desmantelar. tr. Destruir las fortificaciones. ‖ fig. Quitar los muebles de un lugar. ‖ Desmontar los aparejos de un barco, un andamiaje o una estructura.

desmañado, da. adj. y s. Falto de destreza y habilidad.

desmarcarse. prnl. En algunos deportes, liberarse un jugador de la vigilancia de un contrario.

desmayar. intr. fig. Acobardarse, flaquear. ‖ prnl. Perder el conocimiento.

desmedido, da. adj. Enorme, excesivo, desproporcionado.

desmejorar. tr. y prnl. Hacer perder el lustre y perfección. ‖ intr. y prnl. Ir perdiendo la salud.

desmelenar. tr. y prnl. Despeinar. ‖ prnl. fig. Enardecerse, perder el control.

desmembrar. tr. Separar los miembros del cuerpo. ‖ fig. Separar, dividir. Ú. t. c. prnl.

desmemoriado, da. adj. y s. Que pierde la memoria fácilmente.

desmentir. tr. Decir a alguien que miente. ‖ Sostener o demostrar la falsedad de un dicho o hecho. ‖ Ser uno distinto a lo que se podía esperar de su nacimiento, educación y estado.

desmenuzar. tr. Triturar, dividir en partes muy pequeñas. Ú. t. c. prnl. ‖ fig. Examinar atentamente.

desmerecer. tr. No ser digno de algo. ‖ intr. Perder valor o mérito. ‖ Ser una cosa inferior a otra con la que se compara.

desmesurado, da. adj. y s. Desproporcionado, excesivo.

desmontar. tr. Cortar en un monte o en parte de él los árboles o matas. ‖ Rebajar un terreno. ‖ Desarmar, desunir, separar las piezas de una cosa. ‖ En algunas armas de fuego, poner el mecanismo de disparar en posición de que no funcione. ‖ Bajar a uno de una caballería. Ú. t. c. intr. y c. prnl.

desmoralizar. tr. y prnl. Corromper las costumbres con malos ejemplos o doctrinas perniciosas. ‖ Desanimar.

desmoronar. tr. y prnl. Deshacer poco a poco algo sólido formado por partícu-las unidas entre sí. ‖ fig. Destruir lentamente algo no material. ‖ prnl. fig. Sufrir una persona, física o moralmente, una grave depresión, los efectos de un disgusto, etc. ‖ Venir a menos, irse destruyendo los imperios, los caudales, el crédito.

desnatar. tr. Quitar la nata a la leche o a otros líquidos.

desnaturalizado, da. cm. adj. y s. Que falta a los deberes que la naturaleza impone a padres, hijos, hermanos, etc.

desnivel. m. Falta de nivel. ‖ Diferencia de alturas entre dos o más puntos.

desnucar. tr. y prnl. Sacar de su lugar los huesos de la nuca. ‖ Causar la muerte por un golpe en la nuca.

desnudar. tr. Quitar todo el vestido o parte de él. Ú. t. c. prnl. ‖ fig. Desenvainar un arma. ‖ fig. Desprenderse y apartarse de algo no material.

desnutrición. f. Depauperación del organismo por una nutrición insuficiente o inadecuada.

desobedecer. tr. No hacer uno lo que le ordenan las leyes o los superiores.

desocupar. tr. Desembarazar un lugar, dejarlo libre. ‖ Sacar lo que hay dentro de alguna cosa. ‖ prnl. Desembarazarse de un negocio u ocupación. ‖ amer. Parir, dar a luz.

desodorante. adj. y m. Se dice del producto que destruye los olores molestos y nocivos.

desolar. tr. Asolar, destruir, arrasar. ‖ prnl. fig. Afligirse, angustiarse en extremo.

desollar. tr. Quitar la piel del cuerpo de un animal. Ú. t. c. prnl. ‖ fig. Causar a uno grave daño en su persona, honra o hacienda. ‖ fig. Difamar, criticar a alguien cruelmente.

desorbitar. tr. Sacar un cuerpo de órbita. ‖ Exagerar, desquiciar.

desorden. m. Confusión y alteración del concierto propio de una cosa. ‖ Revuelta, disturbio público. ‖ Exceso, vicio. Ú. m. en pl.

desorientar. tr. y prnl. Hacer que una persona pierda el conocimiento de la posición que ocupa geográficamente. ‖ fig. Confundir, ofuscar, extraviar.

despachar. tr. Abreviar y concluir un negocio. ‖ Resolver y determinar las causas y negocios. ‖ Enviar. ‖ Vender los géneros o mercaderías. ‖ Despedir. ‖ fig. y fam. Matar, quitar la vida. ‖ prnl. Desembarazarse de una cosa. ‖ fam. Decir uno cuanto le viene en gana.

despacho. m. Acción y efecto de despachar. ‖ Aposento de una casa destinado para despachar los negocios o para el estudio. ‖ Comunicado oficial. ‖ Comunicación telefónica o telegráfica. ‖ Nombramiento oficial.

despacio. adv. m. Poco a poco, lentamente.

despampanante. adj. Que causa sensación o deja atónito.

despanzurrar. tr. y prnl. fam. Romper a uno la panza. ‖ Reventar.

desparramar. tr. Esparcir, extender por muchas partes lo que estaba junto. ‖ fig. Malbaratar, malgastar. ‖ prnl. Distraerse, divertirse desordenadamente.

despavorido, da. adj. Lleno de pavor.

despecho. m. Malquerencia nacida en el ánimo por desengaños sufridos. ‖ Desesperación.

despectivo, va. adj. Despreciativo. ‖ Se dice de la palabra que añade idea de burla, repugnancia, menosprecio u hostilidad a la significación de la voz de que procede.

despedazar. tr. Hacer pedazos un cuerpo. Ú. t. c. prnl. ‖ fig. Maltratar, destruir.

despedir. tr. Soltar, arrojar una cosa. ‖ Alejar de sí a uno, prescindiendo de sus servicios. ‖ Acompañar al que se va. ‖ fig. Difundir o esparcir. ‖ prnl. Separarse una persona de otra con alguna expresión de cortesía.

despegar. tr. Desasir y desprender una cosa de otra. ‖ intr. Iniciar el vuelo un avión. ‖ prnl. fig. Perder el afecto hacia una persona o cosa.

despeinar. tr. y prnl. Deshacer el peinado.

despejar. tr. Desembarazar, desocupar. ‖ fig. Aclarar, poner en claro. ‖ Separar por medio del cálculo una incógnita en una ecuación. ‖ En algunos

deportes, alejar la pelota de la meta propia. ‖ prnl. Aclararse, serenarse el día, el tiempo, etc. ‖ Recobrar alguien la claridad mental después de haber dormido, bebido alcohol, etc.

despellejar. tr. y prnl. Quitar el pellejo, desollar. ‖ fig. Criticar cruel y duramente a alguien.

despenalizar. tr. Eliminar el carácter penal de lo que constituía delito.

despensa. f. Lugar donde se guardan las cosas comestibles.

despeñar. tr. y prnl. Precipitar a una persona o cosa desde un lugar alto.

desperdiciar. tr. Malbaratar, gastar o emplear mal una cosa. ‖ No aprovechar debidamente una cosa.

desperdigar. tr. y prnl. Separar, desunir, esparcir. ‖ fig. Dispersar la atención o el tiempo en diferentes actividades.

desperezarse. prnl. Extender y estirar los miembros, para sacudir la pereza o librarse del entumecimiento.

desperfecto. m. Leve deterioro. ‖ Falta, defecto.

despertar. tr. Interrumpir el sueño al que está durmiendo. Ú. t. c. prnl. ‖ fig. Traer a la memoria una cosa ya olvidada. ‖ fig. Mover, excitar. ‖ intr. Dejar de dormir. ‖ fig. Hacerse más advertido el que antes era abobado o simple.

despiadado, da. adj. Impío, inhumano.

despilfarrar. tr. Malgastar, malbaratar. ‖ prnl. fam. Gastar profusamente.

despistar. tr. Hacer perder la pista. ‖ prnl. Extraviarse, perder el rumbo. ‖ fig. Andar desorientado en algún asunto o materia.

desplante. m. fig. Dicho o acto lleno de arrogancia, descaro o desabrimiento.

desplazar. tr. y prnl. Mover a una persona o cosa del lugar en que está. ‖ Quitar a alguien del puesto que ocupa para sustituirle. ‖ Desalojar un cuerpo al sumergirse un volumen de agua igual al de la parte sumergida.

desplegar. tr. Desdoblar, extender lo que está plegado. Ú. t. c. prnl. ‖ fig.

Ejercitar, manifestar una cualidad. ||
Hacer pasar las tropas del orden cerrado al abierto. Ú. t. c. prnl.

desplomar. tr. Hacer perder la posición vertical. || prnl. Caerse una pared. || fig. Caerse sin vida o sin conocimiento una persona. || fig. Arruinarse, perderse.

desplumar. tr. Quitar las plumas al ave. Ú. t. c. prnl. || fig. Pelar, quitar los bienes.

despoblar. tr. Reducir a desierto o disminuir considerablemente la población de un lugar. Ú. t. c. prnl. || fig. Despojar un sitio de lo que hay en él.

despojar. tr. Privar a uno de lo que tiene. || prnl. Desposeerse voluntariamente de una cosa.

desposar. tr. Autorizar el párroco el matrimonio. || prnl. Contraer esponsales. || Contraer matrimonio.

despostar. tr. amer. Descuartizar una res o un ave.

despotismo. m. Autoridad absoluta no limitada por las leyes. || Abuso de poder o fuerza.

despotizar. tr. amer. Gobernar o tratar despóticamente, tiranizar.

despotricar. intr. y prnl. fam. Hablar sin consideración ni reparo.

desprecio. m. Desestimación, falta de aprecio. || Desaire, desdén.

desprender. tr. Desunir, desatar, soltar. Ú. t. c. prnl. || prnl. Dar, renunciar. || Deducirse, inferirse. || Echar de sí alguna cosa. Ú. t. c. prnl. || prnl. fig. Apartarse o desapropiarse de una cosa.

despreocuparse. prnl. Salir o librarse de una preocupación. || Desentenderse.

desprestigio. m. Pérdida de autoridad, renombre o buen crédito.

desprevenido, da. adj. Que no está prevenido o preparado para algo.

desproporción. f. Falta de la proporción debida.

despropósito. m. Dicho o hecho fuera de sentido o de conveniencia.

desproveer. tr. Despojar a uno de lo necesario.

después. adv. t. y l. que denota posterioridad de tiempo, lugar, jerarquía o

preferencia. || conj. Seguido de *que* o *de que*, equivale a *desde que, cuando*. || adj. Posterior, siguiente.

despuntar. tr. Quitar o gastar la punta. Ú. t. c. prnl. || intr. Empezar a brotar y entallecer las plantas. || fig. Manifestar agudeza o ingenio. || fig. Adelantarse, descollar. || Empezar a amanecer.

desquiciar. tr. y prnl. Desencajar o sacar de quicio una puerta, ventana, etc. || fig. Quitar a una cosa la firmeza con que se mantenía. || fig. Quitar a una persona la seguridad y apoyo.

desquicio. m. amer. Desorden.

desquitar. tr. y prnl. Restaurar la pérdida, reintegrarse de lo perdido. || fig. Tomar satisfacción, vengarse.

destacar. tr. y prnl. Separar del cuerpo principal una porción de tropa. || fig. Poner de relieve los méritos o cualidades.

destajo. m. Trabajo que se valora por la labor realizada y no por un jornal.

destapar. tr. Quitar la tapa. || Descubrir lo tapado. Ú. t. c. prnl. || prnl. Dar uno a conocer habilidades, intenciones o sentimientos propios no manifiestos antes. || fig. Desnudarse en ciertos lugares públicos.

destartalado, da. adj. y s. Descompuesto, desproporcionado.

destellar. tr. Despedir o emitir destellos de luz.

destello. m. Acción de destellar. || Resplandor, ráfaga de luz. || fig. Manifestación repentina de alguna cualidad, actitud, talento, etc.

destemplar. tr. Alterar la armonía, el orden y concierto de una cosa. || prnl. Sentir malestar físico. || Perder el temple al acero u otros metales. Ú. t. c. tr. || Descomponerse, alterarse.

desteñir. tr. y prnl. Quitar el tinte, borrar o apagar los colores. || tr. e intr. Manchar un tejido a otro.

desternillarse. prnl. Reírse mucho.

desterrar. tr. Echar a uno por justicia de un territorio o lugar. || fig. Apartar de sí. || prnl. Expatriarse.

destetar. tr. y prnl. Hacer que deje de mamar el niño o las crías de los animales.

destiempo (a). loc. adv. Fuera de tiempo, sin oportunidad.

destilar. tr. Separar por medio del calor, en alambiques u otros vasos, una sustancia volátil de otras más fijas, enfriando luego su valor para reducirla nuevamente a líquido. Ú. t. c. intr. ‖ Filtrar. Ú. t. c. prnl.

destinar. tr. Ordenar, señalar o determinar una cosa para algún fin o efecto. ‖ Designar el punto o establecimiento en que un individuo ha de servir el empleo, cargo o comisión que se le ha conferido.

destino. m. Fuerza desconocida que se cree obra sobre las personas y sobre todo lo que sucede de forma inevitable. ‖ Consignación, señalamiento o aplicación de una cosa o de un paraje para determinado fin. ‖ Empleo, ocupación. ‖ Lugar o establecimiento en que un individuo sirve un empleo.

destituir. tr. Separar a uno de su cargo como corrección o castigo.

destornillador. m. Instrumento para destornillar y atornillar.

destornillar. tr. Sacar un tornillo dándole vueltas. ‖ prnl. fig. Desternillarse.

destreza. f. Habilidad, arte con que se hace una cosa.

destronar. tr. Deponer y privar del reino a uno; echarle del trono. ‖ fig. Quitar a uno su preponderancia.

destrozar. tr. Despedazar, destruir. Ú. t. c. prnl. ‖ fig. Estropear, maltratar, deteriorar. ‖ fig. Aniquilar, causar gran quebranto moral.

destruir. tr. Deshacer, arruinar o asolar una cosa. Ú. t. c. prnl. ‖ fig. Inutilizar una cosa no material.

desunir. tr. y prnl. Apartar, separar una cosa de otra. ‖ fig. Introducir discordia entre los que estaban en buena correspondencia.

desuso. m. Falta de uso o de ejercicio de una cosa.

desvaído, da. adj. Pálido, descolorido.

desvalido, da. adj. y s. Abandonado, desamparado.

desvalijar. tr. Robar el contenido de una maleta. ‖ fig. Despojar a uno de sus bienes.

desvalorizar. tr. y prnl. Hacer perder de su valor a una cosa.

desván. m. Parte más alta de la casa, inmediatamente debajo del tejado.

desvanecer. tr. y prnl. Disgregar o difundir las partículas de un cuerpo en otro. ‖ fig. Deshacer, anular. ‖ Quitar de la mente una idea. ‖ prnl. Evaporarse, exhalarse. ‖ Perder el sentido.

desvarío. m. Dicho o hecho disparatado. ‖ Delirio, locura. ‖ fig. Monstruosidad. ‖ fig. Capricho.

desvelar. tr. y prnl. Quitar, impedir el sueño. ‖ Descubrir lo que estaba oculto. ‖ prnl. fig. Poner gran cuidado en hacer algo.

desvencijar. tr. y prnl. Aflojar, desunir las partes de una cosa que estaban y debían estar unidas.

desventaja. f. Mengua, perjuicio que se nota por comparación con dos cosas, personas o situaciones.

desventurado, da. adj. Desgraciado, desafortunado.

desvergüenza. f. Falta de vergüenza, insolencia. ‖ Dicho o hecho insolente.

desvestir. tr. y prnl. Desnudar.

desviar. tr. y prnl. Apartar, alejar, separar su lugar o camino una cosa. ‖ fig. Disuadir o apartar a uno de la intención o propósito en que estaba.

desvincular. tr. y prnl. Anular un vínculo, liberando lo que estaba sujeto a él.

desvirgar. tr. Quitar la virginidad.

desvirtuar. tr. y prnl. Quitar la virtud, sustancia o vigor.

desvivirse. prnl. Mostrar vivo interés por una persona o cosa.

detallar. tr. Tratar, referir una cosa con todos sus pormenores. ‖ Vender al por menor.

detalle. m. Parte pequeña que forma parte de otra mayor. ‖ Circunstancia que aclara o completa un relato, suceso, etc. ‖ Delicadeza, atención.

detectar. tr. Poner de manifiesto, por métodos físicos o químicos, lo que no puede ser observado directamente. ‖ Captar, descubrir.

detective. com. Persona que se dedica a investigaciones privadas.

detener. tr. Parar una cosa, impedir que pase adelante. Ú. t. c. prnl. ‖ Arrestar. ‖ Retener, conservar. ‖ prnl. Pararse a considerar una cosa.

detentar. tr. Retener uno lo que manifiestamente no le pertenece. ‖ Retener y ejercer ilícitamente algún poder o cargo público.

detergente. m. Sustancia o producto que limpia químicamente.

deteriorar. tr. y prnl. Estropear, menoscabar.

determinado, da. adj. y s. Osado, valeroso. ‖ Se dice del artículo que limita la extensión del nombre.

determinante. adj. Que determina. ‖ m. En ling., palabra que limita el sustantivo, como los artículos.

determinar. tr. Fijar los términos de una cosa. ‖ Distinguir, discernir. ‖ Hacer tomar una resolución. ‖ Decidir. Ú. t. c. prnl. ‖ Sentenciar. ‖ Definir.

detestar. tr. Condenar, maldecir. ‖ Aborrecer.

detonar. tr. Iniciar una explosión o un estallido. ‖ intr. Dar estampido.

detrás. adv. l. En la parte posterior.

detrimento. m. Destrucción leve o parcial. ‖ fig. Daño moral.

detrito o **detritus.** m. Resultado de la descomposición de una masa sólida en partículas.

deuda. f. Obligación que uno tiene de pagar, satisfacer o reintegrar a otro una cosa, por lo común dinero. ‖ Obligación moral contraída con otro.

deudo, da. m. y f. Pariente, familiar.

devaluar. tr. Rebajar el valor de una moneda o de otra cosa, depreciarla.

devanar. tr. Arrollar un hilo, alambre, etc., alrededor de un eje, carrete.

devaneo. m. Distracción o pasatiempo vano. ‖ Amorío pasajero.

devastar. tr. Destruir un territorio, arrasando sus edificios y asolando sus campos.

devengar. tr. Adquirir el derecho a alguna retribución por razón de trabajo, servicio u otro título.

devenir. intr. Sobrevenir, suceder, acaecer. ‖ Llegar a ser.

devenir. m. Cambio, transformación.

devoción. f. Amor, veneración y fervor religiosos. ‖ fig. Inclinación, afición especial. ‖ fig. Costumbre devota.

devolver. tr. Volver una cosa al estado que tenía. ‖ Restituirla a la persona que la poseía. ‖ Corresponder a un favor o a un agravio. ‖ Entregar de nuevo en un establecimiento comercial lo que antes había sido comprado. ‖ fam. Vomitar. ‖ prnl. amer. Volverse, dar la vuelta.

devorar. tr. Tragar con ansia y apresuradamente. ‖ fig. Consumir, destruir. ‖ fig. Consagrar atención ávida a una cosa.

devoto, ta. adj. y s. Dedicado con fervor a obras de piedad y religión. ‖ Aficionado a una persona o cosa.

día. m. Tiempo que la Tierra emplea en dar una vuelta alrededor de su eje. ‖ Tiempo que dura la claridad del Sol sobre el horizonte. ‖ Tiempo atmosférico que hace durante el día. ‖ Momento, ocasión. ‖ pl. Vida.

diabetes. f. Enfermedad causada por un desorden de nutrición, y que se caracteriza por una concentración excesiva de azúcar en la sangre.

diablo. m. Nombre general de los ángeles arrojados al abismo, y de cada uno de ellos. ‖ fig. Persona traviesa. ‖ fig. Persona astuta, sagaz.

diadema. f. Faja o cinta blanca que antiguamente ceñía la cabeza de los reyes. ‖ Corona. ‖ Adorno femenino de cabeza.

diáfano, na. adj. Se dice del cuerpo a través del cual pasa la luz casi en su totalidad. ‖ fig. Claro, limpio.

diafragma. m. Músculo ancho que en el cuerpo de los mamíferos separa la cavidad torácica de la abdominal. ‖ Disco que regula la cantidad de luz que se ha de dejar pasar en las cámaras fotográficas. ‖ Disco de material flexible que se coloca en el cuello del útero como anticonceptivo.

diagnosticar. tr. Determinar el carácter de una enfermedad mediante el examen de sus síntomas.

diagonal. adj. y f. Línea recta que en un polígono va de un vértice a otro no inmediato. ‖ Línea, calle, etc., que corta a otra sin ser perpendicular a ella.

diagrama. m. Representación gráfica, esquema.

dial. m. Superficie graduada sobre la cual se mueve un indicador (aguja, punto luminoso, etc.) que mide o señala una determinada magnitud, como peso, voltaje, longitud de onda, velocidad.

dialecto. m. Variedad adoptada por una lengua en una zona geográfica concreta. ‖ Cualquier lengua derivada de un tronco o familia común. ‖ Estructuras lingüísticas, simultáneas a otras, que no alcanzan la categoría de lengua.

diálogo. m. Plática entre dos o más personas, que alternativamente manifiestan sus ideas o afectos. ‖ Género literario en que se finge una conversación o discusión entre dos o más personajes.

diamante. m. Piedra preciosa formada de carbono puro natural cristalizado. Es el más duro de los minerales.

diámetro. m. Línea recta que pasa por el centro del círculo y termina por ambos extremos en la circunferencia.

diana. f. Toque militar para que la tropa se levante. ‖ Centro de un blanco de tiro.

diapasón. m. Instrumento de acero en forma de horquilla, que cuando se hace sonar, produce un tono determinado. ‖ Serie de notas que abarca una voz o un instrumento.

diapositiva. f. Fotografía positiva sacada en una materia transparente para ser proyectada.

diario, ria. adj. Correspondiente a todos los días. ‖ m. Periódico que se publica todos los días. ‖ Cuaderno en que se recogen acontecimientos y pensamientos día a día.

diarrea. f. Anormalidad en la función del aparato digestivo consistente en la frecuencia de las deposiciones y en la consistencia líquida de las mismas.

diástole. f. Movimiento de dilatación del corazón y de las arterias, cuando la sangre penetra en su cavidad.

diatriba. f. Discurso o escrito violento o injurioso.

dibujar. tr. Delinear en una superficie, y sombrear imitando la figura de un cuerpo. Ú. t. c. prnl. ‖ fig. Describir. ‖ prnl. Revelarse, manifestarse.

dibujo. m. Arte que enseña a dibujar. ‖ Delineación o figura que se ha dibujado.

dicción. f. Manera de hablar o de escribir. ‖ Manera de pronunciar.

diccionario. m. Libro en que por orden comúnmente alfabético se contienen y explican todas las palabras de uno o más idiomas, o las de una ciencia, facultad o materia determinada.

dicha. f. Felicidad.

diciembre. m. Duodécimo mes del año. Tiene 31 días.

dictado. m. Ejercicio escolar en que los colegiales escriben lo que alguien va leyendo. ‖ pl. Inspiraciones o preceptos de la razón o la conciencia.

dictador, ra. m. y f. Gobernante que asume todos los poderes del Estado y que no se somete a ningún control. ‖ fig. Persona que abusa de la autoridad o trata con dureza a los demás. Ú. t. c. s.

dictadura. f. Cargo de dictador. ‖ Tiempo que dura este cargo. ‖ Concentración de la autoridad en un individuo, organismo, institución, etc.

dictamen. m. Opinión y juicio que se forma o emite sobre algo.

dictar. tr. Decir uno algo para que otro lo vaya escribiendo. ‖ Tratándose de leyes, fallos, preceptos, etc., darlos, expedirlos, pronunciarlos. ‖ fig. Inspirar.

didáctico, ca. adj. Relativo a la enseñanza o didáctica. ‖ f. Área de la pedagogía que se ocupa de las técnicas y métodos de enseñanza.

diecinueve. adj. Diez y nueve. Ú. t. c. pron. y m. || Decimonoveno. || m. Conjunto de signos con los que se representa este número.

dieciocho. adj. Diez y ocho. Ú. t. c. pron. y m. || Decimoctavo. || m. Conjunto de signos con los que se representa este número.

dieciséis. adj. Diez y seis. Ú. t. c. pron. y m. || Decimosexto. || m. Conjunto de signos con los que se representa este número.

diecisiete. adj. Diez y siete. Ú. t. c. pron. y m. || Decimoséptimo. || m. Conjunto de signos con los que se representa este número.

diente. m. Cada una de las piezas duras implantadas en los huesos maxilares de los vertebrados y destinadas a sujetar y, en su caso, a partir y triturar el alimento. || Punta o saliente de algunas cosas. || Cada una de las partes en que se divide una cabeza de ajo.

diéresis. f. Licencia poética que permite, en un verso, deshacer un diptongo para obtener dos sílabas métricas. || Signo ortográfico (¨) que se pone sobre la *u* de las sílabas *gue, gui,* para indicar que esta letra debe pronunciarse.

diesel. adj. y m. Se dice del motor de combustión interna por inyección y compresión de aire y combustible.

diestro, tra. adj. Derecho, lo que cae a mano derecha. || Hábil. || m. Matador de toros.

dieta. f. Régimen alimenticio que se manda observar a los enfermos. || Por ext., régimen de alimentación. || pl. Cantidad que suele abonarse a un empleado cuando viaja.

dietario. m. Libro en que se anotan los ingresos y gastos diarios de una casa.

diez. adj. Nueve y uno. || Décimo. || m. Signo o conjunto de signos con que se representa el número diez.

diezmar. tr. Castigar de cada diez uno. || fig. Causar gran mortandad las enfermedades u otro mal.

diezmo. m. Parte de los frutos, generalmente la décima, que se pagaba como tributo a la Iglesia o al rey.

difamar. tr. Desacreditar a uno, publicando cosas contra su buena fama.

diferente. adj. Diverso, distinto. || adv. De forma distinta, diferentemente.

diferir. tr. Dilatar, retardar o suspender la ejecución de una cosa. || intr. Distinguirse. || Discrepar con alguien o algo.

difícil. adj. Que no se logra, ejecuta o entiende sin mucho trabajo. || Se dice de la persona poco tratable.

dificultad. f. Inconveniente o contrariedad que impide conseguir, ejecutar o entender bien pronto una cosa.

difteria. f. Enfermedad infecciosa caracterizada por la formación de falsas membranas en las mucosas, comúnmente de la garganta.

difuminar. tr. Desvanecer o esfumar.

difundir. tr. y prnl. Extender, esparcir. || Propagar o divulgar.

difunto, ta. adj. y s. Persona muerta. || m. Cadáver.

difuso, sa. adj. Ancho, dilatado, extenso. || Impreciso.

digerir. tr. Convertir en el aparato digestivo los alimentos en sustancia propia para la nutrición. || fig. Meditar cuidadosamente una cosa. || fig. Superar una desgracia o una ofensa.

digital. adj. Relativo a los dedos. || Se dice del aparato o instrumento de medida que la representa con números dígitos. || f. Planta herbácea con corola en forma de dedal, utilizada en medicamentos contra la insuficiencia cardíaca. || Flor de esta planta.

dígito. adj. y s. Se dice del número que se expresa con un solo guarismo.

dignarse. prnl. Servirse o tener a bien hacer algo.

dignatario, ria. m. y f. Persona investida de una dignidad o cargo.

digno, na. adj. Que merece algo, en sentido favorable o adverso. || Decoroso.

digresión. f. Efecto de romper el hilo del discurso y de hablar en él de cosas que no tengan conexión con aquello de que se está tratando.

dilación. f. Retardación o detención de una cosa por algún tiempo.

dilapidar. tr. Malgastar los bienes propios, o los que uno tiene a su cargo.

dilatar. tr. y prnl. Extender, alargar, y hacer mayor una cosa o que ocupe más lugar o tiempo. || Diferir, retardar.

dilema. m. Alternativa, opción entre dos cosas, ambas malas. || Argumento formado por dos proposiciones contrarias que conducen a una misma conclusión. || Problema.

diligencia. f. Cuidado y actividad en ejecutar una cosa. || Prontitud, agilidad, prisa. || Trámite. || Coche grande arrastrado por caballerías, y destinado al transporte de viajeros.

dilucidar. tr. Aclarar y explicar un asunto.

diluir. tr. y Desleír. Ú. t. c. prnl. || Difuminar. || En quím., añadir líquido en las disoluciones.

diluvio. m. Inundación de la Tierra con que Dios castigó a los hombres en tiempo de Noé. || fig. y fam. Lluvia muy copiosa. || fig. Abundancia excesiva de algo.

dimanar. intr. Proceder.

dimensión. f. Longitud, extensión o volumen de una línea, una superficie o un cuerpo respectivamente. || Cada una de las dimensiones que sirven para definir un fenómeno. || Tamaño. || fig. Importancia de algo. Ú. m. en pl.

diminuto, ta. adj. Excesivamente pequeño.

dimisión. f. Renuncia de un cargo que se desempeña.

dimitir. tr. Renunciar, hacer dejación de un cargo que se desempeña, presentar la dimisión.

dinamarqués, sa. adj. y s. De Dinamarca.

dinámico, ca. adj. Relativo a la fuerza cuando produce movimiento. || fig. y fam. Se dice de la persona o cosa notable por su actividad. || f. Parte de la mecánica, que trata de las leyes del movimiento en relación con las fuerzas que lo producen.

dinamita. f. Mezcla explosiva de nitroglicerina con un cuerpo muy poroso, que la absorbe.

dinastía. f. Serie de príncipes soberanos en un determinado país, pertenecientes a una familia.

dinero. m. Moneda corriente. || fig. y fam. Caudal, fortuna.

dinosaurio. adj. y s. Se dice de ciertos reptiles fósiles que son los animales terrestres más grandes que han existido.

dintel. m. Parte superior de las puertas y ventanas que carga sobre las jambas.

diócesis. f. Territorio sujeto a la jurisdicción de un obispo.

dioptría. f. Unidad de medida usada por los oculistas y que equivale al poder refringente de una lente cuya distancia focal es de un metro.

dios, sa. m. y f. Cualquiera de las deidades de las religiones politeístas. || m. Con mayúscula, nombre sagrado del Supremo Ser, Creador del universo.

dióxido. m. En quím., compuesto cuya molécula contiene dos átomos de oxígeno.

diploma. m. Título o credencial que expiden ciertas entidades para acreditar un grado académico, una prerrogativa, un premio, etc. || Documento antiguo.

diplomacia. f. Estudio y práctica de las relaciones internacionales. || Conjunto de individuos que intervienen en esas relaciones. || fig. y fam. Habilidad, sagacidad y disimulo.

dipsomanía. f. Tendencia irresistible al abuso de las bebidas alcohólicas.

díptico. m. Cuadro o bajorrelieve formado con dos tableros.

diptongo. m. Conjunto de dos vocales diferentes, una fuerte (a, e, o) y otra débil (i, u), o de dos débiles, que se pronuncian en una sola sílaba.

diputado, da. m. y f. Persona que, por nombramiento o elección, tiene la representación de otras. || Persona nombrada por elección popular como representante en una cámara legislativa, nacional o provincial.

dique. m. Muro artificial hecho para contener las aguas. ‖ Recinto cerrado en la orilla de una dársena en donde se limpian y reparan los barcos cuando baja la marea.

dirección. f. Acción y efecto de dirigir. ‖ Rumbo que un cuerpo sigue en su movimiento. ‖ Persona o conjunto de personas encargadas de dirigir una sociedad, establecimiento, explotación, etc. ‖ Señas escritas sobre un envío. ‖ Mecanismo que sirve para guiar los vehículos automóviles. ‖ Domicilio de una persona, institución, etc. ‖ Técnica para la realización de una película, obra de teatro, programa de televisión, etc.

directivo, va. adj. y s. Que tiene facultad o virtud de dirigir. ‖ m. y f. Miembro de una junta de dirección. ‖ f. Junta de gobierno de una corporación, sociedad, etc.

directorio, ria. adj. Se dice de lo que es a propósito para dirigir. ‖ Junta directiva de ciertas asociaciones, partidos, etc. ‖ m. Lista o guía de direcciones.

directo, ta. adj. Derecho o en línea recta. ‖ Se dice de lo que va de una parte a otra sin detenerse. ‖ Sin intermediario. ‖ Sin rodeos. ‖ Que se sigue de padres a hijos. ‖ En televisión y radio, se dice que la emisión es en directo cuando se transmite sin mediar grabación, filmación o registro.

director, ra. m. y f. Persona a cuyo cargo está la dirección de un negocio o establecimiento.

directriz. f. Conjunto de instrucciones o normas generales para la ejecución de alguna cosa. Ú. m. en pl.

dirigible. adj. y s. Que puede ser dirigido. ‖ m. Globo aerostático con un sistema de dirección.

dirigir. tr. Guiar. ‖ Llevar una cosa hacia un término o lugar señalado. Ú. t. c. prnl. ‖ fig. Encaminar la intención y las operaciones a determinado fin. Ú. t. c. prnl. ‖ Gobernar, regir. ‖ fig. Aconsejar.

dirimir. tr. Deshacer, desunir. ‖ Resolver.

discernir. tr. Distinguir una cosa de otra.

disciplina. f. Conjunto y observancia de las normas que rigen una actividad, conducta u organización. ‖ Arte, facultad o ciencia. ‖ Asignatura. ‖ Látigo para azotar. Ú. m. en pl.

discípulo, la. m y f. Persona que aprende una doctrina, ciencia o arte bajo la dirección de un maestro.

disco. m. Objeto plano y circular. ‖ Lámina circular de material termoplástico empleada en la grabación y reproducción fonográfica. ‖ Placa magnética que se utiliza como soporte de datos en los ordenadores.

discografía. f. Técnica de la grabación de discos fonográficos. ‖ Conjunto de discos de un autor, tema, etc.

díscolo, la. adj. y s. Rebelde, indócil.

disconformidad. f. Desacuerdo.

discontinuo, nua. adj. Interrumpido, intermitente o no continuo.

discordar. intr. Ser opuestas, desavenidas o diferentes entre sí dos o más cosas. ‖ No convenir uno en opiniones con otro.

discordia. f. Oposición, desavenencia de voluntades o diversidad de opiniones.

discoteca. f. Colección de discos fonográficos. ‖ Local público para bailar.

discreción. f. Sensatez para formar juicio y tacto para hablar u obrar. ‖ Don de expresarse con agudeza, ingenio u oportunidad. ‖ Reserva, prudencia.

discrepar. intr. Disentir una persona de otra. ‖ Diferenciarse una cosa de otra, ser desigual.

discreto, ta. adj. y s. Sensato, prudente. ‖ Moderado, sin exceso. ‖ Que manifiesta discreción.

discriminar. tr. Separar. ‖ Dar trato de inferioridad a una persona o colectividad por motivos raciales, religiosos, políticos, etc.

disculpar. tr. Dar razones que descarguen de una culpa. Ú. t. c. prnl. ‖ fam. Perdonar las faltas que otro comete.

discurrir. intr. Andar por diversas partes y lugares. ‖ Transcurrir el tiempo. ‖ fig. Reflexionar. ‖ tr. Inventar.

discurso. m. Facultad racional con que se infieren unas cosas de otras. ‖ Serie de las palabras y frases empleadas para manifestar lo que se piensa o siente. ‖ Razonamiento de alguna extensión dirigido por una persona a otra u otras.

discutir. tr. Examinar y ventilar atenta y particularmente una materia. ‖ Alegar razones contra el parecer de otro. Ú. m. c. intr.

disecar. tr. Dividir en partes un vegetal o el cadáver de un animal. ‖ Preparar los animales muertos para que conserven la apariencia de cuando estaban vivos.

diseminar. tr. y prnl. Sembrar, esparcir.

disensión. f. Oposición. ‖ fig. Contienda, riña.

disentir. intr. No ajustarse al sentir o parecer de otro.

diseño. m. Delineación de un edificio, de una figura, de un vestido, de un folleto.

disertar. intr. Razonar, discurrir detenida y metódicamente sobre alguna materia.

disfraz. m. Artificio para desfigurar una cosa con el fin de que no sea conocida. ‖ Por ant., vestido de máscara.

disfrutar. tr. Aprovechar. ‖ intr. Deleitarse, gozar, sentir satisfacción. Ú. t. c. tr.

disgregar. tr. y prnl. Separar, desunir.

disgusto. m. Desazón. ‖ fig. Encuentro enfadoso con uno. ‖ fig. Pesadumbre causada por una contrariedad. ‖ fig. Fastidio que causa una persona o cosa.

disidir. intr. Separarse de la común creencia o doctrina.

disimular. tr. Encubrir un pensamiento, sentimiento, intención, etc. ‖ Tolerar algo fingiendo ignorarlo. ‖ Disfrazar, desfigurar las cosas. Ú. t. c. intr. y prnl. ‖ intr. Fingir alguien que no conoce, siente o ve algo.

disipar. tr. Esparcir y desvanecer las partes que forman por aglomeración un cuerpo. Ú. t. c. prnl. ‖ Desperdiciar,

malgastar. ‖ prnl. Evaporarse. ‖ fig. Desvanecerse.

dislocar. tr. Sacar una cosa de su lugar. Ú. m. c. prnl., hablando de huesos y articulaciones.

disminuido, da. adj. y s. Se dice de la persona que tiene incompletas sus facultades físicas o psíquicas.

disminuir. tr., intr. y prnl. Hacer menor la extensión, la intensidad o número de alguna cosa.

disnea. f. Dificultad de respirar.

disociar. tr. y prnl. Separar, desunir.

disoluto, ta. adj. y s. Licencioso, entregado a los vicios.

disolver. tr. y prnl. Desunir, separar las partículas o moléculas de un cuerpo sólido o espeso, por medio de un líquido con el cual se incorporan. ‖ Separar, desunir. ‖ Deshacer, destruir, aniquilar.

disonar. intr. Sonar desapaciblemente. ‖ Faltar la consonancia o la armonía.

dispar. adj. Desigual, diferente.

disparada. f. amer. Acción de echar a correr de repente o de partir con precipitación; fuga.

disparar. tr. Hacer que una máquina despida el cuerpo arrojadizo. ‖ Arrojar o despedir con violencia una cosa. Ú. t. c. prnl. ‖ Hacer funcionar un disparador. ‖ prnl. fig. Correr deprisa o precipitadamente. ‖ fig. Hablar u obrar con extraordinaria violencia y, por lo común, sin razón.

disparate. m. Hecho o dicho disparatado. ‖ fam. Exceso, abuso.

disparo. m. Acción y efecto de disparar. ‖ Tiro.

dispendio. m. Gasto excesivo, por lo general innecesario.

dispensar. tr. Dar, conceder, otorgar. ‖ Eximir de una obligación. ‖ Absolver.

dispensario. m. Establecimiento destinado a prestar asistencia médica a enfermos que no se alojan en él.

dispersar. tr. Separar y diseminar. Ú. t. c. prnl. ‖ fig. Distraer la atención o la actividad en múltiples direcciones.

displicencia. f. Desagrado o indiferencia. || Desaliento.

displicente. adj. y com. Descontentadizo, desabrido o de mal humor.

disponer. tr. Colocar, poner las cosas en orden. Ú. t. c. prnl. || Mandar lo que ha de hacerse. || Preparar, prevenir. U. t. c. prnl. || intr. Valerse de una persona o cosa. || prnl. Estar a punto de.

dispositivo. m. Mecanismo o artificio dispuesto para obtener un resultado automático.

disputa. f. Riña, discusión.

disquete. m. En inform., disco de material plástico magnetizable, que sirve de soporte para grabar datos.

disquisición. f. Examen riguroso que se hace de alguna cosa.

distancia. f. Espacio o intervalo de lugar o de tiempo que media entre dos cosas o sucesos. || fig. Alejamiento.

distar. intr. Estar apartada una cosa de otra cierto espacio de lugar o de tiempo. || fig. Diferenciarse.

distender. tr. Aflojar, relajar. || Causar una tensión violenta en los tejidos, membranas, etc. Ú. t. c. prnl.

distinguir. tr. Conocer la diferencia que hay de unas cosas a otras. || Ver un objeto, diferenciándolo de los demás. || Otorgar a uno alguna dignidad, prerrogativa, etc. Ú. t. c. prnl. || prnl. Descollar, sobresalir entre otros.

distinto, ta. adj. Que no es lo mismo. || Inteligible, claro.

distorsión. f. Torsión de una parte del cuerpo. || En fís., deformación de una onda durante su propagación.

distraer. tr. y prnl. Divertir, entretener, recrear. || Apartar la atención de una persona del objeto a que la aplicaba.

distribuir. tr. Dividir una cosa entre varios. Ú. t. c. prnl. || Dar a cada cosa su oportuna colocación. Ú. t. c. prnl. || Poner productos a disposición de los consumidores.

distrito. m. Cada una de las demarcaciones en que se subdivide un territorio o una población.

disturbio. m. Alteración, turbación de la paz y concordia.

disuadir. tr. Inducir, mover a uno con razones a desistir de un propósito.

disyunción. f. Acción y efecto de separar y desunir. || Dilema.

diurético, ca. adj. y m. Se dice de lo que tiene virtud para aumentar la secreción y excreción de la orina.

diurno, na. adj. Perteneciente al día.

divagar. intr. Separarse, al hablar, del asunto de que se trata.

diván. m. Sofá por lo común sin respaldo, y con almohadones sueltos.

divergir. intr. Irse apartando sucesivamente unas de otras, dos o más líneas o superficies. || fig. Discordar, discrepar.

diversión. f. Recreo, pasatiempo, solaz.

diverso, sa. adj. De distinta naturaleza, especie, figura, etc. || pl. Varios, muchos.

divertir. tr. y prnl. Entretener, recrear. || Apartar.

dividendo. m. Cantidad que ha de dividirse por otra. || Parte de los beneficios de una sociedad atribuida a cada accionista.

dividir. tr. Partir, separar en partes. || Distribuir. || fig. Desunir voluntades introduciendo discordia. || Averiguar cuántas veces el divisor está contenido en el dividendo.

divinidad. f. Esencia divina. || Dios o dioses de ciertas religiones y mitologías.

divisa. f. Señal exterior para distinguir personas, grados u otras cosas. || pl. Moneda extranjera.

divisar. tr. Ver, percibir, aunque confusamente, un objeto.

división. f. Acción y efecto de dividir. || fig. Discordia, desunión. || En mat., operación de dividir. || Unidad militar formada por dos o más brigadas o regimientos. || En dep., cada uno de los grupos en que compiten, según su categoría, los equipos o deportistas.

divisor, ra. adj. y s. Submúltiplo. || m. Cantidad por la cual ha de dividirse otra.

divo, va. adj. y s. Se dice del cantante de ópera o de zarzuela, de sobresaliente mérito. ‖ Por ext., se apl. al artista de fama.

divorcio. m. Separación legal de un matrimonio. ‖ Separación, desunión.

divulgar. tr. y prnl. Publicar, poner al alcance del público una cosa.

do. m. Primera nota de la escala musical.

dobladillo. m. Pliegue que se hace a la ropa en los bordes.

doblar. tr. Aumentar una cosa, haciéndola otro tanto más de lo que era. ‖ Aplicar una sobre otra dos partes de una cosa flexible. ‖ Pasar a otro lado de una esquina, cerro, etc. Ú. t. c. intr. ‖ En el cine sonoro, sustituir la voz del actor que aparece en la pantalla, por la de otra persona. ‖ intr. Tocar a muerto. ‖ prnl. Ceder.

doble. adj. Duplo. Ú. t. c. m. ‖ Se dice de la cosa que va acompañada de otra semejante. ‖ com. Sosia, persona muy parecida a otra. ‖ Persona que sustituye a otra en algunas escenas cinematográficas.

doblegar. tr. y prnl. Doblar o torcer encorvando. ‖ fig. Hacer a uno que desista de un propósito.

doblez. m. Parte que se dobla o pliega en una cosa. ‖ amb. fig. Simulación, hipocresía.

doce. adj. Diez y dos. Ú. t. c. pron. y m. ‖ Duodécimo. ‖ m. Conjunto de signos con los que se representa este número.

docena. f. Conjunto de doce cosas.

docente. adj. Que enseña. ‖ Perteneciente o relativo a la enseñanza.

dócil. adj. Suave. ‖ Obediente.

docto, ta. adj. y s. Erudito, culto.

doctor, ra. m. y f. Persona que ha recibido el más alto grado académico. ‖ Médico.

doctrina. f. Enseñanza que se da para instrucción de alguno. ‖ Opinión de uno o varios autores, conjunto de ideas o creencias, etc.

documentación. f. Acción y efecto de documentar. ‖ Conjunto de documentos que sirven para este fin. ‖ Documento o conjunto de ellos, generalmente de carácter oficial, que sirven para la identificación personal o para acreditar alguna condición.

documental. adj. Que está basado en documentos o se refiere a ellos. ‖ Se dice de las películas cinematográficas tomadas de la realidad con propósitos meramente informativos.

documento. m. Escrito que ilustra acerca de un hecho. ‖ fig. Cualquier cosa que sirve para comprobar algo.

dogma. m. Punto fundamental de todo sistema, ciencia, doctrina y religión.

doler. intr. Padecer dolor una parte del cuerpo. Ú. t. c. prnl. ‖ fig. Sentir pesar o disgusto. ‖ prnl. Arrepentirse. ‖ Compadecerse. ‖ Quejarse y explicar el dolor. ‖ Lamentarse.

dolo. m. Engaño, fraude.

dolor. m. Sensación aflictiva en una parte del cuerpo. ‖ fig. Pesar y tristeza.

domar. tr. Amansar y hacer dócil al animal. ‖ fig. Sujetar, reprimir.

doméstico, ca. adj. Relativo a la casa u hogar. ‖ Se dice del animal que se cría en compañía del hombre. ‖ Se dice del criado que sirve en una casa.

domicilio. m. Morada fija y permanente. ‖ Sede de una entidad. ‖ Lugar en que legalmente se considera establecida una persona.

dominar. tr. Tener dominio. ‖ Contener, reprimir. ‖ fig. Poseer a fondo una ciencia o arte. ‖ Divisar una extensión considerable de terreno desde una altura. ‖ prnl. Reprimirse.

domingo. m. Primer día de la semana.

dominio. m. Poder que uno tiene de usar y disponer de lo suyo. ‖ Territorios sujetos a un Estado. Ú. m. en pl. ‖ Conocimiento profundo de alguna materia, ciencia, técnica, arte, etc. ‖ Esfera de influencia o alcance de una actividad intelectual, artística, de una disciplina académica, etc.

don. m. Dádiva, regalo. ‖ Habilidad para hacer una cosa. ‖ Tratamiento de respeto que se antepone a los nombres masculinos.

donaire. m. Discreción y gracia en lo que se dice. || Gentileza.

donar. tr. Traspasar uno gratuitamente a otro alguna cosa.

doncella. f. Muchacha joven. || Mujer virgen. || Criada que sirve cerca de la señora.

donde. adv. relat. l. Indica el lugar donde se lleva a cabo una acción, o en el que está una persona o cosa. || adv. interrog. Con acento, equivale a preguntar por el lugar en el que se lleva a cabo una acción, o en el que está algo o alguien. || Con función de prep., equivale a *en casa de.*

dondequiera. adv. l. En cualquier parte.

donoso, sa. adj. Que tiene donaire y gracia.

doña. f. Tratamiento de respeto que se aplica a las mujeres y precede a su nombre propio.

dopar. tr. y prnl. En dep., administrar fármacos o sustancias estimulantes para potenciar artificialmente el rendimiento de los deportistas.

dorar. tr. Cubrir con oro. || fig. Tostar ligeramente una cosa de comer. Ú. t. c. prnl.

dormir. intr. Descansar con el sueño. Ú. t. c. prnl. y tr. || Pernoctar. || fig. Descuidarse. Ú. m. c. prnl. || tr. Hacer que una persona se entregue al sueño. || Anestesiar. || prnl. Adormecerse un miembro. || fig. Descuidarse.

dormitar. intr. Estar medio dormido.

dormitorio. m. Habitación para dormir.

dorso. m. Revés o espalda de una cosa.

dos. adj. Uno y uno. || Segundo. Aplicado a los días del mes, ú. t. c. s. || Signo con que se representa el número dos.

doscientos. adj. pl. Dos veces ciento. Ú. t. c. pron. y m. || m. Conjunto de signos con que se representa este número.

dosel. m. Colgadura o techo que cubre un sillón, altar, trono, lecho, etc.

dosis. f. Cantidad de medicina que se toma cada vez. || fig. Cantidad o porción.

dotar. tr. Constituir dote a la mujer que va a tomar estado. || Señalar bienes para una fundación, institución benéfica, etc. || Dar, proveer. || Asignar a un buque, taller, oficina, etc., las personas y el material necesarios. || Gozar de determinadas cualidades ventajosas. || Asignar sueldo a un empleo o cargo cualquiera.

dote. amb. Caudal que la mujer aporta al matrimonio o que entrega al ingresar en un convento o institución religiosa. || f. pl. Cualidades o aptitudes sobresalientes de una persona.

dragar. tr. Ahondar y limpiar con draga los puertos de mar, ríos, etc. || Recoger las minas submarinas.

dragón. m. Animal fabuloso de figura de serpiente con pies y alas, y que echa fuego por la boca.

drama. m. Obra escénica. || Pieza teatral de tono menos elevado que la tragedia, donde a veces lo cómico se mezcla con lo trágico. || Género teatral. || fig. Suceso triste y conmovedor.

dramaturgo, ga. m. y f. Autor de obras dramáticas.

drástico, ca. adj. fig. Riguroso, enérgico, radical.

drenar. tr. Avenar, desaguar. || Facilitar la salida de líquidos de una herida, absceso o cavidad.

droga. f. Nombre genérico de ciertas sustancias usadas en industria, medicina o química. || Cualquier sustancia de efecto estimulante, deprimente, narcótico o alucinógeno. || Estupefaciente. || fig. Cualquier cosa que crea hábito o dependencia. || amer. Deuda.

droguería. f. Establecimiento donde se venden productos de limpieza, pinturas, etc.

dromedario. m. Rumiante parecido al camello, pero con una giba.

dualidad. f. Reunión de dos caracteres distintos en una misma persona o cosa. || Cualidad de existir dos cosas de la misma clase.

dubitativo, va. adj. Que implica duda.

ducado. m. Dignidad de duque o territorio gobernado por él. ‖ Antigua moneda de oro.

ducha. f. Aplicación de agua que se hace caer sobre el cuerpo en forma de chorro o de lluvia para fines higiénicos o curativos. ‖ Aparato o espacio que sirve para este fin.

ducho, cha. adj. Experimentado, diestro.

dúctil. adj. Se dice de los metales que mecánicamente se pueden extender en alambres o hilos. ‖ Maleable. ‖ Dócil.

duda. f. Vacilación e indeterminación ante varias posibilidades. ‖ Cuestión que se propone.

duelo. m. Combate entre dos a consecuencia de un desafío. ‖ m. Dolor, aflicción. ‖ Sentimiento por la muerte de alguno. ‖ Reunión de parientes o amigos que asisten a la casa mortuoria, al entierro o al funeral.

duende. m. Diablillo familiar que se cree que habita en algunas casas. ‖ Encanto misterioso.

dueño, ña. m. y f. Persona que tiene dominio sobre algo. ‖ Propietario. ‖ Amo.

duermevela. amb. Sueño ligero del que está dormitando. ‖ Sueño fatigoso y frecuentemente interrumpido.

dulce. adj. De sabor agradable, como la miel, el azúcar, etc. ‖ fig. Grato, apacible. ‖ fig. Afable, complaciente, cariñoso. ‖ m. Manjar hecho con azúcar. ‖ Confite.

dulzor. m. Sabor dulce.

dulzura. f. Calidad de dulce. ‖ fig. Suavidad, deleite. ‖ fig. Afabilidad, bondad, docilidad.

duna. f. Colina de arena que se forma en los desiertos y playas por la acción del viento. Ú. m. en pl.

dúo. m. Composición para dos voces o instrumentos. ‖ Los mismos ejecutantes.

duplicar. tr. Hacer o ser doble. Ú. t. c. prnl. ‖ Multiplicar por dos. ‖ Reproducir, sacar copia.

duplo, pla. adj. y m. Que contiene un número exactamente dos veces.

duque, esa. m. Título de la nobleza, superior al de marqués. ‖ f. Mujer del duque, o que por sí posee un título ducal.

durante. prep. Mientras dura algo.

durar. intr. Continuar siendo o existiendo. ‖ Subsistir, permanecer.

duro, ra. adj. Difícil de cortar, rayar, comprimir o desfigurar. ‖ Que no está todo lo blando que debe estar. ‖ fig. Fuerte, que resiste la fatiga. ‖ fig. Aspero, excesivamente severo. ‖ fig. Violento, cruel. ‖ fig. Obstinado. ‖ fig. De natural bronco. ‖ m. Moneda de cinco pesetas.

E

e. f. quinta letra del abecedario español, y segunda de sus vocales.

e. conj. cop. Se usa en vez de la *y*, para evitar el hiato, antes de palabras que empiezan por *i* o *hi*.

ebanista. com. Persona que trabaja en ébano y otras maderas finas.

ébano. m. Árbol de madera dura, pesada y de color negro. ‖ Madera de este árbol.

ebrio, bria. adj. Embriagado, borracho. ‖ fig. Cegado por la pasión.

ebullición. f. Hervor, acción y efecto de hervir.

eccema. m. Afección de la piel que forman manchas irregulares y rojizas.

echar. tr. Hacer que una cosa vaya a alguna parte dándole impulso. Ú. t. c. prnl. ‖ Despedir de sí una cosa. ‖ Hacer que una cosa caiga en sitio determinado. || Inclinar, mover, recostar. Ú. t. c. prnl. || Hacer salir a uno de algún lugar. || Tratándose de seres vivos, salir o aumentar alguna parte natural de su organismo. || Brotar en las plantas sus raíces, hojas o frutos. || Deponer a uno de su empleo o dignidad. || Cerrar o abrir llaves, cerrojos, pestillos, etc. || Jugar dinero a alguna cosa. Ú. t. c. intr. || Calcular el precio, la edad, etc. || Tratándose de películas, espectáculos, etc., representar, proyectar, ejecutar. || Decir. || Imponer, aplicar. || prnl. Arrojarse, tirarse. || Acostarse.

eclesiástico, ca. adj. Perteneciente o relativo a la Iglesia. || m. Clérigo.

eclipse. m. Ocultación transitoria, total o parcial, de un astro por interposición de otro entre él y la Tierra. || fig. Ausencia, desaparición transitoria de una persona o cosa.

eco. m. Repetición de un sonido por la reflexión de ondas sonoras. || Onda electromagnética reflejada de modo tal que se percibe como distinta de la originalmente emitida. || Sonido que se percibe débil y confusamente. || fig. Persona que imita o repite aquello que otro dice o hace.

ecografía. f. Técnica que se emplea en medicina para la exploración del interior de un cuerpo mediante ondas electromagnéticas o acústicas. || Imagen obtenida por este método.

ecología. f. Ciencia que estudia las relaciones existentes entre los seres vivientes y el medio en que viven. || Protección del medio ambiente y defensa de la naturaleza.

ecologismo. m. Movimiento social que propugna la defensa de la naturaleza y la protección del medio ambiente.

economato. m. Cargo de ecónomo. || Almacén o tienda con precios más baratos que en las tiendas normales.

economía. f. Administración recta y prudente de los bienes. || Ciencia que estudia la administración de bienes. || Riqueza pública o conjunto de los recursos de un país. || fig. Ahorro de tiempo, trabajo, dinero, etc. || Reducción o moderación de los gastos. || fig. Buena distribución del tiempo y otras cosas inmateriales. || pl. Ahorros.

ecosistema. m. Comunidad de los seres vivos de un mismo ambiente.

ecuación. f. En álgebra, igualdad que contiene una o más incógnitas.

ecuador. m. Círculo máximo que se considera en la esfera celeste, perpendicular al eje de la Tierra. || Paralelo de mayor radio en una superficie de revolución.

ecuanimidad. f. Actitud equilibrada, constante, tranquila. || Imparcialidad.

ecuatorial. adj. Relativo al ecuador.

ecuatoriano, na. adj. y s. De Ecuador.

ecuestre. adj. Relativo al caballero, a la equitación o al caballo.

edad. f. Tiempo que una persona o cosa ha existido. || Cada uno de los períodos en que se considera dividida la vida humana. || Duración de una cosa desde que empezó a existir. || Vejez, ancianidad.

edema. m. Hinchazón blanda de una parte del cuerpo.

edén. m. Paraíso terrenal. || fig. Lugar muy ameno y delicioso.

edición. f. Impresión de un libro para su publicación. || Conjunto de ejemplares de una obra impresos en una sola tirada. || Cada celebración de determinado certamen, exposición, festival, etc.

edicto. m. Mandato, decreto. || Escrito que se fija en lugares públicos.

edificar. tr. Fabricar, hacer un edificio. || fig. Infundir en otros sentimientos de piedad o virtud.

edificio. m. Construcción hecha con materiales resistentes para ser usada como vivienda, industria, local, etc.

edil, la. m. y f. Concejal.

editar. tr. Publicar y distribuir en el mercado un libro, revista, obra cinematográfica, discográfica, etc.

editor, ra. m. y f. Persona o entidad encargada de editar y distribuir una obra. Ú. t. c. adj. || Persona que se dedica a preparar la publicación de un texto siguiendo criterios filológicos.

editorial. adj. Relativo a editores o a ediciones. || m. Artículo de fondo de un periódico. Ú. m. c. m. || f. Empresa destinada a editar.

edredón. m. Plumón de ciertas aves del Norte. || Cobertor de cama relleno con plumas de ciertas aves, o de algodón, guano, etc.

educar. tr. Dirigir, enseñar. || Desarrollar o perfeccionar las facultades intelectuales y morales y los sentidos. || Enseñar los buenos modales de urbanidad y cortesía.

edulcorar. tr. Endulzar con sustancias naturales o sintéticas cualquier producto de sabor desagradable o insípido

efe. f. Nombre de la letra *f*.

efectivo, va. adj. Real y verdadero. || Se dice del empleo o cargo de plantilla, en contraposición al interino. || Dinero en metálico. || pl. Fuerzas militares o políticas.

efecto. m. Lo que resulta de una causa. || Impresión hecha en el ánimo. || Fin para que se hace una cosa. || Artículo de comercio. || Documento o valor mercantil. || Objeto, pertenencia. || Truco o artificio. || En cine, teatro y otros espectáculos, truco o artificio para provocar determinadas impresiones. Ú. m. en pl.

efectuar. tr. Ejecutar una cosa. || prnl. Cumplirse una cosa.

efeméride. f. Acontecimiento notable que se recuerda en su aniversario. || pl. Sucesos notables ocurridos en diferentes años, pero en un mismo día.

efervescencia. f. Desprendimiento de burbujas a través de un líquido. || fig. Agitación, acaloramiento de los ánimos.

eficaz. adj. Que logra hacer efectivo un intento o propósito.

eficiencia. f. Capacidad para lograr un efecto determinado.

efigie. f. Personificación, representación de algo real o ideal. || Imagen, representación de una persona.

efímero, ra. adj. Que dura un solo día. || Pasajero.

efluvio. m. Emisión de pequeñas partículas. || fig. Emanación, irradación en lo inmaterial.

efusión. f. Derramamiento de un líquido. || fig. Expresión viva e intensa de sentimientos de afecto y alegría.

egipcio, cia. adj. y s. De Egipto.

egocentrismo. m. Exagerada exaltación de la propia personalidad, hasta considerarla como centro de la atención y actividad generales.

egoísmo. m. Inmoderado y excesivo amor que uno tiene a sí mismo y que le hace atender desmedidamente a su propio interés, sin cuidarse del los demás.

egolatría. f. Culto, adoración, amor excesivo a sí mismo.

egregio, gia. adj. Insigne, ilustre.

eje. m. Varilla que atraviesa un cuerpo giratorio. || Barra horizontal que une ruedas opuestas de un carruaje. || Línea que divide por la mitad el ancho de una cosa. || fig. Idea, persona, circunstancia, etc., que se considera fundamental con respecto a algo.

ejecutar. tr. Poner por obra una cosa. || Ajusticiar. || Reclamar una deuda por procedimiento ejecutivo.

ejecutivo, va. adj. Que no da espera. || Que ejecuta o hace una cosa. || m. y f. Persona que desempeña un cargo directivo en una empresa. || f. Junta directiva.

ejemplar. adj. Que da buen ejemplo. || Se aplica a lo que sirve de escarmiento. || m. Original, prototipo. || Cada una de las copias sacadas de un mismo original o modelo. || Cada uno de los individuos de una especie o de un género.

ejemplo. m. Caso o hecho que sirve de modelo. || Acción o conducta que puede inclinar a que la imiten. || Hecho o texto que se cita.

ejercer. tr. e intr. Practicar un oficio. || Hacer uso de una facultad.

ejercicio. m. Acción de ejercitarse. || Acción y efecto de ejercer. || Esfuerzo corporal que se hace para mantenerse saludable y en forma, o para entrenar en algún deporte. || Trabajo práctico para el aprendizaje de ciertas disciplinas. || Tiempo durante el cual rige una ley de presupuestos. || Cada una de las pruebas de que consta un examen.

ejercitar. tr. y prnl. Practicar un arte, oficio o profesión.

ejército. m. Gente de guerra unida en un cuerpo a las órdenes de un general. ‖ Conjunto de fuerzas aéreas o terrestres de una nación.

ejote. m. amer. Vaina de la judía cuando aún está tierna.

el. art. determinado en gén. m. y núm. sing.

él. pron. pers. de 3.ª pers. en gén. m. y núm. sing.

elaborar. tr. y prnl. Preparar un producto. ‖ Producir una sustancia.

elasticidad. f. Flexibilidad. ‖ Propiedad de los cuerpos que recobran su extensión y figura primitivas, tan pronto como cesa la acción que las alteraba.

ele. f. Nombre de la letra *l*.

electoral. adj. Perteneciente a la dignidad o a la calidad de elector. ‖ Relativo a electores o elecciones.

electricidad. f. Conjunto de fenómenos físicos derivados del efecto producido por el movimiento y la interacción entre cargas eléctricas positivas y negativas. ‖ Corriente eléctrica.

electricista. adj. y com. Se dice de la persona que se ocupa en hacer instalaciones eléctricas.

electrizar. tr. y prnl. Comunicar o producir la electricidad en un cuerpo. ‖ fig. Exaltar, avivar, inflamar el ánimo o los ánimos.

electrocutar. tr. y prnl. Matar o morir por medio de una descarga eléctrica.

electrodoméstico. m. y adj. Aparato eléctrico de uso doméstico.

eléctrodo o electrodo. m. Cuerpo conductor por donde entra y sale la corriente. ‖ Polo o terminal de una fuente eléctrica.

electrón. m. Partícula elemental de un átomo dotada de carga negativa.

electrónica. f. Rama de la física que estudia dispositivos basados en el movimiento de los electrones libres en el vacío, gases o semiconductores. ‖ Conjunto de aplicaciones técnicas derivadas de este estudio.

elefante. m. Mamífero ungulado, el mayor de los animales terrestres.

elegante. adj. Dotado de gracia, nobleza y sencillez. ‖ Airoso, bien proporcionado, de buen gusto. ‖ Se dice de la persona que viste a la moda. Ú. t. c. com.

elegir. tr. Escoger, preferir. ‖ Nombrar por elección a alguien.

elemental. adj. Relativo al elemento. ‖ fig. Fundamental, primordial. ‖ Obvio, evidente.

elemento. m. Principio físico o químico de los cuerpos. ‖ Cuerpo simple. ‖ En la filosofía natural antigua: la tierra, el agua, el aire y el fuego. ‖ Parte integrante de una cosa. ‖ Individuo valorado positiva o negativamente para la acción conjunta. ‖ pl. Fundamentos y primeros principios de las ciencias y artes. ‖ Medios y recursos.

elenco. m. Catálogo, índice. ‖ Nómina de una compañía teatral.

elepé. m. Del inglés *Long Play*, disco de larga duración.

elevar. tr. Levantar una cosa. ‖ fig. Mejorar a uno en su condición social o política. ‖ fig. Dirigir un escrito o petición a una autoridad. ‖ prnl. fig. Transportarse, enajenarse. ‖ fig. Envanecerse, engreírse. ‖ En mat., poner un número en una potencia.

eliminar. tr. Quitar, separar. ‖ Alejar, excluir. ‖ Hacer desaparecer una incógnita en una ecuación. ‖ Expeler el organismo una sustancia.

elipse. f. Curva cerrada, simétrica respecto de dos ejes perpendiculares entre sí, con dos focos.

elipsis. f. Figura de construcción que consiste en omitir en la oración una o más palabras sin que se pierda el sentido de la frase.

elite o élite. f. Minoría selecta.

elixir o elíxir. m. Piedra filosofal. ‖ Licor compuesto de diferentes sustancias medicinales. ‖ fig. Medicamento o remedio maravilloso.

ella. pron. pers. de 3.ª pers. en gén. f. y núm. sing.

ello. pron. pers. de 3.ª pers. en gén. n.

ellos, ellas. pron. pers. de 3.ª pers. en gén. m. y f., y núm. pl.

elocuencia. f. Arte de hablar o escribir de una forma convincente y eficaz para persuadir, conmover, etc. ‖ Por ext., fuerza de expresión, eficacia, para persuadir, conmover, etc., que tienen los gestos, ademanes o cualquier otra acción o cosa.

elogio. m. Alabanza que se hace de una persona o cosa.

elote. m. amer. Mazorca tierna de maíz que, cocida o asada, se consume como alimento.

elucidar. tr. Poner en claro, explicar.

elucubrar. tr. Pensar reiteradamente en un asunto. Ú. t. c. intr. ‖ Divagar.

eludir. tr. Esquivar una dificultad. ‖ Dejar sin efectividad una cosa. ‖ Evitar.

emanar. intr. Proceder, derivar. ‖ Desprenderse de los cuerpos las sustancias volátiles. Ú. t. c. tr. ‖ tr. fig. Desprender algo de sí, especialmente sentimientos.

emancipar. tr. y prnl. Libertar de la patria potestad, de la tutela o de la servidumbre. ‖ prnl. fig. Salir de la sujeción en que se estaba.

embadurnar. tr. y prnl. Untar, embarrar, manchar, pintarrajear.

embajada. f. Mensaje para tratar algún asunto de importancia, especialmente los que se envían los jefes de Estado por medio de sus embajadores. ‖ Cargo de embajador. ‖ Casa en que reside el embajador. ‖ Conjunto de sus empleados.

embajador, ra. m. y f. Agente diplomático que representa a su país en otro.

embalar. tr. Preparar bultos o paquetes para que su contenido no sufra desperfectos. ‖ Aumentar en exceso la velocidad. Ú. t. c. prnl. ‖ prnl. Dejarse llevar por una idea, sentimiento, impulso, etc.

embalsamar. tr. Preparar un cadáver para preservarlo de la putrefacción. ‖ Perfumar, aromatizar. Ú. t. c. prnl.

embalse. m. Acción y efecto de embalsar. ‖ Gran depósito artificial en

el que se almacenan las aguas corrientes. ‖ Cantidad de agua embalsada.

embarazo. m. Impedimento, dificultad. ‖ Preñez de la mujer. ‖ Tiempo que dura ésta. ‖ Encogimiento, falta de soltura.

embarazoso, sa. adj. Que molesta o incomoda.

embarcación. f. Barco. ‖ Embarco. ‖ Tiempo que dura un viaje en barco.

embarcar. tr. Dar ingreso a personas, mercancías, etc., en una embarcación. Ú. t. c. prnl. ‖ Destinar a alguien a un buque. ‖ fig. Hacer que uno intervenga en una empresa difícil o arriesgada. Ú. t. c. prnl. ‖ amer. Engañar.

embargar. tr. Embarazar, impedir, detener. ‖ fig. Llenar a alguien una emoción. ‖ Retener una cosa en virtud de mandamiento de juez competente.

embarrancar. intr. Encallar una embarcación. Ú. t. c. prnl. ‖ prnl. Atascarse una cosa en un lugar estrecho. ‖ fig. Atascarse en una dificultad. Ú. t. c. intr.

embaucar. tr. Engañar, alucinar.

embeleco. m. Embuste, engaño. ‖ fig. y fam. Persona o cosa fútil.

embelesar. tr. y prnl. Fascinar, arrebatar, cautivar.

embellecer. tr. y prnl. Hacer o poner bella a una persona o cosa.

emberretinarse. prnl. amer. Encapricharse.

embestir. tr. Venir con ímpetu sobre una persona o cosa.

embijar. tr. amer. Ensuciar, manchar, embarrar.

emblema. m. Jeroglífico, símbolo. ‖ Cualquier cosa que es representación simbólica de otra.

embobar. tr. y prnl. Tener suspenso y admirado a uno.

embolia. f. Obstrucción de un vaso sanguíneo por un coágulo.

embolsar. tr. Guardar una cosa en la bolsa. ‖ Cobrar. ‖ prnl. Ganar dinero.

emborrachar. tr. Causar embriaguez. ‖ Atontar, adormecer. Ú. t. c. prnl. ‖ Cebar con exceso de combustible líquido

una mecha o mechero. || Empapar biz-
cochos o pasteles en vino, licor o almíbar.

emborronar. tr. Llenar de borrones.
|| fig. Escribir desaliñadamente.

emboscada. f. Ataque por sorpresa a
otra u otras personas. || fig. Asechanza,
maquinación.

embotar. tr. Engrosar los filos y puntas de las armas y otros instrumentos
cortantes. Ú. m. c. prnl. || fig. Enervar,
debilitar. || prnl. Aturdise.

embotellar. tr. Echar el vino u otro
líquido en botellas. || fig. Acorralar a una
persona; inmovilizar un negocio, una mer-
cancía, etc. || fig. Obstaculizar, obstruir.

embozar. tr. Cubrir el rostro por la
parte inferior hasta las narices o los
ojos. Ú. m. c. prnl. || fig. Encubrir algo.

embozo. m. Parte de la capa, banda
u otra cosa con que uno se cubre el ros-
tro. || Doblez de la sábana de la cama
por la parte que toca el rostro.

embragar. tr. Hacer que un eje participe del movimiento de otro.

embrague. m. Acción de embragar. ||
Mecanismo dispuesto para que un eje
participe o no en el mecanismo de otro.
|| Pedal con que se acciona dicho meca-
nismo.

embriagar. tr. y prnl. Causar embria-
guez. || Atontar, perturbar. || fig. Enaje-
nar, transportar. || prnl. Perder el domi-
nio de sí por beber alcohol en exceso.

embrión. m. Organismo en desarrollo, desde su iniciación en el huevo o en
el óvulo hasta que se han diferenciado
todos sus órganos. || fig. Principio, infor-
me todavía, de una cosa.

embrollar. tr. Enredar, confundir las
cosas. Ú. t. c. prnl.

embrujar. tr. Hechizar. || fig. Ejercer
atracción o influencia sobre alguien.

embrutecer. tr. y prnl. Entorpecer y
casi privar a uno del uso de la razón.

embuchar. tr. Embutir carne picada
en una tripa de animal. || Introducir
comida en el buche de un ave.

embudo. m. Instrumento hueco en
figura de cono y rematado en un canuto, que sirve para transvasar líquidos.

embuste. m. Mentira.

eme. f. Nombre de la letra *m*.

emergencia. f. Acción y efecto de
emerger. || Accidente que sobreviene.

emerger. intr. Brotar, salir del agua u
otro líquido. || Salir algo del interior. ||
fig. Surgir alguna cosa.

emérito, ta. adj. Se apl. a la persona
que se ha retirado de un empleo o cargo y disfruta de algún premio o compensación por sus buenos servicios.

emigrar. intr. Abandonar su propio
país con ánimo de establecerse en otro
extranjero. || Cambiar periódicamente
de clima algunas especies animales.

eminente. adj. Que sobresale entre
los demás.

emir. m. Príncipe o caudillo árabe.

emisario, ria. m. y f. Mensajero.

emitir. tr. Echar hacia fuera una cosa.
|| Poner en circulación papel moneda o
valores. || Tratándose de juicios, opinio-
nes, etc., darlos. || Transmitir un progra-
ma las estaciones de radio o televisión.

emoción. f. Conmoción afectiva de
carácter intenso.

emotivo, va. adj. Relativo a la emo-
ción. || Que produce emoción. || Que se
emociona fácilmente.

empacar. tr. Empaquetar. || intr.
amer. Hacer las maletas o empaquetar
cualquier cosa. || prnl. amer. Plantarse
una bestia.

empachar. tr. Estorbar, embarazar.
Ú. t. c. prnl. || Ahitar, causar indiges-
tión. Ú. m. c. prnl. || Disfrazar, encubrir.
|| prnl. Avergonzarse.

empadronar. tr. y prnl. Asentar o
escribir a uno en el padrón.

empalagar. tr. Encharcar, embalsar.
|| Causar hastío un manjar, principal-
mente si es dulce. Ú. t. c. intr. y prnl. ||
fig. Enfadar, fastidiar. Ú. t. c. prnl.

empalizada. f. Estacada, cerca,
vallado.

empalmar. tr. Juntar dos cosas entre-
lazándolas de modo que queden en
comunicación o a continuación unas de
otras. || fig. Ligar o combinar planes. ||
intr. Enlazar adecuadamente los medios

de transporte para poder combinar la hora de llegada de uno con la salida de otro. || prnl. Excitarse sexualmente el macho, con erección del pene.

empamparse. prnl. amer. Extraviarse en la pampa.

empanada. f. Manjar cubierto con masa, y cocido después en el horno.

empanadilla. f. dim. de empanada. || Pastel pequeño relleno de dulce, carne picada o de otro manjar.

empanar. tr. Encerrar una cosa en masa o pan, para cocerla en el horno. || Rebozar con pan rallado un manjar para freírlo.

empantanar. tr. y prnl. Llenar de agua un terreno. || fig. Detener, interrumpir.

empañar. tr. Quitar el brillo o diafanidad. Ú. t. c. prnl. || Cubrirse un cristal con vapor de agua. Ú. m. c. prnl. || fig. Manchar u oscurecer la fama, el mérito, etc. Ú. t. c. prnl.

empañetar. tr. amer. Cubrir una pared con una mezcla de barro y paja, u otras sustancias.

empapar. tr. y prnl. Humedecer una cosa. || Absorber una cosa dentro de sus poros algún líquido. || prnl. fig. Imbuirse de un afecto, idea o doctrina. || fam. Empacharse de comida.

empapelar. tr. Envolver en papel. || Forrar de papel una superficie. || fig. y fam. Formar causa criminal a uno.

empaque. m. Acción y efecto de empacar. || Materiales que forman la envoltura u armazón de los paquetes, como papeles, cuerdas, cintas, etc. || fig. Señorío, distinción. || fig. Comportamiento afectado. || amer. Acción y efecto de empacarse un animal. || amer. Descaro, desfachatez.

empaquetar. tr. Formar paquetes. || fig. Acomodar en un recinto un número excesivo de personas.

emparedado, da. adj. y s. Recluso por castigo, penitencia o propia voluntad. || m. fig. Porción pequeña de una vianda entre dos rebanadas de pan.

emparedar. tr. Encerrar a una persona entre paredes.

emparejar. tr. Formar una pareja. Ú. t. c. prnl. || Poner una cosa a nivel con otra. || intr. fig. Ponerse al nivel de otro más avanzado. Ú. t. c. prnl.

emparentar. intr. Contraer parentesco por vía de casamiento. || fig. Tener una cosa relación de afinidad o semejanza con otra.

empastar. tr. Cubrir de pasta una cosa. || Encuadernar en pasta los libros. || Dicho de un diente o muela, rellenar con pasta el hueco producido por la caries. || Poner el color en bastante cantidad para que no deje ver el primer dibujo.

empatar. tr. Tratándose de una confrontación, obtener dos o más contrincantes un mismo número de puntos o votos. Ú. m. c. intr. y prnl. || amer. Empalmar, juntar una cosa a otra.

empecinarse. prnl. Obstinarse, aferrarse, encapricharse.

empedernido, da. adj. fig. Se dice de la persona que tiene una costumbre o un vicio muy arraigado

empedrar. tr. Cubrir el suelo con piedras ajustadas unas con otras.

empeine. m. Parte superior del pie. || Parte de la bota desde la caña a la pala.

empellón. m. Empujón fuerte a una persona o cosa.

empeñar. tr. Dejar una cosa en prenda para seguridad de pago. || Precisar, obligar. Ú. t. c. prnl. || Poner a uno por mediador para conseguir una cosa. || prnl. Llenarse de deudas. || Insistir con tesón en una cosa.

empeorar. tr. Poner o volver peor. || intr. Ponerse peor. Ú. t. c. prnl.

empequeñecer. tr. Disminuir una cosa, hacerla más pequeña.

emperador, triz. m. Título de dignidad dado al jefe supremo del antiguo Imperio romano. || Soberano de un imperio. || Pez espada || f. Mujer del emperador. || Soberana de un imperio.

empero. conj. ad. Pero. || Sin embargo.

emperrarse. prnl. fam. Obstinarse, empeñarse en una cosa.

empezar. tr. Comenzar, dar principio a una cosa. || intr. Tener principio una cosa.

empinar. tr. Enderezar y levantar en alto. || Inclinar mucho una vasija para beber. || fig. y fam. Beber mucho. || prnl. Ponerse uno sobre las puntas de los pies y erguirse. || Ponerse un cuadrúpedo sobre los dos patas de atrás.

emplazar. tr. Citar a una persona en determinado tiempo y lugar. || Citar al demandado. || Poner una cosa en determinado lugar.

emplear. tr. Ocupar a uno. Ú. t. c. prnl. || Destinar a uno al servicio público. || Gastar el dinero en una compra. || Gastar, consumir. || Usar.

empleo. m. Acción y efecto de emplear. || Destino, ocupación, oficio.

empobrecer. tr. Hacer que uno venga al estado de pobreza. || intr. y prnl. Venir a estado de pobreza una persona. || Decaer, venir a menos.

empollar. tr. Calentar el ave los huevos para sacar pollos. Ú. t. c. prnl. || Entre estudiantes, preparar mucho las lecciones.

empolvar. tr. Echar polvo. || prnl. Cubrirse de polvo.

emponchado, da. adj. amer. Se dice de la persona que está cubierta con un poncho. || amer. P. ext., Muy abrigado.

emponzoñar. tr. y prnl. Dar ponzoña a uno. || fig. Echar a perder, corromper.

emporio. m. Lugar donde concurrían para el comercio gentes de diversas nacionalidades. || Ciudad o lugar notable por el florecimiento del comercio y, p. ext., de las ciencias, las artes, etc. || amer. Gran almacén comercial.

empotrar. tr. Meter una cosa en la pared o en el suelo, asegurándola. || prnl. Encajarse una cosa con otra.

emprender. tr. Acometer y comenzar una obra o empresa.

empresa. f. Entidad integrada por el capital y el trabajo, como factores de la producción, y dedicada a actividades industriales, mercantiles o de prestación de servicios con fines lucrativos. || Acción ardua y dificultosa que se comienza.

empréstito. m. Préstamo. || Cantidad prestada.

empujar. tr. Hacer fuerza contra una cosa para moverla. || fig. Hacer presión.

empuñadura. f. Puño de la espada, y de otros utensilios y herramientas.

empuñar. tr. Asir por el puño una cosa. || Asir una cosa con la mano.

emular. tr. y prnl. Imitar las acciones de otro procurando igualarle o incluso excederle.

emulsión. f. Líquido que tiene en suspensión pequeñísimas partículas de sustancias insolubles en agua.

en. prep. que indica en qué lugar, tiempo o modo se determinan las acciones de los verbos a que se refiere.

enagua. f. Prenda femenina que se usa debajo de la falda. Ú. m. en pl.

enajenar. tr. Pasar a otro el dominio de una cosa. || fig. Sacar a uno fuera de sí. Ú. t. c. prnl. || prnl. Privarse de algo. || Apartarse, retraerse del trato o comunicación. Ú. t. c. tr.

enaltecer. tr. y prnl. Ensalzar.

enamorar. tr. Excitar en uno la pasión del amor. || Cortejar, expresar el amor. || Gustar mucho de algo. || prnl. Sentir amor hacia una persona. || Aficionarse a una cosa.

enancarse. prnl. amer. Montar a las ancas. || amer. Meterse uno donde no le llaman.

enano, na. adj. fig. Se dice de lo que es diminuto en su especie. || m. y f. Persona que por haber sufrido trastornos del crecimiento tiene menor estatura. || Persona de pequeña estatura. || Apelativo cariñoso dirigido a niños. || Personaje fabuloso que aparece en los cuentos infantiles.

enarbolar. tr. Levantar en alto. || prnl. Encabritarse. || Enfadarse.

enardecer. tr. y prnl. fig. Excitar.

encabezar. tr. Registrar, poner en matrícula a uno. || Iniciar una suscripción o lista. || Poner el encabezamiento de un libro o escrito. || Acaudillar, presidir, poner o ponerse al frente.

encabritarse. prnl. Empinarse el caballo. || fig. Enojarse.

encadenar. tr. Ligar y atar con cadena. || fig. Trabar y unir unas cosas con otras. || fig. Dejar a uno sin movimiento y sin acción.

encajar. tr. Meter una cosa dentro de otra ajustadamente. || Unir ajustadamente una cosa con otra. Ú. t. c. intr. || intr. Coincidir, estar de acuerdo. || Ajustarse, adaptarse. || prnl. Ponerse una prenda de vestir.

encaje. m. Acción de encajar una cosa en otra. || Sitio o hueco en que se mete o encaja algo. || Ajuste de dos piezas que cierran o se adaptan entre sí. || Cierto tejido de mallas, lazadas o calados, con flores, figuras u otras labores.

encajonar. tr. Meter y guardar algo dentro de uno o más cajones. || Meter en un sitio angosto. Ú. m. c. prnl.

encalambrarse. prnl. amer. Entumecerse, aterirse.

encalar. tr. Dar de cal o blanquear algo. || Se dice principalmente de las paredes. || Meter en cal o espolvorear con ella alguna cosa.

encallar. intr. Dar la embarcación en arena o piedra, quedando en ellas sin movimiento. || prnl. Endurecerse algunos alimentos por mala cocción.

encaminar. tr. Enseñar a uno por dónde ha de ir, ponerle en camino. Ú. t. c. prnl. || Dirigir una cosa hacia un punto determinado. || fig. Enderezar la intención a un fin determinado; poner los medios que conducen a él.

encamotarse. prnl. amer. Enamorarse, amartelarse.

encandilar. tr. y prnl. Deslumbrar. || Despertar o excitar el sentimiento o deseo amoroso. || prnl. Encender o avivar los ojos la bebida o la pasión. || amer. Enfadarse.

encanecer. intr. Ponerse cano. || fig. Envejecer una persona.

encanijar. tr. y prnl. Poner flaco y enfermizo.

encantar. tr. Obrar por arte de magia. || fig. Cautivar la atención de uno por medio de la hermosura, la gracia o el talento.

encanto. m. Encantamiento. || fig. Persona o cosa que embelesa. || pl. Atractivos físicos.

encapotar. tr. y prnl. Cubrir con el capote. || prnl. Se dice del cielo, aire, atmósfera, etc., cuando se cubre de nubes oscuras.

encapricharse. prnl. Empeñarse uno en sostener o conseguir su capricho. || Tener capricho por una persona o cosa.

encaramar. tr. y prnl. Levantar a una persona o cosa a lugar dificultoso de alcanzar. || fig. y fam. Colocar en puestos encumbrados.

encarar. tr. y prnl. Ponerse uno cara a cara enfrente y cerca de otro. || fig. Hacer frente a una dificultad. Ú. t. c. prnl. || prnl. Colocarse una persona o animal frente a otra en actitud violenta o agresiva.

encarcelar. tr. Poner a uno preso en la cárcel.

encarecer. tr. Aumentar el precio de algo. Ú. t. c. intr. y prnl. || fig. Ponderar, exagerar, alabar mucho una cosa. || Recomendar con empeño.

encargar. tr. Encomendar, poner una cosa al cuidado de uno. Ú. t. c. prnl. || Recomendar, aconsejar, prevenir. || Pedir que se traiga o envíe de otro lugar alguna cosa. || Imponer una obligación.

encariñar. tr. y prnl. Aficionar, despertar o excitar cariño.

encarnado, da. adj. De color de carne. Ú. t. c. m. || Colorado, rojo.

encarnar. intr. Tomar un ser espiritual, una idea, etc., forma corporal. Ú. t. c. prnl. || En el cristianismo, hacerse hombre el Hijo de Dios. || tr. Personificar, representar alguna idea, doctrina, etc. || Representar alguien un personaje en una obra dramática o cinematográfica. || prnl. Introducirse una uña al crecer en las partes blandas que la rodean.

encarnizado, da. adj. Cruento, reñido.

encarrilar. tr. Encaminar, dirigir y enderezar una cosa o un asunto. || Colocar sobre los carriles o rieles un vehículo descarrilado.

encasillar. tr. Poner en casillas. || Clasificar personas o cosas, generalmente con criterios poco flexibles o limitados.

encasquillar. tr. Poner casquillos. ‖ prnl. Atascarse un arma de fuego con el casquillo de la bala al disparar.

encausar. tr. Proceder judicialmente contra uno.

encauzar. tr. Dar dirección por un cauce a una corriente. ‖ fig. Encaminar, dirigir por buen camino un asunto, una discusión, etc.

encéfalo. m. Conjunto de órganos que forman parte del sistema nervioso de los vertebrados y están contenidos en la cavidad del cráneo.

encender. tr. Hacer que una cosa arda para que dé luz o calor. ‖ Pegar fuego, incendiar. ‖ Causar ardor y encendimiento. Ú. t. c. prnl. ‖ fig. Avivar un sentimiento o pasión. Ú. t. c. prnl. ‖ En ciertos casos, conectar un circuito eléctrico. Ú. t. c. prnl. ‖ prnl. Ponerse rojo, ruborizarse.

encerrar. tr. Meter a una persona o cosa en un lugar del que no pueda salir. ‖ fig. Incluir, contener. ‖ prnl. Incomunicarse, aislarse del mundo.

encerrona. f. Situación, preparada de antemano, en que se coloca a una persona para obligarla a que haga algo en contra de su voluntad.

encestar. tr. Poner, recoger, guardar algo en una cesta. ‖ En el juego del baloncesto, introducir el balón en el cesto o red de la meta contraria.

encharcar. tr. y prnl. Cubrir de agua una parte de terreno, que queda como si fuera un charco. ‖ prnl. Llenarse de sangre, agua u otros líquidos algún órgano humano, como los pulmones.

enchilada. f. amer. Tortilla de maíz enrollada o doblada, frita, y aderezada con salsa de chile y otros ingredientes.

enchilar. tr. amer. Aderezar con chile.

enchufar. tr. Ajustar la boca de un caño en la de otro. Ú. t. c. intr. ‖ fig. Combinar, enlazar un negocio con otro. ‖ Establecer una conexión eléctrica con un enchufe. ‖ fig. y fam. Dar un cargo, empleo, etc., a alguien, utilizando la influencia. Ú. t. c. prnl. ‖ prnl. Conseguir algo por influencia o recomendación.

enchufe. m. Acción y efecto de enchufar. ‖ Parte de un caño o tubo que penetra en otro. ‖ Sitio donde enchufan dos caños. ‖ fig. y fam. Cargo o destino que se obtiene por influencia. ‖ Aparato que consta de dos piezas esenciales que se encajan una en otra cuando se quiere establecer una conexión eléctrica. ‖ fig. Recomendación.

encía. f. Carne que cubre interiormente los maxilares y la raíz de los dientes.

enciclopedia. f. Obra en que se trata de muchas ciencias. ‖ Enciclopedismo. ‖ Diccionario enciclopédico.

encima. adv. l. En lugar o puesto superior respecto de otro inferior. ‖ Sobre sí, sobre la propia persona. ‖ Muy cerca. ‖ adv. c. Además. ‖ adv. m. Vigilando.

enclaustrar. tr. y prnl. Encerrar en un claustro. ‖ Por ext., encerrar en cualquier lugar. Ú. t. c. prnl.

enclavar. tr. Situar, ubicar, colocar.

enclave. m. Territorio incluido en otro de mayor extensión con características diferentes: políticas, administrativas, geográficas, etc.

enclenque. adj. y com. Falto de salud, enfermizo.

encoger. tr. y prnl. Contraer el cuerpo o sus miembros. ‖ fig. Apocar el ánimo. ‖ intr. Disminuir lo largo y ancho de algunas telas o ropas, por apretarse su tejido cuando se mojan o lavan.

encolar. tr. Pegar con cola una cosa. ‖ Clarificar vinos. ‖ Dar la encoladura a las superficies que han de pintarse al temple.

encolerizar. tr. y prnl. Hacer que uno se ponga colérico.

encomendar. tr. Encargar a uno que haga alguna cosa o que cuide de ella o de una persona. ‖ Recomendar. ‖ prnl. Entregarse, confiarse al amparo o protección de alguien.

encomiar. tr. Alabar con encarecimiento a una persona o cosa.

encomienda. f. Acción y efecto de encomendar. ‖ Cosa encomendada. ‖

amer. Institución de la América colonial mediante la cual se concedía a un colonizador un grupo de indios para que trabajaran para él. || amer. Paquete postal.

encono. m. Animadversión, rencor arraigado.

encontrar. tr. Dar con una persona o cosa que se busca. Ú. t. c. prnl. || Dar con una persona o cosa sin buscarla. || prnl. Oponerse, enemistarse uno con otro.

encorvar. tr. y prnl. Doblar y torcer una cosa poniéndola corva.

encrespar. tr. y prnl. Ensortijar, rizar. || Enfurecer, irritar. || Levantar y alborotar las ondas del agua. || prnl. fig. Enredarse y dificultarse un asunto.

encrucijada. f. Paraje en donde se cruzan dos o más calles o caminos. || fig. Panorama de varias opciones que se le presentan a uno para elegir. || fig. Punto en que confluyen varias cosas.

encuadernar. tr. Juntar, unir y coser varios pliegos o cuadernos y ponerles cubiertas.

encuadrar. tr. Encerrar en un marco o cuadro. || fig. Encajar, ajustar una cosa dentro de otra. || fig. Determinar los límites de algo, incluyéndolo en un esquema u organización. || fig. Distribuir las personas conforme a un esquema de organización determinado. Ú. t. c. prnl. || Hacer un encuadre con una cámara fotográfica o de cine.

encubrir. tr. Ocultar una cosa o no manifestarla. Ú. t. c. prnl. || Impedir que llegue a saberse una cosa. || Hacerse responsable de ocultación de un delito.

encuerar. tr. amer. Desnudar, dejar en cueros a una persona. Ú t. c. prnl.

encuesta. f. Acopio de datos obtenidos mediante consulta o interrogatorio a un número determinado de personas sobre un asunto.

encumbrar. tr. Levantar en alto. Ú. t. c. prnl. || fig. Ensalzar, engrandecer a alguien. Ú. t. c. prnl. || Subir la cumbre, pasarla. || prnl. Envanecerse, ensoberbecerse.

endeble. adj. Débil, de resistencia insuficiente.

endémico, ca. adj. Relativo a la enfermedad propia de un país o de una época. || fig. Se dice del acto o suceso que se repite frecuentemente en un país.

endemoniar. tr. Introducir los demonios en el cuerpo de una persona. || fig. y fam. Irritar, encolerizar a uno. Ú. t. c. prnl.

enderezar. tr. Poner derecho lo que está torcido o inclinado. Ú. t. c. prnl. || Remitir, dirigir, dedicar. || fig. Gobernar bien; poner en buen estado una cosa. Ú. t. c. prnl. || fig. Enmendar, corregir, castigar. Ú. t. c. prnl.

endeudarse. prnl. Llenarse de deudas.

endogamia. f. Fecundación entre individuos de la misma especie. || Por ext., se aplica a la práctica u obligación de contraer matrimonio cónyuges del mismo grupo étnico, social, etc.

endosar. tr. Ceder a favor de otro una letra de cambio u otro documento de crédito expedido a la orden, haciéndolo así constar al respaldo o dorso. || fig. Trasladar a uno una carga, trabajo o cosa no apetecible.

endrogarse. prnl. amer. Drogarse, usar estupefacientes. || amer. Entramparse, contraer deudas.

endulzar. tr. y prnl. Poner dulce una cosa. || Quitar a las aceitunas el amargo, haciéndolas comestibles. || fig. Suavizar un trabajo o disgusto.

endurecer. tr. y prnl. Poner dura una cosa. || Robustecer los cuerpos. || Hacer a uno áspero, severo, exigente.

ene. f. Nombre de la letra *n*.

enema. f. Líquido introducido en el recto para evacuar el vientre.

enemigo, ga. adj. Contrario, opuesto a una cosa. || m. y f. El que tiene mala voluntad a otro y le desea o hace mal. || m. El contrario en la guerra.

energía. f. Eficacia, poder, virtud para obrar. || Fuerza de voluntad, vigor y tesón en la actividad. || Capacidad de los cuerpos para producir un trabajo.

enérgico, ca. adj. Que tiene energía, o relativo a ella.

energúmeno, na. m. y f. Persona poseída del demonio. || fig. Persona furiosa, alborotada.

enero. m. Primer mes del año; consta de 31 días.

enervar. tr. y prnl. Debilitar, quitar las fuerzas.

enésimo, ma. adj. Número indeterminado de veces que se repite una cosa. || Lugar de orden *n*, generalmente indeterminado en una serie.

enfado. m. Impresión molesta que hacen en el ánimo algunas cosas. || Enojo contra otra persona.

énfasis. amb. Fuerza de expresión o de entonación con que se quiere realzar la importancia de lo que se dice o se lee. Ú. m. c. m. || m. Afectación en la expresión. || En retórica, figura para dar a entender más de lo que realmente se expresa con las palabras empleadas.

enfermedad. f. Alteración más o menos grave de la salud. || fig. Alteración que afecta el funcionamiento de una institución, colectividad, etc.

enfermería. f. Local o dependencia destinados para enfermos o heridos. || Conjunto de los enfermos de determinado lugar o tiempo, o de una misma enfermedad.

enfermero, ra. m. y f. Persona destinada para la asistencia de los enfermos.

enfermo, ma. adj. y s. Que padece enfermedad.

enfermoso, sa. adj. amer. Que tiene poca salud. || Propio de un enfermo.

enfilar. tr. Pasar por un hilo, cuerda o alambre, ensartándolas, cosas como perlas, cuentas o anillos. || Poner en fila. Ú. t. c. intr. y prnl. || Dirigir la vista, ver o divisar en determinada dirección. || fig. Dirigir un asunto en determinado sentido.

enfocar. tr. Hacer que la imagen de un objeto producida en el foco de una lente se recoja con claridad sobre un plano u objeto determinado. || Centrar en el visor de una cámara fotográfica la imagen que se quiere obtener. || Dirigir la atención o el interés hacia un asunto

o problema desde unos supuestos previos, para tratar de resolverlo acertadamente.

enfoscar. tr. Tapar los agujeros que quedan en una pared después de labrada. || Guarnecer con mortero un muro. || prnl. Ponerse hosco y ceñudo. || Enfrascarse, engolfarse en un negocio. || Encapotarse, cubrirse el cielo de nubes.

enfrascarse. prnl. Enzarzarse, meterse en una espesura. || fig. Aplicarse con gran intensidad a una actividad.

enfrentar. tr. y prnl. Afrontar, poner frente a frente. Ú. t. c. intr. || Afrontar, hacer frente, oponer.

enfrente. adv. A la parte opuesta, en punto que mira a otro, o que está delante de otro. || adv. m. En contra.

enfriar. tr. y prnl. Poner o hacer que se ponga fría una cosa. Ú. t. c. intr. || fig. Entibiar los afectos, templar la fuerza y el ardor de las pasiones; amortiguar la eficacia en las obras. || prnl. Acatarrarse.

enfrijolarse. prnl. amer. Enredarse un negocio u otro asunto.

enfundar. tr. Poner una cosa dentro de su funda.

enfurecer. tr. y prnl. Irritar a uno o ponerle furioso. || prnl. fig. Alborotarse, alterarse. Se dice del viento, del mar, etc.

enfurruñarse. prnl. fam. Ponerse enfadado.

engalanar. tr. y prnl. Adornar.

enganchar. tr. Agarrar una cosa con gancho o colgarla de él. Ú. t. c. prnl. y c. intr. || Poner las caballerías en los carruajes de manera que puedan tirar de ellos. Ú. t. c. intr. || Atraer a alguien, captar su afecto o voluntad. || prnl. Alistarse como soldado. || Hacerse adicto a alguna droga.

engañar. tr. Dar a la mentira apariencia de verdad. || Inducir a otro a creer y tener por cierto lo que no lo es. || Producir ilusión, como acontece con algunos fenómenos naturales. || Ser infiel a su cónyuge. || prnl. Negarse a aceptar la verdad. || Equivocarse.

engarzar. tr. Trabar una cosa con otra u otras, formando cadena, por medio de hilo de metal. ‖ Engastar.

engatusar. tr. fam. Ganar la voluntad de uno con halagos y engaños.

engendrar. tr. Procrear, propagar la propia especie. ‖ fig. Causar, ocasionar, formar.

engendro. m. Feto. ‖ Criatura deforme. ‖ Obra mal concebida.

englobar. tr. Incluir varias cosas en una sola. ‖ Abarcar un conjunto una o más cosas. Ú. t. c. prnl.

engolar. tr. Dar resonancia gutural a la voz.

engordar. tr. Cebar. ‖ intr. Ponerse gordo.

engorro. m. Embarazo, impedimento, molestia.

engranar. intr. Encajar los dientes de una rueda. ‖ fig. Enlazar, trabar.

engrandecer. tr. Aumentar. ‖ Alabar, exagerar. ‖ fig. Exaltar, elevar a uno a grado o dignidad superior. Ú. t. c. prnl.

engrasar. tr. Untar, manchar con pringue o grasa. Ú. t. c. prnl. ‖ Untar ciertas partes de una máquina con aceites u otras sustancias lubricantes para disminuir el rozamiento.

engreír. tr. y prnl. Envanecer. ‖ amer. Encariñar. Ú. t. c. prnl. ‖ tr. amer. Mimar, malcriar.

engrosar. tr. Hacer gruesa y más corpulenta una cosa. Ú. t. c. prnl. ‖ fig. Aumentar en número. ‖ intr. Hacerse más grueso o corpulento.

engrudo. m. Masa comúnmente hecha con harina o almidón que se cuece en agua, y sirve para pegar papeles y otras cosas ligeras.

engullir. tr. e intr. Tragar la comida atropelladamente y sin mascarla.

enhebrar. tr. Pasar la hebra por el ojo de la aguja o por el agujero de las cuentas, perlas, etc. ‖ fig. y fam. Decir seguidas muchas cosas sin orden ni concierto.

enhiesto, ta. adj. Levantado, derecho.

enhorabuena. f. Felicitación. ‖ adv. m. En buena hora, con bien.

enigma. m. Dicho o conjunto de palabras de sentido encubierto para que sea difícil entenderlo o interpretarlo. ‖ Por ext., dicho o cosa que no se alcanza a comprender.

enjambre. m. Conjunto de abejas que salen de una colmena con una abeja reina para fundar otra. ‖ fig. Muchedumbre de personas o cosas juntas.

enjaular. tr. Encerrar o poner dentro de la jaula a un animal. ‖ fig. y fam. Meter en la cárcel a uno.

enjuagar. tr. Limpiar la boca y dentadura con agua u otro licor. Ú. m. c. prnl. ‖ Aclarar y limpiar con agua clara lo que se ha enjabonado.

enjugar. tr. Quitar la humedad a una cosa, secarla. ‖ Limpiar la humedad que echa de sí el cuerpo. ‖ Lavar ligeramente. Ú. t. c. prnl. ‖ fig. Cancelar, extinguir una deuda o un déficit. Ú. t. c. prnl.

enjuiciar. tr. fig. Someter una cuestión a examen, discusión y juicio. ‖ Instruir un procedimiento con las diligencias y documentos necesarios para que se pueda determinar en juicio. ‖ Juzgar, sentenciar o determinar una causa.

enjuto, ta. adj. Delgado, seco o de pocas carnes.

enlace. m. Acción de enlazar. ‖ Unión, conexión de una cosa con otra. ‖ Dicho de los medios de transporte, empalme. ‖ fig. Casamiento. ‖ Persona que establece o mantiene relación entre otras, especialmente dentro de alguna organización.

enlatar. tr. Meter alguna cosa en latas de hojalata.

enlazar. tr. Coger o juntar una cosa con lazos. ‖ Dar enlace a unas cosas con otras. Ú. t. c. prnl. ‖ Apresar un animal arrojándole el lazo. ‖ prnl. fig. Unir en matrimonio. ‖ Estar combinado el horario o las líneas de trenes, aviones, autobuses, barcos, etc.

enloquecer. tr. Hacer perder el juicio a uno. ‖ intr. Volverse loco, perder el juicio. ‖ fig. Gustar mucho de algo. Ú. t. c. prnl.

enlozar. tr. amer. Cubrir algo con un baño de loza o de esmalte vítreo.

enmarañar. tr. y prnl. Enredar, revolver una cosa. ‖ fig. Confundir, enredar un asunto haciendo más difícil su buen éxito.

enmarcar. tr. Encerrar en un marco o cuadro. ‖ fig. Situar algo dentro de un determinado lugar, tiempo, corriente artística, etc.

enmascarar. tr. Cubrir el rostro con máscara. Ú. t. c. prnl. ‖ fig. Encubrir, disfrazar.

enmendar. tr. Corregir, quitar defectos. Ú. t. c. prnl. ‖ Resarcir, subsanar los daños.

enmohecer. tr. y prnl. Cubrir de moho una cosa. ‖ prnl. fig. Inutilizarse, caer en desuso.

enmudecer. tr. Hacer callar. ‖ intr. Quedar mudo, perder el habla. ‖ fig. Guardar uno silencio cuando pudiera o debiera hablar.

ennegrecer. tr. Teñir de negro, poner negro. Ú. t. c. prnl. ‖ fig. Enturbiar, turbar, oscurecer. ‖ intr. Ponerse negro o negruzco. Ú. t. c. prnl. ‖ fig. Ponerse muy oscuro, nublarse.

enojo. m. Estado de ánimo, que suscita ira contra una persona. ‖ Molestia, pesar, trabajo. Ú. m. en pl.

enorgullecer. tr. y prnl. Llenar de orgullo.

enorme. adj. Desmedido, excesivo. ‖ Muy grande.

enquistarse. prnl. Formarse un quiste.

enraizar. intr. y prnl. Arraigar, echar raíces.

enrarecer. tr. Dilatar un cuerpo gaseoso haciéndolo menos denso. Ú. t. c. prnl. ‖ Hacer que escasee una cosa. Ú. t. c. intr. y m. c. prnl. ‖ prnl. fig. Deteriorarse una relación, situación, etc.

enredadera. adj. y s. Se dice de las plantas trepadoras.

enredar. tr. Prender con red. ‖ Enlazar, entretejer, enmarañar una cosa con otra. Ú. t. c. prnl. ‖ Complicar, liar. ‖ fig. Meter discordia o cizaña. ‖ fig. Meter a uno en negocios comprometidos o peligrosos. ‖ Entretener. ‖ intr. Travesear, revolver. ‖ prnl. Empezar una dis-

cusión o pelea. ‖ Aturdirse al ir a decir o hacer algo. ‖ Mantener dos personas una relación amorosa.

enredo. m. Complicación y maraña que resulta de trabarse entre sí cosas flexibles. ‖ fig. Engaño, mentira. ‖ Confusión, lío. ‖ fig. En una obra literaria, conjunto de sucesos que preceden al desenlace.

enrevesado, da. adj. Complicado.

enriquecer. tr. Hacer rico. ‖ fig. Adornar, engrandecer. ‖ intr. y prnl. Hacerse uno rico. ‖ Prosperar un país, una empresa, etc.

enrojecer. tr. Poner roja una cosa. ‖ prnl. Encenderse el rostro. Ú. t. c. tr. o intr. Ruborizarse.

enrolar. tr. Inscribir un individuo en una lista o rol de tripulantes de un barco mercante. Ú. t. c. prnl. ‖ prnl. Alistarse en alguna organización o en el ejército.

enrollar. tr. Envolver una cosa de forma que se parezca a un rollo. ‖ intr. fig. Agradar mucho una cosa. Ú. t. c. prnl. ‖ prnl. fig. Extenderse demasiado en alguna actividad, especialmente en una conversación o escrito. ‖ fig. Participar en algún asunto. ‖ fig. Tener relaciones sexuales o amorosas dos personas.

enroscar. tr. Torcer en forma de rosca una cosa. Ú. t. c. prnl. ‖ Introducir una cosa a vuelta de rosca.

ensalada. f. Hortaliza aderezada con sal, aceite y vinagre u otro aliño.

ensaladilla. f. Manjar frío compuesto generalmente de patata, zanahoria, guisantes, pimiento, etc., con salsa mayonesa. Se conoce más por *ensaladilla rusa*.

ensalzar. tr. Engrandecer, exaltar. ‖ Alabar, elogiar. Ú. t. c. prnl.

ensamblar. tr. Unir, juntar. Se dice especialmente cuando se trata de ajustar piezas de madera.

ensanchar. tr. Aumentar la anchura de una cosa. Ú. t. c. intr. y prnl. ‖ Extender, dilatar. ‖ prnl. Engreírse.

ensangrentar. tr. y prnl. Manchar o teñir con sangre.

ensañar. tr. Irritar, enfurecer. ‖ prnl. Deleitarse en causar el mayor daño y dolor posibles a quien ya no está en condiciones de defenderse.

ensartar. tr. Pasar por un hilo, cuerda, alambre, etc., varias cosas. || Enhebrar. || Espetar, atravesar, introducir. || fig. Decir muchas cosas sin orden ni conexión.

ensayar. tr. Poner a prueba una cosa antes de usarla. || Amaestrar, adiestrar. || Hacer la prueba de un espectáculo antes de representarlo en público. || Por ext., hacer la prueba de cualquier otro tipo de acto antes de realizarlo.

enseguida. loc. adv. Inmediatamente después.

ensenada. f. Parte de mar que entra en la tierra.

enseña. f. Insignia o estandarte.

enseñar. tr. Instruir, doctrinar. || Dar advertencia, ejemplo o escarmiento que sirve como experiencia. || Mostrar o exponer algo.

enseres. m. pl. Utensilios, muebles.

ensillar. tr. Poner la silla al caballo, mula, etc.

ensimismarse. prnl. Abstraerse, entregarse adentro a sus propios pensamientos, aislándose su mundo.

ensombrecer. tr. y prnl. Oscurecer, cubrir de sombras. || prnl. fig. Entristecerse.

ensuciar. tr. Manchar una cosa material o inmaterial. Ú. t. c. prnl. || prnl. Hacer las necesidades corporales en la cama, camisa, calzones, etc. || fig. Meterse una persona en asuntos o negocios sucios.

entablar. tr. Cubrir con tablas una cosa. || Dar comienzo a una conversación, batalla, etc. || intr. amer. Igualar.

entablillar. tr. Asegurar con tablillas y vendaje el hueso roto.

entallar. tr. Hacer figuras en relieve. || Hacer que una cosa se ajuste al talle.

ente. m. Lo que es, existe o puede existir. || Asociación u organismo, particularmente el vinculado al Estado.

entelequia. f. Cosa irreal.

entender. Tener idea clara de las cosas. || Saber con perfección una cosa. || Conocer, penetrar. || Conocer el ánimo o la intención de uno. || Discurrir, inferir, deducir. || Tener intención o mostrar voluntad de hacer una cosa. || Creer, pensar, juzgar. || prnl. Conocerse, comprenderse a sí mismo. || Mantener relaciones amorosas dos personas. || Llevarse bien dos o más personas. || Ponerse de acuerdo.

entendimiento. m. Facultad humana de comprender, comparar, juzgar las cosas, o inducir y deducir otras de las que ya se conocen. || Acuerdo, relación amistosa.

enterar. tr. Informar a uno de algo. Ú. t. c. prnl. || amer. Pagar, entregar dinero. || prnl. Darse cuenta.

enternecer. tr. y prnl. Poner blanda y tierna una cosa. || fig. Mover a ternura o a compasión.

entero, ra. adj. Completo. || Se apl. al animal no castrado. || fig. Robusto, sano. || fig. Recto, justo. || fig. Constante, firme. || m. En la bolsa, variaciones en los valores de cotización. || amer. Entrega de dinero.

enterrar. tr. Poner debajo de tierra. || Dar sepultura a un cadáver. || fig. Sobrevivir a alguno. || fig. Arrinconar, relegar al olvido. || amer. Clavar o introducir un instrumento punzante. Ú. t. c. prnl.

entidad. f. Ente o ser. || En fil., lo que constituye la esencia o la forma de una cosa. || Valor o importancia de una cosa. || Colectividad considerada como unidad.

entonar. tr. Cantar ajustado al tono. Ú. t. c. intr. || Dar determinado tono a la voz. || Empezar uno a cantar una cosa para que los demás continúen en el mismo tono. || Refortalecer el organismo. || prnl. Ponerse alegre con el alcohol.

entonces. adv. t. En aquel tiempo u ocasión. || adv. m. En tal caso, siendo así.

entornar. tr. Dejar una puerta o ventana sin cerrarla por completo. || Se dice también de los ojos cuando no se cierran del todo.

entorno. m. Ambiente, lo que rodea.

entorpecer. tr. y prnl. Poner torpe. || fig. Turbar, oscurecer el entendimiento. || fig. Retardar, dificultar.

entrada. f. Espacio por donde se entra. || Conjunto de personas que asisten a un espectáculo. || Producto o beneficio de cada función. || Billete para entrar a un espectáculo. || Cada uno de los manjares que se sirven después de la sopa y antes del plato principal. || Cada uno de los entrantes que forma el pelo. || Cada una de las unidades léxicas o términos que aparecen definidos en un diccionario. || Cantidad inicial que se paga por algo que se compra a plazos. || Momento preciso en que cada voz o instrumento ha de tomar parte en la ejecución de una pieza musical. || En ciertos deportes de pelota, acción de entrar un jugador a otro.

entraña. f. Cada uno de los órganos contenidos en las principales cavidades del cuerpo humano y de los animales. || Lo más íntimo o esencial. || pl. fig. Lo más oculto y escondido. || fig. El centro, lo que está en medio.

entrañable. adj. Muy querido. || Íntimo.

entrañar. tr. Introducir en lo más hondo. Ú. t. c. prnl. || Contener.

entrar. intr. Pasar de fuera adentro, o por una parte para introducir se en otra. || Encajar o poderse meter una cosa en otra, o dentro de otra. || Penetrar o introducirse. || Empezar a formar parte de una empresa, institución, etc. || Hallarse, tener parte en la composición de ciertas cosas. || En mús., empezar a tocar o cantar en el momento preciso. || En ciertos deportes de pelota, ir un jugador al encuentro de otro del equipo contrario para arrebatarle la pelota. || tr. Introducir o hacer entrar.

entre. prep. que denota la situación o estado entre dos o más cosas o acciones. || Dentro de, en lo interior. || Expresa estado intermedio. || Indica colaboración o participación.

entreabrir. tr. y prnl. Abrir un poco o a medias.

entreacto. m. Intermedio en una representación dramática.

entrecejo. m. Espacio que hay entre las cejas. || fig. Ceño.

entrecortar. tr. Cortar una cosa sin acabar de dividirla. || prnl. Interrumpirse la voz al hablar por la turbación, el miedo, la timidez, etc.

entredicho. m. Duda sobre algo. || Prohibición. || Censura eclesiástica.

entregar. tr. Poner en poder de otro. || prnl. Ponerse en manos de uno; ceder a la opinión ajena. || Tomar, recibir uno realmente una cosa o encargarse de ella. || Dedicarse enteramente a una cosa.

entrelazar. tr. Enlazar, entretejer una cosa con otra.

entremés. m. Cualquiera de los manjares que se toman antes de la comida. Ú. m. en pl. || Pieza dramática breve, jocosa y de un solo acto, que se representaba entre los actos de una comedia.

entremeter. tr. Meter una cosa entre otras. || prnl. Meterse uno donde no le llaman.

entremezclar. tr. Mezclar una cosa con otra sin confundirlas.

entrenar. tr. y prnl. Preparar, adiestrar a personas o animales, especialmente para la práctica de un deporte.

entrepaño. m. Parte de pared comprendida entre dos pilastras, dos columnas o dos huecos. || Anaquel del estante o de la alacena. || Cuarterón que se mete entre los peinazos de las puertas y ventanas.

entrepierna. f. Parte interior de los muslos. Ú. m. en pl. || Parte de las prendas de vestir correspondiente a esta zona. || pl. Piezas cosidas en la entrepierna de los pantalones para reforzarla.

entreplanta. f. Planta de oficinas, tiendas, etc., entre otras dos de pisos.

entresacar. tr. Sacar unas cosas de entre otras. || Aclarar un monte. || Cortar parte del cabello.

entresuelo. m. Piso entre el bajo y el principal de una casa. || Planta de los teatros y cines situada encima del patio de butacas.

entretejer. tr. Meter o introducir en la tela que se teje hilos diferentes para que hagan distinta labor. || fig. Entremezclar una cosa con otra. Ú. t. c. prnl.

entretener. tr. Tener a uno detenido y en espera. Ú. t. c. prnl. || Hacer más llevadera una cosa. || Divertir, recrear. || Dar largas. || Mantener, conservar. || prnl. Divertirse.

entretiempo. m. Tiempo de primavera y otoño.

entrever. tr. Ver confusamente una cosa. || Conjeturarla, sospecharla.

entreverar. tr. Mezclar, introducir una cosa entre otras. || prnl. amer. Mezclarse desordenadamente personas, animales o cosas. || amer. Enfrentarse dos grupos de caballería y luchar cuerpo a cuerpo los jinetes. || amer. Discutir.

entrevía. f. Espacio libre que queda entre los dos rieles de una vía de ferrocarril.

entrevista. f. Encuentro y conversación de dos o más personas en lugar determinado. || Conversación que entabla un periodista con un personaje de actualidad para difundir sus opiniones. || Charla a la que se somete el aspirante a un trabajo para que la empresa compruebe si reúne las condiciones necesarias para el puesto. || Acción y efecto de entrevistar.

entrometer. tr. y prnl. Entremeter. || prnl. fig. Meterse uno donde no le llaman.

entristecer. tr. Causar tristeza. || Poner de aspecto triste. || prnl. Ponerse triste.

entroncar. tr. Afirmar el parentesco de una persona con el tronco o linaje de otra.|| intr. amer. Empalmar dos líneas de transporte. Ú t. c. prnl.

entronizar. tr. Colocar en el trono. || fig. Ensalzar a uno; colocarle en alto estado. || prnl. fig. Engreírse, envanecerse.

entropillar. tr. amer. Acostumbrar a los caballos a vivir en manada.

entuerto. m. Tuerto o agravio.

entumecer. tr. y prnl. Hacer que un miembro se quede rígido o torpe de movimientos.

enturbiar. tr. y prnl. Hacer o poner turbia una cosa. || fig. Turbar, alterar el

orden. || fig. Ensombrecer, apagar la alegría y animación de un festejo.

entusiasmo. m. Inspiración fogosa del escritor o del artista. || Exaltación y fogosidad. || Adhesión fervorosa.

enumerar. tr. Hacer enumeración de las cosas.

enunciado. m. Conjunto de palabras con las que se expone un problema matemático, o cualquier cuestión. || En ling., secuencia finita de palabras delimitada por silencios muy marcados.

enunciar. tr. Expresar breve y sencillamente una idea. || Exponer el conjunto de datos que componen un problema.

envasar. tr. Echar en vasos o vasijas un líquido. || Echar el trigo en los costales, o colocar cualquier otro género en su envase.

envase. m. Acción y efecto de envasar. || Recipiente en que se conservan y transportan ciertos géneros. || Todo lo que sirve para envolver.

envergarse. prnl. amer. Empantanarse, tener exceso de humedad un terreno.

envejecer. tr. Hacer vieja a una persona o cosa. || intr. Hacerse vieja o antigua una persona o cosa. Ú. t. c. prnl. || Durar, permanecer por mucho tiempo.

envenenar. tr. Intoxicar, hacer que alguien muera o enferme por ingerir veneno. Ú. t. c. prnl. || Poner una sustancia venenosa en algo. || fig. Hacer que las relaciones entre personas se degraden. || fig. Causar amargura y resentimiento.

envergadura. f. Distancia entre las puntas de las alas desplegadas de las aves. || Por ext., distancia entre los extremos de las alas de un avión y los brazos humanos. || fig. Importancia, amplitud, alcance.

envés. m. Parte opuesta al haz de una tela o de otras cosas.

enviar. tr. Hacer que una persona vaya a alguna parte. || Hacer que una cosa se dirija o sea llevada a alguna parte.

enviciar. tr. Corromper con un vicio. || intr. Echar las plantas muchas hojas y escaso fruto. || prnl. Aficionarse demasiado a una cosa.

envidia. f. Tristeza o pesar del bien ajeno. ‖ Emulación, deseo honesto.

envilecer. tr. Hacer vil y despreciable una persona o cosa. ‖ prnl. Abatirse, perder uno la estimación que tenía.

enviudar. intr. Quedar viudo o viuda.

envoltorio. m. Paquete hecho de papeles, lienzo u otras cosas.

envolver. tr. Cubrir un objeto. ‖ Vestir al niño con los pañales y mantillas. ‖ Arrollar o devanar un hilo, cinta, etc., en alguna cosa. ‖ fig. Rodear a uno, en la disputa, de argumentos o sofismas, dejándolo cortado y sin salida. ‖ Rebasar por uno de sus extremos la línea de combate del enemigo. ‖ fig. Mezclar o complicar a uno en un asunto o negocio.

envuelto, ta. m. amer. Tortilla de maíz aderezada y enrollada.

enyerbar. tr. amer. Dar a alguien un bebedizo. ‖ prnl. amer. Cubrirse de yerba un terreno. ‖ amer. Envenenarse, tomar uno veneno.

enyesar. tr. Tapar o acomodar una cosa con yeso. ‖ Igualar o allanar con yeso. ‖ Escayolar.

enzarzar. tr. Poner zarzas en una cosa. ‖ fig. Enredar a algunos entre sí, sembrando discordias y disensiones. Ú. t. c. prnl. ‖ prnl. Enredarse en zarzas, matorrales, etc. ‖ fig. Meterse en negocios arduos y de salida dificultosa. ‖ fig. Reñir, pelearse.

eñe. f. Nombre de la letra ñ.

eólico, ca. adj. Relativo a Eolo. ‖ Relativo al viento. ‖ Producido y accionado por el viento.

epazote. m. amer. Planta herbácea anual, con tallo ramoso de hasta un metro de altura; hojas verdes, lanceoladas, algo dentadas. Es muy aromática, y sus hojas y flores se toman en infusión.

epiceno. adj. Se dice del nombre común perteneciente a la clase de los animados que, con un solo género gramatical, masculino o femenino, puede designar el macho o a la hembra indistintamente.

epicentro. m. Centro del área de acción de un fenómeno sísmico en la superficie.

épico, ca. adj. Relativo a la epopeya o a la poesía heroica. Ú. t. c. s. ‖ fig. Grandioso, tremendo. ‖ f. Género poético que narra acciones extraordinarias y heroicas de personajes históricos o míticos.

epidemia. f. Enfermedad que por alguna temporada aflige a un pueblo o comarca, acometiendo simultáneamente a gran número de personas. ‖ fig. Mal generalizado.

epidermis. f. Membrana que envuelve el cuerpo de los animales.

epifanía. f. Festividad que celebra la Iglesia católica anualmente el día 6 de enero.

epígono. m. El que sigue las huellas de otro; especialmente se dice del que sigue una escuela o a un estilo de una generación anterior.

epígrafe. m. Resumen que suele preceder a cada uno de los capítulos u otras divisiones de una obra. ‖ Cita o sentencia que suele ponerse a la cabeza de una obra científica o literaria. ‖ Inscripción en piedra, metal, etc. ‖ Título, rótulo.

epilepsia. f. Enfermedad nerviosa crónica caracterizada principalmente por accesos repentino s con pérdida brusca del conocimiento y convulsiones.

epílogo. m. Recapitulación de todo lo dicho en un discurso u otra composición literaria. ‖ fig. Conjunto o compendio. ‖ Última parte de algunas obras literarias.

episcopal. adj. Relativo al obispo.

episodio. m. Cada una de las acciones parciales o partes integrantes de la acción principal. ‖ fig. Incidente, suceso pasajero, uno más de una serie que forma un todo o conjunto.

epístola. f. Carta que se escribe a los ausentes. ‖ Lectura que se hace en la misa y que se suele tomar de una epístola de los apóstoles. ‖ Obra literaria en prosa o verso, en forma de carta, con objetivo moralizante o didáctico.

epitafio. m. Inscripción que se pone sobre un sepulcro.

epíteto. m. Adjetivo cuyo fin principal no es determinar o especificar el nombre, sino caracterizarlo.

época. f. Fecha de un suceso desde el cual se empiezan a contar los años. ‖ Período de tiempo que se señala por los hechos históricos durante él acaecidos. ‖ Por ext., cualquier espacio de tiempo caracterizado por algo concreto.

epopeya. f. Poema narrativo extenso que relata hechos heroicos realizados por personajes históricos o legendarios. ‖ fig. Conjunto de hechos memorables. ‖ fig. Actividad que se realiza con mucho esfuerzo y dificultad.

equidad. f. Justicia, imparcialidad en un trato o reparto.

equidistar. intr. Hallarse a igual distancia.

equilibrio. m. Estado de un cuerpo cuando fuerzas encontradas que obran en él se compensan y anulan mutuamente. ‖ Peso que es igual a otro peso y lo contrarresta. ‖ fig. Contrapeso, armonía entre cosas diversas. ‖ fig. Ecuanimidad, mesura, sensatez en los actos y juicios.

equino, na. adj. Relativo al caballo. ‖ m. Animal de la especie equina.

equinoccio. m. Época en que, por hallarse el Sol sobre el Ecuador, los días son iguales a las noches en toda la Tierra.

equipaje. m. Conjunto de cosas que se llevan en los viajes.

equipal. m. amer. Especie de sillón hecho de varas entretejidas, con el asiento y el respaldo de cuero o de palma tejida.

equipar. tr. Proveer a uno de las cosas necesarias para su uso particular. U. t. c. prnl.

equiparar. tr. Comparar una cosa con otra. ‖ Igualar, asimilar.

equipo. m. Acción y efecto de equipar. ‖ Grupo de personas organizado para una investigación o servicio determinado. ‖ Cada uno de los grupos que se disputan el triunfo en ciertos deportes. ‖ Conjunto de ropas y otras cosas para uso particular de una persona. ‖

Colección de utensilios, instrumentos y aparatos especiales para un trabajo. ‖ Conjunto de aparatos para oír y grabar música.

equis. f. Nombre de la letra x.

equitación. f. Arte de montar y manejar bien el caballo.

equitativo, va. adj. Que tiene equidad.

equivalencia. f. Igualdad en el valor, estimación, potencia o eficacia de dos o más cosas.

equivocar. tr. y prnl. Tener o tomar una cosa por otra, juzgando u obrando desacertadamente. ‖ Hacer que alguien se equivoque.

era. f. Punto fijo o fecha determinada de un suceso, desde el cual se empiezan a contar los años. ‖ Extenso período histórico caraterizado por una gran innovación en las formas de vida y de cultura. ‖ Espacio de tierra limpia y firme, algunas veces empedrado, donde se trillan las mieses. ‖ Cuadro pequeño de tierra destinado al cultivo de tierras u hortalizas.

erario. m. Tesoro público de una nación, provincia o pueblo. ‖ Lugar donde se guarda.

erección. f. Acción y efecto de levantar, enderezar o poner rígida una cosa. ‖ Se dice particularmente de la acción de endurecerse y dilatarse un órgano por la afluencia de sangre a él.

eremita. m. Ermitaño.

erguir. tr. Levantar y poner derecha una cosa. U. t. c. prnl. ‖ prnl. Engreírse, ensoberbecerse.

erial. adj. y m. Se apl. a la tierra o campo sin cultivar ni labrar.

erigir. tr. Fundar, instituir o levantar. ‖ Constituir a una persona o cosa con un carácter que antes no tenía. U. t. c. prnl.

erizar. tr. Levantar, poner rígida y tiesa una cosa. U. m. c. prnl. ‖ fig. Llenar o rodear una cosa de obstáculos, asperezas, inconvenientes, etc. ‖ prnl. fig. Inquietarse, azorarse.

erizo. m. Mamífero insectívoro de unos 22 cm de largo, con el dorso y los costados cubiertos de púas. ‖ Cubierta espinosa de algunos frutos, como la castaña.

ermita. f. Santuario o capilla, generalmente pequeños, situados por lo común en despoblado y que suelen no tener culto permanente.

ermitaño, ña. m. y f. Persona que vive en la ermita y cuida de ella. || Persona que vive en soledad. || m. Crustáceo que vive con frecuencia ocupando conchas de caracoles marinos.

erógeno, na. adj. Que produce o es sensible a la excitación sexual.

erosión. f. Desgaste de una superficie producido por fricción. || Desgaste de la superficie terrestre por agentes externos como el agua o el viento. || Lesión superficial de la epidermis, excoriación. || fig. Pérdida de prestigio o influencia que puede sufrir una persona, institución, etc.

erótico, ca. adj. Amatorio. || Perteneciente o relativo al amor sexual. || Que excita sexualmente. || f. fig. Conjunto de características por las que algo resulta atrayente.

erradicar. tr. Arrancar de raíz.

errar. tr. e intr. No acertar. || intr. Andar vagando de una parte a otra. || Divagar el pensamiento, la imaginación, la atención, etc. || prnl. Equivocarse.

errata. f. Equivocación material cometida en lo impreso o manuscrito.

erre. f. Nombre de la letra *r* en su sonido fuerte.

error. m. Concepto equivocado o juicio falso. || Acción desacertada o equivocada. || Cosa hecha erradamente.

eructar. intr. Expeler con ruido por la boca los gases del estómago.

erudición. f. Conocimiento profundo y extenso sobre ciencias, artes y otras materias.

erupción. f. Aparición y desarrollo en la piel, o las mucosas, de granos, manchas o vesículas. || Estos mismos granos o manchas. || Emisión de materias sólidas, líquidas o gaseosas por grietas en la tierra.

esbelto, ta. adj. Gallardo, bien formado y alto.

esbirro. m. Persona pagada por otra para que lleve a cabo acciones violentas

en su lugar. || El que tiene por oficio ejecutar las órdenes violentas de una autoridad.

esbozar. tr. Bosquejar. || Insinuar un gesto, normalmente del rostro.

escabeche. m. Salsa o adobo para conservar y hacer sabrosos los pescados y otros manjares. || Manjar conservado en esta salsa.

escabroso, sa. adj. Desigual, lleno de tropiezos y embarazos. || fig. Áspero, duro, de mala condición. || fig. Comprometido al borde de lo inconveniente o de lo inmoral.

escabullirse. prnl. Irse o escaparse de entre las manos una cosa. || fig. Ausentarse disimuladamente. || fig. Evitar una dificultad o una obligación con sutileza.

escafandra. f. Aparato compuesto de una vestidura impermeable y un casco hermético, con un cristal frente a la cara y orificios y tubos para renovar aire. Sirve para permanecer y trabajar bajo el agua. || Traje parecido que usan los astronautas para salir de la nave en el espacio.

escala. f. Escalera de mano. || Sucesión ordenada de cosas distintas, pero de la misma especie. || Línea recta dividida en partes iguales que representan proporcionadamente determinadas unidades de medida. || Tamaño de un mapa, plano, diseño, etc., según la escala a que se ajusta. || Graduación para medir los efectos de diversos instrumentos. || Lugar donde tocan las aeronaves o embarcaciones entre su punto de origen y el de destino.

escalafón . m. Lista de los individuos de una corporación, clasificados según su grado, antigüedad, méritos, etc.

escalar. tr. Entrar en un lugar por medio de escalas o trepando. || Subir, trepar por una gran pendiente o a una gran altura. || fig. Ascender social o profesionalmente, no siempre por buenos medios.

escaldar. tr. Bañar con agua hirviendo una cosa. || Abrasar.

escalera. f. Serie de escalones que sirve para subir y bajar. || Reunión de naipes de valor correlativo.

escalinata. f. Escalera amplia y hecha de fábrica, generalmente con elementos artísticos.

escalofrío. m. Sensación de frío que suele preceder a un ataque de fiebre. Ú. m. en pl. ‖ Sensación semejante producida por una emoción intensa, especialmente de terror.

escalón. m. En la escalera de un edificio, cada parte en que se apoya el pie para subir o bajar. ‖ fig. Grado a que se asciende en dignidad. ‖ fig. Paso o medio con que uno adelanta sus pretensiones o conveniencias.

escama. f. Membrana córnea, delgada y en forma de escudete, que suele cubrir total o parcialmente la piel de algunos animales, y principalmente la de los peces y reptiles. ‖ fig. Lo que tiene figura de escama.

escamotear. tr. Hacer desaparecer algo con tanta habilidad que los presentes no se den cuenta. ‖ Robar o quitar algo con especial agilidad o astucia.

escampar. tr. Despejar, desembarazar un sitio. ‖ intr. Aclararse el cielo nublado, dejar de llover. ‖ fig. Cesar en una operación.

escándalo. m. Acción o palabra que es causa de que uno obre mal o piense mal de otro. ‖ Alboroto, tumulto, inquietud, ruido. ‖ Desenfreno, desvergüenza, mal ejemplo. ‖ fig. Asombro, pasmo, admiración.

escandinavo, va. adj. y s. De Escandinavia.

escáner. m. Aparato tubular para la exploración de cuerpos por rayos X que permite obtener la imagen completa de varias secciones transversales de la región corporal explorada.

escaño. m. Banco con respaldo para sentarse tres o más personas. ‖ Puesto, asiento de los parlamentarios en las cámaras.

escapar. tr. Librar, sacar de un trabajo, mal o peligro. ‖ intr. Salir uno de prisa y ocultamente. Ú. t. c. prnl. ‖ prnl. Salirse un líquido o un gas de un depósito, cañería, etc. ‖ Quedar fuera del dominio o influencia de alguna persona o cosa.

escaparate. m. Hueco acristalado que hay en la fachada de las tiendas y que sirve para colocar en él muestras de los géneros que allí se venden.

escapulario. m. Tira o pedazo de tela con una abertura por donde se mete la cabeza, y que cuelga sobre el pecho y la espalda.

escaramuza. f. Género de pelea entre los jinetes o soldados de a caballo. ‖ Refriega de poca importancia sostenida especialmente por las avanzadas de los ejércitos. ‖ fig. Riña de poca importancia.

escarbar. tr. Rayar o remover repetidamente la superficie de la tierra. ‖ Mondar, limpiar los dientes o los oídos. ‖ fig. Investigar algo encubierto.

escarceo. m. Movimiento en la superficie del mar. ‖ Prueba o tentativa antes de iniciar una determinada acción. ‖ fig. Divagación. ‖ fig. Aventura amorosa.

escarcha. f. Rocío de la noche congelado.

escardar. tr. Entresacar y arrancar las hierbas nocivas de los sembrados. ‖ fig. Separar y apartar lo malo de lo bueno.

escarlata. f. Color carmesí menos subido que el de la grana. Ú. t. c. adj.

escarlatina. f. Fiebre eruptiva, contagiosa y con frecuencia epidémica.

escarmentar. tr. Castigar con dureza al que ha obrado mal, para que se corrija. ‖ intr. Aprender uno de los errores propios o ajenos para evitar caer en ellos.

escarnio. m. Burla muy ofensiva y humillante.

escarpado, da. adj. Que tiene gran pendiente. ‖ Se dice de las alturas que no tienen subida ni bajada transitables.

escarpia. f. Clavo con cabeza acodillada, que sirve para sujetar bien lo que se cuelga.

escaso, sa. adj. Corto, insuficiente. ‖ Con poca cantidad de algo. ‖ Que no llega a ser completo alguno que se expresa.

escatimar. tr. Dar, usar o hacer algo lo mínimo posible.

escatología. f. Conjunto de creencias y doctrinas referentes a la vida de ultratumba. || Conjunto de anécdotas, expresiones, etc., relacionadas con los excrementos.

escavar. tr. Cavar ligeramente la tierra.

escayola. f. Yeso calcinado que, mezclado con agua, se emplea como material plástico para modelar figuras o adornos. || Venda recubierta de este yeso para inmovilizar miembros fracturados.

escena. f. Sitio o parte del teatro en que se representa un espectáculo. || Cada una de las partes en que se divide el acto de la obra dramática. || fig. Arte de la interpretación teatral. || fig. Actitud, manifestación exagerada o aparatosa fingida para impresionar.

escenario. m. Parte del teatro construida y dispuesta para que en ella se puedan colocar las decoraciones y representar. || fig. Conjunto de circunstancias que se consideran en torno de una persona o suceso.

escenificar. tr. Dar forma dramática a una obra literaria para ponerla en escena.

escenografía. f. Arte de proyectar o realizar decoraciones escénicas. || Conjunto de decorados que se montan en el escenario.

escepticismo. m. Doctrina filosófica que afirma que la verdad no existe, o que el hombre es incapaz de conocerla, en caso que exista. || Incredulidad o duda acerca de la verdad o eficacia de cualquier cosa.

escindir. tr. y prnl. Cortar, dividir, separar.

esclarecer. tr. Iluminar, poner clara una cosa. || fig. Ennoblecer, ilustrar. || fig. Iluminar el entendimiento. || fig. Poner en claro. || intr. Empezar a amanecer.

esclavo, va. adj. y s. Se dice del hombre o la mujer que por estar bajo el dominio de otro carece de libertad. || fig. Sometido rigurosa o fuertemente a deber, pasión, afecto, vicio, etc., que priva de libertad. || fig. Rendido, obediente, enamorado. || f. Pulsera sin adornos y que no se abre.

esclusa. f. Compartimiento con compuertas dentro de un canal para que los barcos puedan superar niveles diferentes de agua.

escoba. f. Manojo de ramas flexibles con un mango que sirve para barrer. || Cierto juego de naipes. || Mata, que crece hasta dos metros de altura, con muchas ramas angulosas, muy a propósito para hacer escobas.

escobajo. m. Raspa que queda del racimo después de quitarle las uvas.

escobilla. f. Cepillo para limpiar. || Escobita formada de cerdas o de alambre de que se usa para limpiar. || Planta pequeña, especie de brezo, de que se hacen escobas. || Haz de hilos de cobre destinado a mantener el contacto, por frotación, entre dos partes de una máquina eléctrica.

escobillar. intr. amer. En algunos bailes tradicionales, zapatear suavemente como si se estuviese barriendo el suelo.

escocer. intr. Producirse una sensación muy desagradable, parecida a la quemadura. || fig. Sentirse molesto u ofendido por algo. Ú. t. c. prnl. || prnl. Irritarse una parte del cuerpo por el roce con algo.

escocés, sa. adj. y s. De Escocia.

escoger. tr. Tomar o elegir una o más cosas o personas entre otras.

escolar. adj. Perteneciente al estudiante o a la escuela. || com. Estudiante que cursa y sigue las escuelas.

escolarizar. tr. Proporcionar a alguien los medios necesarios para que reciba la enseñanza obligatoria.

escoliosis. f. Desviación con convexidad lateral de la columna vertebral.

escollo. m. Peñasco que está a flor de agua o que no se descubre bien. || fig. Peligro, riesgo. || fig. Dificultad, obstáculo.

escoltar. tr. Acompañar, resguardar o conducir a una persona o cosa.

escombro. m. Conjunto de desechos de albañilería o de una mina.

esconder. tr. y prnl. Encubrir, ocultar una cosa. ‖ fig. Encerrar, incluir y contener en sí una cosa que no es manifiesta a todos.

escondidas (a). loc. adv. Sin ser visto.

escondido, da. m. amer. Danza criolla muy antigua, de una sola pareja. ‖ m. y f. pl. amer. Escondite, juego de muchachos.

escondite. m. Lugar propio para esconderse. ‖ Juego de muchachos.

escondrijo. m. Rincón o lugar oculto y retirado donde se esconde algo.

escopeta. f. Arma de fuego portátil, con uno o dos cañones de 70 a 80 cm de largo.

escorbuto. m. Enfermedad producida por la carencia de vitamina C en la alimentación y caracterizada por hemorragias cutáneas y musculares.

escoria. f. Residuo que queda en la fundición de los metales. ‖ fig. Persona o cosa vil y despreciable.

escorpión. m. Artrópodo arácnido con cuatro pares de patas y la parte posterior en forma de cola que acaba en un aguijón venenoso.

escote. m. Corte hecho en una prenda de vestir por la parte del cuello. ‖ Parte del busto que queda descubierto por estar escotado el vestido. ‖ Parte que toca pagar a cada uno en un gasto común.

escotilla. f. Cada una de las aberturas que hay en la cubierta de un buque, carro de combate, avión, etc.

escozor. m. Sensación dolorosa, como la que produce una quemadura. ‖ fig. Sentimiento causado en el ánimo por una pena o desazón.

escriba. m. Doctor o intérprete de la ley entre los hebreos. ‖ En la antigüedad, copista, amanuense.

escribano. m. Funcionario público que daba fe de las escrituras y demás actos que pasaban ante él. ‖ amer. Notario.

escribir. tr. Representar palabras o ideas con signos convencionales. ‖ Trazar las notas y demás signos de la música. ‖ Componer libros, discursos, etc. ‖ Comunicar a uno por escrito alguna cosa.

escrito. m. Carta, documento o cualquier papel manuscrito, mecanografiado o impreso. ‖ Obra o composición científica o literaria. ‖ Petición en un pleito o causa.

escritorio. m. Mueble para guardar papeles y escribir sobre él. ‖ Aposento que a veces sirve de despacho.

escritor, ra. m. y f. Persona que escribe. ‖ Autor de obras escritas o impresas.

escritura. f. Acción y efecto de escribir. ‖ Sistema utilizado para escribir. ‖ Arte de escribir. ‖ Escrito, carta o documento. ‖ Documento público que especifica un acuerdo y que firman los interesados ante el notario que da fe de ello.

escrúpulo. m. Duda o recelo de conciencia. ‖ Aprensión, asco hacia alguna cosa, especialmente alimentos.

escrutar. tr. Indagar, escudriñar. ‖ Reconocer y computar los votos para elecciones y otros actos análogos.

escuadra. f. Instrumento de figura de triángulo rectángulo, o compuesto solamente de dos reglas que forman ángulo recto. ‖ Corto número de soldados a las órdenes de un cabo. ‖ Conjunto de buques de guerra para determinado servicio.

escuadrilla. f. Escuadra de buques pequeños. ‖ Grupo de aviones que vuelan juntos dirigidos por un jefe.

escuadrón. m. Unidad de caballería mandada normalmente por un capitán. ‖ Unidad del cuerpo de aviación equiparable en importancia al batallón terrestre. **escuálido, da.** adj. Flaco, macilento.

escuchar. intr. Aplicar el oído para oír. ‖ tr. Prestar atención a lo que se oye. ‖ Atender a un aviso, consejo o sugestión. ‖ prnl. Hablar o recitar con pausas afectadas demostrando gusto por lo que se dice y cómo se dice.

escudar. tr. Resguardar y defender a una persona del peligro que le está amenazando. ‖ prnl. Valerse uno de algún medio como justificación para salir de un riesgo o compromiso.

escudo. m. Arma defensiva para cubrir y resguardar el cuerpo, que se llevaba en el brazo izquierdo. || Chapa de acero que llevan las piezas de artillería para protección de sus sirvientes. || Moneda antigua de oro.

escudriñar. tr. Inquirir y averiguar cuidadosamente.

escuela. f. Establecimiento público de enseñanza. || Esa misma enseñanza. || Conjunto de profesores y alumnos de una misma enseñanza. || Método o estilo peculiar de cada maestro. || Doctrina, principios y sistema de un autor. || Conjunto de discípulos e imitadores de una persona o de su doctrina, arte, etc.

escueto, ta. adj. Libre, despejado. || Sin adornos, estricto.

escuincle. m. y f. amer. Niño.

esculpir. tr. Labrar a mano una obra de escultura. || Grabar, labrar en hueco o en relieve.

escultor, ra. m. y f. Persona que profesa el arte de la escultura.

escultura. f. Arte de modelar, tallar y esculpir figuras a partir de un material cualquiera. || Obra esculpida.

escupir. intr. Arrojar saliva por la boca. || tr. Arrojar con la boca algo como escupiendo. || fig. Despedir o arrojar con violencia una cosa. || fig. Confesar, decir lo que uno sabe.

escurrir. tr. Apurar las últimas gotas de un líquido que han quedado en un vaso, botella, etc. || Hacer que una cosa que tiene líquido despida la parte que ha quedado detenida. Ú. t. c. prnl. || intr. Destilar y caer gota a gota. || Resbalar. Ú. t. c. prnl. || prnl. Escabullirse, huir de algún lugar.

esdrújulo, la. adj. y s. Se dice del vocablo acentuado en la antepenúltima sílaba.

ese. f. Nombre de la letra *s*.

ese, esa, eso, esos, esas. Formas del pron. dem. en los tres géneros m., f. y n., y en ambos números, sing. y pl., que designan lo que está cerca de la persona con quien se habla, o representan lo que ésta acaba de mencionar.

esencia. f. Naturaleza de las cosas. || Lo permanente e invariable de ellas. || Extracto líquido concentrado de una sustancia, generalmente aromática.

esfera. f. Sólido terminado por una superficie curva cuyos puntos equidistan todos de otro interior llamado centro. || Círculo en que giran las manecillas del reloj. || fig. Clase o condición de una persona. || fig. Ámbito, espacio al que alcanza la influencia, la acción de algo o alguien.

esfinge. f. Monstruo fabuloso con cabeza, cuello y pecho de mujer, y cuerpo y pies de león.

esfínter. m. Músculo que abre y cierra algún orificio del cuerpo.

esforzar. tr. Infundir ánimo. || intr. Tomar ánimo. || prnl. Hacer esfuerzos.

esfumar. tr. Extender los trazos del lápiz con el esfumino. || Rebajar los contornos de una pintura. || prnl. fig. Disiparse, desvanecerse. || fig. Escabullirse de un lugar.

esgrima. f. Arte de manejar la espada, el sable y otras armas blancas.

esgrimir. tr. Manejar la espada, el sable y otras armas blancas. || fig. Usar de algo para lograr algún objetivo.

esguince. m. Torcedura de una articulación.

eslabón. m. Pieza que, enlazada con otras, forma cadena.

eslogan. m. Frase publicitaria. || Lema.

eslora. f. Longitud de la nave desde la proa a popa por la parte de adentro.

eslovaco, ca. adj. y s. De Eslovaquia. || s. m. Idioma de los eslovacos.

esmalte. m. Barniz vítreo que se aplica a la porcelana, loza, metales, etc. || Obra esmaltada. || Materia dura que cubre la corona de los dientes. || Laca para las uñas.

esmeralda. f. Piedra preciosa verde.

esmerarse. prnl. Poner sumo cuidado y atención en algo.

esmoquin. m. Prenda de etiqueta a modo de chaqueta sin faldones.

esnifar. tr. Aspirar cocaína u otra droga por la nariz.

esnob. adj. y com. Se dice del que, por parecer distinguido, adopta las costumbres y la ropa de moda.

esófago. m. Conducto por el que los alimentos pasan desde la boca al estómago.

esotérico, ca. adj. Oculto, reservado. || Se dice de lo que es impenetrable o de difícil comprensión.

espabilar. tr. Hacer desaparecer el sueño, despejar. Ú. t. c. prnl. || Avivar y ejercitar el entendimiento o el ingenio. Ú. t. c. prnl. || Quitar la pavesa o la parte ya quemada del pabilo para avivar la luz.

espacio. m. Extensión del universo donde están contenidos todos los objetos sensibles que coexisten. || Lugar de esa extensión que ocupa cada objeto sensible. || Separación entre dos cosas o personas. || Sitio o lugar. || Transcurso de tiempo. || Programa de televisión o radio. || Separación entre las rayas del pentagrama.

espada. f. Arma blanca, larga, recta, aguda y cortante, con empuñadura. || Torero que mata con espada. Ú. m. c. m. || Persona diestra en su manejo. || Palo y carta de la baraja. || Pez espada.

espadachín. m. El que sabe manejar bien la espada.

espagueti. m. Pasta alimenticia de harina formando cilindros macizos, más largos que los fideos.

espalda. f. Parte posterior del cuerpo humano desde los hombros hasta la cintura. || Parte del vestido que corresponde a la espalda. || Lomo de un animal. || Estilo de natación. || pl. Parte posterior de una cosa.

espantapájaros. m. Espantajo en sembrados y árboles para ahuyentar los pájaros.

espantar. tr. Causar espanto. Ú. t. c. intr. || Echar de un lugar a una persona o animal. || Admirarse, maravillarse. Ú. t. c. prnl. || prnl. Sentir espanto, asustarse.

espanto. m. Terror, asombro. || Persona o cosa extremadamente fea. || amer. Fantasma, aparecido.

español, la. adj. y s. De España. || m. Denominación que recibe también el castellano.

esparadrapo. m. Tira de tela, una de cuyas caras es adhesiva, que sirve para cubrir heridas y sujetar vendajes.

esparcir. tr. y prnl. Separar, extender lo que está junto o amontonado. || fig. Divulgar, extender una noticia. || Divertir, desahogar, recrear.

espárrago. m. Planta con yemas de tallo recto y blanco y cabezuelas comestibles. || Yema comestible que produce la raíz de la esparraguera. || Palo largo para asegurar un entoldado.

esparto. m. Planta textil, con hojas enrolladas sobre sí, duras y muy resistentes, utilizada principalmente en cordelería. || Hojas de esta planta.

espasmo. m. Enfriamiento. || Contracción involuntaria de los músculos.

espátula. f. Paleta pequeña, con bordes afilados y mango largo, de que se sirven los albañiles, pintores, etc.

especia. f. Sustancia con que se sazonan los manjares y guisados.

especial. adj. Singular o particular. || Muy adecuado o propio para algo.

especialidad. f. Particularidad, singularidad. || Confección o producto en cuya preparación sobresale una persona, establecimiento, región, etc. || Rama de una ciencia, arte o actividad, cuyo objeto es una parte limitada de las mismas. || Medicamento preparado en un laboratorio, y vendido con un nombre comercial registrado.

especie. f. Conjunto de cosas semejantes entre sí. || Caso, suceso. || Tema, noticia, proposición. || Pretexto, apariencia. || Cada uno de los grupos taxonómicos en que se dividen los géneros.

especificar. tr. Explicar. || Fijar o determinar de modo preciso.

específico, ca. adj. Que distingue una especie de otra. || m. Medicamento especialmente indicado para tratar una enfermedad determinada. || Medicamento fabricado industrialmente y con envase especial.

espécimen. m. Muestra, modelo, ejemplar, normalmente con las características de su especie muy bien definidas.

espectáculo. m. Función o diversión pública de cualquier tipo. ‖ Todo lo que es capaz de atraer la atención. ‖ Acción que causa escándalo o extrañeza.

espectador, ra. adj. Que mira con atención un objeto. ‖ Que asiste a un espectáculo público. U. t. c. s.

espectro. m. Imagen fantasmal y horrible. ‖ Resultado de la descomposición de un haz de luz. ‖ Imagen gráfica de un sonido. ‖ Serie de las diversas especies microbianas sobre las que es terapéuticamente activo un medicamento.

especular. intr. Meditar, reflexionar, considera r algo sin un fin práctico. ‖ Hacer suposiciones sin fundamento. ‖ Comprar bienes que se cree van a subir de precio para venderlos y obtener una ganancia rápida.

espejismo. m. Ilusión óptica debida a la reflexión de la luz.

espejo. m. Superficie lisa que refleja los objetos. ‖ Sobre todo la superficie brillante hecha de una placa de vidrio recubierta de mercurio por detrás. ‖ fig. Modelo digno de estudio e imitación.

espeluznante. adj. Pavoroso, terrorífico.

espera. f. Acción y efecto de esperar. ‖ Plazo señalado por el juez para ejecutar una cosa. ‖ Calma, paciencia. ‖ Puesto para cazar, esperando en él que la caza acuda.

esperanto. m. Idioma creado en 1887 por el médico polaco Zamenhof, con idea de que pudiese servir como lengua universal.

esperanza. f. Confianza en que ocurrirá o se logrará lo que se desea. ‖ Virtud teologal.

esperar. tr. Tener esperanza de conseguir lo que se desea. ‖ Creer que ha de suceder alguna cosa. ‖ Permanecer en sitio adonde se cree que ha de ir alguna persona o ha de ocurrir alguna cosa. ‖ Detenerse en el obrar hasta que suceda algo.

esperma. amb. Semen, secreción de las glándulas genitales masculinas. ‖ Sustancia grasa que se extrae de las cavidades del cráneo del cachalote.

espermatozoide. m. Célula sexual masculina, destinada a la fecundación del óvulo.

esperpento. com. fam. Persona o cosa notable por su fealdad o mala traza. ‖ m. Desatino, absurdo. ‖ Género literario creado por Ramón del Valle Inclán, en el que se deforma sistemáticamente la realidad, recargando sus rasgos grotescos y absurdos.

espesor. m. Grueso de un sólido. ‖ Densidad o condensación de un fluido.

espeso, sa. adj. Se dice de la sustancia fluida o gaseosa que tiene mucha densidad o condensación. ‖ Se dice de las cosas que están muy juntas y apretadas.

espía. com. Persona que con disimulo observa lo que pasa, para comunicarlo al que tiene interés en saberlo.

espiar. tr. Observar disimuladamente lo que se dice o hace. ‖ En especial, cuando se realiza intentando obtener información secreta de un Estado extranjero, de una empresa de la competencia, etc.

espiga. f. Inflorescencia cuyas flores son hermafroditas y están sentadas a lo largo de un eje. ‖ Parte de una herramienta adelgazada para introducirla en el mango. ‖ Parte superior de la espada, en donde se asegura la guarnición. ‖ Extremo de un madero cuyo espesor se ha disminuido para que encaje en un hueco.

espigado, da. adj. Se apl. a algunas plantas anuales cuando se las deja crecer hasta la completa madurez de la semilla. ‖ En forma de espiga. ‖ fig. Se apl. al joven alto y delgado.

espina. f. Púa dura del tejido de algunas plantas. ‖ Astilla pequeña y puntiaguda. ‖ Parte dura y puntiaguda que en los peces hace el oficio de hueso. ‖ Espinazo de los vertebrados. ‖ fig. Recelo, sospecha. ‖ fig. Pesar, frustración.

espinaca. f. Planta hortense, anual, con hojas radicales, estrechas y suaves.

espinazo. m. Conjunto de las vértebras de los mamíferos y aves.

espinilla. f. Parte anterior de la canilla de la pierna. ‖ Especie de barrillo que aparece en la piel.

espiral. f. Línea curva que se aleja cada vez más del centro. ‖ Muelle espiral de un reloj.

espirar. tr. Exhalar buen o mal olor. ‖ intr. Tomar aliento, alentar. ‖ Expeler el aire aspirado. Ú. t. c. tr.

espiritismo. m. Doctrina de los que suponen que pueden ser evocados los espíritus.

espíritu. m. Ser inmaterial y dotado de razón. ‖ Alma racional. ‖ Don sobrenatural. ‖ Virtud, ciencia mística. ‖ Vigor natural. ‖ ánimo, valor. ‖ Vivacidad, ingenio. ‖ Demonio infernal. Ú. m. en pl. ‖ Principio generador, tendencia general, carácter íntimo, esencia o sustancia de una cosa.

espléndido, da. adj. Magnífico, liberal, ostentoso. ‖ Resplandeciente. Ú. m. en poesía.

esplendor. m. Hermosura, grandiosidad. ‖ fig. Apogeo, cualidad de la persona o cosa que ha alcanzado su máximo desarrollo o su máxima perfección. ‖ Resplandor.

espliego. m. Mata muy aromática. ‖ Semilla de esta planta.

espolear. tr. Picar con la espuela a la cabalgadura. ‖ fig. Avivar, incitar, estimular a uno.

espolón. m. Apófisis ósea que tienen en el tarso varias aves. ‖ Malecón que suele hacerse a orillas de los ríos o del mar. ‖ Punta en que remata la proa de la nave.

espolvorear. tr. Esparcir sobre una cosa otra hecha polvo.

esponja. f. Animal espongiario. ‖ Esqueleto poroso de ciertos espongiarios. ‖ Todo cuerpo que, por su elasticidad y porosidad, se asemeja al esqueleto de las esponjas y sirve como utensilio de limpieza. ‖ fig. Persona que bebe mucho alcohol.

esponsales. m. pl. Promesa de casarse que se hacen y aceptan los novios.

espontáneo, a. adj. Que se hace de forma voluntaria. ‖ Que se produce por sí solo o sin cuidados del hombre. ‖ Se dice del que actúa con naturalidad, sinceramente. ‖ m. y f. Persona que interviene en un espectáculo público sin tener autorización para ello, especialmente en las corridas de toros.

esporádico, ca. adj. fig. Se dice de lo que es ocasional.

esposar. tr. Sujetar a uno con esposas.

esposo, sa. m. y f. Persona que ha contraído esponsales. ‖ Persona casada con respecto a su cónyuge. ‖ f. pl. Manillas de hierro con que se sujeta a los presos por las muñecas.

espuela. f. Espiga de metal terminada en una estrella con puntas que se ajusta al talón del calzado para picar a la cabalgadura. ‖ fig. Aviso, estímulo. ‖ fig. Última copa que toman los amigos antes de separarse.

espuerta. f. Receptáculo de forma cóncava, con dos asas pequeñas.

espuma. f. Conjunto de burbujas que se forman en la superficie de los líquidos. ‖ Parte del jugo y de impurezas que sobrenadan al cocer ciertas sustancias. ‖ fig. y fam. Nata, flor, lo más estimado. ‖ Tejido sintético elástico y esponjoso.

espumadera. f. Paleta llena de agujeros con que se saca la espuma de los líquidos o los fritos de la sartén.

espurio, ria. adj. Bastardo, que degenera de su origen o naturaleza. ‖ Falso, no auténtico.

esputo. m. Lo que se arroja de una vez en cada expectoración.

esqueje. m. Tallo o cogollo que se introduce en tierra para multiplicar la planta.

esquela. f. Carta breve. ‖ Papel en que se comunican ciertas noticias a varias personas. ‖ Aviso de la muerte de una persona que se publica en los periódicos con recuadro de luto.

esqueleto. m. Armazón óseo de los vertebrados. ‖ fig. Estructura que sostiene algo. ‖ fig. Persona muy delgada.

‖ amer. Modelo o patrón impreso en que se dejan blancos que se rellenan a mano. ‖ amer. Bosquejo, plan de una obra.

esquema. m. Representación de algo en sus líneas más generales.

esquí. m. Especie de patín muy largo, de madera u otro material, que se usa para deslizarse sobre la nieve o el agua, o por pistas apropiadas.

esquilar. tr. Cortar con la tijera el pelo o lana de los ganados.

esquilmar. tr. Coger el fruto de las haciendas, heredades y ganados. ‖ Chupar con exceso las plantas el jugo de la tierra. ‖ fig. Menoscabar, agotar. ‖ fig. Arruinar a alguien sacándole abusivamente dinero y bienes.

esquimal. adj. y s. Se dice de un pueblo de raza mongólica que se extiende desde las costas árticas de Norteamérica hasta el extremo NO. de Siberia. Vive de la caza y de la pesca. ‖ Relativo a este pueblo.

esquina. f. Arista, principalmente la que resulta del encuentro de las paredes de un edificio.

esquirol. m. desp. Obrero que se presta a realizar el trabajo abandonado por un huelguista, o que no abandona el trabajo en una huelga.

esquivar. tr. Realizar un movimiento para evitar un golpe, un obstáculo, etc. ‖ fig. Rehuir, eludir.

esquizofrenia. f. Grupo de enfermedades mentales que se caracterizan por una disociación de la personalidad y falta de contacto con la realidad.

estable. adj. Constante, durable, firme, permanente.

establecer. tr. Fundar, instituir, hacer de nuevo. ‖ Ordenar, mandar. ‖ Sentar un principio de valor general. ‖ prnl. Avecindarse uno o fijar su residencia en alguna parte. ‖ Abrir por su cuenta un establecimiento.

establecimiento. m. Acción de establecer o establecerse. ‖ Lugar donde se ejerce una actividad comercial, industrial, profesional, etc.

establo. m. Lugar cubierto en que se cierra ganado.

estaca. f. Palo con punta en un extremo para fijarlo en tierra, pared u otra parte. ‖ Rama que se planta para que se haga árbol. ‖ Palo grueso, que puede manejarse a modo de bastón. ‖ amer. Pertenencia de una mina que se concede a los peticionarios mediante ciertos trámites.

estacada. f. Cualquier obra hecha de estacas clavadas en la tierra.

estación. f. Cada una de las cuatro partes en que se divide el año: primavera, verano, otoño e invierno. ‖ Tiempo, temporada. ‖ Visita que se hace a las iglesias, principalmente en los días de Jueves y Viernes Santo. ‖ En los ferrocarriles y líneas de autobuses o del metropolitano, sitio donde hacen parada los vehículos y se admiten viajeros y mercancías. ‖ Local y conjunto de instalaciones en los que se realiza una actividad determinada.

estacionar. tr. y prnl. Situar, colocar en un lugar, particularmente un coche en un hueco apropiado de la calle. ‖ prnl. Quedarse estacionado, estancarse.

estadio. m. Recinto con graderías para los espectadores, destinado a competiciones deportivas. ‖ Etapa o fase de un proceso, desarrollo o transformación.

estadista. com. Jefe de Estado. ‖ Especialista en asuntos de dirección de los Estados. ‖ Persona especializada en estadística.

estadística. f. Ciencia que utiliza conjuntos de datos numéricos para obtener, a partir de ellos, inferencias basadas en el cálculo de probabilidades.

estado. m. Situación en que está una persona o cosa, en relación con los cambios que influyen en su condición. ‖ Clase o condición social de la vida de cada uno. ‖ Cada uno de los grados o modos de cohesión de las moléculas de los cuerpos. ‖ Cuerpo político de una nación y territorio y población a los que se extiende su autoridad. ‖ Por ext., país, nación. ‖ Cada uno de los territorios independientes de una federación.

estadounidense. adj. y s. De los Estados Unidos de América.

estafar. tr. Pedir o sacar dinero o cosas de valor con engaño. ‖ Dar a alguien menos o cobrarle más de lo justo. ‖ fig. Defraudar, no ofrecer lo que se espera de algo.

estafeta. f. Correo ordinario que iba a caballo de un lugar a otro. ‖ Casa u oficina del correo. ‖ Correo especial para el servicio diplomático.

estallar. intr. Reventar de golpe una cosa con estruendo. ‖ Restallar. ‖ fig. Sobrevenir, ocurrir violentamente una cosa. ‖ fig. Sentir y manifestar repentina y violentamente una pasión.

estamento. m. Estrato de una sociedad, definido por un estado de vida común o una análoga función social. ‖ Cada uno de los dos cuerpos colegisladores establecidos por el Estatuto Real en el s. XIX.

estampa. f. Efigie o figura impresa. ‖ Papel o tarjeta con una figura grabada. ‖ fig. Figura total de una persona o animal. ‖ fig. Imprenta o impresión.

estampado, da. adj. y s. Se apl. a los tejidos en que se estampan diferentes labores o dibujos. ‖ Se dice del objeto que por presión o percusión se fabrica con matriz o molde apropiado. ‖ m. Acción y efecto de estampar.

estampar. tr. Imprimir, sacar en estampas una cosa. Ú. t. c. intr. ‖ Dar forma a una plancha metálica por percusión entre dos matrices. ‖ Señalar o imprimir una cosa en otra. ‖ fam. Arrojar a una persona o cosa o hacerla chocar contra algo.

estampida. f. Huida impetuosa que emprende una persona, animal o conjunto de ellos. ‖ Estampido.

estampido. m. Ruido fuerte y seco como el producido por el disparo de un cañón.

estancar. tr. Detener y parar el curso y corriente de una cosa. Ú. t. c. prnl. ‖ Prohibir el curso libre de determinada mercancía, dando el monopolio al Estado, a una entidad o a una persona.

estancia. f. Mansión, habitación y asiento en un lugar. ‖ Aposento o cuarto donde se habita ordinariamente. ‖ Cada uno de los días que está el enfermo en el hospital. ‖ Cantidad que por cada día devenga el mismo hospital. ‖ amer. Hacienda de campo destinada al cultivo, y más especialmente a la ganadería. ‖ amer. Casa de campo con huerta y próxima a la ciudad.

estanciero, ra. m. y f. amer. Persona que es dueña de una estancia, casa de campo, o que cuida de ella.

estanco, ca. adj. Que no hace agua por sus costuras. ‖ m. Prohibición del curso y venta libre de algunas cosas. ‖ Establecimiento donde se venden géneros estancados, y especialmente sellos, tabaco y cerillas. ‖ amer. Tienda en que se vende aguardiente.

estándar. adj. Se dice de lo que sirve como tipo, modelo, patrón, norma o referencia. Ú. sólo en sing. ‖ com. En aposición con un sustantivo, normal, de serie.

estandarte. m. Insignia o bandera que usan algunas corporaciones.

estanque. m. Balsa construida para remansar o recoger el agua.

estante. m. Mueble con anaqueles o entrepaños, y generalmente sin puertas. ‖ Anaquel.

estantería. f. Juego de estantes o de anaqueles.

estaño. m. Metal blanco, de brillo argénteo, dúctil y maleable, poco conductor de la electricidad y poco alterable en contacto con el aire.

estaquear. tr. amer. Estacar, estirar un cuero, fijándolo con estacas. ‖ amer. P. ext., castigo que consistía en estirar a un hombre, atado entre cuatro estacas.

estar. intr. Existir, hallarse una persona o cosa en un lugar, situación, condición, etc. Ú. t. c. prnl. ‖ Tratándose de prendas de vestir, sentar o caer bien o mal. ‖ Permanecer el tiempo indicado en un lugar. Ú. t. c. prnl. ‖ prnl. Encontrarse de una determinada manera.

estatal. adj. Relativo al Estado.

estática. f. Parte de la mecánica que estudia el equilibrio de los cuerpos.

estático, ca. adj. Relativo a la estática. || Que permanece en un mismo estado, sin modificación en él.

estatua. f. Figura de bulto labrada a imitación del natural.

estatura. f. Altura, medida de una persona desde los pies a la cabeza.

estatuto. m. Regla que tiene fuerza de ley para el gobierno de un cuerpo, asociación, comunidad, etc. || Ley especial básica para el régimen autónomo de una región, dictada por el Estado de que forma parte.

este. m. Levante, oriente. || Viento que viene de la parte de oriente.

este, esta, esto, estos, estas. Formas de pron. dem. en los tres géneros m., f. y n., y en ambos núms., sing. y pl. Designan lo que está cerca de la persona que habla. Las formas m. y f. se usan como adj. y como s.

estela. f. Rastro de espuma y agua removida que deja tras sí en la superficie del agua una embarcación u otro cuerpo en movimiento. || Rastro que deja en el aire un cuerpo luminoso en movimiento.

estelar. adj. Relativo a las estrellas.

estentóreo, a. adj. Muy fuerte, ruidoso o retumbante.

estepa. f. Erial llano y muy extenso.

estera. f. Tejido grueso de esparto, juncos, palma, etc.

estercolero. m. Lugar donde se recoge el estiércol.

estereotipo. m. Modelo fijo de cualidades o de conducta. || Tópico. || Plancha utilizada en estereotipia.

estéril. adj. Que no da fruto. || Infecundo.

esterilizar. tr. Hacer infecundo y estéril lo que antes no lo era. || Destruir los gérmenes patógenos que hay o puede haber en los instrumentos, objetos de curación, agua, etc.

esternón. m. Hueso plano, situado en la parte anterior del pecho, al que se unen parte de las costillas y las clavículas.

estertor. m. Respiración anhelosa que suele presentarse en los moribundos.

estético, ca. adj. Relativo a la estética. || Artístico, de bello aspecto. || f. Ciencia que trata de la belleza y de la teoría fundamental y filosófica del arte.

estiércol. m. Excremento de cualquier animal. || Materias orgánica s, comúnmente vegetales, podridas, que se destinan al abono de las tierras.

estigma. m. Marca o señal en el cuerpo. || fig. Mala fama.

estilete. m. Púa o punzón. || Puñal de hoja muy estrecha y aguda.

estilista. com. Escritor que se distingue por lo esmerado y elegante de su estilo. || Persona que cuida del estilo o la imagen en otras actividades.

estilizar. tr. Interpretar convencionalmente la forma de un objeto haciendo resaltar tan sólo sus rasgos más característicos.

estilo. m. Manera de escribir o de hablar. || Carácter propio que da a sus obras el artista. || Modo, forma. || Uso, moda. || Elegancia.

estilográfica. f. Pluma de mango hueco lleno de tinta.

estima. f. Consideración y aprecio que se siente por algo o alguien.

estimular. tr. Aguijonear, punzar. || fig. Incitar, excitar con viveza a la ejecución de una cosa. || Activar el funcionamiento de un órgano. || prnl. Administrarse una droga estimulante para aumentar el nivel de actividad.

estío. m. Verano.

estipendio. m. Remuneración. || Tasa pecuniaria.

estipular. tr. Hacer contrato verbal. || Convenir, concertar, acordar.

estirar. tr. Alargar, dilatar una cosa. Ú. t. c. prnl. || intr. y prnl. Crecer una persona. || prnl. Desperezarse.

estirpe. f. Raíz y tronco de una familia o linaje.

estival. adj. Relativo al estío.

estocada. f. Golpe que se da con la punta de la espada o estoque. || Herida que resulta de él.

estofado. m. Guiso que consiste en condimentar un manjar con aceite, vino o vinagre, ajo, cebolla y varias especias.

estola. f. Banda de tela que los sacerdotes usan en el ejercicio de su ministerio colgada del cuello. ‖ Banda larga de piel que usan las mujeres para abrigarse el cuello.

estomacal. adj. Relativo al estómago.

estomagar. tr. Causar indigestión, empachar. ‖ fig. y fam. Causar fastidio o enfado.

estómago. m. Parte más dilatada del tubo digestivo, que sigue al esófago, y en el que se transforman los alimentos.

estopa. f. Parte basta o gruesa del lino o del cáñamo.

estoque. m. Espada angosta, con la cual sólo se puede herir de punta.

estorbar. tr. Poner obstáculo a la ejecución de algo. ‖ fig. Molestar, incomodar.

estornudar. intr. Arrojar con estrépito por la nariz y la boca el aire.

estrabismo. m. Desviación de la dirección normal de uno o de ambos globos oculares.

estrado. m. Sitio de honor, algo elevado sobre el suelo, donde en un salón de actos se sitúa la presidencia, el conferenciante, etc.

estrafalario, ria. adj. y s. fam. Desaliñado en el vestido o en el porte. ‖ fig. y fam. Extravagante.

estrago. m. Ruina, daño, asolamiento.

estrambótico, ca. adj. fam. Extravagante.

estrangular. tr. y prnl. Ahogar a una persona o a un animal oprimiéndole el cuello hasta impedir la respiración. ‖ fig. Dificultar o impedir el paso por una vía o conducto. ‖ fig. Impedir con fuerza la realización de un proyecto, intento, etc.

estraperlo. m. fam. Comercio ilegal de artículos intervenidos por el Estado o sujetos a tasa.

estratagema. f. Ardid de guerra. ‖ fig. Astucia, engaño.

estrategia. f. Arte de dirigir las operaciones militares. ‖ fig. Arte, traza para dirigir un asunto.

estrato. m. Masa mineral en forma de capa que constituye los terrenos sedimentarios. ‖ Nube en forma de faja.

estratosfera. f. Región de la atmósfera, que va desde los 10-20 km a los 50 km de altura, compuesta por capas de diferentes temperaturas, una de las cuales es la de ozono.

estrecho, cha. adj. Que tiene poca anchura. ‖ Ajustado, apretado. ‖ fig. Se dice del parentesco cercano y de la amistad íntima. ‖ fig. Rígido, austero. ‖ fig. Apocado, tacaño. ‖ fig. Reprimido en el terreno sexual. Ú. t. c. s. ‖ m. Paso angosto de mar comprendido entre dos costas cercanas.

estrella. f. Cuerpo celeste que brilla en el cielo con luz propia. ‖ Cualquier objeto que tiene la forma con la que habitualmente se representan las estrellas, es decir, un círculo rodeado de puntas. ‖ Signo de esta forma que sirve para indicar la categoría de los establecimientos hoteleros. ‖ fig. Artista o deportista destacado y muy famoso. ‖ fig. Sino, hado, destino.

estrellar. tr. fam. Arrojar con violencia una cosa contra otra, haciéndola pedazos. Ú. t. c. prnl. ‖ prnl. Quedar malparado o matarse por efecto de un choque violento. ‖ fig. Fracasar en una pretensión por tropezar contra un obstáculo insuperable.

estremecer. tr. Conmover, hacer temblar. ‖ fig. Ocasionar sobresalto en el ánimo una causa extraordinaria. ‖ prnl. Temblar.

estremezón. m. amer. Acción y efecto de estremecerse.

estrenar. tr. Hacer uso por primera vez de una cosa. ‖ Tratándose de ciertos espectáculos públicos, representarlos por primera vez. ‖ prnl. fig. Empezar uno a desempeñar un oficio, empleo, cargo, etc.

estreñimiento. m. Dificultad de evacuar el vientre.

estrépito. m. Ruido considerable, estruendo.

estrés. m. Alteración física o psíquica de un individuo por someter su organismo a un exceso de trabajo, de tensión nerviosa, etc.

estría. f. Raya en hueco que suelen tener algunos cuerpos.

estribar. intr. Descansar el peso de una cosa en otra sólida y firme. || fig. Fundarse, apoyarse.

estribillo. m. Expresión o cláusula en verso, que se repite después de cada estrofa.

estribo. m. Pieza en que el jinete apoya el pie. || Especie de escalón que sirve para subir o bajar de un coche.

estribor. m. Banda derecha del navío mirando de popa a proa.

estricto, ta. adj. Riguroso. || Preciso.

estridente. adj. Sonido agudo, desapacible y chirriante.

estrofa. f. Cualquiera de las partes compuestas del mismo número de versos y ordenados de modo igual, de que constan algunas composiciones poéticas.

estrógeno. m. Hormona sexual femenina responsable de la formación de los caracteres sexuales secundarios.

estropajo. m. Porción de esparto machacado, que sirve principalmente para fregar. || Por ext., porción de cualquier otra materia, como plástico, alambre, nailon, etc., que sirve para fregar. || fig. Persona o cosa inútil o estropeada.

estropear. tr. Maltratar o deteriorar una cosa. Ú. t. c. prnl. || Malograr cualquier asunto o proyecto.

estructura. f. Distribución y orden de las partes importantes de algo. || Armazón que soporta algo.

estruendo. m. Ruido grande. || fig. Confusión, bullicio. || fig. Aparato, pompa.

estrujar. tr. Apretar una cosa para sacarle el zumo. || Apretar a uno tan fuerte y violentamente que se le llegue a lastimar. || fig. y fam. Agotar una cosa; sacar de ella todo el partido posible.

estuario. m. Desembocadura de un río que se caracteriza por tener una forma semejante al corte longitudinal de un embudo.

estuche. m. Caja o envoltura para guardar ordenadamente un objeto o varios.

estuco. m. Masa de yeso blanco, cal apagada, mármol pulverizado u otras materias.

estudiar. tr. e intr. Ejercitar el entendimiento para comprender una cosa. || Cursar en las universidades u otros centros docentes. || tr. Examinar atentamente.

estudio. m. Esfuerzo que pone el entendimiento aplicándose a conocer alguna cosa. || Obra en que un autor estudia y dilucida una cuestión. || Aposento donde el escritor, fotógrafo, artista, etc., trabaja. || Apartamento compuesto por una sala grande, un cuarto de baño y una cocina. || Pieza musical didáctica. || Conjunto de edificios o dependencias destinado al rodaje de películas cinematográficas o emisiones de radio y televisión. Ú. m. en pl. || pl. Conjunto de temas que se estudian de una materia.

estufa. f. Aparato para calentar las habitaciones.

estupefaciente. m. Sustancia que hace perder o estimula la sensibilidad, o produce alucinaciones, y cuyo uso consumo, no controlado médicamente, suele producir hábito.

estupefacto, ta. adj. Atónito, pasmado.

estupendo, da. adj. Admirable, asombroso, pasmoso.

estúpido, da. adj. y s. Necio, falto de inteligencia.

estupor. m. Asombro, pasmo.

estupro. m. Acceso carnal de un adulto con un menor logrado con abuso de confianza o engaño.

etapa. f. En un viaje, cada trayecto recorrido entre dos paradas. || fig. Época o avance en el desarrollo de una acción u obra.

etcétera. m. Voz que se emplea para indicar que en el discurso se omite lo que quedaba por decir. Se abrevia *etc.*

éter. m. Fluido sutil e invisible que se suponía llenaba todo el espacio. P. ext., cielo, espacio. ‖ Líquido muy volátil e inflamable que, en la industria, se usa como disolvente.

etéreo, a. adj. No concreto, poco determinado. ‖ Celestial.

eterno, na. adj. Que no tuvo principio ni tendrá fin. ‖ fig. Que dura por largo tiempo.

ética. f. Parte de la filosofía, que trata de la moral y de las obligaciones del hombre. ‖ Conjunto de normas morales que regulan cualquier relación o conducta humana, sobre todo dentro de un ámbito específico.

étimo. m. Raíz o vocablo del que procede otro u otros.

etíope o **etiope.** adj. y s. Natural de Etiopía.

etiqueta. f. Marca, señal que se coloca en algo par su identificación, valoración, clasificación, etc. ‖ Por ext., calificación identificadora de una dedicación, profesión, significación, ideología, etc., de alguien. ‖ Conjunto de normas que se deben observar en los actos públicos solemnes.

etnia. f. Agrupación natural de hombres que presentan ciertas afinidades somáticas, lingüísticas o culturales.

eucaristía. f. Sacramento de la Iglesia católica, en el cual, mediante las palabras pronunciadas por el sacerdote, el pan y el vino se transustancian en el cuerpo y la sangre de Cristo.

eufemismo. m. Palabra o expresión con que se sutituye a otra más grosera, impertinente, violenta o que se considera tabú.

euforia. f. Sensación de bienestar. ‖ Optimismo.

eunuco. m. Hombre castrado que se destinaba en los harenes a la custodia de las mujeres.

europeo, a. adj. y s. De Europa.

eusquera o **euskera.** m. Vascuence, la lengua vasca. ‖ adj. Relativo a la lengua vasca.

eutanasia. f. Acción de provocar la muerte de un enfermo incurable para evitarle sufrimiento físico.

evacuar. tr. Desocupar. ‖ Expeler un ser orgánico humores o excrementos. ‖ Desempeñar un encargo, informe, etc.

evadir. tr. y prnl. Evitar un daño o peligro. ‖ Sacar ilegalmente dinero de un país. ‖ prnl. Fugarse, escaparse. ‖ fig. Distraerse.

evaluar. tr. Valorar una cosa.

evangelio. m. Historia de la vida, doctrina y milagros de Jesucristo. ‖ Cada uno de los cuatro libros escritos por los evangelistas San Mateo, San Marcos, San Lucas y San Juan. ‖ Parte de la misa católica en la que se lee y comenta alguno de estos libros.

evangelista. m. Cada uno de los cuatro escritores que escribieron el Evangelio.

evaporar. tr. y prnl. Convertir en vapor un líquido. ‖ fig. Disipar, desvanecer. ‖ prnl. fig. Fugarse, desaparecer.

evasiva. f. Recurso para evadir una dificultad.

evento. m. Acaecimiento. ‖ Eventualidad, hecho imprevisto.

eventual. adj. Que no es fijo ni regular, sino sujeto a las circunstancias. ‖ Se dice del trabajo y contrato temporales.

evidencia. f. Certeza clara y tan perceptible de una cosa, que nadie puede racionalmente dudar de ella.

evitar. tr. Apartar algún peligro; precaver, impedir que suceda. ‖ Intentar evadirse de alguna situación.

evocar. tr. Traer alguna cosa a la memoria.

evolución. f. Desarrollo de las cosas o de los organismos. ‖ fig. Mudanza de conducta, de propósito o de actitud.

exabrupto. m. Salida de tono.

exacerbar. tr. y prnl. Irritar, causar muy grave enfado o enojo. ‖ Agravar o avivar una enfermedad, una molestia, etc.

exacto, ta. adj. Puntual, fiel y cabal.

exagerar. tr. Decir o hacer una cosa de modo que exceda de lo natural, justo o conveniente.

exaltar. tr. Elevar a una persona o cosa a mayor auge o dignidad. ‖ fig.

Realzar el mérito de uno. || prnl. Excitarse, perder la calma.

examen. m. Indagación y estudio de algo. || Prueba que se hace de la idoneidad de un sujeto para una profesión o para demostrar el aprovechamiento en los estudios.

exangüe. adj. Desangrado. || fig. Aniquilado.

exánime. adj. Sin señal de vida. || fig. Desmayado.

exasperar. tr. y prnl. Irritar una parte dolorida o delicada. || fig. Enfurecer, dar motivo de enojo grande.

excavar. tr. Hacer en el terreno hoyos, zanjas, pozos o galerías subterráneas.

exceder. tr. Ser una persona o cosa más grande o aventajada que otra. || intr. Sobrar. || prnl. Propasarse.

excelencia. f. Superior calidad o bondad que hace digna de singular aprecio a una cosa. || Tratamiento de respeto y cortesía.

excelso, sa. adj. Muy elevado, alto, eminente.

excéntrico, ca. adj. De carácter raro, extravagante. || Que está fuera del centro.

excepción. f. Acción y efecto de exceptuar. || Cosa que se aparta de la regla general.

excepto. adv. m. y conj. A excepción de, fuera de, menos.

exceptuar. tr. y prnl. Excluir a una persona o cosa de lo que se trata.

exceso. m. Parte que excede y sale de la medida o regla. || Abuso.

excipiente. m. Sustancia por lo común inerte, que se mezcla con los medicamentos para darles consistencia, sabor, etc.

excitar. tr. Estimular, provocar algún sentimiento, pasión o movimiento. || prnl. Animarse por el entusiasmo, la alegría, etc.

exclamación. f. Voz, grito o frase en que se refleja una emoción. || Signo ortográfico (¡!) que se coloca delante y detrás de la voz o expresión que lo indica.

exclamar. tr. e intr. Emitir palabras con fuerza o vehemencia para dar vigor o eficacia a lo que se dice.

excluir. tr. Echar a una persona o cosa fuera del lugar que ocupaba. || Descartar, rechazar. || prnl. Ser incompatibles en una misma situación dos o más cosas.

exclusiva. f. Privilegio o concesión para hacer algo negado a los demás.

exclusive. adv. m. Sin tomar en cuenta la última o últimas cosas que se han mencionado.

exclusivo, va. adj. Que excluye. || Único, solo.

excomunión . f. Censura por la cual la Iglesia expulsa a uno de la comunidad de los fieles.

excremento. m. Materias que se arrojan del cuerpo por las vías naturales, especialmente las fecales.

exculpar. tr. y prnl. Descargar a uno de culpa.

excursión. f. Viaje corto para estudio, recreo o ejercicio físico.

excusa. f. Motivo o pretexto para eludir una obligación o disculpar alguna omisión.

execrar. tr. Condenar, maldecir, aborrecer.

exento, ta. adj. Libre, desembarazado de cargas, obligaciones, culpas, etc.

exequias. f. pl. Honras fúnebres.

exfoliador, ra. adj. amer. Se apl. a una especie de cuaderno que tiene las hojas ligeramente pegadas para desprenderlas fácilmente.

exhalar. tr. Despedir gases, vapores u olores. || fig. Dicho de suspiros, quejas, etc., lanzarlos, despedirlos.

exhaustivo, va. adj. Que agota o apura por completo.

exhausto, ta. adj. Enteramente apurado o agotado.

exhibicionismo. m. Afán de exhibirse. || Perversión consistente en el impulso de mostrar los órganos genitales para sentir placer sexual.

exhibir. tr. y prnl. Manifestar, mostrar en público.

exhortar. tr. Inducir a uno con palabras, razones y ruegos a que haga o deje de hacer alguna cosa.

exhumar. tr. Desenterrar, sacar de la sepultura un cadáver o restos humanos.

exigir. tr. Cobrar, percibir, sacar de uno por autoridad pública dinero u otra cosa. || fig. Demandar imperiosamente. || intr. Mostrarse exigente.

exiguo, gua. adj. Insuficiente, escaso.

exiliar. tr. Expulsar a uno de un territorio. || prnl. Expatriarse, generalmente por motivos políticos.

eximio, mia. adj. Muy excelente.

eximir. tr. y prnl. Libertar, desembarazar de cargas, obligaciones, culpas, etc.

existir. intr. Tener una cosa ser real y verdadero. || Haber, estar, hallarse. || Tener vida.

éxito. m. Resultado feliz de un negocio, actuación, etc. || Buena acogida que tiene algo o alguien.

éxodo. m. fig. Emigración de un pueblo o de una muchedumbre de personas.

exonerar. tr. y prnl. Aliviar, descargar de peso, carga u obligación. || Separar, privar o destituir a alguien de un empleo.

exorbitante. adj. Que excede mucho del orden y término regular.

exorcismo. m. Conjuro para expulsar al demonio de la persona que se cree poseída por él.

exordio. m. Principio, introducción, preámbulo de una obra literaria. || Preámbulo de un razonamiento o conversación familiar.

exótico, ca. adj. Extranjero, peregrino. || Extraño, chocante, extravagante.

expandir. tr. y prnl. Extender, dilatar, difundir.

expansión. f. Dilatación. || fig. Acción de desahogar cualquier afecto o pensamiento. || Recreo, asueto, solaz. || Período de desarrollo económico.

expatriarse. prnl. Abandonar uno su patria.

expectación. f. Espera, generalmente curiosa o tensa, de un acontecimiento que interesa o importa.

expectativa. f. Esperanza o posibilidad de conseguir una cosa, si se depara la oportunidad que se desea.

expectorar. tr. Arrancar y arrojar por la boca las flemas y secreciones que se depositan en las vías respiratorias.

expedición. f. Acción y efecto de expedir. || Excursión colectiva a una ciudad o paraje con un fin científico o deportivo. || Conjunto de personas que la realizan.

expediente. m. Conjunto de todos los documentos correspondientes a un asunto o negocio. || Historial de incidencias de un estudiante, un profesional, etc. || Procedimiento administrativo en que se enjuicia a un funcionario.

expedir. tr. Dar curso a las causas y negocios; despacharlos. || Extender por escrito un documento. || Remitir, enviar.

expeditivo, va. adj. Eficaz, resuelto.

expeler. tr. Arrojar, lanzar, despedir.

expendeduría. f. Tienda en que se vende al por menor tabaco u otros productos monopolizados.

expender. tr. Gastar. || Vender al por menor.

expendio. m. amer. En comercio, venta al por menor. || amer. Tienda en que se venden géneros estancados.

expensar. tr. amer. Costear, pagar los gastos de alguna gestión o negocio, principalmente jurídico.

expensas. f. pl. Gastos, costas.

experiencia. f. Enseñanza que se adquiere con la práctica. || Acontecimiento que se vive y del que se aprende algo. || Experimento.

experimentar. tr. Probar y examinar prácticamente la virtud y propiedades de una cosa. Ú. t. c. intr. || Sentir, sufrir algo o alguien algo, como un cambio, un sentimiento, etc. || Conocer algo por la propia práctica.

experto, ta. adj. Práctico, hábil, experimentado. || m. y f. Perito.

expiar. tr. Borrar las culpas por medio de algún sacrificio. || Sufrir el delincuente la pena impuesta por los tribunales.

expirar. intr. Acabar la vida. ‖ fig. Acabarse, fenecer una cosa.

explanada. f. Espacio de terreno allanado.

explayar. tr. y prnl. Ensanchar, extender. ‖ prnl. fig. Extenderse mucho al explicar algo. ‖ fig. Esparcirse, distraerse. ‖ fig. Confiar los sentimientos íntimos a una persona para desahogarse.

explicar. tr. Dar a conocer a otro lo que uno piensa. Ú. t. c. prnl. ‖ Exponer cualquier materia o doctrina con palabras que la hagan más comprensible. ‖ Justificar, disculpar algo. Ú. t. c. prnl. ‖ prnl. Entender algo. ‖ Darse a entender.

explícito, ta. adj. Que expresa clara y determinadamente una cosa.

explorar. tr. Reconocer, registrar, averiguar.

explosión. f. Rotura violenta de algo por un aumento rápido de la presión interior. ‖ Ruido que hace esta rotura. ‖ Liberación brusca de una gran cantidad de energía encerrada en un volumen relativamente pequeño, la cual produce un incremento violento y rápido de la presión, con desprendimiento de calor, luz y gases. ‖ fig. Manifestación súbita y violenta de ciertos sentimientos o estados de ánimo. ‖ fig. Desarrollo rápido de algo.

explosionar. intr. Hacer explosión. ‖ tr. Provocar una explosión.

explotar. tr. Extraer de las minas la riqueza que contienen. ‖ fig. Sacar utilidad de un negocio. ‖ fig. Sacar provecho de algo.

expoliar. tr. Despojar con violencia o con iniquidad.

exponente. m. Número o expresión algebraica que denota la potencia a que se ha de elevar otro número u otra expresión. ‖ Índice, medida de algo.

exponer. tr. Presentar una cosa para que sea vista. Ú. t. c. intr. ‖ Declarar, explicar. ‖ Colocar una cosa para que reciba la acción de un agente. Ú. t. c. prnl. ‖ Arriesgar, aventurar. Ú. t. c. prnl.

exportar. tr. Enviar géneros del propio país a otro.

exposición. f. Acción y efecto de exponer. ‖ Manifestación pública de artículos de industria o de artes y ciencias. ‖ Espacio de tiempo durante el cual se expone a la luz una placa fotográfica o un papel sensible para que se imprisione.

expósito, ta. adj. y s. Que recién nacido fue abandonado o confiado a un establecimiento benéfico.

expresar. tr. y prnl. Decir, manifestar con palabras o con otros signos exteriores lo que uno quiere dar a entender.

expresión. f. Especificación, declaración de una cosa para darla a entender. ‖ Palabra o locución. ‖ Aspecto físico o semblante de alguien que indica una determinada forma de ser.

expreso, sa. adj. Claro, patente. ‖ Se dice del tren expreso. Ú. m. c. m. ‖ m. Correo extraordinario. ‖ adv. m. Ex profeso, a propósito.

exprimir. tr. Extraer el zumo o líquido de una cosa. ‖ fig. Estrujar, agotar una cosa.

expropiar. tr. Desposeer de una cosa a su propietario por motivos de utilidad pública.

expulsar. tr. Echar de alguna parte a una persona. ‖ Arrojar.

expurgar. tr. Limpiar o purificar una cosa. ‖ Censurar la autoridad competente ciertas partes de un libro o un escrito, sin prohibir su lectura.

exquisito, ta. adj. De singular y extraordinaria calidad, primor o gusto.

éxtasis. m. Estado del alma enteramente embargada por un intenso sentimiento de admiración, alegría, etc. ‖ Estado de unión del alma con Dios.

extemporáneo, a. adj. Impropio del tiempo en que sucede o se hace. ‖ Inoportuno, inconveniente.

extender. tr. Aumentar la superficie de una cosa. Ú. t. c. prnl. ‖ Esparcir, desparramar. ‖ Desenvolver, desplegar. Ú. t. c. prnl. ‖ prnl. Ocupar algo cierta porción de espacio. ‖ Durar algo cierta cantidad de tiempo. ‖ Tumbarse. ‖ fig. Propagarse, difundirse.

extensión. f. Acción y efecto de extender. || Medida del espacio ocupada por un cuerpo. || Cada una de las líneas telefónicas que se sacan de una central y que dependen de una misma centralita.

extenso, sa. adj. Que tiene extensión. || Vasto.

extenuar. tr. y prnl. Enflaquecer, debilitar.

exterior. adj. Que está por la parte de afuera. || Relativo a otros países, por contraposición a nacional e interior. || m. Superficie externa de los cuerpos. || Aspecto o porte de una persona. || pl. En cine, planos de una película rodados fuera del estudio de grabación.

exterminar. tr. Acabar del todo con una cosa. || fig. Desolar, devastar.

externo, na. adj. Se dice de lo que obra o se manifiesta al exterior. || Se dice del alumno que sólo permanece en el colegio durante las horas de clase. Ú. t. c. s.

extinguir. tr. y prnl. Apagar. || fig. Hacer que cesen o se acaben del todo ciertas cosas que desaparecen gradualmente. || prnl. Prescribir un plazo, un derecho, etc.

extintor. m. Aparato para extinguir incendios.

extinto, ta. adj. Muerto, fallecido.

extirpar. tr. Arrancar de cuajo o de raíz. || fig. Acabar del todo con una cosa.

extorsionar. tr. Usurpar, arrebatar. || Causar extorsión o daño.

extra. prep. insep. que sign. *fuera de.* || Además. || adj. Extraordinario, óptimo. || m. fam. Gaje, plus. || En el cine, persona que interviene como comparsa.

extractar. tr. Resumir un escrito, un libro, etc.

extracto. m. Resumen de un escrito. || Sustancia que, en forma concentrada, se extrae de otra, de la cual conserva sus propiedades.

extraditar. tr. Conceder el gobierno la extradición de un reclamado por la justicia de otro país.

extraer. tr. Sacar. || Tratándose de raíces, averiguar cuáles son las de una cantidad dada. || fig. Deducir.

extralimitarse. prnl. y tr. fig. Excederse en el uso de las facultades o atribuciones. || Abusar de la benevolencia ajena.

extranjero, ra. adj. Que es o viene de un país de otra soberanía. || Natural de una nación con respecto a los naturales de cualquier otra. Ú. m. c. s. || m. Toda nación que no es la propia.

extraño, ña. adj. De nación, familia o profesión distintas. Ú. t. c. s. || Singular. || Ajeno a la naturaleza o condición de una cosa de la que forma parte. || m. Movimiento inesperado y repentino.

extraoficial. adj. No oficial.

extraordinario, ria. adj. Fuera del orden o regla natural o común. || Mejor que lo normal. || Que se añade a lo usual. || f. Paga que se añade al sueldo normal. || m. Número de un periódico que se publica por algún motivo especial.

extrapolar. tr. Aplicar un criterio conocido a otros casos similares para extraer conclusiones o hipótesis. || Deducir el valor de una variable en una magnitud a partir de otros valores no incluidos en dicha magnitud.

extrarradio. m. Zona que rodea el casco y radio de la población.

extraterrestre. adj. Se dice de lo que pertenece al espacio exterior de la Tierra o procede de él. || Se apl. a los objetos o seres vivientes que se suponen habitantes del espacio exterior de la Tierra. Ú. t. c. com.

extravagante. adj. Que habla, procede, viste, etc., de un modo fuera de lo común. || Raro, extraño, desacostumbrado.

extravertido, da. adj. y s. Extrovertido.

extraviar. tr. Hacer perder el camino. || Perder una cosa. || prnl. No encontrar una cosa en su sitio e ignorarse su paradero.

extremar. tr. Llevar al extremo. || prnl. Emplear todo el esmero en la ejecución de una cosa.

extremidad. f. Parte extrema de una cosa. || pl. Cabeza, pies, manos y cola de los animales. ‖ Pies y manos del hombre.

extremo, ma. adj. Último. ‖ Excesivo. ‖ m. Parte primera o última de una cosa. ‖ En el fútbol, cada uno de los delanteros más próximos a las bandas del campo.

extrínseco, ca. adj. Externo.

extrovertido, da. adj. Se dice de la persona que tiende a comunicar a los que le rodean sus problemas, sentimientos, etc. Ú. t. c. s. ‖ Se apl. al carácter de estas personas.

exuberancia. f. Abundancia extraordinaria.

exudar. intr. y tr. Salir un líquido fuera de sus vasos.

exultar. intr. Saltar de alegría, no caber en sí de gozo.

exvoto. m. Ofrenda en recuerdo de un bien recibido que se cuelga en los muros de los templos.

eyacular. tr. Lanzar con fuerza el contenido de un órgano, cavidad o depósito. ‖ Expeler el semen de los testículos.

F

f. f. Sexta letra del abecedario español, y cuarta de sus consonantes. Su nombre es *efe*.

fa. m. Cuarta nota de la escala musical.

fábrica. f. Establecimiento industrial donde se transforman los productos semielaborados o materias primas para la obtención de objetos destinados al consumo. ‖ Construcción o parte de ella hecha de piedra o ladrillo y argamasa.

fabricar. tr. Producir objetos por medios mecánicos. ‖ Construir, elaborar. ‖ fig. Inventar algo no material.

fabril. adj. Industrial.

fábula. f. Composición literaria, generalmente en verso, de la que se extrae frecuentemente una enseñanza útil o moral. ‖ Rumor, habladuría. ‖ Relato falso.

fabuloso, sa. adj. Imaginario. ‖ fig. Extraordinario, increíble.

facción. f. Grupo de rebeldes. ‖ Cada bando de un enfrentamiento. ‖ Rasgo del rostro humano. Ú. m. en pl.

faceta. f. Cada uno de los aspectos que se pueden considerar en un asunto. ‖ Cada una de las caras o lados de un poliedro.

facha. f. fam. Traza, aspecto. ‖ amer. Vanidad, jactancia. ‖ m. y f. fam. Mamarracho. ‖ desp. Fascista, nazi.

fachada. f. Parte exterior de un edificio. ‖ fig. y fam. Apariencia, aspecto externo.

facial. adj. Relativo al rostro.

fácil. adj. Que cuesta poco trabajo. ‖ Que puede suceder con mucha probabilidad. ‖ Dócil. ‖ adv. Con facilidad, sin esfuerzo.

facineroso, sa. adj. y s. Malhechor, delincuente.

facsímil. m. Copia exacta de un manuscrito, impreso, etc.

factible. adj. Que se puede hacer.

factor. m. Cada uno de los términos de un producto o cantidad. ‖ Elemento, condicionante. ‖ Empleado de ferrocarril encargado de recibir y expedir el equipaje.

factoría. f. Fábrica o complejo industrial.

factura. f. Hechura, ejecución. ‖ Cuenta detallada de una operación comercial.

facturar. tr. Extender las facturas. ‖ Registrar equipajes o mercancías para que sean remitidos a su destino.

facultad. f. Aptitud, potencia física o moral. || Poder, derecho para hacer alguna cosa. || Virtud, propiedad. || Cada una de las secciones en que se dividen los estudios universitarios y centro donde se cursan estos estudios.

facultar. tr. Autorizar.

facultativo, va. adj. Relativo a una facultad. || Potestativo, voluntario. || m. Médico.

faena. f. Trabajo, labor. || Quehacer. Ú. m. en pl. || Conjunto de las suertes que realiza el torero principalmente con la muleta. || fig. Mala pasada.

fagot. m. Instrumento músico de viento.

faja. f. Tira de tela o de tejido elástico con que se rodea el cuerpo por la cintura. || Lista, tira mucho más larga que ancha.

fajo. m. Haz o atado. || Paquete.

falacia. f. Engaño, mentira.

falange. f. Cada uno de los huesos de los dedos. || Cualquier cuerpo de tropas numeroso. || Conjunto numeroso de personas unidas en cierto orden y para un mismo fin.

falaz. adj. Engañoso, mentiroso.

falda. f. Parte inferior del vestido de mujer o prenda de vestir suelta que cae desde la cintura hacia abajo. || Parte baja de los montes o sierras. || fam. pl. Mujeres.

falencia. f. amer. Quiebra de un comerciante. || amer. Carencia, defecto.

falible. adj. Que puede engañarse o equivocarse. || Que puede faltar o fallar.

falla. f. Quiebra que los movimientos geológicos han producido en un terreno. || Defecto, falta. || Tinglado de madera y cartón, con figuras generalmente grotescas, que se quema en las calles de Valencia en la noche del 19 de marzo, fiesta de San José. Ú. t. en pl.

fallar. tr. Pronunciar sentencia un jurado o tribunal. || Decidir un jurado la adjudicación de los premios de un concurso. || intr. Frustrarse, faltar o salir fallido algo. Ú. t. c. tr. || Perder una cosa su resistencia. || En algunos juegos de naipes, poner un triunfo por no tener el palo que se juega.

fallecer. intr. Morir.

fallido, da. adj. Frustrado.

fallo. m. Sentencia de un juez o árbitro. || Falta. || Error, equivocación.

falo. m. Pene, miembro viril.

falsificar. tr. Imitar fraudulentamente, adulterar, contrahacer.

falso, sa. adj. Engañoso, fingido, simulado. || Contrario a la verdad. || Que no es real, auténtico o verdadero.

falta. f. Carencia o privación. || Quebrantamiento de la obligación. || Ausencia de una persona del sitio en que debiera estar. || Defecto. || Error. || Privación. || Transgresión de las reglas de un juego o deporte. || Infracción de la ley.

faltar. intr. No existir una cosa, no haber, carecer de ella. || Consumirse, fallecer. || No acudir a una cita u obligación. || Ausentarse o estar ausente. || Quedar. || No cumplir con lo que debe. || No tratar a alguien con la consideración o respeto debidos.

faltriquera o **faldriquera.** f. Bolsillo que se ata a la cintura y que se lleva colgando debajo del vestido.

fama. f. Opinión sobre la excelencia de alguien o algo. || Reputación, prestigio, popularidad.

famélico, ca. adj. Hambriento.

familia. f. Grupo de personas emparentadas entre sí que viven juntas o en lugares diferentes, y especialmente el formado por el matrimonio y los hijos. || Prole. || fam. Grupo numeroso de personas o cosas con alguna condición común. || Grupo taxonómico constituido por varios géneros naturales con caracteres comunes.

familiar. adj. Relativo a la familia. || Muy sabido o conocido. || De trato llano y sin ceremonia. || Natural, sencillo, corriente. || m. Allegado, pariente.

fanal. m. Farol grande. || Campana de cristal para resguardar algo.

fanatismo. m. Celo excesivo, apasionamiento.

fanfarrón, na. adj. y s. fam. Que hace alarde de lo que no es.

fango. m. Lodo. || fig. Deshonor, degradación.

fantasía. f. Facultad de la mente para reproducir en imágenes cosas inexistentes o de idealizar las reales. || Imaginación. || Ficción, cuento. || Presunción. || Adorno que imita una joya. || Composición instrumental de estructura libre.

fantasma. m. Visión, espectro, presunto espíritu de un difunto. || fig. Persona presuntuosa. || Espantajo. || adj. Inexistente.

fantástico, ca. adj. Irreal, imaginario. || fam. Increíble. || Sensacional, magnífico.

fantoche. m. Títere, muñeco. || Persona informal o presumida. || Persona ridícula.

faquir. m. Asceta de la India.

farándula. f. Profesión de los comediantes. || Compañía antigua de cómicos ambulantes.

faraón. m. Soberano del antiguo Egipto.

fardar. intr. fam. Presumir, alardear. || fam. Lucir, ser vistoso algo.

fardo. m. Lío o bulto grande.

farfullar. tr. fam. Hablar muy de prisa, atropelladamente.

faringe. f. Conducto musculoso situado entre la boca, la parte posterior de las fosas nasales y el esófago.

farmacia. f. Establecimiento donde se preparan y venden medicamentos. || Ciencia que enseña a preparar y conocer los medicamentos. || Profesión de esta ciencia.

fármaco. m. Medicamento.

faro. m. Torre alta en las costas, con luz en la parte superior para guía de los navegantes durante la noche. || Farol potente que llevan los automóviles en la parte delantera.

farol. m. Caja de materia transparente dentro de la cual se pone luz. || fig. Hecho o dicho jactancioso, exageración. || En el juego, jugada o envite falso que se hace para sorprender o apabullar.

farola. f. Farol grande para el alumbrado público, a veces con varios brazos.

farra. f. Juerga, jarana, parranda. || Burla.

farragoso, sa. adj. Confuso.

farruco, ca. adj. fam. Valiente, desafiante.

farsa. f. Comedia burlesca. || fig. Enredo, engaño, comedia.

fascículo. m. Entrega, cada uno de los cuadernos que forman parte de un libro, y que se van publicando sucesivamente.

fascinar. tr. Atraer, seducir. || fig. Engañar, alucinar.

fascismo. m. Régimen político de carácter nacionalista y totalitario, implantado en Italia por Mussolini. || Doctrina que este movimiento o de cualquier régimen político de ideología dictatorial derechista.

fase. f. Cada una de las formas que presenta la Luna y otros planetas según los ilumina el Sol. || Cada uno de los estados sucesivos de una cosa que cambia o se desarrolla.

fastidio. m. Disgusto, desazón. || fig. Enfado, cansancio, hastío, repugnancia. || fam. Molestia, sufrimiento.

fasto, ta. adj. y m. || m. Fausto.

fastuoso, sa. adj. Ostentoso.

fatal. adj. Desgraciado, funesto, aciago. || Inevitable, predestinado. || Muy mal o muy malo. || Se dice de la mujer que seduce y destruye a los hombres.

fatídico, ca. adj. Que pronostica el porvenir y, sobre todo, las desgracias.

fatiga. f. Agitación, cansancio. || Respiración frecuente o difícil. || fig. Molestia, sufrimiento. Ú. m. en pl.

fatuo, tua. adj. y s. Necio. || Engreído.

fauces. f. pl. Parte posterior de la boca de los mamíferos.

fauna. f. Conjunto de animales de un determinado país o región, o de un período geológico.

fausto. adj. Feliz, venturoso. || m. Lujo, ostentación y pompa.

favela. f. amer. Chabola, barraca de los suburbios brasileños.

favor. m. Ayuda, asistencia que se presta de forma gratuita. || Privilegio, concesión que se recibe de una autoridad. || Confianza, apoyo. || Gesto amable que las mujeres dedicaban a los hombres, y p. ext., consentimiento de la mujer a la relación amorosa que le insinúa el hombre. Ú. m. en pl.

favorecer. tr. Ayudar, apoyar. || Mejorar el aspecto o apariencia. Ú. t. c. intr.

favorito, ta. adj. Que es con preferencia estimado y apreciado. || m. y f. Probable ganador en un deporte. || Valido de un rey o personaje.

fax. m. Aparato que permite transmitir por medio del cable telefónico documentos, dibujos, fotografías, etc. || Documento transmitido por este aparato.

faz. f. Rostro, cara. || Aspecto, lado.

fe. f. Creencia en algo que no necesita ser confirmado por la experiencia o la razón, o no está demostrado científicamente. || Conjunto de creencias de una religión. || Confianza, buen concepto. || Promesa. || Testimonio. || Documento que acredita algo.

febrero. m. Segundo mes del año, que tiene veintiocho días y en los bisiestos veintinueve.

febril. adj. Perteneciente a la fiebre. || fig. Ardoroso, desasosegado, violento.

fecal. adj. Perteneciente o relativo al excremento intestinal.

fecha. f. Tiempo en que se hace o sucede algo. || Día. || Tiempo o momento actual.

fechoría. f. Mala acción.

fécula. f. Sustancia blanca que se encuentra en las semillas, tubérculos y raíces de muchas plantas.

fecundar. tr. Unirse los elementos reproductores masculino y femenino para dar origen a un nuevo ser. || Hacer fecundo o productivo.

fecundo, da. adj. Que produce o se reproduce. || Fértil, prolífico, abundante.

federación. f. Unión de colectividades (Estados, partidos políticos, etc.) que forman una más importante, manteniendo cierta autonomía. || Estado federal. || Organismo que establece la reglamentación y el control de un determinado deporte.

federal. adj. Relativo a la federación. || Se dice del partidario de los Estados del Norte en la guerra de Secesión estadounidense. Ú. t. c. com.

fehaciente. adj. Fidedigno.

felicidad. f. Estado del ánimo del que disfruta de lo que desea. || Satisfacción, gusto, contento.

felicitar. tr. Manifestar a una persona la satisfacción que se experimenta con motivo de algún suceso favorable a ella. Ú. t. c. prnl.

félido. adj. y s. Mamífero carnívoro como el tigre, el lince o el gato.

feligrés, sa. m. y f. Persona que pertenece a una parroquia.

felino, na. adj. y s. Relativo a las características del gato.

feliz. adj. Que tiene u ocasiona felicidad. || Oportuno, acertado. || Afortunado.

felonía. f. Traición.

felpear. tr. amer. Reprender duramente a una persona.

felpudo, da. m. Esterilla que suele ponerse a la entrada de las casas para limpiarse el calzado.

femenino, na. adj. Propio o característico de la mujer. || Se dice del ser dotado de órganos para ser fecundado. || Se dice del género gramatical al que pertenecen las hembras. Ú. t. c. s.

feminismo. m. Movimiento social que defiende la emancipación de la mujer hasta conseguir la igualdad de derechos con el hombre.

fémur. m. Hueso del muslo, el más largo del cuerpo, que se extiende desde la ingle hasta la rodilla.

fenecer. intr. Morir, fallecer.

fenómeno. m. Toda apariencia o manifestación material o espiritual. || Suceso, hecho. || Cosa extraordinaria y sorprendente. || fam. Persona sobresaliente en su línea.

feo, a. adj. Que carece de belleza y hermosura. || fig. De aspecto malo o desfavorable. || fam. Desaire manifiesto, grosero.

féretro. m. Ataúd.

feria. f. Mercado extraordinario y fiestas que se celebran con tal ocasión. || Exposición comercial, generalmente anual. || Conjunto de instalaciones recreativas y de puestos de venta que se monta con ocasión de alguna fiesta. || amer. Dinero menudo, cambio, calderilla.

fermentación. f. Proceso químico por el que se forman los alcoholes y ácidos orgánicos a partir de los azúcares.

feroz. adj. Aplicado a animales carnívoros, fiero. || Que causa daño, terror o destrozo. || Enorme, tremendo.

férreo, a. adj. De hierro o que tiene sus propiedades. || fig. Duro, tenaz.

ferretería. f. Tienda donde se venden objetos de metal. || Conjunto de objetos de hierro que se venden en este tipo de tiendas.

ferrocarril. m. Camino con dos filas de barras de hierro paralelas sobre las cuales ruedan los trenes. || Conjunto formado por vías férreas, trenes e instalaciones propias de este medio de transporte.

ferroso, sa. adj. Que contiene hierro.

ferroviario, ria. adj. De los ferrocarriles. || m. y f. Empleado de ferrocarriles.

fértil. adj. Que produce en abundancia.

fertilizar. tr. Abonar la tierra para que dé abundantes frutos.

fervor. m. Celo ardiente y afectuoso, especialmente referido a la religión. || Entusiasmo, ardor.

festejo. m. Acción y efecto de festejar. || Fiesta. || Galanteo. || pl. Regocijos públicos.

festín. m. Banquete espléndido.

festival. m. Concurso o exhibición de manifestaciones deportivas o artísticas.

festivo, va. adj. De fiesta. || Se apl. al día no laborable. || Chistoso, agudo. || Alegre.

fetiche. m. Objeto material, de culto supersticioso en algunos pueblos, que es venerado como un ídolo. || fig. Cualquier objeto que se cree que trae suerte.

fétido, da. adj. De olor muy desagradable.

feto. m. Producto de la concepción desde que pasa el período embrionario hasta el momento del parto. || Este mismo embrión después de abortado.

feudo. m. Contrato por el cual los soberanos y los grandes señores concedían tierras u otros bienes a sus vasallos a cambio de ciertos servicios y obligaciones, || Tierra o dominio que se concede en feudo.

fiambre. adj. y m. Comida preparada para comerse fría. || m. fig. y fam. Cadáver.

fianza. f. Obligación que uno contrae de hacer lo que otro promete si éste no lo cumple. || Garantía. || Cantidad de dinero que se paga por la libertad de un individuo pendiente de juicio o sentencia firme. || Cualquier cosa que se deja como garantía de algo, generalmente se trata de dinero.

fiar. tr. Asegurar uno que cumplirá lo que otro promete, obligándose, en caso de que no lo haga, a satisfacer por él. || Vender sin cobrar al contado, demorando el pago para más adelante. || Confiar. Ú. t. c. prnl.

fibra. f. Cada uno de los filamentos que entran en la composición de los tejidos orgánicos vegetales o animales, de ciertos minerales y de algunos productos químicos. || fig. Vigor, energía.

fibroma. m. Tumor benigno.

ficción. f. Acción y efecto de fingir. || Simulación. || Invención poética.

ficha. f. Pieza pequeña, generalmente plana y delgada, a la que se puede dar usos diversos (contraseña en guardarropas, aparcamientos de automóviles, etc.). || Tarjeta de cartón o papel fuerte en que se consignan ciertos datos y suele clasificarse. || Pieza que se usa en sustitución de moneda para señalar los tantos en el juego. || Cada una de las piezas del dominó u otros juegos de mesa. || Contrato de un jugador o técnico deportivo.

fichar. tr. Hacer la ficha antropométrica, policial, médica, etc., de un individuo. ‖ intr. Controlar en un reloj especial la hora de entrada y salida de los obreros o empleados. ‖ fig. y fam. Poner a una persona en el número de aquellas que se miran con sospecha y desconfianza. ‖ Contratar un club o entidad deportiva los servicios de un jugador o técnico. Ú. t. c. intr.

fichero. m. Conjunto de fichas ordenadas y mueble donde se guardan.

ficticio, cia. adj. Fingido, falso. ‖ Aparente, irreal.

fidedigno, na. adj. Digno de fe y crédito.

fidelidad. f. Lealtad. ‖ Exactitud, veracidad.

fideo. m. Pasta de harina que ordinariamente se toma en sopa. Ú. m. en pl. ‖ fig. y fam. Persona muy delgada.

fiebre. f. Elevación de la temperatura normal del cuerpo. ‖ fig. Entusiasmo y excitación con la que se realiza una actividad.

fiel. adj. Que cumple sus compromisos. ‖ Exacto, conforme a la verdad. ‖ com. Perteneciente a una iglesia. ‖ m. Aguja de una balanza.

fieltro. m. Especie de paño no tejido que resulta de conglomerar borra, lana o pelo.

fiera. f. Animal salvaje. ‖ fig. Persona cruel o de carácter malo y violento. ‖ com. fig. Persona que hace muy bien algo.

fiero, ra. adj. Perteneciente o relativo a las fieras. ‖ Feroz, duro, agreste, intratable. ‖ fig. Horroroso, terrible.

fiesta. f. Alegría, regocijo o diversión. ‖ Solemnidad civil o religiosa en conmemoración de algún acontecimiento o fecha especial y día en que se celebra. ‖ Día en que no se trabaja. ‖ Agasajo, caricia u obsequio. Ú. m. en pl. ‖ pl. Período de vacaciones por alguna fiesta, sobre todo religiosa.

figura. f. Forma exterior de un cuerpo. ‖ Cara, rostro, aspecto. ‖ Estatua o pintura que representa el cuerpo de un hombre o animal. ‖ Cosa que representa o significa otra. ‖ Serie de variaciones

en la danza, patinaje artístico, etc. ‖ Persona de renombre o que destaca en alguna actividad. ‖ Espacio cerrado por líneas o superficies.

figurado, da. adj. Se dice del sentido en que se toman las palabras desviado del literal por una asociación de ideas.

figurar. tr. Disponer, delinear y formar la figura de una cosa. ‖ Aparentar, suponer, fingir. ‖ intr. Formar parte. ‖ Destacar. ‖ prnl. Imaginarse uno algo que no conoce.

figurín. m. Dibujo o modelo para hacer vestidos. ‖ Lechugino, de elegancia afectada y exagerada.

fijar. tr. Hincar, clavar, asegurar un cuerpo en otro. ‖ Hacer fijo o estable. ‖ Determinar, limitar, precisar, designar. ‖ Dirigir o aplicar intensamente. ‖ Hacer que la imagen fotográfica impresionada en una placa o en un papel sensible quede inalterable a la acción de la luz. ‖ prnl. Determinarse, resolverse. ‖ Poner atención. ‖ Reparar, notar.

fijo, ja. adj. Firme, asegurado. ‖ Permanente, estable. ‖ Invariable, que no cambia. ‖ Se apl. al contrato de trabajo indefinido y a la persona contratada así. ‖ adv. m. Con seguridad. ‖ Fijamente.

fila. f. Serie de personas o cosas colocadas en línea. ‖ f. pl. fig. Bando, partido. ‖ Milicia, ejército.

filamento. m. Cuerpo filiforme, flexible o rígido, especialmente el hilo conductor de las lámparas eléctricas.

filantropía. f. Amor al género humano.

filarmónico, ca. adj. y s. Apasionado por la música. ‖ Se apl. a algunas orquestas de música clásica o a ciertas organizaciones de amantes de la música. Ú. t. c. f.

filatelia. f. Arte que trata del conocimiento de los sellos.

filete. m. Moldura larga y angosta. ‖ Lonja delgada de carne magra o de pescado limpio de raspas. ‖ Línea o lista fina que sirve de adorno.

filiación. f. Lazo de parentesco entre padres e hijos. ‖ Dependencia. ‖ Señas

personales. || Hecho de estar afiliado a un partido o a una doctrina determinada.

filial. adj. Perteneciente al hijo. || Se apl. al establecimiento que depende de otro. Ú. t. c. f.

filiforme. adj. Que tiene forma o apariencia de hilo.

filigrana. f. Obra formada de hilos de oro o plata, unidos y soldados con mucha perfección y delicadeza. || fig. Cosa delicada y pulida. || Marca transparente de la fábrica del papel y los billetes de banco.

filipino, na. adj. y s. De las islas Filipinas.

filmar. tr. Tomar o fotografiar escenas, paisajes, personas o cosas en movimiento.

filme. m. Película cinematográfica.

filmina. f. Diapositiva.

filmografía. f. Relación de películas de un realizador, productor, actor, etc.

filmoteca. f. Lugar donde se guardan películas de cine para su conservación, exhibición y estudio. || Conjunto o colección de filmes.

filo. m. Arista o borde agudo de un instrumento cortante.

filología. f. Ciencia que estudia las lenguas y los fenómenos culturales de un pueblo a través de sus textos. || Técnica de reconstrucción, fijación e interpretación de textos.

filón. m. Masa metalífera o pétrea entre dos capas de un terreno. || fig. Materia, negocio, recurso del que se espera sacar gran provecho.

filosofía. f. Ciencia que trata de la esencia, propiedades, causas y efectos de las cosas naturales. || Cada una de las teorías desarrolladas en este campo. || Espíritu, principios y conceptos generales de una materia o de una teoría. || fig. Serenidad para soportar los contratiempos. || fig. Sistema particular de entender la vida y todo lo relacionado con ella.

filtro. m. Materia porosa o dispositivo a través del cual se hace pasar un fluido para purificarlo o separar ciertas sustancias. || Boquilla de los cigarrillos para retener la nicotina. || Pantalla que se interpone al paso de la luz para excluir ciertos rayos.

filudo, da. adj. amer. De filo muy agudo.

fimosis. f. Estrechez del orificio del prepucio.

fin. amb. y m. Término, remate, extremo o consumación de una cosa. || m. Objeto, motivo, finalidad. || Muerte. || Destino.

finado, da. m. y f. Persona muerta.

final. adj. Que remata, cierra o perfecciona una cosa. || m. Fin, término. || f. Última y decisiva competición en un campeonato o concurso.

financiar. tr. Aportar el dinero necesario para una empresa, proyecto u otra actividad.

finanzas. f. pl. Caudales, bienes. || Hacienda pública.

finar. intr. Fallecer, morir.

finca. f. Propiedad inmueble.

finés, sa. adj. y s. Finlandés.

fingir. tr. Dar a entender lo que no es cierto. Ú. t. c. prnl. || Simular, aparentar.

finiquito. m. Liquidación de una cuenta. || Documento y cantidad de dinero con la que se liquida la relación laboral entre el trabajador y la empresa.

finito, ta. adj. Que tiene fin, o se puede contar.

finlandés, sa. adj. y s. De Finlandia. || m. Idioma de Finlandia.

fino, na. adj. Delicado y de buena calidad. || Delgado, sutil. || De exquisita educación. || Astuto, sagaz, agudo. || Se dice del jerez muy seco, de color pálido. Ú. t. c. m.

fiordo. m. Golfo en las costas de Noruega, estrecho y profundo.

firma. f. Nombre y apellido de una persona, que ésta pone con rúbrica al pie de un escrito. || Nombre comercial, empresa o razón social. || fig. Sello, estilo característico de algo o alguien.

firmamento. m. Cielo, bóveda celeste.

firmar. tr. e intr. Poner la firma.

firme. adj. Estable, fuerte. || Fig. Entero, constante. || Definitivo. || m. Capa sólida o pavimento de una carretera. || adv. m. Con firmeza.

fiscal. adj. Perteneciente al fisco o hacienda pública. || com. Funcionario judicial que representa y ejerce el ministerio público en los tribunales.

fiscalizar. tr. Hacer el oficio de fiscal. || fig. Controlar.

fisco. m. Erario, tesoro público. || Administración encargada de recaudar los impuestos.

fisgar o fisgonear. tr. Husmear indagando, curiosear.

física. f. Ciencia que tiene por objeto el estudio de la materia y de la energía, y de las leyes que tienden a modificar su estado y su movimiento sin alterar su naturaleza.

físico, ca. adj. Perteneciente a la física. || Relativo a la constitución y naturaleza corpórea. || m. y f. Especialista en física. || m. Exterior de una persona.

fisiología. f. Ciencia que estudia las funcione s de los seres orgánicos.

fisión. f. Reacción en la que el núcleo de un átomo pesado se divide en dos o más núcleos de elementos más ligeros con gran liberación de energía.

fisioterapia. f. Tratamiento terapéutico por medio de los agentes naturales (frío, calor, etc.), sin emplear medicamentos o remedios químicos.

fisonomía o fisionomía. f. Aspecto particular del rostro de una persona. || fig. Aspecto exterior de las cosas.

fisura. f. Hendidura longitudinal, grieta.

fláccido, da o flácido, da. adj. Flojo, blando, sin consistencia.

flaco, ca. adj. De pocas carnes. || fig. Flojo, endeble, sin fuerzas. || m. Debilidad moral.

flagelar. tr. Azotar. Ú. t. c. prnl. || fig. Censurar con dureza.

flagelo. m. Instrumento para azotar. || Calamidad. || Cada una de las prolongaciones de los seres unicelulares con las que se mueven.

flagrante. adj. Que se está ejecutando en el momento de que se habla. || Evidente.

flamante. adj. Nuevo, reciente, resplandeciente.

flamear. intr. Despedir llamas. || Ondear al viento una bandera, vela, etc.

flan. m. Dulce que se hace mezclando yemas de huevo, leche y azúcar.

flanco. m. Lado.

flash. m. Lámpara que despide un destello al mismo tiempo que se abre el obturador de una máquina fotográfica. || Información concisa de última hora.

flato. m. Acumulación molesta de gases en el tubo digestivo.

flauta. f. Instrumento músico de viento, en forma de tubo con varios agujeros y llaves.

flecha. f. Arma arrojadiza puntiaguda, que se dispara con arco. || Signo con esta forma que indica una dirección. || Remate en punta de algunas torres.

flechazo. m. Disparo o herida de flecha. || fig. y fam. Amor repentino.

fleco. m. Adorno compuesto de una serie de hilos o cordoncillos colgantes de una tira de tela. || Flequillo del pelo.

flema. f. Mucosidad que se arroja por la boca. || fig. Cachaza, lentitud.

flemón. m. Inflamación de las encías.

flequillo. m. Porción de cabello recortado que se deja caer sobre la frente.

fletar. tr. Alquilar un barco o parte de él para el transporte. || Por ext., se aplica a cualquier medio de transporte. || Embarcar mercancías o personas. || amer. Soltar, espetar, largar acciones o palabras inconvenientes o agresivas. || amer. Enviar a alguien a alguna parte contra su voluntad. || amer. Despedir a alguien de un trabajo o empleo. || prnl. amer. Largarse, marcharse de pronto.

fletero, ra. adj. amer. Se dice de la embarcación, carro u otro vehículo que se alquila para transporte. || amer. Se dice del que tiene por oficio hacer transportes. Ú. t. c. s. ‖ m. y f. amer. Persona que en los puertos se encarga de transportar mercancías o personas entre las naves y los muelles. ‖ f. amer. Prostituta que recorre las calles en busca de clientes.

flexible. adj. Que puede doblarse fácilmente. ‖ fig. Que se acomoda con facilidad. ‖ Elástico.

flexión. f. Acción de doblar o doblarse. ‖ En gram., alteración que experimentan las voces conjugables y declinables.

flexo. m. Lámpara de mesa que tiene el brazo flexible.

flipar. intr. fam. Gustar mucho de algo. Ú. t. c. prnl. ‖ Drogarse.

flirtear. intr. Mantener relaciones amorosas de forma superficial y sin compromiso.

flojo, ja. adj. Mal atado, poco apretado. ‖ Que no tiene mucha actividad, fortaleza o vigor. ‖ Mediocre. ‖ fig. Perezoso. ‖ amer. Cobarde.

flor. f. Conjunto de los órganos de reproducción de las plantas. ‖ Lo más escogido de una cosa. ‖ Piropo, requiebro. Ú. m. en pl.

flora. f. Conjunto de plantas de un país o región. ‖ Conjunto de bacterias que habitan en un órgano determinado, y cuya presencia es indispensable para el buen funcionamiento del organismo.

florecer. intr. Echar o cubrirse de flores las plantas. Ú. t. c. tr. ‖ fig. Prosperar. ‖ fig. Existir. ‖ prnl. Hablando de algunos alimentos, ponerse mohosos.

florero. m. Vaso o vasija para las flores.

florete. m. Espadín utilizado en esgrima.

floristería. f. Tienda donde se venden flores y plantas.

floritura. f. Adorno.

flota. f. Conjunto de barcos mercantes o de guerra. ‖ Conjunto de aeronaves para un servicio determinado. ‖ Conjunto de vehículos de una empresa.

flotar. intr. Sostenerse un cuerpo en la superficie de un líquido. ‖ Oscilar, variar, especialmente el valor de una moneda con relación al oro o con otra divisa.

fluctuar. intr. Oscilar, crecer y disminuir alternativamente. ‖ fig. Dudar.

fluido, da. adj. Se dice de cualquier cuerpo cuyas moléculas tienen entre sí poca coherencia, y toma siempre la forma del recipiente donde está contenido. Ú. t. c. s. ‖ fig. Corriente, fácil, suelto. ‖ Se dice de la circulación automovilística normal y sin embotellamientos. ‖ m. fam. Corriente eléctrica.

fluir. intr. Correr un líquido o un gas. ‖ fig. Surgir de forma natural.

flujo. m. Movimiento de los fluidos. ‖ fig. Abundancia excesiva. ‖ Movimiento de ascenso de la marea.

flúor. m. Cuerpo simple gaseoso, de color amarillo verdoso y olor desagradable. Símbolo, F.

fluorescencia. f. Propiedad de algunos cuerpos de emitir luz al recibir una radiación.

fluvial. adj. Perteneciente a los ríos.

fobia. f. Miedo irracional, obsesivo y angustioso hacia determinadas situaciones, cosas, personas, etc.

foca. f. Mamífero carnívoro de los mares fríos, de cuerpo pesado y pelo espeso.

foco. m. Punto de donde parte un haz de rayos luminosos. ‖ Lámpara que emite una luz potente. ‖ fig. Lugar en que está concentrada alguna cosa, y desde la cual se propaga o ejerce influencia. ‖ amer. Bombilla eléctrica.

fofo, fa. adj. Blando, de poca consistencia.

fogaje. m. amer. Erupción de la piel. ‖ amer. Bochorno, calor, sofoco.

fogata. f. Hoguera.

fogón. m. Sitio en las cocinas donde se hacía fuego para cocinar. ‖ En las máquinas de vapor, lugar destinado al combustible. ‖ amer. Fuego que se hace en el suelo.

fogoso, sa. adj. Ardiente, demasiado vivo.

folclore o **folclor.** m. Folklore.

folio. m. Hoja de un libro o cuaderno. ‖ Hoja de papel cuyo tamaño corresponde a dos cuartillas. || Este tamaño de papel.

folklore o **folklor.** m. Conjunto de las tradiciones, costumbres, canciones, etc., de un pueblo, país o región.

follaje. m. Conjunto de hojas de árboles y otras plantas. || fig. Adorno superfluo.

follar. tr., intr. y prnl. vulg. Tener relaciones sexuales.

folletín. m. Tipo de relato de intriga, en el que abundan los sucesos melodramáticos. || fig. Suceso o relato exagerado e inverosímil. || Por ext., cualquier obra o situación que tenga estas características.

folleto. m. Obra impresa de menor extensión que un libro.

follón. m. Alboroto, discusión tumultuosa. || Desorden, confusión, jaleo.

fomentar. tr. fig. Excitar, promover, favorecer.

fonación. f. Emisión de la voz o de la palabra.

fonda. f. Establecimiento público donde se da hospedaje y se sirven comidas.

fondear. intr. y tr. Asegurar una embarcación por medio de anclas. || prnl. amer. Acumular fondos, enriquecerse.

fondo. m. Parte inferior de una cosa. || Hablando del mar, de los ríos o estanques, superficie sólida sobre la cual está el agua. || Profundidad. || Parte contraria a la entrada de un edificio. || fig. Atmósfera o ambiente que rodea a alguien o algo. || En pintura, superficie o espacio sobre el cual se pinta. || Condición, índole. || Resistencia física. || fig. Lo esencial de una cosa. || Conjunto de colecciones de una biblioteca, museo, o de libros de una editorial. || pl. Caudal, dinero.

fonema. m. En ling., cada una de las unidades fonológicas mínima s que en el sistema de una lengua pueden oponerse a otras en contraste significativo. || Cada uno de los sonidos simples del lenguaje hablado.

fonendoscopio. m. Instrumento médico para auscultar los sonidos del organismo.

fonético, ca. adj. Perteneciente al sonido. || f. Rama de la lingüística que estudia los elementos fónicos de un idioma.

fónico, ca. adj. Perteneciente a la voz o al sonido.

fonología. f. Rama de la lingüística que estudia los fonemas.

fonoteca. f. Colección o archivo de documentos sonoros.

fontana. f. poét. Fuente.

fontanería. f. Oficio y técnica de encañar y conducir las aguas para los diversos usos de ellas. || Conjunto de conductos por donde se dirige y distribuye el agua. || Establecimiento y taller del fontanero.

forajido, da. adj. y s. Malhechor que anda huyendo de la justicia. || Bandido.

foráneo, a. adj. Forastero, extraño.

forastero, ra. adj. y s. Que vive o está en un lugar de donde no es vecino. || fig. Extraño, ajeno.

forcejear. intr. Hacer fuerza o esfuerzos para vencer alguna resistencia. || Oponerse.

fórceps. m. Instrumento médico que se usa para la extracción del feto en los partos difíciles.

forense. adj. Se dice del médico adscrito a un juzgado de instrucción que asiste al juez en asuntos médicos legales. U. t. c. com. || Relativo o perteneciente al derecho o al foro.

forestal. adj. Relativo a los bosques.

forjar. tr. Dar forma a un metal. || Fabricar y formar. || fig. Inventar, fingir, imaginar.

forma. f. Figura exterior de un cuerpo. || Disposición de las cosas. || Modo de proceder. || Molde. || Formato. || Modo de expresar el contenido de un escrito, especialmente el literario, a diferencia de lo que constituye el fondo. || Hostia pequeña. || Buena condición física. || pl. Configuración del cuerpo humano, especialmente de la mujer. || Modales.

formal. adj. Perteneciente a la forma. || Que tiene formalidad, serio. || Preciso, determinado.

formalizar. tr. Hacer formal o serio. || Revestir de requisitos legales. || Concretar, precisar.

formar. tr. Dar forma. || Constituir, crear. || Integrar. || Reunir. || Poner en orden, hacer una formación. || Educar, adiestrar, desarrollar. Ú. t. c. intr. y prnl.

formatear. tr. En inform., dar forma o preparar un disquete u otro soporte informático.

formato. m. Forma y tamaño de un impreso, libro, etc.

formica. f. Material recubierto por una de sus caras con una resina artificial, brillante y muy resistente.

formidable. adj. Magnífico, estupendo. || Enorme. || Admirable.

fórmula. f. Modelo establecido para expresar, realizar o resolver algo. || Receta del médico en la que se indican los componentes de un medicamento. || Representación de una ley física o matemática o de una combinación química.

formular. tr. Reducir a términos claros y precisos. || Expresar, manifestar.

formulario, ria. adj. Que se hace por fórmula o pura cortesía. || m. Escrito donde figura una serie de requisitos, preguntas, etc., que se han de cumplimentar.

fornicar. intr. Tener relaciones sexuales fuera del matrimonio.

fornido, da. adj. Robusto.

foro. m. Plaza pública. || Lugar en que los tribunales oyen y determinan las causas. || Fondo del escenario. || Lo que concierne al ejercicio de la abogacía y a la práctica de los tribunales. || Discusión, debate sobre asuntos de interés ante un auditorio.

forofo, fa. m. y f. Fanático, seguidor apasionado; se apl. especialmente a los deportes.

forraje. m. Hierba o pasto seco que se da al ganado.

forrar. tr. Poner forro a alguna cosa. || prnl. fam. Enriquecerse.

forro. m. Cubierta, resguardo o revestimiento de algo; Se dice especialmente del que llevan en la parte interior los vestidos. || Cubierta del libro.

fortaleza. f. Fuerza y vigor. || Entereza o firmeza de ánimo. || Recinto fortificado, fortificación.

fortificación. f. Obra o conjunto de obras de defensa.

fortificar. tr. Dar vigor y fuerza. || Proteger con fortificaciones. Ú. t. c. prnl.

fortín. m. Fortaleza pequeña.

fortuito, ta. adj. Casual.

fortuna. f. Circunstancia casual. || Suerte favorable. || Hacienda, capital, bienes.

forzar. tr. Hacer fuerza o violencia física. || Tomar u ocupar por la fuerza. || Abusar sexualmente de una persona. || fig. Obligar. Ú. t. c. prnl.

fosa. f. Sepultura. || Excavación alrededor de una fortaleza. || Depresión. || Cada una de ciertas cavidades del cuerpo.

fosforescencia. f. Propiedad de algunos cuerpos de absorber radiaciones lumínicas y luego emitirlas.

fósforo. m. Metaloide sólido, amarillento, inflamable y luminoso en la oscuridad. Símbolo, *P*. || Cerilla.

fósil. adj. Se dice de los restos de seres orgánicos muertos que se encuentran petrificados en ciertas capas terrestres. Ú. t. c. m. || fig. y fam. Viejo, anticuado. Ú. t. c. com.

foso. m. Hoyo. || Excavación profunda que rodea una fortaleza. || Piso inferior del escenario.

foto. f. Apócope de *fotografía*.

fotocopia. f. Fotografía especial obtenida directamente sobre papel.

fotogénico, ca. adj. Que tiene buenas condiciones para ser reproducido por la fotografía.

fotografía. f. Técnica de fijar y reproducir en una placa o película impresionable a la luz por medio de la acción química las imágenes recogidas en el fondo de una cámara oscura. || Imagen así obtenida. || fig. Representación o descripción exacta y precisa de algo o alguien.

fotograma. m. Cada una de las imágenes que se suceden en una película cinematográfica.

fotón. m. Partícula de luz.

fotosíntesis. f. Proceso metabólico por el que las plantas transforman sustancias inorgánicas en orgánicas (hidratos de carbono) desprendiendo oxígeno, gracias a la transformación de la energía luminosa en la química producida por la clorofila.

fototo. m. amer. Instrumento de viento que produce un ruido prolongado y fuerte como el de una trompa o caracola.

frac. m. Traje de etiqueta masculino, que tiene por detrás dos faldones.

fracasar. intr. Frustrarse, tener resultado adverso. ‖ No tener éxito.

fracción. f. División de una cosa en partes. ‖ Parte o porción de un todo. ‖ Quebrado, número que expresa una o varias partes de la unidad dividida en partes iguales.

fractura. f. Rotura de un hueso. ‖ Acción y efecto de fracturar o fracturarse.

fragancia. f. Olor agradable y suave.

fragata. f. Embarcación de tres palos.

frágil. adj. Que se rompe o quiebra con facilidad. ‖ Fugaz, caduco. ‖ fig. Débil.

fragmento. m. Cada una de las partes de algo roto o partido. ‖ Parte de una obra literaria, musical, escultórica, etc.

fragor. m. Ruido, estruendo.

fragua. f. Fogón en que se calientan los metales para forjarlos. ‖ Taller donde se forjan los metales.

fraguar. tr. Forjar metales. ‖ fig. Idear, discurrir. ‖ intr. Trabar y endurecerse consistentemente la cal, el yeso, etc.

fraile. m. Religioso, monje.

francés, sa. adj. y s. De Francia. ‖ m. Lengua francesa.

franco, ca. adj. Sincero, ingenuo. ‖ Abierto, comunicativo. ‖ Sin impedimento. ‖ Claro, evidente. ‖ Libre o exento de impuestos. ‖ Se dice de un pueblo germánico que habitó en la Galia Transalpina. Ú. m. c. m. pl.

francotirador, ra. m. y f. Persona aislada que, apostada, ataca con armas

de fuego. ‖ fig. Persona que actúa aisladamente y por su cuenta en cualquier actividad reservada normalmente a un colectivo.

franela. f. Tejido fino de lana.

franja. f. Faja, lista o tira. ‖ Banda de adorno.

franquear. tr. Librar, exceptuar de una contribución, tributo, etc. ‖ Desembarazar, quitar los impedimentos, abrir camino. ‖ Pagar en sellos el porte del correo. ‖ prnl. Descubrir uno su interior o sus intenciones.

franquicia. f. Exención del pago de ciertos derechos, impuestos, etc.

frasco. m. Vaso de cuello recogido.

frase. f. Conjunto de palabras que forman sentido. ‖ Locución, expresión.

fraternal. adj. Propio de hermanos.

fraterno, na. adj. Fraternal.

fratricidio. m. Crimen del que mata a su hermano.

fraude. m. Engaño, inexactitud consciente, abuso de confianza. ‖ Acción que se realiza eludiendo obligaciones legales o usurpando derechos.

fray. m. Apócope de fraile.

frecuencia. f. Repetición a menudo de un acto o suceso. ‖ Número de oscilaciones, vibraciones u ondas por unidad de tiempo en cualquier fenómeno periódico.

fregadero. m. Pila de fregar.

fregado, da. adj. amer. Se dice de la persona enfadosa, inoportuna. ‖ m. Acción y efecto de fregar. ‖ Enredo, jaleo. ‖ fam. Discusión. ‖ amer. Fastidio.

fregar. tr. Restregar con fuerza. ‖ Lavar los platos, cacerolas, etc. ‖ amer. Fastidiar, molestar. Ú. t. c. prnl.

fregona. f. Utensilio para fregar los suelos. ‖ desp. Criada que friega los suelos. ‖ desp. Mujer ordinaria.

freiduría. f. Establecimiento donde se fríen pescados u otros alimentos.

freír. tr. Guisar un manjar en aceite o grasa hirviendo. Ú. t. c. prnl. ‖ fig. Molestar, importunar. ‖ fig. Acosar. ‖ prnl. fig. Pasar mucho calor.

frenar. tr. e intr. Moderar o detener el movimiento con el freno. || Contener, retener.

frenesí. m. Exaltación violenta. || Locura.

frenético, ca. adj. Furioso, rabioso.

frenillo. m. Membrana que sujeta y limita el movimiento de algunos órganos, como la lengua y el prepucio.

freno. m. Dispositivo para moderar y detener el movimiento. || Instrumento de hierro que, introducido en la boca de las caballerías, sirve para sujetarlas y gobernarlas. || fig. Sujeción.

frente. f. Parte superior de la cara. || m. Parte delantera, fachada. || Extensión o línea de territorio continuo en que combaten los ejércitos. || adv. l. En lugar opuesto. || adv. m. En contra.

fresa. f. Planta rosácea, con tallos rastreros y fruto rojo, sabroso y fragante. || f. Instrumento de movimiento circular con una serie de cuchillas cortantes para abrir agujeros o labrar metales.

fresca. f. Frescor de la madrugada o del atardecer en tiempo de calor.

fresco, ca. adj. Moderadamente frío. || Reciente, acabado de hacer, de coger, de suceder, etc. || Se dice de lo que no contiene artificios; natural. || Sano. || fig. Descansado, que no da muestras de fatiga. || fig. y fam. Desvergonzado. Ú. t. c. s. || m. Frío moderado. || Frescura. || Pintura mural.

fresno. m. Árbol de madera blanca muy apreciada.

fresón. m. Especie de fresa grande.

fresquería. f. amer. Establecimiento donde se preparan y venden bebidas heladas o refrescos.

frialdad. f. Sensación que proviene de la falta de calor. || fig. Indiferencia, poco interés.

fricción. f. Roce de dos cuerpos en contacto. || Frotación que se aplica a una parte del cuerpo. || fig. Desavenencia.

friega. f. Acción de frotar alguna parte del cuerpo. || fig. y fam. Paliza, zurra. || amer. Molestia, fastidio.

frigidez. f. Frialdad. || Falta de deseo sexual.

frigorífico, ca. adj. Que produce frío. || m. Cámara o mueble que se enfría artificialmente para conservar alimentos u otros productos.

frío, a. adj. Que tiene una temperatura muy inferior a la normal o a la del ambiente. || fig. Falto de afecto, de pasión o sensibilidad. || fig. Indiferente. || fig. Sin gracia. || fig. Poco acogedor. || m. Baja temperatura. || Sensación que se experimenta por la pérdida de calor.

friolero, ra. adj. Muy sensible al frío. || f. Cosa de poca importancia. || fam. Gran cantidad de una cosa, especialmente de dinero.

frívolo, la. adj. Ligero, superficial. || De poca importancia. || Se aplica a los espectáculos, publicaciones, etc., que tratan temas ligeros, con predominio de lo sensual.

frondoso, sa. adj. Abundante en hojas o árboles que forman espesura.

frontal. adj. Relativo a la frente. || m. Hueso de la frente.

frontera. f. Línea divisoria entre dos estados. || Límite.

frontis o **frontispicio.** m. Fachada o cara anterior. || Frontón.

frontón. m. Pared principal del juego de pelota. || Edificio o lugar para jugar a la pelota. || Remate triangular de una fachada o de un pórtico.

frotar. tr. y prnl. Pasar una cosa sobre otra con fuerza muchas veces.

fructífero, ra. adj. Que produce fruto.

fructificar. intr. Dar fruto. || fig. Producir utilidad.

frugal. adj. Sobrio. || Se dice de las comidas sencillas y poco abundantes.

fruición. f. Gozo, placer intenso.

fruncir. tr. Arrugar la frente y las cejas en señal de preocupación, mal humor, etc. || Plegar las telas en arrugas pequeñas. || prnl. fig. Afectar modestia.

fruslería. f. Cosa de poco valor o entidad.

frustrar. tr. Privar a uno de lo que esperaba. ‖ Dejar sin efecto, malograr un intento. Ú. t. c. prnl.

fruta. f. Fruto comestible de ciertas plantas.

frutal. adj. y m. Árbol que da fruta.

frutilla. f. amer. Especie de fresón americano.

fruto. m. Órgano de la planta que nace del ovario de la flor y contiene las semillas. ‖ fig. Resultado, provecho, utilidad. ‖ fig. Producto de la mente o del ingenio.

fuego. m. Calor y luz producidos por la combustión. ‖ Materia en combustión. ‖ Incendio. ‖ Efecto de disparar armas de fuego. ‖ fig. Hogar. ‖ fig. Ardor, pasión.

fuel. m. Combustible líquido derivado del petróleo.

fuelle. m. Instrumento para dar aire. ‖ Pieza plegable. ‖ Pliegue en un vestido. ‖ fig. Resistencia física.

fuente. f. Manantial de agua que brota de la tierra. ‖ Construcción en los sitios públicos con caños y surtidores de agua. ‖ Plato grande para servir la comida. ‖ fig. Origen, causa. ‖ fig. Documento, obra o materiales que sirven de información o de inspiración a un autor.

fuera. adv. I. A o en la parte exterior. ‖ adv. t. Antes o después de tiempo.

fuero. m. Compilación de leyes. ‖ Privilegio, inmunidad, exención. ‖ Competencia jurisdiccional.

fuerte. adj. Que tiene fuerza y resistencia. ‖ Robusto, corpulento. ‖ Duro, que no se deja labrar fácilmente. ‖ Intenso. ‖ m. Recinto fortificado. ‖ fig. Aquello en lo que uno sobresale. ‖ Adv. m. Con fuerza. ‖ adv. c. Mucho.

fuerza. f. Vigor, robustez. ‖ Poder, autoridad. ‖ Acto de obligar. ‖ Violencia. ‖ Corriente eléctrica. ‖ Eficacia. ‖ Vitalidad, intensidad. ‖ pl. Tropas.

fuete. m. amer. Látigo; cinturón de cuero.

fuga. f. Huida precipitada. ‖ Evasión. ‖ Escape, salida accidental de un gas o líquido. ‖ En mús., composición que gira sobre la repetición de un tema y su contrapunto.

fugaz. adj. De corta duración. ‖ Que desaparece con velocidad.

fugitivo, va. adj. Que huye. Ú. t. c. s. ‖ Que pasa muy aprisa.

fulano, na. m. y f. Persona indeterminada o imaginaria. ‖ f. Prostituta.

fulero, ra. adj. fam. Chapucero. ‖ Falso, embustero, fantasioso.

fulgor. m. Resplandor y brillantez.

fulgurar. intr. Brillar, resplandecer.

fullería. f. Trampa, engaño.

fulminar. tr. Lanzar rayos. ‖ Matar o dar muerte un rayo, proyectil o arma. ‖ Causar muerte repentina una enfermedad. ‖ Dejar rendida o muy impresionada a una persona.

fumar. intr. Aspirar y despedir el humo del tabaco, opio, etc. Ú. t. c. tr. ‖ prnl. fam. Consumir, gastar. ‖ fam. Dejar de acudir, faltar a una obligación.

fumarola. f. Emanación de gases o vapores que salen por pequeñas grietas en las zonas de actividad volcánica.

fumigar. tr. Desinfectar por medio de humo, gas, etc.

funámbulo, la. m. y f. Acróbata que hace ejercicios en la cuerda o en el alambre.

función. f. Actividad propia de un órgano o una máquina. ‖ Misión. ‖ Desempeño de un cargo. ‖ Espectáculo público. ‖ En ling., papel que en la estructura gramatical de una oración desempeña un elemento fónico, morfológico, sintáctico o léxico. ‖ En mat., relación entre dos magnitudes, de modo que a cada valor de una de ellas corresponde determina do valor de la otra.

funcionar. intr. Desempeñar su función. ‖ Ponerse en marcha.

funcionario, ria. m. y f. Persona que desempeña un empleo público.

funda. f. Cubierta con que se envuelve o cubre algo.

fundamental. adj. Esencial.

fundamento. m. Principio, base. ‖ Raíz, origen. ‖ pl. Principios básicos de una ciencia, arte, teoría, etc.

fundar. tr. Establecer, crear. ‖ Erigir, instituir. ‖ Apoyar con razones, pruebas, etc. Ú. t. c. prnl. ‖ Apoyar, armar alguna cosa material sobre otra. Ú. t. c. prnl.

fundir. tr. Derretir, convertir un sólido en líquido. Ú. t. c. intr. y prnl. ‖ Dar forma en moldes al metal en fusión. Ú. t. c. prnl. ‖ prnl. Dejar de funcionar. ‖ fig. Unirse, fusionarse. ‖ amer. Arruinarse, hundirse.

fúnebre. adj. De los difuntos. ‖ fig. Muy triste, luctuoso.

funeral. adj. y m. Perteneciente al entierro de un difunto y a la ceremonia que le acompaña. ‖ m. Misa que se celebra por un difunto.

funeraria. f. Agencia de entierros.

funesto, ta. adj. Aciago. ‖ Triste y desgraciado.

fungible. adj. Que se consume con el uso.

fungicida. adj. y m. Agente que destruye los hongos.

funicular. adj. y s. Ferrocarril cuya tracción se realiza por medio de un cable o cremallera. ‖ Teleférico.

furcia. f. Prostituta.

furgón. m. Vehículo cerrado que se utiliza para transportes. ‖ Vagón de ferrocarril para el transporte de equipajes y mercancías.

furgoneta. f. Pequeño vehículo destinado al transporte de mercancías.

furia. f. Ira exaltada. ‖ Violenta agitación o actividad. ‖ Coraje, ímpetu. ‖ Velocidad. ‖ Persona muy irritada.

furibundo, da. adj. Airado, colérico. ‖ Muy entusiasta.

furor. m. Cólera, ira exaltada. ‖ Arrebatamiento. ‖ Violencia. ‖ Momento de mayor intensidad de una moda o costumbre.

furtivo, va. adj. Que se hace a escondidas. ‖ Que caza sin permiso.

fuselaje. m. Cuerpo del avión.

fusible. adj. Que puede fundirse. ‖ m. Hilo o chapa metálica, que se intercala en las instalaciones eléctricas s para cortar la corriente cuando ésta es excesiva.

fusil. m. Arma de fuego portátil con un cañón largo.

fusilar. tr. Ejecutar a una persona con una descarga de fusiles. ‖ fig. y fam. Plagiar.

fusión. f. Efecto de fundir o fundirse. ‖ Unión.

fusta. f. Látigo para fustigar caballerías.

fuste. m. Parte de la columna que media entre el capitel y la base. ‖ fig. Importancia.

fustigar. tr. Azotar. ‖ fig. Censurar con dureza.

fútbol. m. Deporte practicado entre dos equipos de once jugadores cada uno que disputan un balón con los pies y tratan de introducirlo en la portería contraria siguiendo determinadas reglas.

fútil. adj. De poca importancia.

futuro, ra. adj. Que está por venir. ‖ m. Porvenir. ‖ Tiempo del verbo que expresa una acción que no ha sucedido todavía.

G

g. f. Séptima letra del abecedario español y quinta de sus consonantes. Su nombre es *ge*.

gabán. m. Abrigo.

gabardina. f. Abrigo ligero de tela impermeable. || fig. Capa de masa con la que se rebozan algunos alimentos.

gabinete. m. Sala pequeña para recibir. || Consejo de ministros. || Habitación habilitada para realizar determinadas actividades profesionales.

gaceta. f. Periódico con noticias de determinadas materias. || En España, nombre que tuvo el actual Boletín Oficial del Estado.

gacho, cha. adj. Encorvado, inclinado hacia la tierra.

gachupín, na. m. y f. amer. Español establecido en México y Guatemala.

gafas. pl. Anteojos con armadura para sujetarse detrás de las orejas.

gafe. com. fam. Persona que trae mala suerte.

gaita. f. Instrumento musical con varios tubos unidos a un fuelle. || fig. y fam. Cosa molesta, engorrosa.

gaje. m. Sueldo. || pl. Inconvenientes inherentes a un empleo.

gajo. m. Cada división interior de algunas frutas. || amer. Esqueje. || amer. Mechón de pelo.

gala. f. Adorno o vestido lujoso, y fiesta en que se exige. || Espectáculo artístico de carácter benéfico. || Actuación de un artista.

galán. m. Hombre apuesto y bien parecido. || Actor principal que interpreta papeles de tipo amoroso.

galante. adj. Atento, educado con las mujeres. || Se dice de un tipo de literatura erótica que trata con picardía algún tema amoroso.

galardón. m. Premio o recompensa.

galaxia. f. Cada una de las agrupaciones de estrellas, nebulosas, polvo y gas que se encuentran esparcidas por el Universo.

galbana. f. Pereza.

galeno. m. fam. Médico.

galeón. m. Antiguo barco grande de transporte.

galera. f. Embarcación de vela y remo. || En impr., tabla rodeada por listones en la que se van poniendo las líneas de letras para componer el texto. || amer. Cobertizo. || amer. Sombrero de copa con alas abarquilladas. || pl. Antigua pena de remar.

galería. f. Corredor con arcos, vidrieras o ventanas. || Local para exposiciones. || Paso subterráneo. || fig. Opinión pública. || pl. Mercado, pasaje interior donde se agrupan muchos establecimientos comerciales.

galerón. m. amer. Romance vulgar que se recita. || amer. Canción popular a base de cuartetas y seguidillas que se baila. || amer. Cobertizo.

gálibo. m. Arco de hierro con la altura de túneles y puentes para comprobar si los vehículos pueden pasar por ellos.

galicismo. m. Palabra o expresión de origen francés.

galimatías. m. Lenguaje confuso.

gallardo, da. adj. Apuesto. || Valiente. || fig. Grande, excelente.

gallego, ga. adj. y s. De Galicia. || amer. Español emigrado. || Lengua hablada en Galicia.

galleta. f. Pasta de harina, azúcar y huevo. || fam. Cachete. || amer. Calabaza chata, redonda y sin asa para tomar mate.

gallina. f. Hembra del gallo, de menor tamaño y cresta más corta. || com. fig. y fam. Persona cobarde y tímida.

gallinero. m. Lugar donde se crían las gallinas. || Parte más alta y barata de una sala de espectáculos. || Lugar donde hay mucho griterío.

gallo. m. Ave de corral, de cresta roja. || Pez parecido al lenguado. || Hombre mandón, jactancioso. || fig. y fam. Al cantar, nota inadvertidamente desafinada.

galón. m. Cinta estrecha y fuerte. || Distintivo de graduación militar. || Medida inglesa de capacidad.

galope. m. La marcha más rápida del caballo.

gamberro, rra. adj. y s. Que escandaliza y comete destrozos en sitios públicos. || Grosero.

gana. f. Deseo, voluntad de hacer algo. || Apetito, hambre. Ú. m. en pl.

ganadería. f. Cría de ganado. || Conjunto de ganados de un país. || Raza especial de ganado que suele llevar el nombre del ganadero.

ganado. m. Conjunto de animales de pasto de una finca, granja.

ganancia. f. Beneficio, provecho. Ú. m. en pl.

ganar. tr. Obtener un beneficio. || Vencer. || Llegar. || Captar la voluntad de alguien. U. t. c. prnl. || Lograr algo. || intr. Medrar, prosperar. || amer. Tomar una dirección determinada. || prnl. amer. Esconderse.

ganchillo. m. Aguja con gancho, y la labor que se hace con ella.

gancho. m. Instrumento puntiagudo y curvo para diversos usos. || fig. Gracia, atractivo. || Persona que atrae a los clientes. || En boxeo, golpe con el brazo y antebrazo arqueados. || En baloncesto, tiro a canasta arqueando el brazo sobre la cabeza. || amer. Horquilla para sujetar el pelo.

gandul, la. adj. y s. fam. Vago, holgazán.

ganga. f. Materia inútil que acompaña a los minerales. || fig. Ventaja o cosa que cuesta poco.

ganglio. m. Bulto pequeño en un nervio o vaso de linfa.

gangoso, a. adj. Que habla con resonancia nasal.

gangrena. f. Destrucción de un tejido vivo por la falta de circulación sanguínea. || Enfermedad de los árboles.

ganso, sa. m. y f. Ave doméstica menor que el ánsar. || fig. Persona torpe, perezosa. Ú. t. c. adj.

ganzúa. f. Gancho para abrir las cerraduras sin llaves.

gañán. m. Mozo de labranza. || fig. Hombre basto.

garabato. m. Letra o rasgo mal hecho.

garaje. m. Local para guardar automóviles.

garantía. f. Obligación accesoria que asegura el cumplimiento de la principal. || Fianza. || Seguridad que una marca o un establecimiento comercial da al cliente del buen funcionamiento de algo durante un período de tiempo. || Documento sellado en que se hace constar.

garapiña. f. amer. Bebida muy refrescante hecha de la corteza de la piña y agua con azúcar.

garbanzo. m. Planta leguminosa de semilla comestible. || Esta semilla.

garbeo. m. Paseo.

garbo. m. Elegancia al andar y moverse. || Gracia.

garfio. m. Gancho de hierro.

gargajo. m. Flema que se expulsa por la garganta.

garganta. f. Parte de delante del cuello. || Conducto interno entre el paladar y la entrada del esófago. || Paso entre montañas.

gargantilla. f. Collar corto.

gárgaras. f. pl. Acción de enjuagarse la garganta con un líquido.

gárgola. f. Caño o canal adornado para desagüe de tejados y fuentes.

garita. f. Caseta del centinela.

garito. m. Casa de juego. || Casa de mala reputación.

garra. f. Pata de un animal, de uñas curvas y fuertes. || fig. Mano del hombre. || fig. Atractivo, gancho. || amer. Pedazo de cuero endurecido y arrugado. || pl. amer. Harapos.

garrafa. f. Recipiente de cristal ancho y redondo de cuello largo.

garrafal. adj. fig. Enorme, monumental.

garrote. m. Palo grueso y fuerte. || Aro de hierro sujeto a un palo fijo para estrangular a los condenados a muerte.

garrucha. f. Polea.

garúa. f. amer. Llovizna.

garza. f. Ave zancuda de largo pico y cabeza pequeña con moño gris.

garzo, za. adj. De color azulado. Se apl. sobre todo a los ojos de este color y a las personas que los tienen.

gas. m. Sustancia sin fuerza de atracción entre sus partículas y gran poder de expansión. || Mezcla gaseosa para la calefacción, el alumbrado, etc. || Mezcla de carburante y aire que alimenta el motor de un vehículo automóvil. || pl. Los que se acumulan en el intestino producidos por la digestión.

gasa. f. Tela ligera y transparente. || Tejido esterilizado de algodón poco tupido, para vendas y compresas.

gaseoso, sa. adj. Con las propiedades del gas. || f. Bebida refrescante, efervescente y sin alcohol.

gasoducto. m. Tubería de grueso calibre para la conducción de gas a gran distancia.

gasoil o **gasóleo.** m. Aceite combustible para motores que se extrae del petróleo.

gasolina. f. Mezcla de hidrocarburos líquidos volátiles e inflamables obtenidos del petróleo crudo.

gasolinera. f. Lancha con motor de gasolina. || Establecimiento en que se vende gasolina.

gastar. tr. Emplear el dinero para comprar algo. || Usar algo habitualmente. || Tener habitualmente un estado determinado. || Consumir con el uso. Ú. t. c. prnl.

gasto. m. Desembolso. || Consumo.

gástrico, ca. adj. Del estómago.

gastronomía. f. Conjunto de conocimientos y actividades relacionadas con la comida, concebida casi como un arte. || Afición a comer bien.

gatear. intr. Trepar. || fam. Andar con los pies y las manos en el suelo.

gatillo. m. Percutor de las armas de fuego.

gato, ta. m. y f. Mamífero carnívoro doméstico. || amer. Sirviente. || m. Aparato para elevar a poca altura grandes pesos.

gaucho, cha. m. y f. amer. Habitante de las pampas de Argentina y Uruguay. || Perteneciente o relativo a ellos. || amer. Buen jinete, o poseedor de otras habilidades propias del gaucho. || amer. Grosero, zafio.

gaveta. f. Cajón corredizo que hay en los escritorios. || Mueble que tiene uno o varios de estos cajones.

gay. adj. y s. Homosexual.

gazapo. m. Conejo joven. || fig. y fam. Mentira. || fig. y fam. Error.

gaznate. m. Garganta.

ge. f. Nombre de la letra *g*.

géiser. m. Surtidor intermitente de agua caliente en zonas volcánicas.

gel. m. Jabón líquido que se usa en el baño y en la ducha. || Sustancia gelatinosa en que se transforma una mezcla coloidal al enfriarse.

gelatina. f. Sustancia sólida y transparente obtenida a partir del tejido conjuntivo, los huesos y cartílagos.

gélido, da. adj. poét. Helado.

gema. f. Piedra preciosa.

gemelo, la. adj. Se dice de cada hermano nacido de un mismo parto. Ú. t. c. s. || Se apl. ordinariamente a los elementos iguales de diversos órdenes que aparecen emparejados. || m. pl. Anteojos para ver a distancia. || Juego de dos botones iguales o de piezas de joyería para abrochar los puños de las camisas.

gemir. intr. Quejarse con lamentos. || fig. Aullar algunos animales o sonar ciertas cosas inanimadas como el gemido humano.

gen. m. Factor hereditario en las células reproductoras.

genealogía. f. Conjunto de antepasados de una persona. || Estudio que lo contiene.

generación. f. Procreación. || Sucesión de descendientes en línea recta. || Conjunto de personas que, por haber nacido en fechas próximas y recibido educación e influencias culturales y sociales semejantes, se comportan de forma parecida.

general. adj. Común a muchos, corriente. || Frecuente, usual. || Extenso y superficial. || m. Jefe superior en el ejército. || Superior de una orden religiosa.

generalizar. tr. Hacer común, corriente algo. Ú. t. c. prnl. || Sacar una conclusión general de algo particular. || fig. y fam. Divagar.

generar. tr. Procrear. || Producir.

género. m. Conjunto, grupo con caracteres comunes. || Mercancía. || Tela. || Especialidad literaria o artística. || Accidente gramatical que indica el sexo.

generoso, sa. adj. Desinteresado, desprendido. || Indulgente, magnánimo. || Abundante, espléndido. || Se dice del vino más fuerte y añejo que el común.

génesis. f. Origen, principio. || Serie de hechos que producen algo.

genética. f. Parte de la biología que estudia las leyes de la herencia.

genio. m. Carácter. || Fuerza creadora. || Inteligencia o aptitud extraordinaria, y persona que la posee. || Ser imaginario al que se cree dotado de poderes sobrenaturales.

genital. adj. Relativo a los órganos reproductores. || m. pl. Órganos sexuales externos masculinos o femeninos.

genocidio. m. Exterminio sistemático de un grupo humano por motivos de raza, religión o política.

gente. f. Conjunto de personas. || Nombre colectivo que se da a cada una de las clases que pueden distinguirse en la sociedad. || fam. Familia.

gentil. adj. Antiguamente, pagano. Ú. t. c. com. || Elegante, gallardo. || Amable.

gentilicio, cia. adj. y s. Se dice del adj. o s. que indica el origen o la nacionalidad o la raza de las personas.

gentío. m. Muchedumbre.

genuflexión. f. Acción de doblar la rodilla como reverencia.

genuino, na. adj. Puro. || Propio, natural, legítimo.

geografía. f. Ciencia que describe la Tierra.

geología. f. Ciencia que estudia la constitución y origen de la Tierra.

geometría. f. Parte de las matemáticas que estudia el espacio y las figuras que se pueden formar en él a partir de puntos, líneas, planos y volúmenes.

gerente. com. Persona que dirige y administra una sociedad mercantil.

germánico, ca. adj. Perteneciente o relativo a la Germania o a los germanos. Ú. t. c. s. || Relativo a Alemania o a los alemanes. || m. Lengua indoeuropea que hablaron los pueblos germanos.

germanismo. m. Vocablo o giro de la lengua alemana empleado en otro idioma.

germano, na. adj. y s. De un antiguo conjunto de pueblos indoeuropeos que habitó la Germania (Alemania) y gran parte de Europa central. || Alemán.

germen. m. Embrión, semilla, célula. || fig. Principio, origen de algo. || Microorganismo que puede causar o propagar enfermedades.

gerundio. m. Forma verbal no personal que expresa simultaneidad de la acción con el tiempo en que se habla.

gesta. f. Conjunto de hazañas de un personaje.

gestar. tr. Llevar y sustentar la madre en su vientre el feto hasta el momento del parto. || prnl. Prepararse, desarrollarse o crecer sentimientos, ideas o tendencias individuales o colectivas.

gesticular. intr. Hacer gestos.

gestión. f. Trámite de asuntos. || Dirección, administración de una empresa.

gesto. m. Expresión o movimiento de la cara. || Ademán. || Acto o hecho que se realiza por un impulso del ánimo.

giba. f. Joroba.

gigante, ta. adj. y s. Enorme, sobresaliente. || m. y f. Persona muy alta. || m. Personaje de cartón de algunos festejos populares.

gimnasia. f. Técnica de desarrollo del cuerpo por medio del ejercicio.

gimnasio. m. Lugar destinado a ejercicios gimnásticos.

gimotear. intr. fam. o desp. Gemir.

ginebra. f. Aguardiente de semillas aromatizado con bayas de enebro.

ginecología. f. Parte de la medicina que estudia el funcionamiento del aparato genital de la mujer.

gira. f. Excursión con vuelta al punto de partida. || Serie de actuaciones de una compañía o un artista en diferentes localidades.

girar. intr. Dar vueltas. || fig. Desarrollarse una conversación, conferencia sobre un tema. || Desviarse. || tr. Hacer que algo gire. || Expedir órdenes de pago. Ú. t. c. tr. || Enviar un giro postal o telegráfico. Ú. t. c. intr.

girasol. m. Planta de cuyas semillas comestibles se extrae aceite.

giro. m. Vuelta. || fig. Aspecto, cariz. || Letra, libranza, transferencia de dinero por medios postales o telegráficos. || Estilo, estructura especial de la frase para expresar un concepto.

gitano, na. adj. y s. De un pueblo nómada originario de Egipto o India.

glaciación. f. Formación de hielo. || Formación de glaciares. || Cada una de las grandes invasiones de hielo que, por efecto de los descensos generalizados de las temperaturas, se extendieron desde los polos hacia la línea ecuatorial.

glacial. adj. Helado. || fig. Indiferente.

glaciar. m. Masa de hielo que se desliza lentamente entre montañas. || adj. Perteneciente o relativo a estas masas de hielo.

gladiador. m. Luchador en los juegos públicos romanos.

glándula. f. Órgano vegetal o animal que segrega las sustancias necesarias para el organismo y expulsa las innecesarias.

global. adj. Tomado en conjunto.

globo. m. Cuerpo esférico. || La Tierra. || Bolsa con gas más ligero que el aire que se eleva en la atmósfera. || La hinchable empleada como juguete. || Pompa que sale de la boca de los personajes en las viñetas de los cómics o tebeos.

glóbulo. m. Nombre de las células de la sangre y la linfa.

gloria. f. Paraíso. || Fama. || Gusto, placer. || Majestad, esplendor. || m. Cántico o rezo de la misa, que comienza con las palabras *Gloria in excelsis Deo*.

glorieta. f. Plaza redonda.

glorificar. tr. Alabar, ensalzar. || prnl. Jactarse.

glosa. f. Explicación, comentario de un texto. || Composición poética en la que se reelabora otro texto lírico previo.

glosario. m. Vocabulario de un dialecto, de un autor o de un texto. || Diccionario de palabras poco corrientes. || Conjunto de glosas.

glotón, na. adj. y s. Que come con ansia y en exceso.

glucosa. f. Azúcar de seis átomos de carbono presente en todos los seres vivos, ya que se trata de la reserva energética del metabolismo celular.

glúteo, a. adj. y m. De cada músculo de la nalga.

gnomo. m. Ser fantástico al que se imaginaba trabajando en las minas y guardando tesoros subterráneos.

gobernar. tr. Mandar. Ú. t. c. intr. || Dirigir. Ú. t. c. prnl. || Manejar o dominar a alguien. || intr. Obedecer el buque al timón. || prnl. Guiarse según una norma, regla o idea.

gobierno. m. Dirección. || Dirección de la política de un país. || Gabinete. || En algunos países, unidad territorial. || Sede del gobernador o de un gobierno.

gofio. m. En Canarias, y América, harina gruesa de maíz, trigo o cebada tostados. || amer. Especie de alfajor hecho con harina de maíz y pan de azúcar sin refinar. || amer. Plato de comida que se hace con harina muy fina de maíz tostado y azúcar.

gol. m. Entrada del balón en la portería. || Tanto que se consigue con ello.

goleta. f. Tipo de velero.

golf. m. Juego que consiste en meter con palos especiales una pelota en hoyos espaciados y abiertos en un terreno accidentado, cubierto de césped.

golfo. m. Porción de mar que se interna en tierra.

golfo, fa. m. y f. Pillo.

golosina. f. Dulce o manjar que se come por placer.

goloso, sa. adj. Aficionado a los dulces. || Apetitoso.

golpe. m. Choque de cuerpos, y su efecto. || Desgracia. || Atraco. || Ocurrencia. || Usurpación del gobierno de una nación por la fuerza, como en el golpe de Estado.

golpista. adj. Que da un golpe de Estado. Ú. t. c. com. || Perteneciente o relativo al golpe de Estado.

goma. f. Sustancia viscosa de ciertos vegetales que, disuelta en agua, sirve para pegar o adherir cosas. || Cualquier pegamento líquido. || Tira elástica.

gomina. f. Fijador para el cabello.

gónada. f. Glándula sexual masculina o femenina.

góndola. f. Embarcación veneciana de un remo.

gong o **gongo.** m. Disco metálico que se golpea con un mazo.

gordo, da. adj. De mucha carne o grasa. || Voluminoso, grueso. || Se dice del dedo pulgar. Ú. t. c. m. || Se apl. al primer premio de la lotería. Ú. t. c. m. || m. Sebo o manteca de la carne del animal.

gorgorito. m. fam. Quiebro al cantar. Ú. m. en pl.

gorila. m. Mono de gran tamaño y fortaleza.

gorjeo. m. Gorgorito. || Canto del pájaro.

gorra. f. Prenda para abrigar la cabeza.

gorrino, na. adj. y s. fig. Sucio. || m. y f. Cerdo pequeño. || Cerdo.

gorro. m. Prenda para cubrir y abrigar la cabeza.

gorrón, na. adj. y s. Aprovechado, que vive y se divierte a costa ajena.

gota. f. Partícula de un líquido. || Pizca, pequeña cantidad de cualquier cosa. || Enfermedad de las articulaciones. || pl.

Medicamento que se administra con cuentagotas.

gotear. impers. Comenzar a llover a gotas espaciadas. || intr. Caer un líquido gota a gota. || fig. Dar o recibir poco a poco.

gotera. f. Infiltración de agua en el interior de un edificio. || Grieta y señal del techo por donde se produce. || pl. amer. Afueras, contornos, alrededores.

gótico, ca. adj. y s. Se dice del arte que se desarrolló en Europa occidental por evolución del románico entre los s. XII y XVI, caracterizado por el arco ojival y la bóveda de aristas. || m. Lengua germánica que hablaron los godos.

gozar. tr. Poseer algo. Ú. t. c. intr. con la prep. *de.* || Disfrutar bien. Ú. t. c. prnl. || intr. Sentir placer.

gozne. m. Herraje articulado para hacer girar una puerta.

grabado. m. Arte y procedimiento de grabar un dibujo sobre materiales diversos. || Estampa así obtenida.

grabar. tr. Labrar un dibujo, letrero sobre piedra, madera, metal. || tr. y prnl. Registrar los sonidos en cinta, cinta magnetofónica, o las imágenes en cinta de vídeo, para su posterior reproducción. || fig. Fijar profundamente en el ánimo un concepto, un sentimiento o un recuerdo.

gracejada. f. amer. Payasada, broma de mal gusto.

gracia. f. Cualidad de alguien de divertir o de hacer reír. || Cosa que hace reír. || Garbo, salero al actuar o hablar. || Atractivo, encanto. || Beneficio, concesión gratuita. || Indulto. || pl. Fórmula de agradecimiento.

grácil. adj. Sutil, delgado o menudo.

grada. f. Asiento a manera de escalón corrido. || Graderío. Ú. m. en pl. || Peldaño. || Tarima. || Astillero.

gradación. f. Serie en escala o progresión.

grado. m. Cada uno de los diversos estados, valores o calidades con que, en relación de menor a mayor, puede tener una cosa. || Rango, categoría. || Valor, calidad. ‖ Límite. ‖ Unidad de medida de parentesco entre personas. ‖ Unidad de medida de temperatura y ángulos. ‖ En las universidades, título de graduación. ‖ Intensidad significativa de un adjetivo.

gradual. adj. Progresivo, creciente.

graduar. tr. Dividir y medir en grados. ‖ Regular. ‖ tr. y prnl. Conceder u obtener un grado académico o militar.

grafía. f. Modo de escribir o representar los sonidos.

gráfico, ca. adj. De la escritura. ‖ Que se representa por figuras o signos. Ú. t. c. s. ‖ m. Dibujo, boceto.

grafología. f. Estudio del carácter de una persona por su escritura.

gragea. f. Píldora redondeada recubierta de una sustancia azucarada.

gramática. f. Conjunto de normas que se establecen para el correcto uso de una lengua determinada. ‖ Libro donde se recogen. ‖ Ciencia que estudia los elementos de una lengua y sus relaciones.

gramo. m. Unidad de masa igual a la milésima parte de un kilogramo.

gramófono. m. Aparato que reproduce mecánicamente el sonido de un disco.

gramola. f. Cualquier aparato reproductor de discos fonográficos sin bocina exterior. ‖ Gramófono eléctrico instalado por lo general en establecimientos públicos en el que, introduciendo una moneda, se pone el disco elegido.

gran. adj. apóc. de *grande*.

granate. m. Color rojo oscuro. ‖ Piedra fina del color de los granos de la granada, muy usada en joyería.

grande. adj. Que supera en tamaño, importancia e intensidad a lo normal. ‖ Adulto. Ú. t. c. com. ‖ Título nobiliario español.

grandilocuencia. f. Elocuencia elevada. ‖ Estilo sublime.

grandioso, sa. adj. Sobresaliente, magnífico.

granel (a). loc. adv. Sin medida. ‖ Sin envase. ‖ fig. En abundancia.

granero. m. Sitio donde se guarda el trigo. ‖ fig. Zona abundante en él.

granito. m. Roca muy dura, compuesta de feldespato, cuarzo y mica.

granizado, da. adj. Se dice del refresco hecho con hielo picado y alguna esencia, zumo de fruta, etc. Ú. t. c. s. ‖ f. Precipitación de granizo.

granizar. impers. Caer granizo.

granizo. m. Agua congelada que cae de las nubes.

granja. f. Hacienda de campo. ‖ Finca para la cría de animales.

granjear. tr. y prnl. Conseguir, captar el favor, la voluntad.

grano. m. Semilla y fruto de los cereales y de otras plantas. ‖ Partícula de cualquier sustancia. ‖ Prominencia, tumorcillo pequeño.

granuja. com. Bribón, pillo.

granulado, da. adj. Se dice de la sustancia cuya masa forma granos pequeños.

grapa. f. Pieza de metal para unir o sujetar.

graso, sa. adj. Untuoso, que tiene grasa. ‖ f. Sustancia untuosa de origen vegetal o animal. ‖ Mugre, suciedad.

gratificar. tr. Pagar, remunerar. ‖ Recompensar. ‖ Complacer.

gratis. adv. m. De balde, sin pagar. ‖ adj. Gratuito.

gratitud. f. Agradecimiento.

grato, ta. adj. Gustoso, agradable.

gratuito, ta. adj. De balde, sin pagar. ‖ Arbitrario.

grava. f. Piedra machacada para pavimentación.

gravamen. m. Carga, obligación. ‖ Impuesto.

gravar. tr. Imponer un gravamen.

grave. adj. De mucha importancia. ‖ Muy enfermo. ‖ Serio. ‖ Difícil. ‖ Se dice de un tipo de acento ortográfico (`). ‖ De la palabra con acento en la penúltima sílaba.

gravidez. f. Embarazo de la mujer.

gravitar. intr. Moverse un cuerpo por la atracción de otro. ‖ Descansar un cuerpo sobre otro. ‖ fig. Pesar una obligación.

gravoso, sa. adj. Caro, oneroso. ‖ Molesto, pesado.

graznido. m. Voz del cuervo, ganso, grajo. || Canto o grito molesto al oído.

greca. f. Dibujo geométrico repetido utilizado como adorno.

grecorromano, na. adj. Común a griegos y romanos. || Se dice de un tipo de lucha entre dos personas.

gremio. m. Corporación de aprendices, maestros y oficiales de una profesión que tuvo gran relevancia en la Edad Media. || Conjunto de personas que tienen un mismo ejercicio, profesión o estado social.

greña. f. Cabellera despeinada y revuelta. Ú. m. en pl.

gresca. f. Alboroto. || Riña.

grey. f. Rebaño. || fig. Conjunto de individuos con algún carácter común.

grial. m. Vaso o copa que, según algunas leyendas o libros de caballería, sirvió para la institución de la Eucaristía.

griego, ga. adj. y s. De Grecia. || m. Lengua griega.

grieta. f. Abertura. || Hendidura poco profunda en la piel.

grifo. m. Animal fabuloso, mitad águila, mitad león. || Llave de metal que sirve para regular el paso de los líquidos en cañerías, calderas y otros depósitos. || amer. Surtidor de gasolina.

grillete. m. Anilla para asegurar una cadena al pie de un presidiario.

grillo, lla. m. y f. Insecto que produce un sonido agudo y monótono.

grima. f. Disgusto, desagrado. || Horror.

gringo, ga. adj. y s. desp. amer. Estadounidense.

gripe. f. Enfermedad causada por virus, con fiebre y síntomas catarrales.

gris. adj. Color mezcla de blanco y negro. Ú. t. c. s. || Borroso. || fig. Triste. || Mediocre. || m. fig. y fam. Viento frío.

gritar. intr. Levantar la voz. || Chillar, dar gritos. || Manifestar desaprobación, abuchear. Ú. t. c. tr. || tr. Reprender a alguien.

grosero, ra. adj. Sin educación. || Desatento. || Tosco, basto.

grosor. m. Espesor.

grotesco, ca . adj. Ridículo, extravagante. || De mal gusto.

grúa. f. Máquina para levantar pesos.

grueso, sa. adj. Gordo, corpulento, voluminoso. || Mar con grandes olas. || m. Espesor. || La mayor parte de algo.

grulla. f. Ave zancuda de gran altura.

grumete. m. Aprendiz de marinero.

grumo. m. Porción de una sustancia no disuelta totalmente en un líquido.

gruñir. intr. Dar gruñidos. || fig. Mostrar disgusto por algo, murmurando entre dientes.

grupa. f. Ancas de una caballería.

grupo. m. Conjunto de seres o cosas. || En arte, conjunto de figuras. || Unidad militar compuesta por varios escuadrones.

gruta. f. Cavidad natural abierta en las rocas. || Estancia subterránea artificial que imita la anterior.

guaca. f. amer. Sepulcro de los antiguos indios, principalmente de Bolivia y Perú, en que se encuentra a menudo objetos de valor. || amer. Sepulcro antiguo indio en general. || amer. Tesoro escondido o enterrado. || amer. Hucha.

guacal. m. amer. Árbol de frutos redondos de pericarpio leñoso, los cuales, partidos por la mitad y extraída la pulpa, se utilizan como vasija. || amer. La vasija así formada. || amer. Cesta formada de varillas de madera, que se utiliza para el transporte de loza, cristal, frutas, etc.

guacamole. m. amer. Ensalada que se prepara con aguacate, cebolla, tomate y chile verde.

guachimán. m. amer. Vigilante, guardián.

guachinango, ga. adj. amer. Astuto, zalamero. || amer. Burlón.

guacho, cha. adj. amer. Huérfano. Ú. t. c. s.

guaco. m. amer. Objeto de cerámica u otra materia que se encuentra en los sepulcros de los indios.

guadaña. f. Herramienta para segar a ras de tierra.

guagua. f. Autobús urbano. || amer. Niño pequeño.

guaira. f. amer. Especie de flauta de varios tubos que usan los indios.

guano. m. amer. Abundancia de excrementos de aves marinas acumulada en ciertas costas e islas de Suramérica que se emplea como abono. || amer. Abono artifical que lo imita. || amer. Estiércol.

guantazo. m. fam. Bofetada.

guante. m. Prenda que se ajusta a la mano.

guapo, pa. adj. Bien parecido.

guarani. adj. y s. De un pueblo indio de Paraguay y S. de Brasil. || m. Lengua hablada por este pueblo, y que actualmente constituye una de las lenguas oficiales de Paraguay.

guarapo. m. amer. Jugo de la caña dulce exprimida, que por vaporización produce el azúcar. || amer. Bebida fermentada hecha con este jugo.

guarda. com. Persona que tiene a su cargo el cuidado de algo. || f. Acción de guardar. || Tutela. || Hoja blanca o de color al principio y fin de los libros. Ú. m. en pl.

guardabarros. m. Aleta del coche para evitar las salpicaduras de barro.

guardabosque o **guardabosques.** m. Guarda que cuida los bosques.

guardacostas. m. Barco pequeño para persecución del contrabando y defensa del litoral.

guardaespaldas. com. Persona destinada a proteger a otra.

guardameta. com. En algunos deportes, portero.

guardar. tr. Cuidar, vigilar, custodiar. || Tener cuidado. || Cumplir, observar una regla. || Conservar, no gastar. || prnl. Precaverse de un riesgo. || Evitar. || Conservar para sí.

guardarropa. m. Local destinado a guardar prendas de los asistentes a un espectáculo. || Conjunto de vestidos de una persona. || Armario donde se guarda la ropa. || com. Persona encargada de cuidar el local destinado a guardar la ropa.

guardería. f. Establecimiento para el cuidado de niños pequeños.

guardia. f. Conjunto de soldados encargados de la protección de alguien o algo. || Custodia, protección. || com. Miembro de ciertos cuerpos armados.

guardián, na. m. y f. Persona que guarda o vigila algo.

guarecer. tr. Acoger, proteger. || prnl. Refugiarse, resguardarse.

guarida. f. Cueva de animales. || Refugio.

guarismo. m. Cifra.

guarnecer. tr. Poner guarnición. || Adornar. || Equipar. || Revestir las paredes de un edificio.

guarnición. f. Adorno. || Engarce de las piedras preciosas. || Tropa que protege una plaza. || Parte de la espada que protege la mano. || Serie de alimentos que acompañan a otro más fuerte. || pl. Correajes de una caballería.

guarro, rra. adj. y s. Puerco, cerdo, cochino.

guasa. f. Broma. || fam. Chanza, burla.

guasca. f. amer. Cuerda o soga, que sirve de rienda o de látigo.

guaso, sa. m. y f. amer. Campesino de Chile. || adj. amer. Tosco, grosero.

guatemalteco, ca. adj. y s. De Guatemala.

guateque. m. Fiesta con baile que se da en una casa.

guay. adj. fam. Excelente, estupendo. Ú. t. c. adv.

guayaba. f. Fruto dulce del guayabo, parecido a la pera. || Conserva y jalea que se hace con esta fruta. || amer. Mentira, embuste.

gubernamental. adj. Perteneciente al gobierno. || Partidario del gobierno.

guedeja. f. Cabellera larga.

guerra. f. Lucha armada entre naciones. || Discordia. || Oposición.

guerrilla. f. Partida poco numerosa de personas que hace la guerra mediante la sorpresa y al margen del ejército regular. || Su método de lucha.

gueto. m. Barrio habitado por una comunidad marginada por razones étnicas, religiosas, etc. || Lugar donde habita esta comunidad.

guía. com. Persona que conduce o enseña el camino a otra. || fig. Persona que aconseja, orienta. || La autorizada para enseñar lo más destacado de un lugar. || f. Lo que dirige o encamina. || Libro de indicaciones. || Lista de datos o información referentes a determinada materia. || Vara que se deja sin podar en las cepas y en los árboles. || Pieza que en las máquinas y otros aparatos sirve para dirigir el movimiento. || Manillar de la bicicleta. || Cada uno de los extremos del bigote cuando están retorcidos.

guiar. tr. Ir mostrando el camino. || fig. Aconsejar, orientar. || Conducir. || prnl. Dejarse llevar.

guijarro. m. Pequeña piedra redondeada.

guillotina. f. Máquina que se usó en Francia para decapitar a los condenados a muerte. || Máquina para cortar papel.

guindilla. f. Pimiento pequeño muy picante.

guiñapo. m. Harapo, andrajo o trapo roto. || fig. Persona que viste con harapos. || fig. La muy desanimada o despreciable.

guiñar. tr. Cerrar un ojo momentáneamente para hacer una seña.

guiñol. m. Representación teatral por medio de títeres.

guión. m. Esquema escrito de lo que se quiere desarrollar. || Signo ortográfico (-). || Enseña, estandarte. || Texto en que se expone, con todos los detalles necesarios para su realización, el contenido de un filme o de un programa de radio o televisión.

guirigay. m. fam. Lenguaje incomprensible. || Confusión por hablar mucha gente al tiempo.

guirnalda. f. Corona de flores, hierbas o ramas.

guisa. f. Modo, manera.

guisar. tr. Cocinar, preparar la comida al fuego. U. t. c. intr. || fig. Componer o disponer algo.

güisqui. m. Bebida alcohólica de cereales fermentados.

guitarra. f. Instrumento musical de cuerda, compuesto por una caja de resonancia, un mástil y seis cuerdas que se pulsan con los dedos de una mano, mientras que los de la otra las pisan en el mástil. || amer. Traje de fiesta. || com. Persona que toca este instrumento.

güito. m. Sombrero. || Hueso de fruta, especialmente el del albaricoque. || pl. Juego que se hace con estos huesos.

gula. f. Glotonería.

gurí. m. y f. amer. Muchachito indio o mestizo. || amer. Niño, muchacho.

gurrumino, na. adj. amer. Cobarde, pusilánime. || m. y f. amer. Chiquillo, niño, muchacho. || f. amer. Flojera, malestar.

gusano. m. Animal invertebrado alargado, que se contrae al moverse. || Lombriz. || Larva de algunos insectos. || fig. Persona despreciable.

gustar. tr. Sentir el sabor en el paladar. || Probar. || intr. Agradar algo. || Desear. || Sentir afición o agrado por algo.

gusto. m. Sentido con que se percibe el sabor. || Ese sabor. || Placer. || Voluntad propia. || Facultad de apreciar lo bello o lo feo. || Capricho.

gutural. adj. Perteneciente o relativo a la garganta. || En fon., se dice de cada una de las consonantes *g*, *l* y *k*, llamadas más propiamente *velares*. U. t. c. s. f.

H

h. f. Octava letra del abecedario español, y sexta de sus consonantes. Su nombre es *hache*.

haba. f. Planta con fruto en vaina comestible. ‖ Fruto y semilla de esta planta.

habanera. f. Danza propia de La Habana. ‖ Música de esta danza.

habano, na. adj. Perteneciente a La Habana, y p. ext., a la isla de Cuba. ‖ Se dice del color del tabaco claro. ‖ m. Cigarro puro de Cuba.

haber. aux. que sirve para conjugar otros verbos en los tiempos compuestos. ‖ impers. Suceder algo. ‖ Estar realmente en algún sitio. ‖ Verificarse, efectuarse algo. ‖ Deber. ‖ Ser necesario o conveniente.

haber. m. Hacienda, caudal. Ú. m. en pl. ‖ Una de las dos partes en que se dividen las cuentas corrientes. ‖ Cualidades positivas y méritos que se consideran en una persona o cosa. ‖ Sueldo, jornal.

habichuela. f. Judía, alubia.

hábil. adj. Capaz, inteligente y dispuesto para el manejo de cualquier ejercicio, oficio o ministerio. ‖ Capacitado para desenvolverse en la vida.

habilitar. tr. Hacer a una persona o cosa hábil o apta para algo. ‖ Destinar algo a un fin determinado y adaptarlo convenientemente.

habitación. f. Acción y efecto de habitar. ‖ Cualquiera de los aposentos de la casa o morada. ‖ Edificio o parte de él que se destina para habitarse.

habitar. tr. e intr. Vivir, morar en un lugar o casa.

hábitat. m. Conjunto de condiciones geofísicas en que se desarrolla la vida de una especie o de una comunidad animal o vegetal.

hábito. m. Traje de los religiosos o religiosas. ‖ Modo especial de proceder o conducirse adquirido por repetición de actos iguales o semejantes.

habitual. adj. Que se hace, padece o posee con continuación o por hábito. ‖ Asiduo.

habla. f. Facultad de hablar. ‖ Acción de hablar. ‖ Realización individual del sistema lingüístico llamado lengua. ‖ Sistema lingüístico de una comarca, localidad o colectividad, con rasgos propios dentro de otro sistema más extenso.

habladuría. f. Dicho o expresión inoportuna e impertinente. ‖ Rumor que corre entre muchos sin gran fundamento.

hablar. intr. Proferir palabras para darse a entender. ‖ Emitir sonidos articulados ciertas aves. ‖ Comunicarse las personas por medio de palabras. ‖ Pronunciar un discurso. ‖ Tratar, convenir, concertar. Ú. t. c. prnl. ‖ Expresarse de uno u otro modo. ‖ Dirigir la palabra a una persona. ‖ Murmurar o criticar. ‖ Rogar, interceder por uno. ‖ tr. Emplear uno u otro idioma para expresarse. ‖ prnl. Tener relaciones amorosas o de cualquier tipo una persona con otra.

hacendado, da. adj. Que tiene hacienda en bienes raíces o ganado.

hacendoso, sa. adj. Solícito y diligente en las faenas domésticas.

hacer. tr. Producir. ‖ Fabricar, formar. ‖ Ejecutar. Ú. t. c. prnl. ‖ Caber, contener. ‖ Causar, ocasionar. ‖ Ejercitar. ‖ Disponer, aderezar. ‖ Componer, mejorar. ‖ Habituar, acostumbrar. Ú. t. c. prnl. ‖ Imaginar. ‖ Suponer, creer. ‖ Representar una obra teatral, cinematográfica, etc. ‖ Expeler el cuerpo los excrementos s. ‖ Junto con algunos nombres, expresa la acción de los verbos que se forman de la misma raíz de dichos nombres. ‖ intr. Importar, convenir. ‖ Obrar, actuar, proceder. ‖ prnl. Crecer, aumentarse. ‖ Volverse, transformarse.

‖ impers. Experimentarse buen o mal tiempo. ‖ Haber transcurrido cierto tiempo.

hacha. f. Herramienta compuesta por una hoja ancha con filo en uno de sus lados y un ojo en el opuesto donde se inserta el mango.

hacha. f. Vela de cera, grande y gruesa, con cuatro pabilos. ‖ Mecha de esparto y alquitrán para que resista el viento sin apagarse.

hache. f. Nombre de la letra *h.*

hachís. m. Sustancia usada como estupefaciente que se extrae de las flores de una variedad india del cáñamo.

hacia. prep. que determina la dirección del movimiento con respecto al punto de su término. ‖ Alrededor de, cerca de.

hacienda. f. Finca agrícola o ganadera. ‖ Conjunto de bienes y riquezas que uno tiene. ‖ Conjunto de organismos que se ocupan de administrar los bienes del Estado y de hacer que se cumplan las obligaciones fiscales.

hacinar. tr. Poner los haces unos sobre otros. ‖ fig. Amontonar. Ú. t. c. prnl.

hada. f. Ser fantástico que se representaba bajo la forma de mujer con poderes mágicos.

hado. m. Divinidad o fuerza desconocida que se creía que gobernaba el destino de los hombres. ‖ Destino.

haitiano, na. adj. y s. De Haití.

halagar. tr. Adular o decir a uno interesadamente cosas que le agraden. ‖ Satisfacer el amor propio o el orgullo de alguien.

halcón. m. Ave rapaz, de unos 50 cm de long. y 90 de envergadura, cabeza pequeña, pico muy ganchudo y garras curvas y robustas. Se usa en cetrería.

hálito. m. Aliento que sale por la boca de la persona o el animal. ‖ Vapor que sale de algo.

hallar. tr. Dar con una persona o cosa. ‖ Descubrir con ingenio algo hasta entonces desconocido. ‖ Descubrir la verdad de algo. ‖ Dar con una tierra o país de que antes no había noticia. ‖ Conocer, entender en fuerza de una reflexión. ‖ Ver, observar, notar. ‖ prnl. Estar presente.

halo. m. Cerco que rodea a veces a los cuerpos luminosos. ‖ Aureola.

halógeno, na. adj. Se dice de los elementos químicos flúor, cloro, bromo, yodo y del elemento radiactivo astato. Ú. t. c. s. ‖ Se dice de las lámparas que, con alguno de estos elementos, producen un luz muy clara y brillante.

hamaca. f. Red gruesa que, colgada por las extremidad es, sirve de cama y columpio. ‖ Mecedora.

hambre. f. Gana y necesidad de comer. ‖ Escasez de alimentos básicos. ‖ fig. Apetito o deseo ardiente de algo.

hampa. f. Conjunto de maleantes. ‖ Modo de vida de éstos.

hangar. m. Cobertizo para guarecer aparatos de aviación o dirigibles.

haragán, na. adj. y s. Que excusa y rehúye el trabajo.

harapo. m. Andrajo.

haraquiri. m. Forma de suicidio ritual en Japón.

hardware. m. Conjunto de piezas materiales de un ordenador.

harén. m. Departamento de las casas de los musulmanes en que viven las mujeres. ‖ Conjunto de estas mujeres.

harina. f. Polvo que resulta de la molienda del trigo o de otras semillas. ‖ Polvo procedente de algunos tubérculos y legumbres.

hartar. tr. Saciar, incluso con exceso, el apetito de comer y beber. Ú. t. c. prnl. ‖ fig. Satisfacer el deseo de algo. Ú. t. c. prnl. ‖ fig. Cansar, fastidiar. Ú. t. c. prnl.

hasta. prep. que sirve para expresar el término de lugares, acciones y cantidades continuas o discretas. ‖ Se usa como conj. cop., y entonces sirve para exagerar o ponderar algo, y equivale a *también* o *aun.*

hastío. m. Repugnancia a la comida. ‖ fig. Disgusto, tedio.

hatajo. m. Pequeño grupo de ganado. ‖ Grupo de personas o cosas.

hato. m. Ropa y pequeño ajuar que uno tiene para el uso preciso y ordinario. || Conjunto de cabezas de ganado, como bueyes, vacas, etc.

haya. f. Árbol de hasta 30 m de alt. Muy ramoso, su copa es de forma piramidal. Su fruto es el hayuco. || Madera de este árbol.

haz. m. Porción atada de mieses, lino, hierbas, leña, etc. || Conjunto de rayos luminosos. || Lado o cara principal.

hazaña. f. Acción importante, heroica, etc.

hebilla. f. Broche de una correa o cinturón.

hebra. f. Porción de hilo, seda u otra materia semejante, que sirve para coser. || Fibra de la carne. || Filamento de las materias textiles. || Cada partícula del tabaco picado en filamentos.

hebreo, a. adj. Se dice del pueblo israelita o judío y a su religión. Ú. m. c. m. pl. || Relativo a este pueblo. || m. Lengua de los hebreos.

hecatombe. f. Sacrificio de 100 bueyes u otras víctimas, que hacían los antiguos paganos a sus dioses. || Gran desastre en el que se producen un elevado número de víctimas y enormes pérdidas.

hechicería. f. Conjunto de prácticas y ritos supersticiosos con los que se quiere producir efectos sobrenaturales. || Acto de hechizar.

hechizar. tr. Causar un maleficio por medio de hechicerías. || fig. Despertar una persona o cosa admiración, afecto o deseo.

hecho, cha. adj. Perfecto, maduro. || Con algunos nombres, semejante a lo significado por ellos. || Aplicado a nombres de animales, con los advs. *bien* o *mal*, significa la proporción o desproporción de sus cuerpos. || m. Acción u obra. || Cosa que sucede. || Asunto o materia de que se trata.

hechor, ra. m. y f. amer. Malhechor. || m. amer. Asno o caballo sementales.

hechura. f. Acción y efecto de hacer. || Forma exterior de las cosas.

heder. intr. Despedir algo un olor muy malo.

hediondo, da. adj. Que despide hedor. || fig. Molesto, insufrible. || fig. Sucio y repugnante, torpe y obsceno. || m. Arbusto leguminoso. Despide mal olor.

hedor. m. Olor desagradable.

hegemonía. f. Supremacía que un Estado, pueblo, partido, etc., ejerce sobre otro. || Por ext., superioridad de algo o alguien en algún aspecto.

helado, da. adj. Muy frío. || fig. Suspenso, atónito. || m. Bebida o manjar helado. || Refresco o sorbete de zumos de frutas, huevos, etc., en cierto grado de congelación. || f. Fenómeno atmosférico que se produce cuando la temperatura desciende de los 0° C y los líquidos se congelan.

helar. tr. Congelar, cuajar por la acción del frío una cosa. Ú. m. c. intr. y c. prnl. || fig. Poner o dejar a uno suspenso y pasmado. || impers. Caer heladas. || prnl. Coagularse algo que se había licuado, por falta del calor necesario, como la grasa, el plomo, etc. Ú. t. c. tr.

helénico, ca. adj. Griego.

helenismo. m. Giro o modo de hablar propio de la lengua griega. || Empleo de tales giros o construcciones en otra lengua. || Período de la cultura griega, posterior al reinado de Alejandro Magno. || Influencia cultural de los antiguos griegos en la civilización moderna.

hélice. f. Conjunto de aletas helicoidales que, al girar alrededor de un eje, producen una fuerza de reacción que se utiliza principalmente para la propulsión de barcos y aeronaves. || Línea espiral.

helicóptero. m. Aeronave que puede ascender y descender verticalmente por tener hélices con eje vertical.

helvético, ca. adj. y s. De Helvecia, hoy Suiza.

hematíe. m. Célula de la sangre, llamada también *glóbulo rojo*.

hematoma. m. Tumor producido por una contusión, por acumulación de sangre extravasada.

hembra. f. Animal del sexo femenino. ‖ Persona del sexo femenino, mujer. ‖ En las plantas que tienen sexos distintos en pies diversos, como las palmeras, individuo que da fruto. ‖ Pieza de algunos objetos como corchetes, broches, tornillos, etc., en la que se introduce otra llamada *macho.*

hembraje. m. amer. Conjunto de las hembras de un ganado. ‖ desp. amer. Grupo de mujeres.

hemeroteca. f. Biblioteca dedicada a diarios, revistas y otras publicaciones periódicas.

hemiciclo. m. La mitad de un círculo. ‖ Espacio central del salón de sesiones del Congreso de los Diputados. ‖ Conjunto de varias cosas dispuestas en semicírculo; como graderías, cadenas de montañas, etc.

hemiplejía o **hemiplejia.** f. Parálisis de todo un lado del cuerpo.

hemisferio. m. Cada una de las dos mitades de una esfera, dividida por un círculo máximo, preferentemente el ecuador o un meridiano. ‖ Mitad de la superficie de una esfera terrestre, dividida por el Ecuador o un meridiano. ‖ Cada una de las dos mitades del cerebro, separadas por el cuerpo calloso.

hemistiquio. m. Cada una de las mitades en que la cesura divide un verso de arte mayor.

hemofilia. f. Enfermedad hereditaria, caracterizada por la dificultad en la coagulación de la sangre.

hemoglobina. f. Materia colorante de los glóbulos rojos de la sangre.

hemorragia. f. Flujo de sangre de cualquier parte del cuerpo.

hemorroide. f. Almorrana.

henchir. tr. Ocupar con algo un espacio vacío. ‖ prnl. Hartarse de comida.

hender o **hendir.** tr. Abrir o rajar un cuerpo sólido sin dividirlo del todo. Ú. t. c. prnl. ‖ fig. Atravesar o cortar un fluido; como una flecha el aire o un buque el agua.

heno. m. Planta gramínea, con cañitas delgadas de unos 20 cm de largo. ‖ Hierba segada, seca, para alimento del ganado.

hepático, ca. adj. Relativo al hígado. ‖ Que padece de esta víscera. Ú. t. c. s.

hepatitis. f. Inflamación del hígado.

heráldica. f. Conjunto de técnicas relacionadas con el estudio de los blasones de los escudos de armas.

heraldo. m. Mensajero. ‖ fig. Cosa que anuncia la llegada de otra.

herbáceo, a. adj. Que tiene la naturaleza o características de la hierba.

herbívoro, ra. adj. y m. Se dice del animal que se alimenta de hierbas.

herbolario, ria. m. y f. Persona que recoge hierbas y plantas medicinales o las vende. ‖ m. Tienda donde se venden estas plantas.

heredad. f. Porción de terreno cultivado perteneciente a un mismo dueño. ‖ Hacienda de campo, bienes raíces o posesiones.

heredar. tr. Recibir por ley o testamento la propiedad de los bienes que uno deja cuando muere. ‖ Darle a uno heredades, posesiones o bienes raíces. ‖ Sacar los seres vivos los caracteres psíquicos y biológicos de sus progenitores. ‖ fig. Recibir algo de una persona o circunstancia anterior.

herejía. f. Creencia contraria a los dogmas de fe establecidos por una religión. ‖ fig. Postura contraria a los principios aceptados de una ciencia o arte. ‖ fig. Disparate.

herencia. f. Conjunto de bienes, rasgos físicos o psíquicos, circunstancias o caracteres que se heredan.

herida. f. Lesión o rotura de los tejidos por incisión o contusión. ‖ fig. Ofensa, agravio. ‖ fig. Lo que aflige y atormenta el ánimo.

herir. tr. Romper o abrir con violencia los tejidos de un ser vivo. Ú. t. c. prnl. ‖ Dar contra otra cosa, chocar. ‖ Hender el aire ciertas armas arrojadizas y proyectiles. ‖ fig. Ofender, agraviar.

hermafrodita. adj. y com. Se dice de las especies de seres vivos en la que un solo individuo reúne los dos sexos.

hermanastro, tra. m. y f. Hijo de uno de los dos consortes respecto al hijo del otro.

hermandad. f. Relación de parentesco entre hermanos. ‖ fig. Amistad íntima; unión de voluntades. ‖ fig. Correspondencia que guardan varias cosas entre sí. ‖ fig. Cofradía o congregación de devotos. ‖ fig. Agrupación de personas para determinar fin.

hermano, na. m. y f. Persona que con respecto a otra tiene los mismos padres, o solamente el mismo padre o la misma madre. ‖ Lego o donado de una comunidad regular. ‖ Individuo de una hermandad o cofradía. ‖ fig. Una cosa respecto a otra a la que se parece.

hermético, ca. adj. Se dice de lo que cierra una abertura de modo que no permita pasar el aire ni otra cosa gaseosa. ‖ fig. Impenetrable, cerrado. ‖ fig. Oscuro, incomprensible.

hermosura. f. Belleza de las cosas. ‖ Por ext., lo agradable. ‖ Conjunto de cualidades que hacen a una cosa excelente en su línea. ‖ Mujer hermosa.

hernia. f. Tumor producido por la salida total o parcial de una víscera u otra parte blanda, fuera de la cavidad que la encerraba.

héroe, heroína. m. y f. En mitología, hijo de un dios y de un ser humano. ‖ Persona ilustre y famosa por sus hazañas y virtudes. ‖ Personaje principal de una obra literaria, dramática o cinematográfica.

heroico, ca. adj. Se dice de las personas famosas por sus hazañas o virtudes, y, p. ext., se dice también de las acciones. ‖ Relativo a ellas. ‖ Se dice de la poesía o composición poética en que se narran o cantan hazañas gloriosas o hechos grandes y memorables.

heroína. f. Droga adictiva obtenida de la morfina.

heroísmo. m. Esfuerzo de la voluntad que lleva al hombre a realizar hechos extraordinarios. ‖ Conjunto de cualidades y acciones que colocan a uno en la clase de héroe. ‖ Acción heroica.

herradura. f. Hierro que se clava a las caballerías en los cascos para protegerlos.

herramienta. f. Objeto, generalmente de hierro, que se utiliza para trabajar en diversos oficios. ‖ Conjunto de estos instrumentos.

herrar. tr. Ajustar y clavar las herraduras a las caballerías. ‖ Marcar con hierro candente los ganados.

herrumbre. f. Óxido de hierro.

hervir. intr. Producir burbujas un líquido cuando se eleva suficientemente su temperatura, o por la fermentación. U. t. c. tr. ‖ fig. Ponerse sumamente agitado el mar. ‖ fig. Con la prep. *en*, abundar. ‖ fig. Hablando de afectos y pasiones, indica su viveza y vehemencia. ‖ tr. Tener un manjar en agua hirviendo hasta que pueda comerse.

heterodoxia. f. Disconformidad con los dogmas o creencias fundamentales de una fe, o una doctrina cualquiera.

heterogéneo, a. adj. Compuesto de partes de diversa naturaleza.

heterosexual. adj. Se dice de la relación sexual entre individuos de diferente sexo. ‖ Se apl. a estos individuos. U. t. c. com.

hez. f. Poso o sedimento de algunos líquidos. U. m. en pl. ‖ fig. Lo más vil y despreciable de cualquier clase. ‖ pl. Excrementos.

hiato. m. Encuentro de dos vocales que se pronuncian en sílabas distintas. ‖ Cacofonía que resulta del encuentro de vocales.

hibernación. f. Estado de aletargamiento en que se sumen algunos mamíferos durante la estación fría. ‖ Estado semejante que se produce en las personas artificialmente por medio de drogas apropiadas con fines anestésicos o curativos.

híbrido, da. adj. Se dice del animal o del vegetal procreado por dos individuos de distinta especie. ‖ fig. Se dice de todo lo que es producto de elementos de distinta naturaleza.

hidalgo, ga. m. y f. Persona de linaje noble y distinguido. ‖ adj. Relativo a un hidalgo. || fig. Se dice de la persona generosa y noble.

hidratar. tr. y prnl. Combinar un cuerpo con el agua. || Añadir agua a un cuerpo o sustancia.

hidráulico, ca. adj. Relativo a la hidráulica. || Que se mueve por medio del agua. || Se dice de las cales y cementos que se endurecen en contacto con el agua. || f. Parte de la mecánica que estudia el equilibrio y el movimiento de los fluidos. || Rama de la ingeniería que estudia la manera de conducir y aprovechar las aguas.

hidroavión. m. Aeroplano que puede posarse sobre el agua.

hidroeléctrico, ca. adj. Perteneciente a la energía eléctrica obtenida por fuerza hidráulica.

hidrofobia. f. Horror al agua. || Rabia, enfermedad infecciosa.

hidrógeno. m. Elemento químico, que arde en el aire y, combinado con el oxígeno, forma el agua. Símbolo, *H*.

hidrosfera. f. Conjunto de las partes líquidas del globo terráqueo.

hiedra. f. Arbusto trepador, siempre verde.

hiel. f. Bilis. || fig. Amargura, aspereza. || pl. fig. Trabajos.

hielo. m. Agua convertida en cuerpo sólido y cristalino por un descenso suficiente de temperatura. || Acción de helar o helarse. || fig. Frialdad en los sentimientos. || fig. Pasmo.

hiena. f. Mamífero carnívoro, del tamaño de un lobo, que se alimenta principalmente de carroña.

hierático, ca. adj. Se dice de las personas cuya expresión no deja adivinar ningún sentimiento. || Se dice de las facciones de pinturas y esculturas rígidas e inexpresivas. || Perteneciente o relativo a las cosas sagradas o a los sacerdotes.

hierba. f. Planta con tallos delgados y tiernos, que perece después de dar la simiente en el mismo año, o a lo más al segundo. || Conjunto de muchas hierbas que nacen en un terreno. || Marihuana.

|| pl. Pastos que hay en las dehesas. || Infusión.

hierra. f. amer. Acción de marcar con el hierro los ganados. || amer. Temporada en que se marca el ganado. || amer. Fiesta que se celebra con tal motivo.

hierro. m. Metal dúctil, maleable y muy tenaz, de color gris azulado, y es el más empleado en la industria y en las artes. Símbolo, *Fe*. || Marca e instrumento para marcar a los ganados y a otras cosas como garantía y contraste. || fig. Arma, instrumento o pieza de hierro o acero. || pl. Prisiones de hierro; como cadenas, grillos, etc.

hígado. m. Glándula del hombre y demás mamíferos, de color rojo oscuro y que está constituida por numerosos canalículos cuyas células parietales segregan la bilis y desintoxican la sangre. || fig. Ánimo, valentía. Ú. m. en pl.

higiene. f. Rama de las ciencias médicas que tiene por objeto la conservación de la salud, precaviendo enfermedades y desarrollando las energías orgánicas. || fig. Limpieza, aseo.

hijastro, tra. m. y f. Hijo o hija de uno de los cónyuges, respecto del otro.

hijo, ja. m. y f. Persona o animal, respecto de su padre o de su madre. || fig. Cualquier persona, respecto del país, provincia o pueblo de que es natural. || fig. Religioso, con relación al fundador de su orden y a la casa donde tomó hábito. || Nombre que se suele dar al yerno y a la nuera, respecto de los suegros. || Expresión de cariño. || m. pl. Descendientes.

hilar. tr. Reducir a hilo el lino, cáñamo, lana, seda, algodón, etc. || Segregar el gusano de seda la hebra para formar el capullo. Se dice también de otros insectos y de las arañas cuando forman sus capullos y telas. || fig. Discurrir.

hilaridad. f. Alegría y satisfacción del ánimo. || Risa, carcajada.

hilera. f. Orden o formación en línea de un número de personas o cosas. || Instrumento para reducir a hilo los metales. || Hilo o hilaza fina.

hilo. m. Hebra larga y delgada que se forma retorciendo el lino, lana, cáñamo u otra materia textil. || Ropa blanca de lino o cáñamo. || Alambre muy delgado. || Hebra de que forman las arañas, gusanos de seda, etc., sus telas y capullos. || fig. Chorro muy delgado de un líquido. || fig. Desarrollo de un pensamiento, un discurso, etc.

hilván. m. Costura de puntadas largas con que se une y prepara lo que se ha de coser después de otra manera. || Cada una de estas puntadas. || Hilo empleado para hilvanar.

himen. m. Repliegue membranoso que reduce el orificio externo de la vagina en las mujeres vírgenes.

himno. m. Composición poética en alabanza u honor de seres o sucesos extraordinarios. || Composición musical con estos mismos fines.

hincapié. m. Acción de hincar o afirmar el pie para sostenerse o para hacer fuerza.

hincar. tr. Introducir o clavar una cosa en otra. || Apoyar una cosa en otra como para clavarla.

hincha. f. fam. Odio, encono o enemistad. || com. Partidario entusiasta de un equipo deportivo. || fig. Por ext., partidario de alguna persona destacada en alguna actividad.

hinchar. tr. Hacer que aumente de volumen algún objeto. Ú. t. c. prnl. || fig. Aumentar el agua de un río, arroyo, etc. Ú. t. c. prnl. || fig. Exagerar, abultar una noticia o un suceso. || prnl. Aumentar de volumen una parte del cuerpo. || Hacer alguna cosa con exceso, como comer, beber, trabajar, etc. || fig. Envanecerse, engreírse.

hindú. adj. y s. Perteneciente al hinduismo. || De la India.

hinduismo. m. Religión predominante en la India.

hinojo. m. Rodilla, parte de unión del muslo y de la pierna. Ú. m. en pl.

hipérbole. f. Figura retórica que consiste en aumentar o disminuir exageradamente la verdad de aquello de que se habla.

hipermercado. m. Supermercado de gran extensión.

hipermetropía. f. Defecto de la visión en el que se perciben confusamente los objetos próximos por formarse la imagen más allá de la retina.

hipertensión. f. Tensión excesivamente alta de la sangre.

hípico, ca. adj. Perteneciente o relativo al caballo. || f. Parte de la equitación que abarca las carreras y saltos de competición.

hipnosis. f. Estado semejante al sueño producido mediante influjo personal de una persona en otra, o por aparatos adecuados.

hipo. m. Movimiento convulsivo del diafragma, acompañado de un ruido peculiar.

hipocresía. f. Fingimiento y apariencia de sentimientos y cualidades contrarios a los que se experimentan o tienen.

hipódromo. m. Lugar destinado para carreras de caballos.

hipopótamo. m. Mamífero de cuerpo voluminoso, cabeza gorda con orejas y ojos pequeños, y piernas muy cortas. Vive en los grandes ríos de África.

hipoteca. f. Gravamen que recae sobre algún bien inmueble con el que se garantiza el pago de un crédito. || El propio bien inmueble.

hipótesis. f. Suposición de una cosa, sea posible o imposible, para sacar de ella una consecuencia.

hipotético, ca. adj. Relativo a la hipótesis o que se funda en ella.

hippie o hippy. adj. Se dice de un movimiento iniciado en los EE.UU. a mediados de la década de los sesenta, que propugnaba una actitud de protesta hacia las estructuras sociales vigentes. || Relativo a este movimiento. || Se apl. a la persona partidaria de este movimiento. Ú. t. c. com.

hirsuto, ta. adj. Se dice del pelo disperso y duro y de lo que está cubierto de pelo de esta clase o de púas o espinas.

hispánico, ca. adj. Relativo a España, a la hispanidad o a la antigua Hispania.

hispanidad. f. Conjunto y comunidad de los pueblos de lengua y cultura hispanas.

hispanismo. m. Giro o modo de hablar propio y privativo de la lengua española y que se emplea en otra. ‖ Estudio de la lengua, literatura o cultura hispánicas.

hispano, na. adj. Relativo a España y a los países hispanohablantes. Apl. a personas, ú. t. c. s. ‖ Relativo a los habitantes de EE.UU. de origen hispanoamericano. Ú. t. c. s.

hispanoamericano, na. adj. Relativo a España y América. ‖ Relativo a los países de Hispanoamérica. Apl. a personas, ú. t. c. s.

hispanohablante. adj. y s. Persona, comunidad o país que tiene como lengua materna el español.

histeria. f. Enfermedad nerviosa, crónica, caracterizada por reacciones agudas, ataques convulsivos, parálisis, etc. ‖ Estado pasajero de excitación nerviosa.

historia. f. Ciencia que estudia el pasado de las sociedades humanas. ‖ Desarrollo sistemático de acontecimientos pasados relacionados con cualquier actividad humana. ‖ Biografía. ‖ Conjunto de los sucesos referidos por los historiadores. ‖ Obra histórica. ‖ fig. Relación de cualquier género. ‖ fig. Fábula, cuento o narración inventada. ‖ fig. y fam. Chisme, enredo. Ú. m. en pl.

historiador, ra. m. y f. Persona que escribe historia.

historial. m. Reseña circunstancial de los antecedentes de un negocio, de los servicios o carrera de un funcionario o, p. ext., de los antecedentes de la vida de cualquier persona, institución, etc.

historieta. f. Cuento o relación breve y entretenida. ‖ Relato narrado mediante viñetas y dibujos.

hito. m. Mojón o poste de piedra que sirve para conocer la dirección de los caminos y señalar los límites de un territorio. ‖ fig. Suceso o acontecimiento que sirve de punto de referencia.

hobby. m. Tema, ocupación de las horas libres, trabajo que se ejecuta por puro placer.

hocico. m. Parte más o menos prolongada de la cabeza de algunos animales. ‖ Boca de hombre con labios muy abultados. ‖ fig. y fam. Cara. ‖ pl. fig. y fam. Gesto de enojo o desagrado.

hockey. m. Juego de pelota parecido al fútbol que se practica con un palo especial.

hogar. m. Sitio donde se coloca la lumbre en las cocinas, chimeneas, hornos de fundición, etc. ‖ Hoguera. ‖ fig. Casa o domicilio. ‖ fig. Vida de familia.

hogaza. f. Pan grande. ‖ Pan de harina mal cernida que contiene algo de salvado.

hoguera. f. Porción de materias combustibles que, encendidas, levantan mucha llama.

hoja. f. Cada una de las partes, generalmente verdes, planas y delgadas, que nacen en la extremidad de los tallos y en las ramas de los vegetales. ‖ Conjunto de estas hojas. ‖ Las de la corola de la flor. ‖ Lámina delgada de cualquier materia. ‖ En las puertas, ventanas, etc., cada una de las partes que se abren o cierran. ‖ En los libros, revistas, etc., cada una de las partes iguales que resultan al doblar el papel para formar el pliego. ‖ Cuchilla de las armas blancas y herramientas. ‖ Cada una de las capas delgadas en que se suele dividir la masa. ‖ fig. Espada.

hojalata. f. Lámina de acero o hierro estañada.

hojaldre. amb. Masa que, al cocerse en el horno, hace muchas hojas superpuestas unas a otras. ‖ Dulce hecho con esta masa.

hojarasca. f. Conjunto de las hojas que han caído de los árboles. ‖ Inútil frondosidad de algunos árboles o plantas. ‖ fig. Cosa inútil y de poca sustancia.

hojear. tr. Pasar las hojas de un libro leyendo de prisa algunos pasajes para tomar de él un ligero conocimiento. ‖ intr. Moverse las hojas de los árboles.

¡hola! interj. que se emplea como saludo familiar.

holandés, sa. adj. De Holanda. Ú. t. c. s. ‖ m. Idioma hablado en Holanda. ‖ f. Hoja de papel para escribir de 28 por 22 cm aproximadamente.

holgado, da. adj. Sin ocupación. ‖ Ancho. ‖ fig. Que vive con desahogo.

holgar. intr. Descansar de un trabajo. ‖ Estar ocioso. ‖ Ser inútil. ‖ Alegrarse de una cosa. Ú. t. c. prnl. ‖ prnl. Divertirse.

holgazán, na. adj. y s. Perezoso, ocioso.

holgorio. m. fam. Regocijo, fiesta. Suele aspirarse la *h*.

holgura. f. Anchura. ‖ Anchura excesiva. ‖ Espacio que queda entre dos piezas que han de encajar una en otra. ‖ Regocijo, diversión entre muchos. ‖ Condiciones de vida desahogada.

hollar. tr. Pisar, dejar huella. ‖ Comprimir algo con los pies. ‖ fig. Abatir, ajar, humillar, despreciar.

hollín. m. Sustancia crasa y negra que el humo deposita en la superficie de los cuerpos a que alcanza. ‖ fam. Alboroto.

holocausto. m. Entre los israelitas, sacrificio religioso que consistía en la cremación total de un animal. ‖ fig. Sacrificio que hace una persona por otras. ‖ fig. Gran matanza de seres humanos.

hombre. m. Ser racional perteneciente al género humano, y que se caracteriza por su inteligencia y lenguaje articulado. ‖ Criatura racional del sexo masculino. ‖ Adulto. ‖ Marido, amante.

hombrera. f. Pieza de la armadura antigua que defendía los hombros. ‖ Adorno de los vestidos en los hombros. ‖ Especie de almohadilla en la parte interior de los hombros, para levantarlos.

hombro. m. Parte superior lateral del tronco de los primates antropoides, de donde nace el brazo.

homenaje. m. Juramento solemne de fidelidad hecho a un rey o señor. ‖ Acto o serie de actos en honor de una persona. ‖ fig. Sumisión, veneración, respeto.

homeopatía. f. Sistema curativo que aplica a las enfermedades, en dosis mínimas, las mismas sustancias que producirían síntomas iguales o parecidos a los que trata de combatir.

homicidio. m. Muerte causada a una persona por otra. ‖ Por lo común, la ejecutada ilegítimamente y con violencia.

homilía. f. En la religión católica, comentario que hace el sacerdote para explicar los textos sagrados.

homófono, na. adj. Se dice de las palabras que con distinta significación suenan de igual modo.

homogéneo, a. adj. Relativo a un mismo género; poseedor de iguales caracteres. ‖ Se dice de la sustancia o mezcla de varias cuando su composición y estructura son uniformes.

homógrafo, fa. adj. Se dice de las palabras de distinta significación que se escriben de igual manera.

homologar. tr. Registrar y confirmar un organismo autorizado el resultado de una prueba deportiva. ‖ Contrastar una autoridad oficial el cumplimiento de determinadas especificaciones o características de un objeto o de una acción. ‖ Equiparar, poner en relación de igualdad o semejanza dos cosas.

homólogo, ga. adj. Se dice de los términos sinónimos o que significan una misma cosa. ‖ Se dice de las personas que desempeñan actividades, funciones, cargos, etc., semejantes. ‖ Se dice de lo que presenta la misma forma o comportamiento.

homónimo, ma. adj. y s. Se dice de las palabras que siendo iguales por su forma tienen distinta significación.

homosexual. adj. Se dice de la relación sexual entre personas del mismo sexo. ‖ Se dice de la persona que se siente atraída por personas de su mismo sexo o que mantiene relaciones sexuales con ellas. Ú. t. c. com.

honda. f. Tira de cuero u otra materia semejante, y dos correas, que sirve para tirar piedras. || Cuerda para suspender un objeto.

hondo, da. adj. Que tiene profundidad. || Se dice de la parte del terreno que está más baja que todo lo circundante. || fig. Profundo, recóndito. || Intenso, extremado. || m. Parte inferior de una cosa hueca o cóncava.

hondureño, ña. adj. y s. De Honduras.

honesto, ta. adj. Decente, decoroso. || Recatado, pudoroso. || Razonable, justo. || Recto, honrado.

hongo. m. Cualquiera de las plantas talofitas, sin clorofila y reproducción preferentemente asexual, por esporas. || Sombrero de copa baja, rígida y aproximadamente semiesférica.

honor. m. Cualidad que lleva a una persona a comportarse de acuerdo a las normas sociales y morales. || Buena reputación. || Según la moral tradicional, honestidad y recato en las mujeres. || Cosa por la que alguien se siente enaltecido o satisfecho. || Dignidad, cargo o empleo. Ú. m. en pl. || Homenaje con que se honra a alguien. Ú. m. en pl.

honorable. adj. Digno de ser honrado.

honorario, ria. adj. Se apl. al que tiene los honores de un cargo, empleo, etc., pero no recibe beneficios económicos. || m. Sueldo por el trabajo en alguna profesión liberal. Ú. m. en pl.

honra. f. Estima y respeto de la dignidad propia. || Buena opinión y fama. || Demostración de aprecio. || Según la moral tradicional, pudor, recato. || pl. Oficio solemne por los difuntos.

honrar. tr. Respetar a una persona o cosa. || Enaltecer o premiar los méritos de alguien. || Se usa en fórmulas de cortesía en que se enaltece como honor la asistencia, adhesión, etc., de otra u otras personas. || prnl. Tener uno a honra ser o hacer alguna cosa.

hora. f. Cada una de las 24 partes en que se divide el día solar. || Tiempo oportuno para una cosa. || Momento de día referido a una hora o fracción de hora. || Espacio de tiempo o momento indeterminado. || pl. Hora inesperada, desacostumbrada o inoportuna. || Librito de devociones.

horadar. tr. Agujerear una cosa atravesándola de parte a parte.

horario, ria. adj. Relativo a las horas. || m. Mano de reloj que señala las horas. || Cuadro indicador de horas de salida y llegada. || Tiempo durante el que se desarrollan determinados actos, actividades, etc.

horca. f. Instrumento utilizado para ahorcar a los condenados a muerte. || Palo que remata en dos o más púas para distintos usos agrícolas.

horda. f. Tribu nómada en continuo movimiento. || Grupo de gente armada que actúa indisciplinadamente.

horizontal. adj. Que está en el horizonte o paralelo a él. || En figuras, dibujos, escritos, impresos, etc., se dice de la línea, disposición o dirección que va de derecha a izquierda o viceversa. Ú. t. c. s. || En geom., se dice de lo que es perpendicular a la vertical. Ú. t. c. f.

horizonte. m. Línea aparente que separa el cielo y la tierra. || Espacio circular de la superficie del globo encerrado en dicha línea. || fig. Conjunto de posibilidades o perspectivas que se ofrecen en un asunto o materia.

horma. f. Molde con que se fabrica o forma una cosa. || Utensilio para evitar que el calzado se deforme o para ensancharlo o alargarlo.

hormiga. f. Insecto himenóptero que vive en sociedad, en colonias donde pasa recluido el invierno.

hormigón. m. Mezcla compuesta de piedras menudas y mortero de cemento y arena.

hormigueo. m. Sensación molesta de cosquilleo o picor. || fig. Movimiento de una multitud de personas o animales. || fig. Desazón.

hormona. f. Producto de la secreción de ciertos órganos del cuerpo de animales y plantas, que, transportado por la sangre o por los jugos del vegetal, excita, inhibe o regula la actividad de otros órganos.

hornada. f. Porción de cosas que se cuece de una vez en el horno. ‖ fig. y fam. Conjunto de individuos que acaban de una vez una carrera, o reciben a la vez el nombramiento para un cargo.

horno. m. Obra, en general abovedada, provista de respiradero o chimenea y una o varias bocas por donde se introduce lo que se quiere someter a la acción del fuego. ‖ Parte del fogón de las cocinas que sirve para asar las viandas. ‖ Por ext., electrodoméstico con la misma función. ‖ fig. Lugar muy caliente.

horóscopo. m. Predicción del futuro deducida de la posición de los astros del sistema solar y de los signos del Zodiaco. ‖ Sección de un periódico, revista, etc., en que se publican estas predicciones. ‖ Colocación de los astros en la figura o división de los signos del Zodiaco.

horquilla. f. Alfiler doblado por el medio para sujetar el pelo.

horrendo, da. adj. Que causa horror. ‖ Enorme, intenso.

hórreo. m. Granero. ‖ Construcción de madera o piedra sostenida en el aire por cuatro pilares, en la que se guardan granos y otros productos agrícolas; es característica de Galicia y Asturias.

horrible. adj. Que causa horror. ‖ Malo, desagradable. ‖ Muy feo.

horror. m. Espanto o miedo muy intenso. ‖ fig. Atrocidad, enormidad. Ú. m. en pl. ‖ Aversión, odio, repulsión. ‖ Mucho.

horroroso, sa. adj. Que causa horror. ‖ fam. Muy feo. ‖ Enorme.

hortaliza. f. Verduras y demás plantas comestibles que se cultivan en las huertas.

hortelano, na. adj. Perteneciente a las huertas. ‖ m. y f. Persona que por oficio cuida y cultiva huertas.

hortera. adj. y com. Vulgar y de mal gusto.

horticultura. f. Cultivo de los huertos y huertas. ‖ Arte que lo enseña.

hosco, ca. adj. Color moreno muy oscuro. ‖ Ceñudo, áspero.

hospedar. tr. y prnl. Recibir uno en su casa huéspedes. ‖ intr. Pasar los colegiales a la hospedería.

hospedería. f. Habitación o casa destinada al alojamiento de personas.

hospicio. m. Casa destinada antiguamente a albergar y recibir peregrinos y pobres. ‖ Asilo en que se da mantenimiento y educación a niños pobres, expósitos o huérfanos.

hospital. m. Establecimiento en que se curan enfermos.

hospitalario, ria. adj. Se apl. a las religiones que tienen por instituto el hospedaje. ‖ Que socorre y alberga a los extranjeros y necesitados. ‖ Se dice del que acoge con agrado o agasaja a quienes reciben en su casa, y también de la casa misma.

hostal. m. Hostería. ‖ Pensión.

hostia. f. Lo que se ofrece en sacrificio. ‖ Hoja redonda y delgada de pan ázimo, que se hace para el sacrificio de la misa. ‖ Forma pequeña de este mismo pan, que se usa para la comunión de los fieles. ‖ Por ext., oblea hecha para comer. ‖ vulg. Golpe fuerte.

hostigar. tr. Azotar, castigar. ‖ fig. Perseguir, molestar a uno.

hostil. adj. Contrario o enemigo.

hotel. m. Establecimiento de hostelería en el que se proporciona alojamiento y comida. ‖ Casa aislada de las colindantes, del todo o en parte, y habitada por una sola familia.

hoy. adv. t. En el día presente. ‖ En el tiempo presente.

hoyo. m. Concavidad u hondura formada naturalmente en la tierra o hecha por alguien. ‖ Concavidad que se hace en algunas superficies.

hoz. f. Instrumento compuesto de una hoja acerada, curva, con dientes o con filo por la parte cóncava, afianzada en un mango de madera. ‖ Desfiladero de un valle profundo.

huairuro. m. amer. Arbusto alto, de frutos en vaina, como judías, de color rojo y negro, no comestibles, que se usan como adornos en collares, aretes,

gemelos, etc. ‖ amer. Fruto de la misma planta.

hucha. f. Pequeño recipiente con una hendidura para guardar dinero. ‖ fig. Dinero que se ahorra y guarda.

hueco, ca. adj. Cóncavo o vacío. Ú. t. c. s. ‖ fig. Presumido, hinchado, vano. ‖ Se dice de lo que tiene sonido retumbante y profundo. ‖ fig. Se dice del lenguaje, estilo, etc., con que se expresan conceptos vanos o triviales. ‖ Mullido y esponjoso. ‖ Se dice de lo que estando vacío abulta mucho. ‖ m. Intervalo de tiempo o lugar. ‖ fig. y fam. Empleo o puesto vacante. ‖ Abertura en un muro.

huelga. f. Paro voluntario en el trabajo por parte de los trabajadores con el fin de obtener ciertas mejoras laborales.

huella. f. Señal que deja el pie del hombre o del animal en la tierra. ‖ Acción de hollar. ‖ Plano del escalón. ‖ Señal que deja una lámina o forma de imprenta en el papel. ‖ Rastro que deja una persona, animal o cosa. Ú. m. en pl. ‖ Impresión profunda o duradera. ‖ Indicio.

huérfano, na. adj. Persona a quien han faltado los padres. Ú. t. c. s. ‖ fig. Falto de alguna cosa.

huero, ra. adj. Vano, vacío, sin sustancia.

huerta. f. Terreno destinado al cultivo de legumbres y árboles frutales. ‖ En algunas partes, toda la tierra de regadío.

huerto. m. Sitio de corta extensión, generalmente cercado de pared, en que se plantan verduras, legumbres y principalmente árboles frutales.

hueso. m. Cada una de las piezas duras que forman el neuroesqueleto de los vertebrados. ‖ Parte dura y compacta que está en el interior de algunas frutas. ‖ fig. Parte ingrata o de menos lucimiento de un trabajo. ‖ fig. y fam. Persona de carácter desagradable o de trato difícil. ‖ fig. y fam. Profesor que suspende mucho.

huésped, da. m. y f. Persona alojada en casa ajena. ‖ Persona que hospeda en su casa a uno. ‖ El vegetal o animal en cuyo cuerpo se aloja un parásito.

hueste. f. Ejército en campaña. Ú. m. en pl. ‖ pl. Conjunto de los seguidores o partidarios de una persona o de una causa.

hueva. f. Masa que forman los huevecillos de ciertos pescados.

huevo. m. Cuerpo ovalado, de diferente tamaño o dureza, que producen las hembras de ciertas especies animales, y que contiene el embrión y las sustancias destinadas a su nutrición durante la incubación. ‖ En lenguaje corriente, se apl. al de la gallina, especialmente destinado a la alimentación humana. ‖ Cualquiera de los óvulos de ciertos animales, como la mayoría de los peces y batracios. ‖ Célula sexual femenina, óvulo. ‖ vulg. Testículo. Ú. m. en pl.

huevón, na. adj. vulg. amer. Lento, ingenuo. Ú t. c. s. ‖ vulg. amer. Tonto, pesado.

huir. intr. Apartarse de alguien o de algo deprisa. Ú. t. c. prnl. y raras veces como tr. ‖ Transcurrir el tiempo velozmente. ‖ fig. Alejarse velozmente una cosa. ‖ Apartarse de una cosa mala o perjudicial. Ú. t. c. tr.

hule. m. Caucho o goma elástica. ‖ Tela pintada al óleo y barnizada.

humanidad. f. Naturaleza humana. ‖ Género humano. ‖ Sensibilidad, compasión de las desgracias de nuestros semejantes. ‖ Benignidad. ‖ fam. Corpulencia, gordura. ‖ pl. Rama de conocimiento que incluye la historia, la literatura, las lenguas clásicas y modernas, el arte, etc.

humanitario, ria. adj. Que se preocupa por el bienestar del género humano. ‖ Humano, caritativo.

humano, na. adj. Perteneciente al hombre o propio de él. ‖ fig. Se apl. a la persona que se compadece de las desgracias de sus semejantes. ‖ m. Persona, hombre.

húmedo, da. adj. Se dice de lo que está ligeramente impregnado de agua o de otro líquido. ‖ Se dice de lo que está cargado de vapor de agua. ‖ Se dice del lugar en que llueve mucho.

humilde. adj. Que tiene humildad. || Modesto. || Se dice de la persona que tiene una condición social baja.

humillar. tr. Postrar, inclinar una parte del cuerpo en señal de sumisión y acatamiento. || fig. Abatir el orgullo y altivez de uno. || prnl. Hacer actos de humildad.

humita. f. amer. Comida criolla hecha con pasta de maíz, a la que se agrega cebolla, tomate y ají rojo molido.

humo. m. Producto que en forma gaseosa se desprende de una combustión incompleta. || Vapor que exhala cualquiera cosa que fermenta. || pl. fig. Vanidad, presunción, altivez.

humor. m. Estado de ánimo. || Jovialidad, gracia, agudeza. || Disposición en que uno se halla para hacer una cosa. || Facultad de descubrir y expresar lo que es cómico o gracioso. || Antiguamente, cualquiera de los líquidos del cuerpo.

humorista. adj. Se dice de quien se expresa o manifiesta con humor. || com. Persona que se dedica profesionalmente al humorismo.

humus. m. Capa superior del suelo o mantillo.

hundir. tr. Sumir, meter en lo hondo. || fig. Abrumar, oprimir, abatir. || fig. Confundir a uno, vencerle con razones. || fig. Destruir, consumir, arruinar. || prnl. Arruinarse un edificio.

húngaro, ra. adj. y s. De Hungría.

huracán. m. Viento sumamente impetuoso que gira en grandes círculos. || fig. Persona impetuosa.

huraño, ña. adj. Que huye y se esconde de la gente.

hurgar. tr. Menear o remover una cosa. Ú. t. c. intr. || Fisgar.

hurón. m. Mamífero carnicero que se emplea para cazar conejos.

hurtadillas (a). loc. adv. Furtivamente.

hurtar. tr. Tomar o retener bienes ajenos contra la voluntad de su dueño, y sin hacer uso de la violencia. || prnl. Ocultarse, desviarse.

husmear. tr. Rastrear con el olfato una cosa. || fig. y fam. Indagar algo con disimulo. Ú. m. c. intr.

huso. m. Instrumento manual alargado que sirve para hilar.

I

i. f. Novena letra del abecedario español, y tercera de sus vocales. || Nombre de la letra *i*. || Escrita con mayúscula, letra numeral que tiene el valor de uno en la numeración romana.

ibérico, ca o **iberio, ria.** adj. y s. Ibero. || Perteneciente o relativo a la península Ibérica y, p. ext., a España.

ibero o **íbero, ra.** adj. y s. De Iberia, nombre ant. de España y Portugal. || Se dice del pueblo que la habitó. Ú. t. c. m. || m. Lengua hablada por este pueblo.

iberoamericano, na. adj. y s. De Iberoamérica, conjunto de pueblos colonizados por España y Portugal. || Perteneciente o relativo a estos pueblos y a España y Portugal. Ú. t. c. s.

iceberg. m. Gran masa de hielo flotante que sobresale de la superficie del mar.

icono. m. Representación religiosa pintada o en relieve, característica del arte bizantino y usada en las iglesias orientales de culto ortodoxo. || Símbolo que mantiene una relación de semejanza con el objeto que representa.

iconografía. f. Descripción de imágenes, cuadros o monumentos. || Colección de imágenes o retratos de una época o un tema concretos.

ida. f. Acción de ir.

idea. f. Cualquier representación mental que se relaciona con algo real. || Noción o conocimiento que se tiene sobre algo o alguien. || Intención de hacer una cosa. || Ocurrencia, ingenio. || pl. Convicciones, creencias, opiniones.

ideal. adj. Perteneciente o relativo a la idea. || Que no es real, sino que está sólo en la mente. || Excelente, perfecto. || m. Prototipo, modelo de perfección.

idealista. adj. y com. Persona que tiende a representarse las cosas de una manera ideal.

idear. tr. Formar idea de una cosa. || Trazar, inventar.

ideario. m. Ideología.

ídem. pron. lat. que sign. *el mismo* o *lo mismo*.

idéntico, ca. adj. Igual. || Muy parecido.

identificar. tr. Hacer que dos cosas que son distintas aparezcan como una misma. Ú. m. c. prnl. || Reconocer la identidad de alguien. || prnl. Llegar a sentir algo ajeno como propio, estar totalmente de acuerdo con las creencias o propósitos de alguien.

ideología. f. Conjunto de ideas fundamentales que caracterizan el pensamiento de una persona, colectividad, época, etc.

idilio. m. Composición poética de carácter bucólico y amoroso. || fig. Relación amorosa.

idioma. m. Lengua de un pueblo o nación.

idiosincrasia. f. Índole del temperamento y carácter de cada individuo.

idiota. adj. y com. Que padece idiotez. || Tonto, poco inteligente.

ido, da. adj. Persona que está falta de juicio.

idólatra. adj. y com. Que adora ídolos.

ídolo. m. Figura de un dios al que se adora. || fig. Persona o cosa excesivamente amada o admirada.

idóneo, a. adj. Que tiene buena disposición o suficiencia para una cosa. || Adecuado, conveniente.

iglesia. f. Congregación de los fieles cristiano s. || Templo cristiano. || Conjunto del clero y pueblo cristianos en un país, región, época, etc. || Jerarquía eclesiástica general.

iglú. m. Vivienda esquimal de forma semiesférica construida con bloques de hielo.

ígneo, a. adj. De fuego.

ignición. f. Acción y efecto de estar un cuerpo encendido o enrojecido.

ignífugo, ga. adj. Que protege contra el fuego.

ignominia. f. Afrenta pública que uno padece con causa o sin ella.

ignorante. adj. y com. Que no tiene instrucción o conocimiento de las cosas.

ignorar. tr. No saber algo. || Hacer caso omiso de algo.

ignoto, ta. adj. No conocido. || No descubierto.

igual. adj. De la misma naturaleza, cantidad o calidad de otra cosa. || Muy parecido o semejante. || Del mismo valor y aprecio. || De la misma clase y condición. || m. Signo de igualdad, formado por dos rayas horizontales paralelas (=). || adv. m. Como, lo mismo.

iguana. f. Nombre genérico de unos reptiles parecidos a los lagartos.

ijada. f. Cualquiera de las dos cavidades simétricamente colocadas entre las costillas falsas y los huesos de las caderas.

ijar. m. Ijada.

ilación. f. Acción y efecto de inferir una cosa de otra. || Enlace o nexo.

ilegal. adj. Que es contrario a la ley.

ilegible. adj. Que no puede o no debe leerse.

ilegítimo, ma. adj. Ilegal. || Falso, no auténtico. || Se dice de los hijos tenidos fuera del matrimonio.

ileso, sa. adj. Que no ha recibido lesión o daño.

iletrado, da. adj. Falto de cultura.

ilícito, ta. adj. No permitido legal ni moralmente.

ilimitado, da. adj. Que no tiene límites.

ilógico, ca. adj. Que carece de lógica.

iluminar. tr. Alumbrar. || Adornar con gran número de luces los templos, casas u otros sitios. || fig. Ilustrar, aclarar una cuestión.

ilusión. f. Imagen sin verdadera realidad, sugerida por engaño de los sentidos. || Esperanza cuyo cumplimiento parece especialmente atractivo. || Entusiasmo, alegría.

ilusionismo. m. Arte y técnica de producir efectos ilusorios y aparentemente mágicos mediante juegos de manos, trucos, etc.

iluso, sa. adj. Engañado. Ú. t. c. s. || Soñador.

ilustrar. tr. Aclarar algo de difícil comprensión con ejemplos o imágenes. Ú. t. c. prnl. || Adornar un impreso con láminas o grabados. || fig. Instruir a una persona. Ú. t. c. prnl.

ilustre. adj. De noble y distinguido linaje o familia. || Insigne, célebre. || Título de dignidad.

imagen. f. Figura, representación de una persona o cosa. || Representación mental de algo. || Estatua, efigie, o pintura de Jesucristo, de la Santísima Virgen o de un santo. || En lit., empleo de una palabra o expresión que den idea viva de algo con lo que guarda relación.

imaginación. f. Facultad de la mente, que representa las imágenes de las cosas reales o ideales. || Imagen formada por la fantasía. || Sospecha sin fundamento.

imaginar. tr. y prnl. Representar idealmente una cosa; crearla en la imaginación. || Presumir, sospechar.

imán. m. Mineral de hierro que tiene la propiedad de atraer el hierro, el acero y en grado menor otros cuerpos.

imanar o **imantar.** tr. y prnl. Comunicar a un cuerpo la propiedad magnética.

imbécil. adj. y com. desp. Alelado, poco inteligente. || Se dice como insulto a una persona que molesta haciendo o diciendo tonterías.

imberbe. adj. y m. Se dice del joven que todavía no tiene barba. || Por ext., joven inexperto.

imbricar. tr. y prnl. Disponer una serie de cosas apoyando unas en otras, como están las escamas de los peces.

imbuir. tr. Infundir, inculcar en alguien ideas o sentimientos. || prnl. Empaparse, adquirir ideas o sentimientos.

imitar. tr. Hacer una cosa copiando fielmente otra. || Parecerse una cosa a otra.

impaciencia. f. Falta de paciencia. || Ansiedad, anhelo.

impaciente. adj. Que no tiene paciencia. || Intranquilo, preocupado.

impacto. m. Choque de un proyectil en el blanco. || Huella o señal que deja. || fig. Golpe emocional producido por una noticia desconcertante.

impar. adj. Que no tiene par o igual. || Se dice del número que no es divisible por dos. Ú. t. c. m.

imparcial. adj. y s. Que juzga o procede con imparcialidad. Ú. t. c. com. || Se dice de los juicios o actos objetivos.

impartir. tr. Repartir, comunicar, dar.

impasible. adj. Incapaz de padecer. || Indiferente, imperturbable.

impávido, da. adj. Libre de pavor; sereno ante el peligro. || amer. Descarado, insolente.

impecable. adj. Exento de falta o defecto.

impedir. tr. Estorbar, imposibilitar la ejecución de una cosa.

impeler. tr. Dar empuje. || fig. Incitar, estimular.

imperar. intr. Ejercer la dignidad imperial. || Mandar, dominar.

imperativo, va. adj. Que impera o manda. || Se dice del modo del verbo con el cual se manda o ruega. Ú. t. c. m. || m. Exigencia, obligación.

imperdible. adj. Que no puede perderse. || m. Alfiler que se abrocha quedando su punta dentro de un gancho.

imperecedero, ra. adj. Que no perece. || Se apl. hiperbólicamente a lo inmortal o eterno.

imperfecto, ta. adj. No perfecto. ‖ En gram., se dice del tiempo verbal que expresa la acción en su evolución, sin terminar. Ú. t. c. m.

imperio. m. Organización política en la que un Estado extiende su poder sobre otros. ‖ Conjunto de Estados sometidos a un emperador. ‖ Por ext., potencia de alguna importancia. ‖ Acción de mandar con autoridad. ‖ Dignidad de emperador. ‖ Espacio de tiempo que dura el gobierno de un emperador.

imperioso, sa. adj. Que manda autoritariamente. ‖ Que implica fuerza o exigencia.

impermeable. adj. Impenetrable al agua. ‖ m. Sobretodo hecho con tela impermeable.

impersonal. adj. Que no tiene personalidad. ‖ Que no se aplica a nadie personalmente. ‖ Se dice del tratamiento en que nos referimos al sujeto en tercera persona. ‖ Se dice de las oraciones o los verbos en los que no se expresa el sujeto agente de la acción porque se omite o porque no existe.

impertérrito, ta. adj. Se dice del que no se asusta ni altera por nada.

impertinencia. f. Dicho o hecho fuera de propósito.

impertinente. adj. Que molesta. ‖ Inoportuno. ‖ m. pl. Anteojos con mango para sujetarlos a la altura de los ojos.

ímpetu. m. Movimiento acelerado y violento. ‖ Fuerza o violencia.

impío, a. adj. Falto de piedad o de religión.

implacable. adj. Que no se puede aplacar o templar. ‖ Severo, inflexible.

implantar. tr. Encajar, poner, injertar. ‖ fig. Establecer y poner en ejecución doctrinas nuevas, instituciones, prácticas o costumbres.

implicar. tr. Envolver, enredar. Ú. t. c. prnl. ‖ fig. Contener, llevar en sí, significar.

implícito, ta. adj. Se dice de lo que se entiende incluido en otra cosa sin expresarlo.

implorar. tr. Pedir con ruegos o lágrimas una cosa.

impoluto. ta. adj. Limpio, sin mancha.

imponderable. adj. Que no puede pesarse. ‖ fig. Que excede de toda ponderación. ‖ m. Circunstancia imprevisible o cuyas consecuencias no pueden estimarse.

imponer. tr. Poner a alguien una carga u obligación. ‖ Instruir a uno en una cosa. Ú. t. c. prnl. ‖ Infundir temor o respeto. Ú. t. c. intr. ‖ Meter dinero en una cuenta bancaria. ‖ prnl. Dejar alguien clara su autoridad o superioridad. ‖ Destacar, predominar sobre todo lo demás.

importancia. f. Calidad de lo que es muy conveniente o de mucha entidad. ‖ Prestigio, categoría social de una persona.

importar. intr. Convenir, interesar. ‖ Atañer, incumbir. ‖ tr. Valer, costar. ‖ Introducir en un país géneros, costumbres, etc., extranjeros.

importe. m. Cuantía de un precio, deuda o saldo.

importunar. tr. Incomodar o molestar.

imposible. adj. No posible. ‖ Sumamente difícil.

impostar. tr. Fijar la voz en las cuerdas vocales para emitir el sonido en su plenitud sin vacilación ni temblor.

impostor, ra. adj. y s. Que finge o engaña. ‖ Suplantador, persona que se hace pasar por quien no es.

impotente. adj. Que no tiene potencia. ‖ Incapaz de engendrar o concebir. Ú. t. c. com. ‖ Se dice de la persona incapaz de realizar el acto sexual completo. Ú. t. c. com.

imprecar. tr. Manifestar con palabras deseo vivo de que alguien reciba mal o daño.

impregnar. tr. y prnl. Introducir entre las moléculas de un cuerpo las de otro. ‖ Empapar. ‖ prnl. fig. Imbuirse de los conocimientos o ideas de alguien a través del contacto con él.

imprenta. f. Arte de imprimir. ‖ Taller o lugar donde se imprime.

imprescindible. adj. Se dice de aquello de lo que no se puede prescindir.

impresión. f. Acción y efecto de imprimir. || Marca o señal que una cosa deja en otra apretándola. || fig. Efecto, huella que las cosas causan en el ánimo.

impresionar. tr. Conmover el ánimo hondamente. Ú. t. c. prnl. || Fijar vibraciones acústicas o luminosas en una superficie de modo que puedan ser reproducidas por procedimientos fonográficos o fotográficos.

impresionismo. m. Corriente artística surgida en Francia a finales del s. XIX que buscaba reproducir las impresiones que produce en el autor la naturaleza o cualquier otro estímulo externo.

impreso. m. Libro, folleto u hoja impresos. || Formulario con espacios en blanco para llenar a mano o a máquina.

impresor, ra. adj. Que imprime. || m. y f. Persona propietaria de una imprenta. || f. En inform., dispositivo periférico de un ordenador que escribe caracteres en papel continuo o en hojas sueltas.

imprevisible. adj. Que no se puede prever.

imprevisto, ta. adj. y s. No previsto. || pl. Gastos que no se han calculado en un presupuesto.

imprimir. tr. Señalar en el papel u otra materia letras, imágenes, etc., apretándolas en la prensa. || Grabar o marcar mediante presión. || Elaborar una obra impresa. || fig. Fijar en el ánimo algún efecto o sentimiento. || fig. Dar a una persona o cosa determinada característica, orientación, etc.

ímprobo, ba. adj. Se apl. al trabajo excesivo y continuado.

impronta. f. Reproducción de imágenes en hueco o en relieve, en cualquier materia blanda o dúctil. || Marca o huella que deja una cosa en otra.

improperio. m. Injuria grave de palabra.

impropio, pia. adj. Falto de las cualidades convenientes según las circunstancias.

improvisar. tr. Hacer una cosa de pronto, sin preparación alguna.

imprudencia. f. Falta de prudencia. || Acto o dicho imprudente.

imprudente. adj. y com. Que no tiene prudencia.

impúber. adj. y com. Que no ha llegado aún a la pubertad.

impúdico, ca. adj. y s. Deshonesto, sin pudor.

impuesto. m. Tributo, carga que ha de pagarse al Estado para hacer frente a las necesidades públicas.

impugnar. tr. Combatir, contradecir, refutar.

impulsar. tr. Empujar para producir movimiento. || fig. Promover una acción. || fig. Incitar, estimular.

impune. adj. Que queda sin castigo.

impureza. f. Mezcla de partículas extrañas a un cuerpo o materia. || Falta de pureza o castidad.

imputar. tr. Atribuir a otro un delito o acción.

inalámbrico, ca. adj. Se apl. a todo sistema de comunicación eléctrica sin alambres conductores.

inane. adj. Vano, fútil, inútil.

inanición. f. Notable debilidad por falta de alimento.

inanimado, da. adj. Que no tiene vida.

inapetencia. f. Falta de apetito.

inasequible. adj. No asequible, muy difícil de conseguir.

inaudito, ta. adj. Nunca oído. || fig. Monstruoso.

inaugurar. tr. Dar principio a una cosa con un acto solemne. || Abrir solemnemente un establecimiento público.

inca. adj. y s. Se dice de los aborígenes americanos que, a la llegada de los españoles, habitaban en la parte O. de América del Sur. || Se dice de este pueblo. Ú. t. c. com. || m. Soberano que los gobernaba. || Moneda de oro de la república del Perú.

incalculable. adj. Inmenso.

incandescente. adj. Se apl. al cuerpo, generalmente metal, cuando se enrojece o blanquea por la acción del calor.

incansable. adj. Resistente.

incapaz. adj. Que no tiene capacidad o aptitud para una cosa. || fig. Falto de talento.

incautarse. prnl. Tomar posesión un tribunal, u otra autoridad competente, de dinero o bienes de otra clase. || Apoderarse alguien de algo indebidamente.

incauto, ta . adj. Que no tiene cautela. || Crédulo, ingenuo.

incendio. m. Fuego grande que abrasa lo que no está destinado a arder, como edificios, bosques, etc. || fig. Sentimiento apasionado.

incensar. tr. Dirigir con el incensario el humo del incienso hacia una persona o cosa. || fig. Adular a uno.

incensario. m. Braserillo con cadenillas y tapa, que sirve para incensar.

incentivo, va. adj. y m. Que mueve o excita a desear o hacer una cosa.

incertidumbre. f. Duda, perplejidad.

incesante. adj. Que no cesa. || Repetido, frecuente.

incesto. m. Relación sexual entre parientes dentro de los grados en que está prohibido el matrimonio.

incidencia. f. Lo que sucede en el curso de un asunto o negocio y tiene relación con ello. || Influencia de un número de casos en algo, normalmente en estadísticas.

incidente. adj. y s. Que incide. || m. Cosa que sobreviene en el curso de un asunto o negocio y tiene con éste alguna relación. || Cosa que se interpone en el transcurso normal de algo. || Riña, altercado.

incidir. intr. Caer o incurrir en una falta, error, etc. || Hacer una incisión o cortadura. || Repercutir, causar efecto. || Chocar una cosa con otra.

incienso. m. Gomorresina de olor aromático que se quema en algunas ceremonias religiosas.

incierto, ta. adj. Falso. || Dudoso. || Impreciso.

incinerar. tr. Reducir una cosa a cenizas.

incipiente. adj. Que empieza.

incisión. f. Hendidura que se hace en algunos cuerpos con instrumento cortante.

incisivo, va. adj. Apto para cortar. || fig. Punzante, mordaz. || adj. y s. Se dice de cada uno de los dientes de los mamíferos situados en la parte central y anterior de la boca.

inciso. m. En gram., oración intercalada en otra. || Comentario o digresión distinta del tema principal que se intercala en el discurso.

incitar. tr. Estimular a uno para que ejecute una cosa.

inclemencia. f. Falta de clemencia. || fig. Rigor de la estación, especialmente en el invierno. Ú. t. c. pl.

inclinar. tr. Apartar una cosa de su posición perpendicular a otra. Ú. t. c. prnl. || fig. Persuadir. || prnl. Tender a hacer, pensar o decir una cosa.

ínclito, ta. adj. Ilustre, afamado.

incluir. tr. Poner una cosa dentro de otra. || Contener una cosa a otra.

inclusa. f. Casa en donde se recoge y cría a los niños abandonados por sus padres.

inclusive. adv. m. Se apl. a los términos de una serie para indicar que están incluidos en ella.

incluso, sa. adj. Contenido, comprendido. || adv. m. Con inclusión de. || Además. || prep. y conj. Hasta, aun.

incoar. tr. Comenzar un proceso, pleito, expediente, etc.

incógnito, ta. adj. No conocido. || m. Anonimato. || f. Cantidad desconocida que es preciso determinar en una ecuación o en un problema.

incoherencia. f. Falta de conexión en las cosas que se dicen o hacen. || Absurdo, hecho o dicho sin sentido.

incoloro, ra. adj. Sin color.

incólume. adj. Sano, sin lesión ni daño.

incómodo, da. adj. Molesto, desagradable. || Poco confortable. || A disgusto.

incompatible. adj. Que no puede existir con otra persona o cosa.

incompetencia. f. Falta de competencia o de jurisdicción. ‖ Incapacidad para resolver algo con eficacia.

incomprendido, da. adj. No comprendido correctamente. ‖ Se dice de la persona cuyo mérito no ha sido generalmente apreciado. Ú. t. c. s.

incomprensión. f. Falta de comprensión.

incomunicar. tr. Privar de comunicación. ‖ prnl. Negarse al trato con otras personas.

inconcluso, sa. adj. No acabado.

incondicional. adj. Absoluto, sin restricción. ‖ com. Persona adepta a una persona o idea, sin limitación ni condición ninguna.

inconexo, xa. adj. Que no tiene conexión con una cosa.

inconformismo. m. Actitud hostil ante lo establecido por el orden político, social, moral, estético, etc.

inconfundible. adj. Que por sus peculiaridades y características no puede confundirse con otro.

incongruencia. f. Falta de acuerdo, relación o correspondencia de una cosa con otra. ‖ Hecho o dicho ilógico, contradictorio.

inconsciente. adj. No consciente. ‖ Se dice del que está desmayado, sin conocimiento. ‖ Irreflexivo, insensato. Ú. t. c. com. ‖ m. Subconsciente.

incontable. adj. Numerosísimo.

incontinencia. f. Falta de continencia. ‖ Enfermedad que consiste en no poder retener la orina o las heces.

inconveniencia. f. Incomodidad. ‖ Disconformidad. ‖ Dicho o hecho fuera de razón o sentido.

inconveniente. adj. No conveniente. ‖ m. Impedimento para hacer una cosa. ‖ Aspecto desfavorable de algo o alguien.

incordiar. tr. Molestar, agobiar, importunar.

incorporar. tr. Agregar, unir dos o más cosas para que formen un todo entre sí. ‖ Reclinar el cuerpo que estaba echado. Ú. t. c. prnl. ‖ Destinar a un funcionario al puesto que debe desem-

peñar. Ú. t. c. prnl. ‖ prnl. Agregarse una o más personas a otras para formar un cuerpo.

incorrecto, ta. adj. Erróneo, equivocado. ‖ Descortés, grosero.

incorrupto, ta. adj. Que está sin corromperse. ‖ fig. No dañado, ni pervertido.

incrédulo, la. adj. Que no cree fácilmente. ‖ Ateo, descreído.

increíble. adj. Que no puede creerse, o es muy difícil de creer. ‖ Impresionante, extraordinario.

incrementar. tr. y prnl. Aumentar, acrecentar.

increpar. tr. Reprender con severidad. ‖ Insultar.

incriminar. tr. Atribuir a alguien un delito, culpa o defecto.

incruento, ta. adj. No sangriento.

incrustar. tr. Embutir en una superficie lisa y dura piedras, metales, etc., formando dibujos. ‖ Introducirse un cuerpo violentamente en otro, sin mezclarse con él. Ú. t. c. prnl.

incubadora. f. Aparato o local que sirve para incubar artificialmente. ‖ Urna de cristal acondicionada para mantener a los niños nacidos antes de tiempo.

incubar. tr. Ponerse el ave sobre los huevos para sacar pollos. ‖ Desarrollar el organismo una enfermedad. Ú. t. c. prnl. ‖ prnl. fig. Iniciarse el desarrollo de una tendencia o movimiento cultural, político, religioso, etc., antes de su plena manifestación.

inculcar. tr. Imbuir, infundir con ahínco en el ánimo de uno una idea, un concepto, etc.

inculpar. tr. Culpar, acusar a uno de una cosa.

inculto, ta. adj. Que no tiene cultura ni instrucción. Ú. t. c. s. ‖ Se apl. al terreno que no está cultivado.

incultura. f. Falta de cultura, ignorancia.

incumbir. intr. Estar a cargo de uno una cosa.

incumplir. tr. No llevar a efecto, dejar de cumplir algo.

incunable. adj. y m. Se apl. a las ediciones hechas desde la invención de la imprenta hasta principios del s. XVI.

incurable. adj. y s. Que no se puede curar o no puede sanar.

incurrir. intr. Caer en falta, error, etc. ‖ Tener merecido alguien lo que se expresa.

incursión. f. Acción de incurrir. ‖ Penetración de soldados de un ejército en territorio enemigo. ‖ fig. Penetración momentánea en un sitio nuevo o poco habitual.

indagar. tr. Averiguar, inquirir una cosa. Ú. t. c. intr.

indebido, da. adj. Ilícito, injusto. ‖ Que no es obligatorio ni exigible.

indecente. adj. Indecoroso, grosero.

indecisión. f. Irresolución o dificultad de alguno en decidirse.

indecoroso, sa. adj. Que carece de decoro, o lo ofende.

indefenso, sa. adj. Que carece de medios de defensa, o está sin ella.

indefinido, da. adj. No definido. ‖ Que no tiene término señalado o conocido. ‖ En gram., se dice del adj. o pron. que determinan al sustantivo de forma imprecisa. ‖ Se dice del tiempo verbal simple que indica una acción pasada. Se llama también *pretérito perfecto simple.*

indeleble. adj. Que no se puede borrar o quitar.

indemne. adj. Libre o exento de daño.

indemnizar. tr. y prnl. Resarcir de un daño o perjuicio.

independiente. adj. Que no depende de otro. ‖ Autónomo. ‖ Se dice del que mantiene sus propias opiniones sin hacer caso de los demás. ‖ Se dice del que no pertenece a ningún partido, doctrina, etc. Ú. t. c. com. ‖ adv. m. Con independencia.

indeseable. adj. Se dice de la persona cuyo trato no es recomendable por sus condiciones morales. ‖ Se dice del extranjero cuya presencia en un país no es aceptada por la autoridad.

indeterminado, da. adj. Indefinido, no determinado. ‖ Impreciso, vago. ‖ Se

dice del art. que se antepone al sustantivo para indicar que éste se refiere a un objeto no consabido en el discurso.

indiano, na. adj. Natural de las Indias Occidentales y Orientales. Ú. t. c. s. ‖ Perteneciente a ellas. ‖ Se dice del que volvía rico de América. Ú. t. c. s.

indicar. tr. Dar a entender una cosa con indicios y señales. ‖ Significar una cosa algo. ‖ Prescribir el médico una medicina o tratamiento.

índice. adj. Se dice del segundo dedo de la mano. Ú. t. c. m. ‖ m. Indicio o señal de alguna cosa. ‖ Lista ordenada de capítulos, materias o autores de un libro. ‖ Catálogo de una biblioteca. ‖ Cifra que expresa la relación entre una serie de datos y permite sacar conclusiones. ‖ En mat., número o letra que sirve para indicar el grado de la raíz.

indicio. m. Fenómeno que permite conocer o inferir la existencia de otro no percibido. ‖ Primera manifestación de algo. ‖ Pequeña cantidad de algo.

indiferencia. f. Estado del ánimo en el que no se siente inclinación ni repugnancia por algo. ‖ Frialdad, displicencia.

indígena. adj. y s. Originario del país de que se trata. ‖ Poblador aborigen.

indigente. adj. y com. Pobre.

indigestión. f. Trastorno que padece el organismo por no haber digerido bien los alimentos.

indignar. tr. y prnl. Irritar, enfadar vehementemente a uno.

indigno, na. adj. Que no tiene mérito ni disposición para algo. ‖ Vil, ruin. ‖ Que no corresponde a las circunstancias, calidad o mérito de algo o alguien.

índigo. m. Añil.

indio, dia. adj. y s. De la India (Indias Orientales) o de América (Indias Occidentales).

indirecto, ta. adj. Que no va rectamente a un fin, sino a través de rodeos o intermediarios. ‖ f. Cosa que se da a entender sin decirla claramente.

indiscreción. f. Falta de discreción y de prudencia. ‖ fig. Dicho o hecho indiscreto.

indiscreto, ta. adj. Que habla o actúa imprudente e inoportunamente. Ú. t. c. s. || Se dice de lo que se dice o hace de este modo.

indiscriminado, da. adj. Sin la debida diferenciación o selección.

indiscutible. adj. Evidente.

indisoluble. adj. Que no se puede disolver o desatar.

indispensable. adj. Que es imprescindible. || Que no se puede dispensar ni excusar.

indisponer. tr. y prnl. Enemistar. || Causar indisposición o enfermedad. || prnl. Experimentar falta de salud.

indistinto, ta. adj. Que no se distingue de otra cosa. || Que no se percibe claramente.

individual. adj. Relativo al individuo. || Particular, propio.

individuo, dua. m. y f. fam. Persona cuyo nombre no se conoce o no se quiere descubrir. || m. Cada ser organizado, animal o vegetal, respecto a la especie a la que pertenece. || adj. Individual. || Que no puede dividirse.

indoeuropeo, a. adj. Se dice de cada una de las razas y lenguas procedentes de un origen común y extendidas desde la India hasta el occidente de Europa. Ú. m. c. m.

índole. f. Condición natural propia de cada uno.

indolente. adj. y com. Que no se afecta o conmueve. || Flojo, perezoso. || Insensible.

indómito, ta. adj. No domado. || fig. Difícil de sujetar o reprimir.

inducir. tr. Instigar, mover a uno. || Llegar a conclusiones generales a partir de hechos particulares.

indulgencia. f. Facilidad en perdonar o en conceder gracias.

indultar. tr. Perdonar a uno toda o parte de la pena que tiene impuesta.

indulto. m. Gracia por la cual una autoridad remite una pena o la conmuta.

indumentaria. f. fam. Vestido, traje.

industria. f. Conjunto de operaciones ejecutadas para la transformación de materias primas en bienes intermedios o finales. || Instalación destinada a estas operaciones. || Fabricación por medios mecánicos y en serie. || Destreza, habilidad.

inédito, ta. adj. Escrito y no publicado. Ú. t. c. m. || Se dice del escritor que aún no ha publicado nada. || Desconocido.

inefable. adj. Que con palabras no se puede explicar.

inepto, ta. adj. No apto para algo. || Necio o incapaz. Ú. t. c. s.

inequívoco, ca. adj. Que no admite duda.

inercia. f. Desidia. || Incapacidad de los cuerpos para cambiar su estado de reposo o de movimiento sin la aplicación de alguna fuerza.

inerme. adj. Que está sin armas. || Que no tiene defensas físicas o morales.

inerte. adj. Inactivo, estéril. || Falto de vida o movilidad.

inescrutable. adj. Que no se puede saber ni averiguar.

inexacto, ta. adj. Que carece de exactitud.

inexistente. adj. Que carece de existencia. || Se dice de aquello que aunque existe se considera totalmente nulo.

inexorable. adj. Que no se deja vencer por los ruegos. || Inevitable.

inexperto, ta. adj. y s. Falto de experiencia.

inexplicable. adj. Increíble.

inexpresivo, va. adj. Que carece de expresión. || Seco de carácter.

inexpugnable. adj. Que no se puede tomar o conquistar. || fig. Que no se deja vencer ni persuadir.

infalible. adj. Que no se puede engañar ni engañarse. || Seguro, cierto.

infamar. tr. Difamar.

infamia. f. Descrédito, deshonra. || Maldad, vileza.

infancia. f. Período de la vida del niño desde que nace hasta los comienzos de la pubertad. || fig. Conjunto de los niños de tal edad.

infantería. f. Tropa que sirve a pie en el ejército.

infante, ta. m. y f. Niño. || En España, hijo o hija del rey con excepción del heredero al trono. || m. Soldado de infantería.

infarto. m. Lesión de un órgano producida por obstrucción de la circulación sanguínea.

infausto, ta. adj. Desgraciado, infeliz.

infección. f. Penetración de gérmenes patógenos en el organismo.

infectar. tr. y prnl. Transmitir un organismo a otro los gérmenes de una enfermedad. || fig. Hacer que se difundan actitudes, opiniones, etc., de carácter negativo.

infeliz. adj. y com. Desdichado. || fam. Bondadoso y apocado.

inferior. adj. Que está debajo de otra cosa o más bajo que ella. || Que es menos que otra cosa. || Se dice de la persona sujeta o subordinada a otra. Ú. t. c. s.

inferir. tr. Sacar consecuencia o deducir una cosa de otra. || Ocasionar, conducir a un resultado. || Producir una herida.

infestar. tr. Invadir un lugar una plaga de animales u otra cosa similar. Ú. t. c. prnl.

infiel. adj. Falto de fidelidad; desleal. || Que no profesa la fe católica. Ú. t. c. s.

infiernillo. m. Aparato para calentar o hacer cocciones.

infierno. m. Según algunas religiones, lugar destinado al eterno castigo de los condenados. || Tormento y castigo de los condenados. || fig. y fam. Lugar en que hay mucho sufrimiento y o discordia.

infijo. adj. Se dice del afijo con función o significado propios, que se introduce en el interior de una palabra. Ú. t. c. m.

infiltrar. tr. y prnl. Introducir suavemente un líquido entre los poros de un sólido. || prnl. Introducirse en un medio social con propósito de espionaje o propaganda.

ínfimo, ma. adj. En el orden y graduación de las cosas, se dice de la que es última y menos que las demás. || Muy pequeño, muy poco.

infinidad. f. Gran número de cosas.

infinitivo. m. Forma no personal del verbo, que no expresa números ni personas, ni tiempo determinado.

infinito, ta. adj. Que no tiene ni puede tener fin ni término. || Muy numeroso, grande y excesivo. || m. Espacio sin límite. || adv. m. Excesivamente, muchísimo.

inflación. f. Exceso de moneda circulante en relación con su cobertura, lo que desencadena un alza general de precios.

inflamar. tr. y prnl. Encender una cosa que desprende llama inmediatamente. || fig. Acalorar, enardecer las pasiones. || prnl. Producirse inflamación.

inflar. tr. y prnl. Hinchar una cosa con aire u otro gas o fluido. || fig. Exagerar. || fig. Ensoberbecer, engreír. Ú. t. c. prnl.

inflexible. adj. Incapaz de doblarse. || fig. Que no desiste de su propósito.

inflexión. f. Torcimiento de algo que estaba recto. || Elevación o atenuación que se hace con la voz.

infligir. tr. Hablando de castigos y penas físicos o morales, imponerlos o causarlos.

influir. tr. Producir unas cosas sobre otras ciertos efectos. || fig. Ejercer una persona o cosa fuerza moral en el ánimo.

informal. adj. y com. Se dice de la persona que no guarda las reglas ni cumple sus compromisos. || Que no tiene formalidad o seriedad.

informar. tr. Dar noticia de algo. Ú. t. c. prnl. || Dar forma a una cosa. || intr. Dictaminar cualquier persona perita sobre un asunto de su competencia.

informática. f. Conjunto de conocimientos científicos y técnicas que hacen posible el tratamiento automático de la información por medio de ordenadores electrónicos.

informe. m. Noticia o instrucción que se da acerca de una persona o cosa. Ú. t. en pl. || Exposición que se hace sobre el estado de una cosa.

infortunio. m. Suerte desdichada o fortuna adversa.

infracción. f. Transgresión, quebrantamiento de una ley o norma.

infraestructura. f. Parte de una construcción que está bajo el nivel del suelo. ‖ fig. Conjunto de servicios que se consideran necesarios para el funcionamiento de una organización.

infrarrojo, ja. adj. Se dice de la radiación del espectro luminoso que se encuentra por debajo del rojo visible y de mayor longitud de onda, caracterizada por sus efectos caloríficos.

infringir. tr. Quebrantar leyes, órdenes, etc.

infructuoso, sa. adj. Ineficaz, inútil.

ínfula. f. Adorno a manera de venda, con dos tiras caídas a los lados, con que se ceñían la cabeza los sacerdotes. ‖ pl. fig. Presunción o vanidad.

infundir. tr. Comunicar Dios al alma un don o gracia. ‖ fig. Causar en el ánimo un impulso moral o afectivo.

infusión. f. Acción de introducir en agua caliente ciertas sustancias orgánicas para extraer de ellas las partes solubles. ‖ Líquido así obtenido. ‖ Por ext., bebida obtenida de diversos frutos o hierbas aromáticas introducidos en agua hirviente.

ingeniar. tr. Trazar o inventar ingeniosamente. ‖ prnl. Discurrir con ingenio el modo para conseguir una cosa.

ingeniería. f. Conjunto de técnicas que permiten aplicar el saber científico a la utilización de la materia y de las fuentes de energía, mediante invenciones o construcciones útiles para el hombre.

ingenio. m. Facultad en el hombre para discurrir o inventar. ‖ Intuición, entendimiento. ‖ Máquina o artificio mecánico.

ingente. adj. Muy grande.

ingenuo, nua. adj. Real, sincero, candoroso, sin doblez.

ingerir. tr. Introducir por la boca los alimentos. ‖ prnl. Inmiscuirse.

ingle. f. Parte del cuerpo en que se juntan los muslos con el vientre.

inglés, sa. adj. y s. De Inglaterra.

ingrato, ta. adj. Desagradecido Ú. t. c. s. ‖ Desapacible, desagradable.

ingrávido, da. adj. Ligero, suelto, sin peso.

ingrediente. m. Cualquier cosa que entra con otras en un compuesto.

ingresar. intr. y tr. Entrar en un establecimiento, organismo, etc. ‖ Meter dinero en una cuenta bancaria.

inhalar. tr. Aspirar ciertos gases o líquidos pulverizados.

inherente. adj. Que por su naturaleza está de tal manera unido a otra cosa que no se puede separar.

inhibir. tr. Impedir que un juez prosiga en el conocimiento de una causa. Ú. t. c. prnl. ‖ Con sentido general, reprimir o impedir. ‖ prnl. Abstenerse.

inhóspito, ta. adj. Se dice del lugar desagradable, poco grato para habitarlo.

inhumano, na. adj. Falto de humanidad, bárbaro, cruel.

inhumar. tr. Enterrar un cadáver.

inicial. adj. Relativo al origen de las cosas.

iniciativa. f. Acción de adelantarse a los demás en hablar u obrar. ‖ Cualidad personal que inclina a esta acción.

inicio. m. Comienzo, principio.

inicuo, cua. adj. Malvado, injusto.

ininteligible. adj. No inteligible, incomprensible.

iniquidad. f. Maldad, injusticia grande.

injerencia. f. Entremetimiento.

injertar. tr. Introducir en un árbol una parte de otro con alguna yema para que pueda brotar. ‖ Introducir en el cuerpo de una persona un tejido o un órgano, tomados de ella misma o de otro individuo.

injuria. f. Agravio, ultraje de obra o de palabra.

injusticia. f. Falta de justicia. ‖ Acción contraria a la justicia o a la razón.

injusto, ta. adj. y s. No conforme con la justicia y la equidad.

inmaculado, da. adj. Que no tiene mancha.

inmediato, ta. adj. Contiguo o muy cercano a otra cosa. || Que sucede sin que medie espacio o tiempo.

inmemorial. adj. Tan antiguo que no hay memoria de cuándo empezó.

inmenso, sa. adj. Que no tiene medida; infinito o ilimitado. || fig. Muy grande.

inmerso, sa. adj. Sumergido, abismado. || fig. Absorto.

inmigrar. intr. Llegar a un país para establecerse en él los que estaban domiciliados en otro.

inminente. adj. Que está próximo a suceder.

inmiscuirse. prnl. fig. Entrometerse.

inmobiliario, ria. adj. Perteneciente o relativo a los bienes inmuebles. || f. Empresa o sociedad que se dedica a construir, alquilar, vender y administrar viviendas.

inmolar. tr. Sacrificar una víctima en honor de la divinidad. || fig. Sacrificar algo por una causa. Ú. m. c. prnl.

inmoral. adj. Que se opone a la moral. Ú. t. c. s.

inmortal. adj. Que no puede morir. || fig. Que dura tiempo indefinido.

inmóvil. adj. Que no se mueve; firme, invariable.

inmueble. adj. Se dice de los bienes que no se pueden transportar, como la tierra, la vivienda, etc. || m. Casa, edificio.

inmundicia. f. Suciedad, porquería.

inmune. adj. Libre, exento. || No atacable por ciertas enfermedades.

inmutar. tr. y prnl. Alterar, impresionar.

innato, ta. adj. Que ha nacido con el sujeto, y no adquirido por educación y experiencia.

innovar. tr. Alterar las cosas, introduciendo novedades.

innumerable. adj. Copioso, muy abundante.

inocencia. f. Estado y calidad del alma que está limpia de culpa. || Exención de toda culpa en un delito o en una mala acción. || Candor, sencillez.

inocentada. f. Broma que se da a uno el día de los Santos Inocentes.

inocular. tr. y prnl. Comunicar por medios artificiales una enfermedad contagiosa. || fig. Pervertir. || Introducir en el organismo un suero, vacuna, etc.

inocuo, cua. adj. Que no hace daño. || Que carece de interés.

inodoro, ra. adj. Que no tiene olor. || m. Taza del retrete.

inofensivo, va. adj. Incapaz de ofender. || fig. Que no puede causar daño.

inopinado, da. adj. Que sucede sin esperarlo.

inoportuno, na. adj. y s. Fuera de tiempo o de propósito.

inorgánico, ca. adj. Se dice de cualquier cuerpo sin vida, como son todos los minerales.

inoxidable. adj. Que no se oxida.

inquietar. tr. y prnl. Quitar el sosiego, turbar la quietud.

inquieto, ta. adj. Que es de índole bulliciosa. || fig. Desasosegado, nervioso. || Preocupado.

inquilino, na. m. y f. Persona que toma una casa o parte de ella en alquiler. || m. Ser vivo que busca refugio o provecho en individuos de otra especie, sin perjudicarlos.

inquina. f. Aversión, mala voluntad.

inquirir. tr. Indagar, preguntar.

inquisición. f. Acción y efecto de inquirir. || Tribunal eclesiástico establecido antiguamente para perseguir los delitos contra la fe.

insalubre. adj. Dañino para la salud, malsano.

insatisfecho, cha. adj. No satisfecho.

inscribir. tr. Grabar letreros. || Apuntar el nombre de una persona en una lista. Ú. t. c. prnl.

inscripción. f. Acción y efecto de inscribir o inscribirse. || Escrito sucinto grabado en piedra, metal u otra materia.

insecticida. adj. y m. Se dice del producto que sirve para matar insectos.

insectívoro, ra. adj. y s. Que se alimenta de insectos.

insecto. adj. y s. Se dice de los artrópodos antenados, de respiración traqueal y provistos de tres pares de patas.

inseguro, ra. adj. Que es dudoso. || Que tiene riesgo.

inseminación. f. Acción de introducir el semen en el interior de la vagina.

insensato, ta. adj. y s. Tonto, fatuo, sin sentido.

insensible. adj. Que carece de sensibilidad. || Que no se puede percibir.

inseparable. adj. Que no se puede separar. || fig. Se dice de las personas estrechamente unidas.

insertar. tr. y prnl. Incluir, introducir una cosa en otra, intercalar.

inservible. adj. Que no está en estado de servir, estropeado.

insidia. f. Asechanza para hacer daño a otro.

insigne. adj. Célebre, famoso.

insignia. f. Señal, emblema. || Bandera que, puesta al tope de uno de los palos delbuque, denota la graduación del jefe que lo manda o de otro que va con él.

insignificante. adj. Baladí, pequeño, despreciable.

insinuar. tr. Dar a entender una cosa, sin más que indicarla ligeramente. || prnl. Dar a entender indirectamente el deseo de mantener relaciones amorosas o sexuales con otra persona.

insípido, da. adj. Falto de sabor. || fig. Falto de gracia o interés.

insistir. intr. Pedir algo reiteradamente. || Persistir o mantenerse firme en una cosa. || Repetir o hacer hincapié en algo.

insociable. adj. y com. Intratable o incómodo en el trato social.

insolación. f. Enfermedad producida por una exposición excesiva a los rayos solares.

insolente. adj. y com. Desvergonzado.

insolidario, ria. adj. Que no tiene solidaridad.

insólito, ta. adj. No común ni ordinario.

insoluble. adj. Que no puede disolverse. || Que no se puede solucionar.

insolvencia. f. Incapacidad de pagar una deuda.

insomnio. m. Vigilia, desvelo.

insondable. adj. Que no se puede sondear. || fig. Que no se puede averiguar.

inspeccionar. tr. Examinar, revisar.

inspector, ra. m. y f. Funcionario público o particular que tiene a su cargo la investigación y vigilancia en el ramo a que pertenece.

inspirar. tr. Atraer el aire exterior a los pulmones, aspirar. || fig. Sugerir ideas creadoras. || Suscitar un sentimiento. || prnl. Tomar algo como punto de partida para la creación.

instalar. tr. Poner o colocar algo en su lugar debido. Ú. t. c. prnl. || Colocar en un edificio los enseres y servicios que en él se hayan de utilizar. || prnl. Establecerse.

instancia. f. Solicitud. || Apelación.

instante. m. Porción brevísima de tiempo. || Momento.

instar. tr. Repetir una súplica con ahínco. || intr. Urgir la pronta ejecución de una cosa.

instaurar. tr. Establecer, fundar. || Restablecer.

instigar. tr. Incitar, inducir a uno a que haga una cosa.

instinto. m. Conjunto de pautas de conducta que se transmiten genéticamente, y que contribuyen a la conservación de la vida del individuo y de la especie. || Tendencia o capacidad innata.

institución. f. Acción y efecto de instituir. || Cosa instituida o fundada. || Organismo que desempeña una función de interés público, especialmente educativa o benéfica. || Cada una de las organizaciones fundamentales de un Estado.

instituir. tr. Fundar, establecer.

instituto. m. Corporación científica, benéfica, etc. || Centro oficial en el que se siguen los estudios de enseñanza media. || Regla de las órdenes religiosas. || Organismo perteneciente a la administración de un Estado o nación.

institutriz. f. Maestra encargada de la educación o instrucción de uno o varios niños, en el hogar doméstico.

instruir. tr. Enseñar. || Comunicar sistemáticamente ideas o conocimientos. || Formalizar un proceso conforme a las reglas de derecho.

instrumento. m. Máquina. || Aquello de que nos servimos para hacer una cosa. || Objeto concebido para producir sonidos musicales.

insuficiencia. f. Falta de suficiencia o de inteligencia. || Escasez de una cosa. || Incapacidad de un órgano para llevar a cabo sus funciones adecuadamente.

insuficiente. adj. Escaso. || No apto.

insuflar. tr. Introducir en un órgano o en una cavidad un gas, un líquido o una sustancia en polvo.

ínsula. f. Isla.

insular. adj. De una isla.

insulina. f. Hormona segregada por el páncreas, que regula la cantidad de glucosa existente en la sangre.

insulso, sa. adj. Insípido. || fig. Falto de gracia y viveza.

insultar. tr. Ofender con palabras o acciones.

insulto. m. Ofensa, injuria.

insurrección. f. Sublevación o rebelión.

insurrecto, ta. adj. y s. Rebelde.

insustancial. adj. Que carece de sustancia.

intacto, ta. adj. Que no ha padecido alteración, menoscabo o deterioro.

intangible. adj. Que no debe o no puede tocarse.

integrar. tr. Completar un todo con las partes que le faltaban. || Formar las partes un todo. || En mat., determinar por el cálculo una cantidad de la que sólo se conoce la expresión diferencial. || prnl. Unirse a un grupo para formar parte de él.

íntegro, gra. adj. Se dice de aquello en que no falta ninguna de sus partes. || Recto, intachable.

intelecto. m. Entendimiento.

intelectual. adj. Relativo al entendimiento. || Espiritual. || Se dice de la per-

sona dedicada al cultivo de las ciencias y letras. Ú. t. c. com.

inteligencia. f. Facultad de conocer, comprender y entender las cosas. || Habilidad, destreza y experiencia.

inteligente. adj. Dotado de inteligencia. || Que tiene gran capacidad intelectual. Ú. t. c. com.

inteligible. adj. Que puede ser entendido.

intemperancia. f. Falta de templanza o moderación.

intemperie (a la). loc. adv. A cielo descubierto.

intempestivo, va. adj. Inoportuno.

intemporal. adj. No temporal, independiente del curso del tiempo.

intención. f. Propósito de hacer algo. || Deseo, voluntad, determinación.

intenso, sa. adj. Muy apasionado. || Muy fuerte, de gran intensidad.

intentar. tr. Tener el propósito de hacer una cosa. || Iniciar la ejecución de la misma.

interacción. f. Acción que se ejerce recíprocamente entre dos o más objetos, agentes, fuerzas, instituciones, etc.

intercalar. tr. Interponer o poner una cosa entre otras.

intercambiar. tr. y prnl. Cambiar mutuamente.

interceder. intr. Rogar o mediar por otro.

interceptar. tr. Apoderarse de una cosa antes de que llegue a su destino. || Interrumpir, obstruir.

interés. m. Provecho, utilidad o valor que en sí tiene una persona o cosa. || Ganancia producida por el capital. Ú. t. en pl. || Inclinación hacia alguien o algo. || Curiosidad. || Cantidad que se paga sobre un préstamo. || Atención que se pone en algo. || pl. Bienes que posee alguien. || Necesidad de carácter colectivo.

interferencia. f. Acción recíproca de las ondas de la que resulta aumento o disminución del movimiento ondulatorio.

interferir. tr. Cruzar, interponer algo en el camino de una cosa, o en una acción. Ú. t. c. prnl. || Causar interferencia. Ú. t. c. intr.

ínterin. m. Intervalo de tiempo.

interino, na. adj. y s. Que sirve por algún tiempo supliendo la falta de otra persona o cosa.

interior. adj. Que está de la parte de adentro. || Se dice de la habitación que no tiene vistas a la calle. || fig. Que sólo se siente en el alma. || Perteneciente al país de que se habla, en contraposición a lo extranjero. || m. La parte de adentro de una cosa. || Parte central de un país, en oposición a las zonas costeras o fronterizas. || amer. Todo lo que no es la capital o las ciudades principales de un país.

interjección. f. Expresión exclamativa abreviada, que manifiesta alguna impresión súbita, como asombro, dolor, etc.

interlocutor, ra. m. y f. Cada una de las personas que toman parte en un diálogo.

intermediario, ria. adj. y s. Que media entre dos o más personas, y especialmente entre el productor y el consumidor.

intermedio, dia. adj. Que está en medio de los extremos de lugar, tiempo, etc. || m. Espacio de tiempo durante el cual queda interrumpida la ejecución de un espectáculo.

intermitente. adj. Que se interrumpe o cesa y prosigue o se repite. || m. Dispositivo del automóvil que enciende y apaga periódicamente una luz lateral para señalar un cambio de dirección en la marcha.

internacional. adj. Relativo a dos o más naciones. || f. Organización de trabajadores de varios países. || Himno de los socialistas y comunistas.

internado. m. Establecimiento donde viven alumnos u otras personas internas. || Estado y régimen del alumno interno. || Estado y régimen de personas que viven internas en establecimientos sanitarios o benéficos.

internar. tr. Disponer el ingreso de una persona en un establecimiento, como

hospital, clínica, prisión, etc. Ú. t. c. prnl. || Conducir tierra adentro a una persona o cosa. || prnl. Penetrar una persona o cosa en el interior de un espacio. || Avanzar hacia adentro, por tierra o por mar.

interno, na. adj. Interior. || Se dice de la persona que reside en un internado. Ú. t. c. s.

interpelar. tr. Implorar el auxilio de alguien. || Requerir a uno para que dé explicaciones sobre un hecho.

interpolar. tr. Poner una cosa entre otras. || Intercalar palabras o frases en el texto de obras o escritos ajenos.

interponer. tr. Poner algo entre medias de dos personas o cosas. Ú. t. c. prnl. || Formalizar algún recurso legal.

interpretar. tr. Explicar el sentido de una cosa. || Traducir. || Representar un actor su papel. || Concebir, ordenar o expresar de un modo personal la realidad. || Ejecutar una pieza musical mediante canto o instrumentos.

interrogación. f. Pregunta. || Signo ortográfico (¿?) que se pone al principio y fin de una palabra o cláusula interrogativa.

interrogar. tr. Preguntar.

interrogatorio. m. Serie de preguntas. || Acto de dirigirlas a quien las ha de contestar.

interrumpir. tr. Cortar la continuidad de una acción. Ú. t. c. prnl. || Impedir que otra persona continúe hablando.

interruptor. m. Mecanismo destinado a interrumpir o establecer un circuito eléctrico.

intersección. f. En geom., punto común a dos líneas que se cortan. || En geom., encuentro de dos líneas, dos superficies o dos sólidos que recíprocamente se cortan.

intervalo. m. Espacio o distancia que hay de un tiempo a otro o de un lugar a otro.

intervenir. intr. Tomar parte en un asunto. || Influir. || Interceder o mediar por uno. || tr. Tratándose de cuentas, examinarlas y censurarlas. || Realizar una operación quirúrgica. || Dirigir, limitar o suspender una autoridad el libre ejercicio de actividades o funciones. || Controlar la comunicación privada. || Impedir a una persona, organismo, corporación, etc., el libre acceso a sus bienes.

interventor, ra. adj. y s. Que interviene. || m. y f. Empleado que autoriza y fiscaliza ciertas operaciones o actividades a fin de que se hagan con legalidad.

interviú. f. Entrevista.

intestino, na. adj. Interior, interno. || fig. Civil. || m. Conducto membranoso en el que se completa la digestión y se absorben las sustancias digeridas.

intimar. tr. Estrechar las relaciones con una persona.

intimidar. tr. y prnl. Infundir miedo. || Coaccionar, amenazar a alguien para que haga algo.

íntimo, ma. adj. Interior. || Se dice de la amistad muy estrecha y del amigo de confianza.

intoxicar. tr. Envenenar. Ú. t. c. prnl. || fig. Manipular la información con el fin de crear un estado de opinión propicio a ciertos fines.

intransigente. adj. Que no transige.

intransitivo, va. adj. Se dice del verbo que se construye sin complemento directo.

intrascendente. adj. Que no es trascendente, sin importancia.

intratable. adj. Insociable o de genio áspero.

intrépido, da. adj. Que no teme en los peligros.

intriga. f. Acción que se ejecuta con astucia para conseguir un fin. || Enredo, embrollo. || En una obra literaria, cinematográfica, teatral, etc., serie de acontecimientos que mantienen el interés del lector o espectador.

intrincado, da. adj. Enredado, complicado.

intríngulis. f. fam. Dificultad que existe en una cosa.

intrínseco, ca. adj. Íntimo, esencial.

introducir. tr. Meter o hacer entrar una cosa en otra. Ú. t. c. prnl. || Dar

entrada a una persona en un lugar. Ú. t. c. prnl. || fig. Hacer adoptar, poner en uso. || fig. Ocasionar. || prnl. Meterse en un sitio.

intromisión. f. Acción y efecto de entrometer o entrometerse.

introspección. f. Observación interna del alma o de sus actos.

introvertido, da. adj. y s. Persona que exterioriza poco sus sentimientos.

intruso, sa. adj. y s. Que se ha introducido sin derecho. || fig. Que alterna en un ambiente que no le es propio. || fig. Que ocupa un puesto sin tener derecho a él.

intuir. tr. Percibir clara e instantáneamente una idea o situación, sin necesidad de razonamiento lógico.

inundar. tr. y prnl. Cubrir el agua los terrenos y a veces las poblaciones. || fig. Saturar, llenar con personas o cosas un lugar.

inusitado, da. adj. No usado, insólito.

inútil. adj. y com. Que no sirve para nada.

invadir. tr. Entrar por la fuerza en un lugar. || Entrar injustificadamente en funciones ajenas. || fig. Ser dominado por el estado de ánimo que se expresa.

inválido, da. adj. Se dice de la persona que adolece de un defecto físico o mental. Ú. t. c. s. || fig. Nulo.

invectiva. f. Discurso o escrito violento contra personas o cosas.

invencible. adj. Que no puede ser vencido.

inventar. tr. Hallar o descubrir una cosa nueva o no conocida. || Imaginar, crear.

inventario. m. Relación de los bienes pertenecientes a una persona o comunidad.

invento. m. Cosa inventada.

invernadero. m. Lugar preparado artificialmente para cultivar las plantas fuera de su ambiente y clima habituales.

invernal. adj. Relativo al invierno.

invernar. intr. Pasar el invierno en una parte.

inverosímil. adj. Que no tiene apariencia de verdad.

inversión. f. Acción y efecto de invertir. ‖ Acción de destinar los bienes de capital a obtener algún beneficio.

invertebrado, da. adj. y s. Se dice de los animales desprovistos de columna vertebral.

invertido. m. Homosexual.

invertir. tr. Alterar el orden de las cosas. Ú. t. c. prnl. ‖ Hablando de bienes de capital, emplearlos, gastarlos, o colocarlos en aplicaciones productivas. Ú. t. c. intr. y prnl. ‖ Hablando del tiempo, ocuparlo o emplearlo de una u otra manera.

investigar. tr. Estudiar a fondo una determinada materia. Ú. t. c. intr. ‖ Hacer indagaciones para descubrir algo que se desconoce. Ú. t. c. intr.

investir. tr. Conferir dignidad o cargo importante.

invicto, ta. adj. No vencido; siempre victorioso.

invidente. adj. y com. Que no ve, ciego.

invierno. m. Una de las cuatro estaciones del año, fría, que en el hemisferio septentrional comienza el 21 de diciembre y termina el 21 de marzo.

invisible. adj. Que no puede ser visto.

invitar. tr. Avisar a alguien para que asista a una celebración, espectáculo, reunión, cena, etc. ‖ Convidar, obsequiar a alguien con algo. ‖ Incitar, estimular a uno a algo.

invocar. tr. Pedir la ayuda de alguien, especialmente de Dios o algún santo. ‖ Acogerse a una ley o costumbre, alegarla. ‖ Nombrar a una persona o cosa en favor de uno.

involución. f. Detención y retroceso de una evolución biológica, política, cultural, etc.

involucrar. tr. Injerir en los discursos o escritos cuestiones extrañas al asunto principal. ‖ Complicar a alguien en un asunto. Ú. t. c. prnl.

involuntario, ria. adj. No voluntario; se apl. también a los movimientos físicos o mentales que suceden independientemente de la voluntad.

invulnerable. adj. Que no puede ser herido.

inyección. f. Acción y efecto de inyectar. ‖ Sustancia inyectada.

inyectar. tr. Introducir a presión un gas o un líquido en el interior de un cuerpo.

ion. m. Átomo o grupo de átomos que, por pérdida o ganancia de uno o más electrones, ha adquirido una carga eléctrica.

ionosfera. f. Conjunto de capas de la atmósfera que están entre 70 y 500 km de altura.

ir. intr. Moverse de un lugar hacia otro. Ú. t. c. prnl. ‖ Dirigirse hacia, llevar a, conducir. ‖ Acomodarse o no una cosa con otra. ‖ Extenderse, ocupar. ‖ Obrar, proceder. ‖ Estar. ‖ prnl. Morirse o estarse muriendo. ‖ Marcharse. ‖ Deslizarse, perder el equilibrio. ‖ Gastarse, consumirse o perderse una cosa. ‖ Escaparse.

ira. f. Enfado muy violento. ‖ Deseo de venganza. ‖ fig. Furia o violencia de los elementos.

iracundo, da. adj. y s. Colérico.

irascible. adj. Propenso a irritarse.

iris. m. Arco de colores que a veces se forma en las nubes cuando el Sol refracta y refleja su luz en la lluvia. ‖ Disco membranoso del ojo en cuyo centro está la pupila.

irlandés, sa. adj. y s. De Irlanda.

ironía. f. Burla fina y disimulada. ‖ En lit., figura retórica que consiste en dar a entender lo contrario de lo que se dice.

irracional. adj. Que carece de razón. Ú. t. c. s. ‖ Opuesto a la razón o que va fuera de ella.

irradiar. tr. Despedir un cuerpo rayos de luz, calor u otra energía en todas direcciones. ‖ Someter un cuerpo a la acción de ciertos rayos.

irreal. adj. Falto de realidad, fantástico.

irregular. adj. Que va fuera de regla o norma; contrario a ella. ‖ Que no sucede común y ordinariamente. ‖ Que no es simétrico, que tiene defectos. ‖ En geom., se dice del polígono y del poliedro que no son regulares.

irrelevante. adj. Que carece de importancia o significación.

irresistible. adj. Que no se puede resistir o tolerar. || De gran atractivo.

irresponsable. adj. y com. Se dice de la persona a quien no se puede exigir responsabilidad. || Insensato. || Se dice de la persona que actúa sin importarle las consecuencias. || Se dice del acto o situación resultante de una falta de previsión.

irreverente. adj. y com. Contrario a la reverencia o respeto debidos.

irreversible. adj. Que no es reversible.

irrigar. tr. Rociar con un líquido alguna parte del cuerpo. || Regar.

irrisorio, ria. adj. Ridículo. || Insignificante.

irritar. tr. y prnl. Hacer sentir ira. || Causar inflamación o molestia en una parte del cuerpo. Ú. t. c. prnl. || fig. Excitar los sentimientos, pasiones, etc. Ú. t. c. prnl.

irrompible. adj. Que no se puede romper.

irrumpir. intr. Entrar violentamente en un lugar.

isla. f. Porción de tierra rodeada de agua por todas partes.

islam. m. Islamismo. || Conjunto de países de religión musulmana. || Comunidad de musulmanes.

islamismo. m. Conjunto de dogmas y preceptos morales que constituyen la religión de musulmana.

islandés, sa. adj. y s. De Islandia.

isleño, ña. adj. y s. Natural de una isla.

islote. m. Isla pequeña y deshabitada.

israelí. adj. y com. Del Estado de Israel.

israelita. adj. y com. Hebreo, judío. || Del antiguo reino de Israel.

istmo. m. Lengua de tierra que une dos continentes o una península con un continente.

italiano, na. adj. y s. De Italia. || Idioma hablado en Italia.

iterativo, va. adj. Que se repite.

itinerario. m. Dirección y descripción de un camino.

izar. tr. Hacer subir algo tirando de la cuerda de que está colgado.

izquierdo, da. adj. Se dice de lo que está en la mitad longitudinal del cuerpo humano que aloja la mayor parte del corazón. || Se dice de todo aquello que está situado hacia ese mismo lado. || f. Mano del lado izquierdo del cuerpo. || Lo que está situado hacia ese lado. || Colectividad política partidaria del cambio en las estructuras sociales y económicas, y opuesta a las fuerzas conservadoras o *derecha*.

J

j. f. Décima letra del abecedario español y séptima de sus consonantes. Su nombre es *jota*.

jabalí. m. Mamífero artiodáctilo, que es una variedad salvaje del cerdo.

jabalina. f. Hembra del jabalí. || Arma arrojadiza que se usaba en la caza mayor. || Vara parecida que se emplea en competiciones atléticas.

jabato, ta. adj. y s. fam. Valiente, atrevido. || m. y f. Cachorro del jabalí.

jabón. m. Producto que resulta de la combinación de un álcali con las grasas y sirve para lavar. || Pastilla hecha de esta manera.

jactancia. f. Arrogancia, presunción, orgullo excesivo.

jactarse. prnl. Alabarse con presunción.

jadear. intr. Respirar anhelosamente por efecto de algún trabajo o ejercicio impetuoso.

jaguar. m. Mamífero carnívoro de la familia de los félidos, llamado también *tigre americano*.

jagüey. m. amer. Balsa, pozo o zanja llena de agua, ya artificialmente, ya por filtraciones naturales del terreno.

jaiba. f. amer. Nombre que se da a ciertos crustáceos decápodos, como los cangrejos de río y cangrejos de mar.

jalea. f. Conserva de frutas, de aspecto transparente y consistencia gelatinosa. ‖ Medicamento azucarado de consistencia gelatinosa.

jalear. tr. Llamar a los perros a voces para cargar o seguir la caza. ‖ Animar con palmadas, ademanes y expresiones a los que bailan, cantan, etc. Ú. t. c. prnl.

jaleo. m. Acción y efecto de jalear. ‖ Cierto baile popular andaluz. ‖ Tonada y coplas de este baile. ‖ fam. Diversión bulliciosa. ‖ fam. Alboroto, tumulto, pendencia.

jalonar. tr. Establecer o señalar con jalones. ‖ Marcar etapas o situaciones en un determinado proceso o evolución.

jamás. adv. t. Nunca.

jamba. f. Cualquiera de las dos piezas que, puestas verticalmente en los dos lados de las puertas o ventanas, sostienen el dintel o el arco de ellas.

jamón. m. Carne curada de la pierna del cerdo. ‖ fig. y fam. Parte superior de los brazos y las piernas de una persona, especialmente cuando es gruesa.

japonés, sa. adj. y s. De Japón. ‖ m. Idioma que se habla en Japón.

jaque. m. Jugada del ajedrez en que se amenaza directamente al rey o a la reina del contrario.

jaqueca. f. Dolor de cabeza que ataca solamente en un lado o en una parte de ella.

jarabe. m. Bebida que se hace cociendo azúcar en agua hasta que se espese, y añadiendo zumos refrescantes o sustancias medicinales. ‖ fig. Cualquier bebida excesivamente dulce.

jarana. f. fam. Diversión bulliciosa. ‖ amer. Baile en el que participan familiares o personas de confianza.

jardín. m. Terreno en donde se cultivan plantas de adorno.

jareta. f. Dobladillo que se hace en la ropa para introducir una cinta, un cordón, una goma, etc., y sirve para fruncir la tela. ‖ Por ext., dobladillo cosido con un pespunte que se hace en la ropa como adorno.

jarra. f. Vasija con cuello y boca anchos y una o más asas.

jarro. m. Vasija de barro, loza, vidrio o metal, a manera de jarra y con sólo un asa.

jarrón. m. Jarro grande, generalmente de porcelana y sin asas, que se utiliza como adorno.

jaspe. m. Piedra silícea de grano fino, textura homogénea, opaca y de colores variados. ‖ Mármol veteado.

jaula. f. Caja hecha con listones de madera, alambre, barrotes de hierro, etc., y dispuesta para encerrar animales. ‖ Armazón que se emplea en los pozos de las minas para subir y bajar los operarios y los materiales.

jauría. f. Conjunto de perros de una cacería.

jazz. m. Cierto género de música derivado de ritmos y melodías de los negros estadounidenses.

jefe, fa. m. y f. Persona que manda o dirige a otras. ‖ Cabeza o presidente de un partido, corporación, organismo, etc. ‖ En el ejército y en la marina, categoría superior a la de capitán. ‖ fam. Tratamiento informal que se da a una persona.

jeque. m. Jefe de un territorio, comunidad, etc., de musulmanes.

jerarquía. f. Orden o grados de importancia entre diversas personas o cosas. ‖ Jerarca, persona que ocupa un alto cargo. ‖ Cada uno de los niveles dentro de una organización.

jerga. f. Lenguaje especial de una profesión o clase social. ‖ Lenguaje difícil de entender.

jergón. m. Colchón de paja, esparto o hierba.

jerigonza. f. Lenguaje especial de algunos gremios, jerga. ‖ fig. Lenguaje complicado y difícil de entender.

jeringa. f. Instrumento que sirve para aspirar o impeler ciertos líquidos, y más comúnmente para poner inyecciones. ‖ fig. y fam. Molestia, fastidio.

jeringuilla. f. Jeringa para inyecciones.

jeroglífico, ca. adj. Se dice de la escritura con figuras o símbolos. ‖ m. Cada una de estas figuras. ‖ Por ext., escritura, texto, etc., difíciles de entender. ‖ Conjunto de signos y figuras con que se expresa una frase, ordinariamente por pasatiempo o juego de ingenio.

jersey. m. Prenda de vestir, de punto, que cubre los hombros a la cintura.

jesuita. adj. y m. Religioso de la Compañía de Jesús.

jeta. f. Boca saliente por su configuración o por tener los labios muy abultados. ‖ fam. Cara humana. ‖ Hocico del cerdo. ‖ fig. y fam. Desfachatez, descaro. ‖ adj. Desvergonzado, cínico. Ú. t. c. m.

jíbaro, ra. adj. amer. Se dice del individuo de una tribu indígena del Alto Amazonas. Ú. t. c. s. ‖ amer. Perteneciente o relativo a esta tribu. ‖ m. amer. Lengua hablada por estos indígenas. ‖ adj. y s. amer. Campesino.

jinete. com. Persona que monta a caballo. ‖ m. Soldado de a caballo.

jirafa. f. Mamífero rumiante de 5 m o más de altura, cuello largo y esbelto y cabeza pequeña. ‖ Mecanismo que permite mover el micrófono y ampliar su alcance en los estudios de cine y televisión.

jirón. m. Pedazo desgarrado de una tela. ‖ Parte o porción pequeña de un todo.

jocoso, sa. adj. Gracioso, chistoso, festivo, divertido.

joder. tr. vulg. Practicar el coito. ‖ fig. Molestar, fastidiar. Ú. t. c. prnl. ‖ fig. Destrozar, arruinar, echar a perder. Ú. menos c. prnl. ‖ Úsase como interjección de enfado, irritación, asombro, etc.

jofaina. f. Vasija en forma de taza, de gran diámetro y poca profundidad, que sirve principalmente para lavarse la cara y las manos.

jolgorio. m. fam. Diversión bulliciosa.

jornada. f. Día. ‖ Expedición guerrera. ‖ Duración del trabajo diario de los obreros y empleados. ‖ Camino que se recorre en un día. ‖ Cada uno de los actos de una obra teatral clásica.

jornal. m. Sueldo que cobra el trabajador por cada día de trabajo. ‖ Este mismo trabajo.

joroba. f. Curvatura anormal de la columna vertebral, o del pecho, o de ambos a la vez. ‖ fig. y fam. Impertinencia, molestia.

jorobar. tr. y prnl. fig. y fam. Fastidiar, molestar, importunar.

jorongo. m. amer. Especie de poncho.

joropo. m. amer. Música y danza popular de zapateo venezolanas. ‖ amer. Fiesta hogareña.

jota. f. Nombre de la letra *j*. ‖ fam. Cosa mínima. ‖ Baile popular propio de Aragón, usado también en otras muchas regiones españolas. ‖ Música con que se acompaña este baile. ‖ Copla que se canta con esta música.

joven. adj. De poca edad. ‖ com. Persona que está en la juventud.

jovial. adj. Alegre, festivo.

joya. f. Objeto pequeño de metal precioso que sirve para adorno. ‖ fig. Cosa o persona de mucha valía.

joyería. f. Trato y comercio de joyas. ‖ Tienda donde se venden. ‖ Taller donde se construyen.

jubilar. tr. Disponer que por vejez o incapacidad cese un empleado o funcionario en el ejercicio de su actividad o destino, teniendo derecho a pensión. ‖ fig. Desechar por inútil una cosa y no servirse más de ella.

júbilo. m. Alegría que se manifiesta con signos exteriores.

judaísmo. m. Religión de los judíos, que profesan la ley de Moisés.

judía. f. Planta leguminosa, con fruto en vainas aplastadas y semillas en forma de riñón. || Semillas de esta planta.

judicatura. f. Ejercicio de juzgar. || Cargo de juez. || Tiempo que dura. || Cuerpo constituido por los jueces de un país.

judicial. adj. Relativo al juicio, a la administración de justicia o a la judicatura.

judío, a. adj. y s. Israelita, hebreo. || De Judea. || fig. Avaro, usurero.

judo. m. Yudo.

judoka. m. y f. Yudoka.

juego. m. Acción y efecto de jugar. || Actividad recreativa sometida a reglas. || Articulación móvil que sujeta dos cosas entre sí. || Su movimiento. || Conjunto de cosas relacionadas, que sirven a un mismo fin. || pl. Espectáculos públicos.

juerga. f. Holgorio, parranda.

jueves. m. Cuarto día de la semana, después del miércoles.

juez, za. m. y f. Magistrado que tiene autoridad y potestad para juzgar y sentenciar. || En algunas competiciones deportivas, árbitro. || Persona que se encarga de hacer que se respeten las reglas y repartir los premios en concursos o certámenes.

jugar. intr. Hacer algo con el solo fin de entretenerse. || Tomar parte en uno de los juegos sometidos a reglas. || Apostar. || Arriesgar. Ú. m. c. prnl. || Desempeñar. || tr. Llevar a cabo partidas de algún juego. || Hacer uso de las cartas, fichas, o piezas que se emplean en ciertos juegos. || prnl. Sortearse.

jugarreta. f. fam. Mala pasada.

juglar, esa. m. y f. Persona que por dinero cantaba, bailaba o hacía juegos y truhanerías ante el pueblo.

jugo. m. Zumo de las sustancias vegetales o animales. || Salsa de un guiso. || Líquido que segregan algunas glándulas del cuerpo humano. || fig. Lo provechoso, útil y sustancial de algo material o inmaterial.

juguete. m. Objeto con que se entretienen los niños. || Persona o cosa dominada por la acción de una fuerza física o moral.

juguetería. f. Comercio y tienda de juguetes.

juicio. m. Facultad del entendimiento que permite discernir y juzgar. || Operación del entendimiento que consiste en comparar dos ideas. || Estado de razón opuesto a la locura. || Opinión. || Conocimiento de una causa por parte del juez.

julio. m. Séptimo mes del año; tiene 31 días. || Unidad de trabajo.

jumento. m. Asno, burro.

jumo, ma. adj. amer. Borracho.

junco. m. Planta de tallos lisos, cilíndricos, flexibles, puntiagudos y duros, que se cría en parajes húmedos.

jungla. f. Terreno cubierto de vegetación muy espesa.

junio. m. Sexto mes del año que consta de 30 días.

junior. adj. Se dice de la persona más joven respecto de otra que tiene el mismo nombre. || Deportista comprendido entre los 17 y 21 años.

junta. f. Reunión de varias personas para tratar de un asunto. || Cada una de las sesiones que celebran. || Unión de dos o más cosas.

juntar. tr. Unir unas cosas con otras. || Reunir, congregar. Ú. t. c. prnl. || prnl. Arrimarse. || Acompañarse. || Convivir dos personas que no son matrimonio.

juntura. f. Parte o lugar en que se juntan y unen dos o más cosas. || Pieza que se coloca entre otras dos para unirlas.

jurado, da. adj. Que ha prestado juramento. || m. Tribunal no profesional ni permanente que después del juicio debe declarar si considera culpable o inocente al acusado. || Tribunal que examina y califica concursos y certámenes. || Cada uno de los miembros de estos tribunales.

jurar. tr. Afirmar o negar una cosa poniendo por testigo a Dios, o a algo o alguien queridos. || Reconocer solemnemente la soberanía de un príncipe. || Someterse solemnemente a los preceptos constitucionales de un país, a estatutos, cargos, etc. ‖ intr. Blasfemar, maldecir.

jurídico, ca. adj. Que atañe al derecho o se ajusta a él.

jurisdicción. f. Poder o autoridad para gobernar y poner en ejecución las leyes o para aplicarlas en juicio. ‖ Término de un lugar. ‖ Territorio en que un juez ejerce sus facultades de tal. ‖ Autoridad sobre algo.

jurisprudencia. f. Ciencia del derecho. ‖ Conjunto de las sentencias de los tribunales, y doctrina que contienen. ‖ Conjunto de sentencias de los tribunales que constituyen un precedente para justificar otros casos no regulados por ninguna ley.

jurista. com. Persona que estudia o profesa la ciencia del derecho.

justa. f. Pelea a caballo y con lanza. ‖ Torneo. ‖ fig. Competición o certamen en un ramo del saber.

justicia. f. Virtud que inclina a dar a cada uno lo que le pertenece. ‖ Una de las cuatro virtudes cardinales. ‖ Derecho, razón, equidad. ‖ Lo que debe hacerse según el derecho o la razón. ‖ Pena o castigo y su aplicación. ‖ Ministro o tribunal que ejerce justicia. ‖ Poder judicial.

justificar. tr. Ser algo la causa de que otra no resulte extraña o censurable. ‖ Probar una cosa con razones convincentes, testigos y documentos. ‖ Probar la inocencia de uno.

justo, ta. adj. Que obra según justicia y razón. Ú. t. c. s. ‖ Exacto. ‖ Merecido. ‖ Apretado o que ajusta bien con otra cosa. ‖ adv. m. Justamente, debidamente. ‖ Apretadamente, con estrechez.

juvenil. adj. Relativo a la juventud. ‖ Se dice de la categoría de los deportistas que tienen entre 17 y 21 años. Ú. t. c. com.

juventud. f. Edad que empieza en la pubertad y se extiende a los comienzos de la edad adulta. ‖ Estado de la persona joven. ‖ Conjunto de jóvenes. ‖ Primeros tiempos de alguna cosa. ‖ Energía, vigor, tersura.

juzgado. m. Junta de jueces que concurren a dar sentencia. ‖ Tribunal de un solo juez. ‖ Término o territorio de su jurisdicción. ‖ Sitio donde se juzga. ‖ Dignidad de juez.

juzgar. tr. Deliberar y decidir sobre una cosa como juez o árbitro. ‖ Formar juicio u opinión sobre algo o alguien. ‖ Afirmar, previa comparación de dos o más ideas, las relaciones que existen entre ellas.

K

k. f. Undécima letra del abecedario español, y octava de sus consonantes. Su nombre es *ka*.

karate o **kárate.** m. Arte marcial japonés de autodefensa, basado en golpes secos realizados principalmente con la mano, los codos o los pies.

kilo. m. Forma abreviada de *kilogramo*. ‖ fam. Un millón de pesetas. ‖ Mucha cantidad de algo.

kilogramo. m. Unidad métrica fundamental de masa (y peso) que equivale a mil gramos. ‖ Pesa de un kilogramo. ‖ Cantidad de alguna materia que pese un kilogramo.

kilómetro. m. Medida de longitud que tiene 1.000 metros.

kilovatio. m. Unidad de potencia equivalente a 1.000 vatios.

kimono. m. Quimono.

kiosco. m. Quiosco.

kuwaití. adj. y s. De Kuwait, país de Oriente Medio.

L

l. f. Duodécima letra del abecedario español y novena de sus consonantes. Su nombre es *ele*. || Con mayúscula, en la numeración romana, equivale a 50.

la. art. det. fem. sing. || pron. Forma átona del pron. pers. de tercera persona, en gén. femenino y núm. singular, que en la oración desempeña la función de complemento directo.

la. m. Sexta nota de la escala musical.

laberinto. m. Lugar formado por calles, caminos, encrucijadas, etc., del que es muy difícil encontrar la salida. || fig. Cosa confusa y enredada. || Parte interna del oído.

labia. f. fam. Elocuencia y gracia en el hablar.

labio. m. Cada una de las dos partes exteriores de la boca. || fig. Borde de ciertas cosas. || Órgano del habla. Ú. m. en pl.

labor. f. Acción de trabajar y resultado de esta acción. || Adorno tejido o hecho a mano en la tela. Ú. t. en pl. || Obra de coser o bordar. || Labranza en especial la de las tierras que se siembran. Ú. m. en pl. || Grupo de productos que se confeccionan en la fábrica de tabacos.

laboratorio. m. Lugar dotado de todo lo necesario para hacer experimentos médicos o químicos, o realizar investigaciones técnicas o científicas.

labrar. tr. Cultivar la tierra. || Arar antes de sembrar. || Trabajar una materia dándole forma o formando relieves en ella. || Hacer, preparar algo gradualmente.

laca. f. Sustancia resinosa que se forma en las ramas de varios árboles de la India. || Barniz duro y brillante hecho con esta sustancia. || Por ext., objeto barnizado con él. || Color rojo que se saca de la cochinilla. || Sustancia líquida e incolora que se emplea para fijar el peinado.

lacayo. m. Criado de librea. || desp. Servil, rastrero.

lacio, cia. adj. Marchito, ajado. || Flojo, sin vigor. || Se dice del cabello sin ondas ni rizos.

lacónico, ca. adj. Breve, conciso. || Que habla o escribe de esta manera.

lacra. f. Reliquia o señal de una enfermedad o achaque. || Defecto físico o moral.

lacre. m. Pasta sólida que se emplea derretida para cerrar y sellar cartas y otros usos análogos.

lacrimal. adj. Relativo a las lágrimas.

lacrimógeno, na. adj. Que produce lágrimas, sobre todo dicho de gases u otros irritantes de los ojos. || Que mueve a llanto.

lactancia. f. Acción de mamar. || Período de la vida en que la criatura mama.

lácteo. adj. Relativo a la leche. || Hecho de leche o derivado de ella.

ladera. f. Declive de un monte o de una altura.

ladilla. f. Insecto parecido al piojo.

ladino, na. adj. Astuto, sagaz, taimado. || m. Dialecto judeoespañol hablado por los sefadíes.

lado. m. Costado de la persona o del animal comprendido entre el brazo y el hueso de la cadera. || Lo que está a la derecha o a la izquierda de un todo. || fig. Cada uno de los aspectos por que se puede considerar una persona o cosa. || fig. Modo, medio o camino que se toma para una cosa. || Cada una de las líneas de un ángulo o polígono. || Arista de los poliedros irregulares.

ladrar. intr. Dar ladridos el perro.

ladrillo. m. Prisma de arcilla cocida empleada en la construcción. || fig. Cosa pesada o aburrida.

ladrón, na. adj. y s. Que hurta o roba. || m. Cauce que se hace en un río o acequia para utilizar su agua. ‖ Enchufe que permite tomar corriente eléctrica para más de un aparato.

lagar. m. Recipiente donde se pisa la uva. ‖ Sitio donde se prensa la aceituna o se machaca la manzana.

lagartija. f. Especie de lagarto pequeño.

lagarto. m. Reptil saurio, de unos 50 a 80 cm de longitud, que es muy útil para la agricultura.

lago. m. Gran masa de agua almacenada en depresiones del terreno.

lágrima. f. Cada una de las gotas del líquido que segrega la glándula lagrimal. Ú. m. en pl. ‖ fig. Gota de humor que destilan algunos árboles después de la poda. ‖ fig. Adorno, especialmente de vidrio, de forma de gota. ‖ pl. Desgracias, sufrimientos.

laguna. f. Depósito natural de agua menor que el lago. ‖ fig. Omisión en un escrito. ‖ Vacío en un conjunto o serie.

laico, ca. adj. No eclesiástico ni religioso. Ú. t. c. s. ‖ Se dice de la escuela o enseñanza en que se prescinde de la instrucción religiosa.

lamentar. tr., intr. y prnl. Sentir pena, contrariedad, arrepentimiento, etc. ‖ Sentir una cosa con llanto, sollozos y otras demostraciones de dolor. Ú. t. c. prnl. ‖ prnl. Quejarse.

lamer. tr. Pasar repetidas veces la lengua por una cosa. Ú. t. c. prnl. ‖ fig. Tocar blanda y suavemente.

lámina. f. Plancha delgada de un metal. ‖ Figura que se traslada al papel u otra materia, estampa. ‖ fig. Porción de cualquier materia extendida en superficie y de poco grosor.

lámpara. f. Utensilio para dar luz. ‖ Utensilio o aparato para sostener una o varias luces artificiales. ‖ Elemento de los aparatos de radio y televisión, parecido en su forma a una lámpara eléctrica. ‖ fig. y fam. Mancha de grasa en la ropa.

lana. f. Pelo de las ovejas. ‖ Pelo de otros animales parecido a la lana. ‖ Hilo de lana, y tejido que con él se hace.

lance. m. Trance u ocasión crítica. ‖ Encuentro, riña. ‖ Cada una de las jugadas decisivas de cualquier juego. ‖ Acción y efecto de lanzar. ‖ En el poema dramático o en la novela, suceso, situación interesante o notable. ‖ Cualquier suerte de la lidia.

lancha. f. Bote grande de vela y remo, de vapor o motor. ‖ Embarcación pequeña, algo más grande que el bote. ‖ Piedra lisa, plana y de poco grueso.

languidecer. intr. Perder el espíritu o el vigor.

lanza. f. Arma ofensiva compuesta de un asta en cuya extremidad está puesta un hierro puntiagudo y cortante. ‖ Tubo de metal en que acaban las mangas de las bombas para dirigir bien el agua.

lanzar. tr. Arrojar. Ú. t. c. prnl. ‖ Hacer partir un vehículo espacial. ‖ Dar a conocer, hacer propaganda. ‖ prnl. Emprender algo con muchos ánimos.

lapa. f. Molusco de concha cónica, que vive asido fuertemente a las peñas de las costas. ‖ fig. Persona excesivamente insistente e inoportuna.

lapicero. m. Lápiz.

lápida. f. Piedra llana en que ordinariamente se pone una inscripción.

lapidar. tr. Apedrear, matar a pedradas.

lápiz. m. Nombre genérico de varias sustancias minerales que sirven para dibujar. ‖ Barra de grafito encerrada en un cilindro o prisma de madera y que sirve para escribir o dibujar. ‖ Barra de diferentes sustancias y colores que se utiliza en cosmética.

lapo. m. fam. Golpe. ‖ Escupitajo.

lapso. m. Paso o transcurso. ‖ Tiempo entre dos límites. ‖ Lapsus.

lapsus. m. Falta o equivocación cometida por descuido.

lar. m. En la mitología romana, cada uno de los dioses de la casa u hogar. Ú. m. en pl. ‖ Hogar, sitio de la lumbre en la cocina. ‖ pl. fig. Casa propia u hogar.

largo, ga. adj. Que tiene más longitud de lo normal. ‖ Liberal, dadivoso. ‖ fig. Copioso, abundante, excesivo.

|| fig. Dilatado, extenso, continuado. || m. Longitud. || Recurrido de la dimensión mayor de una piscina. || f. La luz más potente de los vehículos. || adv. m. Dilatadamente, por extenso.

largometraje. m. Película cuya duración sobrepasa los sesenta minutos.

laringe. f. Parte superior de la tráquea de los animales vertebrados de respiración pulmonar y que en los mamíferos sirve también como órgano de la voz.

larva. f. Fase del desarrollo, inmediatamente después de la salida del huevo, en los animales que tienen diferentes etapas en su evolución hasta el estado adulto.

lascivia. f. Propensión a los placeres sexuales.

láser. m. Dispositivo electrónico que, basado en la emisión inducida, amplifica un haz de luz monocromática y coherente de extraordinaria intensidad.

laso, sa. adj. Cansado. || Flojo y macilento.

lástima. f. Compasión, sentimiento de tristeza y dolor. || Objeto que excita la compasión. || Cualquier cosa que cause disgusto, aunque sea ligero.

lastimar. tr. Herir o hacer daño. Ú. t. c. prnl. || fig. Agraviar, ofender la estimación u honra.

lastre. m. Peso que se pone en el fondo de la embarcación, a fin de que ésta se hunda en el agua hasta donde convenga. || Peso que llevaban los globos aerostáticos para tirarlos cuando querían ascender. || fig. Juicio, peso, madurez. || Impedimento para llevar algo a buen término.

lata. f. Hojalata. || Envase de hojalata. || fam. Discurso o conversación fastidiosa.

latente. adj. Oculto y escondido.

lateral. adj. Perteneciente o que está al lado de una cosa. || fig. Lo que no viene por línea recta. || En fon., se dice del fonema en cuya pronunciación la lengua sólo deja pasar el aire por uno de sus lados, como la *l* y la *ll.* Ú. t. c. s. || m. Cada uno de los lados de algo.

látex. m. Líquido lechoso que se extrae del tronco de ciertos árboles, del que se obtienen sustancias muy diversas como el caucho, la gutapercha, etc.

latido. m. Cada uno de los golpes producidos por el movimiento alternativo de dilatación y contracción del corazón. || Sensación dolorosa intermitente.

latifundio. m. Finca rústica de gran extensión que pertenece a un solo dueño.

látigo. m. Azote con que se aviva y castiga a las caballerías especialmente. || Atracción de feria, de movimiento casi circular, cuyas fuertes sacudidas asemejan latigazos.

latín. m. Lengua de la antigua Roma, originaria de la comarca italiana llamada Lacio, y que dio lugar a las llamadas lenguas románicas.

latinismo. m. Empleo de construcciones o giros latinos en otro idioma.

latinoamericano, na. adj. y s. De Latinoamérica.

latino, na. adj. Del Lacio. Ú. t. c. s. || Que sabe latín. Ú. t. c. s. || Relativo a la lengua latina. || Relativo a la iglesia latina. || Natural de los pueblos de Europa en que se hablan lenguas derivadas del latín, y de lo relativo a ellos. Apl. a pers., ú. t. c. s.

latir. intr. Dar latidos el corazón, las arterias, etc. || Existir algo oculta o veladamente.

latitud. f. La menor de las dos dimensiones principales que tienen las cosas o figuras planas, en contraposición a la mayor o longitud. || Toda la extensión de un país. || Distancia, contada en grados, que hay desde la eclíptica a cualquier punto considerado en la esfera celeste hacia uno de los polos. || Distancia que hay desde un punto de la superficie terrestre al ecuador, contada por los grados de su meridiano.

latón. m. Aleación de cobre y cinc.

laúd. m. Instrumento de cuerda; su parte inferior, un tanto ovalada, es cóncava y prominente.

laurel. m. Árbol siempre verde, cuyas hojas son muy usadas para condimento. || fig. Corona, triunfo, premio.

lava. f. Material rocoso fundido que arrojan los volcanes.

lavabo. m. Recipiente o pila que recibe el agua de un grifo y sirve para el aseo personal. ‖ Cuarto dispuesto para este aseo. ‖ Por ext., cualquier cuarto de baño o servicio público.

lavandería. f. Establecimiento industrial para el lavado de la ropa.

lavaplatos. m. Máquina para lavar vajilla, cubertería y batería de cocina.

lavar. tr. Limpiar algo con agua u otro líquido. Ú. t. c. prnl. ‖ fig. Purificar, quitar un defecto, mancha o descrédito. ‖ intr. Prestarse un tejido mejor o peor al lavado.

lavativa. f. Enema. ‖ Jeringa o cualquier instrumento manual que sirve para ponerlo. ‖ fig. y fam. Molestia, incomodidad.

lavavajillas. m. Lavaplatos. ‖ Detergente que se usa para lavar a mano la vajilla.

laxante. adj. y m. Sustancia que ayuda a la evacuación del vientre.

laxo, xa. adj. Flojo. ‖ fig. Se dice de la moral relajada.

lazada. f. Atadura o nudo que se deshace con sólo tirar de un extremo. ‖ Lazo de cuerda o cinta.

lazarillo. adj. y m. Que guía a un ciego o persona necesitada.

lazo. m. Atadura o nudo de cinta o cosa semejante que adorna o sujeta algo. ‖ Cuerda o trenza con un nudo corredizo en uno de sus extremos, para sujetar toros, caballos, etc. ‖ fig. Unión, vínculo, obligación. Ú. m. en pl.

le. pron. pers. de tercera persona en gén. masculino o femenino y núm. singular, que funciona como objeto indirecto.

leal. adj. Se apl. a la persona, comportamiento, actitud o acción fiel, que no engaña a personas o cosas. Ú. t. c. com. ‖ Se apl. a algunos animales domésticos, que siguen a su amo con fidelidad. ‖ Fidedigno, verídico y legal.

lealtad. f. Cualidad de fiel.

lección. f. Conjunto de conocimientos que alguien expone para enseñarlos a otros. ‖ Cada una de las divisiones de un libro de texto o de una materia que se está enseñando. ‖ Enseñanza o advertencia.

lechal. adj. Animal de cría que mama, en especial el cordero. Ú. t. c. m. ‖ Se dice de las plantas y frutos que tienen un zumo blanco semejante a la leche. ‖ m. Este mismo zumo.

leche. f. Líquido blanco que segregan las mamas de las hembras de los mamíferos, con el que alimentan a sus crías. ‖ Látex. ‖ Jugo blanco que se extrae de algunas semillas. ‖ Con algunos nombres de animales significa que éstos maman todavía. ‖ vulg. Golpe, bofetada. ‖ pl. vulg. Bobadas.

lecho. m. Cama. ‖ Especie de escaño en que los antiguos orientales y romanos se reclinaban para comer. ‖ fig. Suelo de los carros o carretas. ‖ fig. Cauce, madre del río. ‖ fig. Fondo del mar o de un lago.

lechuga. f. Planta herbácea compuesta de hojas grandes, que se comen en ensalada.

lectivo, va. adj. Se dice de los días docentes del año.

lector, ra. adj. y s. Que lee. ‖ m. y f. Persona que enseña su propia lengua en una universidad extranjera como profesor auxiliar. ‖ En las editoriales, persona que examina los originales recibidos y asesora sobre ellos. ‖ m. Aparato para leer microfilmes o microfichas.

lectura. f. Acción de leer. ‖ Obra o cosa leída. ‖ Interpretación del sentido de un texto. ‖ Exposición de un tema sorteado en oposiciones que previamente se ha elaborado. ‖ Cultura y conocimientos de una persona. Ú. m. en pl. ‖ Control e interpretación de los datos de un contador. ‖ Reproducción de señales acústicas grabadas en cualquier soporte. ‖ Extracción de la información contenida en la memoria de un ordenador para transmitirla a un registro exterior.

leer. tr. Pasar la vista por lo escrito o impreso con ánimo de entenderlo. ‖ Enseñar o explicar un profesor a sus oyentes alguna materia sobre un texto. || Interpretar un texto. || Decir en público una lección, discurso, etc. || fig. Descifrar música y convertirla en sonidos. || fig. Interpretar lo que se percibe adivinando el sentido o sentimiento interior.

legajo. m. Atado de papeles, o conjunto de los que están reunidos por tratar de una misma materia.

legal. adj. Prescrito por ley y conforme a ella. || Fiel y recto en el cumplimiento de las funciones de su cargo, leal.

légamo. m. Cieno, lodo o barro pegajoso.

legaña. f. Secreción del lagrimal que se seca en el borde de los párpados.

legar. tr. Dejar a una persona algún mandato en el testamento. || Enviar a uno de legado. || fig. Transmitir ideas, artes, etc.

legendario, ria. adj. Relativo a las leyendas. || Por ext., Se dice de las personas o cosas fabulosas, fantásticas, o que dan que hablar.

legible. adj. Que se puede leer.

legión. f. Cuerpo de tropa romana compuesto de infantería y caballería. || fig. Número indeterminado y copioso de personas y espíritus. || Nombre de ciertos cuerpos de tropas.

legislar. tr. Dar, hacer o establecer leyes.

legislatura. f. Tiempo durante el cual funcionan los cuerpos legislativos de una nación. || Período de sesiones de Cortes durante el que subsisten la mesa y las comisiones permanentes elegidas en cada cuerpo legislativo.

legítimo, ma. adj. Conforme a las leyes. || Cierto, genuino y verdadero en cualquier línea.

lego, ga. adj. Que no tiene órdenes clericales. Ú. t. c. s. || Falto de instrucción en una materia determinada. || m. En los conventos de religiosos, el siendo profeso no tiene opción a las sagradas órdenes.

legua. f. Medida de longitud que equivale a 5.572,7 m.

legumbre. f. Todo género de fruto o semilla que se cría en vainas. || Por ext., cualquier planta que se cultiva en las huertas.

leitmotiv. m. Asunto central que se repite a lo largo de una composición musical. || Tema central de un discurso, obra, conversación, etc.

lejano, na. adj. Distante en el espacio, en el tiempo o en la relación personal.

lejía. f. Solución alcalina de gran poder detergente y blanqueador.

lejos. adv. l. y t. A gran distancia, en lugar o tiempo distante o remoto.

lelo, la. adj. y s. Fatuo, simple.

lema. m. Argumento o título que precede a ciertas composiciones literarias. || fig. Norma que regula o parece regular la conducta de alguien. || Letra o mote que se pone en los emblemas y empresas para hacerlos más comprensibles. || Frase que expresa un pensamiento que sirve de guia o principio del comportamiento de una persona, grupo o partido.

lencería. f. Ropa interior femenina y tienda donde se vende. || Ropa blanca de la casa.

lengua. f. Órgano muscular situado en la cavidad de la boca de los vertebrados. || Por ext., cualquier cosa larga y estrecha de forma parecida a la de este órgano. || Sistema de comunicación y expresión verbal propio de un pueblo o nación, o común a varios. || Vocabulario y gramática peculiares de una época, de un escritor o de un grupo social.

lenguaje. fm. Conjunto de sonidos articulados con que el hombre manifiesta lo que piensa o siente. || Idioma hablado por un pueblo o nación, o por parte de ella. || Manera de expresarse. || Estilo y modo de hablar y de escribir de cada uno. || Uso del habla o facultad de hablar. || Conjunto de señales que dan a entender cualquier cosa. || En inform., sistema de caracteres y reglas con los que se programa un ordenador.

lengüeta. f. Epiglotis. || Fiel de la balanza, especialmente el de la romana.

|| Cuchilla para cortar papel. || Laminilla movible de metal u otra materia de algunos instrumentos de viento. || Tira de piel que suelen tener los zapatos en la parte del cierre por debajo de los cordones.

lente. amb. Cristal con caras cóncavas o convexas, que se emplea en varios instrumentos ópticos. Ú. m. c. m. || Lupa, cristal de aumento. || pl. Gafas.

lenteja. f. Planta anual cuyas semillas son aiimenticias y muy nutritivas. || Fruto de esta planta.

lentejuela. f. Planchita redonda de metal u otro material brillante que se usa en los bordados.

lentilla. f. Lente muy pequeña, fabricada con distintos materiales, que se adapta por contacto a la córnea del ojo para corregir defectos de la visión.

lento, ta. adj. Tardo y pausado. || Poco vigoroso y eficaz. || adv. m. Con lentitud.

leña. f. Parte de los árboles y matas que se destina para la lumbre. || fig. y fam. Castigo, paliza.

leño. m. Trozo de árbol después de cortado y limpio de ramas. || Parte sólida de los árboles bajo la corteza. || fig. y fam. Persona de poco talento y habilidad.

león, na. m. y f. Mamífero carnívoro félido, de pelaje entre amarillo y rojo, cabeza grande, dientes y uñas muy fuertes y cola larga. || fig. Persona audaz.

leopardo. m. Mamífero carnicero de metro y medio de largo con manchas negras y redondas que vive en los bosques de Asia y África.

leotardo. m. Prenda de vestir parecida a las medias que sube hasta la cintura. Ú. t. en pl.

lepra. f. Infección crónica producida por el bacilo de Hansen, caracterizada por lesiones de la piel, nervios y vísceras.

lerdo, da. adj. Pesado y torpe en el andar. || fig. Tardo y torpe para comprender y ejecutar una cosa.

lesbiano, na. adj. Lesbio. || Se dice del amor o del tipo de relación que se establece entre mujeres homosexuales. || f. Mujer homosexual.

lesión. f. Daño o detrimento corporal. || fig. Cualquier daño, perjuicio o detrimento.

letal. adj. Mortífero.

letanía. f. Rogativa formada por una serie de invocaciones ordenadas. Ú. t. en pl.

letargo. m. Somnolencia profunda y prolongada que constituye el síntoma de varias enfermedades nerviosas, infecciosas o tóxicas. || Período de tiempo en que algunos animales permanecen en inactividad y reposo absoluto. || fig. Torpeza, modorra.

letón, na. adj. y s. De Letonia.

letra. f. Signo o figura con que se representan los sonidos o articulaciones de un idioma. || Esos mismos sonidos o articulaciones. || Forma de la letra o modo particular de escribir según la persona, el tiempo, el lugar, etc. || Texto escrito que junto con la música compone una canción. || Documento por el que una persona o entidad extiende una orden de pago a cargo de otra. || pl. Conjunto de las ciencias humanísticas que, por su origen y tradición literaria, se distinguen de las exactas, físicas y naturales.

letrado, da. adj. Sabio, instruido. || m. y f. Abogado o juez.

letrero. m. Palabra o conjunto de palabras escritas para indicar algo.

letrina. f. Lugar o instalación sanitaria al ras del suelo para expeler los excrementos. || fig. Cosa sucia y asquerosa.

leucemia. f. Enfermedad grave que se caracteriza por el aumento permanente de leucocitos en la sangre y la hipertrofia y proliferación de uno o varios tejidos linfoides.

leucocito. m. Glóbulo blanco de la sangre que forma parte de los sistemas de defensa del organismo.

levadura. f. Cierto tipo de hongos unicelulares que actúan como fermento alcohólico y en la elaboración del pan.

|| Cualquier masa constituida por ellos capaz de hacer fermentar el cuerpo con el que se mezclan.

levantar. tr. Mover de abajo hacia arriba. Ú. t. c. prnl. || Poner una cosa en lugar más alto. Ú. t. c. prnl. || Poner derecha o en posición vertical a persona o cosa. Ú. t. c. prnl. || Separar una cosa de otra sobre la cual descansa o está adherida. Ú. t. c. prnl. || Dirigir hacia arriba. || Edificar. || fig. Dar mayor fuerza a la voz. || Hacer que cesen ciertas penas o prohibiciones impuestas por autoridad competente || fig. Rebelar, sublevar. Ú. t. c. prnl. || prnl. Dejar la cama el que estaba acostado. || Ponerse de pie. || Sobresalir algo sobre una superficie o plano.

levante. m. Oriente. || Viento que sopla de la parte oriental. || Países de la parte oriental del Mediterráneo. || Nombre genérico de las regiones mediterráneas de España, especialmente Valencia y Murcia (en este caso se escribe con mayúscula).

levar. tr. Recoger el ancla. || Zarpar.

leve. adj. Ligero, de poco peso. || fig. De poca importancia, no grave.

levita. f. Vestidura masculina de etiqueta, más larga y amplia que el frac.

levitar. intr. Elevarse en el espacio personas, animales o cosas sin intervención de agentes físicos conocidos.

lexema. m. Unidad léxica mínima, que carece de morfemas o resulta de haber prescindido de ellos, y que posee un significado semántico, no gramatical como el morfema.

léxico, ca. adj. Relativo al vocabulario de una lengua o región. || m. Vocabulario, conjunto de palabras de un idioma, de una región, actividad, etc. || Caudal de voces, modismos y giros de un autor u otra persona.

lexicografía. f. Técnica de componer léxicos o diccionarios. || Parte de la ling. que se ocupa de los principios teóricos en que se basa la composición de diccionarios.

ley. f. Regla y norma constante e invariable de las cosas. || Precepto dictado por la suprema autoridad en que se manda o prohíbe una cosa. || En un régimen constitucional, disposición votada por el Parlamento y sancionada por el jefe del Estado. || Estatuto establecido para un acto particular. || Conjunto de leyes. || Relación existente entre las diversas magnitudes que intervienen en un fenómeno físico. || Norma de conducta a la que se somete un grupo social. || Proporción de metal noble que entra en una aleación.

leyenda. f. Relación de sucesos más tradicionales que históricos. || Composición poética en que se narran. || Letrero que rodea la figura en las monedas o medallas. || Texto que acompaña un dibujo, lámina, mapa, foto, etc.

liana. f. Nombre que se aplica a diversas plantas trepadoras de las selvas tropicales. || Por ext., enredadera o planta trepadora de otras zonas.

liar. tr. Atar y asegurar un paquete. || Envolver una cosa con papeles, cuerdas, cintas, etc. || fig. y fam. Engañar a uno. Ú. t. c. prnl. || Ponerse a ejecutar algo con ganas. Ú. t. c. prnl. || prnl. Tener una persona relaciones amorosas o sexuales con otra. || Meterse en un problema. || Hablar mucho dando explicaciones innecesarias.

libelo. m. Escrito en que se denigra o infama a personas o cosas.

liberal. adj. Tolerante, indulgente. || Generoso. || Partidario del liberalismo. Ú. t. c. com. || Que favorece las libertades individuales. || Se dice de las profesiones intelectuales o artísticas que se ejercen por cuenta propia.

libertad. f. Facultad natural que tiene el hombre de obrar de una manera o de otra, y de no obrar. || Estado o condición del que no es esclavo. || Estado del que no está preso. || Falta de sujeción y subordinación. || Confianza. || Osada familiaridad. Ú. t. c. pl. || Falta de obligación. || Poder o privilegio que se otorga uno mismo.

libertinaje. m. Actitud contraria a las normas de conducta morales y sociales. || Desenfreno en el modo de obrar o de hablar.

libido. f. El deseo sexual.

libio, bia. adj. y s. De Libia.

librar. tr. Sacar o preservar a uno de un trabajo, mal o peligro. Ú. t. c. prnl. || Tratándose de la confianza, ponerla o fundarla en una persona o cosa. || Construido con ciertos sustantivos, dar o expedir lo que éstos significan. || Expedir letras de cambio, libranzas, cheques y otras órdenes de pago. || Eximir de una obligación. Ú. t. c. prnl. || Sostener. || intr. Disfrutar de su día de descanso los empleados u obreros.

libre. adj. Que tiene facultad para obrar o no obrar. || Que no es esclavo. || Que no está preso. || Que no está sujeto a ninguna regla. || Licencioso, insubordinado. || Suelto, no sujeto. || Exento, privilegiado, dispensado. || Soltero, célibe. || Independiente. || Desembarazado o exento de un daño o peligro. || Inocente, sin culpa.

librea. f. Uniforme de gala que usan algunos empleados para desempeñar su oficio o profesión.

librecambio. m. Sistema económico que favorece el comercio internacional, suprimiendo especialmente los aranceles y aduanas.

librería. f. Tienda donde se venden libros. || Ejercicio o profesión de librero. || Mueble con estantes para colocar libros.

libreta. f. Cuaderno pequeño para escribir anotaciones. || Cartilla o documento donde se reflejan todas las operaciones de una cuenta bancaria.

libreto. m. Obra dramática escrita para ser puesta en música.

libro. m. Conjunto de hojas de papel manuscritas o impresas que, cosidas o encuadernadas, forman un volumen. || Obra científica o literaria de bastante extensión para formar un volumen. || Cada una de las partes en que suelen dividirse las obras científicas y literarias, y los códigos y leyes de gran extensión. || Tercera de las cuatro cavidades del estómago de los rumiantes.

licencia. f. Facultad o permiso para hacer una cosa. || Documento en que consta la licencia. || Abusiva libertad en decir u obrar. || Grado de licenciado. || Fin del servicio militar. || pl. Las que se dan a los eclesiásticos por los superiores para celebrar, predicar, etc., por tiempo indefinido.

licenciado. m. y f. Persona que ha obtenido la licenciatura en una facultad. || Tratamiento que se da a los abogados. || Soldado que ha recibido su licencia absoluta.

licenciatura. f. Grado de licenciado. || Estudios necesarios para obtener este grado.

licencioso, sa. adj. Atrevido, disoluto.

lícito, ta. adj. Justo, permitido. || Legal.

licor. m. Bebida alcohólica obtenida por destilación, maceración o mezcla de diversas sustancias y esencias aromáticas. || Por ext., cuerpo líquido.

licuar. tr. y prnl. Hacer líquida una cosa sólida o gaseosa.

lid. f. Combate, pelea. || fig. Disputa, contienda de razones y argumentos.

líder. com. Director, jefe o conductor de un partido político, de un grupo social o de otra colectividad. || Persona que va a la cabeza de una competición deportiva.

liderato. m. Condición de líder o ejercicio de sus actividades.

liderazgo. m. Situación de superioridad en que se halla una empresa, un producto o un sector económico dentro de su ámbito. || Liderato.

lidiar. intr. Batallar, pelear. || fig. Hacer frente a uno, oponérsele. || tr. Torear.

liendre. f. Huevo del piojo.

lienzo. m. Tela. || Pañuelo. || Pintura hecha sobre lienzo.

liga. f. Cinta o banda de tejido elástico con que se aseguran las medias y los calcetines. || Confederación que hacen entre sí los Estados. || Competición deportiva donde todos han de jugar sucesivamente contra todos. || Mezcla, unión, aleación.

ligar. tr. Atar. || Alear. || Unir o enlazar. || fig. Obligar, compeler; ganar la voluntad de uno mediante dádivas. Ú. t. c. prnl. || intr. En ciertos juegos de naipes, juntar dos o más cartas adecuadas al lance. || prnl. Entablar una relación amorosa, por lo general, pasajera. Ú. t. c. prnl. || prnl. Confederarse, unirse para un fin.

ligero, ra. adj. Que pesa poco. || Ágil, veloz, pronto. || Se apl. al sueño que se interrumpe fácilmente. || Leve, de poca importancia. || fig. Se dice del alimento fácil de digerir. || fig. Inconstante, voluble.

liguero, ra. adj. Perteneciente o relativo a una liga deportiva. || m. Especie de faja estrecha a la que se sujeta el extremo superior de las ligas.

lija. f. Pez sin escamas, pero cubierto de una especie de granillos córneos muy duros. || Piel seca de este pez que se emplea para limpiar y pulir metales y maderas. || Papel con polvos o arenillas de vidrio o esmeril adheridos que sirve para pulir maderas o metales.

lima. f. Instrumento de acero templado, con la superficie finamente estriada, para desgastar y alisar los metales y otras materias duras.

limar. tr. Cortar o alisar con la lima. || fig. Pulir una obra. || fig. Debilitar, suavizar.

limbo. m. Lugar donde, según la doctrina cristiana, van las almas de los niños que mueren sin bautismo. || Placa que llevan grabada ciertos instrumentos, que se emplea para leer la posición que ocupa un índice móvil.

límite. m. Línea o frontera que separa dos cosas. || Fin, grado máximo, tope. || Punto o término que no debe rebasarse. Ú. t. c. adj.

limítrofe. adj. Colindante, fronterizo.

limo. m. Lodo o légamo.

limón. m. Fruto del limonero, de color amarillo, comestible, jugoso y de sabor ácido muy agradable. || Árbol que da este fruto.

limonada. f. Bebida compuesta de agua, azúcar y zumo de limón.

limonero. m. Árbol muy cultivado en España y cuyo fruto es el limón.

limosna. f. Lo que se da para socorrer una necesidad.

limpiar. tr. Quitar la suciedad de una cosa. Ú. t. c. prnl. || fig. Quitar imperfecciones o defectos. || Quitar la parte que sobra, que está mala o que no sirve. || Purificar. || Hacer que un lugar quede libre de lo que es perjudicial para él. || fig. y fam. Hurtar o robar algo. || fig. y fam. En los juegos de naipes y otros, ganar todo el dinero.

limpio, pia. adj. Que no tiene mancha o suciedad. || Que no tiene mezcla de otra cosa. || Claro, no confuso. || Que tiene el hábito del aseo y la pulcritud. || fig. Honrado, decente. || fig. y fam. Se dice del que ha perdido todo su dinero. || fig. y fam. Se dice del que está falto de conocimiento s de una materia.

limusina. f. Automóvil lujoso de gran tamaño. || Antiguo carruaje.

linaje. m. Ascendencia o descendencia de cualquier familia. || fig. Clase o condición de una cosa.

lince. m. Mamífero carnicero muy parecido al gato, pero mayor que él. || fig. com. y adj. Persona que tiene una vista aguda. || fig. Persona aguda, sagaz.

linchar. tr. Castigar o ejecutar, sin proceso, a un sospechoso o a un reo.

linde. amb. Límite. || Término o fin de algo. || Línea que divide dos heredades.

lindo, da. adj. Hermoso, bello. || fig. Bueno, cabal, perfecto, primoroso y exquisito. || m. fig. y fam. Hombre afeminado.

línea. f. Extensión considerada en una sola de sus tres dimensiones: la longitud. || Raya en un cuerpo cualquiera. || Renglón. || Hilera de personas o cosas. || Clase, género. || Vía terrestre, marítima o aérea. || Serie de personas enlazadas por parentesco. || fig. Término, límite. || Orientación, estilo. || Conducta, comportamiento. || Figura esbelta. || Conjunto de los hilos o cables conductores de la electricidad, o de la comunicación telegráfica o telefónica. || Frente de combate. Ú. t. c. pl. ‖ Formación de tropas militares. Ú. t. c. pl.

lingote. m. Barra de metal en bruto.

lingual. adj. Perteneciente a la lengua, órgano.

lingüística. f. Ciencia del lenguaje y las lenguas.

linimento. m. Preparación menos espesa que el ungüento que se aplica exteriormente en fricciones.

lino. m. Planta herbácea, anual. De su tallo se extraen abundantes fibras que se utilizan para producir la hilaza. ‖ Materia textil que se saca de los tallos de esta planta. ‖ Tela hecha de lino.

linterna. f. Farol portátil. ‖ Utensilio manual que funciona con pilas eléctricas y una bombilla y sirve para proyectar luz. ‖ Faro de las costas.

lío. m. Porción de ropa o de otras cosas atadas. ‖ fig. y fam. Embrollo. ‖ fig. y fam. Barullo, gresca, desorden. ‖ fig. y fam. Relación amorosa o sexual que se mantiene fuera de una pareja reconocida.

lípido. m. Cada una de las sustancias orgánicas, que se caracterizan por ser solubles en disolventes orgánicos e insolubles en agua. Se les denomina comúnmente *grasas*.

lipotimia. f. Pérdida súbita y pasajera del sentido y del movimiento.

liquen. m. Planta formada por la asociación de alga y hongo.

liquidar. tr. Hacer líquida una cosa sólida o gaseosa. Ú. t. c. prnl. ‖ fig. Hacer el ajuste formal de una cuenta. ‖ fig. Saldar, pagar enteramente una cuenta. ‖ fig. Poner término a una cosa o a un estado de cosas. ‖ fig. y fam. Matar, asesinar. ‖ Vender mercancías en liquidación.

líquido, da. adj. y s. Se dice de todo cuerpo cuyas moléculas tienen tan poca cohesión que se adaptan a la forma de la cavidad que las contiene. ‖ Se apl. al saldo entre el haber y el debe. Ú. t. c. m. ‖ Se apl. al sueldo, precio, cantidad, etc., una vez descontados los gastos, deudas, deducciones, etc. Ú. t. c. m. ‖ Se

dice del sonido *s* cuando está al principio de una palabra y va seguido de consonante.

lírico, ca. adj. Perteneciente a la lira o a la poesía propia para el canto en la que predominan los sentimientos y emociones del autor. ‖ Se apl. a uno de los tres principales géneros en que se divide la poesía. Ú. t. c. f. ‖ Por ext., se apl. a la poesía en general. ‖ Se dice del poeta cultivador de este género. Ú. t. c. s. ‖ Propio, característico de la poesía lírica. ‖ Se dice de las obras de teatro total o principalmente musicales.

lisiado, da. adj. y s. Se dice de la persona que tiene alguna lesión física permanente. ‖ Inválido, impedido. ‖ Tullido, mutilado.

liso, sa. adj. Superficie que no presenta asperezas, adornos, realces o arrugas. ‖ Que tiene un solo color. ‖ Sin obstáculos.

lisonjear. tr. y prnl. Adular.

lista. f. Tira de cualquier cosa delgada. ‖ Raya de color. ‖ Relación de personas, cosas, cantidades, etc.

listado, da. adj. Que forma o tiene listas o rayas. ‖ m. Lista, relación.

listo, ta. adj. Inteligente. ‖ Sagaz, astuto. ‖ Preparado.

listón. m. Pedazo de tabla estrecho que sirve para hacer marcos y para otros usos. ‖ En dep., barra que se coloca horizontalmente sobre dos soportes para marcar la altura que se ha de saltar en ciertas pruebas.

litera. f. Mueble compuesto por dos o más camas, una encima de otra. ‖ Cada una de estas camas.

literal. adj. Conforme a la letra del texto.

literario, ria. adj. Perteneciente o relativo a la literatura.

literato, ta. m. y f. Escritor, autor literario.

literatura. f. Arte que emplea como instrumento la palabra. ‖ Teoría de las composiciones literarias. ‖ Conjunto de las producciones literarias de una nación, de una época o de un género. ‖

Por ext., conjunto de obras que versan sobre un arte o ciencia. ‖ Suma de conocimientos adquiridos con el estudio de las producciones literarias.

litigar. tr. Pleitear, disputar en juicio sobre una cosa. Ú. t. c. intr. ‖ intr. Discutir.

litoral. adj. Perteneciente a la orilla del mar. ‖ m. Costa de un mar.

litosfera. f. Conjunto de las partes sólidas del globo terráqueo.

litro. m. Unidad de capacidad que equivale al contenido de un decímetro cúbico. ‖ Cantidad de líquido que cabe en tal medida.

lituano, na. adj. y s. De Lituania.

liturgia. f. Conjunto de ritos para celebrar los actos religiosos.

liviano, na. adj. De poco peso. ‖ fig. Voluble, inconstante. ‖ fig. De poca importancia. ‖ fig. Deshonesto, indecente.

lívido, da. adj. Amoratado. ‖ Intensamente pálido.

ll. f. Fonema que tradicionalmente era considerado la decimocuarta letra del alfabeto español, y la undécima de sus consonantes. En este diccionario, siguiendo el criterio de destacados lexicógrafos, la *ll* ha sido englobada en la *l*, según las normas de alfabetización universal.

llaga. f. Úlcera. ‖ fig. Daño, dolor, pesadumbre.

llama. f. Masa gaseosa que producen los cuerpos al arder. ‖ Pasión intensa.

llama. f. Mamífero rumiante de los Andes.

llamar. tr. Dar voces o hacer señales a alguien para atraer su atención. ‖ Invocar. ‖ Citar, convocar. ‖ Nombrar, denominar. Ú. t. c. prnl. ‖ Atraer. ‖ intr. Hacer sonar. ‖ prnl. Tener alguien determinado nombre.

llamarada. f. Llama intensa y breve.

llamativo, va. adj. fig. Vistoso, que llama la atención.

llano, na. adj. Sin altos ni bajos. ‖ fig. Accesible, sencillo, franco, claro. ‖ Plebeyo. ‖ Se dice de la palabra acentuada en la penúltima sílaba. Ú. t. c. f. ‖ m. Llanura.

llanta. f. Cerco metálico de las ruedas de los vehículos.

llanto. m. Efusión de lágrimas.

llanura. f. Planicie, extensión de terreno llano.

llave. f. Instrumento metálico para abrir o cerrar una cerradura. ‖ Herramienta para apretar o aflojar tuercas. ‖ Instrumento para regular el paso de una corriente eléctrica. ‖ En escritura, signo para abarcar distintas líneas. ‖ Instrumento que sirve para facilitar o impedir el paso de un fluido por un conducto. ‖ Instrumento que sirve para dar cuerda a los relojes. ‖ fig. Clave, medio para descubrir o resolver algo. ‖ En deportes de lucha, movimiento con que se inmoviliza al contrario.

llavero. m. Anillo o utensilio en que se ensartan llaves.

llegar. intr. Alcanzar el fin o término de un desplazamiento. ‖ Durar hasta un tiempo determinado. ‖ fig. Conseguir el fin a que se aspira. ‖ Alcanzar cierta altura o extenderse hasta cierto punto. ‖ En las carreras deportivas, alcanzar la línea de meta. ‖ Ser suficiente una cantidad. ‖ prnl. Acercarse a un lugar determinado.

llenar. tr. y prnl. Ocupar por completo. ‖ fig. Satisfacer. ‖ fig. Colmar. ‖ intr. Llegar la Luna al plenilunio. ‖ prnl. fam. Hartarse.

llevar. tr. Transportar de una parte a otra. ‖ Cobrar. ‖ Soportar, tolerar. ‖ Acompañar. ‖ Convencer. ‖ Conducir. ‖ Vestir una prenda. Ú. t. c. prnl. ‖ Tardar. ‖ Haber una diferencia de tiempo. Ú. t. c. prnl. ‖ Lograr. Ú. t. c. prnl. ‖ Seguir o marcar el paso, el ritmo, el compás, etc. ‖ En una operación aritmética, agregar unidades de un orden al inmediato superior. Ú. t. c. prnl. ‖ prnl. Quitar, separar violentamente una cosa de otra. ‖ Estar de moda.

llorar. intr. Derramar lágrimas. Ú. t. c. tr. ‖ tr. fig. Sentir profundamente.

lloriquear. intr. Gimotear.

llover. impers. Caer agua de las nubes. Ú. alguna vez c. tr. ‖ intr. fig. Suceder, producirse en abundancia.

llovizna. f. Lluvia ligera.

lluvia. f. Acción de llover. ‖ Precipitación de agua de la atmósfera en forma de gotas. ‖ fig. Gran cantidad, abundancia.

lo. art. det., en gén. neutro. ‖ pron. pers. de tercera persona en gén. masculino o neutro, utilizado como complemento directo.

loar. tr. Alabar.

lobanillo. m. Tumor o bulto superficial y por lo común no doloroso.

lobezno. m. Lobo pequeño.

lobo, ba. m. y f. Mamífero carnívoro parecido al perro.

lóbrego, ga. adj. Oscuro, tenebroso. ‖ fig. Triste, melancólico.

lóbulo. m. Cada una de las partes, a manera de ondas, que sobresalen en el borde de una cosa. ‖ Perilla de la oreja. ‖ Porción redondeada y saliente de un órgano cualquiera.

local. adj. Relativo al lugar. ‖ Relativo a un territorio, comarca o país. ‖ Municipal o provincial, por oposición a general o nacional. ‖ Que sólo afecta a una parte de un todo. ‖ m. Sitio cerrado y cubierto.

localidad. f. Lugar o pueblo. ‖ Cada una de las plazas o asientos en los locales destinados a espectáculos públicos. ‖ fig. Tíquet, billete, etc., que da derecho a ocupar alguna de estas plazas o asientos.

localizar. tr. Fijar, encerrar en límites determinados. Ú. t. c. prnl. ‖ Averiguar el lugar en que se halla una persona o cosa.

loción. f. Producto preparado para la limpieza del cabello o para el aseo corporal.

loco, ca. adj. Que tiene perturbadas sus facultades mentales. Ú. t. c. s. ‖ Insensato, imprudente. Ú. t. c. s. ‖ Que excede en mucho a lo ordinario o razonable. ‖ Se apl. a los mecanismos que no funcionan adecuadamente.

locomoción. f. Acción y efecto de trasladarse de un lugar a otro.

locomotor, ra. adj. Propio para la locomoción. ‖ f. Máquina que montada sobre ruedas y movida de ordinario por vapor, electricidad o motor de combustión interna, arrastra los vagones de un tren.

locuaz. adj. Que habla mucho o demasiado.

locución. f. Modo de hablar. ‖ Grupo de palabras que forman sentido, frase. ‖ Combinación estable de dos o más palabras que funciona como oración o como elemento oracional.

locutor, ra. m. y f. Persona que habla ante el micrófono en las estaciones de radio y televisión.

locutorio. m. Departamento aislado y reducido que se destina al uso individual del teléfono. ‖ Estudio donde se realizan las audiciones de una emisora de radio. ‖ En conventos y cárceles, habitación dividida por una reja en la que los visitantes pueden hablar con las monjas o los presos.

lodo. m. Mezcla de tierra y agua, especialmente la que resulta de las lluvias en el suelo.

lógico, ca. adj. Relativo a la lógica. ‖ Que se dedica al estudio de la lógica. Ú. t. c. s. ‖ Se dice comúnmente de toda consecuencia normal o natural. ‖ f. Ciencia que expone las leyes, modos y formas del conocimiento científico. ‖ Sentido común. ‖ Cualidad y método de lo razonable.

logopedia. f. Conjunto de métodos para enseñar una fonación normal a quien tiene dificultad es de pronunciación.

logotipo. m. Distintivo o emblema formado por letras, abreviaturas, etc., peculiar de una empresa, marca, producto, etc.

lograr. tr. Conseguir lo que se intenta. ‖ prnl. Llegar a su perfección una cosa.

loma. f. Altura pequeña y prolongada.

lomo. m. Parte inferior y central de la espalda. Ú. m. en pl. ‖ En los cuadrúpedos, todo el espinazo desde la cruz hasta las ancas. || Carne del cerdo que forma esta parte del animal. || Parte del libro opuesta al corte de las hojas. || Tierra que levanta el arado entre surco y surco. || En los instrumentos cortantes, parte opuesta al filo. || pl. Costillas.

lona. f. Tela fuerte de algodón o cáñamo. || Suelo sobre el que se realizan competiciones de boxeo y lucha libre.

loncha. f. Piedra plana y delgada. || Cosa plana delgada de otras materias.

longevo, va. adj. Muy viejo, anciano.

longitud. f. La mayor de las dos dimensiones principales que tienen las cosas o figuras planas, en contraposición a la menor, que se llama *latitud*. || Distancia de un lugar respecto al primer meridiano, contada por grados en el Ecuador.

lonja. f. Cosa larga, ancha y poco gruesa, que se corta o separa de otra.

lonja. f. Edificio público donde se juntan comerciantes para vender sus mercancías, especialmente al por mayor.

loor. m. Elogio, alabanza.

loro. m. Papagayo. || fig. Persona muy habladora.

losa. f. Piedra llana, de poco grueso y casi siempre labrada.

lote. m. Cada una de las partes en que se divide un todo que se ha de distribuir entre varias personas. || Lo que le toca a cada uno en la lotería o en otros juegos en que se sortean sumas desiguales. || Cada una de las parcelas en que se divide un terreno destinado a la edificación.

lotería. f. Juego público en que se premian con diversas cantidades varios billetes sacados a la suerte entre un gran número de ellos que se ponen en venta. || Negocio o lance en que interviene la suerte o la casualidad.

loza. f. Barro fino, cocido y barnizado, de que están hechos los platos, tazas, jícaras, etc. || Conjunto de estos objetos.

lozanía. f. Verdor y frondosidad en las plantas. || En los hombres y animales, robustez o vigor.

lubricar. tr. Hacer resbaladiza una cosa. || Suministrar una sustancia a un mecanismo para mejorar las condiciones de deslizamiento de las piezas.

lucero. m. El planeta Venus. || Cualquier astro. || fig. y poét. Cada uno de los ojos de la cara. U. m. en pl.

luchar. intr. Pelear, combatir, batallar. || fig. Disputar, bregar, abrirse paso en la vida.

lúcido, da. adj. fig. Claro en el razonamiento, en las expresiones, en el estilo, etc.

luciérnaga. f. Nombre vulgar de los coleópteros cuya hembra se parece a un gusano, y cuyo abdomen, muy prolongado, despide una luz fosforescente.

lucifer. m. Príncipe de los demonios. || Persona maligna o perversa.

lucir. intr. Brillar, resplandecer. || fig. Sobresalir, aventajar. Ú. t. c. prnl. || Producir un trabajo cierta utilidad o provecho. || tr. Hacer ver, exhibir. || prnl. Presumir.

lucrarse. prnl. Sacar provecho de algo, especialmente de un negocio.

luctuoso, sa. adj. Triste, penoso.

lúdico, ca. adj. Perteneciente o relativo al juego o la diversión.

ludopatía. f. Adicción patológica al juego.

luego. adv. t. Después de este tiempo o momento. || Pronto. || conj. Denota deducción o consecuencia; por consiguiente.

lugar. m. Espacio ocupado o que puede ser ocupado por un cuerpo cualquiera. || Sitio o paraje. || Ciudad, villa o aldea. || Población pequeña, menor que villa o mayor que aldea. || Tiempo, ocasión, oportunidad. || Puesto, empleo. || Sitio que ocupa alguien o algo en una lista, jerarquía, orden, etc. || Causa, motivo u ocasión para hacer o no hacer algo.

lúgubre. adj. Triste, funesto, melancólico, tétrico.

lujo. m. Riqueza, suntuosidad. || Abundancia de cosas no necesarias. || Todo aquello que supera los medios normales de alguien para conseguirlo.

lujuria. f. Apetito sexual excesivo. ‖ Exceso o demasía en algunas cosas.

lumbago. m. Dolor en la zona lumbar.

lumbar. adj. Relativo a la zona situada entre la última costilla y los riñones.

lumbre. f. Materia combustible encendida. ‖ Fuego voluntariamente encendido. ‖ Luz que irradia un cuerpo en combustión. ‖ fig. Esplendor, claridad.

lumbrera. f. Cuerpo que despide luz. ‖ fig. Persona muy destacada por su inteligencia o saber.

luminoso, sa. adj. Que despide luz. ‖ Perteneciente o relativo a la luz. ‖ fig. Aplicado a las ideas, ocurrencias, explicaciones, etc., brillante, muy claro.

luna. f. Con mayúscula y precedido del artículo *la*, satélite natural de la Tierra. ‖ Luz nocturna que refleja este satélite. ‖ Tiempo de cada conjunción de la Luna con el Sol, lunación. ‖ Satélite natural de cualquier planeta. ‖ Cristal que se emplea en vidrieras, escaparates y otros usos. ‖ Espejo.

lunático, ca. adj. y s. Que padece locura a intervalos. ‖ Maniático, extravagante.

lunes. Día primero de la semana, después del domingo.

lupa. f. Lente biconvexa de foco corto, con montura adecuada para el uso a que se destina.

lupanar. m. Prostíbulo.

lusitano, na. adj. y s. De Lusitania, región romana, hoy Portugal.

lustre. m. Brillo de las cosas tersas o bruñidas. ‖ fig. Esplendor, gloria.

lustro. m. Espacio de cinco años.

luteranismo. m. Conjunto creencias y doctrinas propugnadas por Martín Lutero, y basadas en la libre interpretación de la Biblia.

luto. m. Signo exterior de duelo en ropas y otras cosas, por la muerte de alguien. ‖ Duelo, pena.

luxar. tr. y prnl. Dislocar un hueso.

luz. f. Energía que hace visible todo lo que nos rodea. ‖ Claridad que irradian los cuerpos en combustión, ignición o incandescencia. ‖ Utensilio que sirve para alumbrar. ‖ Corriente eléctrica. ‖ Cada una de las aberturas por donde se da luz a un edificio. Ú. m. en pl. ‖ fig. Modelo, persona o cosa, capaz de ilustrar o guiar. ‖ pl. fig. Inteligencia.

lycra o **licra.** f. Tejido sintético de gran elasticidad.

M

m. f. Decimotercera letra del abecedario español y décima de sus consonantes. Su nombre es *eme*. ‖ Escrita con mayúscula tiene el valor de mil en la numeración romana.

macabro, bra. adj. Relacionado con la muerte y con las sensaciones de horror y rechazo que ésta suele provocar.

macarra. adj. y com. pop. Chulo, proxeneta. ‖ Hortera.

macarrón. m. Pasta de harina de trigo en forma de canutos largos. Ú. m. en pl. ‖ Tubo de plástico que recubre cables eléctricos o alambres.

macedonia. f. Ensalada de frutas. ‖ Guiso preparado con legumbres diversas.

macerar. tr. Ablandar algo en un líquido. ‖ Mantener sumergida alguna sustancia sólida en un líquido a la temperatura ambiente para extraer de ella las partes solubles. ‖ fig. Mortificar el cuerpo con penitencia. Ú. t. c. prnl.

maceta. f. Tiesto de plantas o flores de adorno.

machacar. tr. Deshacer y reducir a polvo algo golpeándolo. ‖ Destruir algo. ‖ fig. Estudiar con insistencia algo. ‖ intr. Insistir con pesadez.

machete. m. Sable corto de un solo filo.

machismo. m. Actitud y comportamiento de quien concede preponderancia a los hombres respecto de las mujeres.

macho. m. Persona o animal del sexo masculino. ‖ Planta fecundadora. ‖ Pieza que se introduce en otra. ‖ Machón. ‖ adj. Fuerte, vigoroso, valiente. ‖ interj. Se emplea, apl. a hombres, como expresión de sorpresa o enfado.

machona. f. amer. Mujer hombruna, marimacho.

macilento, ta. adj. Demacrado, pálido.

macizo, za. adj. Compacto, lleno. ‖ Se dice de la persona de carnes prietas, no fofas. ‖ fam. De gran atractivo físico. Ú. t. c. s. ‖ m. Grupo de montañas. ‖ Combinación de plantas que decoran los jardines.

mácula. f. Mancha. ‖ Engaño. ‖ Cada una de las partes oscuras que se observan en el disco del Sol o de la Luna.

macuto. m. Mochila.

madeja. f. Hilo recogido en vueltas iguales.

madera. f. Parte sólida y fibrosa de los árboles. ‖ Pieza de este material preparado para cualquier obra de carpintería. ‖ fig. Disposición natural para determinada actividad. ‖ fig. y fam. El cuerpo de policía español.

madero. m. Pieza larga de madera. ‖ fam. Persona torpe o insensible. ‖ fig. y fam. Miembro del cuerpo de policía español.

madrastra. f. Para los hijos, la nueva esposa del padre.

madre. f. Hembra que ha parido. ‖ Mujer con respecto a sus hijos. ‖ Título de algunas religiosas. ‖ fig. Causa, raíz, origen. ‖ Heces del vino o vinagre. ‖ Cauce de un río o arroyo.

madriguera. f. Cueva de animales. ‖ fig. Refugio.

madrina. f. Mujer que acompaña a otra persona a recibir un sacramento, profesión, honor, etc. ‖ La que favorece o protege a otra persona en sus pretensiones. ‖ Mujer que preside ciertos actos sociales.

madrugada. f. Alba, amanecer.

madrugar. intr. Levantarse al amanecer o muy temprano. ‖ fig. Ganar tiempo, anticiparse.

madurar. tr., intr. y prnl. Ponerse maduros los frutos. ‖ fig. Considerar detenidamente. ‖ intr. fig. Crecer, desarrollarse.

maduro, ra. adj. Que está en sazón. ‖ Se dice de la persona adulta. ‖ fig. Prudente, juicioso.

maestre. m. Superior de una orden militar.

maestro, tra. adj. Se dice de la obra mejor hecha entre las de su clase. ‖ Se apl. a ciertos objetos para destacar su importancia funcional entre los de su clase. ‖ Principal. ‖ m. y f. Persona que enseña, o la encargada de la educación de los niños. ‖ Persona que posee habilidad o conocimientos extraordinarios en algo. ‖ Persona que compone música o dirige una orquesta. ‖ fig. Todo lo que enseña o alecciona. ‖ m. El que ha alcanzado un alto grado en su oficio. ‖ Matador de toros.

mafia. f. Organización secreta de malhechores.

magdalena. f. Bollo pequeño redondo. ‖ fig. Mujer arrepentida.

magia. f. Arte o técnica que pretenden realizar prodigios sobrenaturales. ‖ Habilidad de realizar cosas extraordinarias mediante trucos. ‖ fig. Encanto, atractivo.

mágico, ca. adj. De magia. ‖ Asombroso, fascinador.

magisterio. m. Ejercicio de la profesión de maestro, o cualquier práctica de enseñanza. ‖ Conjunto de maestros de una provincia, región, país, etc. ‖ fig. Influencia que ejerce la obra, el pensamiento o la conducta de alguien.

magistrado. com. Persona que tiene el oficio o cargo de juez. || Miembro de una Audiencia, o del Tribunal Supremo.

magistral. adj. Del magisterio. || Perfecto, ejemplar.

magma. m. Conjunto de rocas en fusión en el interior de la Tierra.

magnanimidad. f. Generosidad.

magnate. com. Persona poderosa e influyente en el mundo de los negocios, la industria o las finanzas.

magnesio. m. Metal ligero y maleable; símbolo, *Mg*.

magnetófono. m. Aparato para grabar sonido en una cinta magnética y reproducirlo después.

magnicidio. m. Asesinato de una persona muy importante por su cargo o poder.

magnífico, ca. adj. Espléndido. || Excelente.

magnitud. f. Tamaño de un cuerpo. || fig. Importancia, excelencia de algo. || Intensidad luminosa de un astro. || En general, cuerpo o entidad al que es posible asignar una medida; y la misma cualidad de poder medirlo.

magno, na. adj. Grande, ilustre.

mago, ga. adj. y s. Hechicero, que practica la magia. || Se dice de los tres reyes, según la tradición cristiana, que adoraron al nacer a Jesús de Nazaret.

magro, gra. adj. Flaco, enjuto. || m. fam. Carne de cerdo junto al lomo.

maguey. m. amer. Pita, planta.

magullar. tr. y prnl. Causar contusión.

mahometano, na. adj. y s. Musulmán, que sigue la religión de Mahoma.

mahonesa. f. Salsa de Mahón (Menorca), que se hace batiendo aceite crudo y yemas de huevo.

maíz. m. Planta herbácea gramínea de hojas alternas y tallos gruesos que produce unas mazorcas con granos gruesos y amarillos. || Grano de esta planta.

majada. f. Redil, albergue del ganado y de los pastores. || amer. Rebaño de ganado lanar.

majaderear. tr. amer. Molestar, incomodar uno a otra persona. Ú t. c. intr.

majadero, ra. adj. y s. fig. Necio.

majar. tr. Machacar.

majareta. adj. y com. Chiflado.

majestad. f. Grandeza, solemnidad. || Título dado a Dios y a soberanos.

majo, ja. adj. y s. Se apl. a los que por su aspecto, comportamiento, simpatía, etc., se hacen agradables a los demás. U. t. c. s. || Bonito, vistoso. || Bien arreglado y vestido.

mal. adj. apóc. de *malo*. || m. Lo contrario al bien, lo malo. || Daño material o moral. || Desgracia. || Enfermedad. || adv. m. Al contrario de lo que debe ser o de lo que sería deseable. || Difícilmente.

malabarismo. m. Juego de destreza que consiste en lanzar al aire objetos y recogerlos, manteniéndolos en equilibrio. || fig. Habilidad para salir airoso de una situación difícil.

malaje. adj. y com. Soso, sin gracia. || Malintencionado.

malaria. f. Paludismo.

malayo, ya. adj. y s. De un grupo étnico y lingüístico de Indonesia, la península de Malaca y Filipinas.

maldecir. tr. Echar maldiciones. || intr. Calumniar.

maleable. adj. Se dice del metal que puede extenderse en planchas o láminas muy delgadas. || Se dice de los materiales que pueden trabajarse con facilidad, como la arcilla. || fig. Dócil, fácil de influenciar.

maleante. adj. y com. Ladrón, delincuente.

malecón. m. Dique que protege la entrada de un puerto.

maledicencia. f. Hábito de maldecir, murmurar.

maleficio. m. Daño causado por hechicería. || Hechizo empleado.

malentendido. m. Equívoco, mala interpretación o desacuerdo en la forma de entender una cosa.

malestar. m. Incomodidad indefinible. || Ansiedad, inquietud.

maleta. f. Caja estrecha con asa en que los viajeros llevan ropa y otros enseres. ‖ com. Persona que ejerce mal un oficio o actividad.

maletero, ra. m. y f. Persona que transporta equipajes. ‖ m. En los vehículos, lugar para maletas o equipaje. ‖ Lugar de la vivienda para guardar maletas.

malevaje. m. amer. Conjunto de malevos.

malevo, va. adj. y s. amer. Malévolo, malhechor, matón.

malévolo, la. adj. y s. Malvado.

maleza. f. Abundancia de hierbas inútiles en los sembrados. ‖ Espesura.

malformación. f. Deformidad congénita.

malgastar. tr. Gastar o emplear algo de forma inadecuada.

malhechor, ra. adj. y s. Delincuente.

malicia. f. Mala intención, maldad. ‖ Tendencia a pensar mal de los demás. ‖ Picardía. ‖ Sutileza, sagacidad. ‖ pl. Recelo.

maligno, na. adj. Propenso a pensar u obrar mal. Ú. t. c. s. ‖ Nocivo, perjudicial, dañino. ‖ Se dice de la lesión o enfermedad que evoluciona de modo desfavorable y especialmente de los tumores cancerosos. ‖ m. Con mayúscula, el demonio.

malla. f. Forma especial de trenzado de una red. ‖ Tejido de pequeños anillos o eslabones enlazados. ‖ Vestido de tejido semejante al de malla. ‖ Vestido de punto muy fino ajustado al cuerpo, que usan bailarines, gimnastas, etc. ‖ amer. Bañador, traje para bañarse.

malmeter. tr. Enemistar a dos o más personas entre sí. ‖ Inducir a uno a hacer algo malo.

malo, la. adj. Que carece de bondad. Ú. t. c. s. ‖ Que se opone a la razón o a la moralidad. ‖ Que lleva mala vida o tiene malas costumbres. Ú. t. c. s. ‖ Nocivo o perjudicial para la salud. ‖ Enfermo. ‖ Deteriorado, estropeado. ‖ De mala calidad. ‖ De poca utilidad, efectividad o habilidad. ‖ Difícil, o que presenta dificultades. ‖ Desagradable,

molesto. ‖ Equivocado o con consecuencias desagradables. ‖ Se dice de lo que no gusta o satisface. ‖ interj. Expresa desaprobación, desconfianza o contrariedad.

malograr. tr. Echar a perder. ‖ Desaprovechar. ‖ prnl. Frustrarse.

malón. m. amer. Irrupción o ataque inesperado de indios. ‖ amer. Banda de gamberros.

malparado, da. adj. Maltrecho.

malqueda. com. Persona que no cumple sus promesas o falta a su deber.

malsano, na. adj. Nocivo para la salud.

malsonante. adj. Que suena mal. ‖ Grosero.

malta. f. Cebada germinada artificialmente y luego tostada que se emplea para la fabricación de bebidas alcohólicas, como cerveza, güisqui, etc.

maltratar. tr. y prnl. Dar un mal trato, dañar, estropear.

maltrecho, cha. adj. Que ha recibido malos tratos.

malva. adj. y s. De color morado tirando a rosa. ‖ f. Planta medicinal.

malvado, da. adj. y s. Perverso.

malversar. tr. Invertir fondos, caudales ajenos en fines distintos de aquellos para que están destinados.

mama. f. Teta de las hembras de los mamíferos.

mamá. f. fam. Madre.

mamadera. f. amer. Utensilio para la lactancia artificial, biberón. ‖ amer. Tetilla del biberón.

mamar. tr. Chupar la leche de los pechos. ‖ fig. Aprender algo por haber vivido en un ambiente determinado. ‖ prnl. fam. Emborracharse.

mamarracho. m. fam. Figura ridícula y extravagante. ‖ fam. Persona de poca voluntad.

mamífero. adj. y m. Se dice de los animales vertebrados cuyas hembras alimentan a sus crías con la leche de sus mamas.

mamotreto. m. Libro, legajo o cualquier cosa muy voluminosa.

mampara. f. Tabique de cristal, madera, etc., para dividir una estancia.

mamporro. m. Golpe, puñetazo.

manada. f. Reunión de animales mansos, o de otros de una misma especie.

manantial. m. Lugar donde las aguas salen de la tierra. || fig. Origen.

manar. intr. y tr. Brotar de una parte un líquido. Ú. t. c. tr. || fig. Abundar algo.

manazas. com. Persona torpe, desmañada. Ú. t. c. adj.

mancebo, ba. m. y f. Chico joven. || Dependiente de poca categoría.

mancha. f. Señal sucia. || Parte de alguna cosa con distinto color del general o dominante en ella. || fig. Deshonra.

mancillar. tr. y prnl. Deshonrar, dañar la reputación.

manco, ca. adj. Sin brazo o mano, o que no puede usarlos. Ú. t. c. s. || fig. Defectuoso, falto de algo necesario.

mandamiento. m. Orden judicial por escrito, mandando ejecutar alguna cosa. || En la doctrina católica, cada precepto del decálogo y de la Iglesia.

mandar. tr. Ordenar algo. || Enviar. || Encargar. || intr. y tr. Gobernar.

mandarina. f. Naranja pequeña y dulce, cuya piel se arranca fácilmente.

mandato. m. Orden. || Contrato por el que una persona confía a otra una gestión. || Soberanía temporal ejercida por un país en un territorio en nombre de la Sociedad de Naciones y que la O.N.U. ha sustituido por la *tutela*. || Encargo o representación que por la elección se confiere a los diputados, concejales, etc. || Período en que alguien actúa como mandatario de alto rango.

mandíbula. f. Cada una de las dos piezas óseas que sostienen los dientes.

mandil. m. Delantal.

mando. m. Autoridad y poder que tiene el superior sobre sus subordinados. || Tiempo que dura este poder. || Personas que lo detentan. || Cualquier dispositivo que actúa sobre un mecanismo para iniciar, suspender o regular su funcionamiento.

mandoble. m. Golpe esgrimiendo la espada con ambas manos. || Bofetada.

mandolina. f. Instrumento de cuerdas de cuerpo curvado como el laúd.

manecilla. f. Agujita que señala los números o divisiones de ciertos instrumentos de medición.

manejar. tr. Usar o traer entre las manos una cosa. || Servirse de cualquier cosa, utilizarla. || fig. Dominar, gobernar. || amer. Conducir. || prnl. Actuar por sí mismo con desenvoltura.

manera. f. Modo, forma de hacer algo. || pl. Modales.

manga. f. Parte del vestido que cubre el brazo. || Tubo largo y flexible que se adapta a las bombas o bocas de riego. || Anchura de un barco. || En algunos deportes, cada una de las series o pruebas en que se divide la competición.

manganeta. f. amer. Engaño, treta.

mangangá. m. amer. Insecto himenóptero parecido al abejorro, de cuerpo grueso y velludo. Al volar produce un zumbido fuerte y prolongado. || com. amer. Persona fastidiosa por su continua insistencia. Ú. t. c. adj.

manganzón, na. adj. y s. amer. Holgazán.

mango. m. Parte alargada por donde se cogen algunos utensilios.

mango. m. Árbol originario de la India y muy propagado en los países intertropicales, de hojas perennes y fruto ovalado, de carne amarilla y aromática. || Fruto de este árbol.

manguera. f. Manga para el riego.

maní. m. Cacahuete.

manía. f. Obsesión por una idea fija. || Ojeriza. || Capricho. || Desequilibrio mental caracterizado por una fuerte agitación.

manicomio. m. Centro para enfermos mentales.

manido, da. adj. Muy usado, tratado, manoseado. || fig. Vulgar.

manifestar. tr. Declarar, decir. || Poner al descubierto. Ú. t. c. prnl. || prnl. Tomar parte en una manifestación.

manigua. f. amer. Terreno pantanoso cubierto de maleza tropical.

manija. f. Mango pequeño, puño o manubrio de ciertos utensilio s o herramientas.

manilla. f. Mango, puño o mecanismo para abrir puertas o manejar herramientas. || Manecilla del reloj. || Anillo metálico para aprisionar las muñecas.

manillar. m. Pieza de la bicicleta encorvada por sus extremos, en la que se apoyan las manos para dar dirección a la máquina.

maniobra. f. Operación con las manos. || fig. Manejo, intriga. || Operaciones para dirigir un vehículo o manejar una máquina. || pl. Simulacro de operaciones militares.

manipular. tr. Manejar objetos delicados o de precisión. || fig. Controlar sutilmente a un grupo de personas, o a la sociedad, impidiendo que sus opiniones y actuaciones se desarrollen natural y libremente.

maniquí. m. Figura articulada o armazón en forma de cuerpo humano. || com. Persona que exhibe en público las nuevas modas de vestir. || fig. y fam. Persona de voluntad débil.

manirroto, ta. adj. y s. Derrochador, que gasta demasiado.

manitas. com. y adj. Persona habilidosa.

manivela. f. Extremo en forma de codo de un eje para hacerlo girar.

manjar. m. Cualquier alimento, y especialmente el exquisito.

mano. f. Extremidad del cuerpo humano a partir de la muñeca. || Pie delantero de los cuadrúpedos. || fig. Habilidad, diplomacia. || Lado. || Capa de pintura, barniz. || En algunos juegos, partida completa. || Ayuda. || Poder, influencia o facultad para hacer algo. || pl. Gente para trabajar.

manojo. m. Haz que se puede coger con la mano.

manopla. f. Guante sin separaciones para los dedos, sólo para el pulgar.

manosear. tr. Sobar.

mansión. f. Residencia, casa grande y señorial.

manso, sa. adj. Suave, apacible, dócil. || m. Res que guía al rebaño.

manta. f. Rectángulo de tejido grueso para abrigarse en la cama. || com. fam. Persona torpe.

manteca. f. Grasa del cerdo y de otros animales. || Sustancia grasa de la leche. || Las grasas consistentes de algunos frutos, como la del cacao.

mantel. m. Pieza de tela que cubre la mesa para comer.

mantelería. f. Juego de mantel y servilletas.

mantener. tr. Proveer a uno del alimento necesario. Ú. t. c. prnl. || Conservar. Ú. t. c. prnl. || Sujetar. || Proseguir una acción. || Defender una idea. || Sustentar, proveer. || prnl. Perseverar en una idea.

mantequería. f. Tienda donde se venden productos lácteos, fiambres.

mantequilla. f. Sustancia obtenida de la nata de la leche.

mantilla. f. Prenda de seda o encaje para cubrirse las mujeres la cabeza. || Pieza de tejido con que se abriga y envuelve a los niños.

mantillo. m. Capa superior del suelo, formada por la descomposición de materias organicas. || Abono que resulta de la fermentación del estiércol.

manto. m. Capa que llega hasta los pies. || Capa del globo terrestre situada entre la corteza y el núcleo. || fig. Lo que encubre algo.

manual. adj. Que se hace con las manos. || Se dice de quien trabaja con las manos. || m. Libro sobre lo esencial o básico de una materia.

manubrio. m. Manivela. || amer. Manillar de la bicicleta.

manufactura. f. Establecimiento, fabricación o producto industrial.

manuscrito, ta. adj. Escrito a mano. || m. Papel o libro escrito a mano, particularmente el antiguo. || Ejemplar original de un libro.

manutención. f. Sustento.

manzana. f. Fruto redondo y carnoso del manzano. || En las poblaciones, cuadrado de casas delimitado por calles. || amer. Nuez de la garganta.

manzanilla. f. Hierba con flores usadas en infusión estomacal. || fam. Esa infusión. || Vino blanco andaluz. || Aceituna pequeña.

manzano. m. Árbol cuyo fruto es la manzana.

maña. f. Destreza. || Astucia.

mañana. f. Tiempo entre el amanecer y el mediodía. || Espacio de tiempo desde la medianoche hasta el mediodía. || m. Tiempo futuro próximo. || adv. t. En el día siguiente al de hoy. || En un tiempo futuro.

mapa. m. Representación geográfica de la Tierra o de parte de ella en una superficie plana.

mapamundi. m. Mapa de la Tierra dividida en dos hemisferios.

mapuche. adj. y com. Se dice del indio araucano que habitaba en la región central de Chile en tiempos de la conquista española. || Por ext., se apl. a todos los araucanos. || m. Lengua de los mapuches.

maqueta. f. Modelo plástico en tamaño reducido de algo. || Modelo con papel en blanco para apreciar de antemano el volumen, formato y encuadernación de un libro.

maquillar. tr. Aplicar cosméticos en el rostro para embellecerlo o caracterizarlo. Ú. t. c. prnl. || fig. Encubrir, falsificar.

máquina. f. Conjunto de mecanismos dispuestos para producir, aprovechar o regular una energía motriz. || Locomotora. || Tramoya del teatro para las transformaciones de la escena.

maquinar. tr. Conspirar, tramar ocultamente. || fam. Pensar.

mar. amb. Masa de agua salada que cubre gran parte de la Tierra. || Denominación de algunas porciones de esa masa. || Algunos lagos grandes. || fig. Abundancia de algo.

maraca. f. Instrumento musical de percusión que consiste en una calabaza con chinas dentro.

maraña. f. Espesura, maleza. || Enredo de hilos o del cabello. || fig. Situación o asunto intrincado o de difícil solución.

maratón. m. Carrera pedestre olímpica de 42.195 km. || Por ext., cualquier competición de resistencia. || fig. Actividad dura y prolongada.

maravilla. f. Suceso o cosa que causa admiración. || Planta.

marca. f. Señal que se hace en una persona, animal o cosa para distinguirla de otra. || Signo externo reconocido legalmente que certifica la autenticidad de un producto. || Provincia, distrito fronterizo. || Resultado técnico obtenido por un deportista. || Acción de marcar.

marcapasos. m. Aparato electrónico mediante el cual se regulan los latidos del corazón.

marcar. tr. Señalar con signos distintivos. || Dejar algo una señal en algo o alguien. || Fijar, determinar. || Indicar un aparato cantidades o magnitudes. || Destacar o poner de relieve algo. || Señalar en el teléfono el número deseado. || En deportes colectivos, obtener tantos; y también, vigilar estrechamente a un contrario. || En movimientos rítmicos, resaltar los pasos.

marchante, ta. m. y f. Persona que comercia con cuadros u obras de arte. || amer. Persona que acostumbra comprar en una misma tienda.

marchar. intr. Caminar, ir o partir de un lugar. Ú. t. c. prnl. || Funcionar. || fig. Progresar, desarrollar.

marchitar. tr. y prnl. Ajar, secar. || fig. Enflaquecer, decaer.

marcial. adj. Militar, guerrero. || fig. Enérgico, rítmico.

marciano, na. adj. y s. De Marte. || fig. y fam. Muy extraño, incomprensible. || m. y f. Habitante imaginario de este planeta.

marco. m. Moneda alemana. || Cerco, armadura que rodea algo. || fig. Conjunto de circunstancias, ámbito.

marea. f. Movimiento periódico de ascenso y descenso de las aguas del mar en las costas.

marejada. f. Movimiento agitado de las olas del mar. ‖ fig. Signos de irritación de un grupo de personas.

maremágnum o **maremagno.** m. Confusión, revoltijo. ‖ Multitud.

maremoto. m. Seísmo marítimo.

mareo. m. Aturdimiento, vértigo. ‖ fig. Molestia, fastidio.

marfil. m. Materia dura y blanca que forma los dientes de los mamíferos y los colmillos de los elefantes. ‖ Color de esta materia. U. t. c. adj.

margarina. f. Variedad de la mantequilla fabricada con grasas vegetales y animales.

margarita. f. Planta con flores de centro amarillo y pétalos blancos. ‖ Flor de esta planta. ‖ Perla de los moluscos. ‖ Cualquier caracol descortezado y anacarado. ‖ Disco bordeado de signos que utilizan para imprimir las máquinas de escribir, las impresoras, etc.

margen. amb. Extremidad, orilla. ‖ m. Espacio en blanco a cada lado de una página escrita, y apostillas o notas en ese espacio. ‖ Tiempo con el que se cuenta para algo. ‖ Ocasión, oportunidad. ‖ Beneficio económico en un negocio.

marginar. tr. Dejar de lado algo o a alguien, o hacer caso omiso de él. ‖ Poner o dejar a una persona o grupo en condiciones sociales de inferioridad. ‖ Poner acotaciones al margen en un texto. ‖ Hacer o dejar márgenes en un texto escrito.

mariachi. m. Música popular de Jalisco (México). ‖ Orquesta popular mexicana que interpreta esta música. ‖ Cada uno de los componentes de esta orquesta.

marica. m. fam. Hombre afeminado. ‖ Homosexual.

marido. m. Esposo, hombre casado con respecto a su mujer.

mariguana o **marihuana.** f. Droga que se obtiene del cáñamo indio, cuyas hojas producen efecto narcótico en el que las fuma.

marimacho. m. Mujer que por sus acciones y corpulencia parece un hombre.

marinero, ra. adj. y s. De la marina. ‖ f. amer. Baile popular de Chile, el Ecuador y el Perú.

marino, na. adj. Del mar. ‖ m. y f. Persona que sirve en la marina. ‖ f. Pintura sobre tema marítimo. ‖ Ciencia que enseña a navegar. ‖ Conjunto de elementos relativos a la navegación. ‖ Conjunto de barcos de un país y medios y personal del mismo.

marioneta. f. Títere que se mueve por medio de hilos.

mariposa. f. Insecto volador con alas de colores vistosos. ‖ Tuerca para ajustar tornillos. ‖ adj. Se dice de cierto estilo de natación.

mariquita. f. Insecto encarnado con manchitas negras. ‖ m. fam. Marica.

mariscal. m. Grado superior de algunos ejércitos.

marisco. m. Animal marino invertebrado, en especial crustáceos y moluscos comestibles.

marisma. f. Llanura húmeda próxima al mar.

marketing. (Voz i.) m. Conjunto de técnicas que a través de estudios de mercado intentan lograr el máximo beneficio en la venta de un producto.

marlo. m. amer. Espiga de maíz desgranada. ‖ amer. Tronco de la cola de los caballos.

mármol. m. Piedra caliza compacta con vetas. ‖ Obra artística hecha con esta piedra.

maroma. f. Cuerda gruesa. ‖ amer. Pirueta de un acróbata. ‖ amer. Función de circo en que se hacen ejercicios de acrobacia. ‖ amer. Cambio oportunista de opinión o partido.

marquesina. f. Cobertizo de cristal, hierro que resguarda una entrada, andén.

marqués, sa. m. y f. Título nobiliario inmediatamente inferior al de duque y superior al de conde.

marrano, na. m. y Cerdo, animal. ‖ adj. y s. Se dice de la persona sucia y desaseada. ‖ fig. Que actúa de forma grosera. ‖ fig. Que actúa con mala intención. ‖ desp. Se decía del judío converso.

marrón. adj. De color castaño. ‖ m. fam. Cosa desagradable o molesta.

marroquí. adj. y com. De Marruecos.

marrullería. f. Engaño solapado.

martes. m. Segundo día de la semana, después del lunes.

martillo. m. Herramienta de percusión con cabeza y mango. ‖ Huesecillo del oído medio. ‖ Llave con que se templan algunos instrumentos de cuerda. ‖ Bola metálica, sujeta a un cable dotado de empuñadura, que se lanza en una prueba atlética.

mártir. com. Persona que es torturada, a veces hasta la muerte, por defender una religión o ideal. ‖ fig. Persona que sufre grandes penalidades.

martirio. m. Sufrimiento o muerte que se padecen por defender una religión o una creencia. ‖ fig. Cualquier cosa o situación que produzca dolor o sufrimiento.

marxismo. m. Concepción histórica, económica, política y social de Karl Marx y sus seguidores, base del socialismo y comunismo. ‖ Movimiento o sistema político marxista.

marzo. m. Tercer mes del año, que tiene 31 días.

mas. conj. adv. Pero.

más. adv. comp. Indica aumento, preferencia, superioridad. ‖ Precedido del artículo, superioridad absoluta. ‖ Sobre todo, especialmente. ‖ En frases negativas, otro. ‖ En mat., signo de la suma o la adición (+).

masa. f. Mezcla de un líquido con una materia pulverizada o disuelta en él. ‖ fig. Conjunto de cosas apiñadas. ‖ fig. Agrupación numerosa e indiferenciada de personas o cosas. ‖ La gente en general, el pueblo. Ú. m. en pl. ‖ En fís., cantidad de materia que contiene un cuerpo.

masacre. f. Matanza de personas.

masaje. m. Frotamiento del cuerpo con fines terapéuticos.

mascar. tr. Masticar. ‖ prnl. Considerarse algo inminente.

máscara. f. Pieza de cartón o tela que tapa el rostro. ‖ Disfraz. ‖ fig. Pretexto, disimulo.

mascarilla. f. Máscara de la parte superior de la cara. ‖ Vaciado en yeso del rostro de una persona, particularmente de un cadáver. ‖ Capa de cosméticos que cubre la cara. ‖ Aparato que se aplica a la cara y la nariz para facilitar la inhalación de ciertos gases.

mascota. f. Persona o cosa que trae suerte.

masculino, na. adj. Se dice del ser que está dotado de órganos para fecundar. ‖ Relativo a este ser. ‖ fig. Varonil, enérgico. ‖ Se dice del género gramatical al que pertenecen los sustantivos que designan a personas o animales de sexo masculino o a las que por su terminación se les ha asignado este género. Ú. t. c. m.

mascullar. tr. fam. Hablar entre dientes.

masoquismo. m. Perversión sexual del que encuentra placer en verse maltratado, humillado. ‖ fig. Disfrutar considerándose maltratado, disminuido, etc., en cualquier suceso o actividad.

masticar. tr. Triturar los alimentos con los dientes. ‖ fig. Meditar.

mástil. m. Palo de embarcación. ‖ Palo derecho para mantener algo. ‖ Nervio central de la pluma de un ave. ‖ Pieza estrecha y larga de los instrumentos de arco, púa y pulsación, sobre la cual están tensas las cuerdas.

mastodonte. m. Mamífero fósil parecido al elefante. ‖ fig. com. Persona o cosa muy voluminosa.

mastuerzo, za. adj. y s. Torpe, necio.

masturbar. tr. y prnl. Conseguir placer mediante la manipulación de los órganos sexuales.

mata. f. Planta de tallo bajo.

matacaballo (a). loc. A toda prisa.

matadero. m. Lugar donde se sacrifica el ganado.

matar. tr. Quitar la vida. Ú. t. c. prnl. ‖ fig. Hacer sufrir. ‖ fig. Extinguir o destruir algo no material. ‖ fig. Fastidiar, molestar. || fig. Apagar el brillo o color de algo. || prnl. Esforzarse.

matasellos. m. Estampilla para inutilizar los sellos en correos.

matasuegras. m. Tubo de papel enrollado en espiral que, al soplar por un extremo, se extiende.

mate. adj. Sin brillo. || m. En ajedrez, jugada final con que se vence al contrario. || amer. Infusión que se obtiene de una planta medicinal americana parecida al acebo. || amer. Estas hojas y la misma planta. || amer. Calabaza que, seca, vaciada y convenientemente abierta o cortada, sirve para tomar esta infusión.

mateada. f. amer. Acción de tomar mate. || amer. Reunión en la que varias personas se juntan para tomar mate.

matemático, ca. adj. De las matemáticas. || fig. Exacto, preciso. || m. y f. Especialista en matemáticas. || f. Ciencia lógico-deductiva en la que, de conceptos primarios no definidos (unidad, conjunto, correspondencia; punto, recta, plano, etc.) y de proposiciones que se aceptan sin demostración (axiomas) se extrae toda una teoría por razonamientos libre de contradicción. Ú. m. en pl.

materia. f. Sustancia que compone los cuerpos físicos. || Tema, asunto. || Asignatura.

materialismo. m. Concepción filosófica que considera a la materia como único componente de los seres.

maternal. adj. Propio de las madres.

maternidad. f. Condición o calidad de madre. || Centro hospitalario donde se atiende a las mujeres que van a dar a luz.

matinal. adj. Matutino. || Se apl. a las sesiones de cualquier espectáculo que tienen lugar por la mañana. Ú. t. c. f.

matiz. m. Cada gradación de un mismo color. || Aspecto. || Rasgo.

matojo. m. Mata de tallo muy bajo. || amer. Cada uno de los brotes que echa un árbol podado.

matorral. m. Terreno con matas y malezas. || Grupo de arbustos bajos y ramosos.

matraz. m. Vasija esférica de cuello estrecho, que se emplea en los laboratorios.

matriarcado. m. Organización social basada en la preponderancia de la autoridad materna. || Predominio o fuerte ascendente femenino en una sociedad o grupo.

matrícula. f. Inscripción en un registro para determinado fin. || Documentos exigidos para ello. || Conjunto de personas inscritas. || Placa de los vehículos con el número y lugar de inscripción.

matrimonio. m. Unión legal de hombre y mujer. || Marido y mujer.

matriz. f. Órgano genital femenino donde se desarrolla el feto. || Parte del talonario que no se arranca. || En impr., molde para imprimir las letras. || Por ext., cada una de las letras y espacios en blanco que tiene un texto impreso.

matrona. f. Madre de familia romana noble. || Comadrona autorizada.

matutino, na. adj. De la mañana.

maullido. m. Sonido que emite el gato.

mausoleo. m. Sepulcro monumental.

maxilar. adj. y s. De cada hueso de la mandíbula.

máximo, ma. adj. superl. El o lo mayor. || m. Límite superior que alcanza algo. || f. Temperatura más alta en un tiempo determinado. || Regla, principio o proposición generalmente admitida por todos los que profesan una facultad o ciencia. || Norma de conducta.

maya. adj. y com. Se dice de una antigua civilización centroamericana de tribus indias que hoy habitan el Yucatán, Guatemala y otras regiones adyacentes. || m. Familia de lenguas habladas por estas tribus.

mayar. intr. Maullar.

mayo. m. Quinto mes del año, que tiene 31 días.

mayonesa. f. Mahonesa.

mayor. adj. comp. Más grande. || Que excede a algo en cantidad y calidad. || Anciano. || m. Oficial de algunos ejércitos. || pl. Antepasados.

mayoral. m. Capataz del campo.

mayorazgo. m. Institución del derecho civil que permite transmitir por herencia al hijo mayor la propiedad de los bienes de la familia. || Conjunto de estos bienes. || Poseedor de estos bienes. || Primogénito de un mayorazgo o de cualquier persona.

mayordomo. m. Criado principal de una casa o hacienda.

mayoría. f. La mayor parte de algo. || Edad en la que uno es considerado legalmente adulto. || Mayor número de votos conformes en una votación.

mayorista. com. Comerciante que vende al por mayor. || adj. Se dice del comercio en que se vende o se compra al por mayor.

mayúsculo, la. adj. De la letra de mayor tamaño que la minúscula, utilizada como inicial de nombres propios, después de punto y otros usos. Ú. t. c. f. || fig. Muy grande.

maza. f. Instrumento pesado y con mango para machacar.

mazamorra. f. amer. Comida compuesta de harina de maíz con azúcar o miel. || amer. Comida criolla hecha con maíz blanco partido y hervido. || amer. Mezcolanza, revoltillo de ideas o de cosas.

mazmorra. f. Calabozo subterráneo.

mazo. m. Martillo grande de madera. || Maza.

mazorca. f. Espiga del maíz.

me. pron. pers. Forma átona de primera persona sing., que realiza la función de complemento directo o indirecto. Se usa también como reflexivo.

meandro. m. Curva de un río.

mear. intr., tr. y prnl. Orinar.

mecánico, ca. adj. De la mecánica. || Hecho con máquinas. || Se dice de los oficios u obras que exigen más habilidad manual que intelectual. || fig. Rutinario. || m. y f. Persona dedicada al manejo y arreglo de las máquinas. || f. Parte de la física que trata de las fuerzas y sus efectos.

mecanismo. m. Estructura interna que hace funcionar algo. || Modo de funcionamiento, desarrollo.

mecanografía. f. Técnica de escribir con máquina.

mecapal. m. amer. Faja con dos cuerdas en los extremos que sirve para llevar carga a cuestas, poniendo parte de la faja en la frente y las cuerdas sujetando la carga.

mecate. m. amer. Bramante, cordel o cuerda de pita.

mecenas. m. Persona o institución que patrocina a los literatos o artistas.

mecer. tr. Mover rítmica y lentamente en una y otra dirección.

mecha. f. Cuerda o cinta combustible con que se prenden mecheros, velas o bujías. || Tubo relleno de pólvora para dar fuego a los barrenos. || Mechón de cabellos decolorados o teñidos.

mechero, ra. m. y f. Ladrón de tiendas que esconde lo que roba debajo de sus ropas. || m. Encendedor.

mechón. m. Porción de pelos, hilos, etc.

mechudo, da. adj. amer. Que tiene mechas de pelo, mechones o greñas.

meco, ca. adj. amer. Se dice de los animales de color bermejo con mezcla de negro. || m. y f. amer. Indio salvaje.

medalla. f. Pieza de metal acuñada con alguna figura, emblema. || Distinción honorífica o premio, como el que suele concederse en exposiciones, certámenes o competiciones deportivas.

media. f. Prenda de punto que cubre el pie y la pierna. Ú. m. en pl. || amer. Calcetín. Ú. m. en pl. || Promedio, media aritmética.

mediagua. f. amer. Choza que tiene el techo con un solo declive para la caída de las aguas.

mediano, na. adj. De tamaño intermedio. || Mediocre, regular. || fig. y fam. De mala calidad. || f. Separación entre los carriles de distinto sentido de una autopista.

medianoche. f. Momento opuesto al mediodía. || Las doce de la noche. || fig. Bollo para bocadillos.

mediante. adv. m. Por medio de.

mediar. intr. Llegar a la mitad. ‖ Interceder. ‖ Interponerse. ‖ Transcurrir el tiempo.

mediatizar. tr. Dificultar, impedir o limitar la libertad de acción de una persona o institución.

medicamento. m. Sustancia que se administra con fines curativos o preventivos de una enfermedad.

medicina. f. Ciencia que estudia el cuerpo humano, sus enfermedades y curación. ‖ Medicamento.

médico, ca. adj. De la medicina. ‖ m. y f. Persona que la ejerce legalmente.

medida. f. Acción y efecto de medir. ‖ Dimensión de algo. ‖ Cualquiera de las unidades que se emplean para medir. ‖ Prevención, disposición. U. m. en pl. ‖ Prudencia. ‖ Proporción o correspondencia que ha de tener una cosa con otra. ‖ Grado, intensidad. ‖ Número y clase de sílabas que ha de tener el verso.

medievo. m. Edad Media.

mediocre. adj. De calidad media. ‖ fam. De mala calidad.

medio, dia. adj. Igual a la mitad de algo. ‖ Que está entre dos extremos. ‖ Que está en un lugar o tiempo intermedio. ‖ Que corresponde a los caracteres o condiciones más generales de un grupo social, pueblo, época, etc. ‖ m. Parte equidistante de los extremos. ‖ Procedimiento. ‖ Ambiente en que vive o se desarrolla una persona, animal o cosa. ‖ Lo que puede servir para determinado fin. ‖ Sector, círculo o ambiente social de una persona. ‖ pl. Caudal, renta o hacienda que uno posee. ‖ adv. m. No del todo, no enteramente.

mediodía. m. Momento del día en que el Sol se encuentra en su punto más alto sobre el horizonte. ‖ Horas centrales del día. ‖ Sur.

medir. tr. Comparar una cantidad con su respectiva unidad, con el fin de averiguar cuántas veces la primera contiene la segunda. ‖ fig. Comparar una cosa no material con otra. ‖ intr. Tener determinada dimensión, ser de determinada altura, longitud, etc. ‖ prnl. Moderarse.

meditar. tr. Pensar detenidamente, reflexionar.

mediterráneo, a. adj. y s. Del mar Mediterráneo o sus riberas.

medrar. intr. Crecer. ‖ fig. Mejorar de fortuna, prosperar.

medroso, sa. adj. Miedoso.

médula o **medula.** f. Sustancia grasa en el interior de algunos huesos. ‖ fig. Sustancia principal de una cosa no material.

megáfono. m. Aparato usado para reforzar la voz cuando hay que hablar a gran distancia.

mejicano, na. adj. y s. Mexicano.

mejilla. f. Prominencia del rostro debajo de los ojos.

mejillón. m. Molusco bivalvo de concha negroazulada, muy apreciado como comestible.

mejor. adj. comp. de *bueno.* Superior a otra cosa y que la excede en una cualidad natural o moral. ‖ sup. rel. de *bueno,* precedido del art. det. ‖ adv. m. Más bien. ‖ Antes o más, denotando la idea de preferencia.

mejunje. m. desp. Sustancia pastosa, mezcla de aspecto desagradable.

melancolía. f. Tristeza permanente.

melanina. f. Pigmento negro o pardo que existe en el protoplasma de ciertas células de los vertebrados y al cual deben su coloración especial el pelo, la piel, etc.

melaza. f. Residuo líquido de la cristalización del azúcar.

melena. f. Cabello largo y suelto. ‖ Crin del león.

melifluo, flua. adj. Con miel. ‖ fig. Suave, delicado en el hablar.

melindre. m. fig. Delicadeza afectada. ‖ Dulce hecho de miel y harina.

mella. f. Deterioro en el borde de un objeto. ‖ Hueco en una dentadura. ‖ fig. Daño o disminución en una cosa.

mellizo, za. adj. y s. Nacido del mismo parto.

melodía. f. Sucesión armónica de sonidos. ‖ Composición musical.

melodrama. m. Obra que exagera los aspectos sentimentales y patéticos de las situaciones con las que intenta conmover al público. ‖ Ópera. ‖ Letra de la ópera.

melómano, na. adj. y s. Muy aficionado a la música.

melón. m. Planta originaria de Asia y África. ‖ Su fruto, grande y en forma de elipse.

melopea. f. Embriaguez. ‖ Canto monótono con el que se recita algo.

meloso, sa. adj. Empalagoso. ‖ Melifluo.

membrana. f. Tejido fino que cumple distintas funciones en organismos vegetales o animales. ‖ Piel delgada y flexible que recubre algo.

membrete. m. Nombre o título de una persona, oficina o corporación, estampado en la parte superior del papel de escribir.

membrillo. m. Arbusto muy espino, de flores blancas o rosadas, y fruto amarillo y comestible. ‖ Fruto de esta planta. ‖ Dulce elaborado con este fruto.

memo, ma. adj. y s. Tonto, simple.

memorando o **memorándum.** m. Resumen, informe. ‖ Nota diplomática entre dos países. ‖ amer. Resguardo bancario.

memoria. f. Facultad de recordar. ‖ Recuerdo. ‖ Relación escrita de actividades. ‖ Exposición escrita de un asunto. ‖ En inform., elemento esencial de almacenamiento de información. ‖ pl. Narración autobiográfica.

memorizar. tr. Fijar en la memoria.

menaje. m. Muebles y utensilios, especialmente de una casa.

mencionar. tr. Hacer mención de una persona. ‖ Referir, recordar o contar una cosa para que se tenga noticia de ella.

mendigo, ga. m. y f. Persona que habitualmente pide limosna.

mendrugo. m. Pedazo de pan duro. ‖ fig. y fam. Tonto, zoquete.

menear. tr. Agitar. Ú. t. c. prnl. ‖ prnl. fam. Hacer con prontitud.

menester. m. Necesidad de algo. ‖ Ocupación, empleo. ‖ pl. Materiales o instrumentos necesarios para ciertos trabajos.

menestra. f. Guiso de verduras variadas.

mengano, na. m. y f. Nombre con que se designa a una persona indeterminada.

menguar. intr. Disminuir o irse consumiendo física o moralmente algo. Ú. t. c. tr. ‖ Disminuir la parte iluminada de la Luna. ‖ En las labores de punto, ir reduciendo regularmente los puntos para dar forma a mangas, sisas, etc.

menisco. m. Cartílago en la articulación de la rodilla.

menopausia. f. Cesación definitiva de la menstruación en la mujer. ‖ Época en que se produce.

menor. adj. comp. Más pequeño. ‖ Que tiene menos cantidad o tamaño. ‖ Que no ha llegado a la mayoría de edad legal. Ú. t. c. s.

menos. adv. comp. Denota idea de disminución, inferioridad o restricción. ‖ Denota a veces limitación indeterminada de cantidad expresa. ‖ adv. m. Excepto, a excepción de. ‖ m. En mat., signo de la sustracción o resta (—).

menoscabar. tr. y prnl. Disminuir algo en valor, importancia o prestigio.

menospreciar. tr. Tener a una persona o cosa en menos de lo que es o de lo que merece. ‖ Desdeñar, despreciar.

mensaje. m. Recado de palabra o por escrito que una persona envía a otra. ‖ Aportación religiosa, moral, intelectual o estética de una persona, doctrina u obra. ‖ Ordenación molecular que, en el interior de una célula, un sistema bioquímico induce sobre otro. ‖ Conjunto de señales, signos o símbolos que son objeto de una comunicación. ‖ Contenido de esta comunicación.

menstruación. f. Expulsión periódica por la matriz de mucosa uterina y sangre.

mensual. adj. Que sucede cada mes. ‖ Que dura un mes.

menta. f. Hierbabuena.

mentalidad. f. Conjunto de ideas que caracteriza el modo de pensar de una persona, grupo o sociedad.

mentar. tr. Nombrar, mencionar, citar.

mente. f. Capacidad intelectual humana. ‖ Pensamiento. ‖ Actitud. ‖ Propósito, voluntad.

mentecato, ta. adj. y s. Tonto, falto de juicio.

mentir. intr. Engañar, decir a sabiendas algo que no es verdad. ‖ Inducir a error.

mentira. f. Expresión o manifestación contraria a lo que se sabe, se cree o se piensa.

mentol. m. Alcohol aromático que se extrae de la menta.

mentón. m. Barbilla.

mentor. m. Consejero. ‖ Preceptor.

menú. m. Conjunto de platos de una comida. ‖ Carta del día donde se relacionan las comidas, postres y bebidas. ‖ En inform., lista de funciones opcionales dentro de un determinado programa que aparecen en la pantalla de un ordenador.

menudo, da. adj. Pequeño, delgado. ‖ De poca importancia. Ú. t. c. s. ‖ En frases exclam., toma un sentido ponderativo.

meñique. adj. y m. Se dice del dedo más pequeño de la mano.

meollo. m. Masa nerviosa contenida en el cráneo, cerebro. ‖ Sustancia interior de los huesos, médula. ‖ fig. Lo más importante de algo. ‖ fig. Juicio, entendimiento.

mequetrefe. m. fam. Hombre inútil y sin importancia.

mercader. com. Comerciante.

mercado. m. Comercio público en lugar y día determinados. ‖ Lugar público destinado al comercio. ‖ Lugar o país de especial importancia o significación en el orden comercial. ‖ Operación de compra y venta.

mercancía. f. Cualquier artículo con que se comercia.

mercante. adj. Que comercia. Ú. t. c. s. ‖ Perteneciente o relativo al comercio marítimo.

merced. f. Regalo. ‖ Voluntad o arbitrio de uno. ‖ Favor, recompensa.

mercenario, ria. adj. y s. Se dice del soldado que sirve sólo por dinero.

mercería. f. Conjunto de artículos para costura, y comercio que se hace con ellos. ‖ Tienda donde se venden estos artículos.

mercurio. m. Metal líquido, de brillo y color semejantes a la plata. Símbolo, *Hg.*

merecer. tr. Hacerse digno de recibir algo. ‖ Tener alguna cosa cierto valor. ‖ intr. Hacer méritos.

merendar. intr. Tomar la merienda. ‖ tr. Comer en la merienda una u otra cosa.

merengue. m. Dulce de clara de huevo y azúcar. ‖ Baile y música populares, originarios de la República Dominicana.

meretriz. f. Prostituta.

meridiano, na. adj. Del mediodía. ‖ fig. Muy claro, luminoso. ‖ m. Cada círculo máximo de la esfera celeste que pasa por los polos.

meridional. adj. Austral, del sur o mediodía.

merienda. f. Comida ligera a media tarde.

mérito. m. Conjunto de hechos, circunstancias que dan derecho a merecer algo. ‖ Lo que da cierto valor a una cosa.

merluza. f. Pez marino de carne blanca. ‖ fig. y fam. Borrachera.

mermar. intr. y prnl. Reducir, disminuir. Ú. t. c. prnl. ‖ tr. Quitar a uno parte de cierta cantidad que de derecho le corresponde.

mermelada. f. Conserva de fruta con miel o azúcar.

merodear. intr. Vagar furtivamente.

mero, ra. adj. Puro, simple.

mes. m. Cada una de las 12 partes en que se divide el año. ‖ Período de tiempo comprendido entre dos fechas iguales de dos meses consecutivos. ‖ Menstruación. ‖ Sueldo de un mes.

mesa. f. Mueble que se compone de una tabla lisa sostenida por una o varias patas. ‖ Conjunto de personas que se sientan alrededor de una mesa. ‖ Conjunto de personas que presiden una asamblea. || Parte llana y alta de una meseta.

mesar. tr. y prnl. Arrancar los cabellos o barbas.

meseta. f. Descansillo de una escalera. || Llanura extensa y elevada.

mesón. m. Casa de hospedaje. || Restaurante típico.

mestizo, za. adj. y s. De padres de raza diferente. || Se apl. al animal o planta que resulta del cruce de dos razas distintas.

mesura. f. Moderación, corrección.

meta. f. Final señalado de una carrera. || Portería del fútbol. || fig. Finalidad, objetivo.

metabolismo. m. Conjunto de reacciones químicas que efectúan las células de los seres vivos.

metafísica. f. Parte de la filosofía que trata de los principios primeros y universales y de las causas primeras de las cosas.

metáfora. f. Figura retórica que consiste en usar una palabra o frase en un sentido distinto del que tiene, pero manteniendo con éste una relación de analogía o semejanza.

metal. m. Cuerpo simple brillante, buen conductor del calor y de la electricidad. || Timbre de la voz. || Instrumento de viento de una orquesta. Ú. t. en pl.

metálico, ca. adj. De metal o de los metales.

metalurgia. f. Técnica empleada para extraer, tratar y elaborar los metales. || Ciencia que estudia las propiedades de los metales.

metamorfosis. f. Conjunto de cambios biológicos que experimentan ciertos animales durante su desarrollo. || fig. Transformación, cambio profundo.

metástasis. f. Reproducción de una enfermedad en órganos distintos de aquel en que se presentó primero.

meteorito. m. Fragmento sólido procedente del espacio exterior que puede llegar a caer sobre la Tierra.

meteoro. m. Cualquier fenómeno atmosférico, como la lluvia, la nieve, el arco iris, etc.

meteorología. f. Ciencia que estudia los fenómenos atmosféricos, y en especial su relación con el tiempo atmosférico.

meter. tr. Introducir a alguien o algo en un sitio. Ú. t. c. prnl. || Enredar, inmiscuirse. Ú. t. c. prnl. || Producir, ocasionar. || Poner o colocar en un lugar a una persona o cosa. || prnl. Introducirse. || Intervenir, participar.

meticuloso, sa. adj. Minucioso. || Escrupuloso.

método. m. Modo sistemático y ordenado de obrar. || Conjunto de reglas y ejercicios prácticos.

metodología. f. Ciencia del método. || Conjunto de métodos utilizados en una investigación.

metonimia. f. Figura retórica que consiste en designar una cosa con el nombre de otra, tomando el efecto por la causa o viceversa, el autor por sus obras, el signo por la cosa significada, etc.

metralla. f. Munición menuda con que se cargan las piezas de artillería.

metralleta. f. Arma de fuego portátil de repetición.

metro. m. Unidad de medida de longitud del sistema métrico decimal. || Instrumento de medida que tiene la longitud de un metro.

metro. m. apóc. de *metropolitano*, ferrocarril urbano subterráneo.

metrópoli. f. Ciudad principal, cabeza de provincia o Estado. || Iglesia arzobispal que tiene dependientes otras sufragáneas. || La nación, respecto de sus colonias.

metropolitano, na. adj. Relativo a la metrópoli. || Ferrocarril urbano eléctrico, subterráneo o elevado.

mexicano, na. . adj. y s. De México.

mezclar. tr. y prnl. Juntar, unir, incorporar. || prnl. Introducirse, meterse. || Intervenir, participar.

mezquino, na. adj. Avaro, miserable. || Pequeño, diminuto.

mezquita. f. Edificio en que los musulmanes practican sus ceremonias religiosas.

mi. pron. pos. apóc. de *mío*.

mi. m. Tercera nota de la escala musical.

mi. pron. pers. de primera persona en gén. masculino o femenino y núm. singular; se emplea siempre como complemento y con prep.

mica. f. Mineral compuesto de láminas brillantes y elásticas. Es un silicato múltiple, que forma parte integrante de varias rocas.

micción. f. Acción de mear.

michelín. m. Acumulación de grasa que a modo de rollo rodea la cintura u otra parte del cuerpo. Ú. m. en pl.

mico, ca. m. y f. Mono de cola larga. || Apelativo cariñoso dado a los niños.

micra. f. Medida de longitud equivalente a la millonésima parte del metro.

micro. m. apóc. de *micrófono*.

microbio. m. Ser unicelular microscópico.

microcosmo o **microcosmos.** m. En ciertas doctrinas filosóficas, el ser humano, concebido como reflejo fiel y resumen completo del universo o macrocosmos.

microfilm o **microfilme.** m. Reproducción fotográfica en película de tamaño reducido, de impresos, manuscritos, dibujos, etc.

micrófono. m. Aparato que aumenta la intensidad de los sonidos.

microonda. f. Onda electromagnética cuya longitud está comprendida en el intervalo del milímetro al metro y cuya propagación puede realizarse por el interior de tubos metálicos.

microordenador. m. Pequeño ordenador personal que emplea un microprocesador como unidad central de tratamiento.

microorganismo. m. Microbio.

microscopio. m. Instrumento óptico para observar objetos muy pequeños.

miedo. m. Inquietud, angustia producida por un peligro real o imaginario. || Recelo, aprensión.

miel. f. Sustancia viscosa, amarillenta y muy dulce, que elaboran las abejas.

miembro. m. Cualquiera de las extremidades del hombre o de los animales, articuladas con el tronco. || Órgano sexual masculino en el hombre y algunos animales; pene. || Persona que forma parte de una comunidad. || Parte de un todo.

mientras. adv. t. y conj. Durante el tiempo en que, entretanto.

miércoles. m. Tercer día de la semana.

mierda. f. Excremento. || fig. Suciedad, porquería. || fig. Cosa de poca calidad. || fam. Borrachera.

mies. f. Cereal maduro. || pl. Campos sembrados.

miga. f. Porción pequeña de pan o de cualquier otra cosa. || Parte blanda del pan. || fig. Sustancia o contenido de algo. || pl. Pan desmenuzado y frito con ajo y algo de pimentón.

migración. f. Emigración. || Viaje periódico de algunos animales.

mil. adj. Diez veces ciento. || Milésimo. || m. Guarismo del número mil. || Millar.

milagro. m. Suceso inexplicable que se atribuye a intervención divina. || Suceso o cosa rara, extraordinaria y maravillosa.

milenio. m. Período de mil años.

milésimo, ma. adj. Que ocupa por orden el lugar número mil. || Se dice de cada una de las mil partes en que se divide un todo. Ú. t. c. s.

mili. f. fam. apóc. de *milicia*.

milicia. f. Profesión dedicada a la actividad militar y a la preparación de soldados para ella. || Servicio militar. || Conjunto de militares de un estado.

milico. m. amer. Militar, soldado.

militar. adj. Relativo a la milicia. || com. Persona que sirve en el ejército.

militar. intr. Servir en la milicia. || fig. Pertenecer a un partido político, grupo, etc.

milla. f. Medida marina de longitud equivalente a 1.852 m. || Medida terrestre equivalente a 1.609 m.

millar. m. Conjunto de mil unidades.

millón. m. Mil millares. ‖ Cantidad muy grande e indeterminada.

millonario, ria. adj. y s. Rico, muy acaudalado.

millonésimo, ma. adj. Se dice de cada una del millón de partes iguales en que se divide un todo. U. t. c. s. ‖ Que ocupa en una serie el lugar un millón. Ú. t. c. pron.

mimar. tr. Tratar con cuidado y mimo algo o a alguien para conservarlo. ‖ Tratar con excesiva condescendencia a alguien, especialmente a los niños.

mimbre. amb. Mimbrera. ‖ Rama de la mimbrera.

mimetismo. m. Propiedad que poseen algunos animales y plantas de asemejarse, principalmente en el color, a los seres u objetos inanimados entre los cuales viven. ‖ Por ext., disposición de una persona para cambiar sus opiniones y conducta y adaptarse a las de otras.

mímica. f. Arte de imitar o darse a entender por medio de gestos o ademanes.

mimo. m. Cariño, demostración de ternura. ‖ Actor que se vale de gestos y de movimientos corporales. ‖ Farsa teatral.

mina. f. Yacimiento de algún mineral. ‖ Excavación para extraer un mineral. ‖ Grafito del lápiz. ‖ Artefacto explosivo. ‖ fig. Empleo, negocio, etc., en el que con poco trabajo se obtiene mucha ganancia.

minar. tr. Abrir galerías subterráneas. ‖ fig. Colocar minas o explosivos. ‖ fig. Consumir, desgastar.

mineral. m. Sustancia inorgánica que se halla en la corteza terrestre y principalmente aquella cuya explotación ofrece interés. ‖ Parte útil de un yacimiento minero. ‖ adj. Relativo a estas sustancias inorgánicas.

minga. f. amer. Reunión de amigos y vecinos para hacer algún trabajo en común.

miniatura. f. Pintura de tamaño pequeño. ‖ fig. Objeto pequeño.

minifalda. f. Falda muy corta.

minifundio. m. Explotación agrícola de reducida extensión.

minimizar. tr. Empequeñecer, quitar importancia.

mínimo, ma. adj. superl. de *pequeño*. ‖ Se dice de lo más pequeño dentro de su especie. ‖ m. Límite inferior a que se puede reducir una cosa.

ministerio. m. Cada uno de los departamentos en que se divide el Gobierno de un Estado. ‖ Edificio en el que se encuentra la oficina de un ministro. ‖ Empleo de ministro. ‖ Cuerpo de ministros de Estado. ‖ Cargo, empleo, oficio.

ministro, tra. m. y f. Miembro del Gobierno de un Estado. ‖ Representante o agente diplomático. ‖ En algunas religiones, sacerdote.

minoría. f. En las juntas, asambleas, etc., conjunto de votos dados en contra de lo que opina el mayor número de los votantes. ‖ Fracción de un cuerpo deliberante, generalmente opuesta a la política del Gobierno. ‖ Edad de una persona en la que es considerada menor a efectos legales.

minorista. com. Comerciante por menor. ‖ adj. Se apl. al comercio por menor.

minucia. f. Menudencia, pequeñez.

minuendo. m. Cantidad de la que ha de restarse otra.

minúsculo, la. adj. De muy pequeñas dimensiones o de muy poco valor. ‖ Se dice de la letra de menor tamaño que la mayúscula. Ú. t. c. f.

minusvalía. f. Disminución del valor de alguna cosa.

minuta. f. Borrador de un contrato, escritura, oficio, etc. ‖ Cuenta de honorarios de un abogado. ‖ Lista de los platos de una comida.

minutero. m. Aguja del reloj que indica los minutos.

minuto, ta. adj. Menudo. ‖ m. Cada una de las 60 partes iguales en que se divide una hora. ‖ Cada una de las 60 partes iguales en que se divide un grado de círculo.

mío, mía. pron. pos. Forma de primera persona en gén. m. o f. y núm. sing. o pl. Expresa pertenencia o vínculos entre una persona o cosa y la persona que habla.

miopía. f. Defecto de la visión que impide ver con precisión los objetos lejanos.

mira. f. Pieza de las armas de fuego para asegurar la puntería. ‖ Pieza que en ciertos instrumentos sirve para dirigir la vista o tirar objetos. ‖ fig. Intención, propósito, generalmente concreto. U. m. en pl.

mirador. m. Galería para explayar la vista. ‖ Balcón cerrado con cristales y cubierto con un tejadillo.

mirar. tr. Fijar la vista en un objeto. Ú. t. c. prnl. ‖ Tener un fin, atender. ‖ Observar. ‖ Pensar, juzgar. ‖ Apreciar, estimar. ‖ Estar enfrente. ‖ Concernir, pertenecer, tocar. ‖ Cuidar, atender. ‖ Buscar. Ú. t. c. prnl.

mirilla. f. Abertura en la pared o en la puerta para ver quién llama. ‖ Abertura de algunos instrumentos para dirigir visuales.

misa. f. Ceremonia religiosa de la liturgia católica. ‖ Composición militar escrita para acompañar este rito.

misántropo. m. Persona que tiene aversión al trato humano.

misceláneo, a. adj. Mixto, vario, compuesto de cosas distintas o de géneros diferentes. ‖ f. Mezcla de cosas diversas. ‖ Obra o escrito en que se tratan muchas materias inconexas y mezcladas.

miseria. f. Desgracia, infortunio. ‖ Pobreza, indigencia. ‖ Avaricia, mezquindad.

misericordia. f. Sentimiento de compasión hacia los sufrimientos ajenos, que inclina a ayudar o perdonar.

misil o **mísil.** m. Proyectil autopropulsado, equipado con una o varias cabezas explosivas, nucleares o convencionales.

misión. f. Cometido, encargo. ‖ Poder, facultad. ‖ Conjunto de misioneros o territorio en el que predican. ‖ Expedición de carácter científico para analizar sobre el terreno el objeto de estudio.

misionero, ra. m. y f. Persona que predica la religión cristiana en las misiones. ‖ adj. Relativo a los misioneros.

misiva. f. Carta, mensaje.

mismo, ma. adj. Denota identidad, similitud o paridad. ‖ Igual, semejante.

misoginia. f. Aversión a las mujeres.

misterio. m. Cosa incomprensible. ‖ Secreto. ‖ En la religión cristiana, cosa inaccesible a la razón y que debe ser objeto de fe.

místico, ca. adj. Relativo a la mística. ‖ Que se dedica a la experiencia espiritual. Ú. t. c. s. ‖ f. Parte de la teología que trata de la vida espiritual y contemplativa. ‖ Relación íntima de la persona con Dios mediante el conocimiento intuitivo y el amor. ‖ Conjunto de obras literarias que tratan sobre esta experiencia.

mistificar. tr. Falsear, falsificar.

mitad. f. Cada una de las dos partes iguales en que se divide un todo. ‖ Medio, centro.

mitigar. tr. y prnl. Moderar, suavizar.

mitin. m. Reunión pública en la que se discuten asuntos políticos o sociales.

mito. m. Narración fabulosa que relata acciones realizadas por personajes imaginarios y que tiene por fin fundamentar, de una manera no racional, la realidad. ‖ Conjunto de creencias e imágenes idealizadas que se forman alrededor de un personaje o fenómeno y que le convierten en modelo o prototipo. ‖ Invención, fantasía.

mitología. f. Historia de los dioses, semidioses y héroes de un pueblo.

mixto, ta. adj. Mezclado. ‖ Compuesto de varios elementos. Ú. t. c. s. ‖ m. Cerilla, fósforo.

mixtura. f. Mezcla.

mnemotecnia o **mnemotécnica.** f. Arte de desarrollar y cultivar la memoria. ‖ Método para fijar los conocimientos en la memoria.

mobiliario, ria. adj. Perteneciente o relativo al mueble. ‖ Se apl. a los efectos públicos que se negocian en bolsa. ‖ m. Conjunto de muebles.

moca. m. Café de buena calidad.

mocasín. m. Calzado de cuero flexible, sin cordones, muy cómodo.

mochila. f. Especie de bolsa que se lleva a la espalda en excursiones o marchas para transportar comida, ropa, etc. ‖ Morral.

mocho, cha. adj. Sin punta, truncado. ‖ Pelado.

moción. f. Proposición que se hace en una asamblea, congreso, etc.

moco. m. Secreción viscosa que segregan las membranas mucosas, y especialmente la nariz. Ú. m. en pl. ‖ Materia pegajosa que forma grumos en un líquido.

moda. f. Uso o costumbre pasajera que regula el modo de vestir, vivir, etc.

modal. adj. Relativo al modo. ‖ m. pl. Acciones, gestos o comportamiento habituales en una persona.

modelar. tr. Dar forma artística a una materia plástica. ‖ fig. Formar a una persona de acuerdo a unos principios determinados. ‖ prnl. Ajustarse a un modelo.

modelo. m. Persona o cosa que se considera digno de ser imitado y se pone como pauta a seguir en la ejecución de una cosa. ‖ Representación a escala reducida de alguna cosa. ‖ Vestido diseñado y confeccionado por un modisto o casa de costura. ‖ Objeto, aparato o construcción realizados conforme a un mismo diseño. ‖ com. Persona que exhibe prendas de vestir. ‖ Persona que posa para pintores o escultores.

módem. m. En inform., convertidor de señales digitales en señales susceptibles de trasladarse por una línea de comunicaciones, y viceversa.

moderar. tr. Templar, evitar el exceso. Ú. t. c. prnl. ‖ Presidir o dirigir un debate, asamblea, mesa redonda, etc.

moderno, na. adj. Que existe desde hace poco tiempo. ‖ Relativo a la época presente o a la moda o gustos actuales. ‖ Nuevo, reciente. ‖ Perteneciente al período histórico comprendido entre la Edad Media y la Edad Contemporánea (s. XV a XVIII).

modestia. f. Cualidad de la persona que no presume de sus méritos o no les da importancia. ‖ Sencillez. ‖ Pobreza, escasez de medios.

módico, ca. adj. Moderado, escaso, limitado.

modificar. tr. Cambiar. Ú. t. c. prnl. ‖ Limitar, determinar el sentido de una palabra.

modismo. m. Locución o modo de hablar propio de una lengua.

modisto, ta. m. y f. Persona que diseña y confecciona prendas de vestir.

modo. m. Forma de ser, de manifestarse o hacerse una cosa. ‖ Cada una de las distintas maneras de manifestarse la significación del verbo. ‖ m. pl. Modales. ‖ Urbanidad, cortesía.

modorro, rra. adj. Torpe, ignorante. ‖ f. Somnolencia, sopor profundo.

modoso, sa. adj. Respetuoso, de buenos modales.

modular. intr. Dar en el tono determinado a la voz o al sonido. ‖ Pasar de una tonalidad musical a otra. ‖ Hacer variar el valor de amplitud, frecuencia o fase de una onda portadora en función de una señal de vídeo o de otra clase, para su transmisión radiada.

módulo. m. Dimensión que convencionalmente se toma como unidad de medida, y más en general, todo lo que sirve de norma o regla. ‖ Pieza o conjunto unitario de piezas que se repiten en una construcción. ‖ Vehículo espacial independiente y, por lo espacial, autónomo, que forma parte de un tren espacial.

mofa. f. Burla.

moflete. m. Carrillo grueso.

mogollón. m. fam. Abundancia. ‖ Embrollo, lío, jaleo producido por mucha gente reunida.

mohín. m. Mueca o gesto.

mohíno, na. adj. Triste, disgustado.

moho. m. Hongo muy pequeño que se desarrolla sobre materias orgánicas en descomposición. ‖ Capa de óxido que se forma en la superficie de algunos metales, como el hierro.

moisés. m. Cestillo con asas, que sirve de cuna portátil.

mojama. f. Atún salado y seco.

mojar. tr. Humedecer con agua u otro líquido. Ú. t. c. intr. y prnl. ‖ fig. y fam. Beber para celebrar algo. ‖ intr. fig. Introducirse o tener parte en un negocio. ‖ prnl. Orinarse. ‖ Comprometerse o hacerse responsable de algo.

mojigato, ta. adj. y s. Que afecta humildad y cobardía. ‖ Que hace escrúpulos morales de todo.

mojón. m. Señal para fijar los linderos de heredades, términos y fronteras. ‖ Señal que sirve de guía. ‖ Montón.

molar. adj. Relativo a la muela. ‖ m. Muela, diente.

molde. m. Objeto hueco que sirve para dar forma a la materia fundida, que en él se vacía. ‖ Cualquier instrumento que sirve para dar forma a una cosa. ‖ fig. Esquema, norma. ‖ En impr., conjunto de letras o forma ya dispuestos para imprimir.

moldura. f. Parte saliente de perfil uniforme que sirve de adorno.

mole. f. Cosa maciza y voluminosa. ‖ fig. Corpulencia de una persona o animal.

molécula. f. Mínima porción que puede separarse de un cuerpo sin alterar su composición química.

moler. tr. Triturar, reducir a polvo. ‖ fig. Cansar, fatigar mucho físicamente. ‖ fig. Destruir, maltratar. ‖ fig. Molestar, incordiar.

molestia. f. Perturbación. ‖ Enfado, fastidio, desazón. ‖ Falta de comodidad o impedimento para los libres movimientos del cuerpo.

molicie. f. Gusto por la vida cómoda.

molinillo. m. Instrumento pequeño para moler.

molino. m. Máquina para moler. ‖ Casa o edificio donde está instalada.

molla. f. Parte magra de la carne. ‖ Acumulación carnosa en alguna parte del cuerpo. Ú. m. en pl.

molleja. f. Parte del aparato digestivo de algunos animales. En las aves tiene una función trituradora.

mollera. f. Parte superior del cráneo. ‖ fig. Entendimiento.

molusco. adj. y m. Invertebrado de cuerpo blando, protegido casi siempre por una concha más o menos dura, como los caracoles, almejas, ostras, etc.

momento. m. Porción brevísima de tiempo. ‖ Tiempo en que ocurre algo. ‖ Oportunidad, ocasión. ‖ Situación en el tiempo actual o presente.

momia. f. Cadáver que se deseca con el transcurso del tiempo sin descomponerse. ‖ fig. Persona muy delgada.

monacal. adj. Relativo a los monjes o a las monjas.

monaguillo. m. Niño que ayuda al sacerdote en la misa y en otros servicios litúrgicos.

monarca. m. Rey.

monarquía. f. Forma de gobierno en que el poder supremo es ejercido por una persona, generalmente con carácter vitalicio y hereditario. ‖ Estado regido por un monarca.

monasterio. m. Casa o convento donde viven los monjes.

monda. f. Mondadura.

mondadientes. m. Palillo para limpiar los dientes.

mondar. tr. Quitar la piel, cáscara, etc., a las frutas y legumbres. ‖ Limpiar. ‖ Quitar lo superfluo. ‖ Podar. ‖ Cortar el pelo. ‖ prnl. fig. y fam. Reírse mucho.

moneda. f. Pieza de metal acuñada que sirve de medida común para el precio de las cosas y para facilitar los cambios. ‖ Unidad monetaria de un Estado.

monedero. m. Bolsa o cartera para llevar dinero en metálico.

monegasco, ca. adj. y s. De Mónaco.

mongol. adj. y com. De Mongolia.

mongolismo. m. Enfermedad congénita, que se caracteriza por alteraciones morfológicas en el rostro (labios gruesos, ojos oblicuos, nariz achatada) y un desarrollo mental anormal.

monigote. m. Muñeco o figura ridícula. ‖ Persona ignorante y despreciable. ‖ Dibujo mal hecho.

monitor, ra. m. y f. Persona que orienta y aconseja a otras. ‖ Persona que guía el aprendizaje en algún deporte o disciplina. ‖ Aparato receptor de televisión que sirve para controlar la calidad de la transmisión. ‖ En inform., pantalla del ordenador.

monja. f. Religiosa de alguna de las órdenes aprobadas por la Iglesia.

monje. m. Individuo de una comunidad religiosa.

mono, na. adj. Bonito, gracioso. ‖ m. y f. Simio. ‖ m. Nombre genérico con que se designa a cualquiera de los animales del suborden de los simios. ‖ Traje de faena de una sola pieza. ‖ Síndrome de abstinencia de la droga.

monocorde. adj. Monótono, insistente, sin variaciones.

monóculo. m. Lente para un solo ojo.

monogamia. f. Régimen familiar que prohíbe la pluralidad de esposas. ‖ Estado del hombre o la mujer que sólo se ha casado una vez.

monografía. f. Estudio o tratado especial sobre una materia determinada o tema particular.

monolito. m. Monumento de piedra de una sola pieza.

monólogo. m. Obra o escena dramática de un solo personaje. ‖ Discurso que se hace uno a sí mismo.

monomanía. f. Locura parcial o manía.

monopatín. m. Patín que consta de una tabla horizontal con ruedas y se usa en juegos y deportes.

monopolio. m. Concesión otorgada por la autoridad competente a una empresa para que ésta aproveche con carácter exclusivo alguna industria o comercio. ‖ Convenio entre comerciantes para vender un género a determinado precio. ‖ En ciertos casos, acaparamiento. ‖ Ejercicio exclusivo de una actividad.

monosílabo, ba. adj. y m. Se dice de la palabra de una sílaba.

monoteísmo. m. Religión que reconoce un solo Dios.

monotonía. f. Igualdad de tono. ‖ Falta de variedad.

monseñor. m. Título honorífico que se aplica a algunos eclesiásticos, especialmente a los obispos.

monserga. f. fam. Discurso inoportuno. ‖ Pesadez.

monstruo. m. Ser contrario a la naturaleza por diferir de forma notable de los de su especie. ‖ Persona, animal o cosa desmesurada en tamaño, fealdad, etc., y que por ello causa extrañeza y rechazo. ‖ Persona muy cruel. ‖ Personaje fantástico que aparece en el folclore, la literatura, el cine, etc., generalmente caracterizado de forma negativa. ‖ fig. Persona que posee cualidades excepcionales para algo.

montacargas. m. Ascensor para elevar pesos.

montaje. m. Acción y efecto de armar o montar las piezas de un aparato, máquina, instalación, etc. ‖ Selección y ordenación del material ya filmado para constituir la versión definitiva de una película. ‖ Superposición de fotografías y otros elementos con fines decorativos, publicitarios, etc. ‖ fig. Farsa.

montante. m. Importe, cuantía. ‖ Listón o columnita que divide el vano de una ventana. ‖ Ventana sobre la puerta de una habitación.

montaña. f. Elevación natural del terreno. ‖ Zona montañosa.

montar. intr. y prnl. Ponerse encima de algo. ‖ Cabalgar. Ú. t. c. tr. ‖ intr. Importar una cantidad total. ‖ tr. Cubrir el macho a la hembra. ‖ Armar las piezas de un aparato o máquina. ‖ Instalar un negocio, empresa, etc. ‖ Poner el arma en disposición de disparar. ‖ Hacer el montaje de los planos de una película o de las escenas de una obra teatral u otro espectáculo. ‖ Batir la nata o la clara de huevo para que queden esponjosas.

montaraz. adj. Que anda o se ha criado en los montes. ‖ Agreste. ‖ Feroz.

monte. m. Elevación natural de terreno. ‖ Tierra inculta cubierta de árboles, arbustos o matas.

montepío. m. Depósito de dinero formado de los descuentos hechos a los individuos de un cuerpo o clase para pensiones o ayudas. ‖ Establecimiento con este fin.

montículo. m. Monte pequeño, por lo común aislado.

montón. m. Conjunto de cosas puestas sin orden unas encima de otras. ‖ Número considerable, gran cantidad.

montubio, a. adj. amer. Campesino de la costa.

montura. f. Cabalgadura. ‖ Conjunto de los arreos de una caballería de silla. ‖ Montaje. ‖ Armadura en que se colocan los cristales de las gafas.

monumento. m. Obra pública de carácter conmemorativo. ‖ Construcción destacada por su valor histórico o artístico. ‖ Por ext., cualquier producción humana de gran valor histórico, artístico o científico. ‖ fig. Persona de gran belleza. ‖ Altar para conservar la Eucaristía en Jueves Santo.

monzón. amb. Viento alternante que sopla en el océano Índico y da origen a lluvias abundantes.

moño. m. Rodete o atado que se hace con el pelo. ‖ Lazo de cintas. ‖ Penacho que llevan algunas aves.

moqueta. f. Tela fuerte de la que se hacen alfombras y tapices.

morada. f. Casa o habitación. ‖ Estancia o residencia en un lugar.

morado, da. adj. y s. De color entre carmín y azul.

moral. adj. Relativo a las costumbres o formas de comportamiento humanas. ‖ Subjetivo, interno, mental, por oposición a lo material o corporal. ‖ Que no concierne al orden jurídico, sino a la propia conciencia interna del individuo. ‖ f. Parte de la filosofía que estudia la conducta humana y juzga su valor o conveniencia. ‖ Conjunto de principios sociales que rigen y determinan el comportamiento humano. ‖ fig. Estado de ánimo con que se afronta algo.

moraleja. f. Enseñanza provechosa que se saca de un cuento, fábula, etc.

morar. intr. Residir, vivir.

moratoria. f. Plazo que se otorga para pagar una deuda vencida.

mórbido, da. adj. Blando, suave, delicado.

morbo. m. Enfermedad. ‖ Atracción hacia lo desagradable, lo cruel, lo prohibido o lo peligroso.

morboso, sa. adj. Enfermizo. ‖ Que se siente atraído obsesivamente por lo desagradable, lo cruel, lo prohibido o lo peligroso.

morcilla. f. Trozo de tripa rellena de sangre cocida, con otros ingredientes. ‖ fig. Palabras de su invención que añade un actor a su papel en el momento de la representación.

mordaz. adj. Que murmura o critica de forma ácida o cruel, pero ingeniosa.

mordaza. f. Cualquier cosa que se pone en la boca para impedir hablar. ‖ Aparato formado de dos piezas entre las que se coloca un objeto para su sujeción.

morder. tr. Coger y apretar con los dientes una cosa clavándolos en ella. Ú. t. c. prnl. ‖ Mordisquear. ‖ fig. Manifestar uno de algún modo su ira.

mordisco. m. Mordedura. ‖ Pedazo que se saca mordiendo.

moreno, na. adj. y s. Se dice del color oscuro que tira a negro. ‖ Bronceado. ‖ Se dice de la persona de piel, tez o pelo de color oscuro o negro. ‖ Se dice de la persona de raza negra.

morfina. f. Sustancia extraída del opio, utilizada en medicina como analgésico y anestésico. En grandes dosis es un narcótico, que produce hábito y dependencia con facilidad.

morfología. f. Parte de la biol., que estudia la forma de los seres orgánicos. ‖ Parte de la ling., que estudia la flexión, derivación y composición de las palabras.

morfosintaxis. f. Estudio de la forma y función de los elementos lingüísticos dentro de la oración.

morgue. f. En medicina legal, depósito de cadáveres.

moribundo, da. adj. y s. Que está muriendo o muy cercano a morir.

morir. intr. y prnl. Dejar de vivir. || Finalizar o extinguirse algo completamente. || fig. Sentir vivamente algún deseo, pasión, etc. || fig. Cesar algo en su curso o movimiento.

morisco, ca. adj. Se dice de los musulmanes que se quedaron en España una vez finalizada la reconquista. Ú. t. c. s. || Perteneciente o relativo a ellos.

moro, ra. adj. y s. Del N. de África. || Mahometano. || Se dice de los musulmanes que invadieron España en el s. VIII.

morocho, cha. adj. amer. Tratándose de personas, fuerte, robusto. || amer. Se dice de la persona morena.

moroso, sa. adj. Lento, tardo. || Retrasado en el pago de una deuda.

morral. m. Talego que se cuelga de la cabeza de las bestias para que coman. || Mochila, zurrón.

morralla. f. Pescado menudo. || Conjunto de cosas sin valor.

morriña. f. Tristeza, melancolía, especialmente la nostalgia de la tierra natal.

morro. m. Hocico de los animales. || Extremidad redonda de una cosa. || Labio abultado. || Parte delantera del coche, avión, etc. || fig. y fam. Desvergüenza, cara dura.

morsa. f. Mamífero parecido a la foca, con dos caninos que se prolongan fuera de la mandíbula superior.

morse. m. Sistema de telegrafía que utiliza un alfabeto a base de puntos y rayas. || Este alfabeto.

mortadela. f. Embutido grueso de carne de cerdo muy picada con tocino.

mortaja. f. Vestidura con que se envuelve el cadáver.

mortal. adj. Que ha de morir. || Que ocasiona o puede ocasionar la muerte. || Fatigoso, abrumador. || com. Ser humano.

mortalidad. f. Proporción de defunciones en una población o tiempo determinados.

mortandad. f. Multitud de muertes causadas por epidemia, cataclismo, guerra, etc.

mortecino, na. adj. Apagado, sin vigor.

mortero. m. Utensilio a manera de vaso para machacar especias, semillas, etc. || Pieza de artillería corta. || Mezcla o masa de albañilería.

mortífero, ra. adj. Que ocasiona o puede ocasionar la muerte.

mortificar. tr. y prnl. fig. Castigar el cuerpo. || Afligir, causar pesadumbre o molestia.

mortuorio, ria. adj. Relativo al difunto o a los funerales.

mosaico. m. Técnica artística de decoración realizada yuxtaponiendo pequeñas piezas de piedra, vidrio, etc., de varios colores para formar diseños. || Obra obtenida mediante esta técnica.

mosca. f. Insecto muy común, de cuerpo negro, alas transparentes y boca en forma de trompa. || fam. Dinero. || fam. Persona molesta y pesada. || fig. Desazón, inquietud. Ú. t. c. adj.

moscardón. m. Mosca grande. || Moscón. || Avispón. || Persona impertinente y pesada.

mosquear. tr. y prnl. Hacer concebir sospechas. || prnl. Molestarse fácilmente y sin motivo.

mosquete. m. Arma de fuego antigua parecida al fusil.

mosquitero, ra. m. y f. Colgadura de cama para que no entren los mosquitos. || Tela metálica o de otro material, muy tupida, que se pone en puertas o ventanas para impedir que entren insectos.

mosquito. m. Insecto de dimensiones muy reducidas, cuya hembra chupa la sangre.

mostacho. m. Bigote.

mostaza. f. Planta cuya semilla, hecha harina, se emplea en condimentos y medicina. || Salsa que se hace de esta semilla.

mosto. m. Zumo exprimido de uva y frutas sin fermentar.

mostrador. m. Mesa larga o mueble para presentar los géneros en las tiendas y para servir las consumiciones en los bares, cafeterías, etc.

mostrar. tr. Exponer a la vista algo; señalarlo para que se vea. || Explicar, dar a conocer. || Indicar. || Demostrar. || prnl. Darse a conocer de alguna manera.

mota. f. Nudillo o granillo que se forma en el paño. || Partícula que se pega a la ropa o a otras partes. || Defecto muy ligero.

mote. m. Sobrenombre que se da a una persona, apodo.

motel. m. Hotel de carretera.

motín. m. Levantamiento popular contra la autoridad constituida.

motivar. tr. Ser causa o motivo de algo. || Animar a alguien para que se interese por una cosa. Ú. t. c. prnl.

motivo. m. Causa o razón. || Tema musical que se repite a lo largo de una pieza. || Elemento decorativo que se repite.

moto. f. apóc. de *motocicleta*.

motocicleta. f. Vehículo automóvil de dos ruedas.

motociclismo. m. Deporte practicado con motocicleta.

motor, ra. adj. y s. Que produce movimiento. || m. Máquina destinada a producir movimiento a expensas de otra fuente de energía. || f. Embarcación menor provista de motor.

motorismo. Deporte de los motoristas, motociclismo.

motriz. adj. f. Que mueve o genera movimiento.

mover. tr. Hacer que algo cambie de posición. Ú. t. c. prnl. || Por ext., menear o agitar una cosa o parte de algún cuerpo. Ú. t. c. prnl. || Dar motivo, persuadir, inducir o incitar. || Alterar, conmover. || Producir. || Hacer que algo sea más eficaz o que vaya más deprisa. || prnl. Echar a andar, irse.

móvil. adj. Movible. || m. Motivo, causa. || Objeto decorativo compuesto

por diversas figuras ligeras que cuelgan de un soporte y se mueven con el viento o mediante un mecanismo.

mozalbete. m. Muchacho.

mozárabe. adj. Se dice de los cristianos que conservaron su religión en los territorios que estaban bajo dominación musulmana en la península Ibérica. Ú. t. c. com. || Perteneciente o relativo a estos cirstianos y a la lengua hablada por ellos.

mozo, za. adj. y s. Joven. || Soltero. || m. y f. Persona que presta ciertos servicios, sin oficio especializado. || m. Joven alistado al servicio militar.

mucamo, ma. m. y f. amer. Sirviente, criado.

muchacho, cha. m. y f. Niño. || Joven. || Criado, sirviente.

muchedumbre. f. Multitud.

mucho, cha. adj. Abundante, numeroso. || Más de lo habitual o normal. || adv. c. Con gran intensidad, en grado elevado.

mucosidad. f. Secreción mucosa.

muda. f. Acción de mudar. || Conjunto de ropa que se muda de una vez. || Tiempo de mudar las aves sus plumas o la piel otros animales. || Cambio de voz de los muchachos en la pubertad.

mudar. tr. Tomar otra naturaleza, estado, figura, lugar, etc. || Dejar una cosa y tomar otra. || Cambiar de sitio o empleo. || Efectuar la muda los animales. || Cambiar un muchacho la voz. || prnl. Cambiarse de ropa. || Cambiarse de domicilio.

mudéjar. adj. y s. Se dice de la población musulmana de la península Ibérica que, tras la reconquista de un lugar, quedaba viviendo en territorio cristiano. Ú. t. c. com. || Perteneciente o relativo a estos musulmanes. || Se dice del estilo aquitectónico de influencias árabes desarrollado en España durante los s. XIII, XV y XVI.

mudo, da. adj. y s. Privado de la facultad de hablar. || Que no habla. || Silencioso, callado.

mueble. adj. Que puede moverse. ‖ m. Cualquier objeto para comodidad o adorno de la casa.

mueca. f. Contorsión del rostro. ‖ Burla.

muela. f. Piedra de molino. ‖ Piedra de afilar. ‖ Cada uno de los dientes posteriores a los caninos, que sirven para triturar los alimentos. ‖ Cerro escarpado con cima plana. ‖ Almorta.

muelle. adj. Suave, blando. ‖ Voluptuoso. ‖ m. Pieza elástica, ordinariamente de metal, enrollada en espiral.

muelle. m. Obra construida en los puertos para facilitar el embarque y desembarque y, a veces, para abrigo de las embarcaciones. ‖ Andén alto de las estaciones de ferrocarril.

muermo. m. Enfermedad contagiosa de las caballerías. ‖ fig. Persona, animal o cosa que produce aburrimiento, hastío o decaimiento. ‖ Estado de somnolencia producido por el aburrimiento, la fatiga, o causado por la ingestión de alcohol o drogas.

muerte. f. Cesación de la vida. ‖ Homicidio. ‖ Pena capital. ‖ Esqueleto humano que simboliza la muerte. ‖ Destrucción, aniquilación.

muerto, ta. adj. Sin vida. Ú. t. c. s. ‖ Apagado, desvaído. ‖ Inactivo. ‖ Se apl. a las lenguas que ya no se hablan. ‖ m. fig. Trabajo o asunto desagradable.

muesca. f. Hueco que se hace en una cosa para encajar otra.

muestra. f. Parte o porción, extraída de un conjunto, por métodos que permiten considerarla como representativa del mismo. ‖ Pequeña cantidad de un producto que se regala gratuitamente para promocionarlo. ‖ Ejemplar o modelo que se ha de copiar o imitar. ‖ Indicio, demostración, prueba. ‖ Exposición o feria.

mugir. intr. Dar mugidos. ‖ Bramar. ‖ fig. Manifestar uno su ira con gritos.

mugre. f. Suciedad grasienta.

mujer. f. Persona del sexo femenino. ‖ La que ha llegado a la edad de la pubertad.‖ Esposa.

mujeriego, ga. adj. Relativo a la mujer. ‖ Se dice del hombre muy aficionado a las mujeres. Ú. t. c. m.

mula. f. Hembra del mulo. ‖ Mujer muy bruta.

mulato, ta. adj. y s. Hijo de negra y blanco, o al contrario. ‖ De color moreno.

muleta. f. Palo con un travesaño que permite el apoyo de la axila al andar. ‖ Bastón o palo que lleva pendiente a lo largo un paño o capa, comúnmente encarnada, de que se sirve el torero para engañar al toro.

muletilla. f. Muleta del torero. ‖ Expresión que se repite innecesariamente al hablar.

mullir. tr. Ahuecar y esponjar una cosa.

mulo. m. Animal híbrido estéril, que resulta del cruce entre las especies caballar y asnal. ‖ Hombre muy bruto.

multa. f. Sanción económica.

multinacional. adj. Relativo a varias naciones. ‖ Se dice de la empresa o sociedad mercantil que ejerce sus actividades en varios países. Ú. t. c. f.

múltiple. adj. Vario, de muchas maneras, opuesto a simple.

multiplicador, ra. adj. y s. Que multiplica. ‖ Se dice del factor que indica las veces que el otro, o *multiplicando*, se debe sumar para obtener el producto de la multiplicación.

multiplicando. adj. y m. Se dice del factor que ha de ser multiplicado.

multiplicar. tr. Hallar el producto de dos factores, tomando uno de ellos, que se llama multiplicando, tantas veces por sumando como unidades contiene el otro, llamado multiplicador. ‖ Aumentar considerablemente una cantidad. Ú. t. c. intr. y prnl. ‖ prnl. Reproducirse los seres vivos. ‖ Esforzarse alguien por realizar o atender varios asuntos a la vez.

multiplicidad. f. Diversidad. ‖ Abundancia excesiva.

múltiplo, pla. adj. y s. Número que contiene a otro tantas veces exactamente.

multitud. f. Número grande de personas o cosas. ‖ fig. Vulgo, plebe.

mundo. m. Conjunto de todas las cosas creadas. ‖ La tierra que habitamos. ‖ El género humano. ‖ Esfera en que se representa el globo terráqueo. ‖ Experiencia de la vida y del trato social. ‖ La vida seglar, por oposición a la monástica.

munición. f. Carga que se pone en las armas de fuego.

municipio. m. Conjunto de habitantes de un mismo término jurisdiccional regido por un ayuntamiento. ‖ Organismo que administra dicho término, más el alcalde y los concejales que lo dirigen. ‖ Término o territorio que comprenden.

muñeca. f. Parte del brazo en donde se articula la mano con el antebrazo.

muñeco, ca. m. y f. Figurilla de forma humana que sirve de juguete. ‖ fig. Persona de carácter débil que se deja manejar por otra. Ú. m. c. m.

muñón. m. Parte de un miembro cortado que permanece adherido al cuerpo.

mural. adj. Relativo al muro. ‖ m. Pintura hecha sobre un muro o aplicada a él.

muralla. f. Muro u obra defensiva que rodea una plaza fuerte.

murciélago. m. Mamífero volador nocturno que se alimenta de insectos.

murga. f. fam. Compañía de músicos callejeros. ‖ Molestia, incordio.

murmullo. m. Ruido que se hace hablando, especialmente cuando no se percibe lo que se dice. ‖ Ruido continuado y confuso.

murmurar. intr. Producir un sonido suave y apacible. ‖ fig. Hablar entre dientes manifestando queja por alguna cosa. Ú. t. c. tr. ‖ Hablar mal de una persona a sus espaldas. Ú. t. c. tr.

muro. m. Pared o tapia. ‖ Muralla.

murria. f. Tristeza, melancolía.

mus. m. Juego de naipes y de envite.

musa. f. Cada una de las deidades que protegen las ciencias y las artes liberales, especialmente la poesía. ‖ fig. Ingenio poético propio de cada poeta. ‖ fig. Poesía.

musaraña. f. Pequeño mamífero insectívoro semejante a un ratón.

musculatura. f. Conjunto y disposición de los músculos.

músculo. m. Cualquiera de los órganos compuestos principalmente de fibras dotadas de la propiedad específica de contraerse. Son los responsables del movimiento.

museo. m. Edificio o lugar en que se guardan y exponen colecciones de objetos artísticos o científicos. ‖ Por ext., lugar donde se exhiben, con fines turísticos, objetos o curiosidades.

musgo. m. Cada una de las plantas briofitas que crecen sobre las piedras, cortezas de árboles, etc.

música. f. Arte de combinar los sonidos de la voz humana o de los instrumentos, o de unos y otros a la vez, de suerte que produzca deleite al escucharlos. ‖ Composición musical.

músico, ca. adj. Relativo a la música. ‖ m. y f. Persona que se dedica a componer o tocar música.

musitar. intr. Susurrar o hablar entre dientes.

muslo. m. Parte de la pierna desde la juntura de las caderas hasta la rodilla. ‖ Parte correspondiente de los animales.

mustio, tia. adj. Melancólico, triste. ‖ Lánguido, marchito.

musulmán, na. adj. y s. Seguidor de la religión del Islam.

mutación. f. Acción o efecto de mudar o cambiar. ‖ Cualquiera de las alteraciones producidas en la estructura o en el número de los genes o de los cromosomas de un organismo vivo, que se transmiten a sus descendientes por herencia. ‖ Fenotipo producido por aquellas alteraciones. ‖ Cambio escénico en el teatro.

mutilar. tr. Cortar una parte del cuerpo. Ú. t. c. prnl. ‖ Quitar una parte de otra cosa.

mutismo. m. Silencio voluntario o impuesto.

mutualidad. f. Asociación de personas que, para recibir determinadas prestaciones, aportan todas ellas una cuota periódicamente.

mutuo, tua. adj. y s. Recíproco. ‖ f. Mutualidad.

muy. adv. que se antepone a nombres adjetivados, participios, etc., para denotar en ellos grado superlativo de significación.

N

n. f. Decimocuarta letra del abecedario español y undécima de sus consonantes. Su nombre es *ene*.

nácar. m. Sustancia dura, blanca, brillante y con reflejos irisados, que forma el interior de varias conchas de moluscos.

nacatamal. m. amer. Empanada rellena de carne de cerdo.

nacer. intr. Salir del vientre materno. ‖ Salir del huevo un animal ovíparo. ‖ Empezar a salir un vegetal de su semilla. ‖ Empezar una cosa desde otra, como saliendo de ella. ‖ fig. Inferirse una cosa de otra. ‖ fig. Prorrumpir o brotar. ‖ prnl. Entallecerse una raíz o semilla al aire libre.

nación. f. Entidad jurídica y política formada por el conjunto de los habitantes de un país regido por el mismo gobierno. ‖ Territorio de ese mismo país. ‖ Conjunto de personas de un mismo origen étnico y que generalmente hablan un mismo idioma, tienen una tradición común y ocupan un mismo territorio.

nacionalidad. f. Región que, a sus peculiaridades, une otras (idioma, historia, cultura, gobierno propios) que le confieren una acusada personalidad dentro de la nación en que está enclavada. ‖ Condición y carácter peculiar de los pueblos o individuos de una nación. ‖ Estado propio de la persona nacida o naturalizada en una nación.

nacionalismo. m. Doctrina que exalta en todos los órdenes la personalidad nacional. ‖ Aspiración de un pueblo o raza a alcanzar la plena independencia o a constituirse en ente autónomo dentro de un Estado.

nacionalsocialismo. m. Doctrina fundada por Hitler que propugnaba un nacionalismo expansionista basado en la supremacía de la raza germánica y un racismo seudocientífico fundamentalmente antisemita.

nada. f. El no ser, o la carencia absoluta de todo ser. ‖ Cosa mínima. ‖ pron. indet. Ninguna cosa. ‖ adv. cant. De ninguna manera, en absoluto. ‖ Poca o muy poca cantidad de alguna cosa.

nadar. intr. Mantenerse y avanzar sobre el agua moviendo algunas partes del cuerpo. ‖ Flotar en un líquido cualquiera. ‖ fig. Abundar en una cosa.

nadie. pron. indet. Ninguna persona. ‖ m. fig. Persona insignificante.

naftalina. f. Hidrocarburo sólido muy usado, en forma de bolas, para preservar la ropa de la polilla.

nahua. adj. Se dice del individuo de un antiguo pueblo indio que habitó la altiplanicie mexicana y la parte de América Central antes de la conquista española. ‖ Se apl. al grupo de lenguas habladas por los indios mexicanos. Ú. t. c. m.

náhuatl. m. Lengua hablada por los pueblos nahuas. Ú. t. c. adj.

nailon. m. Fibra textil sintética.

naipe. m. Cartulina rectangular que lleva figuras pintadas en una cara y sirve para jugar. ‖ pl. Baraja.

nalga. f. Cada una de las dos porciones carnosas y redondeadas que constituyen el trasero. Ú. m. en pl.

nana. f. fam. Abuela. ‖ Canto con que se arrulla a los niños. ‖ Nodriza. ‖ amer. En lenguaje infantil, daño o pupa.

nao. f. Nave.

napa. f. Piel de algunos animales (cordero, cabra), curtida y trabajada, que se destina especialmente a la confección de prendas de vestir.

naranja. f. Fruto comestible del naranjo, de forma globosa y de pulpa dividida en gajos. ‖ m. Color semejante al de la naranja.

naranjo. m. árbol siempre verde que se cultiva mucho en España. Su flor es el azahar y su fruto la naranja.

narcótico, ca. adj. y m. Se dice de las sustancias que producen sopor, relajación muscular y embotamiento de la sensibilidad, como el cloroformo y el opio.

nariz. f. Parte saliente del rostro humano, entre la frente y la boca, con dos orificios que comunican con la membrana pituitaria y el aparato de la respiración. Ú. t. en pl. ‖ Sentido del olfato. Ú. t. pl. fig. y fam. Coraje, valor. ‖ expr. fam. de negación.

narrar. tr. Contar una historia o suceso, real o imaginario, oralmente, por escrito o de cualquier otra manera.

nasal. adj. Relativo a la nariz. ‖ Se dice del sonido en cuya pronunciación la corriente espirada sale total o parcialmente por la nariz. ‖ Se apl. a la voz, tono, etc., que tiene un sonido de estas características.

nata. f. Sustancia espesa que forma una capa sobre la leche que se deja en reposo. ‖ Materia grasa de la leche batida con azúcar.

natación. f. Arte y técnica de nadar como deporte o como ejercicio.

natal. adj. Relativo al nacimiento.

natalidad. f. Número proporcional de nacimientos en un lugar y tiempo determinados.

natillas. f. pl. Dulce de huevo, leche y azúcar.

nativo, va. adj. Relativo al país o lugar en que uno ha nacido. ‖ Natural, de un país o lugar. Ú. t. c. s. ‖ Innato.

nato, ta. adj. Se dice del título o del cargo que está anejo a un empleo o a la calidad de un sujeto.

natural. adj. Relativo a la naturaleza o producido por ella. ‖ Poco trabajado o elaborado, espontáneo, no forzado o fingido. ‖ Conforme a la naturaleza peculiar de un ser determinado. ‖ Nativo, originario de un pueblo o nación. Ú. t. c. com. ‖ Normal, lógico. ‖ Que se produce por las fuerzas de la naturaleza. ‖ Se dice de las cosas que imitan con acierto o habilidad a la naturaleza. ‖ m. Carácter, temperamento.

naturaleza. f. Conjunto de todo lo que forma el universo en cuya creación no ha intervenido el hombre. ‖ Principio o fuerza cósmica que se supone rige y ordena todas las cosas creadas. ‖ Esencia y propiedad característica de cada ser. ‖ Carácter, temperamento. ‖ Constitución física de una persona o animal. ‖ Especie, género, clase. ‖ Origen que uno tiene según la ciudad o país en que ha nacido.

naturismo. m. Doctrina que preconiza el empleo de los agentes naturales para el tratamiento de las enfermedades. ‖ Nudismo.

naufragar. intr. Irse a pique o perderse la embarcación. ‖ fig. Salir mal un intento o negocio.

náufrago, ga. adj. y s. Que ha padecido naufragio.

náusea. f. Ansia de vomitar. Ú. m. en pl. ‖ fig. Repugnancia, desagrado o rechazo motivado por algo no físico.

náutico, ca. adj. Relativo a la navegación. ‖ Se dice de los deportes acuáticos. ‖ f. Ciencia o arte de navegar.

navaja. f. Cuchillo cuya hoja puede doblarse o replegarse para que el filo quede guardado dentro del mango.

nave. f. Barco. ‖ Espacio entre dos nudos o filas de arcadas en los templos. ‖ Edificio industrial.

navegar. intr. Viajar por el agua con embarcación. Ú. t. c. tr. ‖ Desplazarse la embarcación. ‖ Manejar la nave. ‖ Por analogía, viajar por el aire en globo, avión u otro vehículo.

navidad. f. Nacimiento de Jesucristo. ‖ Día en que se celebra. ‖ Tiempo inmediato a este día, hasta la epifanía. Ú. t. en pl.

navío. m. Barco grande, de cubierta, con velas y muy fortificado.

nazi. adj. y com. Partidario del nacionalsocialismo o relativo al mismo.

nazismo. m. Nombre abreviado del nacionalsocialismo.

neblina. f. Niebla espesa y baja.

nebuloso, sa. adj. Que tiene niebla o está cubierto de ella. ‖ fig. Sombrío, tétrico. ‖ fig. Falto de claridad o difícil de entender, confuso. ‖ f. Materia cósmica celeste, difusa y luminosa, en general de contorno impreciso.

necesario, ria. adj. Que debe suceder inevitablemente. ‖ Conveniente, muy útil. ‖ Imprescindible para algo. ‖ Que se realiza obligado o forzado por algo.

neceser. m. Caja o estuche con diversos objetos de tocador, costura, etc.

necesidad. f. Lo que hace que las causas sucedan infaliblemente de cierta manera. ‖ Obligación. ‖ Carencia o escasez de lo imprescindible para vivir. ‖ Falta continuada de alimento que produce debilidad. ‖ Situación difícil que atraviesa alguien. ‖ Evacuación corporal de heces u orina. Ú. m. en pl.

necesitar. intr. y tr. Tener necesidad de una persona o cosa.

necio, cia. adj. y s. Ignorante. ‖ Imprudente. ‖ Terco y porfiado.

necrópolis. f. Cementerio de gran extensión.

néctar. m. Bebida que proporcionaba la inmortalidad a los dioses del gentilismo. ‖ Jugo azucarado producido por las flores de ciertas plantas.

neerlandés, sa. adj. y s. De los Países Bajos.

nefando, da. adj. Indigno, torpe, repugnante.

nefasto, ta. adj. Triste, funesto.

negado, da. adj. y s. Incapaz, inepto.

negar. tr. Decir que no es verdad una cosa. ‖ No admitir la existencia de algo. ‖ Decir que no a lo que se pide. ‖ Prohibir, impedir. ‖ prnl. No querer hacer una cosa.

negativo, va. adj. Que incluye negación. ‖ Relativo a la negación. ‖ Pesimista. Ú. t. c. com. ‖ m. Imagen fotográfica que ofrece invertidos los claros y oscuros. ‖ f. Negación.

negligencia. f. Descuido, omisión. ‖ Falta de aplicación.

negociar. intr. Comerciar con mercancías y valores. ‖ Realizar una operación bancaria o bursátil. ‖ tr. Gestionar asuntos públicos o privados.

negocio. m. Ocupación encaminada a obtener un beneficio. ‖ Beneficio obtenido. ‖ Cualquier ocupación o asunto. Ú. m. en pl. ‖ Local en que se comercia o negocia.

negro, gra. adj. y s. De color totalmente oscuro, como el carbón. ‖ Se dice del individuo cuya piel es de color negro. ‖ fig. Furioso. ‖ m. Persona que hace anónimamente el trabajo que se atribuye otra, por lo general un escritor. ‖ m. y f. amer. Tratamiento cariñoso.

negruzco, ca. adj. De color moreno algo negro.

nemotecnia o **nemotécnica.** f. Mnemotecnia.

nene, na. m. y f. fam. Niño pequeño.

neoclasicismo. m. Corriente literaria y artística, dominante en Europa durante el s. XVIII, que aspiraba a restaurar el gusto y las normas del clasicismo.

neófito, ta. m. y f. Persona recién convertida a una religión. ‖ Persona adherida recientemente a una causa o a una colectividad.

neologismo. m. Vocablo, acepción o giro nuevo en una lengua.

neón. m. Gas noble que se encuentra en pequeñas cantidades en la atmósfera terrestre. Símbolo, *Ne*.

neonazi. adj. y com. Se dice de la persona u organización política de extrema derecha que sigue las doctrinas del desaparecido nazismo alemán.

nervio. m. Cordón formado por haces de fibras nerviosas, que partiendo del cerebro, la médula espinal u otros centros, se distribuyen por todo el cuerpo, conduciendo los impulsos nerviosos. ‖ Haz fibroso de las hojas de las plantas. ‖ fig. Fuerza, vigor.

nervioso, sa. adj. Que tiene nervios. ‖ Relativo a los nervios. ‖ Se dice de la persona cuyos nervios se excitan fácilmente. ‖ fig. Fuerte y vigoroso.

neto, ta. adj. Limpio y puro. ‖ Se dice de la cantidad de dinero o del peso una vez que se han descontado los gastos o la tara.

neumático, ca. adj. Se dice de los aparatos destinados a operar con el aire. ‖ m. Tubo de goma que, lleno de aire comprimido, sirve de amortiguador a las ruedas de los automóviles, bicicletas, etc.

neumonía. f. Inflamación del pulmón, pulmonía.

neuralgia. f. Dolor a lo largo de un nervio.

neurastenia. f. Enfermedad del sistema nervioso cuyos síntomas son tristeza, cansancio, temor y emotividad.

neurología. f. Rama de la medicina que estudia las enfermedades del sistema nervioso.

neurona. f. Célula nerviosa que posee la capacidad de excitarse.

neurosis. f. Trastorno parcial de los aspectos funcionales de la individualidad que afecta sobre todo a las emociones y deja intacta la capacidad de razonamiento.

neutral. adj. y com. Que entre las partes que contienden, permanece sin inclinaciones a ninguna de ellas. ‖ Se dice de la región, nación, etc., que no toma parte en una guerra promovida por otros.

neutro, tra. adj. Poco definido o difícil de definir. ‖ Indiferente en política o que se abstiene de intervenir en ella. ‖

Se dice del sustantivo no clasificado como masculino ni femenino.

nevar. impers. Caer nieve. ‖ tr. fig. Poner blanca una cosa. Ú. t. c. prnl.

nevera. f. Mueble frigorífico para el enfriamiento o conservación de los alimentos.

nexo. m. Unión y vínculo de una cosa con otra. ‖ Elemento lingüístico que sirve para relacionar un término con otro, como p. ej. la prep. y la conj.

ni. conj. cop. que enlaza vocablos o frases y que denota negación. ‖ adv. neg. Y no.

nicaragüense. adj. y s. De Nicaragua.

nicho. m. Concavidad en el espesor de un muro para colocar una cosa, especialmente un cadáver.

nicotina. f. Alcaloide venenoso que contiene el tabaco.

nido. m. Lecho que forman las aves para poner sus huevos y criar sus pollos. ‖ Por ext., cavidad, agujero o conjunto de celdillas donde procrean diversos animales. ‖ fig. Hogar, casa. ‖ fig. Guarida de delincuentes. ‖ fig. Lugar donde se junta u origina algo.

niebla. f. Nube en contacto con la Tierra y que oscurece más o menos la atmósfera. ‖ fig. Confusión y oscuridad que no deja percibir y apreciar debidamente las cosas o asuntos.

nieto, ta. m. y f. Respecto de una persona, hijo o hija de su hijo o de su hija.

nieve. f. Agua helada que cae de las nubes en forma de copos blancos. ‖ amer. Polo, sorbete helado.

nigromancia o **nigromancía.** f. Práctica supersticiosa que pretende desvelar el futuro invocando a los muertos. ‖ Magia negra o diabólica.

nimbo. m. Disco luminoso de la cabeza de las imágenes. ‖ Capa de nubes bajas y oscuras que suelen traer lluvia o granizo.

nimio, mia. adj. Insignificante, sin importancia.

ninfa. f. Cualquiera de las fabulosas deidades de las aguas, bosques, selvas, etc. ‖ Insecto que ha pasado ya del estado de larva y prepara su última metamorfosis.

ninfomanía. f. Deseo sexual exagerado y a veces patológico en la mujer.

ningún. adj. Apócope de *ninguno*.

ninguno, na. adj. Ni uno solo. ‖ Ninguna persona, nadie.

niñez. f. Período de la vida humana, que se extiende desde la infancia a la pubertad.

niño, ña. adj. y s. Que se halla en la niñez. ‖ Que tiene pocos años o poca experiencia. ‖ m. y f. Hijo. ‖ m. y f. amer. Tratamiento que se da a las personas de mayor categoría social. ‖ f. Pupila del ojo.

nipón, na. adj. y s. De Japón.

níquel. m. Metal de color y brillo semejantes a los de la plata, muy duro. Símbolo, *Ni*.

nítido, da. adj. Limpio, resplandeciente. ‖ fig. Claro, preciso.

nitrógeno. m. Elemento químico gaseoso, incoloro, transparente e inodoro. Símbolo, *N*.

nitroglicerina. f. Éster nítrico de la glicerina; se trata de un explosivo potente e inestable, con una fuerza siete veces superior a la de la pólvora.

nivel. m. Instrumento para averiguar la diferencia de altura entre dos puntos. ‖ Altura a que llega la superficie de un líquido. ‖ Altura que alcanza algo o grado en que se sitúa respecto a una escala. ‖ Piso o planta. ‖ fig. Situación o grado alcanzado.

níveo, a. adj. De nieve o parecido a ella.

no. adv. neg. Se utiliza como respuesta negativa a una pregunta, como expr. de rechazo o no conformidad, etc. ‖ m. Negación.

noble. adj. Preclaro, ilustre. ‖ Se dice de la persona que usa algún título del reino. Ú. t. c. com. ‖ Estimable por su categoría moral. ‖ De gran calidad o valor. ‖ Se aplica a ciertos gases químicamente inactivos.

noche. f. Período de tiempo comprendido entre la puesta y la salida del Sol. ‖ Oscuridad que caracteriza a este intervalo de tiempo. ‖ Tiempo que se dedica a dormir y que coincide aproximadamente con este intervalo de tiempo. ‖ fig. Confusión, oscuridad, tristeza.

nochebuena. f. Noche de vigilia de Navidad.

nochero, ra. m. y f. amer. Vigilante nocturno de un local, obra, etc. ‖ amer. Persona que trabaja de noche.

nochevieja. f. Última noche del año.

noción. f. Conocimiento o idea que se tiene de una cosa. ‖ Conocimiento elemental. Ú. m. en pl.

nocivo, va. adj. Dañoso, pernicioso.

noctámbulo, la. adj. Trasnochador; se dice de quien prefiere divertirse y vivir de noche. ‖ Que anda vagando durante la noche.

nocturno, na. adj. Perteneciente a la noche, o que se hace en ella. ‖ m. Pieza de música vocal o instrumental, de melodía dulce, propia para interpretarse durante la noche.

nodriza. f. Mujer que cría o cuida niños que no son suyos. ‖ Se apl. como aposición a *buque* o *avión* para indicar que sirven para aprovisionar de combustible a otros.

nódulo. m. Pequeña dureza redondeada de cualquier materia. ‖ Agrupación celular o fibrosa en forma de corpúsculo o nudo.

nómada. adj. y com. Se aplica a los pueblos que carecen de un lugar fijo de residencia y se desplazan de un sitio a otro.

nombrar. tr. Decir el nombre de una persona o cosa. ‖ Elegir a uno para un cargo, empleo u otra cosa. ‖ Hacer referencia a una persona o cosa.

nombre. m. Palabra con que se designa una persona o cosa. ‖ Título de una cosa. ‖ Fama, opinión. ‖ Sobrenombre que se da a uno. ‖ En gram., el sustantivo.

nomenclatura. f. Lista de nombres, nómina. ‖ Conjunto de las voces técnicas de una especialidad.

nómina. f. Lista o catálogo de nombres de personas o cosas. ‖ Relación nominal de empleados que han de percibir sueldo. ‖ El sueldo mismo. ‖ Impreso en que se especifica el sueldo, los descuentos, los extras, etc.

nominar. tr. Designar a alguien para un determinado cargo, puesto, etc. ‖ Proponer algo o a alguien para un premio.

non. adj. y s. Impar. ‖ m. pl. Negación repetida de una cosa.

nonato, ta. adj. No nacido en parto normal, sino mediante cesárea.

nono, na. adj. Noveno.

nordeste. m. o noreste. m. Punto del horizonte entre el Norte y el Este.

nórdico, ca. adj. Perteneciente o relativo a los pueblos del Norte de Europa.

noria. f. Máquina para sacar agua de un pozo. ‖ En las ferias, instalación recreativa consistente en una rueda que gira y en la que cuelgan asientos.

norma. f. Regla que se debe seguir o a que se deben ajustar las conductas, tareas, actividades, etc. ‖ Conjunto de reglas que determinan el uso correcto del lenguaje. ‖ Precepto jurídico.

normal. adj. Se dice de lo que es general o mayoritario. ‖ Se dice de lo que es u ocurre como siempre o como es habitual, por lo que no produce extrañeza. ‖ Lógico. ‖ Que sirve de norma o regla. ‖ Se dice de lo que por su naturaleza, forma o magnitud se ajusta a ciertas normas fijadas de antemano.

normativo, va. adj. Que sirve de norma. ‖ f. Conjunto de normas aplicables a una determinada materia o actividad.

noroeste. m. Punto del horizonte entre el Norte y el Oeste.

norte. m. Punto cardinal del horizonte, que cae frente a un observador a cuya derecha esté el Oriente.

norteamericano, na. adj. y s. De América del Norte y especialmente de EE. UU.

noruego, ga. adj. y s. De Noruega.

nos. pron. pers. de 1.ª persona, m. y f. pl. Funciona como complemento directo o indirecto. ‖ Se utiliza para formar v. prnl. ‖ Se usa con valor de suje-

to de 1.ª persona de sing. *(yo)* en el llamado plural mayestático.

nosotros, tras. pron. pers. de 1.ª persona, m. y f. pl. Funciona como sujeto. ‖ Con prep., funciona como complemento.

nostalgia. f. Pena de verse ausente de personas o cosas queridas. ‖ Tristeza melancólica por el recuerdo de un bien perdido.

nota. f. Escrito breve que recuerda algo o avisa de alguna cosa. ‖ Advertencia, explicación, comentario. ‖ Calificación en un examen. ‖ Escrito que resume una exposición oral, realizado durante su desarrollo. Ú. m. en pl. ‖ Factura. ‖ En mús., cualquiera de los signos que se usan para representar los sonidos. ‖ Cada uno de estos sonidos.

notable. adj. Digno de nota o cuidado. ‖ m. Una de las calificaciones usadas en los exámenes. ‖ Cada una de las personas principales en una colectividad.

notar. tr. Señalar una cosa. ‖ Reparar o advertir. ‖ Percibir una sensación o darse cuenta de ella. ‖ Poner notas a los escritos o libros.

notario. com. Funcionario público autorizado para dar fe de los contratos, testamentos y otros actos extrajudiciales.

noticia. f. Noción, conocimiento. ‖ Divulgación o publicación de un hecho. ‖ El hecho divulgado.

notificar. tr. Hacer saber una resolución de la autoridad. ‖ Por ext., dar extrajudicialmente noticia de una cosa.

notorio, ria. adj. Público y sabido de todos. ‖ fig. Evidente, claro.

novato, ta. adj. y s. Que acaba de incorporarse a una colectividad. ‖ Por ext., inexperto en algo.

novecientos, tas. adj. y pron. Nueve veces ciento. ‖ Que ocupa el lugar novecientos en una serie ordenada. ‖ m. Signos numéricos que representan esta cifra.

novedad. f. Calidad de nuevo. ‖ Cambio. ‖ Noticia. ‖ Lo que sorprende por su carácter diferente, y generalmente estimulante e inspirador. ‖ Cualquier cosa que acaba de aparecer.

novel. adj. Nuevo, inexperto.

novela. f. Obra literaria en prosa, que narra sucesos ficticios, o reales en parte. ‖ Género literario formado por estas obras.

noveno, na. adj. y s. Que sigue inmediatamente en orden al o a lo octavo. ‖ Cada una de las nueve partes iguales en que se divide un todo.

noventa. adj. y pron. Nueve veces diez. Ú. t. c. m. ‖ Que en una serie ordenada ocupa el número noventa. ‖ m. Conjunto de signos que representa este número.

noviazgo. m. Condición o estado de novio o novia. ‖ Tiempo que dura.

novicio, cia. m. y f. Persona que, en la religión donde tomó el hábito, no ha profesado todavía. ‖ fig. Principiante.

noviembre. m. Undécimo mes del año. Tiene 30 días.

novillo, lla. m. y f. Res vacuna de dos o tres años.

novio, via. m. y f. Persona recién casada. ‖ Persona que mantiene con otra una relación amorosa con fines matrimoniales. ‖ Persona que mantiene con otra una relación sentimental de cualquier tipo.

nube. f. Masa de vapor de agua suspendida en la atmósfera. ‖ Agrupación de cosas, como el polvo, el humo, insectos, etc. ‖ Pequeña mancha blanquecina que se forma en la capa exterior de la córnea. ‖ Cualquier mancha que enturbia una superficie. ‖ fig. Abundancia de algo.

núbil. adj. Que ha alcanzado la madurez sexual y puede tener hijos. ‖ Se dice de la edad en que se alcanza la madurez sexual.

nublar. tr. y prnl. Ocultar las nubes el cielo, el Sol o la Luna. ‖ fig. Oscurecer, empañar algo, material o inmaterial.

nuca. f. Parte donde se une la cabeza con la columna vertebral.

nuclear. adj. Perteneciente al núcleo. ‖ Perteneciente o relativo al núcleo de los átomos.

núcleo. m. Hueso de las frutas. ‖ Corpúsculo contenido en el citoplasma de las células. ‖ fig. Punto central de alguna cosa. ‖ Parte central del átomo, de carga eléctrica positiva y que contiene la mayor parte de la masa atómica.

nudillo. m. Parte exterior de cualquiera de las articulaciones de los dedos. Ú. m. en pl.

nudismo. m. Doctrina y práctica de quienes creen que la desnudez completa es conveniente para un perfecto equilibrio físico y moral.

nudo. m. Lazo que se estrecha y cierra de modo que con dificultad se pueda soltar. ‖ En los árboles y plantas, parte del tronco por la cual salen las ramas. ‖ En marina, unidad de velocidad equivalente a una milla por hora. ‖ En una obra literaria o cinematográfica, parte donde se complica la acción y que precede al desenlace. ‖ Parte más difícil y compleja de algunas materias. ‖ Punto donde se unen dos o más cosas.

nuera. f. Respecto de una persona, mujer de su hijo.

nuestro, tra, tros, tras. adj. y pron. pos. de 1.ª persona, m. y f. Indica la relación de pertenencia del sustantivo al que acompaña respecto a dos o más poseedores, entre los que se incluye el hablante. ‖ m. pl. Personas que pertenecen a la misma familia o grupo que el hablante.

nueve. adj. y pron. Ocho y uno. Ú. t. c. m. ‖ Que ocupa el número nueve en una serie ordenada. ‖ m. Guarismo que representa este número.

nuevo, va. adj. Recién creado o fabricado. ‖ Que se ve o se oye por primera vez. ‖ Distinto o diferente de lo que antes había o se tenía aprendido. ‖ Que se añade a una cosa que había antes. ‖ Recién llegado a un país o lugar. ‖ En oposición a *viejo*, se dice de lo que está poco o nada usado. ‖ f. Noticia.

nuez. f. Fruto del nogal. ‖ Prominencia que forma el cartílago tiroides en la parte anterior del cuello del varón adulto. ‖ fig. Porción de cualquier cosa del tamaño de una nuez.

nulo, la. adj. Falto de valor legal. ‖ Incapaz, inepto.

numerador. m. Guarismo que señala el número de partes iguales de la unidad, que contiene un quebrado. || Aparato con que se marca la numeración correlativa.

numeral. adj. Perteneciente o relativo al número. || En gram., se dice de los adj. y pron. que designan números.

numerar. tr. Marcar con números una serie, para ordenarla. || Contar los elementos de un conjunto siguiendo el orden numérico. Ú. t. c. prnl.

número. m. Concepto matemático que expresa cantidad. || Signo o conjunto de signos con que se expresa este concepto. || Cantidad indeterminada de personas, animales o cosas. || Puesto que ocupa algo o alguien en una serie ordenada. || Cada una de las hojas o cuadernos de una publicación periódica. || Cada una de las partes de un espectáculo. || Accidente gramatical que expresa si la palabra se refiere a una sola persona o cosa o a más de una.

numeroso, sa. adj. Que incluye gran número de cosas.

numismática. f. Ciencia que trata del conocimiento de las monedas y medallas.

nunca. adv. t. En ningún tiempo. || Ninguna vez.

nuncio. m. Representante diplomático del papa.

nupcias. f. pl. Casamiento.

nutrir. tr. Proporcionar a un organismo vivo el alimento que necesita. || fig. Fortalecer, vigorizar, alentar. || fig. Llenar.

nylon. m. Nailon.

Ñ

ñ. f. Decimoquinta letra del abecedario español y duodécima de sus consonantes. Su nombre es *eñe*.

ñame. m. Planta herbácea, originaria de los países tropicales, cuyo tubérculo, parecido a la batata, es comestible.

ñandú. m. Ave americana de gran tamaño, algo más pequeña que el avestruz, con tres dedos en cada pie y plumaje gris.

ñandutí. m. amer. Tejido muy fino, que imita el de cierta telaraña.

ñanga. adj. amer. Inútil. || adv. amer. Inútilmente. || f. amer. Terreno pantanoso.

ñapango, ga. adj. amer. Mestizo. || amer. Mulato.

ñato, ta. adj. amer. De nariz corta y aplastada.

ñeque. adj. amer. Fuerte, vigoroso. || m. amer. Fuerza, energía.

ño, ña. m. y f. amer. Tratamiento vulgar de cortesía, que equivale a *señor*, *señora* o a *don*, *doña*.

ñoco, ca. adj. vulg. amer. Se dice de la persona a la que le falta un dedo o una mano. || m. amer. Golpe que se da con el brazo extendido horizontalmente.

ñoño, ña. adj. fam. Apocado y de corto ingenio. || Melindroso, remilgado. || Soso. || Quejica.

ñu. m. Mamífero rumiante de África, especie de antílope.

O

o. f. Decimosexta letra del abecedario español y cuarta de sus vocales.

o. conj. Denota diferencia, separación o alternativa. || Denota idea de equivalencia.

oasis. m. Zona con vegetación y agua, que se encuentra aislada en los desiertos de África y Asia. || fig. Tregua, descanso.

obcecar. tr. y prnl. Cegar, deslumbrar u ofuscar.

obedecer. tr. Cumplir lo que otro manda. || Responder algo a la acción que sobre ello ejerce alguien o algo. || intr. Tener origen una cosa, proceder.

obelisco. m. Pilar muy alto, terminado en punta piramidal, que se levanta con motivo de alguna conmemoración.

obertura. f. Composición instrumental corta que generalmente precede a una obra musical como la ópera, la suite, etc.

obeso, sa. adj. Muy gordo.

óbice. m. Obstáculo, impedimento.

obispo. m. Prelado a cuyo cargo está el gobierno de una diócesis.

óbito. m. Fallecimiento de una persona.

objetar. tr. Impugnar, oponer.

objetivo, va. adj. Relativo al objeto en sí y no a nuestro modo de pensar o sentir. || Imparcial, desapasionado, que no se deja influir por consideraciones personales en sus juicios o en su comportamiento. || m. Lente o sistema de lentes de los aparatos ópticos o fotográficos que se dirige hacia los objetos. || Objeto, fin.

objeto. m. Cosa, especialmente la de carácter material. || Todo lo que puede ser conocido o sentido por el sujeto, incluso él mismo. || Lo que sirve de materia al ejercicio de las facultades mentales. || Fin o intento a que se dirige o encamina una acción u operación. || Materia y sujeto de una ciencia. || En ling., el complemento directo o indirecto, por oposición al sujeto.

oblicuo, cua. adj. Sesgado, inclinado. || Desviado de la horizontal, no paralelo.

obligar. tr. Hacer que alguien realice algo, utilizando la autoridad o la fuerza. || Hacer fuerza en una cosa para conseguir un efecto. || Hacer que alguien haga lo que otro desea, atrayéndolo con favores o regalos. || prnl. Comprometerse a cumplir algo.

oblongo, ga. adj. Más largo que ancho.

obnubilar. tr. y prnl. Ofuscar.

oboe. m. Instrumento de viento, semejante a la dulzaina.

óbolo. m. fig. Cantidad pequeña con que se contribuye a algo.

obra. f. Cosa hecha o producida por un agente. || Trabajo. || Cualquier creación humana en ciencias, artes, letras, etc., especialmente si tiene importancia. || Libro o libros que contienen un trabajo literario completo. || Edificio en construcción. || Reforma en un edificio.

obrar. intr. Realizar una acción. || Realizar una acción de una forma determinada o con determinada actitud. || tr. Causar, producir efecto una cosa.

obrero, ra. adj. y s. Que trabaja. || m. y f. Trabajador manual asalariado.

obsceno, na. adj. Impúdico, contrario al pudor.

obscurantismo. m. Oscurantismo.

obscurecer. tr. Oscurecer.

obscuro, ra. adj. Oscuro.

obsequiar. tr. Agasajar a alguien con atenciones o regalos.

observar. tr. Examinar atentamente. || Guardar y cumplir exactamente lo que se manda y ordena. || Darse cuenta de algo.

observatorio. m. Lugar apropiado para hacer observaciones, especialmente astronómicas o meteorológicas.

obsesión. f. Idea, deseo, preocupación, etc., que no se puede apartar de la mente.

obsoleto, ta. adj. Anticuado, que no se usa.

obstáculo. m. Impedimento, estorbo. || Dificultad, inconveniente. || En dep., cada una de las vallas que presenta una pista.

obstar. intr. Impedir, estorbar. || impers. Oponerse. Se usa sólo en 3.ª persona y generalmente en frases negativas.

obstetricia. f. Parte de la medicina, que trata de la gestación, el parto y el tiempo inmediatamente posterior a éste.

obstinarse. prnl. Mantenerse en una resolución, opinión o propósito sin dejarse disuadir por ruegos o razones, ni por obstáculos o dificultades.

obstruir. tr. Estorbar el paso, cerrar un conducto o camino. || Impedir o dificultar una acción. || prnl. Cerrarse, taparse un agujero, conducto, etc.

obtener. tr. Conseguir una cosa que se merece, solicita o pretende. || Conseguir un producto distinto a través de otros.

obturar. tr. y prnl. Tapar o cerrar una abertura o conducto introduciendo o aplicando un cuerpo.

obtuso, sa. adj. fig. Torpe, tardo de comprensión. || Ángulo mayor o más abierto que el recto.

obús. m. Pieza de artillería de menor longitud que el cañón. || Proyectil que dispara.

obviar. tr. Evitar, rehuir obstáculos o inconvenientes. || fig. No mencionar una cosa por considerarla evidente o conocida.

obvio, via. adj. fig. Muy claro o que no tiene dificultad.

oca. f. Ganso, ánsar. || Juego de mesa.

ocasión. f. Oportunidad o momento propicio para ejecutar o conseguir algo. || Causa o motivo. || Peligro o riesgo. || Objeto que se vende a bajo precio o después de ser utilizado.

ocaso. m. Puesta del Sol. || Occidente. || fig. Decadencia.

occidente. m. Punto cardinal del horizonte por donde se oculta el Sol. || Lugar de la Tierra que, respecto de otro, cae hacia donde se pone el Sol. || Conjunto de naciones de la parte occidental de Europa. || Conjunto de países de varios continentes, cuyas lenguas y culturas tienen su origen principal en Europa.

océano. m. Extensión de agua salada que cubre las tres cuartas partes de la superficie terrestre. || Cada una de sus grandes divisiones.

oceanografía. f. Ciencia que estudia los océanos y mares, su vida, sus fenómenos, así como la fauna y flora marinas.

ochenta. adj. Ocho veces diez. Ú. t. c. pron. y m. || m. Conjunto de signos con que se representa este número.

ocho. adj. Siete y uno. Ú. t. c. pron. y m. || Octavo. || m. Signo o cifra con que se representa este número.

ochocientos, tas. adj. Ocho veces ciento. Ú. t. c. pron. y m. || m. Conjunto de signos con los que se representa este número.

ocio. m. Estado de inactividad. || Tiempo libre, sin actividad laboral, que se dedica al descanso o a realizar otro tipo de actividades.

ocre. adj. y s. Color amarillo oscuro. || m. Mineral terroso amarillo o rojizo, que se usa en pintura.

octavilla. f. Octava parte de un pliego de papel. || Hoja de propaganda política o social.

octavo, va. adj. Que ocupa el lugar ocho en una serie ordenada. || Se dice de cada una de las ocho partes iguales en que se divide un todo. Ú. t. c. s.

octubre. m. Décimo mes del año que tiene 31 días.

ocular. adj. Relativo a los ojos o a la vista. || m. En los aparatos ópticos, lente o sistema de lentes por donde se mira, y que amplían la imagen dada por el objetivo.

oculista. com. Médico especialista de los ojos.

ocultar. tr. Esconder, tapar. Ú. t. c. prnl. || Encubrir. || Callar o disfrazar la verdad.

ocultismo. m. Conjunto de conocimientos y prácticas rituales, con las que se pretende penetrar y dominar fuerzas poco conocidas de la naturaleza. || Teoría que defiende la existencia de fenómenos que no tienen explicación racional y que no pueden ser demostrados científicamente.

ocupar. tr. Tomar posesión. || Desempeñar un cargo o dignidad. || Llenar un espacio o lugar. || Habitar una casa. || Dar trabajo, emplear. || Extenderse algo sobre determinado espacio o abarcar determinado tiempo. || prnl. Dedicarse, atender.

ocurrencia. f. Idea. || Pensamiento, dicho agudo o ingenioso.

ocurrir. intr. Acaecer, suceder algo. || prnl. Pensar o idear algo, por lo general de forma repentina.

odio. m. Sentimiento de aversión y rechazo, muy intenso e incontrolable, hacia algo o alguien.

odisea. f. Viaje lleno de incidentes y dificultades. || fig. Serie de circunstancias que se oponen a la realización de un propósito y que requieren tiempo, esfuerzo o habilidad.

odontología. f. Estudio y tratamiento de los dientes.

odre. m. Cuero que sirve para contener vino, aceite y otros líquidos. || com. fig. Persona borracha o muy bebedora.

oeste. m. Occidente, punto cardinal. || Viento de Occidente.

ofender. tr. Injuriar de palabra, agraviar. || Fastidiar. || prnl. Molestarse, enfadarse.

ofensa. f. Agravio, daño.

oferta. f. Promesa que se hace de dar, cumplir o ejecutar algo. || Propuesta para contratar. || Cantidad de bienes o servicios que se ofrecen al mercado a un precio dado. || Puesta en venta de un producto a precio rebajado.

oficial. adj. Que procede del Estado o de un organismo público. || Reconocido o autoriza do por quien tiene facultad para ello. || m. En determinados oficios, el que ha superado el aprendizaje y no es todavía maestro. || Categoría administrativa entre auxiliar y jefe. || Militar desde alférez a capitán, inclusive.

oficina. f. Local donde se realizan trabajos, especialmente burocráticos, de una empresa, institución, etc.

oficio. m. Ocupación o profesión habitual. || Trabajo físico o manual para el que no se requieren estudios teóricos. || Función propia de una cosa. || Comunicación oficial escrita. || pl. Funciones religiosas.

oficioso, sa. adj. Que procede de una autoridad, pero no tiene carácter oficial.

ofrecer. tr. Prometer, obligarse a algo. || Dar voluntariamente una cosa a alguien. || Presentar, manifestar algo o alguien un aspecto determinado. Ú. t. c. prnl. || Decir lo que se está dispuesto a pagar por algo. || Dedicar algo a alguien. || Dedicar algo a Dios o a los santos. || prnl. Proponerse alguien voluntariamente a otra persona para realizar alguna cosa.

ofrenda. f. Don o dádiva que se dedica generalmente a la divinidad.

oftalmología. f. Parte de la medicina que estudia los ojos y trata sus enfermedades y los defectos de la visión.

ofuscar. tr. y prnl. Deslumbrar la luz, dificultando la visión. || fig. Impedir algo pensar con claridad a alguien. || prnl. Obsesionarse.

ogro. m. Gigante mítico que se alimentaba de carne humana. || fig. Persona cruel, fea o de mal carácter.

oído. m. Sentido que permite percibir los sonidos. || Órgano de la audición. || Aptitud para percibir y reproducir los sonidos musicales.

oír. tr. Percibir los sonidos. || Escuchar, poner atención. || Atender los ruegos, súplicas o consejos de alguien. || Entender o comprender lo que otro dice.

ojal. m. Abertura de algunas prendas por donde entra un botón o cosa semejante.

¡ojalá! interj. Expresa fuerte deseo de que suceda algo.

ojear. tr. Dirigir los ojos a determinada parte, mirar. ‖ Espantar la caza para llevarla al lugar donde están los cazadores.

ojera. f. Mancha amoratada alrededor del párpado inferior. Ú. m. en pl.

ojeriza. f. Aversión o antipatía hacia uno.

ojete. m. Especie de ojal redondo. ‖ fam. Ano.

ojiva. f. Figura formada por dos arcos de círculo iguales que se cortan en ángulo. ‖ Arco así formado. ‖ Punta de los misiles atómicos, donde se aloja la carga.

ojo. m. Órgano de la vista. ‖ Abertura o agujero que atraviesa de parte a parte alguna cosa. ‖ Espacio bajo los arcos de un puente. ‖ Cada uno de los huecos o cavidades que tienen el pan, el queso y otras cosas esponjosas. ‖ fig. Atención, cuidado. ‖ fig. Vista, perspicacia. ‖ fig. Expresión para llamar la atención de algo.

OK. expr. inglesa que equivale a *está bien, vale, de acuerdo.*

ola. f. Onda formada por el viento en la superficie de las aguas. ‖ Fenómeno atmosférico que produce una variación repentina de la temperatura en un lugar. ‖ fig. Multitud, oleada. ‖ Afluencia pasajera de algo.

oleada. f. Ola grande. ‖ Embate y golpe de la ola. ‖ fig. Movimiento impetuoso de gente. ‖ fig. Cantidad grande e indeterminada de cosas o sucesos que se imponen de forma arrolladora.

oleaginoso, sa. adj. Aceitoso.

oleaje. m. Sucesión continuada de olas.

óleo. m. Aceite consagrado que usa la Iglesia en los sacramentos. Ú. m. en pl. ‖ Cuadro o pintura al óleo, que se hace con colores disueltos en aceite.

oleoducto. m. Tubería para conducir el petróleo a larga distancia.

oler. tr. Percibir los olores. ‖ Procurar percibir o identificar un olor. U. t. c. intr.

‖ fig. Sospechar una cosa. Ú. t. c. prnl. ‖ fig. Curiosear. ‖ intr. Despedir olor. ‖ fig. Ofrecer algo o alguien un determinado aspecto, generalmente negativo.

olfato. m. Sentido con el que se perciben los olores. ‖ fig. Perspicacia para descubrir algo.

oligarquía. f. Gobierno en que el poder es controlado por un reducido grupo de personas o familias. ‖ Por ext., autoridad que ejercen en su provecho un grupo reducido de personas. ‖ Conjunto de algunos poderosos negociantes que se aúnan para que todos los negocios dependan de su arbitrio.

olimpiada u **olimpíada.** f. Juegos que se hacían cada cuatro años en la ciudad griega de Olimpia. ‖ Competición deportiva internacional que se celebra cada cuatro años.

olímpico, ca. adj. Perteneciente a las olimpiadas. ‖ Perteneciente al Olimpo. ‖ Perteneciente a Olimpia. ‖ fig. Altanero, soberbio.

oliscar u **olisquear.** tr. Olfatear. ‖ Husmear, curiosear.

oliva. f. Olivo, árbol. ‖ Fruto del olivo, aceituna.

olivo. m. Árbol oleáceo de hojas persistentes cuyo fruto es la aceituna. ‖ Madera de este árbol.

olla. f. Recipiente redondo de barro o metal que sirve para cocer, calentar agua, etc. ‖ Guisado de carne, tocino, legumbres y hortalizas.

olor. m. Sensación que producen en el olfato las emanaciones de ciertos cuerpos. ‖ Lo que es capaz de producir esa sensación.

olvidar. tr. Dejar de retener algo en la memoria. Ú. t. c. prnl. ‖ Dejar de sentir afecto o interés por alguien o algo. ‖ Dejarse algo en algún sitio. ‖ Dejar de hacer una cosa por descuido. ‖ No tener en cuenta una cosa. Ú. t. c. prnl.

ombligo. m. Cicatriz que se forma en medio del vientre, después de secarse el cordón umbilical. ‖ fig. Centro de cualquier cosa.

ominoso, sa. adj. Azaroso, abominable.

omitir. tr. Dejar de hacer o decir una cosa. || Callar algo voluntariamente. Ú. t. c. prnl.

omnipotencia. f. Poder absoluto o muy grande.

omnisciencia. f. Conocimiento de todas las cosas reales y posibles.

omnívoro, ra. adj. y s. Se apl. a los animales que se alimentan de toda clase de sustancias orgánicas.

once. adj. Diez y uno. Ú. t. c. pron. y m. || Undécimo. || m. Cifra con que se representa este número.

onda. f. Cada una de las elevaciones que se forman en la superficie de un líquido. || Ola. || Cada una de las ondulaciones que se forman en el pelo, las telas, etc. || Oscilación periódica que produce un medio físico como la luz, el sonido, etc.

ondular. intr. Moverse una cosa formando giros en figura de eses. || tr. y prnl. Hacer ondas en el pelo.

oneroso, sa. adj. Pesado, molesto. || Que no es gratuito, que exige una contraprestación económica o personal. || Por ext., muy costoso.

onírico, ca. adj. Relativo a los sueños.

onomástico, ca. adj. Relativo a los nombres propios. || adj. y s. Día del santo de una persona.

onomatopeya. f. Imitación del sonido de una cosa por medio del lenguaje. || Palabra resultante de la imitación de sonidos y que ha terminado utilizándose para designarlo.

opa. adj. amer. Tonto, idiota. Ú t. c. com.

opaco, ca. adj. Que impide el paso a la luz. || Que no tiene brillo. || fig. Que no destaca, mediocre.

opción. f. Elección, posibilidad de elegir entre varias cosas. || Cada una de las cosas que pueden elegirse. || Derecho que se tiene a obtener algo bajo ciertas condiciones.

ópera. f. Obra musical con acción dramática escrita para ser cantada y representada con acompañamiento de música. || Género musical formado por

este tipo de obras. || Teatro donde se representan.

operación. f. Acción y efecto de operar. || Cálculo matemático mediante el que se obtiene un resultado. || Intervención quirúrgica. || Intercambio comercial de cualquier tipo. || Acción o conjunto de operaciones militares realizadas según unos planes previos.

operar. tr. y prnl. Realizar, llevar a cabo. || Realizar o someterse a una intervención quirúrgica. || tr. Negociar con valores bancarios. || Efectuar operaciones matemáticas.

operario, ria. m. y f. Obrero.

opinión. f. Idea, juicio o concepto que se tiene sobre alguien o algo. || Fama o concepto en que se tiene a una persona o cosa.

opio. m. Jugo de la adormidera, que se emplea como narcótico.

opíparo, ra. adj. Copioso y espléndido.

oponer. tr. Utilizar algo que impida o dificulte la acción de una persona o el efecto de una cosa. Ú. t. c. prnl. || Proponer una razón o argumento contra lo que otro dice. || prnl. Ser una cosa contraria a otra.

oportunidad. f. Ocasión propicia, coyuntura. || Venta de artículos de consumo a bajo precio. Ú. m. en pl.

oportuno, na. adj. Que se hace cuando conviene. || Ocurrente, gracioso.

oposición. f. Acción de oponer u oponerse. || Disconformidad, desacuerdo. || Contraste. || Grupos o partidos que se oponen a la política del Gobierno. || pl. Concurso con exámenes selectivos para la obtención de un cargo, empleo, cátedra, etc.

opositar. intr. Hacer oposiciones a un cargo o empleo.

oprimir. tr. Ejercer presión sobre una cosa. Ú. t. c. prnl. || Someter con violencia, tiranizar. || Producir algo una sensación de angustia.

oprobio. m. Afrenta, deshonra.

optar. tr. e intr. Elegir. || Aspirar a algo a lo que se tiene derecho según determinadas condiciones.

óptico, ca. adj. y s. De la visión o la óptica. ‖ f. Parte de la física que estudia las leyes y los fenómenos de la luz, especialmente los relacionados con la visión. ‖ Tienda de aparatos ópticos. ‖ fig. Modo de considerar una cosa, punto de vista.

optimismo. m. Propensión a ver y juzgar las cosas en su aspecto más favorable.

optimizar. tr. Buscar la mejor manera de realizar una actividad para simplificarla y hacerla más rentable.

óptimo, ma. adj. superl. Muy bueno, que no puede ser mejor.

opulencia. f. Abundancia, riqueza, gran cantidad.

oquedad. f. Espacio que en un cuerpo sólido queda vacío.

ora. conj. dist. Expresa alternancia.

oración. f. Súplica, ruego que se hace a Dios y a los santos. ‖ Palabra o frase con sentido completo.

oráculo. m. Respuesta de la divinidad a las cuestiones planteadas por los hombres. ‖ Lugar, templo o imagen que representaba a la deidad cuya respuesta se pedía. ‖ fig. Persona a quien todos escuchan con respeto y veneración por su gran autoridad, sabiduría o intuición.

orador, ra. m. y f. Persona que habla en público. ‖ Persona muy elocuente. ‖ m. Predicador.

oral. adj. Relativo a la boca. ‖ Expresado con la palabra, a diferencia de escrito.

orar. intr. Rezar. ‖ tr. Rogar, pedir, suplicar.

orate. com. Persona demente o de poca prudencia.

oratoria. f. Arte de servirse de la palabra para deleitar, persuadir o conmover.

orbe. m. Esfera celeste o terrestre. ‖ Mundo, universo.

órbita. f. Trayectoria que recorre un astro en su movimiento de traslación. ‖ Trayectoria que recorren las partículas sometidas a campos electromagnéticos en los aceleradores de partículas. ‖ Trayectoria que recorre un electrón alrededor del núcleo del átomo. ‖ Cavidad del ojo. ‖ fig. Área que abarca la actividad o influencia de alguien o algo.

orca. f. Mamífero marino muy voraz.

orden. m. Colocación de las cosas en el lugar que les corresponde. ‖ Concierto, buena disposición. ‖ Método o sistema. ‖ Serie o sucesión de las cosas. ‖ Sacramento de la iglesia católica, por el cual son instituidos los sacerdotes. ‖ En zoología y botánica, categoría entre la clase y la familia. ‖ f. Mandato que se debe obedecer, observar y ejecutar. ‖ Cada una de las instituciones de carácter religioso y militar formadas por caballeros y sometidas a regla. ‖ Cada una de las instituciones religiosas aprobadas por el Papa, cuyos individuos viven bajo las reglas fundacionales. ‖ Cada una de las instituciones civiles o militares creadas para condecorar a ciertas personas. ‖ Condecoración que ofrecen.

ordenador, ra. adj. Que ordena. ‖ m. Máquina o sistema de tratamiento de la información que realiza operaciones automáticas, para las cuales ha sido previamente programada.

ordenanza. f. Conjunto de disposiciones referentes a una materia. U. m. en pl. ‖ Mandato, precepto. ‖ com. Empleado subalterno de una oficina. ‖ m. Soldado que realiza determinados servicios para los oficiales o jefes.

ordeñar. tr. Extraer la leche exprimiendo la ubre de los animales.

ordinal. adj. Se dice del numeral que expresa la idea de orden o sucesión.

ordinario, ria. adj. Común, corriente. ‖ Que demuestra mala educación. ‖ De mal gusto o poco refinado. ‖ Realizado sin cuidado o con materiales de mala calidad. ‖ Se dice del correo que se despacha por tierra o por mar, a diferencia del aéreo y del certificado.

orear. tr. Poner al aire, para refrescar o secar. ‖ prnl. Salir uno a tomar el aire.

orégano. m. Planta aromática, cuyas hojas y flores se usan como condimento.

oreja. f. Parte externa del órgano del oído. ‖ Sentido de la audición. ‖ fig. Cada una de las dos piezas simétricas en forma de oreja que tienen ciertos objetos. Ú. m. en pl.

orfanato. m. Asilo de huérfanos.

orfebre. com. Persona que labra objetos artísticos de oro, plata y otros metales preciosos.

orfelinato. m. Orfanato.

orgánico, ca. adj. Se apl. al organismo vivo, y p. ext., a sus órganos y a los cuerpos organizados. ‖ Que tiene armonía y orden. ‖ Se dice de lo que atañe a la constitución de corporaciones o entidades colectivas o a sus funciones.

organigrama. m. Sinopsis o esquema de la organización de una entidad, de una empresa o de una tarea.

organillo. m. Órgano pequeño o piano que se toca por medio de un manubrio.

organismo. m. Conjunto de órganos de un ser vivo. ‖ Ser vivo. ‖ Entidad o institución pública o privada que se ocupa de funciones de interés general.

organizar. tr. Planificar y estructurar la realización de algo, distribuyendo convenientemente los medios materiales y personales con los que se cuenta y asignándoles funciones determinadas. Ú. t. c. prnl. ‖ Poner orden. ‖ Hacer o causar algo.

órgano. m. Instrumento músico de viento compuesto de un teclado y un sistema de tubos, donde se produce el sonido. ‖ Parte del cuerpo animal o vegetal que ejerce una función. ‖ Por ext., parte de un conjunto que realiza una función diferenciada dentro del mismo.

orgasmo. m. Momento de máxima excitación de los órganos sexuales en que se experimenta un placer intenso.

orgía u **orgia.** f. Fiesta o banquete en que se cometen excesos. ‖ fig. Juerga.

orgullo. m. Exceso de estimación propia, arrogancia. ‖ Sentimiento de satisfacción por algo que uno considera de valor o mérito.

orientar. tr. y prnl. Situar o determinar la posición o dirección respecto a los puntos cardinales. ‖ Informar. ‖ Dirigir.

oriente. m. Punto cardinal por donde sale el Sol, Este. ‖ Viento de Oriente. ‖ Nombre dado a Asia y a las regiones inmediatas a África y Europa.

orificio. m. Agujero, abertura. ‖ Cada una de las aberturas del cuerpo que comunica los órganos con el exterior.

origen. m. Principio, nacimiento o causa de algo. ‖ Lugar de procedencia de una persona. ‖ Medio económico o social en el que nace una persona.

original. adj. Perteneciente al origen. ‖ Se dice de la obra científica, artística o literaria producida directamente por el autor, y que no es copia, traducción o imitación de otra. Ú. t. c. m. ‖ Se apl. al artista, escritor o pensador que aporta con sus creaciones algo novedoso, y también a dichas creaciones. ‖ Se dice de lo que sorprende por su carácter poco habitual. ‖ m. Manuscrito que se da a la imprenta. ‖ Escrito del que se sacan copias.

orilla. f. Límite, extremo o borde de una cosa. ‖ Parte de tierra más próxima al mar, lago, río, etc. ‖ Acera. ‖ pl. amer. Arrabales, afueras de una población.

orín. m. Óxido rojizo que se forma sobre el hierro. ‖ Orina.

orina. f. Líquido segregado por los riñones, que se acumula en la vejiga y se expele por la uretra.

orinal. m. Recipiente para la orina.

orinar. intr. y prnl. Expeler la orina.

oriundo, da. adj. Originario.

orla. f. Adorno que rodea una cosa. ‖ Retrato colectivo de los alumnos de una misma promoción académica, como recuerdo de la misma.

ornamento. m. Adorno. ‖ pl. Vestiduras sagradas y adornos del altar.

ornar. tr. y prnl. Adornar.

ornato. m. Adorno, atavío.

oro. m. Metal precioso de color amarillo brillante. ‖ Color amarillo como el de este metal. Ú. t. c. adj. ‖ Monedas de este metal. ‖ Dinero. ‖ Joyas. ‖ pl. Uno de los palos de la baraja.

orondo, da. adj. Hueco, hinchado. ‖ fig. Contento de sí mismo.

oropel. m. Lámina de latón que imita al oro. ‖ fig. Cosa de poco valor y mucha apariencia.

orquesta. f. Conjunto de instrumentistas que ejecutan una obra musical.

orto. m. Aparición del Sol o de otro astro por el horizonte.

ortodoxo, xa. adj. Conforme a los dogmas de una religión o los principios de una ideología que se consideran verdaderos. Ú. t. c. s. ‖ Conforme con la doctrina tradicional en cualquier rama del saber. ‖ Se dice de las religiones cristianas de Europa oriental, que obedecen al patriarca de Constantinopla.

ortografía. f. Parte de la gramática que se ocupa de dictar normas para la adecuada escritura de una lengua. ‖ Escritura correcta, según las normas ortográficas.

ortopedia. f. Parte de la medicina que trata de corregir o evitar las deformaciones del cuerpo humano, por medios fisioterapéuticos, quirúrgicos o protésicos. ‖ Serie de técnicas encaminadas al diseño y fabricación de aparatos y prótesis para corregir las deformidades físicas.

oruga. f. Larva de las mariposas. ‖ Planta herbácea anual, de hojas picantes que se usan como condimento. ‖ Llanta metálica articulada de forma continua, que se aplica a las ruedas de cada lado del vehículo y permite avanzar a éste por terrenos blandos o accidentados.

orzuelo. m. Granillo que aparece en el borde de los párpados.

os. pron. pers. Forma átona de 2.ª persona del pl. que funciona como complemento directo o indirecto. Ú. t. c. reflex. con verbos pronominales.

osamenta. f. Esqueleto.

osar. intr. y prnl. Atreverse.

osario. m. Lugar destinado a los huesos, principalmente en los cementerios.

oscilar. intr. Efectuar movimientos de vaivén a la manera de un péndulo. ‖ fig. Crecer y disminuir alternativamen-

te la intensidad de algunas manifestaciones o fenómenos. ‖ Titubear, vacilar.

ósculo. m. Beso.

oscurantismo. m. Oposición a que se difunda la cultura y la educación entre las clases populares. ‖ Defensa de ideas anticuadas o irracionales en cualquier terreno.

oscurecer. tr. Reducir la cantidad de luz o claridad de algo. ‖ fig. Hacer que algo sea menos valioso o estimable. ‖ fig. Dificultar o impedir la comprensión de algo. ‖ impers. Anochecer. ‖ prnl. Apl. al día, a la mañana, al cielo, etc., nublarse.

oscuro, ra. adj. Que tiene poca luz o claridad o carece de ella. ‖ Se dice del color casi negro, y el que se contrapone a otro más claro de su misma gama. ‖ fig. Desconocido o poco conocido, y por ello generalmente dudoso. ‖ fig. Confuso, falto de claridad, poco comprensible. ‖ fig. Incierto, peligroso. ‖ Nublado.

óseo, a. adj. De hueso. ‖ De naturaleza parecida a la del hueso.

osezno. m. Cachorro del oso.

osificarse. prnl. Convertirse en hueso.

oso, sa. m. y f. Mamífero plantígrado, de pelaje abundante, cabeza prolongada, ojos pequeños y extremidades fuertes y gruesas.

ostensible. adj. Claro, manifiesto, visible.

ostentar. tr. Mostrar algo que se posee de forma que se haga visible para los demás, generalmente por orgullo, vanidad o complacencia. ‖ Poseer algo que se hace visible por sí mismo. ‖ Poseer algo que da derecho a ciertas ventajas.

ostra. f. Molusco marino comestible, de concha rugosa.

otear. tr. Mirar desde un lugar alto.

otero. m. Cerro aislado que domina un llano.

otomano, na. adj. y s. Turco. ‖ f. Especie de diván o sofá.

otoño. m. Estación del año, templada, que en el hemisferio septentrional comienza el 23 de septiembre y termina el 21 de diciembre. ‖ fig. Edad madura.

otorgar. tr. Dar o conceder. ‖ Consentir, aceptar. ‖ Establecer o estipular algo, especialmente cuando se realiza ante notario.

otorrinolaringología. f. Parte de la medicina que trata de las enfermedades del oído, nariz y laringe.

otro, tra. adj. y pron. Distinto a la persona que habla o a lo mencionado anteriormente. ‖ Uno más. ‖ Un poco anterior. ‖ Un poco posterior, siguiente. ‖ Semejante o parecido. ‖ pl. Los demás, el prójimo.

ovación. f. Aplauso entusiasta del público.

oval. adj. Con forma de óvalo.

óvalo. m. Curva cerrada, similar a la elipse, y simétrica respecto de uno o dos ejes.

ovario. m. Órgano genital de las hembras en el que se forman los óvulos.

oveja. f. Hembra del carnero.

ovejería. f. amer. Ganado ovejuno y hacienda destinada a su crianza.

overol. m. amer. Mono, traje de faena de una sola pieza.

ovillo. m. Bola que se forma al devanar una fibra textil. ‖ fig. Cosa enredada y de figura redonda. ‖ fig. Montón confuso de cosas.

ovino, na. adj. Del ganado lanar.

ovíparo, ra. adj. y s. Que se reproduce por huevos.

ovni. m. Siglas de *objeto volante no identificado*, denominación que se da a ciertos objetos observados desde la Tierra, de origen desconocido, aunque se atribuyen a seres extraterrestres.

ovulación. f. Desprendimiento natural de un óvulo en el ovario para que pueda ser fecundado.

óvulo. m. Célula reproductora femenina en los animales y en el hombre. ‖ En las plantas, corpúsculo que nace sobre la placenta o el capelo, y que tras la fecundación dará lugar a la semilla. ‖ Variedad de supositorio que se administra por vía vaginal.

oxidar. tr. y prnl. Transformar un cuerpo por la acción del oxígeno o de un oxidante.

óxido. m. Compuesto químico formado por un elemento metal o metaloide con el oxígeno. ‖ Capa de este compuesto de color pardo rojizo, que se forma sobre los metales expuestos al aire o a la humedad.

oxígeno. m. Mataloide gaseoso, inodoro e insípido. Es el elemento más difundido en la naturaleza, esencial para la mayoría de los seres vivos.

ozono. m. Oxígeno electrizado de color azul y olor fuerte y penetrante.

P

p. f. Decimoséptima letra del abecedario español, y decimotercera de sus consonantes. Su nombre es *pe*.

pabellón. m. Edificio por lo común aislado, pero que forma parte de otro. ‖ Habitación de jefes y oficiales en un cuartel. ‖ Tienda de campaña en forma de cono. ‖ Bandera nacional.

paca. f. Fardo o lío, especialmente de lana o algodón en rama.

pacato, ta. adj. Pacífico, tranquilo. ‖ Asustadizo, tímido. ‖ Timorato, mojigato.

pacay. m. amer. Árbol de la familia mimosáceas, alto, con tronco delgado y liso, hojas compuestas y flores blanquecinas. ‖ Fruto de este árbol.

pacer. intr. y tr. Comer el ganado la hierba en el campo.

pachanga. f. amer. Danza originaria de Cuba. || amer. Alboroto, fiesta, diversión bulliciosa.

pachorra. f. Flema, indolencia.

pachucho, cha. adj. fam. Se dice de los frutos demasiado maduros o de las flores poco frescas. || fam. Flojo, alicaído, algo enfermo.

paciencia. f. Capacidad para soportar con resignación las adversidades. || Tranquilidad para esperar. || Calma para hacer trabajos minuciosos o entretenidos.

paciente. adj. Que soporta con paciencia. || Que hace las cosas con paciencia. || com. Enfermo. || m. Sujeto que recibe o padece la acción de un agente.

pacifismo. m. Doctrina que se opone a la guerra y a la violencia y defiende la paz.

pacto. m. Convenio o acuerdo entre personas físicas o jurídicas, que se obligan a su observancia. || Lo estipulado por tal convenio.

padecer. tr. Sentir daño, dolor, enfermedad o pena. || Recibir una acción negativa. || intr. Sufrir, soportar. || Recibir daño las cosas.

padrastro. m. Marido de la madre, respecto de los hijos habidos antes por ella en anterior matrimonio. || fig. Mal padre. || Pedacito de pellejo que se levanta de la carne inmediata a las uñas de las manos.

padre. m. Varón respecto de su hijo o hijos. || Macho destinado en el ganado para la procreación. || Cabeza de una descendencia, familia o pueblo. || Nombre que se aplica al religioso o sacerdote. || fig. Cosa de quien procede o proviene otra. || fig. Autor o inventor de algo. || Con mayúscula, primera persona de la Trinidad. || pl. El padre y la madre. || Los antepasados. || adj. fam. Muy grande o importante.

padrino. m. El que presenta o asiste a otra persona que va a recibir el bautismo, que se va a casar, que recibe

algún honor o grado, etc. || Persona que protege a otra o la ayuda a triunfar. || pl. El padrino y la madrina.

padrón. m. Registro de los vecinos o moradores de un pueblo.

padrote. m. amer. Semental.

paganismo. m. Nombre dado por los primitivos cristianos a los demás pueblos.

pagano, na. adj. Relativo al paganismo. || Calificativo dado por los cristianos a las religiones anteriores a la suya, especialmente las politeístas, y a las personas que las profesaban. Ú. t. c. s.

pagar. tr. Dar uno a otro lo que le debe. || fig. Cumplir el castigo por un delito o falta cometidos, o sufrir las consecuencias de algo malo que se ha hecho. || fig. Corresponder a un sentimiento o beneficio. || prnl. Enorgullecerse de una cosa.

pagaré. m. Documento privado por el que se reconoce una deuda.

página. f. Cada una de las dos caras de una hoja de un libro o cuaderno. || Lo escrito o impreso en una página. || fig. Episodio en la vida de una persona o en la historia de algo.

país. m. Territorio que forma una unidad geográfica, política y cultural. || Estado independiente. || Papel, tela, etc., que cubre la parte superior del varillaje del abanico.

paisaje. m. Pintura, fotografía, etc., que representa una porción de campo, río, bosque, pueblo, etc., y en la que las figuras humanas no aparecen o bien ocupan un lugar secundario. || Porción de terreno considerada en su aspecto artístico.

paisano, na. adj. y s. Que es del mismo país, provincia y lugar que otro. || m. y f. Campesino, habitante del campo. || m. El que no es militar.

paja. f. Caña de las gramíneas después de seca y separada del grano. || Canuto para sorber refrescos. || Brizna de una hierba. || fig. Cosa de poca consistencia. || fig. Lo inútil o innecesario. || vulg. Masturbación.

pajarita. f. Tipo de corbata que se anuda en forma de mariposa. ‖ Papel doblado en forma de pájaro.

pájaro. m. Cualquiera de las aves terrestres, voladoras, con pico recto no muy fuerte y tamaño generalmente pequeño. ‖ Perdiz macho de reclamo. ‖ fig. Hombre astuto, sagaz y cauteloso. Ú. t. c. adj.

paje. m. Criado joven que acompañaba a sus amos o servía en la casa.

pajizo, za. adj. De color beige parecido al de la paja. ‖ Hecho o cubierto de paja.

pala. f. Instrumento para cavar compuesto de una tabla o plancha rectangular o redondeada y un mango. ‖ Tabla con mango para jugar a la pelota. ‖ Parte ancha del remo. ‖ Parte superior del calzado. ‖ Diente incisivo superior.

palabra. f. Sonido o conjunto de sonidos articulados que expresan una idea. ‖ Representación gráfica de estos sonidos. ‖ Facultad de hablar. ‖ Capacidad para hablar o expresarse. ‖ Lo que dice alguien o está escrito en algún texto. Ú. m. en pl. ‖ Promesa o compromiso verbal de hacer algo. ‖ Derecho, turno para hablar. ‖ pl. Palabrería.

palabrota. f. Palabra malsonante, ordinaria.

palacio. m. Edificio suntuoso destinado a residencia de los reyes, altos personajes o corporaciones. ‖ Casa solariega de una familia noble. ‖ Nombre dado a ciertos edificios públicos.

paladar. m. Parte interior y superior de la boca del animal vertebrado. ‖ fig. Gusto y sabor que se percibe en los manjares. ‖ fig. Gusto, sensibilidad para discernir.

paladear. tr. Mantener un alimento en la boca para apreciar su sabor. Ú. t. c. prnl. ‖ fig. Recrearse con algo.

paladín. m. Defensor denodado de alguna persona o cosa.

palanca. f. Máquina simple, generalmente una barra, que apoyada en un punto sirve para levantar pesos con uno de sus extremos al hacer fuerza sobre el opuesto. ‖ Dispositivo para accionar algunos mecanismos. ‖ fig. Influencia o recurso que se emplea para lograr un fin.

palangana. f. Jofaina. ‖ com. amer. Fanfarrón, pedante. Ú. t. c. adj.

palco. m. Localidad independiente con balcón, en los teatros y otros lugares de recreo. ‖ Tabladillo donde se coloca la gente para ver una función.

paleografía. f. Disciplina auxiliar de la historia que estudia la escritura y signos de libros y documentos antiguos.

palestra. f. Sitio en que se celebran ejercicios literarios públicos o se discute sobre cualquier asunto.

paleta. f. Tabla donde el pintor ordena los colores. ‖ Utensilio que usan los albañiles para manejar la mezcla o mortero. ‖ Omóplato, paletilla. ‖ Pieza de los ventiladores, hélices, etc., que recibe y utiliza el choque o la resistencia del aire. ‖ amer. Dulce o helado con un palito que sirve de mango.

paleto, ta. adj. Se dice de la persona ordinaria e ignorante que vive en el campo o procede de un pueblo pequeño. Ú. t. c. s. ‖ Poco refinado, de mal gusto.

paliar. tr. Disminuir la intensidad de un dolor o los efectos dañinos de algo. ‖ Quitarle importancia a algo.

pálido, da. adj. Amarillento, macilento. ‖ Descolorido, desvaído. ‖ fig. Desanimado, falto de expresión y colorido.

palillo. m. Mondadientes de madera. ‖ Bolillos para hacer encajes y pasamanería. ‖ Cada una de las dos varillas que sirven para tocar el tambor.

paliza. f. Zurra de golpes dados con palo. ‖ fig. y fam. Derrota muy grande. ‖ fig. Trabajo o esfuerzo muy grandes. ‖ com. Persona muy pesada.

palma. f. Árbol de las palmas, palmera. ‖ Hoja de la palmera. ‖ Datilera. ‖ Parte inferior y algo cóncava de la mano, desde la muñeca hasta los dedos.

palmatoria. f. Especie de candelero bajo.

palmera. f. Árbol de hasta 20 m de altura, cuyos frutos son los dátiles.

palmo. m. Medida de longitud, equivalente a unos 21.

palo. m. Trozo de madera mucho más largo que grueso. ‖ Madera de árbol. ‖ Golpe que se da con un palo. ‖ Cada una de las cuatro series en que se divide la baraja de naipes. ‖ fig. Daño o perjuicio. ‖ amer. Árbol o arbusto.

paloma. f. Nombre vulgar de aves que se caracterizan por su tronco corto y grueso, pico largo y débil, alas largas y puntiagudas, tarsos cortos y dedos sin membrana interdigital.

palomilla. f. Mariposa pequeña. ‖ Tuerca con dos aletas para enroscar a mano. ‖ Armazón triangular para sostener tablas, estantes u otras cosas. ‖ Palomita.

palpar. tr. Tocar con las manos una cosa. ‖ Andar a tientas o a oscuras, valiéndose de las manos para no tropezar. ‖ fig. Notar o percibir algo claramente.

palpitar. intr. Contraerse y dilatarse alternativamente el corazón. ‖ Aumentar la palpitación natural del corazón. ‖ Moverse o agitarse una parte del cuerpo interiormente. ‖ fig. Manifestarse con fuerza una pasión, un efecto, etc.

palurdo, da. adj. y s. Tosco, paleto.

pamela. f. Sombrero de mujer, bajo de copa y ancho de alas.

pampa. f. Cualquiera de las llanuras extensas de América meridional.

pámpano. m. Brote verde, tierno y delgado de la vid. ‖ Hoja de la vid.

pan. m. Alimento hecho de harina, mezclada con agua y sal, que, después de amasada formando una pasta y fermentada por la acción de la levadura, se cuece al horno. ‖ Masa muy sobada, con manteca o aceite, para pasteles y empanadas. ‖ fig. Todo lo que en general sirve para el sustento diario.

pana. f. Tela gruesa y acanalada, semejante en el tejido al terciopelo.

panacea. f. Medicamento al que se atribuye eficacia para curar diversas enfermedades.

panadero, ra. m. y f. Persona que tiene por oficio hacer o vender pan.

panal. m. Conjunto de celdillas de cera que hacen las abejas y avispas.

pancarta. f. Cartel con una consigna o reivindicación que se exhibe en manifestaciones y protestas públicas.

panceta. f. Tocino entreverado con magro.

páncreas. m. Glándula de los vertebrados que produce la insulina.

panda. m. Especie de oso originario de China.

pandereta. f. Pandero pequeño con sonajas o cascabeles.

pandero. m. Instrumento rústico de percusión.

pandilla. f. Grupo de amigos. ‖ desp. Grupo de gente.

panegírico. adj. Que alaba. ‖ m. Discurso en alabanza de una persona. ‖ Por ext., elogio.

panel. m. Compartimiento en que se divide una pared, las hojas de puertas, etc. ‖ Elemento prefabricado para construir divisiones en los edificios. ‖ Cartelera de propaganda. ‖ Parte de un mecanismo, vehículo, etc., donde aparecen los indicadores o los controles. ‖ amer. Grupo que compone el jurado de un concurso.

panfleto. m. Libelo difamatorio. ‖ Opúsculo de carácter agresivo.

pánico, ca. m. Miedo grande.

panificadora. f. Instalación industrial para la elaboración del pan.

panorama. m. Vista que se contempla desde un lugar. ‖ fig. Aspecto general de algo.

pantalla. f. Lámina que se coloca delante o alrededor de la luz artificial, para que no dañe a los ojos. ‖ Telón sobre el que se proyectan las imágenes cinematográficas. ‖ Parte de un televisor, del monitor de un ordenador o de otros aparatos electrónicos que permite visualizar imágenes o caracteres. ‖ amer. Pendiente, adorno que se pone en la oreja.

pantalón. m. Prenda de vestir que se ciñe al cuerpo en la cintura y baja cubriendo cada pierna hasta los tobillos. Ú. m. en pl.

pantano. m. Hondonada donde se detienen las aguas. ‖ Depósito artificial de agua.

panteón. m. Monumento destinado a enterramiento de varias personas. ‖ amer. Cementerio.

pantera. f. Leopardo con manchas anilladas en la piel.

pantomima. f. Género teatral basado en el gesto y el movimiento, sin utilizar la palabra. ‖ fig. Comedia que se hace para simular algo.

pantorrilla. f. Parte carnosa y abultada de la pierna, por debajo de la corva.

pantufla. f. Zapatilla sin talón, para andar por casa.

panza. f. Barriga. ‖ Parte más saliente de ciertas vasijas. ‖ Primera de las cuatro cavidades en que se divide el estómago de los rumiantes.

panzada. f. Atracón.

pañal. m. Trozo de tela o de un material absorbente que se pone a los bebés como si fuera una braga.

paño. m. Tela de lana muy tupida y con pelo corto. ‖ Trapo que se utiliza en la cocina y para otras tareas domésticas. ‖ Parte continua de una pared, en la que no hay huecos para puertas o ventanas.

pañuelo. m. Pedazo de tela cuadrado y de una sola pieza, que sirve para diferentes usos.

papa. m. Sumo pontífice de la iglesia católica.

papa. f. Patata.

papá. m. fam. Padre de uno o varios hijos. ‖ pl. El padre y la madre.

papada. f. Abultamiento carnoso anormal que se forma debajo de la barba. ‖ Pliegue cutáneo que sobresale debajo del cuello de ciertos animales.

papagayo. m. Ave prensora propia de los países tropicales, que aprende a repetir palabras y frases enteras.

papalote. m. amer. Cometa de papel.

papel. m. Hoja delgada hecha con pasta vegetal molida y blanqueada. ‖ Pliego manuscrito o impreso. ‖ Conjunto de resmas, cuadernos o pliegos de papel. ‖ Carta, credencial, título, documento o manuscrito de cualquier clase. ‖ fam. Periódico diario. ‖ En teatro, cine, etc., parte de la obra y personaje que representa un actor. ‖ fig. Función que desempeña una persona o cosa.

papeleo. m. Exceso de trámites en un asunto.

papelería. f. Tienda en que se vende papel y objetos de escritorio.

papeleta. f. Cédula. ‖ fig. y fam. Asunto difícil de resolver.

papera. f. Inflamación del tiroides, bocio. ‖ Inflamación de las glándulas de la saliva. ‖ pl. Enfermedad infecciosa infantil que produce una inflamación de la glándula parótida.

papila. f. Cada una de las pequeñas prominencias cónicas de la piel, las mucosas y ciertos órganos de algunos vegetales, y en especial las que existen en la lengua, a través de las cuales captamos el sentido del gusto.

papilla. f. Especie de puré hecho de leche, cereales, etc., que toman generalmente niños y enfermos.

papiro. m. Planta con tallo en caña, de 2 a 3 m de altura, que crece junto a ríos y lagos. ‖ Lámina sacada del tallo de esta planta, utilizada en la antigüedad como material de escritura.

paquete. m. Lío o envoltorio que se hace con algo, generalmente para transportarlo. ‖ fig. Persona torpe o molesta. ‖ fig. Persona que va en una moto de acompañante. ‖ fig. Castigo o sanción. ‖ adj. amer. Muy arreglado o elegante. Ú. t. c. s.

par. adj. Igual o semejante. ‖ m. Conjunto de dos personas o dos cosas de una misma especie. ‖ A veces designa un número impreciso, pero reducido. ‖ Título de dignidad en algunos países.

para. prep. Indica finalidad o destino. ‖ Expresa tiempo o duración. ‖ Indica dirección. ‖ Desde el punto de vista y según la opinión de alguien.

parábola. f. Narración de un suceso fingido, de que se deduce una enseñanza moral. ‖ Curva abierta que resulta de cortar un cono circular recto por un plano paralelo a una generatriz.

parabrisas. m. Bastidor con cristal que lleva el automóvil en su parte anterior.

paracaídas. m. Dispositivo hecho con tela resistente que se usa para moderar la velocidad de caída de los cuerpos que se arrojan desde las aeronaves.

parachoques. m. Pieza de los automóviles y otros carruajes para amortiguar los efectos de un choque.

paradero. m. Lugar o sitio donde se para o se va a parar.

paradigma. m. Ejemplo o ejemplar. ‖ Cada uno de los esquemas formales a que se ajustan las palabras, según sus respectivas flexiones. ‖ Conjunto de elementos de una misma clase gramatical, que pueden aparecer en un mismo contexto.

parado, da. adj. Remiso, tímido. ‖ Desocupado, o sin empleo. Ú. t. c. s. ‖ amer. Derecho o en pie. ‖ amer. Orgulloso, engreído.

paradoja. f. Figura de pensamiento que consiste en emplear expresiones o frases que envuelven contradicción. ‖ Contradicción entre dos cosas o ideas.

parador. m. Hotel y restaurante. ‖ En España, establecimiento hotelero dependiente de organismos oficiales.

parafernalia. f. Excesivo lujo o aparato con que se desarrolla un acto o con que se acompaña una persona.

parágrafo. m. Párrafo.

paraguas. m. Utensilio portátil para resguardarse de la lluvia.

paraíso. m. Lugar donde Dios puso a Adán y Eva. ‖ El cielo de los ángeles y de los justos. ‖ Conjunto de asientos del piso más alto de algunos teatros. ‖ fig. Cualquier lugar muy hermoso y agradable.

paraje. m. Lugar, sitio.

paralelo, la. adj. Se apl. a las líneas o planos equidistantes s entre sí y que por más que se prolonguen no pueden encontrarse. ‖ Correspondiente o semejante. ‖ m. Cada uno de los círculos menores

paralelos al ecuador. ‖ f. pl. Barras paralelas para ejercicios gimnásticos.

parálisis. f. Privación o disminución del movimiento de una o varias partes del cuerpo.

parámetro. m. En mat., variable que incluida en una ecuación, modifica el resultado de ésta. ‖ En estad., valor numérico de alguna característica de una población, obtenido a partir del estudio de una muestra representativa.

páramo. m. Terreno yermo.

parangón. m. Comparación.

paraninfo. m. Salón de actos académicos en algunas universidades.

paranoia. f. Conjunto de perturbaciones mentales que provocan un estado de delirio, y que se caracterizan por ideas o ilusiones fijas, sistematiza das y lógicas.

paranormal. adj. Se dice de los fenómenos que estudia la parapsicología.

parapeto. m. Barrera hecha de piedras, sacos de arena, etc., para protegerse detrás de ella en una lucha. ‖ Pared o baranda que se pone para evitar caídas.

paraplejía. f. Parálisis de la mitad inferior del cuerpo.

parapsicología. f. Estudio de los fenómenos y comportamientos psicológicos, cuya naturaleza y efectos no tienen aún explicación científica, como la telepatía, levitación, etc.

parar. intr. Cesar en el movimiento o en la acción. Ú. t. c. prnl. ‖ Ir a dar a un término o llegar al fin. ‖ Alojarse, hospedarse; también frecuentar un lugar. ‖ tr. Detener, impedir un movimiento o acción. ‖ En fútbol y otros deportes, interceptar el balón para que no entre en la portería. ‖ En una lucha, interceptar el golpe del contrario. ‖ prnl. Construido con la prep. *a* y el inf. de algunos verbos que expresan entendimiento, realizar dicha acción con atención y calma. ‖ amer. Estar de pie.

pararrayos. m. Dispositivo para evitar los efectos de la electricidad de los rayos.

parásito, ta. adj. y s. Animal o planta que vive a costa de otro. Ú. t. c. m. ‖

Se dice de los ruidos que perturban las transmisiones electrónicas. || m. fig. Persona que vive a costa de otra.

parasol. f. Sombrilla.

parcela. f. Porción pequeña de terreno. || Parte pequeña de algunas cosas.

parche. m. Trozo de tela u otra cosa que se pone sobre algo para tapar un roto o una falta. || Venda u otra cosa que se pone en una herida o parte enferma del cuerpo. || fig. Cosa que se añade a otra y desentona. || fig. Arreglo provisional.

parchís. m. Juego que se practica en un tablero y fichas.

parcial. adj. Relativo a una parte del todo. || Incompleto. || Que no es justo ni equitativo.

parco, ca. adj. Corto, escaso o moderado. || Sobrio y moderado en la comida o bebida.

pardo, da. adj. Del color de la tierra.

parecer. m. Opinión, juicio. || Aspecto físico de una persona.

parecer. copul. Tener determinada apariencia o aspecto o causar cierta impresión. || intr. Opinar, creer. || impers. Existir indicios de lo que se dice. || prnl. Tener semejanza o parecido.

pared. f. Obra de albañilería levantada en posición vertical para cerrar un espacio o sostener la techumbre. || Tabique.

paredón. m. Pared que queda en pie, como ruina de un edificio antiguo. || Muro contra el cual se lleva a cabo un fusilamiento.

pareja. f. Conjunto de dos personas o cosas que tienen alguna correlación o semejanza. || Cada una de estas personas o cosas considerada en relación con la otra.

parejero, ra. adj. amer. Se dice del caballo de carrera y en general de todo caballo excelente y veloz. Ú., t. c. s. || amer. Vanidoso, presumido. Ú. t. c. s.

parentesco. m. Vínculo, enlace por consanguinidad o afinidad. || fig. Relación o semejanza que existe entre las cosas.

paréntesis. m. Oración o frase incidental que no interrumpe ni altera el período. || Signo ortográfico (_) en que suele encerrarse esta oración o frase. || fig. Suspensión o interrupción.

paria. com. Persona de la casta ínfima de los hindúes. || fig. Persona insignificante.

pariente, ta. adj. Respecto de una persona, se dice de cada uno de los ascendientes, descendientes y colaterales de su misma familia. U. m. c. s. || fig. y fam. Allegado, semejante o parecido. || m. y f. fam. El marido respecto de la mujer, y la mujer respecto del marido.

parir. intr. Expulsar la hembra el feto que tenía concebido. Ú. t. c. tr. || tr. fig. Producir o causar una cosa. || fig. Hacer salir a la luz o al público.

parking. m. Aparcamiento público o privado.

parlamentar. intr. Hablar o conversar para llegar a un acuerdo o solución.

parlamento. m. Asamblea que ejerce el poder legislativo. || Edificio donde se reúne un parlamento. || Acción de parlamentar.

parlanchín, na. adj. y s. fam. Que habla mucho.

paro. m. fam. Acción y efecto de parar. || Interrupción en el trabajo. || Huelga. || Conjunto de todos los individuos de un país o región que no están empleados.

parodia. f. Imitación burlesca de algo o alguien.

paroxismo. m. Empeoramiento o acceso violento de una enfermedad. || fig. Exaltación extrema de sentimientos y pasiones.

párpado. m. Cada una de las membranas movibles del ojo.

parque. m. Terreno o sitio cercado y con plantas. || Terreno destinado en el interior de una población a prados, jardines y arbolado. || Conjunto de instrumentos, aparatos o materiales destinados a un servicio público.

parra. f. Vid, y en especial la que está levantada artificialmente.

párrafo. m. Cada una de las divisiones de un escrito que termina con punto y aparte. || Signo ortográfico (§) con que, a veces, se denota cada una de estas divisiones.

parricida. adj. y com. Persona que mata a su padre, o a su madre, o a su cónyuge. ‖ Por ext., persona que mata a alguno de sus parientes.

parrilla. f. Utensilio de hierro en figura de rejilla, a propósito para poner a la lumbre lo que se ha de asar o tostar.

párroco. m. y adj. Cura que tiene a su cargo una parroquia.

parroquia. f. Iglesia regentada por un párroco. ‖ Conjunto de feligreses. ‖ Territorio que está bajo la jurisdicción de una determinada iglesia.

parsimonia. f. Calma o lentitud excesivas. ‖ Moderación en los gastos.

parte. f. Porción indeterminada de un todo. ‖ Porción que le corresponde a uno en cualquier comunidad o distribución. ‖ Sitio o lugar. ‖ Cada una de las personas que han hecho un contrato o que participan en un mismo negocio. ‖ Cada una de las personas o grupos de ellas enfrentadas en una disputa, pleito, etc. ‖ Cada uno de los aspectos que pueden considerarse en una persona o cosa. ‖ m. Comunicación de cualquier clase. ‖ f. pl. Con el adj. pos., órganos genitales.

participar. intr. Entrar junto con otros en un asunto o negocio. ‖ fig. Compartir la opinión, sentimientos o cualidades de otra persona o cosa. ‖ tr. Dar parte, comunicar.

participio. m. Forma no personal del verbo que puede desempeñar la función de adjetivo y a veces de sustantivo.

partícula. f. Parte pequeña. ‖ Término de diversa amplitud con que suelen designarse las partes invariables de la oración.

particular. adj. Propio y privativo de una cosa, o que le pertenece con singularidad. ‖ Especial, extraordinario. ‖ Singular o individual como contrapuesto a universal o general. ‖ Privado, que no es público. ‖ Se dice del acto que no es oficial y se realiza al margen del cargo que desempeñe una persona. ‖ Se dice de la persona que no tiene un cargo oficial y no trabaja en la oficina o centro de que se trate. Ú. t. c. com. ‖ m. Punto o materia de que se trata.

partidario, ria. adj. y s. Que sigue un partido o bando, o entra en él. ‖ Adicto a una persona o idea.

partido, da. adj. Dividido. ‖ m. Organización política estable que, apoyada en una ideología afín entre sus afiliados, aspira a ejercer el poder para poder desarrollar su programa. ‖ Provecho, ventaja ‖ En ciertos juegos, competencia concertada entre los jugadores. ‖ f. Acción de partir o salir de un punto. ‖ Anotación que se hace en un registro sobre ciertos datos de una persona. ‖ Cantidad que se anota en una cuenta. ‖ Mercancía que se envía o entrega de una vez. ‖ Serie de jugadas de un juego en que se pierde o se gana la apuesta.

partir. tr. Dividir algo en dos o más partes. ‖ Hender, rajar. ‖ Repartir algo entre varios. ‖ Romper o cascar. ‖ intr. Tomar un hecho, una fecha o cualquier otro antecedente como base para un razonamiento o cómputo. ‖ Irse, ponerse en camino. ‖ prnl. Reírse mucho.

partitura. f. Texto completo de una obra musical para varias voces o instrumentos.

párvulo, la. adj. De muy corta edad. ‖ Niño. Ú. m. c. s. ‖ fig. Inocente, que sabe poco o es fácil de engañar.

pasa. f. Uva seca.

pasadizo. m. Paso estrecho que en las casas o calles sirve para ir de una parte a otra atajando camino. ‖ fig. Cualquier otro medio que sirve para pasar de una parte a otra.

pasador. m. Broche u horquilla para sujetar algo. ‖ Pestillo de puertas y ventanas.

pasaje. m. Billete de barco o avión. ‖ Conjunto de pasajeros de un barco o avión. ‖ Fragmento de una obra con sentido completo. ‖ Paso público entre dos calles, algunas veces cubierto.

pasajero, ra. adj. Que pasa pronto o dura poco. ‖ Se dice de la persona que viaja en un vehículo, sin pertenecer a la tripulación. Ú. t. c. s.

pasante. com. Ayudante de un abogado.

pasaporte. m. Documento en que consta la identidad de una persona, necesario para viajar por algunos países.

pasar. tr. Llevar, conducir de un lugar o situación a otro. Ú. t. c. intr. y prnl. ‖ Cruzar de una parte a otra. ‖ Introducir o extraer mercancías, especialmente de manera ilegal. ‖ Enviar, transmitir. ‖ Dar o entregar algo a alguien ‖ Con nombres que indican límite, ir más allá de él. ‖ Penetrar o traspasar. ‖ fig. Tolerar, permitir. ‖ fig. Sufrir, padecer. ‖ intr. Transitar por algún lugar, entrar en él o atravesarlo. ‖ fam. No intervenir en algo o mostrar desinterés. ‖ impers. Ocurrir, suceder. ‖ prnl. Estropearse un alimento, medicamento, etc. ‖ Olvidarse de algo. ‖ fam. Excederse en algo.

pasarela. f. Puente pequeño o provisional. ‖ Pasillo estrecho y algo elevado por donde desfilan los modelos.

pasatiempo. m. Diversión y entretenimiento en que se pasa el rato.

pascua. f. Fiesta que celebran los hebreos en marzo, en memoria de la liberación del cautiverio de Egipto. ‖ En la iglesia católica, fiesta que celebra la resurrección de Jesucristo. ‖ Por ext., celebraciones en recuerdo del nacimiento de Cristo, la adoración de los Reyes Magos y la venida del Espíritu Santo sobre los apóstoles.

pasear. intr. Ir andando por distracción o por ejercicio. Ú. t. c. tr. y c. prnl. ‖ Ir con iguales fines, ya a caballo, en carruaje, etc., ya por agua en una embarcación. Ú. t. c. prnl. ‖ tr. Llevar de paseo.

pasillo. m. Pieza de paso, larga y angosta, de cualquier edificio.

pasión. f. Acción de padecer. ‖ Por antonomasia, la de Nuestro Señor Jesucristo. ‖ Cualquier perturbación o afecto desordena dos del ánimo. ‖ Inclinación o preferencia muy viva de una persona a otra. ‖ Apetito o afición vehemente a algo.

pasivo, va. adj. Se dice del sujeto que recibe la acción en la que no interviene. ‖ Se dice de la persona que deja obrar a los otros sin hacer nada por propia iniciativa. ‖ m. Importe total de las deudas y cargas que tiene una persona o entidad.

pasmar. tr. Enfriar mucho o bruscamente. Ú. t. c. prnl. ‖ fig. Asombrar con extremo. Ú. t. c. intr. y c. prnl.

paso. m. Movimiento de cada uno de los pies para andar. ‖ Espacio que comprende la longitud de un pie y la distancia entre éste y el talón del que se ha movido hacia adelante para ir de una parte a otra. ‖ Escalón. ‖ Abertura o espacio suficiente en un sitio para pasarlo. ‖ Efigie o grupo que representa un suceso de la Pasión de Cristo. ‖ Cada una de las mudanzas que se hacen en los bailes. ‖ Pieza dramática muy breve. ‖ adv. m. En voz baja.

pasquín. m. Escrito satírico anónimo que se fija en un sitio público. ‖ Escrito con fines de propaganda política.

pasta. f. Masa hecha de una o diversas cosas machacadas. ‖ Masa de harina de trigo, de que se hacen los fideos, tallarines, macarrones, etc. ‖ Designación genérica de estas variedades. ‖ Pequeña pieza hecha con masa de pastelería y cubierta de almendras, azúcar, chocolate, etc. ‖ pop. Dinero. ‖ fig. Carácter de una persona.

pastar. tr. Llevar o conducir el ganado al pasto. ‖ intr. Pacer el ganado el pasto.

pastel. m. Masa de harina y manteca, cocida al horno, en que ordinariamente se envuelve crema o dulce, y a veces carne, fruta o pescado. ‖ Pastelillo de dulce. ‖ Lápiz compuesto de una materia colorante y agua de goma. ‖ Técnica de pintura que utiliza estos lápices. ‖ fig. Asunto ilegal o dudoso.

pastelería. f. Local donde se hacen o venden pasteles. ‖ Arte de trabajar pasteles, pastas, etc.

pasteurizar o **pasterizar.** tr. Higienizar cualquier producto (leche, vino, etc.) por medio del calor para destruir los gérmenes patógenos y aumentar el tiempo de conservación.

pastilla. f. Porción de pasta, de uno u otro tamaño y figura, y ordinariamente pequeña y cuadrangular o redonda. || Pequeña porción de medicamento. || Pieza pequeña, generalmente cuadrangular, que forma parte del sistema de frenado de algunos vehículos. || Pieza electrónica de diferentes formas y tamaños que se usa para amplificar el sonido de algunos instrumentos musicales, sobre todo la guitarra y el bajo eléctricos.

pasto. m. Acción de pastar. || Hierba que el ganado pace en el mismo terreno donde se cría. || Cualquier cosa que sirve para el sustento del animal. || Sitio en que pasta el ganado. Ú. m. en pl. || fig. Lo que es consumido destruido o devorado por algo.

pastor, ra. m. y f. Persona que guarda, guía y apacienta el ganado. || m. Prelado o cualquier otro eclesiástico con respecto a sus feligreses.

pata. f. Pie y pierna de los animales. || Pie de un mueble. || Hembra del pato. || fam. Pierna de una persona.

patada. f. Golpe dado con el pie o con la pata del animal.

patalear. intr. Mover las piernas o patas violentamente y con ligereza. || Dar patadas en el suelo violentamente y deprisa por enfado o pesar.

patata. f. Planta herbácea anual, originaria de América y cultivada hoy en casi todo el mundo. || Cada uno de los tubérculos de esta planta.

paté. m. Pasta de carne o hígado, sobre todo de cerdo y aves.

patena. f. Platillo en el cual se pone la hostia en la misa.

patente. adj. Manifiesto visible. || fig. Claro, perceptible. || f. Documento en que una autoridad concede un derecho o permiso. || Documento que emite el Estado y que autoriza a poner en práctica un invento, a utilizar un nombre para una marca, etc.

paterno, na. adj. Relativo al padre.

patético, ca. adj. Se dice de lo que conmueve el ánimo vehementemente.

patíbulo. m. Tablado o lugar en que se ejecuta la pena de muerte.

patilla. f. Porción de barba que crece sobre los carrillos. || Varilla de las gafas para sujetarlas a las orejas.

patín. m. Aparato adaptable al pie, que lleva una especie de cuchilla o dos pares de ruedas, según sirva para patinar sobre el hielo o sobre un pavimento duro y liso.

patinar. intr. Deslizarse con patines sobre el hielo o sobre un pavimento duro y liso. || Resbalar un vehículo. || fig. Equivocarse, meter la pata.

patio. m. Espacio cerrado con paredes o galerías, que en las casas y otros edificios se deja al descubierto. || En los teatros, planta baja que ocupan las butacas.

pato, ta. m. y f. Nombre común a varias aves palmípedas.

patología. f. Parte de la medicina, que trata de las enfermedades.

patoso, sa. adj. y s. El que presume de chistoso sin serlo. || Poco hábil.

patria. f. Tierra natal o adoptiva a la que se pertenece por vínculos afectivos, históricos o jurídicos. || Lugar, ciudad o país en que se ha nacido.

patriarca. m. Nombre que se da a algunos personajes del Antiguo Testamento. || Título de algunos obispos de iglesias principales. || fig. Persona que por su edad y sabiduría ejerce autoridad moral en una familia o colectividad.

patriarcado. m. Dignidad de patriarca. || Organización social primitiva en que la autoridad se ejerce por un varón jefe de cada familia. || Período de tiempo en que predomina este sistema.

patrimonio. m. Herencia. || fig. Bienes propios de una persona o institución. || Conjunto de bienes pertenecientes a una persona natural o jurídica, o afectos a un fin, y que son susceptibles de estimación económica.

patriota. com. Persona que tiene amor a su patria.

patrocinar. tr. Proteger, amparar, favorecer. ‖ Sufragar una empresa, con fines publicitarios.

patrón, na. m. y f. Defensor, protector. ‖ Santo titular de una iglesia. ‖ Dueño de la casa donde uno se aloja u hospeda. ‖ Amo, señor. ‖ Patrono, persona que emplea obreros. ‖ m. El que manda y dirige un pequeño buque mercante. ‖ Cosa que sirve de muestra para sacar otra igual.

patrono, na. m. y f. Protector, defensor. ‖ Santo titular de una iglesia o de un pueblo o congregación. ‖ Persona que emplea obreros.

patrulla. f. Pequeña partida de gente armada que ronda para mantener el orden. ‖ Grupo de buques o aviones que prestan servicio de vigilancia.

pausa. f. Breve interrupción del movimiento, acción o ejercicio. ‖ Tardanza, lentitud. ‖ En mús., intervalo breve.

pauta. f. Regla para hacer rayas paralelas en un papel y no torcerse al escribir. ‖ Conjunto de rayas hechas con esta regla. ‖ fig. Norma de conducta. ‖ fig. Modelo, patrón.

pavesa. f. Ceniza que salta de una cosa inflamada.

pavimento. m. Suelo, piso artificial.

pavo, va. m. y f. Ave gallinácea, oriunda de América del Norte. ‖ fig. Persona sosa o simple. Ú. t. c. adj. ‖ f. amer. Sombrero de pajilla, de ala ancha.

pavonear. tr. y prnl. Alardear, presumir.

pavor. m. Temor, con espanto o sobresalto.

payaso, sa. m. y f. Artista de circo que hace de gracioso. ‖ adj. Se dice de la persona de poca seriedad.

payo, ya. adj. y s. Campesino. ‖ m. y f. Para el gitano, el que no pertenece a su raza.

paz. f. Situación y relación mutua de quienes no están en guerra. ‖ Tratado o convenio para poner fin a una guerra. Ú. t. en pl. ‖ Sosiego, en contraposición a riña o pleito. ‖ Reconciliación.

peaje. m. Derecho que debe pagarse para transitar por un lugar.

peatón, na. m. y f. Persona que camina o anda a pie, en contraposición a quien va en vehículo. ‖ m. Valijero o correo de a pie.

peca. f. Mancha amarillo-rojiza que sale en el cutis.

pecado. m. Transgresión voluntaria de la ley divina. ‖ Lo que se aparta de lo recto y justo. ‖ Exceso o defecto en cualquier línea.

pecera. f. Recipiente de cristal donde se mantienen peces y otros animales acuáticos vivos.

pecho. m. Parte del cuerpo humano, que se extiende desde el cuello hasta el vientre. ‖ Cada una de las mamas de la mujer y el conjunto de ambas.

pechuga. f. Pecho de ave. ‖ fig. y fam. Pecho de hombre o de mujer.

peculiar. adj. Propio o privativo de cada persona o cosa.

pedagogía. f. Ciencia que se ocupa de la educación y la enseñanza. ‖ Por ext., método para la enseñanza.

pedal. m. Palanca que pone en movimiento un mecanismo oprimiéndola con el pie.

pedante. adj. y com. Se dice de la persona que hace inoportuno alarde de sus conocimientos.

pedazo. m. Parte o porción de algo separada del todo.

pederastia. f. Atracción sexual de un adulto hacia los niños. ‖ Sodomía.

pedernal. m. Variedad muy dura de cuarzo.

pedestal. m. Cuerpo sólido con basa y cornisa, que sostiene una columna, estatua, etc. ‖ fig. Fundamento.

pediatría. f. Rama de la medicina que estudia las enfermedades infantiles y su tratamiento.

pedigrí. m. Genealogía de un animal de raza.

pedigüeño, ña. adj. y s. Que pide con frecuencia e inoportunidad.

pedir. tr. Rogar o demandar a uno para qué dé o haga una cosa. ‖ Poner precio. || Requerir una cosa, exigirla como necesaria o conveniente. || Querer, desear o apetecer. || intr. Solicitar limosna.

pedo. m. Ventosidad anal. || fam. Borrachera. || fam. Estado similar al de la borrachera producido por alguna droga.

pedrisco. m. Granizo grueso y abundante.

peer. intr. y prnl. Expeler la ventosidad del vientre por el ano.

pega. f. Obstáculo, inconveniente.

pegamento. m. Sustancia para pegar.

pegar. tr. Adherir una cosa con otra. || Unir o juntar. || Arrimar. || Transmitir, comunicar una enfermedad, un vicio, etc. Ú. t. c. prnl. || fig. Castigar o maltratar a golpes. || prnl. Reñir o pelearse dos o más personas. || Quemarse la comida en el recipiente en que se preparaba. || fig. Unirse una persona o a un grupo sin haber sido invitado y resultando pesado.

pegatina. f. Adhesivo pequeño.

pegote. m. Emplasto de pez u otra cosa pegajosa. || fig. Adición o intercalación inútil e inadecuada en alguna obra literaria o artística o en otra cosa. || fig. y fam. Persona pesada que no se aparta de otra.

peinar. tr. Desenredar y arreglar el cabello. Ú. t. c. prnl. || Desenredar y limpiar el pelo o lana de algunos animales. || fig. Rastrear una zona en busca de alguien o algo.

peine. m. Utensilio para peinar. || Cargador de munición.

peineta. f. Peine convexo que usan las mujeres por adorno.

peinilla. f. amer. Peine alargado y angosto de una sola hilera de dientes.

pelar. tr. Cortar, raer o quitar el pelo. Ú. t. c. prnl. || Quitar las plumas al ave. || fig. Quitar la monda, corteza o cáscara. || fig. Quitar con engaño o violencia los bienes a otro. || fig. y fam. Dejar a uno sin dinero. || fig. Criticar, despellejar. || prnl. Perder el pelo. || Desprenderse la piel por exceso de sol, por rozadura, etc.

peldaño. m. Cada una de las partes de un tramo de escalera.

pelear. intr. Batallar, combatir, contender. Ú. t. c. prnl. || Reñir dos o más personas. Ú. t. c. prnl. || Luchar para conseguir una cosa. || prnl. Enemistarse, desavenirse.

pelele. m. Muñeco de paja o trapos con figura humana. || fig. y fam. Persona simple o inútil.

peletería. f. Técnica de preparar las pieles finas y de utilizarlas para hacer prendas de vestir. || Comercio de pieles finas. || Tienda donde se venden.

película. f. Piel o capa delgada y delicada. || Cinta de celuloide dispuesta para ser impresionada fotográficamente. || Cinta cinematográfica para ser reproducida. || Asunto representado en dicha cinta.

peligro. m. Riesgo inminente de que suceda algún mal. || Persona o cosa que provoca esta circunstancia.

pelirrojo, ja. adj. y s. Que tiene rojo el pelo.

pellejo. m. Piel de los animales. || Odre.

pellizcar. tr. Apretar entre los dedos una pequeña porción de piel o carne. Ú. t. c. prnl. || Asir levemente una cosa. || Tomar una pequeña cantidad de una cosa.

pelmazo. m. Cosa apretada o aplastada. || fig. y fam. Persona molesta e importuna.

pelo. m. Filamento cilíndrico, delgado, que nace y crece entre los poros de la piel de casi todos los mamíferos. || Plumón de las aves. || Vello de algunas frutas. || En lanas y tejidos, hilillos muy finos que quedan en la superficie, cubriéndola. || fig. Cosa mínima o de poca importancia.

pelota. f. Bola pequeña, forrada de cuero o paño, que se utiliza en distintos juegos. También se hace de una esfera hueca de caucho. || Balón. || Juego que se hace con ella. || Bola de materia blanda, como nieve, barro, etc. || com. fam. Persona aduladora. || pl. vulg. Testículos.

pelotera. f. fam. Riña, contienda.

pelotón. m. Conjunto de personas en tropel. || Pequeña unidad de soldados.

peluca. f. Cabellera postiza.

peluche. m. Tejido de pelo largo y suave por uno de sus lados. || Muñeco forrado de este tejido

peluquería. f. Establecimiento donde presta sus servicios el peluquero. || Oficio del peluquero.

peluquín. m. Peluca pequeña.

pelusa. f. Vello de algunas frutas. || Pelo menudo que con el uso se desprende de las telas. || fig. y fam. Envidia propia de los niños.

pelvis. f. Porción del esqueleto de los vertebrados superiores, que se une por detrás con el sacro.

pena. f. Castigo impuesto por autoridad legítima. || Tristeza, aflicción o sentimiento. || Dolor o sentimiento corporal. || Dificultad, trabajo. || amer. Vergüenza.

penacho. m. Grupo de plumas que tienen algunas aves en la parte superior de la cabeza. || Adorno de plumas.

penal. adj. Relativo a la pena. || m. Lugar en que los penados cumplen condenas superiores a las del arresto.

penalti. m. En fútbol y otros deportes, sanción por una falta cometida por un jugador en su propia área.

penca. f. Hoja carnosa, o tallo en forma de hoja, de algunas plantas.

pendejo, ja. m. y f. Pendón, persona de vida licenciosa. || Persona cobarde y pusilánime. || amer. Persona boba. || m. Pelo que nace en el pubis.

pendencia. f. Contienda, riña.

pender. intr. Estar colgada alguna cosa. || fig. Estar por resolverse un asunto o negocio.

pendiente. adj. Que pende. || Inclinado, en declive. || fig. Que está por resolverse. || Sumamente atento, preocupado por algo. || m. Arete con adorno colgante o sin él. || f. Cuesta o declive en un terreno. || Inclinación de los tejados para el desagüe.

pendón. m. Insignia militar. || Divisa o insignia que tienen las iglesias y cofra-

días. || com. fig. y fam. Persona de vida irregular y desordenada.

péndulo. m. Cuerpo grave que puede oscilar suspendido de un punto por un hilo o varilla. || Este mismo objeto, como pieza de un reloj.

pene. m. Órgano sexual masculino en el hombre y animales, que constituye la parte terminal del aparato urinario.

penetrar. tr. Introducir un cuerpo en otro. || fig. Comprender bien algo. Ú. t. c. intr. y prnl. || intr. Introducirse en el interior de un espacio, aunque haya dificultad.

penicilina. f. Antibiótico descubierto por Fleming en 1928.

península. f. Tierra rodeada de agua por todas las partes menos por una.

penitencia. f. Sacramento en el cual se perdonan los pecados. || Cualquier acto de mortificación interior o exterior. || fig. Cosa molesta que debe soportarse.

penitenciaría. f. Cárcel, penal.

pensar. tr. Formarse y relacionar ideas en la mente. || Examinar algo en la mente antes de tomar una decisión o darle una solución. || Concebir un plan, procedimiento o medio para algo. || Tener intención de hacer lo que se expresa. || Tener alguien una opinión sobre algo o manifestarla.

pensión. f. Renta que se impone sobre una finca. || Cantidad anual que se asigna a uno por méritos o servicios propios o extraños. || Pupilaje, casa donde se reciben huéspedes mediante precio convenido. || Precio del pupilaje. || amer. Pena, pesar.

pentagrama o **pentágrama.** m. Conjunto de cinco líneas paralelas y equidistantes, sobre el cual se escribe la música.

penúltimo, ma. adj. y s. Inmediatamente anterior al último.

penumbra. f. Sombra débil entre la luz y la oscuridad.

peña. f. Piedra grande sin labrar. || Grupo de amigos o camaradas.

peñasco. m. Peña grande y elevada.

peón. m. Obrero que realiza trabajos no especializados o trabaja como ayudante en algunos oficios. || Soldado de a pie. || Peonza. || En el juego del ajedrez, cada una de las ocho piezas de menor valor que se sitúan en la primera línea al comienzo del juego. || fig. Persona que es utilizada desaprensivamente por otra para conseguir algún fin.

peonza. f. Juguete de madera, de figura cónica, que se hace bailar con una cuerda.

peor. adj. comp. de *malo*. || adv. m. comp. de *mal*. Más mal.

pepino. m. Planta cucurbitácea con fruto comestible. || Fruto de esta planta. || fig. Cosa insignificante.

pepita. f. Simiente de algunas frutas. || Trozo rodado de oro u otros metales nativos.

pequeño, ña. adj. Corto, limitado. || De muy corta edad. || fig. De poca importancia o intensidad. || m. y f. Niño.

pera. f. Fruto del peral. || Recipiente de goma en forma de pera, que se usa para impulsar líquidos, aire, etc. || Llamador de timbre o interruptor de luz de forma parecida a una pera. || fig. Perilla de la barba. || adj. y com. fig. Atildado, presumido.

peral. m. Árbol frutal de ramas espinosas y flores rosáceas, cuyo fruto es la pera.

percance. m. Contratiempo, perjuicio imprevisto.

percatar. intr. y prnl. Advertir, considerar, cuidar. || prnl. Darse cuenta clara de algo.

percha. f. Madero o estaca larga y delgada, que regularmente se atraviesa en otras para sostener una cosa. || Mueble con colgaderos en que se pone ropa.

percibir. tr. Recibir una cosa y hacerse cargo de ella. || Recibir por uno de los sentidos las características del objeto. || Comprender una cosa.

percusión. f. Acción y efecto de golpear. || Familia de instrumentos musicales que se tocan al golpearlos o al hacerlos chocar entre sí.

perder. tr. Dejar de tener, o no hallar, una lo cosa que poseía. Ú. t. c. prnl. || Malgastar una cosa. || No conseguir lo que se espera, desea o ama. || Verse separado de una persona querida, especialmente si ha muerto. || intr. Empeorar una persona o cosa. || prnl. Errar uno el camino o rumbo que llevaba. || Entregarse a un vicio. || No aprovecharse de una cosa que podía ser útil o no disfrutar de ella. Ú. t. c. tr. || Querer mucho a una persona o tener mucha afición por algo. Ú. t. c. tr.

perdigón. m. Pollo de la perdiz. || Perdiz macho que emplean los cazadores como reclamo. || Cada uno de los granos de plomo que forman la munición de caza.

perdiz. f. Ave gallinácea silvestre, que anda más que vuela y su carne es muy estimada.

perdón. m. Remisión de la pena merecida, de la ofensa recibida o de alguna deuda u obligación pendiente. || Indulgencia, remisión de los pecados.

perdurar. intr. Durar mucho, subsistir.

perecer. intr. Morir, dejar de existir.

peregrino, na. adj. Se apl. al que anda por tierras extrañas. || Se dice de la persona que por devoción o por voto va a visitar un santuario. Ú. m. c. s. || Hablando de aves, que migran de un lugar a otro. || Extraño, raro. || Absurdo y sin sentido.

perejil. m. Planta herbácea muy usada como condimento.

perenne. adj. Continuo, incesante. || En bot., se dice de las plantas que viven más de dos años.

perentorio, ria. Se dice del último plazo que se concede en cualquier asunto. || Concluyente, decisivo, determinante. || Urgente, apremiante.

pereza. f. Negligencia, falta de ganas o disposición para hacer las cosas. || Descuido o tardanza en las acciones.

perfecto, ta. adj. Que tiene el mayor grado posible de bondad o excelencia en su línea.

perfidia. f. Deslealtad, traición. ‖ Maldad.

perfil. m. Postura en que sólo se deja ver una de las dos mitades laterales del cuerpo. ‖ Línea que dibuja el contorno de una cosa. ‖ fig. Aspecto peculiar o característica de alguien o algo.

perforar. tr. Agujerear una cosa.

perfume. m. Sustancia líquida o sólida elaborada para que desprenda un olor agradable. ‖ Cualquier olor agradable.

perfumería. f. Tienda donde se venden perfumes, cosméticos y productos de aseo. ‖ Industria dedicada a la elaboración de este tipo de productos.

pergamino. m. Piel de la res, limpia y estirada, que sirve para diferentes usos. ‖ Título o documento escrito en pergamino.

pergeñar. tr. Disponer o ejecutar una cosa con más o menos habilidad y rapidez.

pericia. f. Experiencia y habilidad en una ciencia o arte.

periferia. f. Circunferencia. ‖ Contorno de una figura curvilínea. ‖ fig. Espacio que rodea un núcleo cualquiera.

perífrasis. f. Circunlocución, rodeo al expresar una idea.

perilla. f. Adorno en figura de pera. ‖ Porción de pelo que se deja crecer en la punta de la barba.

perímetro. m. Contorno de una superficie. ‖ Contorno de una figura.

periódico, ca. adj. Que guarda período determinado. ‖ Se dice del impreso que se publica con determinados intervalos de tiempo. Ú. m. c. m. ‖ m. Diario, publicación que sale diariamente.

periodismo. m. Actividad que consiste en la recogida de información, especialmente de las noticias de actualidad, para difundirlas en diferentes medios de comunicación, prensa, radio y televisión, principalmente. ‖ Carrera destinada a formar a los profesionales de esta actividad.

período o **periodo.** m. Tiempo que una cosa tarda en volver a repetirse. ‖

Espacio de tiempo que incluye toda la duración de una cosa. ‖ Menstruación.

peripecia. f. En el drama, accidente imprevisto que cambia el estado de las cosas. ‖ fig. Accidente de esta misma clase en la vida real.

periscopio. m. Tubo provisto de una lente que sirve para observar desde un lugar oculto o sumergido.

perito, ta. adj. y s. Experto en una ciencia o arte. ‖ m. y f. Persona que tiene el grado de ingeniero técnico. ‖ Persona experta en alguna cosa y que informa al juez sobre determinados hechos. ‖ En una compañía de seguros, persona encargada de valorar los daños materiales ocasionados en alguna propiedad del asegurado.

perjudicar. tr. y prnl. Ocasionar daño material o moral.

perjurar. intr. Jurar en falso. Ú. t. c. prnl. ‖ Jurar insistentemente por añadir fuerza al juramento. ‖ Faltar al juramento.

perla. f. Concreción nacarada, que suele formarse en el interior de las conchas de diversos moluscos, sobre todo en las madreperlas.

permanecer. intr. Mantenerse sin mutación en un mismo lugar, estado o calidad.

permeable. adj. Que puede ser penetrado por el agua u otro fluido.

permiso. m. Licencia o consentimiento para hacer o decir una cosa. ‖ Tiempo libre o de vacaciones.

permitir. tr. Dar alguien su consentimiento para que otros hagan o dejen de hacer una cosa. Ú. t. c. prnl. ‖ No impedir lo que se pudiera y debiera evitar.

permutar. tr. Cambiar una cosa por otra.

pernicioso, sa. adj. Gravemente dañoso y perjudicial.

pernoctar. intr. Pasar la noche en determinado lugar.

pero. conj. ad. con que a un concepto se contrapone otro diverso del anterior. ‖ m. fam. Defecto o dificultad.

perorata. f. Razonamiento molesto o inoportuno.

perpendicular. adj. Se dice de la línea o plano que forma ángulo recto con otra línea o con otro plano. Apl. a línea, ú. t. c. f.

perpetrar. tr. Cometer o consumar un acto delictivo.

perpetuo, tua. adj. Que dura y permanece para siempre. ‖ Se dice de ciertos cargos vitalicios.

perplejo, ja. adj. Dudoso, irresoluto, confuso.

perro, rra. m. Mamífero carnívoro doméstico, de tamaño, forma y pelaje muy diversos, producto de las distintas razas obtenidas por hibridación. ‖ desp. Nombre que se dio a los fieles de otras religiones. ‖ Persona despreciable.

persa. adj. y s. De Persia, hoy Irán.

perseguir. tr. Seguir al que va huyendo con ánimo de alcanzarle. ‖ fig. Buscar a uno en todas partes con frecuencia e importunidad. ‖ fig. Molestar, fatigar. ‖ fig. Solicitar o pretender con frecuencia.

perseverar. intr. Mantenerse constante en la prosecución de lo comenzado. ‖ Durar permanentemente o por largo tiempo.

persiana. f. Especie de celosía que deja pasar el aire y no el sol.

persistir. intr. Mantenerse firme en una cosa. ‖ Durar por largo tiempo.

persona. f. Individuo de la especie humana. ‖ Hombre o mujer cuyo nombre se ignora o se omite.

personaje. m. Persona sobresaliente en cualquier actividad. ‖ Cada uno de los seres que toman parte en la acción de una obra literaria, teatral o cinematográfica.

personalidad. f. Diferencia individual que distingue a una persona de otra. ‖ Cualidad de las personas que tienen muy marcada dicha diferencia. ‖ Persona que destaca en una actividad o ambiente.

personificar. tr. Atribuir vida humana a algo que no lo es. ‖ Representar en una persona una opinión, sistema, etc.

perspectiva. f. Técnica de representar en una superficie plana los objetos según aparecen a la vista, dándoles sensación de profundidad y volumen. ‖ fig. Posible desarrollo que puede preverse de algo. U. m. en pl. ‖ fig. Punto de vista.

perspicaz. adj. Vista, mirada, etc., muy aguda. ‖ Se dice del ingenio agudo y penetrante y del que lo tiene.

persuadir. tr. y prnl. Convencer a uno de algo con razones.

pertenecer. intr. Ser propia de uno una cosa. ‖ Estar una cosa al cargo de uno. ‖ Tener relación una cosa con otra, o ser parte integrante de ella.

pértiga. f. Vara larga. ‖ Vara larga para practicar el deporte del salto de altura.

pertinaz. adj. Duradero. ‖ Obstinado, terco.

perturbar. tr. Trastornar el orden y el estado de las cosas. U. t. c. prnl. ‖ Impedir el orden del discurso al que habla. ‖ prnl. Perder el juicio.

peruano, na. adj. y s. De Perú.

perverso, sa. adj. Malvado.

pervertir. tr. Perturbar el orden o estado de las cosas. ‖ Viciar las costumbres, los gustos, etc. U. t. c. prnl.

pervivir. intr. Seguir viviendo, permanecer.

pesa. f. Pieza de determinado peso que sirve para pesar. ‖ Pieza de peso suficiente que se emplea como contrapeso de algo.

pesadilla. f. Sueño angustioso. ‖ fig. Preocupación grave y continua.

pesado, da. adj. Que pesa mucho. ‖ Obeso. ‖ fig. Profundo, hablando del sueño. ‖ fig. Tardo o muy lento. ‖ fig. Molesto, impertinente.

pésame. m. Expresión con que se manifiesta a alguien el sentimiento que se tiene de su pena o aflicción, especialmente por la muerte de alguna persona.

pesar. m. Tristeza, pena. ‖ Lo que causa este sentimiento.

pesar. intr. Tener peso. ‖ Tener determinado peso. ‖ Tener mucho peso. ‖ fig. Tener una cosa valor o estimación. ‖ fig. Sentir arrepentimiento por algo. ‖ tr. Determinar el peso.

pescadería. f. Sitio, tienda o puesto donde se vende pescado.

pescadilla. f. Merluza pequeña.

pescado. m. Pez comestible sacado del agua.

pescar. tr. Sacar del agua peces. || Sacar del agua alguna otra cosa. || fig. y fam. Contraer una enfermedad. || fig. y fam. Coger, agarrar. || fig. Sorprender a alguien haciendo algo malo o que no quería que se supiera

pescuezo. m. Parte posterior del cuello humano.

pesebre. m. Especie de cajón donde comen las bestias. || Belén.

pesimismo. m. Propensión a ver las cosas en su aspecto más desfavorable.

pésimo, ma. adj. superl. de *malo*.

peso. m. Fuerza de gravitación universal. || El que por ley o convenio debe tener una cosa. || Cosa pesada. || Utensilio para pesar personas u objetos. || Pesa del reloj. || Unidad monetaria de varios países hispanoamericanos. || fig. Importancia o influencia de una cosa. || fig. Carga, preocupación o disgusto.

pespunte. m. Cierta clase de costura.

pesquisa. f. Información o indagación.

pestaña. f. Cada uno de los pelos que hay en los bordes de los párpados. || Adorno estrecho que se pone al borde de las telas o vestidos.

peste. f. Enfermedad contagiosa y grave. || Mal olor. || fig. Cualquier cosa mala. || fig. Costumbre perniciosa. || fig. y fam. Excesiva abundancia de algunas cosas. || pl. Palabras de enojo o amenaza.

pestillo. m. Pasador con que se asegura una puerta.

petaca. f. Estuche para llevar cigarros o tabaco picado.

pétalo. m. Cada una de las piezas que forman la corola de la flor.

petardo. m. Tubo relleno de pólvora que al darle fuego o chocarlo violentamente contra algo duro produce una fuerte detonación. || fig. Persona o cosa pesada o aburrida.

peto. m. Armadura del pecho. || Parte superior de un mono o delantal. ||

Protección, generalmente de cuero, para los caballos de los picadores.

petrificar. tr. Convertir en piedra. Ú. t. c. prnl. || fig. Dejar inmóvil de asombro.

petróleo. m. Líquido natural oleaginoso e inflamable constituido por una mezcla de hidrocarburos.

petulancia. f. Insolencia, descaro. || Presunción, arrogancia.

pez. m. Animal vertebrado acuático de respiración branquial, con extremidades en forma de aletas aptas para la natación, y que se reproduce por huevos. || Pescado de río.

pez. f. Sustancia resinosa, sólida, que se obtiene de la destilación del alquitrán.

pezón. m. Ramita que sostiene la hoja, la inflorescencia o el fruto en las plantas. || Botoncito que sobresale en las mamas o tetas de las hembras.

pezuña. f. Dedo con uña de los animales cuadrúpedos.

piadoso, sa. adj. Misericordioso. || Religioso, devoto.

piano. m. Instrumento musical de cuerda percutida que se toca mediante teclado. || adv. Con sonido suave y poco intenso.

piar. intr. Emitir algunas aves, y especialmente el pollo, cierto género de sonido. || fig. y fam. Pedir con anhelo e insistencia.

piara. f. Manada de cerdos.

pibe, ba. m. y f. amer. Muchacho.

pica. f. Especie de lanza larga, compuesta de un asta con hierro pequeño y agudo en el extremo superior. || Garrocha del picador de toros. || Uno de los palos de la baraja francesa. Ú. m. en pl.

picaporte. m. Instrumento para cerrar de golpe las puertas y ventanas. || Llamador, aldaba.

picar. tr. Herir leve y superficialmente con un instrumento punzante. Ú. t. c. prnl. || Herir al toro con la garrocha. || Punzar o morder las aves, los insectos y ciertos reptiles. || Cortar en trozos muy menudos. || Tomar las aves la comida con el pico. ‖ Morder el pez el cebo. ‖ Causar escozor en alguna parte del cuerpo. Ú. t. c. intr. ‖ Corroer, horadar un metal por efecto de la oxidación. Ú. t. c. prnl. ‖ fig. Enojar, provocar. Ú. t. c. prnl. ‖ Excitar el paladar ciertas cosas. ‖ Tomar pequeñas cantidades de alimentos o comer entre horas. ‖ fig. Caer en un engaño. ‖ prnl. Dañarse una cosa por diferentes causas. Ú. t. c. tr. ‖ Cariarse un diente. Ú. t. c. tr. ‖ Inyectarse alguna droga.

picardía. f. Acción baja, vileza. ‖ Bellaquería. ‖ Travesura de muchachos.

picaresco, ca. adj. Relativo a los pícaros. ‖ f. Se apl. a las obras literarias en que se pinta la vida de los pícaros.

pícaro, ra. adj. y s. Bajo, ruin, doloso. ‖ Tipo de persona descarada, traviesa, bufona y de mal vivir, que figura en varias obras de la literatura española.

picazón. f. Picor. ‖ fig. Enojo, disgusto.

picnic. m. Comida campestre, al aire libre.

pico. m. Boca de las aves. ‖ Parte puntiaguda que sobresale de algunas cosas. ‖ Herramienta de cantero y cavador. ‖ Cúspide aguda de una montaña. ‖ Montaña de cumbre puntiaguda. ‖ fig. Facilidad de palabra. ‖ fam. Cantidad indeterminada de dinero, generalmente importante. ‖ Dosis de droga que se inyecta.

picor. m. Escozor en el paladar por haber comido alguna cosa picante. ‖ Picazón, desazón.

picotear. tr. Golpear o herir las aves con el pico. ‖ Comer pequeñas porciones de alimento. Ú. t. c. intr.

pictórico, ca. adj. Relativo a la pintura.

pie. m. Extremidad de los miembros inferiores del hombre y de muchos animales. ‖ fig. Base. ‖ fig. Parte final de un escrito y espacio en blanco que queda en la parte inferior del papel. ‖ fig. Comentario breve que aparece debajo de un grabado, dibujo, fotografía, etc. ‖ Medida de longitud usada en varios países; en Castilla equivale aproximadamente a 28.

piedad. f. Virtud que inspira devoción a las cosas santas. ‖ Compasión del prójimo.

piedra. f. Sustancia mineral, más o menos dura y compacta. ‖ Cálculo de la orina. ‖ Granizo grueso.

piel. f. Tegumento extendido sobre todo el cuerpo del animal. ‖ Cuero curtido. ‖ Capa externa de ciertas frutas.

pienso. m. Alimento seco que se da al ganado.

pierna. f. En las personas, parte del miembro inferior comprendida entre la rodilla y el pie. ‖ Muslo de los cuadrúpedos y aves.

pieza. f. Pedazo de algo. ‖ Moneda de metal. ‖ Cada una de las partes que suelen componer un artefacto. ‖ Cualquier sala o habitación de una casa. ‖ Animal de caza o pesca. ‖ Ficha o figura que sirve para jugar en ciertos juegos. ‖ Obra dramática. ‖ Composición suelta de música vocal o instrumental. ‖ Porción de tejido que se fabrica de una vez.

pifia. f. Error, descuido, paso o dicho desacertado.

pigmento. m. Materia colorante que se encuentra en el protoplasma de muchas células vegetales o animales.

pijama. m. Prenda ligera, compuesta de chaqueta o blusa y pantalón, que se usa para dormir.

pila. f. Montón o cúmulo de cosas puestas una encima de la otra.

pila. f. Pieza grande de piedra u otra materia, cóncava y profunda, donde cae o se echa el agua para varios usos. ‖ Generador de corriente eléctrica que transforma energía química en eléctrica.

pilar. m. Columna que sirve de soporte a una construcción. ‖ fig. Persona que sirve de amparo o apoyo.

pilastra. f. Elemento adosado al muro, de sección rectangular o poligonal, con función por lo común de soporte.

píldora. f. Bolita hecha de un compuesto medicinal. ‖ Anovulatorio.

pileta. f. amer. Pila de cocina o de lavar. ‖ amer. Abrevadero.

pillaje. m. Hurto, latrocinio, rapiña.

pillar. tr. Hurtar. ‖ Coger, agarrar o aprehender. ‖ Alcanzar o atropellar. ‖ fam. Coger a uno en un engaño. ‖ fam. Contraer una enfermedad. ‖ Hallar o encontrar a uno en determinada situación, temple, etc. ‖ fam. Robar una cosa o hacerse con algo.

pillo, lla. adj. y s. fam. Pícaro. ‖ fam. Sagaz, astuto.

pilotar. tr. Dirigir un buque, un automóvil, un aeroplano, etc.

piloto. m. El que dirige un buque, un automóvil, un avión, etc. ‖ Faro pequeño que llevan los automóviles u otros aparatos para indicar su situación.

piltrafa. f. Parte de carne flaca, que casi no tiene más que el pellejo.

pimentón. m. Polvo que se obtiene moliendo pimientos encarnados secos.

pimienta. f. Fruto del pimentero de gusto picante, y muy usada para condimento.

pimiento. m. Planta herbácea cuyo fruto es en baya hueca, muy variable en forma y tamaño, pero generalmente cónico. ‖ Fruto de esta planta.

pimpón. m. Juego semejante al tenis, que se juega sobre una mesa.

pinacoteca. f. Galería o museo de pinturas.

pinar. m. Sitio poblado de pinos.

pincel. m. Instrumento con que el pintor asienta los colores.

pinchar. tr. Picar o herir con algo agudo o punzante. Ú. t. c. prnl. ‖ fig. Estimular. ‖ fig. Enojar. ‖ intr. Sufrir un vehículo un pinchazo en una rueda. ‖ prnl. Inyectarse droga.

pinche. com. Ayudante de cocina.

pincho. m. Punta aguda de hierro u otra materia. ‖ Porción de comida que se toma como aperitivo y que a veces se atraviesa con un palillo.

ping-pong. m. Pimpón.

pingüe. adj. Abundante, copioso.

pingüino. m. Ave palmímeda blanca y negra de alas muy cortas que habitaba en las costas del Atlántico N. ‖ Por ext., nombre que se da a otras aves de características similares.

pino. m. Árbol de tronco elevado y recto con hojas siempre verdes, cuyo fruto es la piña y su semilla el piñón.

pinol. m. amer. Harina de maíz tostado.

pinolate. m. amer. Bebida de pinol, agua y azúcar.

pinta. f. Mancha en el plumaje, pelo o piel de los animales y en los minerales. ‖ fig. Aspecto. ‖ m. Sinvergüenza. Ú. t. c. adj.

pintada. f. Acción de pintar en las paredes letreros, preferentemente de contenido político o social. ‖ Ese letrero.

pintalabios. m. Cosmético usado para colorear los labios.

pintar. tr. Representa r algo en una superficie, con líneas y colores. ‖ Cubrir con un color la superficie de las cosas. ‖ fig. Describir. ‖ prnl. Maquillarse la cara.

pintarrajear. tr. y prnl. fam. Manchar de varios colores y sin arte una cosa. ‖ prnl. Maquillarse mucho y mal.

pintor, ra. m. y f. Persona que profesa o ejercita el arte de la pintura. ‖ Persona que tiene por oficio pintar puertas, paredes, ventanas, etc.

pintoresco, ca. adj. Se dice de lo característico y típico de un lugar. ‖ Curioso, expresivo. ‖ Estrafalario, chocante.

pintura. f. Arte de pintar. ‖ Obra pintada. ‖ Color preparado para pintar. ‖ fig. Descripción animada de algo o alguien.

pinza. f. Instrumento de diversas formas cuyos extremos se aproximan para sujetar algo. ‖ Órgano prensil de ciertos artrópodos.

piña. f. Fruto del pino y otros árboles. ‖ Ananás, planta. ‖ fig. Conjunto de personas o cosas unidas estrechamente. ‖ amer. Trompada, puñetazo.

piojo. m. Insecto hemíptero que vive parásito sobre los mamíferos, de cuya sangre se alimenta.

piolín. m. amer. Cordel delgado de cáñamo, algodón u otra fibra.

pionero, ra. m. y f. Persona que da los primeros pasos en alguna actividad humana.

pipa. f. Utensilio para fumar tabaco picado. || fam. Pistola, arma.

pipa. f. Semilla de algunos frutos. || Semilla del girasol. || adv. m. fam. Muy bien, estupendamente.

pique. m. Resentimiento o enfado entre dos o más personas. || Empeño en hacer algo por amor propio o por rivalidad.

piqueta. f. Herramienta de albañilería.

piquete. m. Grupo de personas que, pacífica o violentamente, intenta imponer o mantener una consigna de huelga. || Grupo poco numeroso de soldados que se emplea en diferentes servicios extraordinarios.

pira. f. Hoguera.

piragua. f. Embarcación larga y estrecha, mayor que la canoa.

pirámide. f. Sólido que tiene por base un polígono y sus caras laterales son triángulos que se juntan en un vértice. || Monumento que tiene esta forma.

piraña. f. Pez carnívoro muy voraz de hasta 30 cm de longitud, con dientes cónicos y agudos, que habita en los grandes ríos de América del Sur, especialmente el Amazonas.

pirata. adj. Se dice de los navegantes que asaltaban a otros barcos o hacían incursiones en la costa, así como de sus naves y actividad. U. t. c. com. || Ilegal.

pirómano, na. adj. y s. Se dice de la persona que tiene una tendencia patológica a provocar incendios.

piropo. m. Cumplido ingenioso, dirigido por un hombre a una mujer.

pirotecnia. f. Arte de preparar explosivos para fuegos artificiales.

pirrarse. prnl. fam. Desear con vehemencia algo.

pirueta. f. Cabriola. || Voltereta.

pis. m. fam. Orina.

pisapapeles. m. Utensilio pesado que se pone sobre los papeles para que no se muevan.

pisar. tr. Poner el pie sobre algo. || Apretar algo con los pies. || fig. No respetar los derechos de los demas.

piscifactoría. f. Instalación donde se crian diversas especies de peces y mariscos, con fines comerciales.

piscina. f. Estanque destinado al baño y a la natación.

piso. m. Suelo, pavimento. || Conjunto de habitaciones que constituyen vivienda independiente.

pisotear. tr. Pisar repetidamente. || fig. Humillar.

pista. f. Rastro que dejan los animales o personas en la tierra por donde han pasado. || fig. Conjunto de señales que pueden conducir a la averiguación de algo. || Sitio acondicionado para deportes y otras actividades. || Terreno especialmente acondicionado para el despegue y aterrizaje de aviones. || Autopista. || Cada uno de los espacios paralelos de una cinta magnética en que se registran grabaciones independientes.

pistola. f. Arma de fuego corta. || Utensilio pulverizador de pintura.

pitar. intr. Tocar el pito. || fig. y fam. Funcionar bien o dar buen resultado. || tr. Manifestar desagrado contra una persona con silbidos o pitidos, durante una reunión o espectáculo público. || amer. Fumar cigarrillos.

pitillo. m. Cigarrillo.

pito. m. Instrumento pequeño, que al soplar sobre él produce un sonido agudo. || Claxon de un vehículo. || fig. Voz aguda y desagradable. || vulg. Pene.

pitón. m. Cuerno que empieza a salir a los animales. || f. Reptil ofidio no venenoso, de gran tamaño.

pitonisa. f. Sacerdotisa de Apolo. || Mujer que adivina el futuro a través de cartas, bolas de cristal, etc.

pitorrearse. prnl. Guasearse de otro.

pivote. m. Extremo de una pieza donde se mete o se apoya otra.

pizarra. f. Roca homogénea, de color negro azulado, que se divide con facilidad en hojas planas. || Encerado.

pizca. f. fam. Porción mínima o muy pequeña de una cosa.

placa. f. Plancha de metal u otra materia rígida y poco gruesa. ‖ Insignia o distintivo que llevan los policías para acreditar que lo son. ‖ Matrícula de los vehículos.

placenta. f. Órgano intermediario durante la gestación entre la madre y el feto.

placentero, ra. adj. Agradable, apacible.

placer. m. Contento del ánimo. ‖ Sensación agradable. ‖ Voluntad, consentimiento. ‖ Diversión, entretenimiento.

plácido, da. adj. Quieto, sosegado. ‖ Grato, apacible.

plaga. f. Calamidad grande que aflige a un pueblo. ‖ Abundancia de alguna cosa nociva o perjudicial. ‖ fig. Gran abundancia de personas o cosas.

plagar. tr. y prnl. Llenar.

plagiar. tr. Copiar obras ajenas, dándolas como propias. ‖ amer. Apoderarse de una persona para obtener rescate por su libertad.

plan. m. Proyecto o programa de algo que se va a realizar o de cómo realizarlo. ‖ Intención. ‖ Relación amorosa pasajera, y persona con quien se tiene esta relación.

plana. f. Cada una de las dos caras de una hoja de papel.

plancha. f. Lámina de metal llano y delgado. ‖ Utensilio que sirve para planchar la ropa. ‖ Placa de metal sobre la que se asan o cocinan alimentos. ‖ fig. y fam. Error que hace a uno quedar en ridículo.

planchar. tr. Pasar la plancha caliente sobre la ropa.

planear. tr. Hacer planes o proyectos. ‖ intr. Descender un avión sin motor.

planeta. m. Cuerpo sólido celeste que gira alrededor del Sol y que se hace visible por la luz que refleja.

planicie. f. Llanura.

planificar. tr. Establecer un plan para ejecutar una acción.

plano, na. adj. Llano, liso. ‖ m. Representación gráfica en una superficie de una ciudad, un edificio. ‖ fig. Posición social de las personas. ‖ fig. Punto de vista, faceta. ‖ En cine y fotografía, superficie imaginaria que ocupan las personas y objetos que forman una imagen. ‖ En cine, sucesión de fotogramas rodados sin interrupción.

planta. f. Parte inferior del pie. ‖ Vegetal. ‖ Cada uno de los pisos de un edificio.

plantar. tr. Meter en tierra una planta o un vástago, esqueje, etc., para que arraigue. ‖ fig. y fam. Dejar o abandonar a alguien. ‖ prnl. Ponerse de pie firme ocupando un lugar o sitio. ‖ Llegar con brevedad a un lugar. ‖ Decidir no hacer algo.

plantear. tr. Enfocar la solución de un problema. ‖ Presentar o proponer una cuestión para que se discuta. ‖ prnl. Pararse a considerar algo.

plantilla. f. Pieza con que interiormente se cubre la planta del calzado. ‖ Patrón que sirve como modelo para hacer otras piezas. ‖ Relación ordenada de los empleados de una empresa. ‖ Conjunto de los empleados de una empresa. ‖ Por ext., conjunto de los jugadores de un equipo.

plañir. Llorar.

plaqueta. f. Elemento constituyente de la sangre. ‖ Placa pequeña de cerámica.

plasma. m. Parte líquida de la sangre.

plasmar. tr. Figurar, hacer o formar una cosa.

plasta. f. Masa blanda y espesa. ‖ Excremento blando y redondeado. ‖ Cosa aplastada. ‖ fig. y fam. Persona pesada.

plástico, ca. adj. Relacionado con el arte y técnica de modelar. ‖ Se dice de ciertos materiales sintéticos que pueden moldearse fácilmente. Ú. t. c. m. ‖ Se apl. a la rama de la cirugía que se ocupa de corregir defectos físicos o antiestéticos. ‖ Se dice del estilo, lenguaje, estilo, etc., muy expresivo. ‖ f. Arte y técnica de modelar.

plastificar. tr. Recubrir con una lámina fina de plástico, papeles, documentos, etc.

plata. f. Metal precioso, blanco, brillante, dúctil y maleable. Símbolo, *Ag*. || Dinero en general; riqueza.

plataforma. f. Tablero horizontal, descubierto y elevado sobre el suelo. || Lugar llano más elevado que lo que le rodea. || Organización de personas que tienen intereses comunes. || Conjunto de quejas y reivindicaciones que presenta un grupo o colectivo.

plátano. m. Planta herbácea de grandes dimensiones, cultivada en regiones cálidas, cuyo fruto es blando y agradable. || Fruto de esta planta. || Árbol de gran tamaño utilizado como planta ornamental en calles y paseos.

plateresco. adj. y m. Se dice del estilo arquitectónico surgido en España a finales del s. XV y primera mitad del XVI, caracterizado por la adaptación de los principios del Renacimiento italiano fusionados con elementos decorativos góticos.

plática. f. Conversación. || Sermón.

platillo. m. Pieza pequeña semejante al plato. || pl. Instrumento musical de percusión formado por dos discos metálicos.

platina. f. Parte del microscopio donde se coloca el objeto que se quiere observar. || Disco perfectamente plano para que ajuste en su superficie el borde del recipiente de la máquina neumática. || Aparato reproductor y grabador de cintas magnetofónicas.

platino. m. Metal precioso de color de plata, muy pesado e inatacable por los ácidos, excepto el agua regia. Símbolo, *Pt*.

plato. m. Recipiente bajo y redondo, que se emplea en las mesas para servir la comida. || Alimento ya cocinado. || En los tocadiscos, superficie giratoria sobre la que se coloca el disco.

plató. m. Cada uno de los recintos cubiertos de un estudio cinematográfico.

plausible. adj. Digno de aplauso. || Atendible, recomendable.

playa. f. Ribera del mar, o de un río grande, formada de arenales.

plaza. f. Lugar ancho y espacioso dentro de una población. || Mercado, lugar con pequeños puestos de venta. || Sitio determinado para una persona o cosa. || Espacio, sitio o lugar. || Empleo o puesto de trabajo.

plazo. m. Tiempo señalado para una cosa. || Cada parte de una cantidad pagadera en dos o más veces.

pleamar. f. Fin de la marea creciente. || Tiempo que ésta dura.

plebe. f. La clase social más baja.

plebiscito. m. Resolución que se somete a votación para que los ciudadanos se manifiesten en contra o a favor.

plegar. tr. y prnl. Hacer pliegues en una cosa. || prnl. fig. Doblarse, someterse.

plegaria. f. Oración, rezo.

pleitesía. f. Muestra reverente de cortesía.

pleito. m. Litigio judicial entre partes.

plenilunio. m. Luna llena.

pleno, na. adj. Completo, lleno. || m. Junta general de una corporación.

pleonasmo. m. Figura gramatical que emplea más vocablos de los necesarios, a fin de dar mayor énfasis a la frase.

pliego. m. Pieza de papel doblada por la mitad. || Por ext., la hoja de papel.

pliegue. m. Doblez en la ropa o en cualquier cosa flexible.

plisar. tr. Hacer pliegues.

plomo. m. Metal pesado, dúctil, maleable, blando, fusible y de color gris azulado. Símbolo, *Pb*. || Bala de arma de fuego. || Cortacircuitos, fusible. Ú. m. en pl. || fig. y fam. Persona o cosa aburrida o pesada.

pluma. f. Cada de las piezas de que está cubierto el cuerpo de las aves. || Utensilio, con un pequeño depósito de tinta, que sirve para escribir.

plúmbeo, a. adj. De plomo. || fig. Pesado, aburrido.

plumero. m. Mazo o atado de plumas que sirve para quitar el polvo.

plumier. m. Caja pequeña y rectangular para guardar plumas, lápices, gomas de borrar, etc.

plural. adj. y s. Se dice del número gramatical que se refiere a dos o más personas o cosas.

pluralismo. m. Sistema por el cual se acepta o reconoce la pluralidad de doctrinas o métodos en materia política, económica, etc.

pluralizar. tr. Referir una cosa que es peculiar de uno a dos o más sujetos.

pluriempleo. m. Desempeño por una persona de más de un empleo o cargo.

plus. m. Gratificación o sobresueldo.

pluscuamperfecto. adj. y m. Se dice del tiempo verbal que expresa una acción pasada anterior a otra ya pretérita.

plusmarca. f. Récord deportivo.

plusvalía. f. Aumento del valor de una cosa.

población. f. Conjunto de personas que habitan la Tierra o cualquier división geográfica de ella. || Conjunto de edificios y espacios habitados, especialmente una ciudad. || Conjunto de seres de una misma especie que habitan un espacio determinado.

poblado. m. Lugar de población. || Pueblo, aldea.

poblar. tr. e intr. Ocupar con gente un lugar para que habite en él. || Por ext., hacerlo con animales o cosas. || prnl. Crecer rápida y abundantemente las plantas u otras cosas.

pobre. adj. y com. Que tiene escasamente lo necesario para vivir. || fig. Humilde. || Infeliz, desdichado. || com. Mendigo.

pocho, cha. adj. Se dice de lo que empieza a pudrirse. || Se dice de la persona que no disfruta de buena salud.

pocilga. f. Establo para cerdos. || Lugar sucio.

pócima. f. Bebida medicinal.

poco, ca. adj. Escaso en cantidad o calidad. || m. Cantidad pequeña. || adv. c. Con escasez. || adv. t. Denota corta duración o expresa un tiempo muy cercano.

podar. tr. Cortar las ramas superfluas de los árboles y otras plantas.

poder. tr. Tener capacidad para hacer algo. || Tener facilidad, tiempo o lugar de hacer una cosa. || Ser lícito hacer una cosa. U. m. en frases neg. || impers. Ser posible que suceda una cosa.

poder. m. Dominio, imperio, facultad y jurisdicción que uno tiene para mandar o ejecutar una cosa. || Documento para actuar en nombre de otro. || Fuerza, vigor. || pl. Facultades, autorización para hacer una cosa.

podio. m. Plataforma sobre la que se coloca a una persona para ponerla en lugar preeminente.

podrir. tr. Pudrir.

poema. m. Obra en verso, o perteneciente por su género, aunque esté escrita en prosa, a la esfera de la poesía.

poesía. f. Expresión artística por medio del verso, y en ocasiones a través de la prosa. || Cada uno de los géneros que la componen. || Composición perteneciente a cualquiera de estos géneros. || fig. Capacidad expresiva, estética, sensibilidad y encanto que tiene una obra, persona, imagen, etc.

poeta. com. Persona que escribe obras poéticas.

poetisa. f. Mujer que escribe obras poéticas.

polaco, ca. adj. y s. De Polonia.

polaina. f. Especie de media calza que cubre la pierna hasta la rodilla.

polar. adj. Relativo a los polos.

polarizar. tr. Acumular los efectos de un agente en puntos opuestos de un cuerpo. || intr. Suministrar una tensión fija a una parte de un aparato electrónico. || prnl. fig. Concentrar la atención o el interés en una cosa.

polea. m. Rueda móvil alrededor de un eje y acanalada en su circunferencia, por donde pasa una cuerda y sirve para levantar pesos.

polémica. f. Controversia, discusión.

polen. m. Célula masculina o fecundante de las flores.

policía. f. Cuerpo encargado de velar por el mantenimiento del orden público y la seguridad de los ciudadanos. ‖ com. Agente que pertenece a este cuerpo.

policromo, ma o **polícromo, ma.** adj. De varios colores.

polideportivo, va. adj. y s. Lugar, instalaciones, etc., destinados al ejercicio de varios deportes.

poliéster. m. Materia plástica que se obtiene por condensación de poliácidos con polialcoholes o glicoles, utilizada en la fabricación de pinturas, fibras textiles, etc.

polifacético, ca. adj. Que ofrece varias facetas o aspectos.

polifonía. f. Conjunto de sonidos simultáneos que forman un todo armónico.

poligamia. f. Régimen familiar que admite matrimonios múltiples.

polígloto, ta o **poligloto, ta.** adj. y s. Persona que habla varios idiomas.

polígono. m. Porción de plano limitado por líneas rectas.

polilla. f. Mariposa nocturna, cuya larva destruye la lana, los tejidos, etc.

polinización. f. Tránsito del polen desde el estambre en que se ha producido hasta el pistilo en que ha de germinar.

poliomielitis. f. Enfermedad caracterizada por la inflamación de los cuernos anteriores de la médula y la parálisis y atrofia de los grupos musculares correspondientes.

pólipo. m. Nombre con que se designa a la fase sedentaria y fija de numerosos celentéreos. ‖ Tumor blando que se forma en las mucosas.

polisemia. f. En ling., pluralidad de significados de una palabra.

polisílabo, ba. adj. y s. Palabra que consta de varias sílabas.

politécnico, ca. adj. Que abarca muchas ciencias.

politeísmo. m. Doctrina que admite la existencia de muchos dioses.

política. f. Arte, doctrina u opinión referente al gobierno de los Estados. ‖ Actividad de los que rigen o aspiran a regir los asuntos públicos. ‖ fig. Técnica y métodos con que se conduce un asunto. ‖ fig. Habilidad para tratar con la gente o dirigir un asunto. ‖ fig. Orientación, directriz.

póliza. f. Documento justificativo del contrato de seguros, operaciones de bolsa, etc. ‖ Sello con que se satisface el impuesto del timbre en determinados documentos.

polizón. m. El que se embarca clandestinamente.

polla. f. Gallina joven. ‖ fig. y fam. Moza. ‖ vulg. Pene. ‖ amer. Apuesta, especialmente en carreras y caballos.

pollera. f. amer. Falda, prenda femenina.

pollería. f. Tienda donde se venden aves comestibles.

pollino, na. m. y f. Asno. ‖ fig. Persona simple, ignorante o ruda.

pollo. m. Cría de las aves. ‖ fig. y fam. Joven. ‖ fig. y fam. Hombre astuto.

polo. m. Cualquiera de los dos extremos del eje de la Tierra. ‖ Región contigua a un polo terrestre. ‖ Cualquiera de los dos puntos opuestos de un cuerpo magnético. ‖ Marca registrada de un tipo de helado, inserto en un palito. ‖ Prenda de vestir parecida a un jersey, con el cuello abierto.

polo. m. Juego entre dos equipos de cuatro jinetes que, con mazas de astiles largos, lanzan una bola sobre el césped del terreno.

poltrón, na. adj. Perezoso, haragán. ‖ f. Silla más baja que la común, y de más amplitud y comodidad.

polución. f. Efusión de semen. ‖ Contaminación.

polvo. m. Parte más menuda y deshecha de la tierra muy seca, que fácilmente se levanta en el aire. ‖ Partículas muy pequeñas en suspensión que flotan en el aire. ‖ fig. Heroína o cocaína, drogas. ‖ vulg. Acto sexual. ‖ pl. Sustancia sólida molida en partículas muy pequeñas que se utilizan como cosmético. ‖ Las empleadas como medicamento.

pólvora. f. Compuesto muy inflamable que, en determinadas circunstancias y bajo ciertas acciones mecánicas, hace explosión.

polvorín. m. Lugar preparado para guardar explosivos.

pomada. f. Mezcla de una sustancia grasa y otros ingredientes, que se emplea como afeite o medicamento.

pomelo. m. Fruto comestible de sabor agridulce y forma parecida a la naranja.

pomo. m. Tirador de una puerta. || Extremo de la guarnición de la espada. || Frasco para perfume.

pompa. f. Acompañamiento suntuoso. || Fausto, grandeza. || Ampolla que forma el agua por el aire que se le introduce.

pómulo. m. Hueso de cada una de las mejillas.

ponche. m. Bebida que se hace mezclando ron u otro licor con agua, limón y azúcar.

poncho. m. Prenda de abrigo, que consiste en una manta, cuadrada o rectangular, que tiene en el centro una abertura para pasar la cabeza.

ponderar. tr. Examinar con cuidado algún asunto. || Alabar, a veces exageradamente.

ponencia. f. Informe o dictamen presentado por el ponente.

ponente. adj. y com. Miembro de un cuerpo colegiado o asamblea a quien se designa para hacer relación de un asunto y proponer la resolución.

poner. tr. Colocar en un sitio o lugar. Ú. t. c. prnl. || Añadir, echar. || Hacer que funcione un aparato. || Instalar o montar algo. || Soltar el huevo las aves. || Disponer. || Suponer. || prnl. Ocultarse los astros tras el horizonte. || Vestirse o ataviarse.

poney o **poni.** m. Nombre que se da a determinados caballos pequeños.

poniente. m. Occidente, punto cardinal.

pontífice. m. Prelado supremo de la iglesia católica romana, papa.

ponzoña. f. Sustancia venenosa o nociva para la salud.

pop. adj. y m. Se dice de un movimiento musical surgido en los países anglosajones en la década de 1950.

popa. f. Parte posterior de la nave.

populacho. m. desp. Pueblo, vulgo.

popular. adj. Relativo al pueblo. || Relacionado con las clases sociales más bajas o destinado a ellas. || Muy conocido o extendido. || Que tiene muchos seguidores o partidarios.

populoso, sa. adj. Muy poblado.

popurrí. m. Composición musical formada de fragmentos de obras diversas. || Mezcla de cosas diversas.

por. prep. Introduce el complemento agente en las oraciones pasivas. || Indica relación de tiempo o lugar en que se hace algo. || Indica la causa y motivo. || Denota el medio. || Expresa el modo. || India el precio. || A favor o en defensa de alguno. || En lugar de. || Denota multiplicación de números. || Indica proporción o distribución. || Sin.

porcelana. f. Especie de loza fina, obtenida por cocimiento de caolín, cuarzo y feldespato.

porcentaje. m. Tanto por ciento.

porche. m. Soportal. || Atrio.

porcino, na. adj. Relativo al puerco.

porción. f. Cantidad que se separa de otra mayor. || Parte que corresponde a cada uno en un reparto.

pordiosero, ra. adj. y s. Mendigo.

porfiar. intr. Disputar obstinadamente. || Insistir.

pormenor. m. Detalle. || Cosa o circunstancia secundaria.

porno. adj. apóc. de *pornográfico*. || m. apóc. de *pornografía*.

pornografía. f. Género de películas, libros, fotografías, etc., que tienen como objeto la excitación sexual del que las contempla, mostrando de forma realista todo lo relacionado con el sexo.

poro. m. Espacio entre las moléculas de los cuerpos. || Orificio, imperceptible a simple vista, de la piel de los animales y de los vegetales.

porque. conj. causal. Por causa o razón de que. || conj. final. Para que.

porqué. m. fam. Causa, razón o motivo. ‖ fam. Ganancia, retribución.

porquería. f. fam. Suciedad. ‖ fam. Grosería. ‖ fam. Cosa de poco valor.

porra. f. Cachiporra. ‖ Fritura semejante al churro, pero más gruesa. ‖ Apuesta que se hace entre varios a cierto número o resultado, y en la que la persona que gana se lleva todo el dinero apostado.

porro. m. Cigarrillo de hachís o marihuana mezclado con tabaco.

portaaviones. m. Buque de guerra destinado a transportar aviones y dispuesto para que de él emprendan vuelo y a él vuelvan una vez terminado éste.

portada. f. Ornato en la fachada de los edificios. ‖ Primera plana de los libros impresos. ‖ fig. Cara principal de cualquier cosa.

portafolios. m. Cartera de mano.

portal. m. Zaguán, primera pieza de la casa. ‖ Soportal. ‖ Pórtico.

portaminas. m. Instrumento para escribir, que contiene minas recargables en su interior.

portar. tr. Llevar o traer. ‖ prnl. Conducirse, gobernarse. ‖ No defraudar a una persona.

portátil. adj. Movible y fácil de transportar.

portavoz. com. Persona que habla en nombre de una colectividad y con autoridad la representa.

portazo. m. Golpe fuerte que se da con la puerta.

porte. m. Transporte. ‖ Cantidad que se paga por transportar una cosa. ‖ Presencia, aspecto de una persona.

portento. m. Cosa, acción o suceso que causa admiración o terror.

portería. f. Cuarto de una casa destinado al portero. ‖ En ciertos deportes, meta.

pórtico. m. Sitio cubierto y con columnas que se construye delante de un edificio. ‖ Galería con arcadas y columnas a lo largo de una fachada o patio.

portillo. m. Paso o entrada que se abre en un muro, vallado.

portuario, ria. adj. Relativo al puerto de mar.

portugués, sa. adj. y s. De Portugal.

porvenir. m. Suceso o tiempo futuro.

posada. f. Casa de huéspedes.

posaderas. f. pl. Nalgas.

posar. tr. Poner algo con suavidad sobre una superficie. ‖ Soltar la carga para descansar. ‖ prnl. Depositarse sobre una superficie un ave, avión, insecto, etc., después de volar. ‖ Depositarse en el fondo de un recipiente o sobre una superfice las partículas que estaban en suspensión en un fluido.

posar. intr. Permanecer en determinada postura para retratarse o para servir de modelo a un pintor o escultor.

posdata. f. Texto que se añade a una carta ya concluida y firmada.

pose. f. Postura o actitud afectada.

poseer. tr. Tener uno en su poder una cosa. ‖ Contar con algo, disponer de ello.

posesivo, va. adj. y m. Se dice de los pronombres y adjetivos que indican posesión o pertenencia.

poseso, sa. adj. y s. Se dice de la persona que padece posesión de algún espíritu.

posguerra. f. Tiempo inmediato a la terminación de una guerra.

posible. adj. Que puede ser o suceder; que se puede ejecutar. ‖ pl. Bienes.

posición. f. Figura, actitud o modo en que alguno o algo está puesto. ‖ Categoría o condición social de cada persona. ‖ Situación o disposición.

positivo, va. adj. Cierto, que no ofrece duda. ‖ Bueno o favorable. ‖ Práctico y optimista. ‖ Se dice de la copia fotográfica que se obtiene a partir del negativo, y en la que los colores no están invertidos. ‖ Se dice del grado de significación simple del adjetivo.

poso. m. Sedimento del líquido contenido en una vasija. ‖ fig. Resentimiento o amargura que deja en alguien alguna experiencia negativa.

posponer. tr. Colocar a una persona o cosa después de algo. ‖ Dejar para más tarde.

postal. adj. Concerniente al ramo de correos. ‖ f. Cartulina rectangular, homologada para ser utilizada como carta.

poste. m. Madero o columna colocada verticalmente para servir de apoyo.

póster. m. Cartel grande de carácter decorativo.

postergar. tr. Dejar atrasada una cosa. ‖ Tener en menos a una persona.

posteridad. f. Descendencia o generación venidera. ‖ Fama póstuma.

posterior. adj. Que sucede o va después de otra cosa. ‖ Que está detrás de otra cosa o en la parte de atrás. ‖ En ling., se dice del fonema que se articula aproximando el dorso de la lengua al velo del paladar.

postigo. m. Puerta pequeña abierta en otra mayor. ‖ Cada una de las puertecillas que hay en las ventanas, balcones, etc.

postín. m. Presunción, boato.

postizo, za. adj. Agregado, sobrepuesto. ‖ m. Peluca o cabellera artificial.

postor. m. El que ofrece precio en una subasta.

postrar. tr. Abatir, derribar. ‖ prnl. Hincarse de rodillas.

postre. m. Fruta o dulce que se sirve al final de las comidas.

postrero, ra. adj. y s. Último.

postrimería. f. Período último de la duración de una cosa. Ú. m. en pl.

postular. tr. Pedir, especialmente dinero con fines benéficos. ‖ Defender una idea o principio.

póstumo, ma. adj. Que sale a luz después de la muerte del padre o autor.

postura. f. Situación o modo en que está puesta una persona, animal o cosa. ‖ Precio que el comprador ofrece en una subasta.

potable. adj. Que se puede beber. ‖ fig. y fam. Aceptable, bueno.

potasio. m. Elemento metálico alcalino, blando, cuyos compuestos son muy importantes para uso industrial. Símbolo, K.

pote. m. Recipiente redondo, con barriga y boca ancha, que servía para cocer viandas. ‖ Guiso gallego y asturiano de alubias, tocino y verduras.

potencia. f. Virtud para ejecutar algo o producir un efecto. ‖ Poder, fuerza, energía. ‖ fig. Estado o nación de gran fuerza y poder. ‖ Producto que resulta de multiplicar una cantidad por sí misma una o más veces.

potentado. m. Persona poderosa y opulenta.

potente. adj. Poderoso.

potestad. f. Dominio, autoridad.

potingue. m. fam. y fest. Cualquier preparado de farmacia o cosmético.

potro, tra. m. y f. Caballo desde que nace hasta que muda los dientes de leche. ‖ Antiguo aparato de tortura. ‖ Aparato de gimnasia para ejecutar saltos.

poyete. m. Poyo pequeño o bajo.

poyo. m. Banco de piedra, arrimado a las paredes.

pozo. m. Hoyo que se hace en la tierra ahondándolo hasta encontrar agua, petróleo.

pozole. m. amer. Guiso de maíz tierno, carne y chile con mucho caldo. ‖ amer. Bebida hecha de maíz morado y azúcar.

práctica. f. Ejercicio de cualquier arte o facultad. ‖ Destreza adquirida con este ejercicio. ‖ Costumbre.

practicante. adj. y com. Que practica. ‖ Se dice de la persona que sigue los ritos y prácticas de una religión. ‖ com. Diplomado en enfermería, persona que pone inyecciones, practica curas, etc.

practicar. tr. Poner en práctica algo que se ha aprendido. ‖ Ejercitar, hacer ejercicios para conseguir mayor experiencia o perfeccionamiento en algo. ‖ Ejecutar, hacer.

práctico, ca. adj. Relativo a la práctica. ‖ Que es útil o produce un provecho inmediato. ‖ Se dice de la persona muy realista, que piensa siempre en la utilidad de las cosas. ‖ m. Persona que dirige las operaciones de entrada y salida de los barcos en un puerto.

pradera. f. Conjunto de prados. ‖ Prado grande.

prado. m. Tierra de pastos.

preámbulo. m. Exordio, prólogo, introducción. ‖ Rodeo, digresión.

prebenda. f. Renta aneja a un cargo eclesiástico. ‖ Oficio o empleo lucrativo y poco trabajoso.

precario, ria. adj. De poca estabilidad o duración.

precaución. f. Cautela para evitar posibles daños.

precaver. tr. y prnl. Prevenir un riesgo o daño.

preceder. tr. Ir delante en tiempo, orden o lugar. Ú. t. c. intr. ‖ Anteceder o estar antepuesto. ‖ Tener una persona o cosa primacía sobre otra.

precepto. m. Mandato u orden que hay que cumplir. ‖ Cada una de las instrucciones o reglas que se establecen para el conocimiento o manejo de un arte o facultad.

preces. f. pl. Ruegos, súplicas. ‖ Oraciones.

preciar. tr. Apreciar. ‖ prnl. Gloriarse, jactarse.

precinto. m. Ligadura sellada con que se cierran cajones, paquetes, etc., con el fin de que no se abran sino cuando y por quien corresponda legalmente.

precio. m. Valor pecuniario de algo. ‖ fig. Estimación, importancia.

precioso, sa. adj. Excelente, primoroso. ‖ De elevado coste. ‖ fig. y fam. Hermoso.

precipicio. m. Despeñadero.

precipitar. tr. Arrojar o derribar de un lugar alto. Ú. t. c. prnl. ‖ Acelerar una cosa. ‖ prnl. Hablar o actuar sin reflexión o de manera precipitada. ‖ Lanzarse hacia un lugar.

precisar. tr. Determinar de modo preciso. ‖ Necesitar. ‖ intr. Ser necesario.

preciso, sa. adj. Necesario, indispensable. ‖ Puntual, exacto.

preclaro, ra. adj. Ilustre, digno de admiración y respeto.

precolombino, na. adj. Se dice de lo relativo a América, anterior a Cristóbal Colón y la colonización.

preconcebir. tr. Establecer previamente y con sus pormenores una idea o proyecto que ha de ejecutarse.

preconizar. tr. Recomendar cierta cosa. ‖ Anunciar.

precoz. adj. Fruto temprano, prematuro. ‖ fig. Persona que en corta edad muestra cualidades que de ordinario son más tardías.

precursor, ra. adj. y s. Que va delante en tiempo o lugar.

predecesor, ra. m. y f. Antecesor.

predecir. tr. Anunciar algo que ha de suceder.

predestinar. tr. Destinar anticipadamente una cosa a un fin.

predicado. m. En ling., segmento del discurso que, junto con el sujeto, constituye una oración gramatical.

predicamento. m. Reputación o estima que merece una persona por sus obras.

predicar. tr. Pronunciar un sermón. ‖ fig. Regañar o intentar convencer.

predicativo, va. adj. En ling., relativo al predicado. ‖ Se apl. a las oraciones que tienen verbo no copulativo. ‖ Se apl. a este tipo de verbos. ‖ Se dice del complemento que modifica a la vez al verbo y al sujeto o al complemento directo.

predilección. f. Cariño especial con que se distingue a una persona o cosa entre varias.

predisponer. tr. y prnl. Disponer anticipadamente algunas cosas o el ánimo de las personas para un fin determinado.

predominar. tr. e intr. Prevalecer.

preeminente. adj. Sublime, superior.

prefabricado, da. adj. Se dice de la construcción cuyas partes esenciales se envían ya fabricadas al lugar de su emplazamiento.

prefacio. m. Prólogo. ‖ Parte de la misa que precede al canon.

prefecto. m. Persona a quien compete vigilar el desempeño de ciertos cargos.

preferencia. f. Primacía, ventaja. ‖ Elección de una cosa o persona, entre varias; predilección hacia ella.

preferir. tr. Dar la preferencia.

prefijar. tr. Determinar, señalar o fijar anticipadamente una cosa.

prefijo, ja. adj. y m. Se dice del afijo que va antepuesto. || m. Cifra o cifras que indican una ciudad, provincia, país, etc., que deben marcarse antes del número del abonado para establecer una comunicación telefónica automática.

pregón. m. Anuncio en voz alta de algo. || Discurso en que se anuncia la celebración de una festividad.

pregunta. f. Interrogación que se hace para que uno responda lo que sabe de una cosa.

prehistoria. f. Ciencia que estudia el período de la vida de la humanidad anterior a todo documento escrito. || Período comprendido entre la aparición del hombre en el mundo y el comienzo de la historia. || fig. Origen de algo.

prejuicio. m. Opinión preconcebida sobre algo.

prejuzgar. tr. Juzgar las cosas sin tener de ellas cabal conocimiento.

prelado. m. Superior eclesiástico.

preliminar. adj. Que sirve de preámbulo. || fig. Que antecede a una acción. Ú. t. c. s.

preludio. m. Lo que precede o sirve de entrada a una cosa. || Composición musical breve y formalmente libre, generalmente destinada a preceder la ejecución de otras piezas. || Obertura o sinfonía.

prematuro, ra. adj. Que ocurre antes de tiempo. Ú. t. c. s. || Que no ha alcanzado su pleno desarrollo.

premeditar. tr. Pensar reflexivamente una cosa antes de ejecutarla.

premio. m. Recompensa que se da por algún mérito o servicio. || Cada uno de los lotes sorteados en la lotería nacional y en otros juegos, concursos, certámenes, etc.

premisa. f. Cada una de las dos primeras proposiciones del silogismo. || Señal o indicio a través de los cuales se deduce o conoce una cosa.

premonición. f. Presentimiento, presagio.

premura. f. Prisa, urgencia.

prenda. f. Lo que se da como garantía de algo. || Cualquiera de las partes que componen el vestido o calzado. || fig. Cada una de las buenas cualidades que tiene una persona.

prendar. tr. Ganar la voluntad de uno. || prnl. Aficionarse, enamorarse.

prender. tr. Agarrar, sujetar algo. || Detener a alguien. || Encender o incendiar. || intr. Arraigar la planta en la tierra.

prensa. f. Máquina que sirve para comprimir. || fig. Conjunto de las publicaciones periódicas, especialmente las diarias. || Conjunto de los periodistas.

prensil. adj. Que sirve para asir o coger.

preñar. tr. Hacer concebir a la hembra. || fig. Llenar, henchir.

preocupar. tr. y prnl. Poner el ánimo en cuidado, mantenerlo fijo en un asunto o contingencia.

preparar. tr. Prevenir, disponer una cosa para que sirva a un efecto. || Prevenir a una persona o disponerla para una acción que ha de seguir. Ú. t. c. prnl. || Hacer arreglos en algo para obtener un beneficio o crear una determinada situación.

preponderancia. f. fig. Superioridad de crédito, consideración, autoridad, fuerza.

preposición. f. Parte invariable de la oración, cuyo oficio es denotar la relación que entre sí tienen dos palabras o términos.

prepotente. adj. Muy poderoso.

prerrogativa. f. Privilegio.

presa. f. Acción de prender o tomar una cosa. || Cosa apresada. || Muro grueso que se construye a través de un río para almacenar el agua.

presagiar. tr. Anunciar o prever una cosa.

presbítero. m. Sacerdote.

prescindir. intr. No contar con una persona o cosa. || Abstenerse de ella.

prescribir. tr. Preceptuar, ordenar algo. || intr. Extinguirse un derecho, una acción o una responsabilidad.

presenciar. tr. Hallarse presente a un acontecimiento, contemplarlo.

presentar. tr. Mostrar algo a alguien, ponerlo en su presencia. Ú. t. c. prnl. ‖ Dar a conocer una persona a otra, con la información necesaria para identificarla. Ú. t. c. prnl. ‖ Proponer a una persona para una dignidad o cargo. ‖ Dirigir o comentar ante un público un espectáculo o un programa de radio o televisión. ‖ prnl. Comparecer ante alguien o asistir a algún acto o lugar.

presente. adj. Que está delante o en presencia de uno. ‖ m. Tiempo del verbo que denota la acción actual. ‖ Regalo.

presentir. tr. Prever, sospechar.

preservar. tr. y prnl. Poner a cubierto de algún daño o peligro.

preservativo, va. adj. Que preserva. ‖ m. Funda de goma que se usa para cubrir el pene durante el coito y evitar así la fecundación o la transmisión de enfermedades.

presidente, ta. m. y f. El que preside. ‖ Cabeza o superior de un gobierno, consejo, tribunal, etc.

presidio. m. Establecimiento penitenciario, cárcel.

presidir. tr. Tener el primer lugar en una asamblea, empresa, etc. ‖ Predominar.

presionar. tr. Comprimir. ‖ Apremiar, coacciona r.

preso, sa. adj. y s. Persona que sufre prisión.

prestación. f. Acción y efecto de prestar. ‖ Cosa o servicio que un contratante da o promete al otro.

préstamo. m. Lo que se presta. ‖ Empréstito.

prestancia. f. Excelencia. ‖ Aspecto de distinción.

prestar. tr. Entregar a uno dinero u otra cosa para que por algún tiempo tenga el uso de ella. ‖ Dar o comunicar.

prestatario, ria. adj. y s. Que toma dinero a préstamo.

prestidigitador, ra. m. y f. Persona que hace juegos de manos.

prestigio. m. Renombre, buen crédito.

presto, ta. adj. Pronto, diligente. ‖ adv. t. Al instante.

presumir. tr. Sospechar, conjeturar. ‖ intr. Vanagloriarse. ‖ Cuidar mucho una persona su aspecto físico para resultar atractiva.

presunto, ta. adj. Supuesto.

presuntuoso, sa. adj. y s. Lleno de presunción y orgullo.

presuponer. tr. Dar por supuesto algo.

presupuesto. m. Cómputo anticipado del coste de una obra, y también de los gastos e ingresos de una corporación u organismo público. ‖ Supuesto o suposición.

pretender. tr. Pedir algo. ‖ Hacer las oportunas diligencias para conseguirlo. ‖ Procurar, tratar de.

pretendiente. adj. y com. Que pretende o solicita algo. ‖ Hombre que corteja a una mujer. ‖ Príncipe que reivindica para sí el trono de un país al que cree tener derecho.

pretensión. f. Aspiración, intención.

pretérito, ta. adj. Se dice de lo que ya ha pasado o sucedido. ‖ m. En ling., tiempo del verbo que denota la condición de pasado. Ú. t. c. adj.

pretexto. m. Motivo o causa simulada que se alega para no hacer una cosa.

prevalecer. intr. Sobresalir una persona o cosa. ‖ Conseguir una cosa en oposición de otros. ‖ fig. Crecer una cosa no material.

prevenir. tr. Preparar con anticipación las cosas necesarias para un fin. ‖ Prever, tomar las medidas necesarias para evitar un riesgo. ‖ Advertir, informar de una cosa. ‖ Influir en la voluntad de uno indisponiéndole contra alguien o algo. ‖ prnl. Prepararse de antemano para evitar un riesgo.

prever. tr. Ver con anticipación.

previo, via. adj. Anticipado, antepuesto.

previsión. f. Acción de disponer lo conveniente para atender a necesidades previstas.

prima. f. Precio que el asegurado paga al asegurador. ‖ Dinero que se da a un empleado, además de su sueldo, como estímulo.

primacía. f. Superioridad, ventaja de una cosa con respecto a otra.

primar. intr. Sobresalir, prevalecer, predominar.

primario, ria. adj. Principal o primero en orden o grado. ‖ Fundamental, básico. ‖ Primitivo, poco civilizado o desarrollado.

primate. adj. y m. Se dice de los mamíferos de superior organización, plantígrados, con extremidades terminadas en cinco dedos provistos de uñas.

primavera. f. Estación del año, que en el hemisferio boreal, comienza el 21 de marzo y termina el 21 de junio.

primer. adj. apóc. de *primero*.

primero, ra. adj. Persona o cosa que precede a las demás de su especie en orden, tiempo, lugar, situación, clase, etc. ‖ Excelente, grande, sobresaliente. ‖ adv. t. Antes de cualquier otra cosa.

primicia. f. Fruto primero de cualquier cosa. Ú. m. en pl. ‖ Primera noticia de algo.

primitivo, va. adj. Se dice de los pueblos e individuos de civilización poco desarrollada. ‖ Rudimentario, tosco.

primogénito, ta. adj. y s. Hijo o hija que nace primero.

primo, ma. m. y f. Respecto de una persona, hijo o hija de su tío o tía.

primor. m. Destreza, habilidad, esmero. ‖ Hermosura.

primordial. adj. Esencial, primero.

princesa. f. Mujer del príncipe. ‖ En España, hija del rey.

principal. adj. Persona o cosa que tiene el primer lugar en estimación o importancia. ‖ Esencial o fundamental.

príncipe. m. Hijo primogénito del rey, heredero de la corona. ‖ Título dado a algunos individuos de familia real o imperial. ‖ adj. Se dice de la primera edición de una obra.

principio. m. Primer instante de la existencia de una cosa. ‖ Base, funda-mento. ‖ Causa primera de algo. ‖ Norma que rige el pensamiento o la conducta. Ú. t. en pl.

pringar. tr. Empapar con pringue o salsa un trozo de pan u otro alimento. ‖ Manchar. Ú. t. c. prnl. ‖ fig. Involucrar a alguien en un asunto poco lícito. ‖ intr. fam. Trabajar mucho y de una forma injusta.

pringue. amb. Grasa, suciedad, porquería.

prior, ra. m. y f. Superior de un convento.

prioridad. f. Anterioridad de una cosa respecto a otra.

prioritario, ria. adj. Se dice de lo que tiene prioridad respecto de algo.

prisa. f. Prontitud, rapidez. ‖ Necesidad o deseo de ejecutar algo con urgencia. ‖ Ansia, premura.

prisión. f. Cárcel donde se encierra a los presos. ‖ fig. Cualquier cosa que ata o limita la libertad.

prisionero, ra. m. y f. Militar u otra persona que en campaña cae en poder del enemigo. ‖ Persona que está en prisión. ‖ fig. Persona dominada por un sentimiento o pasión.

prismático, ca. adj. De figura de prisma. ‖ m. pl. Anteojos, gemelos.

privado, da. adj. Que se ejecuta a la vista de pocos. ‖ Particular, personal de cada uno. ‖ m. Valido, favorito.

privar. tr. Despojar a uno de algo que poseía. ‖ Prohibir o vedar. ‖ Gustar extraordinariamente.

privativo, va. adj. Propio o peculiar de una persona o cosa y no de otras.

privilegio. m. Gracia o prerrogativa.

pro. amb. Provecho, ventaja. ‖ prep. A favor de.

proa. f. Parte delantera de la nave.

probable. adj. Verosímil. ‖ Se dice de lo que hay razones para creer que sucederá.

probador. m. Sala para probarse la ropa en una tienda.

probar. tr. Experimentar las cualidades de algo o alguien. ‖ Usar algo para ver si funciona. ‖ Ponerse una prenda para ver cómo sienta. Ú. t. c. prnl. || Demostrar la verdad de algo que se afirma. || intr. Experimentar e intentar una cosa.

probeta. f. Tubo de cristal, cerrado por un extremo, y destinado a contener líquidos o gases.

problema. m. Cuestión que se trata de aclarar. || Conjunto de hechos que dificultan la consecución de algún fin. || Proposición dirigida a averiguar el modo de obtener un resultado cuando ciertos datos son conocidos.

procaz. adj. Desvergonzado, atrevido.

proceder. intr. Originarse una cosa de otra. || Portarse bien o mal una persona. || Ser conforme a razón o derecho.

proceder. m. Modo de portarse.

procedimiento. m. Método de ejecutar algunas cosas. || Actuación por trámites judiciales.

prócer. adj. Alto, elevado. || m. Persona importante.

procesar. tr. Someter a proceso penal. || Someter alguna cosa a un proceso de elaboración, transformación, etc. || En inform., dar tratamiento a una información por medio de un ordenador.

procesión. f. Acto de ir ordenadamente muchas personas con un fin público, por lo general, religioso.

proceso. m. Acción de ir hacia adelante. || Transcurso del tiempo. || Conjunto de autos y escritos en cualquier causa civil y criminal. || Causa criminal. || En inform., conjunto de operaciones lógicas y aritméticas ordenadas, cuyo fin es la obtención de unos resultados determinados.

proclamar. tr. Hacer público. || Declarar solemnemente la inauguración de un reinado, congreso, etc. || prnl. Declararse uno investido o acreedor de un cargo, título, etc.

proclive. adj. Propenso a una cosa, frecuentemente a lo malo.

procrear. tr. Engendrar, multiplicar una especie.

procurador, ra. m. y f. Persona que, con la habilitación legal pertinente,

representa en juicio a cada una de las partes.

procurar. tr. y prnl. Tratar de conseguir lo que se desea.

prodigar. tr. Disipar, gastar con exceso. || fig. Dar algo en abundancia. || prnl. Frecuentar un lugar.

prodigio. m. Suceso en contra de las leyes naturales. || Milagro.

pródigo, ga. adj. y s. Gastador, maniroto. || Muy dadivoso. || Muy productivo.

producir. tr. Engendrar, criar. || Tener frutos los terrenos, las plantas. || Rentar, dar beneficios una cosa. Ú. t. c. intr. || fig. Ocasionar. Ú. t. c. prnl. || Fabricar cosas útiles. || Proporcionar los medios económicos necesarios para realizar una película, programa, etc., encargándose también del control de su realización.

producto. m. Cosa producida. || Ganancia o renta que se obtiene de una cosa. || Cantidad que resulta de la multiplicación.

proeza. f. Hazaña, acción valerosa.

profano, na. adj. No relacionado con lo sagrado. || Inmodesto, deshonesto. || Que carece de conocimientos en una materia. Ú. t. c. s.

profecía. f. Predicción de las cosas futuras.

proferir. tr. Pronunciar palabras, emitir gritos.

profesar. tr. Ejercer una ciencia, arte, oficio, etc. || Creer, confesar. || intr. Obligarse en una orden religiosa a cumplir los votos.

profesión. f. Empleo u oficio que cada uno tiene y ejerce.

profesor, ra. m. y f. Persona que enseña una ciencia, arte u oficio.

profeta, isa. m. y f. Persona que predice acontecimientos futuros.

profiláctico, ca. adj. Que preserva de la enfermedad. || m. Preservativo.

prófugo, ga. adj. y s. Que huye de la justicia. || m. Mozo que se oculta para eludir el servicio militar.

profundizar. tr. Hacer más profunda una cosa. || fig. Analizar una cosa para llegar a su perfecto conocimiento. Ú. t. c. intr.

profundo, da. adj. Que tiene el fondo muy distante de la boca. || Se dice de lo que penetra mucho. || fig. Intenso. || Íntimo.

profusión. f. Abundancia. || Prodigalidad, abundancia excesiva.

progenie. f. Generación o familia.

progenitor, ra. m. y f. Pariente en línea recta ascendente.

programa. m. Plan, proyecto. || Tema. || Sistema de distribución de las materias en un curso o asignatura. || Anuncio de las partes que componen ciertos espectáculos. || Impreso con ese anuncio. || Serie de las distintas unidades temáticas que constituyen una emisión de radio o televisión. || Cada una de estas unidades. || Conjunto de instrucciones para que un aparato automático pueda realizar su función. || En inform., secuencias de instrucciones detalladas y codificadas.

progresista. com. Persona que tiene ideas políticas y sociales avanzadas.

progreso. m. Hecho de crecer y desarrollarse en cualquier aspecto, particularmente refiriéndose al adelanto cultural y técnico de una sociedad.

prohibir. tr. Vedar, impedir el uso o ejecución de una cosa.

prójimo, ma. m. y f. Cualquier persona respecto de otra.

prole. f. Hijos o descendencia.

proletariado. m. Clase social constituida por aquellos que, al no poseer los medios de producción, ofrecen su trabajo a cambio de un salario.

proliferar. intr. Reproducirse. || fig. Multiplicarse abundantemente.

prolífico, ca. adj. Que produce mucho. || Que se reproduce con mucha facilidad.

prolijo, ja. adj. Largo, dilatado con exceso. || Cuidadoso, esmerado.

prólogo. m. Discurso antepuesto a ciertas obras para explicarlas al lector.

prolongar. tr. y prnl. Alargar, dilatar.

promedio. m. Punto medio de una cosa. || Término medio.

prometer. tr. Asegurar que se va a hacer, decir o dar algo. || Asegurar la certeza de lo que se dice. || intr. Dar muestras de capacidad en alguna materia o actividad. || prnl. Mostrar gran confianza en lograr una cosa. || Darse mutuamente palabra de casamiento.

prominente. adj. Que se destaca sobre lo que está en sus inmediaciones.

promiscuo, cua. adj. Se dice de la persona que mantiene relaciones sexuales con muchas otras, y de estas relaciones. || Mezclado confusamente.

promocionar. tr. y prnl. Impulsar a alguien o algo difundiendo sus cualidades. || Promover, ascender.

promontorio. m. Altura muy considerable de tierra que avanza hacia el mar. || Parte elevada de un terreno.

promover. tr. Iniciar una cosa procurando su logro. || Ascender a una persona a una dignidad o empleo superior.

promulgar. tr. Publicar solemnemente. || fig. Hacer que una cosa se divulgue.

pronombre. m. Parte de la oración que suple al nombre o lo determina.

pronominal. adj. Relativo al pronombre.

pronosticar. tr. Anticipar por algunos indicios lo futuro.

pronto, ta. adj. Veloz, ligero. || m. fam. Movimiento repentino del ánimo. || adv. t. Presto, prontamente. || Con anticipación al momento fijado.

pronunciar. tr. Articular sonidos para hablar. || Decir algo en público y en voz alta. || Destacar, hacer más perceptible. Ú. t. c. prnl. || prnl. Sublevarse contra el gobierno. || Manifestarse alguien en favor o en contra de algo.

propaganda. f. Acción y efecto de dar a conocer una idea, doctrina, etc. || Publicidad de un producto comercial.

propagar. tr. y prnl. Multiplicar por vía de reproducción. || fig. Extender, aumentar. Ú. t. c. prnl. || fig. Extender el conocimiento o el uso de una cosa.

propasar. tr. Pasar más adelante de lo debido. || prnl. Excederse.

propensión. f. Inclinación hacia algo que es del gusto de uno.

propiciar. tr. Favorecer la ejecución de algo.

propicio, cia. adj. Favorable.

propiedad. f. Derecho o facultad de disponer de una cosa. ‖ Cosa objeto de dominio. ‖ Atributo, cualidad esencial. ‖ Precisión y exactitud al utilizar el lenguaje.

propietario, ria. adj. y s. Que tiene derecho de propiedad sobre una cosa.

propina. f. Gratificación pequeña con que se recompensa un servicio eventual.

propinar. tr. Pegar, golpear.

propio, pia. adj. Perteneciente a uno. ‖ Característico, peculiar. ‖ Conveniente, adecuado. ‖ Natural. ‖ Se dice del nombre utilizado para identificar a una persona o entidad en concreto, y se escribe con mayúscula.

proponer. tr. Manifestar una cosa para conocimiento de uno, o para inducirle a adoptarla. ‖ Presentar a uno para un empleo. ‖ prnl. Determinar o hacer propósito de hacer o no hacer una cosa.

proporción. f. Relación o correspondencia de las partes con el todo. ‖ Dimensión de algo. ‖ fig. Importancia o trascendencia de algo.

proporcionar. tr. Disponer y ordenar una cosa con la debida proporción. ‖ Poner a disposición de uno lo que necesita. Ú. t. c. prnl. ‖ Causar, producir.

proposición. f. Acción o efecto de proponer. ‖ En ling., unidad de estructura oracional compuesta de sujeto y predicado, que se une mediante coordinación o subordinación a otra u otras proposiciones para formar una oración compuesta.

propósito. m. Intención de hacer o de no hacer una cosa. ‖ Objetivo, fin o aspiración.

propuesta. f. Proposición de una idea, proyecto, etc.

propugnar. tr. Defender, amparar.

propulsar. tr. Impeler hacia adelante. ‖ Rechazar.

prórroga. f. Aplazamiento.

prorrumpir. intr. Proferir repentinamente y con fuerza una voz, suspiro.

prosa. f. Forma que toma naturalmente el lenguaje, no sometido a ritmo y medida como el verso.

prosaico, ca. adj. Relativo a la prosa, o escrito en prosa. ‖ fig. Que carece de idealidad o perfección, vulgar.

proscribir. tr. Echar a uno del territorio de su patria. ‖ fig. Excluir, prohibir.

proseguir. tr. Seguir, continuar.

prosélito. m. Partidario o adepto de una doctrina o partido.

prosopopeya. f. Figura retórica que consiste en atribuir a las cosas inanimadas acciones propias del ser animado.

prospecto. m. Folleto que llevan algunos productos que informa sobre su modo de uso, composición, etc.

prosperar. intr. Mejorar de situación económica o social.

próstata. f. Glándula pequeña masculina unida al cuello de la vejiga de la orina y a la uretra.

prostituir. tr. y prnl. Mantener relaciones sexuales mediante remuneración. ‖ fig. Deshonrar, vender uno su empleo, autoridad, etc.

prostituto, ta. m. y f. Persona que se prostituye. Ú. m. c. f.

protagonista. com. Personaje principal de la acción en una obra literaria o cinematográfica. ‖ Persona que en cualquier asunto desempeña el papel principal.

protectorado. m. Parte de soberanía, especialmente sobre las relaciones exteriores, que un Estado ejerce en territorio en que existen autoridades propias. ‖ Territorio en que se ejerce esta soberanía compartida.

proteger. tr. Amparar, favorecer, defender.

proteína. f. Sustancia química que forma parte de la materia fundamental de las células.

prótesis. f. Procedimiento para sustituir un órgano por una pieza o aparato artificial. ‖ Esta misma pieza o aparato.

protestantismo. m. Conjunto de las doctrinas religiosas separadas de la iglesia católica, a raíz de la reforma de Lutero.

protestar. tr. Mostrar disconformidad o descontento. ‖ Confesar públicamente la fe y creencia que uno profesa. ‖ Hacer el protesto de una letra de cambio.

protocolo. m. Conjunto de reglas y ceremoniales que deben seguirse en ciertos asuntos o con ciertas personalidades. ‖ Acta o cuaderno de actas relativas a un acuerdo, conferencia o congreso diplomático.

protohistoria. f. Período de la humanidad del que no se poseen documentos, pero del que existen tradiciones originariamente orales.

protón. m. Partícula elemental de carga igual a la del electrón, pero de signo positivo.

prototipo. m. Ejemplar, molde. ‖ Modelo.

protuberancia. f. Prominencia.

provecho. m. Beneficio, utilidad.

proveer. tr. Prevenir las cosas necesarias para un fin. Ú. t. c. prnl. ‖ Suministrar lo necesario para un fin. Ú. t. c. prnl. ‖ Conferir una dignidad, empleo u otra cosa.

provenir. intr. Nacer, proceder.

proverbio. m. Sentencia, adagio o refrán.

providencia. f. Disposición anticipada, prevención. ‖ Remedio. ‖ Suprema sabiduría de Dios que rige el mundo.

provincia. f. División administrativa de un territorio o Estado.

provisión. f. Acción y efecto de proveer. ‖ Abastecimiento de cosas necesarias.

provisional. adj. Que no es definitivo.

provocar. tr. Incitar a uno a que ejecute una cosa. ‖ Irritar o estimular a uno.

proxeneta. com. Persona que vive de las ganancias de una prostituta, a cambio de su protección.

próximo, ma. adj. Cercano, que dista poco en el espacio o en el tiempo.

proyectar. tr. Lanzar, dirigir hacia adelante. ‖ Idear, proponer, disponer. ‖ Hacer visibles sobre una pantalla las imágenes de diapositivas, películas, etc.

proyectil. m. Cualquier cuerpo arrojadizo, como bala, bomba, etc.

proyecto. m. Plan para la ejecución de una cosa. ‖ Conjunto de escritos, cálculos y dibujos para la ejecución de una obra.

prudencia. f. Cualidad que consiste en actuar con reflexión y precaución para evitar posibles daños. ‖ Templanza, moderación.

prueba. f. Razón o argumento con que se demuestra algo. ‖ Ensayo o experiencia que se hace de una cosa. ‖ Indicio, muestra que se da de una cosa. ‖ Competición deportiva. ‖ Examen para demostrar conocimientos o aptitudes.

prurito. m. Comezón, picazón. ‖ fig. Deseo persistente y excesivo.

psicoanálisis. m. Método de exploración, o tratamiento de ciertas enfermedades nerviosas o mentales, puesto en práctica por Freud.

psicología. f. Ciencia que estudia la conducta humana. ‖ Manera de sentir de una persona o de un grupo. ‖ Capacidad para captar los sentimientos de los demás y saber tratarlos.

psicosis. f. Nombre genérico de las enfermedades mentales. ‖ Obsesión muy persistente.

psicosomático, ca. adj. Se dice de lo que afecta a la psique y a lo que implica una acción de ésta sobre el cuerpo, o viceversa.

psiquiatría. f. Ciencia que trata de las enfermedades mentales.

púa. f. Cuerpo delgado y rígido que acaba en punta aguda. ‖ Pincho o espina. ‖ Diente de un peine.

pub. m. Establecimiento al estilo inglés donde se sirven bebidas.

pubertad. f. Época de la vida en que empieza a manifestarse la aptitud para la reproducción.

pubis. m. Parte inferior del vientre.

publicación. f. Obra publicada.

publicar. tr. Hacer pública una cosa. ‖ Revelar o decir lo que estaba oculto. ‖ Difundir por medio de la imprenta o de otro procedimiento de reproducción un escrito, estampa, grabación, etc.

publicidad. f. Conjunto de medios que se emplean para divulgar o extender noticias o hechos. ‖ Divulgación de noticias o anuncios de carácter comercial para atraer a posibles compradores, espectadores, usuarios, etc.

público, ca. adj. Sabido o conocido por todos. ‖ Destinado a todos los ciudadanos o a toda la gente, en contraposición a privado. ‖ Se dice de las personas que se dedican a actividades por las cuales son conocidas por toda la gente. ‖ m. Conjunto de personas que participan de unas mismas aficiones, concurren a un mismo espectáculo, etc.

puchero. m. Recipiente para guisar la comida. ‖ Nombre dado a diferentes guisos, parecidos al cocido. ‖ Alimento diario. ‖ fig. y fam. Gesto o movimiento que precede al llanto.

púdico, ca. adj. Honesto, casto, pudoroso.

pudiente. adj. y s. Poderoso, rico, hacendado.

pudor. m. Honestidad, modestia, recato. ‖ Sentimiento de vergüenza hacia lo relacionado con el sexo.

pudrir. tr. y prnl. Corromper, descomponer. ‖ prnl. fig. Consumirse de tristeza, soledad, etc., en un determinado lugar o circunstancia.

pueblo. m. Población pequeña. ‖ Conjunto de personas de un lugar, región o país. ‖ Gente humilde de una población. ‖ País con gobierno independiente.

puente. amb. Construcción sobre un río, foso, etc., para poder pasarlo. ‖ Pieza metálica que usan los dentistas para sujetar los dientes artificiales en los naturales. ‖ Parte central de la montura de las gafas, que une los dos cristales. ‖ Día o días que, entre dos festivos o sumándose a uno festivo, se aprovechan para vacación.

puerco. m. Cerdo, animal. ‖ Hombre sucio.

puericultura. f. Disciplina médica y actividad que se ocupa de prestar cuidados a los niños para su mejor desarrollo durante los primeros años de edad.

pueril. adj. Relativo al niño. ‖ fig. Fútil, trivial, infantil.

puerta. f. Vano de forma regular abierto en pared; cerca o verja para entrar y salir.

puerto. m. Lugar en la costa dispuesto para la seguridad de las naves y para las operaciones de tráfico. ‖ Depresión, paso entre montañas.

pues. conj. causal que denota causa, motivo o razón.

púgil. m. Boxeador.

pugna. f. Batalla, pelea. ‖ Oposición, enfrentamiento.

pujar. tr. Aumentar los licitadores el precio puesto a una cosa que se vende o arrienda.

pulcro, cra. adj. Aseado, bello. ‖ Delicado, esmerado.

pulga. f. Insecto parásito, sin alas, como de dos milímetros de longitud y patas fuertes, largas y a propósito para dar grandes saltos.

pulgar. m. Dedo primero y más grueso de la mano y del pie.

pulimentar. tr. Alisar o dar tersura a una cosa.

pulir. tr. Alisar o dar lustre a una cosa. ‖ fig. Derrochar, dilapidar. ‖ fig. Quitar a uno la rusticidad. Ú. t. c. prnl.

pulla. f. Palabra o dicho con que se intenta indirectamente molestar o herir a alguien.

pulmón. m. Cada uno de los órganos de respiración del hombre y de la mayor parte de los vertebrados.

pulmonía. f. Inflamación del pulmón.

pulpa. f. Parte mollar de las carnes, frutas. ‖ Cualquier materia vegetal reducida al estado de pasta.

púlpito. m. Tribuna para predicar en las iglesias.

pulpo. m. Molusco de carne comestible con ocho tentáculos provistos de ventosas.

pulsar. tr. Dar un toque o golpe a teclas o cuerdas de instrumentos, mandos de alguna máquina, etc. ‖ fig. Tantear un asunto.

pulsera. f. Cerco a modo de joya que se lleva en la muñeca.

pulso. m. Latido intermitente de las arterias, que se siente especialmente en la muñeca. ‖ fig. Seguridad o firmeza en la mano para hacer algo con precisión.

pulular. intr. Abundar, multiplicarse, bullir.

pulverizar. tr. Reducir a polvo. Ú. t. c. prnl. ‖ Destruir por completo.

puma. m. Mamífero carnicero de América, parecido al tigre.

puna. f. amer. Tierra alta, próxima a la cordillera de los Andes. ‖ amer. Extensión grande de terreno raso y yermo. ‖ amer. Angustia que se sufre en ciertos lugares elevados.

pundonor. m. Estado en que, según la común opinión, consiste la honra o crédito de uno.

punible. Que merece castigo.

punk o **punki.** adj. Se dice de un movimiento musical juvenil surgido en Londres a mediados de los años setenta, y de sus seguidores. Ú. t. c. com. ‖ Relativo a este movimiento o a sus manifestaciones externas (moda, costumbres, etc.).

punta. f. Extremo agudo de un instrumento. ‖ Clavo pequeño. ‖ Lengua de tierra que se mete en el mar.

puntal. m. Madero hincado en firme, para sostener la pared que está desplomada. ‖ fig. Apoyo, fundamento. ‖ amer. Tentempié, refrigerio.

puntapié. m. Golpe que se da con la punta del pie.

puntería. f. Destreza del tirador para dar en el blanco.

puntiagudo, da. adj. De punta aguda.

puntilla. f. Encaje.

punto. m. Posición en una recta, plano o espacio que carece de dimensiones.

‖ Señal muy pequeña. ‖ Signo ortográfico (.). ‖ Sitio. ‖ Instante. ‖ Ocasión. ‖ Cada una de las puntadas de costura que se dan al hacer una labor sobre tela. ‖ Cada una de las diversas formas de trabar y enlazar los hilos que forman ciertas telas y tejidos. ‖ Tipo de tejido elástico realizado con agujas de media. ‖ Valor de naipes, dados, etc. ‖ Tanto en una competición deportiva. ‖ Cada uno de los asuntos o aspectos que trata un escrito, discurso, etc.

puntual. adj. Diligente. ‖ Cierto. ‖ Que hace algo a su tiempo, exacto.

puntualizar. tr. Concretar, precisar.

puntuar. tr. Poner los signos ortográficos necesarios. ‖ Obtener puntos en una competición. ‖ Calificar un ejercicio o prueba.

punzar. tr. Pinchar. ‖ intr. Manifestarse un dolor agudo cada cierto tiempo.

punzón. m. Herramienta con punta. ‖ Buril. ‖ Instrumento de hierro para hacer troqueles o cuños.

puñado. m. Porción de algo que cabe en el puño. ‖ fig. Cantidad pequeña.

puñal. m. Arma corta que hiere de punta.

puñetazo. m. Golpe con el puño.

puño. m. Mano cerrada. ‖ Parte de la manga de una prenda que rodea las muñecas. ‖ Empuñadura.

pupa. f. Pústula en los labios. ‖ En el lenguaje infantil, cualquier daño o dolor corporal.

pupilo, la. m. y f. Huérfano menor bajo tutela. ‖ f. Abertura del iris del ojo.

pupitre. m. Mueble con tapa inclinada para escribir.

puré. m. Pasta espesa de legumbres, verduras, etc.

purga. f. Medicina, sustancia laxante. ‖ fig. Depuración, eliminación de personas por motivos políticos.

purgatorio. m. Para los católicos, lugar donde las almas purgan sus pecados temporalmente. ‖ fig. Lugar de penalidades. ‖ fig. Estas penalidades.

purificar. tr. y prnl. Limpiar de impurezas, en sentido material e inmaterial.

puritano, na. adj. y s. Que practica con rigor las normas morales, especialmente cuando lo hace exageradamente o como ostentación.

puro, ra. adj. Sin mezcla. ‖ Casto. ‖ fig. Solo, simple. ‖ Se dice del lenguaje castizo, sin palabras o construcciones extrañas. ‖ m. Cigarro hecho con una hoja de tabaco enrollada.

púrpura. f. Molusco que segrega un tinte rojo o violáceo. ‖ Este color. ‖ Dignidad real, imperial o cardenalicia.

purpurina. f. Polvo de bronce o metal blanco, que se aplica a las pinturas para obtener tonos dorados o plateados. ‖ Pintura que se prepara con este polvo.

purulento, ta. adj. Que tiene pus.

pus. m. Líquido espeso amarillento que segregan los tejidos inflamados.

pusilánime. adj. y com. Sin voluntad, valor, apocado.

pústula. f. Inflamación llena de pus de la piel.

putativo, va. adj. Tenido por padre, hermano, etc., sin serlo.

puto, ta. m. y f. vulg. Persona que ejerce la prostitución. U. m. c. f. ‖ adj. vulg. Se dice de la persona que obra con malicia y doblez. U. t. c. s. ‖ Despreciable. ‖ vulg. Muy molesto o difícil.

putrefacto, ta. adj. Podrido.

pútrido, da. adj. Podrido.

puya. f. Punta de las varas y garrochas. ‖ fig. Sarcasmo, burla irónica.

puzzle. m. Rompecabezas, juego.

Q

q. f. Decimoctava letra del abecedario español y decimocuarta de sus consonantes. Su nombre es *cu*.

que. pron. relat. invariable. Equivale a *el, la, lo cual, los, las cuales*. ‖ pron. interrog. Introduce oraciones interrogativas; se emplea con acento. ‖ pron. excl. Introduce oraciones exclamativas; se emplea con acento. ‖ adv. prnl. excl. Funciona como intensificador de los adj., adv., o loc. adv. a los que acompaña. ‖ conj. copulat. Introduce oraciones subordinadas sustantivas con función de sujeto o complemento directo. ‖ conj. comp. Introduce al término de comparación. ‖ conj. causal que equivale a *porque* o *pues*. ‖ conj. final que equivale a *para que*.

quebrado, da. adj. Que ha hecho quiebra. U. t. c. s. ‖ Debilitado. ‖ Accidentado, desigual. ‖ Número que expresa las partes en que se divide la unidad. U. t. c. s. ‖ f. Abertura entre montañas.

quebrantar. tr. Romper, deteriorar. ‖ Violar una disposición. ‖ Debilitar. U. t. c. prnl. ‖ prnl. Resentirse la salud, la fuerza.

quebranto. m. Desaliento. ‖ Daño. ‖ Pena grande.

quebrar. tr. Romper. ‖ Interrumpir la continuación de algo no material. ‖ Doblar. U. t. c. prnl. ‖ intr. Arruinarse una empresa. ‖ prnl. Interrumpirse la continuidad de un terreno o cordillera.

quechua o **quichua.** adj. y com. Se dice de una cultura sudamericana que abarca las zonas andinas de Ecuador, Perú, Bolivia y N. de Argentina. ‖ m. Lengua hablada por los miembros de este pueblo.

quedar. intr. Permanecer cierto tiempo en un sitio o en cierto estado. U. t. c.

prnl. ‖ Resultar, teminar, acabar. ‖ Sobrar, restar. ‖ Convenir, acordar. ‖ Citar. ‖ prnl. Retener en la memoria. ‖ fam. Burlarse de alguien engañándole.

quedo, da. adj. Quieto, silencioso. ‖ adv. m. Con voz baja o apenas audible.

quehacer. m. Ocupación, tarea.

queja. f. Lamento. ‖ Resentimiento. ‖ Acusación ante el juez.

quemar. tr. Abrasar, consumir con fuego o calor. ‖ Calentar mucho. ‖ Gastar un tiempo determinado en un trabajo, preocupación intensos. Ú. t. c. prnl. ‖ Impacientar o irritar algo a alguien.‖ intr. Estar demasiado caliente una cosa ‖ prnl. Tener mucho calor. ‖ fig. Padecer la fuerza de una pasión.

querella. f. Discordia, pelea. ‖ Acusación ante la justicia.

querer. m. Amor, afecto.

querer. tr. Desear. ‖ Amar, sentir cariño o aprecio. ‖ Resolver, determinar. ‖ Pretender, intentar, procurar. ‖ impers. Estar próximo a producirse algo.

queso. m. Masa de leche cuajada, salada y sin suero.

quicio. m. Parte de la puerta o ventana en que se articula la hoja.

quiebra. f. Bancarrota. ‖ Grieta, hendidura. ‖ Menoscabo, pérdida, deterioro.

quien. pron. relat. Se refiere generalmente a personas; pl. *quienes.* ‖ pron. interr. y excl. Con acento ortográfico, forma parte de oraciones interrogativas y admirativas. ‖ pron. indef. equivale a *cualquier persona que.*

quienquiera. pron. indet. Alguno, cualquiera.

quieto, ta. adj. Inmóvil. ‖ fig. Tranquilo.

quijada. f. Cada una de las dos mandíbulas de los vertebrados.

quimera. f. Monstruo imaginario. ‖ fig. Ilusión, fantasía.

químico, ca. adj. De la química. ‖ m. y f. Especialista en química. ‖ f. Ciencia que estudia la composición de los cuerpos simples y sus reacciones, y la crea-

ción de productos artificiales a partir de ellos.

quimono. m. Túnica japonesa.

quince. adj. Diez y cinco. Ú. t. c. pron. y m. ‖ Decimoquinto. Ú. t. c. m. ‖ m. Conjunto de signos con que se representa este número.

quincena. f. Período de quince días.

quiniela. f. Sistema de apuestas mutuas deportivas. ‖ Boleto en que se escribe la apuesta.

quinientos, tas. adj. Cinco veces ciento. Ú. t. c. pron. y m. ‖ m. Conjunto de cifras con que se representa este número.

quinqué. m. Lámpara de petróleo con un tubo de cristal para resguardar la llama.

quinquenio. m. Período de cinco años.

quintal. m. Peso de 100 kg.

quinto, ta. adj. Que sigue inmediatamente en orden al cuarto. ‖ Se dice de cada una de las cinco partes iguales en que se divide un todo. Ú. t. c. s. ‖ m. Recluta.

quíntuplo, pla. adj. y s. Que contiene un numero exactamente cinco veces.

quiosco. m. Caseta para vender periódicos, flores, tabaco, etc.

quirófano. m. Sala de operaciones quirúrgicas.

quiromancia. f. Adivinación basada en las rayas de la mano.

quirúrgico, ca. adj. De la cirugía.

quisquilloso, sa. adj. y s. Susceptible, puntilloso.

quiste. m. Tumor formado por una cavidad rellena de sustancias diversas que se desarrolla en organismos vivos por alteración de los tejidos.

quitar. tr. Tomar una cosa apartándola de otras, o del lugar en que estaba. ‖ Hurtar. ‖ Impedir, prohibir. ‖ Librar, privar. ‖ prnl. Dejar una cosa o apartarse de ella. ‖ Irse, separarse de un lugar.

quizá o **quizás.** adv. Indica la posibilidad de algo.

R

r. f. Decimonovena letra del abecedario español y decimoquinta de sus consonantes. Su nombre es *erre.*

rabadilla. f. Extremidad del espinazo.

rábano. m. Planta de raíz comestible.

rabia. f. Enfermedad infecciosa de algunos animales. || Ira, enojo.

rabiar. intr. Padecer la rabia. || Enojarse. || Desear mucho algo.

rabieta. f. Berrinche.

rabino. m. Doctor de la ley judía.

rabo. m. Cola de los animales. || Cualquier cosa que cuelga a semejanza de la cola de un animal. || vulg. Pene.

rácano, na. adj. y s. Tacaño, avaro.

racha. f. Ráfaga. || Período breve de fortuna o desgracia.

racimo. m. Conjunto de frutos unidos a un mismo tallo. || Montón.

ración. f. Porción de alimento que se reparte a cada persona. || Cantidad de comida que se vende a un determinado precio.

racional. adj. De la razón. || Dotado de razón. Ú. t. c. com.

racismo. m. Sentimiento de superioridad de un grupo étnico sobre otro, especialmente cuando convive con él. || Discriminación racial.

radar. m. Dispositivo detector de un objeto alejado por la reflexión de ondas radioeléctricas.

radiación. f. Emisión de ondas, rayos o partículas.

radiactividad. f. Propiedad de diversos núcleos atómicos de emitir radiaciones cuando se desintegran espontáneamente.

radiador. m. Aparato de calefacción. || Refrigerador en algunos motores de explosión.

radiante. adj. Resplandeciente. || Muy contento.

radical. adj. De la raíz. || Fundamental. || Partidario del radicalismo. Ú. t. c. com. || Tajante. || Del signo matemático con que se indica la operación de extraer raíces. Ú. t. c. s. || m. Parte que queda en las palabras variables al quitarles la desinencia. || Grupo de átomos que sirve de base para la formación de combinaciones.

radicalismo. m. Conjunto de ideas y doctrinas que pretenden una reforma total o muy profunda en el orden político, social, religioso, científico, etc. || Por ext., modo extremado de enfocar o tratar algo.

radicar. intr. Estar en determinado lugar. || Hallarse algo en un determinado aspecto, ser ése su origen. || Echar raíces, arraigar. Ú. t. c. prnl.

radio. m. Línea recta desde el centro del círculo a la circunferencia. || Hueso del antebrazo. || Área de influencia.

radio. f. Emisora de radiodifusión. || apóc. de *radiodifusión* y de *radioteléfono.* || m. apóc. de *radiotelegrama.* || com. apóc. de *radiotelegrafista.* || amb. apóc. de *radiorreceptor.*

radiocasete. m. Aparato compuesto de una radio y un magnetófono.

radiografía. f. Fotografía interna del cuerpo por medio de rayos X. || Cliché obtenido por este procedimiento.

radiología. f. Parte de la medicina que estudia las aplicaciones médicas de las radiaciones.

raer. tr. Raspar con instrumento cortante.

ráfaga. f. Golpe de viento. || Destello. || Sucesión rápida de proyectiles que dispara un arma automática.

raído, da. adj. Muy gastado por el uso.

raíl o **rail.** m. Carril de hierro.

raíz. f. órgano subterráneo de las plantas. || Origen. || Elemento invariable de las palabras. || Cada uno de los valores que puede tener la incógnita de una ecuación. ‖ Número que, multiplicado tantas veces como se indica, resulta un número determinado.

raja. f. Hendidura, abertura. ‖ Grieta. ‖ Rebanada.

ralentí. m. Estado de un motor cuando funciona sin ninguna marcha y con el mínimo de revoluciones.

rallar. tr. Desmenuzar algo restregándolo con el rallador, utensilio de cocina.

ralo, la. adj. Poco espeso, muy separado.

rama. f. Cada parte de una planta que sale del tronco o tallo. ‖ Serie de personas con un mismo origen. ‖ Parte secundaria de otra principal.

ramalazo. m. Dolor agudo en una parte del cuerpo. ‖ Manifestación leve de locura. ‖ Comportamiento y gestos afeminados.

rambla. f. Lecho natural de las aguas pluviales cuando caen copiosamente. ‖ Calle ancha y con árboles, generalmente con un andén central.

ramera. f. Prostituta.

ramo. m. Rama secundaria. ‖ Manojo de flores.

rampa. f. Superficie inclinada para subir o bajar.

ramplón, na. adj. Vulgar, chabacano.

rana. f. Anfibio de agua dulce.

rancho. m. Comida para muchos en común. ‖ Hacienda, finca ganadera. ‖ amer. Granja. ‖ amer. Vivienda de campesinos.

rancio, cia. adj. Añejo. ‖ De mal sabor. ‖ Antiguo.

rango. m. Clase, categoría. ‖ Situación social. ‖ amer. Situación social elevada.

ranura. f. Raja estrecha y larga.

rapar. tr. Afeitar. ‖ Cortar el pelo al rape.

rápido, da. adj. Veloz, ligero. ‖ m. Río impetuoso. ‖ Tren que sólo para en las estaciones más importantes de su recorrido.

rapiña. f. Robo, saqueo con violencia.

rapto. m. Robo y secuestro violento y con engaño de alguien. ‖ Impulso.

raqueta. f. Pala con malla o sin ella para jugar a la pelota. ‖ Especie de plazoleta o desvío de forma semicircular que en carreteras y calles se utiliza para cambiar de sentido.

raquitismo. m. Enfermedad ósea infantil caracterizada por el poco desarrollo o las deformaciones de la columna vertebral.

raro, ra. adj. Disperso. ‖ Poco frecuente. ‖ Extravagante. Ú. t. c. s. ‖ Sobresaliente.

ras. m. Igualdad de nivel.

rascacielos. m. Edificio muy alto.

rascar. tr. y prnl. Frotar la piel con las uñas o algo duro. ‖ fig. Intentar sacar algún beneficio de algo. ‖ intr. Resultar áspero y desagradable el contacto de un tejido u otra cosa en la piel.

rasgar. tr. y prnl. Romper o hacer pedazos cosas endebles.

rasgo. m. Adorno de la escritura. ‖ Facción del rostro. ‖ Acción generosa. ‖ Característica.

rasguño. m. Arañazo leve.

raso, sa. adj. Plano, liso. ‖ Despejado. ‖ Próximo al suelo. ‖ Sin categoría en su empleo. ‖ m. Tela de seda brillante.

raspa. f. Espina de algunos pescados. ‖ amer. Reproche, reprimenda.

raspar. tr. Rallar ligeramente. ‖ Tener algo un tacto áspero.

rastrero, ra. adj. Vil, despreciable.

rastrillo. m. Instrumento dentado para limpiar el lino o cáñamo. ‖ Rastro, mercado.

rastro. m. Mango largo cruzado por un travesaño con púas o dientes para recoger paja, hierba, broza, etc. ‖ Vestigio, huella. ‖ Mercado de cosas usadas.

rastrojo. m. Residuo de la mies segada. ‖ El campo después de esa labor.

rasurar. tr. y prnl. Afeitar.

rata. f. Mamífero roedor de cola larga, muy voraz y perjudicial. ‖ fig. Persona despreciable. ‖ m. Ratero. ‖ com. Persona muy tacaña. Ú. t. c. adj.

ratero, ra. adj. y s. Ladrón que hurta con maña cosas de poco valor.

ratificar. tr. y prnl. Corroborar, confirmar.

rato. m. Breve espacio de tiempo.

ratón. m. Mamífero roedor, más pequeño que la rata.

raudal. m. Cantidad de agua. || Abundancia de cosas.

raudo, da. adj. Rápido, veloz.

raya. f. Señal larga y estrecha en una superficie. || Línea que divide los cabellos. || Límite de un territorio. || Dosis de cocaína u otra droga en polvo, para aspirarla por la nariz.

rayo. m. Haz de luz. || Chispa eléctrica producida en las nubes. || Cosa o persona muy rápida o eficaz.

raza. f. Casta, linaje. || Cada grupo en que se subdividen algunas especies zoológicas.

razón. f. Facultad del hombre de pensar o discurrir. || Palabras o frases con que se expresa un pensamiento. || Argumento que se aduce en apoyo de algo. || Información o explicación de algo. || Motivo o causa. || Acierto o verdad en lo que alguien dice o hace. || En mat., cociente de dos números, en general, de dos cantidades comparables entre sí.

reacción. f. Acción que resiste o se opone a otra. || Actitud de oposición ante cualquier innovación. || Respuesta a un estímulo. || Combinación química de dos sustancias para dar otra nueva. || Sistema de propulsión mediante un chorro de gases.

reacio, cia. adj. Remiso, contrario.

reactor. m. Dispositivo que provoca y controla una serie de reacciones nucleares en cadena. || Motor de reacción, y avión que lo usa.

real. adj. Que tiene existencia verdadera y efectiva.

real. adj. Relativo al rey o la realeza. || m. Campamento donde se instala un ejército. || Campo donde se celebra una feria. || Antigua moneda española.

realidad. f. Existencia efectiva de algo. || Verdad.

realismo. m. Forma de presentar o concebir las cosas tal como son en la realidad, sin fantasía ni idealismo. || Modo práctico de pensar y actuar. || Tendencia artística o literaria que tiende a representar o describir la naturaleza y la sociedad tal como son en la realidad. || Movimiento político partidario de la monarquía, especialmente de la absoluta.

realizar. tr. Hacer, efectuar. || En medios audiovisuales, dirigir. || prnl. Conseguir en un período de la vida algo que se deseaba ardientemente.

realzar. tr. y prnl. Poner de relieve algo.

reanimar. tr. y prnl. Dar vigor. || Restablecer.

reanudar. tr. y prnl. Proseguir.

rebajar. tr. Disminuir la altura, el volumen o peso. || Aclarar el color. || Bajar el precio. || Humillarse. Ú. t. c. prnl. || Hacer algo menos denso, intenso, fuerte, etc.

rebanada. f. Loncha, rodaja.

rebanar. tr. Cortar.

rebañar. tr. Apurar los residuos.

rebaño. m. Conjunto grande de ganado, especialmente del lanar.

rebasar. tr. Desbordar, exceder. || Adelantar un vehículo a otro.

rebatir. tr. Rechazar, refutar, impugnar.

rebeca. f. Chaquetilla de punto, sin cuello, abrochada por delante.

rebelde. adj. y com. Insurrecto. || Reacio. || Desobediente.

reblandecer. tr. y prnl. Ablandar. || Enternecer.

rebobinar. tr. Enrollar hacia atrás una cinta magnética, la película de un carrete fotográfico, etc. || Volver a enrollar el hilo de una bobina.

reborde. m. Faja estrecha y saliente del borde de algo.

rebosar. intr. Derramarse, exceder. Ú. t. c. prnl. || Abundar algo. Ú. t. c. tr. || Estar invadido por un sentimiento, estado de ánimo, etc., de tal intensidad que se manifiesta externamente. Ú. t. c. tr.

rebotar. intr. Botar o chocar repetidas veces un cuerpo elástico contra una superficie o contra otros cuerpos. || prnl. fig. Enfadarse o molestarse por algo.

rebozar. tr. Bañar un alimento en huevo y harina. || Cubrir. Ú. t. c. prnl.

rebullir. intr. y prnl. Empezar a moverse. || Alborotar, bullir.

rebuscar. tr. Buscar con cuidado.

rebuzno. m. Voz del asno.

recabar. tr. Lograr con súplicas, insistencia. || Pedir.

recado. m. Mensaje que se da o se envía a otro. || Paquete, envío, etc., que se manda a alguien. || Gestión que debe hacer una persona. || amer. Conjunto de piezas que componen los aperos de montar.

recaer. intr. Tener nuevamente la misma enfermedad. || Reincidir. || Ir a parar.

recalcar. tr. Acentuar, subrayar, repetir lo que se habla.

recalcitrante. adj. Obstinado, insistente.

recámara. f. En las armas de fuego, lugar donde se coloca el cartucho o la bala. || Estancia pequeña de algunas casas situada detrás de la cámara, destinada generalmente a ropero. || amer. Alcoba o aposento.

recambio. m. Acción de cambiar por segunda vez. || Pieza de repuesto.

recapacitar. intr. y tr. Reconsiderar, reflexionar sobre ciertos puntos.

recapitular. tr. Resumir y ordenar lo que previamente se ha manifestado con mayor extensión.

recargo. m. Sanción tributaria. || Aumento del precio de algo.

recato. m. Cautela, reserva. || Modestia.

recaudar. tr. Cobrar impuestos. || Recibir dinero por varios conceptos.

recelar. tr. y prnl. Desconfiar, sospechar. || Temer.

receptor, ra. adj. y s. Que recibe. || m. Aparato que recibe señales eléctricas, telegráficas, telefónicas, radiofónicas, televisivas.

recesar. intr. amer. Cesar temporalmente en sus actividades una corporación. || tr. amer. Clausurar una cámara legislativa.

recesión. f. Depresión económica. || Disminución de una actividad.

receta. f. Prescripción médica escrita. || Nota que indica los componentes de un plato de cocina y la forma de hacerlo.

recetar. tr. Prescribir un medicamento indicando la dosis.

rechazar. tr. Hacer retroceder. || Resistir, rehusar.

rechinar. tr. e intr. Crujir, chirriar.

rechistar. intr. Responder, protestar.

rechoncho, cha. adj. fam. Grueso y bajo.

recibidor. m. Vestíbulo.

recibir. tr. Tomar uno lo que le dan o envían. || Percibir, cobrar. || Acoger. || Aceptar. || Admitir visitas. || Salir al encuentro de alguien. || Captar una señal, onda o frecuencia. || prnl. amer. Tomar alguien la investidura o el título conveniente para ejercer alguna facultad o profesión.

recibo. m. Justificante de haber recibido algo.

reciclar. tr. Someter una materia a un determinado proceso para que pueda volver a ser utilizable. || Dar a alguien los nuevos conocimientos necesarios para que realice un trabajo que se ha modificado. Ú. t. c. prnl. || Modernizar una cosa. Ú. t. c. prnl.

recién. adv. t. apóc. de *reciente*. Poco tiempo antes.

reciente. adj. Que acaba de suceder, hacerse, etc.

recinto. m. Espacio limitado.

recio, cia. adj. Fuerte, robusto. || Duro, difícil de soportar. || adv. m. Con dureza y firmeza.

recipiente. m. Utensilio para guardar o conservar algo.

recíproco, ca. adj. Mutuo. || Se dice de los verbos, pronombres y oraciones que expresan una acción que se ejerce simultáneamente entre dos sujetos.

recital. m. Función musical dada por un solo artista. || Lectura de composiciones poéticas.

recitar. tr. Decir algo de memoria en voz alta. || Declamar.

reclamar. tr. Pedir, exigir con derecho. || Reivindicar. || intr. Protestar.

reclinar. tr. y prnl. Inclinar el cuerpo, apoyándolo sobre algo.

recluir. tr. y prnl. Encerrar.

recluta. m. Mozo alistado para el servicio militar.

recobrar. tr. Adquirir de nuevo, rescatar. || prnl. Recuperarse de un daño, enfermedad.

recodo. m. Ángulo, esquina.

recoger. tr. Volver a coger, levantar. || Coger la cosecha. || Guardar. || Confiscar. || Acoger. || Encoger, estrechar, ceñir. Ú. t. c. prnl. || Admitir uno lo que otro envía, hacerse cargo de ello. || Ir a buscar a una persona o cosa. || prnl. Retirarse a descansar. || Remangarse una prenda que cuelga cerca del suelo.

recolectar. tr. Juntar. || Cosechar.

recomendar. tr. Hablar en favor de alguien. || Encomendar. || Advertir, aconsejar.

recompensa. f. Premio por un trabajo, servicio, o al ganador de una competición.

reconcentrarse. prnl. Abstraerse, ensimismarse.

reconciliar. tr. y prnl. Restablecer la amistad, concordia, etc.

recóndito, ta. adj. Muy escondido.

reconfortar. tr. Confortar de nuevo o con energía y eficacia.

reconocer. tr. Examinar con cuidado. || Identificar. || Confesar, admitir. Ú. t. c. prnl. || Acatar como legítima su autoridad. || En las relaciones internacionales, aceptar un nuevo estado de cosas. || Admitir la certeza ajena o el propio error. || Demostrar gratitud por algún beneficio o favor.

reconquistar. tr. Recuperar, volver a conquistar.

reconstituir. tr. y prnl. Restablecer. || Fortalecer el organismo.

reconstruir. tr. Rehacer. || Organizar los recuerdos de un hecho.

reconvenir. tr. Recriminar, reñir, reprochar.

reconvertir. tr. Hacer que vuelva a su estado, ser o creencia lo que había sufrido un cambio. || Reestructurar o modernizar un determinado sector económico, adaptándolo a las nuevas necesidades.

recopilar. tr. Compendiar. || Reunir, recoger.

récord. adj. Se dice de lo que constituye una cota máxima en alguna actividad. || m. Acción que supera una anterior. || En dep., marca máxima en una prueba de competición.

recordar. tr. e intr. Traer a la memoria. || Tener presente. Ú. t. c. prnl. || intr. amer. Despertar el que estaba dormido.

recorrer. tr. Realizar un trayecto, atravesar. || Leer por encima un escrito.

recortar. tr. Cortar lo que sobra. || Cortar el papel u otra materia en varias figuras.

recostar. tr. y prnl. Apoyar, reclinar.

recoveco. m. Vuelta y revuelta de un callejón, camino, etc.

recrear. tr. Crear de nuevo. || Alegrar, entretener, divertir. Ú. t. c. prnl.

recreo. m. Diversión. || En los colegios, tiempo de descanso y entretenimiento.

recriminar. tr. Reprender. || prnl. Acusarse mutuamente.

recrudecer. intr. y prnl. Aumentar. || Agravar, empeorar.

rectángulo, la. adj. Con ángulos rectos. || m. Paralelogramo de cuatro ángulos rectos y los lados contiguos desiguales.

rectificar. tr. Enmendar, corregir, perfeccionar. || Contradecir cierta información por considerarla errónea. || Modificar alguien sus propias opiniones o conducta.

rector, ra. adj. y s. Que rige o gobierna. || m. y f. Persona a cuyo cargo está el gobierno de una academia, colegio, etc. || Persona que dirige una universidad o centro de estudios superiores.

recto, ta. adj. Derecho. ‖ Íntegro, justo. ‖ Se dice del sentido literal de una palabra. ‖ Se dice del ángulo cuyos lados son perpendiculares. ‖ m. Última porción del intestino grueso. ‖ f. Línea más corta de un punto a otro.

recua. f. Conjunto de caballerías.

recuadro. m. División en forma de cuadro. ‖ En los periódicos, espacio encerrado por líneas para resaltar una noticia.

recubrir. tr. Volver a cubrir. ‖ Cubrir completamente.

recuento. m. Cómputo, escrutinio, inventario.

recuperar. tr. Volver a adquirir lo que se había perdido. ‖ Volver a hacer utilizable lo que ya estaba inservible. ‖ Aprobar el examen, asignatura, etc., que se había suspendido. ‖ prnl. Volver en sí. ‖ Recobrar los bienes, salud, ánimos, etc., que se habían perdido.

recurrir. intr. Acudir a alguien o algo para obtener una cosa. ‖ Apelar.

recurso. m. Medio para conseguir algo. ‖ Acción jurídica de recurrir a otro tribunal. ‖ pl. Bienes, medios o riqueza. ‖ fig. Medios que se tienen para salir airoso de cualquier asunto.

red. f. Tejido de malla para pescar, cazar, etc. ‖ Engaño. ‖ Conjunto de vías de comunicación, gasoductos, conducciones eléctricas, telefónicas, telegráficas, etc. ‖ Conjunto estructurado de personas, medios, etc., que operan diseminados pero en coordinación. ‖ En inform., conexión simultánea de distintos equipos informáticos a un sistema principal.

redacción. f. Composición escrita sobre un tema. ‖ Conjunto de redactores de un periódico, editorial; y oficina donde se redacta.

redactar. tr. Poner por escrito algo pensado con anterioridad. ‖ Elaborar, seleccionar y ordenar desde bases de datos y por medios informáticos un material informativo.

redada. f. Conjunto de personas o cosas que se cogen de una vez. ‖ Operación policial para atrapar a la vez a un conjunto de personas.

redicho, cha. adj. Cursi, pedante.

redil. m. Aprisco cercado para el ganado.

redimir. tr. y prnl. Rescatar de la esclavitud por un precio. ‖ Librar de una obligación, castigo, etc.

redoblar. tr. Duplicar, aumentar. ‖ Repetir, reiterar. ‖ intr. Tocar redobles.

redoble. m. Toque vivo y sostenido de tambor.

redondel. m. Círculo. ‖ Terreno circular destinado a la lidia de toros.

redondo, da. adj. De forma circular o esférica. ‖ Claro, sin rodeos. ‖ m. Cosa de figura circular. ‖ f. Nota básica de la métrica musical.

reducir. tr. Acortar, disminuir. ‖ Transformar disminuyendo. ‖ Dominar una insubordinación por la fuerza. ‖ intr. En los vehículos, cambiar de una velocidad larga a otra más corta. ‖ prnl. Ceñirse, acomodarse.

reducto. m. Obra de fortificación cerrada.

redundar. intr. Rebosar. ‖ Resultar algo beneficioso o dañino.

reembolso. m. Recuperación de una cantidad o mercancía. ‖ Envío de una mercancía cuyo importe paga el destinatario en el momento de la entrega.

reemplazar. tr. Sustituir. ‖ Suceder a alguien en algo.

reencarnar. intr. y prnl. Volver a encarnarse el alma en un cuerpo diferente, según algunas creencias.

refaccionar. tr. amer. Restaurar o reparar, sobre todo hablando de edificios.

refajo. m. Falda interior que usaban las mujeres.

referencia. f. Narración. ‖ Relación, dependencia. ‖ Remisión, cita en un escrito. ‖ Informe sobre una persona. Ú. m. en pl.

referéndum o **referendo.** m. Consulta popular sobre temas de interés nacional.

referir. tr. y prnl. Narrar. ‖ Relacionar. ‖ prnl. Remitirse.

refinar. tr. Depurar. ‖ prnl. Educarse.

reflejar. intr. Cambiar de dirección la luz, el calor, el sonido, mediante el choque contra una superficie. Ú. t. c. prnl. ‖ Manifestar, expresar. ‖ prnl. Dejarse ver una cosa en otra.

reflexionar. intr. y tr. Considerar detenidamente algo.

reflexivo, va. adj. Que refleja. ‖ Que habla u obra con reflexión. ‖ Se dice del verbo cuya acción recae sobre el sujeto que la produce. Ú. t. c. s.

reforma. f. Cambio de algo para mejorarlo. ‖ Movimiento religioso iniciado en la primera mitad del s. XVI, que dio origen a las iglesias protestantes.

reformatorio. m. Institución penal para menores.

reforzar. tr. Robustecer, fortalecer. ‖ Aumentar, intensificar. Ú. t. c. prnl.

refrán. m. Sentencia popular de uso común que se trasmite oralmente.

refrenar. tr. Frenar. ‖ Contener. Ú. t. c. prnl.

refrendar. tr. Legalizar un documento por firma autorizada. ‖ Aceptar y confirmar una cosa.

refrescar. tr. y prnl. Disminuir el calor. ‖ intr. y prnl. Tomar fuerzas.

refresco. m. Bebida fría.

refriega. f. Escaramuza.

refrigerar. tr. y prnl. Enfriar y mantener baja la temperatura de un local. ‖ Enfriar en cámaras especiales alimentos, productos, etc., para su conservación.

refugiar. tr. Acoger, dar asilo. ‖ prnl. Acogerse a asilo, guarecerse.

refundir. tr. Fundir de nuevo los metales. ‖ Reformar una obra literaria. ‖ Incluir.

refunfuñar. intr. Hablar entre dientes o gruñir en señal de enojo.

refutar. tr. Contradecir, impugnar, rebatir.

regadera. f. Recipiente portátil para regar.

regadío. m. Terreno dedicado a cultivos que se fertilizan con riego.

regalar. tr. Obsequiar, dar algo como muestra de afecto, consideración. ‖

Halagar. ‖ prnl. Vivir con toda clase de comodidades.

regalo. m. Obsequio. ‖ Comodidad.

regañar. intr. Disputar. ‖ tr. Reñir, amonestar, reprender.

regar. tr. Echar agua sobre una superficie. ‖ Atravesar un río o canal una comarca. ‖ Esparcir, desparramar. ‖ fam. Beber con la comida.

regata. f. Competición entre embarcaciones ligeras.

regatear. tr. Discutir el precio de una mercancía en venta. ‖ En algunos deportes, hacer regates.

regazo. m. Hueco que forma la falda en una mujer sentada. ‖ Parte del cuerpo donde se forma ese hueco. ‖ Amparo.

regenerar. tr. y prnl. Dar nuevo ser. ‖ Reformar, mejorar.

regentar. tr. Dirigir un negocio. ‖ Desempeñar temporalmente ciertos cargos o empleos.

régimen. m. Forma o modo de gobierno de un Estado. ‖ Conjunto de reglas, normas de una entidad. ‖ Funcionamiento de una máquina en condiciones normales. ‖ Conjunto de reglas observadas en la manera de vivir o alimentarse.

regimiento. m. Unidad militar compuesta de varios batallones.

regio, gia. adj. Real, del rey. ‖ Espléndido, magnífico.

región. f. Porción de territorio homogénea en un determinado aspecto. ‖ Cada gran división territorial de una nación, definida por sus peculiaridades geográficas, históricas y sociales. ‖ Espacio determinado del cuerpo humano.

regir. tr. Gobernar, administrar. ‖ En la oración, tener una palabra a otra bajo su dependencia. ‖ intr. Estar vigente.

registrar. tr. Examinar, reconocer con detenimiento y cuidado. ‖ Inscribir en un registro. ‖ Anotar, señalar. Ú. t. c. prnl. ‖ Grabar la imagen o el sonido. Ú. t. c. prnl. ‖ Recoger, señalar un aparato ciertos datos propios de su función. ‖ prnl. Presentarse en algún lugar u oficina, matricularse.

regla. f. Instrumento rectangular para trazar líneas rectas. ‖ Canon artístico. ‖ Norma de conducta. ‖ Estatuto. ‖ Menstruación. ‖ Método para una operación matemática.

reglamento. m. Colección ordenada de reglas o preceptos. ‖ Disposición administrativa para el desarrollo de una ley.

regocijo. m. Alegría, júbilo.

regodearse. prnl. Deleitarse, complacerse. ‖ Sentir satisfacción por algo que resulta perjudicial para otros.

regresar. intr. Volver al lugar de donde se partió. ‖ amer. Devolver o restituir algo a su poseedor.

regresión. f. Retroceso, acción de volver hacia atrás, especialmente en una actividad o proceso.

reguero. m. Arroyo pequeño. ‖ Huella que deja algo que se va derramando.

regular. adj. Conforme a las reglas. ‖ De tamaño, calidad o intensidad media o inferior a ella. ‖ Ordenado y sin exceso. ‖ Sin cambios ni interrupciones. ‖ Se dice de las personas que viven bajo una regla o institución religiosa, y de los que pertenecen a este estado. Ú. t. c. com.

regular. tr. Sujetar, ajustar a unas reglas. ‖ Ordenar o poner en estado de normalidad. ‖ Precisar o determinar las normas.

rehabilitar. tr. y prnl. Habilitar de nuevo o restablecer a una persona o cosa en su antiguo estado.

rehacer. tr. Volver a hacer. ‖ Reparar, reformar. ‖ prnl. Fortalecerse, recuperarse. ‖ Serenarse.

rehén. com. Persona que queda en poder de un adversario mientras se llega a un acuerdo, pacto, etc.

rehogar. tr. Freír un alimento, generalmente hortalizas, ligeramente y a fuego lento.

rehuir. tr. Evitar.

rehusar. tr. No aceptar, renunciar.

reina. f. Esposa del rey. ‖ La que ejerce la potestad real por derecho propio. ‖ Pieza del juego de ajedrez. ‖ Hembra de algunas comunidades de insectos cuya principal función es la reproductora.

reincidir. intr. Incurrir de nuevo.

reincorporar. tr. y prnl. Volver a incorporar.

reino. m. Estado regido por un rey. ‖ Cada uno de los grupos en que se dividen los seres naturales. ‖ Espacio gobernado por algo inmaterial, ámbito, dominio.

reinserción. f. Hecho de integrarse en la sociedad quien vivía al margen de ella.

reintegrar. tr. Restituir o satisfacer íntegramente una cosa. ‖ Restablecer. ‖ Hacer que alguien vuelva a ejercer una actividad, se incorpore de nuevo a una colectividad o situación social o económica. Ú. m. c. prnl.

reintegro. m. En la lotería, premio igual a la cantidad jugada.

reír. intr. y prnl. Manifestar alegría. ‖ Hacer burla. ‖ tr. Celebrar con risa.

reiterar. tr. y prnl. Repetir.

reivindicar. tr. Reclamar o recuperar aquello a lo que se tiene derecho. ‖ Adjudicarse alguien la autoría de un hecho. ‖ Intentar restablecer la buena opinión sobre alguien o algo.

reja. f. Pieza del arado. ‖ Conjunto de barras metálicas para defensa o adorno de puertas, ventanas.

rejilla. f. Red de alambre, tela metálica, celosía de algunas aberturas. ‖ Tejido de tallos vegetales para respaldo y asiento de sillas.

rejuvenecer. tr., intr. y prnl. Sentirse más joven. ‖ tr. Renovar.

relación. f. Narración, referencia de un hecho. ‖ Correspondencia entre cosas. ‖ Lista. ‖ Informe. ‖ Trato entre personas. ‖ pl. Amigos o contactos de una persona. ‖ Vínculos amorosos o sexuales entre dos personas.

relacionar. tr. Referir, relatar. ‖ Poner en relación personas o cosas. Ú. t. c. prnl. ‖ prnl. Tratar, tener amistad con alguien.

relajar. tr. y prnl. Aflojar, ablandar. ‖ Distraer la mente de preocupaciones o problemas. ‖ Suavizarse las costumbres, leyes, o su aplicación. ‖ prnl. Conseguir un estado de reposo físico y mental.

relamerse. prnl. Lamerse los labios repetidamente. ‖ Saborear algo por anticipado o jactarse de lo ocurrido o de lo que se ha hecho.

relámpago. m. Resplandor vivo e instantáneo producido entre dos nubes por una descarga eléctrica. ‖ Resplandor repentino. ‖ Cosa ligera y fugaz.

relatar. tr. Referir, contar, narrar.

relativo, va. adj. Que se refiere a algo y es condicionado por ello. ‖ No absoluto. ‖ Se dice del pronombre que se refiere a persona o cosa de la que ya se hizo mención.

relato. m. Narración, cuento.

relax. m. Relajamiento muscular producido por ejercicios adecuados. ‖ Por ext., el producido por la falta de preocupaciones, la comodidad, el bienestar, etc.

relegar. tr. Desterrar. ‖ Apartar, posponer.

relente. m. Humedad atmosférica en las noches serenas.

relevante. adj. Sobresaliente. ‖ Importante, significativo.

relevar. tr. Poner de relieve. ‖ Exonerar. ‖ Destituir. ‖ Cambiar un cuerpo de guardia. ‖ prnl. Turnarse, alternarse.

relieve. m. Lo que resalta sobre un plano. ‖ Mérito, renombre.

religión. f. Conjunto de dogmas, normas y prácticas relativas a una divinidad.

relinchar. intr. Emitir su voz el caballo.

reliquia. f. Residuo de un todo. Ú. m. en pl. ‖ Parte del cuerpo u otro objeto de un santo digno de veneración. ‖ Vestigio del pasado.

rellano. m. Descansillo de escalera.

rellenar. tr. Llenar de nuevo una cosa. Ú. t. c. prnl. ‖ Llenar algo completamente. Ú. t. c. prnl. ‖ Llenar de ciertos ingredientes un ave o cualquier otro alimento. ‖ Llenar con algo un hueco o una cosa vacía. ‖ Completar un formulario.

reloj. m. Aparato para medir el tiempo.

relucir. intr. Despedir luz. ‖ Brillar, resplandecer.

relumbrar. intr. Dar viva luz, resplandecer.

remachar. tr. Machacar la punta o la cabeza del clavo ya clavado. ‖ Afianzar, recalcar.

remanente. m. Resto.

remangar. tr. y prnl. Levantar las mangas o la ropa.

remanso. m. Detención o suspensión de la corriente del agua u otro líquido. ‖ fig. Lugar en que reina la paz y la tranquilidad.

remar. intr. Mover el remo para impulsar la embarcación.

rematar. tr. Concluir, terminar. ‖ Poner fin a la vida de una persona o animal agonizante. ‖ Afianzar la costura. ‖ Adjudicar algo en una subasta.

remedar. tr. Imitar.

remedio. m. Medio para evitar o reparar un daño. ‖ Recurso, auxilio o refugio. ‖ Sustancia para prevenir o atajar una enfermedad.

rememorar. tr. Recordar.

remesa. f. Envío. ‖ Conjunto de cosas que se envían de una vez.

remezón. m. amer. Terremoto ligero o sacudimiento breve de la Tierra.

remiendo. m. Pedazo de tela que se cose a lo que está viejo o roto. ‖ Parche, reparación imperfecta.

remilgo. m. Escrúpulo, ñoñez, melindre.

reminiscencia. f. Evocación, recuerdo.

remisión. f. En un libro, indicación para acudir a otro lugar del mismo.

remiso, sa. adj. Indeciso, reacio.

remite. m. En una carta, paquete, etc., indicación del nombre y señas del que realiza el envío.

remitir. tr. Enviar. ‖ Perdonar. ‖ Diferir, suspender. ‖ Perder una cosa parte de su intensidad. Ú. t. c. intr. y c. prnl. ‖ Dejar al juicio de otro la resolución de una cosa. Ú. m. c. prnl. ‖ Indicar en un escrito otro que puede consultarse. ‖ prnl. Atenerse a lo dicho o hecho.

remo. m. Pala de madera para mover las embarcaciones. ‖ Brazo o pierna en hombres y animales, y ala de las aves.

remojar. tr. Empapar en agua una cosa o ponerla en agua para que se ablande.

remolcar. tr. Arrastrar una embarcación, un vehículo.

remolino. m. Torbellino. ‖ Retorcimiento de pelo en redondo. ‖ Aglomeración.

remolón, na. adj. y s. Perezoso.

remolque. m. Acción y resultado de remolcar. ‖ Vehículo remolcado.

remontar. tr. y prnl. Subir o volar muy alto las aves y aviones. ‖ Navegar aguas arriba. ‖ Salvar una dificultad. ‖ prnl. fig. Llegar hasta el origen de una cosa. ‖ Pertenecer a una época muy lejana.

remordimiento. m. Inquietud tras una acción propia censurable.

remoto, ta. adj. Distante. ‖ Lejano en el tiempo. ‖ Improbable.

remover. tr. Cambiar una cosa de un lugar a otro. Ú. t. c. prnl. ‖ Mover un líquido. ‖ Alterar, revolver, apartar. ‖ intr. Investigar, indagar.

remunerar. tr. Pagar, premiar.

renacer. intr. Volver a nacer. ‖ Volver a cobrar fuerzas o energía.

renacimiento. m. Acción de renacer. ‖ Movimiento artístico, literario y científico de la mitad del s. XV y todo el XVI, que se inspira en las obras de la antigüedad clásica.

renacuajo. m. Larva de la rana. ‖ Mequetrefe.

renal. adj. De los riñones.

rencilla. f. Disputa que deriva en resentimiento.

rencor. m. Resentimiento.

rendija. f. Hendidura, abertura larga y estrecha.

rendir. tr. Obligar a una plaza, tropa, etc., a entregarse. ‖ Dar, restituir. ‖ Dar utilidad. ‖ Cansar. Ú. t. c. prnl. ‖ prnl. Someterse al vencedor.

renegar. tr. Negar insistentemente. ‖ Detestar. ‖ intr. Pasarse a una religión, causa, etc., a otra.

renglón. m. Serie de caracteres escritos en línea recta. ‖ Partida de una cuenta.

reno. m. Rumiante de cuernos ramificados que vive en los países nórdicos.

renombre. m. Fama, celebridad.

renovar. tr. y prnl. Hacer como nueva una cosa, volverla a su primer estado. ‖ Restablecer, reanudar. ‖ tr. Reemplazar. ‖ Repetir, reiterar.

renta. f. Utilidad, beneficio. ‖ Lo que paga un arrendatario. ‖ Deuda del Estado o títulos que la representan.

rentar. tr. e intr. Producir beneficio.

renunciar. tr. Dejar voluntariamente algo. ‖ Dejar de hacer una cosa por sacrificio o necesidad.

renuncio. m. Contradicción, mentira.

reñir. intr. Disputar. ‖ Enemistarse. ‖ tr. Reprender.

reo. com. Culpable de delito.

reparar. tr. Arreglar o componer una cosa. ‖ Enmendar, corregir, remediar. ‖ Desagraviar a alguien a quien se ha ofendido o perjudicado. ‖ intr. Fijarse, considerar, advertir. ‖ Considerar, reflexionar.

reparo. m. Advertencia. ‖ Duda, dificultad. ‖ Objeción.

repartir. tr. Distribuir entre varios por partes. Ú. t. c. prnl. ‖ Entregar a domicilio. ‖ Clasificar, ordenar. ‖ Distribuir una materia sobre una superficie. ‖ Adjudicar los papeles de una obra teatral, cinematográfica, etc., a los actores que han de representarla.

repasador. m. amer. Paño de cocina, lienzo para secar la vajilla.

repasar. tr. Volver a pasar. Ú. t. c. intr. ‖ Examinar de nuevo. ‖ Revisar lo estudiado.

repatriar. tr. y prnl. Hacer que uno regrese a su patria.

repecho. m. Cuesta, pendiente corta.

repeler. tr. Arrojar, echar. ‖ Rechazar. ‖ Causar repugnancia.

repente (de). loc. adv. De pronto, súbitamente.

repercutir. intr. Reflejarse el sonido. ‖ Ocasionar consecuencias. ‖ Incidir decisivamente una causa sobre un efecto. ‖ Trasladar. Ú. t. c. tr.

reperpero. m. amer. Confusión, desorden, trifulca.

repertorio. m. Índice de materias ordenadas para su mejor localización. ‖

Colección de obras de una misma clase. || Conjunto de obras preparadas para su interpretación, representación por un artista o compañía.

repetir. tr. Volver a hacer o decir lo ya hecho o dicho. || intr. Venir a la boca el sabor de algo comido. || Servirse de nuevo de algo que se está comiendo.

repicar. tr. e intr. Tañer repetidamente las campanas.

repipi. adj. y com. Pedante, redicho.

repisa. f. Elemento arquitectónico que sobresale de un muro, para asentar un balcón, o el propio para un adorno. || Estante.

replantear. tr. Plantear de nuevo un asunto.

replegar. tr. Plegar o doblar muchas veces. || Retirarse las tropas con orden. Ú. t. c. prnl.

repleto, ta. adj. Muy lleno.

replicar. intr. y tr. Responder como impugnando. || Objetar una orden.

repoblar. tr. y prnl. Volver a poblar. || Plantar árboles u otras especies vegetales.

reponer. tr. Volver a poner. || Reemplazar. || Volver a representar, proyectar una obra dramática, película, etc. || prnl. Recobrar la salud. || Serenarse.

reportaje. m. En medios de comunicación social, trabajo de carácter informativo.

reportar. tr. Reprimir, moderar. Ú. t. c. prnl. || Conseguir, alcanzar. || Proporcionar, recompensa r.

reposar. intr. y prnl. Descansar. || Dormir. || Permanecer en quietud. || Estar enterrado. || Posarse un líquido.

repostar. tr. y prnl. Abastecer de provisiones, pertrechos, combustible, etc.

repostería. f. Arte y oficio de elaborar pasteles, dulces, etc. || Productos de este arte. || Establecimiento donde se hacen y venden dulces, pastas, fiambres, embutidos y algunas bebidas.

reprender. tr. Corregir, amonestar.

represalia. f. Daño a otro en venganza de un agravio. || Medida o trato de rigor

que adopta un Estado contra otro para responder a los actos o determinaciones de otros adversos de éste. Ú. m. en pl.

representar. tr. Hacer presente algo en la imaginación con palabras o figuras. Ú. t. c. prnl. || Ejecutar públicamente una obra dramática. || Simbolizar. || Sustituir a otra persona, una entidad, etc. || Aparentar, parecer.

reprimenda. f. Amonestación vehemente.

reprimir. tr. y prnl. Contener, refrenar. || Contener por la fuerza el desarrollo de algo.

reprobar. tr. No aprobar, censurar, recriminar.

reprochar. tr. y prnl. Criticar, censurar. || Reprender, echar en cara.

reproducir. tr. y prnl. Volver a producir. || Copiar, imitar. || Sacar copia, en uno o muchos ejemplares, por diversos procedimientos. || prnl. Procrear los seres vivos.

reptar. intr. Andar arrastrándose como algunos reptiles.

reptil. adj. y s. Se dice de los animales vertebrados de sangre fría, con piel cubierta de escamas, que avanzan rozando la tierra.

república. f. Estado. || Forma de gobierno en que la soberanía reside en el pueblo que, directamente o por medio de sus representantes, elige a un presidente.

repudiar. tr. Rechazar, desechar, condenar.

repugnar. tr. Ser opuesta una cosa a otra. Ú. t. c. prnl. || Rechazar. || intr. Causar repugnancia.

repulsa. f. Condena enérgica de algo.

repulsión. f. Rechazo. || Repugnancia, aversión.

reputación. f. Fama.

requerir. tr. Notificar algo a alguien con autoridad pública. || Necesitar. || Solicitar.

requesón. m. Masa blanca y grasa obtenida de la leche cuajada.

requisar. tr. Expropiar la autoridad competente ciertos bienes, como tierras, alimentos, etc., considerados aptos para las necesidades de interés público. || Apropiarse del ejército de vehículos, alimentos o animales útiles en tiempo de guerra.

requisito, ta. m. Circunstancia, condición. || Formalidad.

res. f. Cualquier animal cuadrúpedo de ciertas especies doméstica s (ganado vacuno, lanar) o de las salvajes (venado, jabalí).

resabio. m. Sabor desagradable. || Mala costumbre.

resaca. f. Movimiento de retroceso de las olas. || Malestar tras una borrachera.

resaltar. intr. Sobresalir, destacar una cosa entre otras. Ú. t. c. tr. || Distinguirse.

resarcir. tr. y prnl. Indemnizar, reparar un daño, perjuicio o agravio.

resbalar. intr. y prnl. Escurrirse, deslizarse. || Incurrir en un desliz o error. || fig. Dejar indiferente algo a una persona.

rescatar. tr. Recuperar mediante pago o por la fuerza algo que estaba en poder ajeno. || Salvar, sacar de un peligro. || Librar, liberar.

rescindir. tr. Dejar sin efecto un contrato, obligación, etc.

rescoldo. m. Brasa menuda resguardada por la ceniza. || fig. Resto que queda de algún sentimiento de pasión o rencor.

resecar. tr. y prnl. Secar mucho.

resentirse. prnl. Empezar a flaquear. || Sentir dolor o molestia. || Estar ofendido o enojado por algo.

reseña. f. Artículo o escrito breve, generalmente de una publicación, en que se describe de forma sucinta una noticia, un trabajo literario, científico, etc. || Nota de los rasgos distintivos de una persona, animal o cosa.

reserva. f. Guarda, custodia o prevención que se hace de algo. || Discreción, comedimiento. || Acción de reservar una plaza o localidad para un transporte público, hotel, espectáculo, etc. || Territorio reservado a los indígenas en algunos países. || Parte del ejército que no está en servicio activo. ||

com. En deportes, jugador que no figura entre los titulares de un equipo pero puede sustituir a alguno de éstos.

reservar. tr. Guardar para más adelante. || Retener, separar. || Destinar una cosa para un uso determinado. Ú. t. y prnl. Ocultar algo. || prnl. Conservarse para mejor ocasión.

resfriado. m. Enfriamiento, catarro.

resfriar. tr. Enfriar. || intr. Empezar a hacer frío. || prnl. Contraer resfriado.

resguardar. tr. e intr. Defender, proteger. || prnl. Prevenirse contra un daño.

resguardo. m. Defensa, protección. || Documento que acredita haber realizado una entrega, pago, o alguna otra gestión.

residencia. f. Lugar donde se reside. || Casa o establecimiento donde residen y conviven personas en régimen de pensión. || Hotel. || Casa, domicilio, especialmente de lujo, que ocupa un edificio entero.

residir. intr. Vivir en un lugar. || Radicar, estribar.

residuo. m. Parte que queda de un todo. || Lo que resulta de la descomposición o destrucción de una cosa. || Resultado de una resta.

resignar. tr. Entregar una autoridad el mando a otra. || prnl. Conformarse, someterse.

resina. f. Sustancia viscosa que fluye de ciertas plantas, especialmente del pino.

resistir. intr. Oponerse un cuerpo o una fuerza a la acción o violencia de otra. Ú. t. c. prnl. || Rechazar. || tr. Tolerar, aguantar. || Combatir las pasiones, deseos, etc. || prnl. Bregar, forcejear.

resol. m. Reverberación del sol.

resolver. tr. Tomar determinación fija y decisiva. || Dar solución a una dificultad, duda, problema. || Deshacer, destruir. || Analizar un compuesto en sus partes o elementos. || prnl. Atreverse, decidirse.

resonancia. f. Sonido producido por repercusión de otro. || Prolongación del sonido. || fig. Gran divulgación o propagación que adquiere un hecho.

resoplar. intr. Echar ruidosamente el aire por la boca o la nariz.

resorte. m. Muelle. ‖ Fuerza elástica. ‖ fig. Medio para lograr un fin.

respaldar. tr. y prnl. Proteger, amparar, apoyar, garantizar. ‖ prnl. Inclinarse o apoyarse de espaldas.

respaldo. m. Parte de la silla o banco, en que descansan las espaldas. ‖ fig. Apoyo moral, garantía.

respectivo, va. adj. Que atañe a persona o cosa determinada. ‖ Se dice de los elementos de una serie que tienen correspondencia con los de otra.

respecto. m. Relación o proporción de una cosa con otra.

respeto. m. Acatamiento que se hace a uno. ‖ Miramiento, consideración, atención, veneración. ‖ Miedo.

respingo. m. Sacudida violenta del cuerpo. ‖ fig. Expresión de enfado o repugnancia.

respiradero. m. Abertura por donde entra y sale el aire.

respirar. intr. Absorber y expulsar el aire los seres vivos. Ú. t. c. tr. ‖ Exhalar, despedir de sí un olor. ‖ fig. Animarse, cobrar aliento. ‖ fig. Sentirse aliviado. ‖ tr. Mostrar alguien una cualidad o estado o percibirse en un lugar determinado ambiente.

resplandecer. intr. Despedir rayos de luz. ‖ Sobresalir.

resplandor. m. Luz muy clara que despide un cuerpo. ‖ Brillo. ‖ Esplendor.

responder. tr. Contestar a lo que se pregunta o propone. ‖ Contestar a una llamada, a una carta, etc. ‖ intr. Garantizar la verdad o cumplimiento de algo que se afirma. ‖ Corresponder con una acción a la realizada por otro. ‖ Mostrarse agradecido. ‖ Reaccionar ante una determinada acción o experimentar sus efectos. ‖ Replicar, contestar de malos modos. ‖ Volver en sí o salir alguien del estado de postración en que se encontraba.

responsable. adj. Que ha de dar cuenta de sus actos o de los de otros. Ú. t. c. s. ‖ Que pone cuidado y atención en lo que hace o decide.

responso. m. Rezos que se dicen por los difuntos. ‖ Reprimenda.

respuesta. f. Acción de responder. ‖ Contestación. ‖ Réplica, reacción. ‖ Acción con que uno corresponde a la de otro.

resquebrajar. tr. y prnl. Agrietar.

resquicio. m. Abertura entre el quicio y la puerta. ‖ Cualquier hendidura pequeña. ‖ fig. Coyuntura u ocasión.

resta. f. Operación de restar. ‖ Residuo, resultado de esta operación.

restablecer. tr. Volver a establecer una cosa o ponerla en el estado que antes tenía. ‖ prnl. Recuperarse, recobrar la salud.

restar. tr. Separar una parte del todo. ‖ Hallar la diferencia entre dos cantidades. ‖ Disminuir. ‖ En el juego de la pelota devolver el saque del contrario. ‖ intr. Faltar, quedar.

restaurante. m. Establecimiento público donde se sirven comidas.

restaurar. tr. Restituir, restablecer. ‖ Reparar, volver a poner en el estado y estimación que antes tenía. ‖ Reparar una obra de arte, un edificio, etc.

restituir. tr. Devolver. ‖ Agrietar.

resto. m. Residuo, parte que queda de un todo o de una cosa. ‖ Resultado de restar. ‖ En tenis y en el juego de pelota, acción de restar y jugador que resta. ‖ pl. Ruinas, vestigios. ‖ Desperdicios, sobras. ‖ Cuerpo humano después de muerto.

restregar. tr. Frotar con fuerza una cosa con otra.

restricción. f. Limitación, reducción.

restringir. tr. Ceñir, circunscribir, reducir a menores límites. ‖ Apretar.

resucitar. tr. Devolver la vida a un muerto. Ú. t. c. intr. ‖ Restablecer, renovar. ‖ intr. Volver uno a la vida.

resuello. m. Aliento o respiración, especialmente la fuerte o entrecortada.

resuelto, ta. adj. Audaz, arrojado. ‖ Pronto, diligente.

resulta. f. Efecto, consecuencia, resultado. Ú. m. en pl.

resultar. intr. Originarse, venir una cosa de otra. ‖ Aparecer, manifestarse, salir. ‖ Redundar en provecho o daño. ‖ Convenir, agradar. ‖ Ser atractiva una persona.

resumen. m. Exposición breve de un asunto o materia.

resumir. tr. y prnl. Reducir, abreviar. ‖ prnl. Convertirse, resolverse.

resurgir. intr. Surgir de nuevo, volver a aparecer. ‖ Volver a la vida.

resurrección. f. Acción y efecto de resucitar.

retablo. m. Conjunto o colección de figuras pintadas o de talla, que representan una historia o suceso. ‖ Obra de arquitectura que compone la decoración de un altar.

retaco, ca. m. y f. Persona baja y rechoncha. ‖ m. Escopeta corta.

retaguardia. f. Cuerpo de tropa de un ejército que va más alejada de la línea del frente.

retahíla. f. Serie de muchas cosas.

retal. m. Pedazo sobrante de una tela, piel, metal, etc.

retar. tr. Desafiar.

retardar. tr. y prnl. Retrasar, entorpecer.

retazo. m. Retal. ‖ Trozo, fragmento.

retén. m. Repuesto, prevención. ‖ Tropa militar de refuerzo. ‖ Por ext., conjunto de personas dispuestas a intervenir en caso de necesidad.

retener. tr. Detener. ‖ Conservar, no devolver. ‖ Conservar en la memoria. ‖ Arrestar a alguien. ‖ Suspender en todo o en parte el pago de sueldo, salario u otro haber que uno ha devengado, por disposición judicial o gubernativa. ‖ Descontar para cierto fin parte de un salario o de otro cobro.

retentiva. f. Memoria.

reticencia. f. Reparo, reserva, duda. ‖ Figura retórica que consiste en dejar incompleta una frase, dando a entender sin embargo el sentido de lo que no se dice.

retina. f. Membrana interior del ojo, donde se reciben las impresiones luminosas.

retirar. tr. Apartar, separar. Ú. t. c. prnl. ‖ Obligar a uno a que se aparte,

expulsarle. ‖ prnl. Separarse del trato. ‖ Irse. ‖ Jubilarse. ‖Emprender un ejército la retirada.

retocar. tr. Volver a tocar. ‖ Perfeccionar una obra, dar la última mano. ‖ Restaurar.

retoño. m. Vástago o tallo que echa de nuevo la planta. ‖ fig. y fam. Hijo de corta edad.

retorcer. tr. Torcer mucho una cosa, dándole vueltas alrededor. Ú. t. c. prnl. ‖ Tergiversar. ‖ prnl. Contraerse el cuerpo violentamente.

retórico, ca. adj. Rebuscado, afectado, amanerado. ‖ f. Conjunto de reglas o principios del arte de la elocuencia, del bien hablar. ‖ Rebuscamiento en el lenguaje. ‖ Palabrería.

retornar. tr. Devolver, restituir. ‖ intr. y prnl. Volver al lugar o a la situación en que se estuvo.

retortijón. m. Dolor intestinal breve y agudo.

retozar. intr. Saltar y brincar alegremente. ‖ Juguetear.

retractar. tr. y prnl. Revocar expresamente lo que se ha dicho; desdecirse de ello.

retraer. tr. y prnl. Retirar contrayendo, encoger un miembro del cuerpo. ‖ prnl. Apartarse del trato con los demás. ‖ No exteriorizar alguien sus sentimientos.

retransmitir. tr. Volver a transmitir. ‖ Efectuar una retransmisión.

retrasar. tr. y prnl. Atrasar o diferir la ejecución de una cosa. ‖ Hacer que algo vaya más lento. Ú. t. c. intr. y prnl. ‖ Marchar un reloj más despacio de lo normal. ‖ prnl. Llegar más tarde.

retrato. m. Representación de una figura por medio de la pintura, la fotografía, etc. ‖ Descripción. ‖ fig. Lo que se asemeja mucho a una persona o cosa.

retrete. m. Recipiente con una cañería de desagüe, dispuesto para orinar y evacuar el vientre. ‖ Habitación donde está instalado este recipiente.

retribuir. tr. Recompensar o pagar un servicio, favor, etc. ‖ amer. Corresponder al favor o al obsequio que uno recibe.

retroactivo, va. adj. Que tiene efecto sobre lo pasado.

retroceder. intr. Volver hacia atrás.

retrógrado, da. adj. Partidario de ideas o actitudes anticuadas. || Reaccionario, opuesto al progreso.

retrospectivo, va. adj. Que se refiere a tiempo pasado.

retrotraer. tr. y prnl. Evocar tiempos y escenas pasados.

retrovisor. m. Pequeño espejo que llevan los vehículos automóviles, de manera que el conductor pueda ver lo que viene o está detrás.

retumbar. intr. Hacer gran ruido o estruendo.

reumatismo. m. Enfermedad caracterizada por dolores en las articulaciones y músculos, que produce deformidad e incapacidad funcional.

reunir. tr. Juntar, congregar, amontonar. U. t. c. prnl. || Tener algo o alguien las cualidades que se expresan. || prnl. Juntarse varias personas para tratar un asunto.

revancha. f. Desquite, represalia.

revelar. tr. y prnl. Descubrir lo secreto. || Dar a conocer, descubrir algo. || Manifestar, mostrar. || Hacer visible la imagen obtenida en una película fotográfica. || prnl. Tener algo cierto efecto o resultado.

revenirse. prnl. Encogerse, consumirse una cosa. || Ponerse una masa o pasta blanda y correosa.

reventar. intr. Abrirse una cosa por impulso interior. U. t. c. prnl. || Tener deseo grande de algo. || Fatigar. || Molestar. || Morir violentamente. || tr. Romper una cosa aplastándola.

reverberar. intr. Reflejarse la luz en un cuerpo, o el sonido en una superficie.

reverdecer. intr. y tr. Cobrar nuevo verdor los campos. || fig. Renovarse.

reverenciar. tr. Respetar o venerar.

reverendo, da. adj. Digno de reverencia. || Tratamiento que se da a los eclesiásticos. U. t. c. s.

reverso, sa. m. Revés. || Cara opuesta al anverso en las monedas o medallas.

reverter. intr. Rebosar.

revertir. intr. Volver una cosa al estado o condición que tuvo antes. || Venir a parar una cosa en otra.

revés. m. Parte opuesta de una cosa. || Golpe que se da con la mano vuelta. || Golpe de raqueta dado por el lado opuesto al de la mano que la empuña. || Contratiempo, desgracia.

revestir. tr. Poner una ropa sobre otra. U. t. c. prnl. || Cubrir con un revestimiento. || Atribuir, conceder. || Disimular una cosa o acción. || prnl. Adoptar determinado aspecto o actitud.

revisar. tr. Examinar detenidamente una cosa para corregirla, enmendarla o repararla.

revista. f. Examen detenido. || Inspección militar. || Publicación periódica. || Espectáculo teatral de variedades.

revitalizar. tr. Dar más fuerza y consistencia.

revivir. intr. Volver a la vida. || Renovarse, resurgir.

revocar. tr. Dejar sin efecto una concesión, mandato o resolución. || Enlucir o pintar de nuevo las paredes.

revolcar. tr. Derribar por tierra. || Vencer y deslucir al adversario en altercado o controversia. || prnl. Echarse y refregarse sobre una cosa.

revolotear. intr. Moverse algo por el aire dando vueltas y giros.

revoltijo o **revoltillo.** m. Conjunto de muchas cosas sin orden. || Confusión o enredo.

revoltoso, sa. adj. y s. Travieso, alborotador. || Sedicioso, rebelde.

revolución. f. Acción y efecto de revolver o revolverse. || Movimiento de un cuerpo alrededor de otro o de un eje. || Vuelta. || Cambio, generalmente violento, en las estructuras políticas, sociales y económicas de un país. || Rebelión, sedición. || Inquietud, alboroto.

revolver. tr. Mover, agitar. U. t. c. prnl. || Alterar el orden y disposición de una cosa. || Mirar o registrar moviendo y separando algunas cosas. Ú. t. c. intr. || Inquietar, causar disturbios. || Producir náuseas o malestar en el estómago. || prnl. Moverse de un lado a otro, generalmente por inquietud. || Volverse en contra de alguien.

revólver. m. Pistola de repetición con un tambor giratorio que contiene varias balas.

revuelo. m. Hecho de revolotear muchas aves en el aire. || fig. Turbación, confusión, agitación.

reyerta. f. Disputa, lucha.

rezagar. tr. Dejar atrás. || prnl. Quedarse atrás.

rezar. tr. Orar. || Decir una oración. || Decir o decirse algo en un escrito.

rezumar. tr. Transpira r un líquido por los poros del recipiente. Ú. t. c. prnl. || fig. Manifestarse en alguien cierta cualidad o sentimiento en grado sumo.

ría. f. Valle de un río en su desembocadura, invadido por el mar.

riachuelo. m. Río pequeño.

riada. f. Avenida, inundación, crecida. || Multitud, bandada.

ribazo. m. Porción de tierra con elevación y declive.

ribera. f. Margen y orilla del mar o de un río. || Tierra cercana a los ríos.

ribete. m. Cinta con que se guarnece y refuerza la orilla del vestido, calzado, etc. || pl. Visos, indicios.

rico, ca. adj. Adinerado, acaudalado. Ú. t. c. s. || Abundante. || Gustoso, exquisito. || Lindo. || Muy bueno en su línea.

rictus. m. Contracción de los labios que deja al descubierto los dientes y da a la boca el aspecto de la risa. || Gesto de la cara con que se manifiesta un sentimiento de tristeza o amargura.

ridículo, la. adj. Que mueve a risa. || Escaso, nimio. || m. Situación ridícula en que cae una persona.

riel. m. Barra pequeña de metal. || Carril de una vía férrea.

rienda. f. Cada una de las dos correas con que se gobierna la caballería. Ú. m. en pl. || fig. Sujeción, moderación. || pl. Dirección.

riesgo. m. Proximidad de un daño o peligro. || Cada uno de los accidentes o contingencias que pueden ser objeto de un contrato de seguro.

rifar. tr. Sortear.

rifle. m. Fusil de cañón rayado.

rígido, da. adj. Que no se puede doblar o torcer. || fig. Riguroso, severo.

rigor. m. Severidad, dureza. || Intensidad. || Propiedad y precisión.

rilar. intr. Temblar, tiritar. || prnl. Acobardarse.

rima. f. Semejanza de sonidos finales en el verso. Ú. m. en pl. || Composición poética.

rimbombante. adj. Ostentoso, llamativo.

rincón. m. Ángulo entrante formado por dos paredes o superficies. || Escondrijo. || Espacio pequeño. || Lugar retirado.

ring. m. Cuadrilátero donde tienen lugar los combates de boxeo.

rinoceronte. m. Mamífero de Asia y África, muy corpulento, con uno o dos cuernos encorvados en la línea media de la nariz.

riña. f. Pendencia, lucha.

riñón. m. Glándula secretora de la orina. || pl. Parte del cuerpo que corresponde a la pelvis. || fig. Arrestos, valor.

río. m. Corriente de agua, continua y más o menos caudalosa, que desemboca en otra, en un lago o en el mar. || fig. Gran abundancia de algo.

risa. f. Acción de reír. || Lo que mueve a reír. || Risión.

risco. m. Peñasco alto y escarpado.

ristra. f. Trenza de ajos o cebollas. || Conjunto de ciertas cosas colocadas unas tras otras.

ristre. m. Hierro del peto de la armadura donde se afianzaba la lanza.

ritmo. m. Armoniosa combinación y sucesión de sonidos, movimientos, etc. || Frecuencia periódica en la sucesión de las cosas.

rito. m. Costumbre o ceremonia. || Conjunto de reglas para el culto, en cualquier religión.

rival. com. Persona que compite con otra.

rivera. f. Pequeño cauce de agua que corre por la tierra.

rizo. m. Mechón de pelo en forma de sortija, bucle, tirabuzón, etc. ‖ Cierta pirueta que hace en el aire un avión, acróbata o gimnasta.

robar. tr. Tomar para sí lo ajeno. ‖ Hurtar. ‖ Raptar. ‖ En ciertos juegos de cartas, tomar de las que quedan sin repartir. ‖ Atraer, embelesar.

roble. m. Árbol de madera muy dura y resistente y fruto en bellota. ‖ fig. Persona fuerte y de buena salud.

robot. m. Ingenio electrónico que puede ejecutar automáticamente operaciones o movimientos varios. ‖ fig. Persona que actúa de forma automática.

robusto, ta. adj. Fuerte, vigoroso.

roca. f. Piedra muy dura y sólida, que forma parte de la masa terrestre. ‖ Peñasco. ‖ fig. Cosa muy dura, firme y constante.

rociar. intr. Caer rocío o lluvia menuda. ‖ tr. Esparcir en menudas gotas un líquido.

rocín. m. Caballo de mala traza, basto y de poca alzada.

rocío. m. Vapor que con la frialdad de la noche se condensa en la atmósfera en gotas menudas. ‖ Lluvia corta y pasajera.

rock. m. abrev. de *rock and roll*. ‖ Por ext., nombre que designa varios ritmos musicales derivados del *rock and roll*.

rock and roll. m. Estilo musical ligero surgido en EE. UU. hacia mediados de los años cincuenta, y cuyo ritmo se deriva fundamentalmente del *jazz* y del *blues*. ‖ Baile que acompaña este ritmo.

rodaja. f. Pieza o trozo circular y plano.

rodaje. m. Conjunto de ruedas. ‖ Acción de rodar una película. ‖ Período de ajuste de las piezas de un motor.

rodal. m. Mancha o espacio más o menos redondo que por alguna circunstancia se distingue de lo que le rodea.

rodapié. m. Faja de madera o de otro material que protege la parte inferior de las paredes, muebles, etc.

rodar. intr. Dar vueltas un cuerpo alrededor de su eje. ‖ Moverse por medio de ruedas. ‖ Caer dando vueltas. ‖ fig. Ir de un lado para otro. ‖ tr. Hacer que rueden ciertas cosas. ‖ Filmar o proyectar películas. ‖ Hacer funcionar un vehículo en rodaje.

rodear. intr. Andar alrededor. ‖ Ir por camino más largo que el ordinario. ‖ tr. Cercar. ‖ Dar la vuelta. ‖ amer. Reunir el ganado mayor en un sitio determinado.

rodilla. f. Articulación que une el muslo con la pierna. ‖ Paño de cocina.

rodillo. m. Cilindro redondo utilizado para amasar. ‖ Cilindro muy pesado para allanar y apretar la tierra. ‖ Cilindro sobre el que golpean las teclas en las máquinas de escribir. ‖ Objeto cilíndrico para pintar.

roer. tr. Cortar menuda y superficialmente con los dientes. ‖ fig. Desgastar poco a poco. ‖ fig. Molestar o atormentar interiormente.

rogar. tr. Pedir por gracia una cosa. ‖ Suplicar.

rojo, ja. adj. Encarnado muy vivo. Ú. t. c. s. Es el primer color del espectro solar. ‖ De color parecido al oro viejo. ‖ Se dice del pelo rubio muy vivo, casi colorado. ‖ En política, de ideología izquierdista, radical, revolucionario.

rol. m. Papel que representa un actor, y p. ext., otra persona en cualquier actividad. ‖ Lista, nómina. ‖ Conducta que un grupo espera de un miembro en una situación determinada.

rollizo, za. adj. Redondo. ‖ Robusto y grueso.

rollo. m. Cualquier objeto de forma cilíndrica. ‖ fig. Discurso, conversación, etc., poco interesante y aburrido. ‖ Película fotográfica enrollada en forma cilíndrica. ‖ Película cinematográfica. ‖ fig. Persona, cosa o actividad pesada y fastidiosa. ‖ fig. Conversación larga y aburrida. ‖ fig. Capacidad que tiene alguien para extenderse demasiado al exponer algo. ‖ fig. Asunto, tema, negocio. ‖ fig. Ambiente. ‖ fig. Relación amorosa o sexual y persona con la que se tiene.

romana. f. Instrumento para pesar, compuesto de una palanca de brazos muy desiguales, con el fiel sobre el punto de apoyo.

románico, ca. adj. y s. Arte desarrollado en el occidente de Europa desde fines del s. X hasta principios del s. XIII. ‖ Se dice de las lenguas derivadas del latín.

romanizar. tr. Difundir la civilización romana o la lengua latina, o adoptarlas. Ú. t. c. prnl.

romano, na. adj. y s. De Roma (Italia), o del antiguo imperio de Roma. ‖ Se apl. a la religión católica y a lo perteneciente a ella. ‖ Se dice de la lengua latina. Ú. t. c. m.

romanticismo. m. Movimiento literario, artístico e ideológico de la primera mitad del s. XIX, en que prevalece la imaginación y la sensibilidad sobre la razón y el examen crítico. ‖ Sentimentalismo.

romántico, ca. adj. y s. Perteneciente al romanticismo. ‖ Se dice del artista o escritor que da a sus obras el carácter del romanticismo. ‖ Sentimental, generoso y soñador.

romería. f. Peregrinación a un santuario o ermita, y fiesta popular que se celebra en las proximidades. ‖ Afluencia grande de gente.

romo, ma. adj. Obtuso y sin punta. ‖ Torpe.

rompecabezas. m. Juego que consiste en reconstruir un dibujo que ha sido recortado de forma caprichosa. ‖ Problema difícil de resolver.

romper. tr. y prnl. Separar con violencia las partes de un todo. ‖ Hacer pedazos. ‖ Desgastar, destrozar. ‖ Deshacer. ‖ intr. Brotar. ‖ Comenzar. ‖ Desavenirse. ‖ Reventar las olas. Ú. t. c. prnl.

rompope. m. amer. Bebida que se confecciona con aguardiente, leche, huevos, azúcar y canela.

ron. m. Licor alcohólico que se saca del jugo de la caña de azúcar.

ronear. intr. Hacer ruido bronco con el resuello cuando se duerme. ‖ fig. Hacer un ruido sordo o bronco ciertas cosas.

roncha. f. Bultillo enrojecido en la piel. ‖ Rodaja delgada.

ronco, ca. adj. Que tiene ronquera. ‖ Se apl. también a la voz o sonido áspero y bronco.

ronda. f. Acción de rondar. ‖ Patrulla que ronda. ‖ Grupo de personas, especialmente jóvenes, que van rondando. ‖ Paseo o calle que rodea total o parcialmente una población. ‖ Cada serie de consumiciones que toma un grupo de personas. ‖ En varios juegos de naipes, vuelta o suerte de todos los jugadores. ‖ amer. Juego del corro.

rondar. intr. y tr. Andar de noche vigilando ciertos servicios o cuidando del orden. ‖ Pasear los mozos las calles donde viven las mozas a las que galantean. ‖ Dar vueltas alrededor de una cosa. ‖ Cortejar.

ronquera. Afección de la laringe que hace bronca la voz.

ronronear. intr. Producir el gato una especie de ronquido en demostración de contento. ‖ Producir ruido los motores.

roña. f. Sarna del ganado lanar. ‖ Porquería pegada. ‖ Corteza del pino. ‖ Mezquindad, tacañería. ‖ amer. Irritación, rabia.

ropa. f. Todo tipo de tela que sirve para un determinado uso o adorno. ‖ Vestido.

rosa. f. Flor del rosal. ‖ m. y adj. Color encarnado poco subido.

rosal. m. Arbusto rosáceo, con tallos ramosos y llenos de aguijones y flores olorosas y vistosas de forma muy variada.

rosario. m. Rezo en que se conmemoran los misterios principales de la vida de Jesucristo y de la Virgen. ‖ Sarta de cuentas que se utiliza para este rezo. ‖ fig. Serie o sucesión de cosas.

rosca. f. Elemento que se compone de tornillo y tuerca. ‖ Cada una de las vueltas de una espiral, o el conjunto de ellas. || Cualquier cosa cilíndrica que, cerrándose, deja en medio un espacio vacío. || Pan o bollo de esta forma.

rosetón. m. Ventana circular calada, frecuente en las iglesias góticas. || Adorno circular en los techos.

rosquilla. f. Clase de dulce en forma de rosca pequeña.

rosticería. f. amer. Establecimiento donde se asan y venden pollos.

rostro. m. Cara de las personas.

rotación. f. Movimiento de la Tierra sobre su eje. || Alternancia de personas o cosas en un cargo, actividad, etc.

rotar. intr. Rodar. || Pasar los que intervienen en un trabajo o actividad por los diferentes puestos que lo forman.

roto, ta. adj. Que ha sufrido rotura. || Destrozado, deshecho. || m. Rotura, desgarrón. || amer. desp. Apodo con que se designa al chileno.

rotonda. f. Plaza circular.

rotulador, ra. adj. y s. Que rotula o sirve para rotular. || f. Utensilio para escribir, dibujar o rotular.

rotular. tr. Poner rótulo.

rótulo. m. Título, letrero o inscripción. || Cartel.

rotundo, da. adj. Redondo. || Preciso y terminante.

roza. f. Surco o canal abierto en una pared para empotrar tuberías, cables, etc.

rozar. tr. Pasar una cosa tocando ligeramente la superficie de otra. || Raspar, tocar levemente. || Limpiar la tierra de maleza. || prnl. Tratarse las personas. || Herirse.

rubeóla o **rubeola.** f. Enfermedad infecciosa semejante al sarampión.

rubí. m. Piedra preciosa de color rojo y brillo intenso.

rubicundo, da. adj. Rubio que tira a rojo. || Se apl. a la persona de buen color.

rubio, bia. adj. De color rojo claro parecido al del oro. || De cabellos rubios. Ú. t. c. s. || Se dice de cierto tipo de tabaco de color y sabor suaves.

rubor. m. Color rojo encendido que producen en el rostro ciertos estados de ánimo. || fig. Vergüenza.

rúbrica. f. Rasgo o conjunto de rasgos que acompañan a la firma. || Epígrafe o rótulo.

rucio, cia. adj. y s. De color pardo claro. || m. Asno.

rudimento. m. Estado primero de un ser. || Parte imperfectamente desarrollada. || pl. Nociones elementales de una ciencia o profesión.

rudo, da. adj. Tosco, basto. || Descortés, grosero. || Fuerte, violento.

rueca. f. Instrumento para hilar.

rueda. f. Máquina elemental, en forma circular, que puede girar sobre un eje. || Círculo de personas o cosas.

ruedo. m. Redondel, espacio de las plazas de toros donde se lidia. || Contorno.

rufián. m. Chulo, proxeneta. || Hombre despreciable.

rugby. m. Deporte practicado con las manos y los pies, en el que dos equipos de jugadores se disputan un balón ovalado.

rugir. intr. Bramar el león. || fig. Hacer fuerte ruido algo inanimado, como el viento, el mar, etc. || fig. Gritar una persona enojada.

rugoso, sa. adj. Que tiene arrugas.

ruido. m. Sonido inarticulado y confuso más o menos fuerte. || fig. Alboroto. || Novedad, extrañeza o revuelo que provoca algo. || Perturbación o señal anómala que se produce en un sistema de transmisión y que impide que la información llegue con claridad.

ruin. adj. Vil, bajo y despreciable. || Mezquino, avariento. || Pequeño.

ruina. f. Acción de caer o destruirse una cosa. || Pérdida de los bienes. || Decadencia. || pl. Restos de uno o varios edificios ruinosos.

ruiseñor. m. Pájaro de plumaje pardo rojizo y canto melodioso.

ruleta. f. Juego de azar para el que se usa una rueda horizontal giratoria dividida en casillas: || Esta rueda.

rulo. m. Rodillo. || Rizo del cabello. || Pequeño cilindro hueco y perforado al que se arrolla el cabello para rizarlo.

rumano, na. adj. y s. De Rumania. || m. Lengua rumana.

rumbo. m. Dirección considerada o trazada en el plano del horizonte. || Dirección de la nave. || fig. Camino que uno se propone seguir. || Generosidad. || Pompa, ostentación.

rumboso, sa. adj. fam. Pomposo, magnífico. || fam. Desprendido, dadivoso.

rumiar. tr. Masticar los alimentos por segunda vez. || fig. Considerar despacio y pensar con reflexión. || fig. Refunfuñar.

rumor. m. Voz que corre entre el público. || Ruido confuso de voces. ||

Ruido sordo, vago y continuado. || Noticia que corre entre la gente.

rupestre. adj. Relativo a las rocas. || Se dice especialmente de las pinturas y dibujos prehistóricos hechos en piedra.

ruptura. f. Rompimiento.

rural. adj. Relativo al campo. || fig. Inculto, tosco.

ruso, sa. adj. y s. De Rusia. || m. Lengua rusa.

rústico, ca. adj. Relativo al campo. || fig. Tosco, grosero. || m. y f. Campesino.

ruta. f. Camino, itinerario. || Dirección. || Rumbo.

rutilar. intr. Brillar, despedir rayos.

rutina. f. Costumbre o manera de hacer las cosas de forma mecánica.

S

s. f. Vigésima letra del abecedario español y decimosexta de sus consonantes. Su nombres es *ese*.

sábado. m. Sexto día de la semana.

sabana. f. Llanura tropical.

sábana. f. Cada una de las dos piezas de tela que van encima del colchón.

sabandija. f. Cualquier reptil o insecto asqueroso y molesto. || fig. Persona despreciable.

sabanear. intr. amer. Recorrer la sabana para buscar y reunir el ganado, o para vigilarlo.

sabañón. m. Hinchazón de la piel causada por el frío excesivo.

sabático. adj. Relativo al sábado. || Se dice del año de licencia con sueldo que algunas universidades conceden a su personal cada siete años.

saber. m. Conocimiento. || Ciencia o facultad.

saber. tr. Conocer o estar enterado de algo. || Tener la certeza de algo. || Ser docto en algo. || Tener habilidad para

una cosa. || Conocer el camino. || intr. Tener noticias sobre una persona. || Ser muy sagaz. || Tener sabor.

sabicú. m. amer. Árbol grande con flores blancas o amarillas; legumbre aplanada, oblonga y madera dura, pesada y compacta, de color amarillo pardo o rojo vinoso.

sabiduría. f. Prudencia, juicio. || Conocimiento profundo en letras, ciencias o artes.

sabiondo, da. adj. y s. fam. Que presume de sabio sin serlo.

sable. m. Arma blanca semejante a la espada, pero de un solo corte.

sabor. m. Sensación gustativa. || fig. Impresión que una cosa produce en el ánimo. || fig. Semejanza, parecido.

sabotear. tr. Realizar actos de sabotaje. || fig. Oponerse o entorpecer deliberadamente alguna cosa.

sabroso, sa. adj. Grato al paladar. || fig. Delicioso. || fam. Ligeramente salado.

saca. f. Acción y efecto de sacar. ‖ Saco muy grande que sirve generalmente para contener la correspondencia.

sacacorchos. m. Instrumento para quitar los tapones de las botellas.

sacapuntas. m. Instrumento para afilar lápices.

sacar. tr. Extraer una cosa de otra. ‖ Apartar a una persona o cosa del sitio o condición en que se halla. ‖ Averiguar. ‖ Conocer, descubrir. ‖ Conseguir, lograr. ‖ Hacer las gestiones necesarias para obtener un documento. Ú. t. c. prnl. ‖ Superar con éxito un examen, una prueba, etc. ‖ Ensanchar o alargar. ‖ En algunos deportes, poner en juego el balón.

sacarina. f. Sustancia blanca y pulverulenta usada para endulzar.

sacerdote. m. Ministro de un culto religioso. ‖ En la religión católica, hombre ungido y ordenado para celebrar el sacrificio de la misa.

sacerdotisa. f. Mujer dedicada al culto de una deidad.

saciar. tr. y prnl. Satisfacer plenamente.

saco. m. Especie de bolsa abierta por arriba. ‖ Lo contenido en ella. ‖ amer. Chaqueta, americana.

sacramento. m. Entre los católicos, signo sensible de un efecto interior y espiritual que Dios obra en las almas.

sacrificio. m. Ofrenda a la divinidad que se hace en ciertas ceremonias. ‖ fig. Acto de abnegación.

sacrilegio. m. Profanación de lo sagrado.

sacristán. m. El que en las iglesias tiene a su cargo ayudar al sacerdote en el servicio del altar.

sacristía. f. Lugar en las iglesias donde se revisten los sacerdotes y están guardados los ornamentos de culto.

sacro, cra. adj. Sagrado. ‖ Se dice del hueso de la pelvis. Ú. t. c. s.

sacudir. tr. Mover violentamente una cosa. Ú. t. c. prnl. ‖ Golpear una cosa para quitarle el polvo. ‖ Golpear, dar golpes. ‖ Apartar violentamente una cosa de sí. Ú. t. c. prnl.

sadismo. m. Perversión sexual del que goza cometiendo actos de crueldad con los demás. ‖ fig. Crueldad refinada.

sadomasoquismo. m. Desviación sexual que combina sadismo y masoquismo.

saeta. f. Dardo o flecha que se dispara con el arco. ‖ Copla religiosa breve que se canta en ciertas solemnidades religiosas.

safari. m. Excursión de caza mayor que se realiza en algunas regiones de África, y p. ext., en otros lugares. ‖ Conjunto de personas que participan en estas excursiones.

saga. f. Cada una de las leyendas poéticas de la tradición heroica y mitológica de la antigua Escandinavia. ‖ fig. Historia de una familia a través de varias generaciones.

sagaz. adj. Astuto y prudente.

sagrado, da. adj. Dedicado a Dios y al culto divino. ‖ Que inspira veneración. ‖ Relativo a la divinidad o a su culto. ‖ Inviolable.

sagrario. m. Urna donde se guarda la hostia consagrada en las iglesias.

sajar. tr. Cortar en la carne.

sal. f. Sustancia ordinariamente blanca, cristalina, de sabor acre, muy soluble en agua, que se emplea como condimento. ‖ Compuesto obtenido al reaccionar un ácido con una base. ‖ fig. Agudeza, gracia en el hablar. ‖ fig. Garbo, gracia en los ademanes. ‖ pl. Pequeños cristales de una sustancia perfumada que se utilizan disueltos en el agua del baño.

sala. f. Pieza principal de la casa. ‖ Aposento de grandes dimensiones. ‖ Mobiliario de este aposento. ‖ Conjunto de magistrados o jueces que tiene atribuida jurisdicción privativa sobre determinadas materias.

salado, da. adj. Se dice de los manjares que tienen más sal de la necesaria. ‖ fig. Gracioso, garboso, con salero. ‖ amer. Desgraciado, infortunado. ‖ amer. Caro, costoso.

salami. m. Embutido parecido al salchichón, de mayor tamaño.

salario. m. Remuneración que percibe una persona por su trabajo.

salchicha. f. Embutido de carne de cerdo.

salchichón. m. Embutido de jamón, tocino y pimienta en grano, prensado y curado.

saldar. tr. Liquidar enteramente una cuenta. || Vender a bajo precio.

saldo. m. Pago o finiquito de deuda u obligación. || Cantidad que de una cuenta resulta a favor o en contra de uno. || Resto de mercancías que el comerciante vende a bajo precio. Ú. m. en pl. || Liquidación de estas existencias. || Resultado final de algo.

salero. m. Vaso en que se sirve la sal en la mesa. || fig. Gracia, donaire. || fig. Persona salerosa.

salida. f. Acción y efecto de salir. || Parte por donde se sale. || Campo en las afueras de los pueblos. || Parte que sobresale en alguna cosa. || Despacho o venta de los géneros. || Partida de data o descargo en una cuenta.|| fig. Dicho agudo, ocurrencia. || Posibilidad de venta de un producto. || fig. Futuro, posibilidad favorable que ofrece algo. Ú. m. en pl.

salina. f. Mina de sal. || Lugar donde se extrae la sal por evaporación.

salir. tr. Pasar de dentro afuera. Ú. t. c. prnl. || Partir de un lugar a otro. || Ir a tomar el aire, pasear, distraerse. || Mantener con una persona una relación amorosa. || Desembarazarse o librarse de un lugar peligroso. || Apartarse, separarse. Ú. t. c. prnl. || Parecerse, asemejarse. || Brotar, nacer. || Tener buen o mal éxito. || Ocurrir, sobrevenir. || pl. Derramarse un líquido por una rendija. || Rebosar un líquido al hervir.

saliva. f. Líquido algo viscoso segregado por las glándulas salivares.

salmo. m. Canto sagrado de los hebreos y cristianos.

salmón. m. Pez teleósteo de carne rojiza y sabrosa. En otoño desova en los ríos y después emigra al mar.

salmuera. f. Agua muy salada. || Particularmente, la que se utiliza para conservar alimentos. || fig. Alimento muy salado.

salón. m. Habitación principal de una casa. || Mobiliario de esta habitación. || Pieza de grandes dimensiones donde celebra sus juntas una corporación.

salpicadero. m. Tablero situado delante del asiento del conductor, en el que se hallan algunos mandos y aparatos indicadores.

salpicar. tr. Hacer que salte un líquido esparcido en gotas menudas. Ú. t. c. intr. || Mojar o manchar con un líquido que salpica. Ú. t. c. prnl. || fig. Diseminar, esparcir varias cosas sobre una superficie.

salpimentar. tr. Condimentar con sal y pimienta. || fig. Amenizar, comunicar chispa y humor.

salsa. f. Mezcla de varias sustancias desleídas, con que se aderezan las comidas. || fig. Cualquier cosa que anima, da gracia o interés a algo. || Cierta música caribeña con mucho ritmo.

saltamontes. m. Insecto parecido a la langosta, con las patas anteriores cortas, y muy robustas y largas las posteriores, con las cuales da grandes saltos.

saltar. intr. Levantarse del suelo con impulso y agilidad. || Arrojarse desde una altura para caer de pie. || Lanzarse en ataque sobre alguien o algo. || tr. Pasar de una cosa a otra, dejándose las intermedias. || No cumplir una ley, reglamento, etc. Ú. t. c. prnl.

saltear. tr. Salir a los caminos a robar a la gente. || Acometer. || Hacer una cosa discontinuada sin seguir el orden natural. || Sofreír un manjar a fuego vivo en manteca o aceite hirviendo.

saltón, na. adj. Que anda a saltos o salta mucho. || Se dice de algunas cosas, como los ojos, los dientes, etc., que sobresalen más de lo normal. || amer. Medio crudo.

salubre. adj. Bueno para la salud, saludable.

salud. f. Estado en que el organismo ejerce normalmente todas sus funciones. || Buen estado del organismo. || Por ext., buen estado de una nación, entidad, etc.

|| interj. Se usa como fórmula de saludo y al brindar.

saludar. tr. Decirle a alguien ciertas fórmulas de cortesía o hacerle ciertos gestos al encontrarse con él o al despedirle. Ú. t. c. rec. || Mostrar a alguien respeto mediante señales formularias. || Enviar saludos por carta o a través de otra persona.

salva. f. Saludo o demostración de respeto que se hace en el ejército disparando armas de fuego. Ú. m. en pl.

salvado. m. Cáscara del grano que se separa de éste al desmenuzarlo y cribarlo.

salvadoreño, ña. adj. y s. De El Salvador.

salvaje. adj. Se dice de los pueblos primitivos que no han adoptado la cultura y costumbres de la civilización occidental. Ú. t. c. com. || Se dice de las plantas silvestres y sin cultivo. || Se dice del animal que no es doméstico. || Se dice del terreno montuoso, inculto. || fig. Muy necio o rudo. Ú. t. c. com. || fig. Muy cruel. || fig. Violento y sin control.

salvar. tr. Librar de un riesgo o peligro. Ú. t. c. prnl. || Dar Dios la gloria y bienaventuranza eterna. Ú. t. c. prnl. || Evitar un inconveniente, impedimento, dificultad o riesgo. || Exceptuar, excluir algo de lo que se dice o se hace. || Recorrer la distancia que media entre dos lugares.

salvavidas. m. Aparato con el que los náufragos pueden salvarse.

salvedad. f. Razonamiento o advertencia que se emplea como excusa, descargo o limitación de lo se va a decir o hacer.

salvoconducto. m. Documento expedido por una autoridad para que el que lo lleva pueda transitar sin riesgo. || fig. Libertad para hacer algo sin temor de castigo.

samba. f. Danza brasileña de origen africano.

sambenito. m. Mala fama o calificativo desfavorable que pesa sobre una persona como consecuencia de cierta acción.

samotana. f. amer. Zambra, bulla, algazara.

san. adj. apóc. de *santo*.

sanano, na. adj. amer. Tonto, corto de entendimiento.

sanar. tr. Restituir a uno la salud que había perdido. || intr. Recobrar el enfermo la salud.

sanatorio. m. Establecimiento convenientemente dispuesto para la estancia de enfermos.

sanción. f. Acto solemne por el que el jefe del Estado confirma una ley o estatuto. || Pena que la ley establece para el que la infringe.

sancionar. tr. Dar fuerza de ley a una disposición. || Autorizar o aprobar cualquier acto, uso o costumbre. || Aplicar una sanción o castigo.

sanco. m. amer. Gachas que se hacen de harina tostada de maíz o trigo, con agua, grasa y sal y algún otro condimento. || amer. Comida a base de harina o maíz tierno que usualmente se cocina junto a un sofrito de cebolla y ajo. || amer. Barro muy espeso.

sandalia. f. Calzado compuesto de una suela que se asegura con correas o cintas. || Por ext., zapato ligero y muy abierto.

sandez. f. Despropósito, simpleza, necedad.

sandía. f. Planta cucurbitácea cuyo fruto tiene la pulpa encarnada, aguanosa y dulce. || Fruto de esta planta.

sandwich. m. Emparedado, loncha de jamón o de otro fiambre, queso o vegetal, entre dos rebanadas de pan de molde. || amer. Bocadillo.

sanear. tr. Reparar o remediar una cosa, particularmente hacer productivo un negocio. || Dar condiciones de salubridad a un terreno, edificio, etc.

sangrar. tr. Abrir o punzar una vena y dejar salir determinada cantidad de sangre. || fig. Dar salida a un líquido en todo o en parte, abriendo un conducto por donde corra. || Extraer la resina de un árbol. || fig. Aprovecharse de una persona, generalmente sacándole dinero. || fig. y fam. Hurtar, sisar.

sangre. f. Líquido que circula por las arterias y las venas. || fig. Linaje o parentesco.

sanguaraña. f. amer. Cierto baile popular. || amer. Circunloquio, rodeo de palabras. Ú. m. en pl.

sanguinario, ria. adj. Feroz, vengativo.

sanidad. f. Calidad de sano. || Calidad de saludable. || Conjunto de servicios gubernativos para preservar la salud del común de los habitantes.

sano, na. adj. Que goza de perfecta salud. Ú. t. c. s. || Seguro, sin riesgo. || Que es bueno para la salud. || fig. Entero, no roto ni estropeado.

santiamén (en un). loc. En un instante, en un periquete.

santiguar. tr. y prnl. Hacer la señal de la cruz desde la frente al pecho y desde un hombro al otro. || Hacerse cruces, extrañándose o escandalizándose de algo.

santo, ta. adj. Perfecto y libre de toda culpa. || Se dice de la persona a quien la Iglesia declara tal. Ú. t. c. s. || Se dice de la persona de especial virtud y ejemplo. Ú. t. c. s. || Se dice de los días que siguen al Domingo de Ramos, y a la semana que forman. || m. Imagen de un santo. || Respecto de una persona, festividad del santo cuyo nombre lleva.

santuario. m. Templo en que se venera la imagen o reliquia de un santo. || Lugar sagrado.

saña. f. Furor, enojo ciego. || Intención rencorosa y cruel.

sapiencia. f. Sabiduría.

sapo. m. Batracio de cuerpo rechoncho, ojos saltones y la piel llena de verrugas.

saquear. tr. Apoderarse violentamente los soldados de lo que hallan en un paraje. || Entrar en un sitio robando cuanto se halla.

sarampión. m. Enfermedad febril y contagiosa que se manifiesta por multitud de manchas pequeñas y rojas.

sarape. m. amer. Especie de capote de lana o colcha de algodón general-

mente de colores vivos, con una abertura para meter la cabeza.

sarasa. m. fam. Hombre afeminado, marica.

sarazo, za. adj. amer. Se apl. al fruto que empieza a madurar, especialmente el maíz.

sarcasmo. m. Burla cruel, ironía mordaz. || Figura retórica que consiste en emplear esta especie de ironía o burla.

sarcófago. m. Sepulcro.

sargento. m. Individuo de la clase de tropa, que tiene empleo superior al de cabo. || fig. Persona mandona y excesivamente rígida.

sari. m. Vestido típico de las mujeres indias. || Tela de seda o algodón con la que se confeccionan estos vestidos.

sarmiento. m. Vástago de la vid, de donde brotan las hojas y los racimos.

sarna. f. Enfermedad contagiosa que consiste en multitud de vesículas y pústulas diseminadas por el cuerpo.

sarpullido. m. Erupción leve y pasajera en la piel.

sarraceno, na. adj. y s. Moro, musulmán.

sarro. m. Sedimento que dejan en las vasijas algunos líquidos. || Sustancia calcárea que se adhiere al esmalte de los dientes.

sarta. f. Serie de cosas metidas por orden en un hilo, cuerda, etc. || fig. Serie de sucesos o cosas no materiales, iguales o análogas.

sartén. f. Vasija circular, de fondo plano y con mango, que sirve para freír, tostar o guisar algo. || Lo que se fríe de una vez en la sartén.

sastre, tra. m. y f. Persona que tiene por oficio cortar y coser trajes, especialmente de caballero. || m. En aposición, se usa referido a prendas de mujer de diseño masculino.

satán. m. Lucifer. || fig. Persona perversa.

satélite. m. Astro que gira alrededor de un planeta. || Vehículo que se coloca en órbita, tripulado o no, provisto de aparatos para recoger información y transmitirla. ‖ fig. Estado independiente dominado política y económicamente por otro más poderoso. Ú. t. c. adj.

satinar. tr. Dar al papel o a la tela tersura y lustre.

sátira. f. Escrito donde se censura o pone en ridículo a personas o cosas. ‖ Discurso o dicho agudo, picante o mordaz.

sátiro. m. En mit. grecolatina, divinidad con la mitad del cuerpo humana y la otra caprina, que personificaba el culto a la naturaleza. ‖ Hombre lascivo.

satisfacer. tr. Pagar una deuda. ‖ Deshacer o reparar un agravio. ‖ Saciar una necesidad, deseo o pasión. ‖ Dar solución a una duda o a una dificultad. ‖ intr. Producir gran placer. ‖ prnl. Vengarse de un agravio. ‖ Convencerse o conformarse.

saturar. tr. Hartar, saciar. ‖ Impregnar un fluido de otro cuerpo hasta el mayor punto de concentración.

sauce. m. Árbol de hasta 20 m de altura, que crece en las orillas de los ríos.

saudí o **saudita.** adj. y s. De Arabia Saudí.

sauna. f. Baño de calor. ‖ Recinto en que se pueden tomar estos baños.

saurio. adj. y s. Se dice de reptiles que generalmente tienen cuatro extremidades cortas y mandíbulas con dientes, como el lagarto.

savia. f. Jugo nutritivo que circula por los vasos de las plantas. ‖ fig. Energía, elemento vivificador.

saxofón o **saxófono.** m. Instrumento músico de viento, de metal, con boquilla de madera y varias llaves.

sazón. f. Punto o madurez de las cosas. ‖ Gusto y sabor de los manjares.

se. pron. pers. reflex. rec. de tercera persona m. y f., sing. y pl. Funciona como complemento directo o indirecto y no admite prep. ‖ Sirve también para formar los verbos pronominales y oraciones impersonales y de pasiva.

se. pron. pers. de tercera persona m. y f., sing. y pl. Funciona como complemento indirecto, siempre antepuesto a los pronombres de complemento directo to *lo, la,* etc.

sebo. m. Grasa sólida y dura que se saca de los animales. ‖ Cualquier género de gordura.

secano. m. Tierra de labor que no tiene riego.

secar. tr. Extraer la humedad de un cuerpo. ‖ Consumir el jugo de un cuerpo. ‖ prnl. Evaporarse la humedad de una cosa.‖ Quedarse sin agua un río, una fuente, etc.

sección. f. Separación que se hace en un cuerpo sólido. ‖ Cada una de las partes en que se divide un todo. ‖ Cada uno de los grupos en que se divide o considera dividido un conjunto de personas.

seco, ca. adj. Que carece de jugo o humedad. ‖ Falto de agua. ‖ Falto de verdor o lozanía. ‖ Se dice del fruto de cáscara dura. ‖ Flaco. ‖ Áspero, poco cariñoso. ‖ Árido, poco ameno. ‖ Se dice del sonido ronco y áspero. ‖ m. amer. Golpe, coscorrón.

secretaría. f. Destino o cargo de secretario. ‖ Oficina del secretario.

secretario, ria. m. y f. Persona encargada de escribir la correspondencia, extender las actas, dar fe de los acuerdos y custodiar los documentos de una oficina, asamblea o corporación.

secreto, ta. adj. Oculto, ignorado, escondido. ‖ Callado, silencioso, reservado. ‖ m. Lo que cuidadosamente se tiene reservado y oculto. ‖ Reserva, sigilo. ‖ Conocimiento que alguno exclusivamente posee de algo.

secta. f. Conjunto de seguidores de una facción religiosa o ideológica. ‖ Doctrina religiosa o ideológica que se diferencia o independiza de otra.

sector. m. Porción de círculo comprendida entre un arco y los dos radios que pasan por sus extremidades. ‖ Parte de una clase o de una colectividad que presenta caracteres peculiares.

secuaz. adj. y com. desp. Partidario de una persona, partido, doctrina u opinión.

secuela. f. Consecuencia de una cosa.

secuencia. f. Continuidad, sucesión ordenada de algo. ‖ Serie o sucesión de cosas que guardan entre sí cierta relación. ‖ En un filme, sucesión no interrumpida de planos o escenas que integran una etapa descriptiva, una jornada de la acción o un tramo coherente y concreto del argumento.

secuestrar. tr. Depositar judicial o gubernativamente un objeto en poder de un tercero hasta que se decida a quién pertenece. ‖ Embargar judicialmente. ‖ Aprehender indebidamente a una persona.

secular. adj. Seglar. ‖ Que dura un siglo, o desde hace siglos.

secularizar. tr. y prnl. Hacer secular lo que era eclesiástico.

secundar. tr. Ayudar, favorecer.

secundario, ria. adj. Segundo en orden. ‖ No principal, accesorio.

sed. f. Gana y necesidad de beber. ‖ fig. Necesidad de agua o de humedad que tienen ciertas cosas, especialmente los campos. ‖ fig. Apetito o deseo ardiente de una cosa.

seda. f. Líquido viscoso segregado por ciertas glándulas de algunos artrópodos. ‖ Hilo formado con varias de estas hebras producidas por el gusano de seda. ‖ Cualquier obra o tela hecha de seda.

sedal. m. Hilo fino y muy resistente que se utiliza para pescar.

sedar. tr. Apaciguar, sosegar, calmar, particularmente administrando algún fármaco.

sede. f. Asiento o trono de un prelado. ‖ Capital de una diócesis. ‖ Territorio de la jurisdicción de un prelado. ‖ Jurisdicción y potestad del Sumo Pontífice. ‖ Lugar donde tiene su domicilio una entidad económica, literaria, deportiva, etc.

sedentario, ria. adj. Se dice del pueblo o tribu que vive asentado en algún lugar, por oposición al nómada. ‖ Se dice del oficio o vida de poca agitación o movimiento.

sedición. f. Alzamiento colectivo y violento contra un poder establecido.

sedimento. m. Materia que habiendo estado suspensa en un líquido se posa en el fondo. ‖ Depósito de materiales arrastrados mecánicamente por las aguas o el viento. ‖ fig. Poso que deja en alguna persona un hecho o experiencia.

seducir. tr. Engañar, persuadir suavemente al mal. ‖ Utilizar este tipo de engaños con una persona para mantener con ella relaciones sexuales. ‖ Atraer, gustar, agradar.

sefardí o **sefardita.** adj. y com. Se dice del judío originario de España. ‖ m. Dialecto judeoespañol.

segar. tr. Cortar mieses o hierba. ‖ Cortar, cercenar. ‖ fig. Impedir el desarrollo de algo.

seglar. adj. Relativo a la vida, estado o costumbre del siglo o mundo. ‖ Que no tiene órdenes clericales. Ú. t. c. com.

segmento. m. Pedazo o parte cortada de una cosa. ‖ Parte del círculo comprendida entre un arco y su cuerda.

segregar. tr. Separar, apartar una cosa de otra. ‖ Particularmente, apartar grupos raciales, sociales, religiosos, etc. ‖ Manar de las glándulas ciertas sustancias elaboradas por ellas, necesarias para el funcionamiento del organismo.

seguir. tr. Ir después o detrás de una persona o cosa. ‖ Acompañar con la vista a un objeto que se mueve. ‖ Ir en compañía de uno. ‖ Proseguir o continuar lo empezado. ‖ Profesar o ejercer una ciencia, arte o empleo. ‖ Convenir con la opinión de una persona, con el contenido de una doctrina, etc., ser partidario de algo o de alguien. ‖ Imitar el ejemplo de otro. ‖ intr. Mantenerse en el mismo estado, lugar o circunstancia. ‖ prnl. Inferirse o ser consecuencia una cosa de otra.

según. prep. Conforme o con arreglo a. ‖ Con proporción o correspondencia a; de la misma suerte o manera que, por el modo en que.

segundero. m. Manecilla que señala los segundos en el reloj.

segundo, da. adj. Que sigue inmediatamente en orden al o a lo primero. ‖ m.

Persona que sigue en jerarquía al jefe o principal. ‖ Cada una de las sesenta partes en que se divide el minuto de tiempo.

seguro, ra. adj. Libre y exento de todo peligro, daño o riesgo. ‖ Cierto, indubitable. ‖ Firme, constante. ‖ Desprevenido, ajeno de sospecha. ‖ m. Contrato por el cual una persona, natural o jurídica, se obliga a reparar las pérdidas o daños que ocurran a ciertas personas o cosas mediante el pago de una prima. ‖ Dispositivo que impide que una máquina u objeto se ponga en funcionamiento, se abra, etc. ‖ adv. m. Sin aventurarse a ningún riesgo. ‖ Con certeza.

seis. adj. Cinco y uno. ‖ Sexto, ordinal. Ú. t. c. pron. y m. ‖ m. Signo o signos con que se representa el número seis. ‖ amer. Baile popular, especie de zapateado.

seiscientos, tas. adj. y s. Seis veces cien. ‖ Que sigue inmediatamente en orden al quinientos noventa y nueve. ‖ m. Conjunto de signos con que se representa este número.

seísmo. m. Terremoto, sismo.

seleccionar. tr. Elegir, escoger.

selecto, ta. adj. Que es o se tiene por lo mejor entre otras cosas de su especie. ‖ Que tiene capacidad para apreciar y seleccionar lo mejor.

sello. m. Utensilio de metal o caucho que sirve para estampar las armas, divisas o cifras en él grabadas. ‖ Lo que queda estampado, impreso y señalado con el sello. ‖ Pequeño trozo de papel, con timbre oficial o signos grabados, que se pega a ciertos documentos para darles eficacia o a las cartas para franquearlas o certificarlas. ‖ fig. Carácter peculiar y distintivo de una persona o cosa.

selva. f. Terreno extenso, inculto y muy poblado de árboles.

semáforo. m. Telégrafo óptico de las costas. ‖ Aparato eléctrico de señales luminosas para regular la circulación. ‖ Cualquier sistema de señales ópticas.

semana. f. Serie de siete días naturales consecutivos, empezando por el lunes y acabando por el domingo. ‖ Período de siete días. ‖ fig. Salario ganado en una semana.

semántica. f. Parte de la ling., que estudia el significado de los signos lingüísticos y de sus combinaciones, desde un punto de vista sincrónico o diacrónico.

semblante. m. Representación de algún afecto del ánimo en el rostro. ‖ Cara o rostro humano. ‖ fig. Apariencia y representación del estado de las cosas, sobre el cual formamos el concepto de ellas.

sembrar. tr. Arrojar y esparcir las semillas en la tierra preparada para este fin. ‖ fig. Desparramar, esparcir. ‖ fig. Publicar una noticia para que se divulgue.

semejante. adj. Que semeja o se parece a una persona o cosa. Ú. t. c. s. ‖ Se usa con sentido de comparación o ponderación. ‖ Empleado con carácter de demostrativo, equivale a *tal.* ‖ m. Cualquier hombre respecto a uno, prójimo.

semen. m. Líquido que segregan las glándulas genitales de los animales del sexo masculino.

semental. adj. Relativo a la siembra o sementera. ‖ Se apl. al animal macho que se destina a la reproducción. Ú. t. c. s.

semestre. m. Espacio de seis meses.

semicírculo. m. Cada una de las dos mitades del círculo.

semilla. f. Parte del fruto de los vegetales que contienen el germen de una nueva planta. ‖ fig. Cosa que es causa u origen de otra. ‖ pl. Granos que se siembran.

seminal. adj. Relativo al semen. ‖ Relativo a la semilla.

seminario. m. Establecimiento para la formación de jóvenes eclesiásticos. ‖ En las universidades, curso práctico de investigación, anejo a la cátedra, y local donde se realiza. ‖ Por ext., prácticas educativas y de investigación realizadas en otros centros de enseñanza.

semita. adj. y s. Descendiente de Sem. ‖ Se dice de un grupo de pueblos establecidos en la antigüedad en el Próximo Oriente, que hablaban una lengua de tronco común. ‖ Relativo a estos pueblos.

sémola. f. Trigo candeal descortezado. ‖ Pasta de harina que se usa para sopa.

senado. m. Asamblea de patricios que formaba el Consejo de la antigua Roma. ‖ Cuerpo colegislador formado por personas elegidas por sufragio o designadas por razón de su cargo, título, etc.

sencillo, lla. adj. Que no tiene complicación. ‖ Formado por un elemento o por pocos. ‖ Humilde. ‖ Que carece de ostentación y adornos. ‖ Se dice de lo que tiene menos cuerpo que otras cosas de su especie. ‖ Se dice del disco grabado, generalmente de 45 revoluciones, que contiene una o dos grabaciones en cada cara. Ú. m. c. m. ‖ m. amer. Dinero suelto.

senda. f. Camino más estrecho que la vereda. ‖ Cualquier camino. ‖ fig. Procedimiento o medio para hacer o lograr algo.

sendos, das. adj. pl. Uno o una para cada cual de dos o más personas o cosas.

senectud. f. Edad senil.

senil. adj. Relativo a los viejos o a la vejez. ‖ Que presenta decadencia física o mental.

sénior. adj. y s. Se dice del deportista que ha sobrepasado la categoría de *júnior*. ‖ m. Voz con que se distingue a la mayor de dos personas que tienen el mismo nombre, generalmente padre e hijo.

seno. m. Concavidad, hueco. ‖ Pecho, mama. ‖ Espacio o hueco que queda entre el vestido y el pecho. ‖ Golfo, porción de mar que se interna en la tierra. ‖ fig. Amparo, abrigo, protección y cosa que los presta. ‖ En un triángulo rectángulo, cociente entre las longitudes del cateto opuesto al ángulo rectángulo y el de la hipotenusa.

sensación. f. Impresión que las cosas producen en el alma por medio de los sentidos. ‖ Emoción que produce un suceso o noticia. ‖ Presentimiento.

sensacionalismo. m. Tendencia a producir sensación, emoción en el ánimo, con noticias, sucesos, etc.

sensato, ta. adj. Prudente, cuerdo, de buen juicio.

sensible. adj. Que siente, física o moralmente. ‖ Que puede ser conocido por medio de los sentidos. ‖ Perceptible, manifiesto. ‖ Que causa sentimientos de pena o de dolor. ‖ Se dice de la persona que se deja llevar por sus sentimientos y a la que es fácil herir. ‖ Capaz de descubrir la belleza, el valor y la perfección de las cosas. ‖ Que reacciona fácilmente a la acción de ciertos agentes. ‖ Se aplica a los instrumentos de gran precisión.

sensitivo, va. adj. Relativo a las sensaciones producidas en los sentidos y especialmente en la piel. ‖ Capaz de sensibilidad. ‖ Que tiene la virtud de excitar la sensibilidad.

sensual. adj. Relativo a las sensaciones de los sentidos. ‖ Se dice de los gustos y deleites de los sentidos, a las cosas que los incitan o satisfacen y a las personas aficionadas a ellos. ‖ Relativo al deseo sexual.

sentada. f. Acción de permanecer sentado en el suelo durante mucho tiempo un grupo de personas para manifestar una protesta o apoyar una reivindicación.

sentar. tr. Poner o colocar a uno de manera que quede apoyado y descansando sobre las nalgas. Ú. t. c. prnl. ‖ fig. Dar por supuesta o por cierta alguna cosa. ‖ intr. Hacer algo provecho o daño. ‖ Resultar bien o mal en alguien una prenda, peinado, etc. ‖ Posarse un líquido. Ú. t. c. prnl.

sentencia. f. Dictamen, parecer. ‖ Máxima, pensamiento, dicho conciso que encierra doctrina o moralidad. ‖ Declaración de juicio y resolución de juez. ‖ Decisión que toma el árbitro de una controversia o disputa.

sentido, da. adj. Que incluye o explica un sentimiento. ‖ Se dice de la persona que se ofende con facilidad. ‖ m.

Facultad que tienen el hombre y los animales para percibir las impresiones de los objetos externos. || Conciencia, percepción del mundo exterior. || Entendimiento, razón. || Modo particular de entender una cosa, juicio que se hace sobre ella. || Razón de ser, finalidad. || Significado, cada una de las acepciones de las palabras. || Cada una de las interpretaciones que puede admitir un escrito, comentario, etc.

sentimiento. m. Acción y efecto de sentir. || Impresión que causan en el alma las cosas espirituales. || Estado del ánimo afligido por un suceso triste.

sentir. m. Sentimiento. || Opinión.

sentir. tr. Experimentar sensaciones producidas por causas externas o internas. || Oír. || Experimentar una impresión, placer o dolor corporal o espiritual. || Lamentar. || Juzgar, opinar. || prnl. Seguido de algunos adjetivos, hallarse o estar como éste expresa. || Considerarse, reconocerse.

seña. f. Indicio para dar a entender una cosa. || Lo que de concierto está determinado entre dos o más personas para entenderse. || Señal que se emplea para luego acordarse de algo. || pl. Indicación del domicilio de una persona, empresa, etc.

señal. f. Marca que se pone o hay en las cosas para distinguirlas de otras. || Hito o mojón que se pone para marcar un término. || Signo o medio que se emplea para luego acordarse de algo. || Indicio inmaterial de una cosa. || Objeto, sonido, luz, etc., cuya función es informar sobre algo.

señalizar. tr. Colocar en las vías de comunicación las señales que sirvan de guía a los usuarios.

señor, ra. m. y f. Persona madura. || Término de cortesía que se aplica a cualquier persona adulta; referido a mujeres, sólo si son casadas o viudas. || Dueño de alguna cosa, o amo respecto de sus criados. || Noble. || Persona elegante, educada y de nobles sentimientos. || m. Dios. || f. Esposa.

señoría. f. Tratamiento que se da a las personas a quienes compete por su dignidad.

señorío. m. Dominio sobre una cosa. || Territorio perteneciente al señor. || Dignidad de señor. || fig. Elegancia, educación y comportamiento propios de un señor.

señuelo. m. Cualquier cosa que sirve para atraer las aves. || Ave destinada a atraer a otras. || fig. Cualquier cosa que sirve para atraer.

separar. tr. Establecer distancia, o aumentarla, entre algo o alguien. Ú. t. c. prnl. || Privar de un empleo, cargo o condición al que los servía u ostentaba. || prnl. Tomar caminos distintos personas, animales o vehículos que iban juntos o por el mismo camino. || Interrumpir los cónyuges la vida en común sin que se extinga el vínculo matrimonial.

sepelio. m. Acción de inhumar la Iglesia a los fieles.

septentrión. m. Norte, punto cardinal. || Viento del Norte.

septiembre. m. Noveno mes del año; tiene 30 días.

séptimo, ma. adj. Que sigue inmediatamente en orden al o a lo sexto. || Se dice de cada una de las siete partes iguales en que se divide un todo. Ú. t. c. s.

sepulcro. m. Obra que se construye para dar en ella sepultura al cadáver de una persona. || Urna o andas cerradas, con una imagen de Jesucristo difunto.

sepultar. tr. Poner en la sepultura a un difunto. || fig. Esconder, ocultar alguna cosa. Ú. t. c. prnl. || fig. Sumergir, abismar, dicho del ánimo. Ú. m. c. prnl.

sepultura. f. Acción y efecto de sepultar. || Hoyo o lugar en donde se entierra un cadáver.

sequía. f. Tiempo seco de larga duración.

séquito. m. Agregación de gente que acompaña a una persona importante.

ser. m. Esencia y naturaleza. || Vida, existencia. || Cualquier persona, animal o cosa.

ser. copul. Afirma del sujeto lo que significa el atributo. || Consistir, ser la causa de lo que se expresa. || aux. Sirve para la conjugación de la voz pasiva. || intr. Haber o existir. || Servir, ser adecuado o estar destinado para la persona o cosa que se expresa. || Acontecer. || Pertenecer. || Corresponder. || Tener principio, origen o naturaleza. || impers. Introduce expresiones de tiempo.

serbio, bia. adj. y s. De Serbia.

serbocroata. m. Idioma hablado en Serbia, Croacia y otros países balcánicos.

serenar. tr. Sosegar, tranquilizar una cosa. Ú. t. c. intr. y c. prnl. || fig. Apaciguar disturbios o tumultos. || Templar, moderar el enojo u otro sentimiento que domina a alguien. Ú. t. c. prnl.

serenata. f. Música en la calle y durante la noche, para festejar a una persona. || Composición musical destinada a este objeto.

serie. f. Conjunto de cosas relacionadas entre sí y que se suceden unas a otras. || Por ext., conjunto de personas o cosas aunque no guarden relación entre sí. || Conjunto de cosas hechas o fabricadas de una vez. || Programa de radio o televisión que se emite por capítulos.

serio, ria. adj. Severo y grave en el semblante, actitud y comportamiento. || Poco propenso a reírse o divertirse. || Formal y cumplidor. || Que no está destinado a hacer reír. || Grave, de importancia. || De líneas o colores sobrios y poco llamativos.

sermón. m. Discurso cristiano u oración evangélica que se predica para la enseñanza de la buena doctrina. || fig. Amonestación o represión.

serpiente. f. Culebra de gran tamaño.

serranía. f. Espacio de terreno cruzado por montañas y sierras.

serrar. tr. Cortar con sierra la madera u otra cosa.

serrín. m. Conjunto de partículas que se desprenden de la madera cuando se sierra.

serrucho. m. Sierra de hoja ancha y regularmente con sólo una manija.

servicio. m. Acción y efecto de servir. || Estado de criado o sirviente. || Conjunto de criados. || Organización y personal destinados a satisfacer las necesidades del público. || Favor en beneficio de alguien. || Utilidad o provecho. || Conjunto de vajilla, cubertería, etcétera, para servir los alimentos. || Retrete, aseo. Ú. t. en pl. || Saque de pelota en ciertos juegos, como el tenis.

servidumbre. f. Trabajo propio del siervo. || Condición de siervo. || Conjunto de criados que sirven a un tiempo en una casa. || Obligación inexcusable de hacer una cosa. || fig. Sujeción causada por las pasiones que coarta la libertad.

servil. adj. Perteneciente a los siervos y criados. || Bajo, humilde y de poca estimación. || Rastrero, vil, adulador.

servilleta. f. Paño que sirve en la mesa para aseo y limpieza de cada persona.

servir. tr. Trabajar para alguien como criado o sirviente. Ú. t. c. intr. || Trabajar para una persona o entidad. Ú. t. c. intr. || Atender al público en un restaurante, comercio, etc. || Llenar el vaso o el plato del que va a beber o comer. Ú. t. c. prnl. || intr. Ser una persona, instrumento, etc., apropiados para cierta tarea, uso, etc. || Ser de utilidad. || Sacar la pelota en el tenis. || prnl. Valerse de una persona o cosa para conseguir algo.

sesenta. adj. Seis veces diez. || Que sigue inmediatamente en orden al cincuenta y nueve. || m. Conjunto de signos con que se representa este número.

sesgo, ga. adj. Cortado o situado oblicuamente. || m. Oblicuidad o torcimiento de una cosa hacia un lado. || fig. Cariz o rumbo que toma un asunto.

sesión. f. Cada una de las juntas de un concilio, congreso u otra corporación. || fig. Conferencia o consulta entre varios para determinar una cosa. || Acto, proyección, representación, etc., que se realiza para el público en cierto espacio de tiempo.

seso. m. Cerebro. || Masa de tejido nervioso contenida en la cavidad del cráneo. Ú. m. en pl. ‖ fig. Prudencia, madurez.

seta. f. Cualquier especie de hongo de forma de sombrero sostenido por un pedicelo.

setecientos, tas. adj. Siete veces cien. ‖ Que sigue inmediatamente en orden al seiscientos noventa y nueve. ‖ m. Conjunto de signos con que se representa este número.

setenta. adj. Siete veces diez. ‖ Que sigue inmediatamente en orden al sesenta y nueve. ‖ m. Conjunto de signos con que se representa este número.

setiembre. m. Septiembre.

seto. m. Cercado hecho de arbustos, palos o ramas entretejidas.

seudónimo, ma. adj. Se dice del autor que oculta con un nombre falso el suyo verdadero. ‖ m. Nombre empleado por un autor en vez del suyo verdadero.

severo, ra. adj. Riguroso, áspero, duro en el trato. ‖ Puntual y rígido en la observancia de una ley. ‖ Grave, serio.

sexenio. m. Período de seis años.

sexismo. m. Tendencia a valorar a las personas en función de su sexo, sin atender a otras consideraciones objetivas como sus aptitudes, el rendimiento en el trabajo, etc.

sexo. m. Condición orgánica que distingue al macho de la hembra, en los seres humanos, en los animales y en las plantas. ‖ Conjunto de seres pertenecientes a un mismo sexo. ‖ Órganos sexuales. ‖ Sexualidad.

sexto, ta. adj. Que sigue inmediatamente en orden al o a lo quinto. ‖ Se dice de cada una de las seis partes en que se divide un todo. Ú. t. c. s.

sexy. adj. Se dice de la persona que tiene un gran atractivo físico. ‖ Se dice de las cosas con carácter erótico.

shock. m. Choque nervioso o circulatorio.

show. m. Espectáculo de variedades. ‖ fig. Situación en la que se llama mucho la atención.

si. conj. Denota una condición. ‖ A veces denota aseveración terminante.

‖ En ciertas expresiones indica ponderación.

si. m. Séptima nota de la escala musical.

sí. pron. pers. reflex. de tercera persona. Lleva siempre preposición.

sí. adv. a. Se emplea para responder afirmativamente a preguntas. ‖ A veces se usa como intensificador. ‖ m. Consentimiento o permiso.

sibarita. adj. y s. fig. Se dice de la persona que se trata con mucho regalo y refinamiento.

sida. m. Siglas de *Síndrome de Inmuno-Deficiencia Adquirida*, enfermedad contagiosa de transmisión sexual y sanguínea que destruye el sistema inmunológico del organismo humano.

sideral o **sidéreo, a.** adj. Perteneciente a las estrellas o a los astros.

siderurgia. f. Parte de la metalurgia dedicada a la producción del acero.

sidra. f. Bebida alcohólica, que se obtiene por la fermentación del zumo de las manzanas.

siempre. adv. t. En todo o en cualquier tiempo. ‖ adv. m. En todo caso.

sien. f. Cada una de las dos partes laterales de la cabeza comprendidas entre la frente, la oreja y la mejilla.

sierra. f. Herramienta con una hoja de acero dentada que sirve para dividir madera u otros cuerpos duros. ‖ Lugar donde se sierra. ‖ Cordillera de poca extensión.

siervo, va. m. y f. Esclavo de un señor. ‖ Nombre que una persona se da a sí misma respecto de otra para mostrar obsequio y rendimiento.

siesta. f. Tiempo después del mediodía, en que aprieta más el calor. ‖ Tiempo destinado para dormir o descansar después de comer.

siete. adj. Seis y uno. ‖ Séptimo, ordinal. Ú. t. c. pron. y m.‖ m. Signo con que se representa este número. ‖ fig. Rasgón en forma de ángulo que se hace en la ropa.

sífilis. f. Enfermedad infecciosa, transmisible por la unión sexual, por simple contacto o por herencia.

similar

sifón. m. Tubo encorvado que sirve para sacar líquidos del vaso que los contiene, haciéndolos pasar por un punto superior a su nivel.

sigilo. m. Secreto con que se hace algo o se guarda una noticia. || Silencio, cuidado para no hacer ruido.

sigla. f. Letra inicial que se emplea como abreviatura. || Palabra o rótulo formado por estas iniciales, como *ONU* o *CEE*.

siglo. m. Espacio de cien años. || Seguido de la preposición *de*, época muy notable. || Espacio largo de tiempo. || Vida civil en oposición a la religiosa.

significado, da. adj. Conocido, importante. || m. Sentido de las palabras y frases. || Lo que se significa de algún modo. || Concepto que unido al de significante constituye el signo lingüístico.

significar. tr. Ser una cosa signo de otra. || Ser una palabra o frase expresión de una idea. || Manifestar una cosa. || intr. Tener importancia. || prnl. Distinguirse por alguna cualidad o circunstancia.

signo. m. Objeto, fenómeno o acción material que, natural o por convención, representa y sustituye a otro objeto, fenómeno o señal. || Cualquiera de los caracteres que se emplean en la escritura y en la imprenta. || Indicio, señal de algo. || Cada una de las doce partes en que se considera dividido el Zodiaco.

siguiente. adj. Ulterior, posterior.

sílaba. f. Sonido o sonidos articulados que constituyen un solo núcleo fónico entre dos depresiones sucesivas de la emisión de voz.

silbar. intr. Dar o producir silbos o silbidos. || Agitar el aire produciendo un sonido como de silbo. || fig. Manifestar desagrado y desaprobación el público, con silbidos. Ú. t. c. tr.

silbato. m. Instrumento pequeño y hueco que soplando en él con fuerza suena como el silbo.

silbido o **silbo.** m. Sonido agudo que resulta de hacer pasar con fuerza el aire por la boca con los labios fruncidos, o al colocar de cierta manera los dedos en la boca. || Sonido parecido que se hace soplando un silbato. || fig. Sonido agudo que hace el aire.

silencio. m. Abstención de hablar. || fig. Falta de ruido.

silicona. f. Polímero sintético compuesto por cadenas de silicio, oxígeno y radicales alquílicos, resistente al calor y a la humedad y de gran elasticidad.

silla. f. Asiento con respaldo para una persona. || Aparejo para montar a caballo. || Asiento o trono de un prelado con jurisdicción.

sillín. m. Asiento de la bicicleta y otros vehículos análogos.

sillón. m. Silla de brazos, mayor y más cómoda que la ordinaria.

silo. m. Lugar, construcción o depósito para guardar cereales o forrajes.

silueta. f. Dibujo sacado siguiendo los contornos de la sombra de un objeto. || Forma que presenta a la vista la masa de un objeto más oscuro que el fondo sobre el cual se proyecta. || Perfil de una figura.

silvestre. adj. Criado naturalmente y sin cultivo en selvas o campos. || Inculto, agreste y rústico.

sima. f. Cavidad grande y muy profunda en la tierra. || m. Subcapa más interna de las dos de que consta la corteza terrestre.

símbolo. m. Imagen, figura o divisa con que materialmente o de palabra se representa un concepto moral o intelectual. || Letra o letras convenidas con que en química se designa un cuerpo simple.

simetría. f. Proporción adecuada de las partes de un todo entre sí y con el todo mismo. || Armonía de posición de las partes o puntos similares unos respecto de otros, y con referencia a un punto, línea o plano determinado.

símil. m. Comparación o semejanza entre dos cosas. || Figura retórica que consiste en comparar expresamente una cosa con otra.

similar. adj. Que tiene semejanza o analogía con una cosa.

simio, mia. m. y f. Antropoide, mamífero primate. ‖ Mono, nombre común de los primates cuadrumanos.

simpa. f. amer. Trenza hecha con cualquier material, y especialmente con el cabello.

simpatía. f. Inclinación afectiva entre personas, especialmente si es mutua. ‖ Por ext., analoga inclinación entre animales o cosas. ‖ Modo de ser y carácter de una persona que la hacen atractiva y agradable a las demás. ‖ Aprobación, apoyo. Ú. m. en pl.

simple. adj. Sin composición. ‖ Hablando de las cosas que pueden ser dobles o estar duplicadas, se apl. a las sencillas. ‖ fig. Falto de malicia y picardía. Ú. t. c. com. ‖ Tonto. Ú. t. c. com.

simposio. m. Conferencia o reunión en que se examina y discute determinado tema.

simular. tr. Representar una cosa, fingiendo o imitando lo que no es.

simultáneo, a. adj. Se dice de lo que se hace u ocurre al mismo tiempo que otra cosa.

sin. prep. Denota carencia o falta de alguna cosa. ‖ Fuera de, aparte de. ‖ Seguida de infinitivo, equivale a *no* con su participio o gerundio.

sinagoga. f. Congregación o junta religiosa de los judíos. ‖ Edificio en que se juntan los judíos a orar y a oír la doctrina de Moisés.

sincero, ra. adj. Verdadero, sin falsedad o hipocresía.

síncope. m. Supresión de uno o más sonidos dentro de un vocablo. ‖ Pérdida repentina del conocimiento y de la sensibilidad, debida a la suspensión súbita y momentánea de la acción del corazón.

sincretismo. m. Sistema en que se concilian doctrinas diferentes. ‖ Unión, mezcla.

sincronía. f. Coincidencia de hechos o fenómenos en el tiempo. ‖ En ling., término propuesto por F. Saussure para designar un estado de lengua en un momento dado.

sindicato. m. Asociación formada para la defensa de intereses económicos o políticos comunes. Se aplica esta denominación fundamentalmente a las asociaciones profesionales, patronales y obreras.

síndrome. m. Conjunto de síntomas característicos de una enfermedad.

sinfín. m. Infinidad, sinnúmero.

sinfonía. f. Conjunto de voces, de instrumentos, o de ambas cosas, que suenan acordes a la vez. ‖ Composición de música instrumental, que precede, por lo común, a las óperas y otras obras teatrales. ‖ Pieza orquestal que consta de varios movimientos.

single. adj. y m. En discografía, se apl. al disco sencillo. ‖ En dep., sobre todo en tenis, se dice del partido individual, jugado entre dos adversarios.

singular. adj. Solo, sin otro de su especie. ‖ fig. Extraordinario, raro o excelente. ‖ En ling., se dice de la palabra que se refiere a una sola persona o cosa. Ú. m. c. m.

siniestro, tra. adj. Se apl. a la parte o sitio que está a la mano izquierda. ‖ fig. Avieso y malintencionado. ‖ fig. Infeliz, funesto o aciago. ‖ m. Avería grave, destrucción fortuita o pérdida importante que sufren las personas o las cosas. ‖ f. La mano izquierda.

sino. conj. ad. Contrapone a un concepto negativo otro afirmativo. ‖ Denota a veces idea de excepción. ‖ Precedida de negación, suele equivaler a *solamente* o *tan solo*.

sino. m. Hado, destino, suerte.

sinónimo, ma. adj. y m. Se dice de los vocablos y expresiones que tienen una misma o muy parecida significación.

sinopsis. f. Esquema. ‖ Exposición general de una materia o asunto, presentados en sus líneas esenciales. ‖ Sumario o resumen.

sintaxis. f. Parte de la gram., que enseña a coordinar y unir las palabras para formar las oraciones y expresar conceptos. ‖ En inform., forma correcta en que deben estar dispuestos los caracteres que componen una instrucción ejecutable por el ordenador.

síntesis. f. Composición de un todo por la reunión de sus partes. || Resumen. || Formación de una sustancia compuesta mediante la combinación de elementos químicos o de sustancias más sencillas.

sintético, ca. adj. Perteneciente o relativo a la síntesis. || Que se obtiene mediante síntesis. || Se dice de productos obtenidos por procedimientos industriales.

sintetizador, ra. adj. y s. Que sintetiza. || m. Aparato o dispositivo electrónico que permite reproducir sonido mediante la modificación de su frecuencia, intensidad, etc., simulando sonidos de otros instrumentos o creando otros distintos.

sintetizar. tr. Hacer síntesis.

síntoma. m. Fenómeno revelador de una enfermedad. || fig. Señal, indicio de una cosa que está sucediendo o va a suceder.

sintonía. f. Hecho de estar sintonizados dos sistemas de transmisión y recepción. || Igualdad de tono o frecuencia. || fig. Armonía, adaptación o entendimiento. || En radio y televisión, música que señala el comienzo o final de una emisión.

sintonizar. tr. En la telegrafía sin hilos, hacer que el aparato de recepción vibre al unísono con el de transmisión. || Adaptar convenientemente las longitudes de onda de dos o más aparatos de radio. || intr. fig. Existir armonía o entendimiento entre las personas.

sinuoso. adj. Que tiene recodos. || fig. Se dice del carácter de las acciones que tratan de ocultar el propósito o fin a que se dirigen.

sinusitis. f. Inflamación de la mucosa de los senos del cráneo que comunican con la nariz.

sinvergüenza. adj. y com. Pícaro, bribón.

siquiera. conj. ad. Equivale a *bien que* o *aunque*. || adv. m. y cant. Equiva-

le a *por lo menos* en conceptos afirmativos. || Equivale a *tan solo* en conceptos negativos. || Refuerza una negación.

sirena. f. Ninfa marina con busto de mujer y cuerpo de pez o ave.

sirio, ria. adj. y s. De Siria.

sirviente, ta. m. Servidor o criado de otro.

sisar. tr. Cometer la defraudación o el hurto llamado sisa. || Hacer sisas en las prendas de vestir.

sisear. intr. Emitir repetidamente el sonido inarticulado de *s* o *ch*, por lo común para manifestar desaprobación o desagrado o para hacer callar a alguien.

sísmico, ca. adj. Perteneciente o relativo al terremoto.

sistema. m. Conjunto de reglas o principios sobre una materia enlazados entre sí. || Conjunto de cosas que, ordenadamente relacionadas entre sí, contribuyen a determinado objeto. || Conjunto de órganos que intervienen en alguna de las principales funciones vegetativas animales. || fig. Medio o manera usados para hacer una cosa.

sístole. f. Movimiento de contracción del corazón y las arterias para empujar la sangre por el sistema circulatorio del cuerpo.

sitiar. tr. Cercar una plaza o fortaleza. || fig. Cercar a uno cerrándole todas las salidas para cogerle o rendir su voluntad.

sitio. m. Espacio que es ocupado o puede serlo por algo. || Paraje a propósito para alguna cosa. || Puesto. || Hacienda de recreo de un personaje.

sito, ta. adj. Situado o fundado.

situar. tr. Poner a una persona o cosa en determinado sitio o situación. Ú. t. c. prnl. || Asignar o determinar fondos para algún pago o inversión. || Lograr una buena posición en una sociedad, empresa, competición, etc. Ú. t. c. prnl.

slogan. m. Eslogan.

snob. adj. y com. Esnob.

so. Voz que se usa para que se paren o detengan las caballerías.

so. prep. Bajo, debajo de.

so. m. fam. Se usa solamente seguido de adjetivos despectivos reforzando su significación.

sobaco. m. Concavidad que forma el arranque del brazo con el cuerpo.

sobar. tr. Manejar y oprimir una cosa repetidamente a fin de que se ablande o suavice. || fig. Tocar insistentemente una cosa. || fig. Palpar, manosear a una persona.

soberano, na. adj. Que ejerce o posee la autoridad suprema e independiente. Apl. a pers., ú. t. c. s. || Elevado, excelente y no superado.

soberbia. f. Orgullo, presunción. || Ostentación, suntuosidad.

sobornar. tr. Corromper a uno con dádivas para conseguir de él una cosa.

sobrar. intr. Haber más de lo que se necesita para una cosa. || Quedar, restar.

sobre. m. Cubierta, por lo común de papel, en que se incluye la carta, comunicación, tarjeta, etc. || Lo que se escribe en dicha cubierta. || Cubierta o envoltorio parecido empleado con usos muy distintos.

sobre. prep. Encima de. || Acerca de. || Además de. || Indica aproximación en una cantidad o un número. || Cerca de otra cosa, con más altura que ella y dominándola. || Con dominio y superioridad.

sobrealimentar. tr. y prnl. Dar a un individuo más alimento del que ordinariamente necesita. || Hacer mayor la presión del combustible en el motor de explosión, aumentando su potencia.

sobrecargar. tr. Cargar con exceso. || Sobrepasar la capacidad de funcionamiento de un aparato, sistema, etc. || Abrumar excesivamente a una persona de trabajo, preocupaciones, responsabilidades, etc.

sobrecoger. tr. Asustar o intimidar. || Coger de repente y desprevenido.

sobredosis. f. Dosis excesiva de un fármaco u otra sustancia, particularmente de alguna droga, que puede causar graves daños en el organismo o provocar la muerte.

sobrellevar. tr. Llevar uno encima o a cuestas una carga o peso para aliviar a otro. || fig. Ayudar a sufrir los trabajos o molestias de la vida. || fig. Resignarse a ellos.

sobremesa. f. Tapete que se pone sobre la mesa. || El tiempo que se está a la mesa después de haber comido.

sobrenatural. adj. Que excede los términos de la naturaleza.

sobrentender. tr. y prnl. Entender una cosa que no está expresa, pero que se deduce.

sobrepasar. tr. Rebasar un límite, exceder de él. || Superar, aventajar.

sobreponer. tr. Añadir una cosa o ponerla encima de otra. || prnl. Dominar los impulsos y sentimientos.

sobresaliente. adj. Que sobresale. || m. En los exámenes, calificación máxima.

sobresalir. intr. Exceder una persona o cosa a otras en figura, tamaño, etc. || Aventajarse unos a otros.

sobresaltar. tr. Saltar, venir y acometer de repente. || Asustar, acongojar. Ú. t. c. prnl.

sobrestimar. tr. Estimar una cosa por encima de su valor.

sobresueldo. m. Retribución o consignación que se añade al sueldo fijo.

sobrevenir. intr. Acaecer o suceder una cosa además o después de otra. || Venir improvisadamente.

sobrevivir. intr. Vivir uno después de la muerte de otro o después de un determinado suceso o plazo. || fig. Superar una prueba, situación, etc.

sobrino, na. m. y f. Respecto de una persona, hijo o hija de su hermano o hermana, o de su primo o prima.

sobrio, bria. adj. Templado, moderado, especialmente en comer y beber. || Que carece de adornos superfluos o de otras características que lo hagan llamativo o exagerado. || Se dice del que no está borracho.

socarrón, na. adj. y s. Se dice de la persona que se burla con disimulo de alguien o algo.

socavón. m. Cueva que se excava en la ladera de un cerro o monte y a veces se prolonga formando galería subterránea. ‖ Hundimiento del suelo por haberse producido una oquedad subterránea.

sociable. adj. Que, de una forma natural, tiende a vivir en sociedad. ‖ Se dice de la persona afable, a la que le gusta relacionarse con los demás.

social. adj. Perteneciente o relativo a la sociedad. ‖ Perteneciente o relativo a una compañía o sociedad.

socialismo. m. Sistema de organización social y económico basado en la propiedad y administración colectiva o estatal de los medios de producción y en la progresiva desaparición de las clases sociales.

sociedad. f. Conjunto de personas que conviven y se relacionan dentro de un mismo espacio y ámbito cultural. ‖ Agrupación natural o pactada de personas o animales, con el fin de cumplir, mediante la mutua colaboración, todos o algunos de los fines de la vida. ‖ La formada por comerciantes, hombres de negocios o accionistas de alguna compañía. ‖ Conjunto de personas o instituciones que actúan unidas para conseguir un mismo fin.

socio, cia. m. y f. Persona asociada con otra u otras para algún fin. ‖ Individuo de una sociedad, o agrupación de individuos.

sociología. f. Ciencia que trata de las condiciones de existencia y desenvolvimiento de las sociedades humanas.

socorrer. tr. Ayudar, favorecer en un peligro o necesidad.

soda. f. Bebida de agua gaseosa con ácido carbónico.

sodio. m. Elemento químico metálico, de color blanco y brillo argentino. Símbolo, *Na*.

sodomía. f. Coito anal. ‖ Relación homosexual entre varones.

soez. adj. Bajo, grosero, indigno, vil.

sofá. m. Asiento cómodo para dos o más personas, que tiene respaldo y brazos.

sofisticado, da. adj. Muy refinado y elegante y, en ocasiones, falto de naturalidad. ‖ Complejo, completo.

sofocar. tr. Ahogar, impedir la respiración. ‖ Apagar, extinguir. ‖ fig. Acosar, importunar demasiado a uno, ‖ fig. Abochornar, avergonzar a uno. Ú. t. c. prnl. ‖ prnl. Excitarse, enojarse.

software. m. En inform., término genérico que se apl. a los componentes de un sistema informático externos al ordenador, como los programas, sistemas operativos, etcétera, que permiten a éste ejecutar sus tareas.

soga. f. Cuerda gruesa de esparto.

soja. f. Planta leguminosa procedente de Asia, con fruto parecido al fréjol, comestible y muy nutritivo.

sol. m. Con mayúscula, estrella luminosa, centro de nuestro sistema planetario. ‖ m. fig. Luz, calor o influjo del Sol.

sol. m. Quinta nota de la escala musical.

solamente. adv. m. De un solo modo, en una sola cosa, o sin otra cosa.

solapa. f. Parte del vestido, correspondiente al pecho, y que suele ir doblada hacia fuera.

solapar. tr. Cubrir una cosa a otra en su totalidad o en parte. ‖ Ocultar maliciosa y cautelosamente la verdad o la intención. ‖ prnl. Coincidir una cosa con otra.

solar. adj. Relativo al Sol.

solar. m. Porción de terreno donde se ha edificado o que se destina a edificar en él.

solar. tr. Revestir el suelo con ladrillos, losas u otro material.

soldado. com. Persona que sirve en la milicia. ‖ Militar sin graduación.

soldar. tr. y prnl. Pegar sólidamente dos cosas, de ordinario con alguna sustancia igual o semejante a ellas.

soledad. f. Carencia de compañía. ‖ Lugar desierto, o tierra no habitada. ‖ Pesar y melancolía que se sienten por la ausencia, muerte o pérdida de alguna persona o cosa.

solemne. adj. Celebrado públicamente con pompa. ‖ Formal, válido, acompañado de todos los requisitos necesarios. ‖ Crítico, interesante, de mucha entidad.

soler. intr. Con referencia a seres vivos, tener costumbre. ‖ Con referencia a hechos o cosas, ser frecuente.

solera. f. Carácter tradicional de las cosas, usos, costumbres, etc. ‖ Antigüedad de los vinos.

solfeo. m. Técnica de leer correctamente los textos musicales, y estudios que se realizan para adquirirla.

solicitar. tr. Pretender o buscar una cosa con diligencia y cuidado. ‖ Requerir de amores a una persona.

solicitud. f. Diligencia o instancia cuidadosa. ‖ Documento en que se solicita algo.

solidaridad. f. Adhesión circunstancial a la causa o a la empresa de otros.

sólido, da. adj. Firme, macizo, denso y fuerte. ‖ Se dice del cuerpo cuyas moléculas tienen entre sí mayor cohesión que las de los líquidos. Ú. t. c. m. ‖ fig. Establecido con razones fundamentales.

solista. com. Persona que ejecuta un solo de una pieza vocal o instrumental.

solitario, ria. adj. Desamparado, desierto. ‖ Solo, sin compañía. ‖ Retirado, que ama la soledad o vive en ella. Ú. t. c. s. ‖ m. Diamante que se engasta solo en una joya. ‖ Juego que ejecuta una sola persona. ‖ f. Tenia, gusano intestinal.

soliviantar. tr. Inducir a una persona a adoptar una postura rebelde u hostil. Ú. t. c. prnl. ‖ Agitar, inquietar. ‖ Irritar, disgustar mucho.

sollozar. intr. Llorar de una forma entrecortada.

sólo. adv. m. Únicamente, solamente.

solo, la. adj. Único en su especie. ‖ Que está sin otra cosa o que se considera separado de ella. ‖ Dicho de personas, sin compañía. ‖ Que no tiene quien le ampare o consuele. ‖ m. En mús., composición o parte de ella para una única voz o instrumento. ‖ adv. m. Solamente, sin otra persona o cosa.

solomillo. m. En las reses de matadero, capa muscular que se extiende por entre las costillas y el lomo. ‖ Filete sacado de esta parte.

solsticio. m. Nombre de dos momentos en que se producen sendos cambios estacionales y es máxima la diferencia entre día y noche.

soltar. tr. Desatar o desceñir. ‖ Dar libertad al que estaba detenido o preso. ‖ Desasir lo que estaba sujeto. Ú. t. c. prnl. ‖ Dar salida a lo que estaba detenido o encerrado. Ú. t. c. prnl. ‖ fam. Decir. ‖ prnl. Adquirir habilidad o desenvoltura en algo. ‖ Dejar de sentir timidez o vergüenza. ‖ Empezar a hacer algunas cosas, como hablar, andar, escribir, etc.

soltero, ra. adj. y s. Que no está aún casado.

soltura. f. Acción y efecto de soltar. ‖ Agilidad, prontitud. ‖ fig. Facilidad y lucidez de dicción.

soluble. adj. Que se puede disolver o desleír. ‖ fig. Que se puede resolver.

solución. f. Acción y efecto de disolver. ‖ Acción y efecto de resolver una duda o dificultad. ‖ Satisfacción que se da a una duda, o razón con que se resuelve o desata la dificultad de un argumento. ‖ Desenlace o término de un proceso, negocio, etc.

solucionar. tr. Resolver un asunto, hallar solución o término a un problema.

solventar. tr. Pagar una deuda. ‖ Resolver.

sombra. f. Oscuridad, falta de luz. Ú. m. en pl. ‖ Proyección oscura que un cuerpo lanza en dirección opuesta a la luz. ‖ Lugar donde no da el sol o se está protegido de él. ‖ fig. Lugar, zona o región en la que, por una u otra causa, no llegan las imágenes, sonidos o señales transmitidos por un aparato o estación emisora.

sombrero. m. Prenda de vestir, que sirve para cubrir la cabeza.

sombrilla. f. Especie de paraguas para resguardarse del sol.

somero, ra. adj. Casi encima o muy inmediato a la superficie. ‖ fig. Ligero, superficial.

someter. tr. Sujetar, humillar a alguien. Ú. t. c. prnl. ‖ Hacer que una persona o cosa reciba o soporte cierta acción. ‖ Subordinar la voluntad o el juicio a los de otra persona.

somier. m. Soporte de muelles, láminas de madera, etc., sobre el que se pone el colchón.

somnífero, ra. adj. y m. Que da sueño.

somnolencia. f. Pesadez y torpeza de los sentidos motivadas por el sueño. ‖ Gana de dormir.

son. m. Sonido que afecta agradablemente al oído. ‖ fig. Pretexto. ‖ fig. Tenor, modo o manera.

sonajero. m. Juguete con sonajas de los niños pequeños.

sonámbulo, la. adj. y s. Se dice de la persona que anda y habla durante el sueño.

sonar. intr. Hacer ruido una cosa. ‖ Tener una letra valor fónico. ‖ Mencionarse, citarse. ‖ Tener una cosa visos o apariencias de algo. ‖ amer. Morir o padecer una enfermedad mental. ‖ amer. Fracasar. ‖ tr. Hacer que algo produzca sonidos o ruido. ‖ Limpiar de mocos las narices. Ú. t. c. prnl.

sonda. f. Acción y efecto de sondar. ‖ Cuerda con un peso para medir la profundidad de las aguas y explorar el fondo. ‖ Instrumento para explorar cavidades.

sondear o **sondar.** tr. Echar la sonda al agua para averiguar la profundidad y la calidad del fondo. ‖ Explorar el subsuelo con una sonda. ‖ fig. Inquirir con cautela la intención de uno, o las circunstancias de algo. ‖ Introducir en el cuerpo la sonda.

songa. f. amer. Burla, ironía.

sonido. m. Sensación producida en el órgano del oído por las vibraciones de los objetos. ‖ Valor y pronunciación de las letras. ‖ Conjunto de técnicas y aparatos para grabar y reproducir el sonido.

sonreír. intr. Reírse levemente. Ú. t. c. prnl. ‖ fig. Ofrecer las cosas un aspecto alegre o gozoso. ‖ fig. Mostrarse favorable o halagüeño para uno algún asunto, suceso, esperanza, etc.

sonrisa. f. Acción y efecto de sonreír.

sonrojar. tr. y prnl. Hacer salir los colores al rostro de vergüenza.

sonso, sa. adj. amer. Tonto.

sonsacar. tr. Procurar obtener algo de alguien con habilidad.

soñar. tr. e intr. Representar en la fantasía algo mientras dormimos. ‖ fig. Discurrir fantásticamente. ‖ intr. fig. Anhelar persistentemente una cosa.

sopa. f. Pedazo de pan empapado en cualquier líquido. ‖ Plato compuesto de rebanadas de pan, fécula, arroz, fideos, etc., y el caldo de la olla u otro análogo en que se han cocido.

sopesar. tr. Levantar algo como para tantear el peso que tiene. ‖ fig. Examinar con atención el pro y el contra de un asunto.

soplar. intr. Despedir aire con violencia por la boca. Ú. t. c. tr. ‖ fig. y fam. Beber mucho alcohol. Ú. t. c. prnl. ‖ Correr el viento, haciéndose sentir. ‖ tr. Apartar con un soplido una cosa. ‖ Inflar una cosa con aire. Ú. t. c. prnl. ‖ fig. y fam. Sugerir a uno la idea, palabra, etc., que debe decir y no acierta o ignora. ‖ fig. Acusar o delatar.

soplete. m. Aparato para soldar, utilizando una mezcla de oxígeno y un gas combustible.

soponcio. m. Desmayo, disgusto.

sopor. m. Modorra morbosa persistente. ‖ fig. Adormecimiento.

soportal. m. Espacio cubierto que en algunas casas precede a la entrada.

soportar. tr. Sostener o llevar sobre sí una carga o peso. ‖ fig. Sufrir, tolerar.

sor. f. Hermana. Ú. por lo común precediendo al nombre de las religiosas.

sorber. tr. Beber aspirando. ‖ fig. Atraer hacia dentro de sí algunas cosas aunque no sean líquidas. ‖ fig. Recibir y mantener dentro de sí una cosa hueca o esponjosa a otra. ‖ fig. Absorber, tragar.

sorbete. m. Helado.

sórdido, da. adj. Sucio, pobre y miserable. ‖ Mezquino, avariento. ‖ Indecente o escandaloso.

sordo, da. adj. Que no oye, o no oye bien. Ú. t. c. s. ‖ Silencioso y sin ruido. ‖ Que suena poco o sin timbre claro. ‖ fig. Insensible a las súplicas o al dolor ajeno, o indócil a las persuasiones, consejos o avisos.

sordomudo, da. adj. y s. Privado por sordera congénita de la facultad de hablar.

sorna. f. Tono irónico con que se dice algo.

soroche. m. amer. Mal de la montaña o de las alturas. ‖ amer. Galena, mineral de azufre y plomo.

sorprender. tr. Coger desprevenido. ‖ Conmover o maravillar con algo imprevisto o raro. Ú. t. c. prnl. ‖ Descubrir lo que otro ocultaba o disimulaba.

sorpresa. f. Acción y efecto de sorprender. ‖ Cosa que da motivo para que alguien se sorprenda.

sortear. tr. Someter a personas o cosas a la decisión de la suerte. ‖ fig. Evitar con maña una dificultad o un obstáculo.

sortija. f. Anillo, aro pequeño que se ajusta a los dedos.

sortilegio. m. Adivinación que se hace a través de medios mágicos. ‖ Hechizo o encantamiento.

SOS. Señal internacional de petición de socorro o ayuda urgente.

sosegar. tr. y prnl. Aplacar, pacificar. ‖ intr. Descansar, aquietarse. Ú. t. c. prnl.‖ Dormir o reposar.

soslayar. tr. Poner una cosa ladeada, atravesada u oblicua para que pase por un lugar estrecho. ‖ fig. Pasar por alto o de largo, dejando de lado una dificultad.

soso, sa. adj. Que no tiene sal, o tiene poca. ‖ fig. Se dice de la persona, acción o palabra que carecen de gracia y viveza.

sospechar. tr. Aprehender o imaginar una cosa por conjeturas fundadas en apariencias o visos de verdad. ‖ intr. Desconfiar, dudar.

sostener. tr. Sustentar, mantener firme una cosa. Ú. t. c. prnl. ‖ Sustentar o defender una proposición. ‖ fig. Sufrir, tolerar. ‖ fig. Prestar apoyo, dar aliento o auxilio. ‖ Dar a uno lo necesario para su manutención. ‖ Hacer algo de forma continua. ‖ prnl. Mantenerse un cuerpo en un medio, sin caer.

sota. f. Carta décima de cada palo de la baraja española. ‖ fig. Persona antipática.

sotana. f. Vestidura de los sacerdotes.

sótano. m. Pieza subterránea, entre los cimientos de un edificio.

soterrar. tr. Enterrar una cosa. ‖ fig. Esconder algo. ‖ fig. Olvidar por completo.

soto. m. Sitio poblado de árboles y arbustos.

soviético, ca. adj. De la Unión Soviética. Apl. a pers., ú. t. c. s.

spray. m. Envase de algunos líquidos mezclados con un gas a presión, de manera que al oprimir una válvula salga el líquido pulverizado.

standard. adj. Estándar.

standing. m. Situación social y económica, especialmente si es alta.

status. m. Nivel económico y social de una persona, corporación, etc.

stock. m. Conjunto de mercancías en depósito o en reserva.

stop. m. Señal de tráfico que indica la obligación de detener el vehículo en la intersección de ciertos cruces. ‖ fig. Imperativo de cese de cualquier actividad. ‖ En los telegramas, punto.

strees. m. Estrés.

su, sus. pron. pos. de tercera persona. Se usa sólo antepuesto al nombre. ‖ pl. A veces tiene carácter indeterminado y equivale a *aproximadamente*.

suave. adj. Liso y blando al tacto. ‖ Dulce, grato a los sentidos. ‖ fig. Tranquilo, manso. ‖ fig. Lento, moderado. ‖ fig. Dócil, apacible.

subalterno, na. adj. y s. Inferior, que está bajo las órdenes de otra persona.

subasta. f. Venta pública que se hace al mejor postor. ‖ Adjudicación que en la misma forma se hace de una contrata.

subconsciente. adj. Que no llega a ser consciente. || m. Conjunto de procesos mentales que desarrollan una actividad independiente de la voluntad del individuo.

subdesarrollo. m. Falta de desarrollo en cualquier área o actividad. || Situación del proceso del desarrollo de determinadas regiones geográficas, cuya economía se encuentra aún en una etapa preindustrial y sus fuerzas productivas poco aprovechadas.

subdirector, ra. m. y f. Persona que sirve inmediatamente a las órdenes del director o le sustituye en sus funciones.

súbdito, ta. adj. y s. Sujeto a la autoridad de un superior con obligación de obedecerle. || m. y f. Natural o ciudadano de un país en cuanto sujeto a las autoridades políticas de éste.

subestimar. tr. Estimar a alguna persona o cosa por debajo de su valor.

subir. intr. Pasar de un sitio o lugar a otro superior o más alto. || Crecer en altura ciertas cosas. || Aumentar. || Entrar en un vehículo o montar en una caballería. Ú. t. c. tr. y prnl. || Levantar o enderezar. || Dar a las cosas más precio, intensidad o estimación de la que tenían. Ú. t. c. intr.

súbito, ta. adj. Improvisto, repentino. || Precipitado, impetuoso, violento. || adv. m. De repente, súbitamente.

subjetivo, va. adj. Perteneciente o relativo al sujeto, considerado en oposición al mundo externo. || Relativo a nuestro modo de pensar o sentir, y no al objeto en sí mismo. || Se dice de lo que pertenece al sujeto, en oposición al término *objetivo*, que designa lo relativo al objeto.

subjuntivo, va. adj. y m. Se dice del modo verbal con significación de duda, posibilidad o deseo.

sublevar. tr. y prnl. Alzar en sedición o motín. || fig. Excitar indignación, promover sentimientos de protesta.

sublime. adj. Excelso, eminente.

subliminal. adj. Se dice del carácter de aquellas percepciones sensoriales, u otras actividades psíquicas, de las que el sujeto no llega a tener consciencia.

submarinismo. m. Conjunto de actividades que se realizan bajo la superficie del mar, con fines científicos, militares, deportivos, etc.

submarino, na. adj. Relativo a lo que está o se efectúa bajo la superficie del mar. || m. Buque de guerra capaz de navegar en la superficie del mar o sumergido.

subnormal. adj. Inferior a lo normal. || Se dice de la persona afectada de una deficiencia mental. Ú. t. c. com.

subordinar. tr. Sujetar personas o cosas a la dependencia de otras. Ú. t. c. prnl. || Clasificar algunas cosas como inferiores en orden respecto a otras. || En ling., regir un elemento gramatical a otro de categoría diferente. Ú. t. c. prnl.

subrayar. tr. Señalar por debajo con una raya alguna letra, palabra o frase escrita. || fig. Pronunciar con énfasis y fuerza las palabras. || Por ext., destacar o recalcar.

subsanar. tr. Reparar o remediar un defecto, o resarcir un daño. || Resolver, solucionar.

subsidio. m. Ayuda o auxilio extraordinario de carácter económico. || Prestación económica concedida por un organismo oficial en ciertas situaciones sociales.

subscribir. tr. Suscribir.

subscripción. f. Suscripción.

subsidio. m. Socorro, ayuda o auxilio extraordinario de carácter económico.

subsistir. intr. Permanecer o conservarse una cosa. || Mantener la vida.

substancia. f. Sustancia.

substantivo, va. adj. Sustantivo.

substituir. tr. Sustituir.

substraer. tr. Sustraer.

substrato. m. Sustrato.

subsuelo. m. Parte profunda del terreno, situada por debajo de la superficie terrestre.

subte. m. amer. Subterráneo, tren de circulación urbana.

subterfugio. m. Evasiva, excusa.

subterráneo, a. adj. Que está debajo de tierra. || m. Pasadizo o conducto hecho por debajo de la tierra. || amer. Tren de circulación urbana.

subtítulo. m. Título secundario. || Escrito que aparece en la pantalla cinematográfica, simultáneamente a la proyección de las imágenes, y que corresponde a la traducción de los textos, cuando la película se emite en versión original.

suburbano, na. adj. Edificio, terreno o campo próximo a la ciudad. || Relativo al suburbio.

suburbio. m. Barrio o arrabal que rodean a las grandes ciudades.

subvención. f. Ayuda económica, generalmente oficial, para costear o favorecer una actividad, industria, etc.

subvertir. tr. Trastornar, revolver, destruir.

subyacer. tr. Hallarse algo debajo de otra cosa. || Hallarse algo oculto tras otra cosa, generalmente un sentimiento o una cualidad.

subyugar. tr. y prnl. Someter, sojuzgar.

succionar. tr. Chupar, extraer algún líquido con los labios.

sucedáneo, a. adj. y s. Se dice de la sustancia que, por tener propiedades parecidas a las de otra, pueden reemplazarla.

suceder. intr. Sustituir, reemplazar. || Descender, proceder, provenir. || tr. Ocupar el cargo, puesto, etc., que tenía anteriormente otra persona. || Heredar los bienes de un difunto. || impers. Efectuarse un hecho, acontecer, ocurrir.

sucesión. f. Acción y efecto de suceder. || Entrada o continuación de una persona o cosa en lugar de otra. || Continuación ordenada de personas, cosas, sucesos, etc. || Conjunto de bienes, derechos y obligaciones transmitibles a un heredero o legatario.

suceso. m. Cosa importante que ocurre. || Transcurso del tiempo. || Hecho delictivo o accidente desgraciado.

sucinto, ta. adj. Breve.

sucio, cia. adj. Que tiene manchas o impurezas. || Que se ensucia fácilmente. || Que produce suciedad. || Se dice del color confuso y turbio. || fig. Deshonesto, obsceno. || adv. m. Referido a la forma de jugar y, p. ext., de actuar, sin observar las reglas o haciendo trampas.

suculento, ta. adj. Jugoso, muy nutritivo.

sucumbir. intr. Ceder, rendirse, someterse. || Morir, perecer.

sucursal. adj. y f. Establecimiento industrial, comercial, etc., que depende de otro.

sudafricano, na. adj. y s. De África del Sur, o de la República Sudafricana.

sudamericano, na. adj. y s. De América del Sur o Sudamérica.

sudar. intr. Exhalar y expeler el sudor. Ú. t. c. tr. || fig. Destilar los árboles, plantas y frutos gotas de su jugo. Ú. t. c. tr. || fig. Destilar agua a través de sus poros algunas cosas impregnadas de humedad. || fig. Trabajar o esforzarse mucho. || tr. Empapar en sudor. || fig. Conseguir una cosa con mucho esfuerzo.

sudario. m. Tela en que se envuelve el cadáver.

sudeste. m. Punto del horizonte entre el Sur y el Este.

sudoeste. m. Punto del horizonte entre el Sur y el Oeste.

sudor. m. Líquido claro y transparente que segregan las glándulas sudoríparas de la piel de los mamíferos. || fig. Jugo que sudan las plantas. || fig. Gotas que se destilan de las cosas que tienen humedad. || fig. Trabajo, fatiga.

sueco, ca. adj. y s. De Suecia.

suegro, gra. m. Padre o madre del marido respecto de la mujer o de la mujer respecto del marido.

suela. f. Parte del calzado que toca el suelo. || Cuero de vacuno curtido. || f. y fam. Filete fino y excesivamente frito.

sueldo. m. Remuneración asignada por el desempeño de un cargo o servicio profesional.

suelo. m. Superficie de la Tierra. ‖ Terreno en que viven o pueden vivir las plantas. ‖ Piso de un cuarto o vivienda. ‖ Terreno edificable. ‖ Territorio. ‖ Base de un recipiente u otra cosa.

suelto, ta. adj. Ligero, veloz. ‖ Poco compacto. ‖ Expedito, ágil. ‖ Libre, atrevido. ‖ Se dice del que padece diarrea. ‖ Tratándose del lenguaje, estilo, etc., fácil. ‖ Se dice del conjunto de monedas fraccionarias, y de cada pieza de esta clase. Ú. t. c. m. ‖ m. Escrito de corta extensión insertado en un periódico.

sueño. m. Acto de dormir. ‖ Representación en la fantasía de sucesos o cosas mientras se duerme. ‖ Estos mismos sucesos o cosas representados. ‖ Gana de dormir. ‖ fig. Proyecto, deseo o esperanza sin probabilidad de realizarse. ‖ fig. Meta que alguien se propone.

suero. m. Parte líquida que queda de algunas sustancias cuando se coagulan. ‖ Solución de agua de sales que se inyecta en el organismo para evitar la deshidratación o como alimento.

suerte. f. Encadenamiento de sucesos, considerado como fortuito o casual. ‖ Circunstancia favorable o adversa. ‖ Suerte favorable. ‖ Azar.

suéter. m. Jersey.

suficiente. adj. Bastante. ‖ Apto, idóneo. ‖ fig. Pedante, presuntuoso. ‖ m. Calificación equivalente al aprobado.

sufijo, ja. adj. y m. Afijo pospuesto.

sufragar. tr. Ayudar, favorecer. ‖ Costear, satisfacer. ‖ amer. Votar a un candidato. Ú. t. c. intr.

sufragio. m. Ayuda, favor. ‖ Sistema electoral para la provisión de cargos. ‖ Voto.

sufrir. tr. Sentir un daño o dolor. ‖ Recibir con resignación un daño moral o físico. Ú. t. c. prnl. ‖ Sostener, resistir, soportar. ‖ Permitir, consentir. ‖ Experimentar a cierta prueba, cambio, fenómeno, etc.

sugerir. tr. Inspirar una idea a otra persona. ‖ Insinuar.

sugestionar. tr. Dominar la voluntad de una persona, haciendo que actúe o se comporte de una determinada manera. ‖ prnl. Obsesionarse.

suicidarse. prnl. Quitarse voluntariamente la vida.

suizo, za. adj. y s. De Suiza. ‖ m. Bollo redondeado hecho de harina, huevo y azúcar.

sujetador, ra. adj. y s. Que sujeta. ‖ m. Prenda interior femenina que sujeta y realza el pecho. ‖ Pieza superior del biquini.

sujetar. tr. Someter. Ú. t. c. prnl. ‖ Fijar o contener una cosa con la fuerza.

sujeto, ta. adj. Expuesto o propenso a una cosa. ‖ m. Asunto o materia de la que se habla o escribe. ‖ Cualquier persona. ‖ En la oración gramatical, término que expresa la idea de la cual se afirma algo.

sulfurar. tr. Combinar un cuerpo con el azufre. ‖ fig. Irritar, encolerizar. Ú. m. c. prnl.

sulfúrico, ca. adj. Perteneciente o relativo al azufre, o que lo contiene. ‖ Se dice de un ácido incoloro e hidrosoluble obtenido del azufre, utilizado como fertilizante, detergente, etc.

sultán. m. Emperador de los turcos. ‖ Príncipe o gobernador mahometano.

suma. f. Agregado de muchas cosas. ‖ Acción de sumar. ‖ Recopilación o resumen de las partes de una ciencia.

sumando. m. Cantidad que se suma a otra para obtener el resultado.

sumar. tr. Recopilar, compendiar, abreviar una materia. ‖ Reunir en una sola varias cantidades homogéneas. ‖ Componer varias cantidades una total. ‖ prnl. fig. Agregarse, adherirse.

sumario, ria. adj. Reducido a compendio, breve, sucinto. ‖ En der., se dice de determinados juicios civiles en que se procede brevemente y se prescinde de algunas formalidades o trámites del juicio ordinario. ‖ m. Resumen, compendio o suma. ‖ En der., conjunto de actuaciones encaminadas a preparar un juicio.

sumergir. tr. y prnl. Meter una cosa debajo del agua o de otro líquido. ‖ fig. Abismar, hundir.

sumidero. m. Conducto o canal de desagüe.

suministrar. tr. Proveer a uno de algo que necesita.

sumir. tr. y prnl. Hundir o meter debajo de la tierra o del agua. ‖ fig. Llevar a cierta situación o estado penosos o lamentables. ‖ fig. Hundir, abismar a alguien en profundos pensamientos, reflexiones, etc.

sumisión. f. Sometimiento. ‖ Acatamiento, subordinación.

sumo, ma. adj. Supremo, que no tiene superior. ‖ fig. Muy grande, enorme.

suntuoso, sa. adj. Lujoso, magnífico, espléndido.

supeditar. tr. Sujetar, oprimir. ‖ fig. Dominar, sojuzgar, avasallar. ‖ Subordinar. ‖ Condicionar una cosa al cumplimiento de otra.

superar. tr. Sobrepujar, exceder, vencer. ‖ Rebasar un límite. ‖ Vencer un obstáculo, prueba, dificultad, etc. ‖ prnl. Mejorar en cierta actividad, ser aún mejor.

superávit. m. Exceso de los ingresos sobre los gastos.

superchería. f. Engaño, trampa, fraude.

superdotado, da. adj. y s. Se dice de la persona que posee cualidades superiores a lo normal, sobre todo intelectualmente.

superficie. f. Límite o término de un cuerpo, que lo distingue de otro. ‖ Extensión en que sólo se consideran dos dimensiones, que son longitud y latitud. ‖ fig. Parte de las cosas que se aprecia a simple vista, cuando no se profundiza en ellas

superfluo, flua. adj. No necesario.

superior. adj. Se dice de lo que está más alto. ‖ fig. Se dice de lo más excelente y digno. ‖ fig. Que excede a otras cosas. ‖ Se dice de la persona que tiene a otras a sus órdenes. Ú. t. c. s.

superior, ra. m. y f. Persona que dirige una congregación o comunidad religiosa.

superlativo, va. adj. Muy grande y excelente en su línea. ‖ Se dice del adjetivo que denota el sumo grado de la calidad que con él se expresa. Ú. t. c. s.

supermercado. m. Gran establecimiento de venta al por menor en que el cliente se sirve a sí mismo y paga a la salida.

superponer. tr. Añadir una cosa o ponerla encima de otra.

supersónico, ca. adj. Se dice de la velocidad superior a la del sonido. ‖ Se apl. al avión que supera dicha velocidad.

superstición. f. Creencia extraña a la fe religiosa y contraria a la razón. ‖ Creencia fanática sobre materias religiosas.

supervisar. tr. Revisar o inspeccionar la ejecución o el resultado de algo.

supervivencia. f. Acción y efecto de sobrevivir.

supino, na. adj. Que está tendido sobre el dorso. ‖ Se dice de la ignorancia que procede de negligencia del sujeto.

suplantar. tr. Sustituir ilegalmente a una persona.

suplemento. m. Acción y efecto de suplir. ‖ Complemento. ‖ Capítulo, apéndice o tomo que se añade a un libro o escrito, u hoja o cuadernillo que se añade a un periódico o revista y cuyo texto es independiente del número ordinario.

suplicar. tr. Rogar, pedir con humildad y sumisión una cosa. ‖ Recurrir ante el tribunal superior para que revoque una sentencia.

suplicio. m. Lesión corporal, o muerte, infligida como castigo. ‖ fig. Lugar donde el reo padece este castigo. ‖ fig. Grave tormento o dolor físico o moral.

suplir. tr. Completar o añadir lo que falta en una cosa. ‖ Ponerse en lugar de uno para hacer sus veces.

suponer. tr. Dar por sentada y existente una cosa. ‖ Fingir, dar existencia ideal a lo que realmente no la tiene. ‖

Traer consigo, implicar. ‖ Tener importancia o valor una cosa.

suponer. tr. Suposición, conjetura.

supositorio, ria. m. Preparado farmacéutico que se introduce por el recto o por la vagina.

supremo, ma. adj. Sumo, altísimo. ‖ Que no tiene superior en su línea.

suprimir. tr. Hacer cesar, hacer desaparecer. ‖ Omitir, callar.

supurar. intr. Formar o echar pus.

sur. m. Punto cardinal diametralmente opuesto al Norte. ‖ Lugar de la Tierra o de la esfera celeste que cae del lado del polo antártico.

surco. m. Hendedura que se hace en la tierra con el arado. ‖ Señal o hendedura prolongada que deja una cosa que pasa sobre otra. ‖ Marca semejante en otra cosa, particularmente cada una de las ranuras por las que pasa la aguja en un disco fonográfico. ‖ Arruga en el rostro o en otra parte del cuerpo.

sureste. m. Sudeste.

surgir. intr. Brotar el agua. ‖ fig. Alzarse. ‖ fig. Manifestarse, brotar, aparecer.

suroeste. m. Sudoeste.

surrealismo. m. Movimiento literario y artístico de principios del s. xx que intenta sobrepasar lo real impulsando con automatismo psíquico lo imaginario o irracional.

surtidor, ra. adj. y s. Que surte o provee. ‖ m. Chorro de agua que brota o sale hacia arriba. ‖ Bomba para repostar combustible en las gasolineras.

surtir. tr. y prnl. Proveer a uno de alguna cosa. ‖ intr. Brotar, salir el agua.

susceptible. adj. Capaz de recibir modificación o impresión. ‖ Quisquilloso.

suscitar. tr. Levantar, promover.

suscribir. tr. Firmar al pie o al final de un escrito. ‖ fig. Convenir con la opinión o el juicio de alguien. ‖ Inscribir a alguien en una asociación, entidad, etc., para que contribuya a las obras que promueva este organismo mediante el pago de una cantidad. U. m. c. prnl. ‖ Abonar a alguien para que reciba una publicación periódica. U. m. c. prnl.

suspender. tr. Levantar, colgar una cosa en algo o en el aire. ‖ Detener, diferir. U. t. c. prnl. ‖ tr. e intr. No aprobar un examen. ‖ fig. Privar temporalmente a uno del sueldo o empleo.

suspense. m. Emoción, vivo interés e incertidumbre que produce una cosa. ‖ Género literario y cinematográfico que pretende producir dicho estado en el lector o en el espectador.

suspenso, sa. adj. Admirado, perplejo. ‖ Nota de haber sido suspendido en un examen. ‖ amer. Expectación impaciente o ansiosa por el desarrollo de una acción o suceso.

suspicaz. adj. Propenso a concebir sospechas o a tener desconfianza.

suspiro. m. Aspiración fuerte y prolongada seguida de una espiración, que suele denotar pena, ansia o deseo. ‖ Golosina que se hace de harina, azúcar y huevo. ‖ fig. Espacio muy breve de tiempo. ‖ f. y fam. Persona muy delgada.

sustancia. f. Cualquier cosa de la que está formada otra o con la que se puede formar. ‖ Ser, esencia, naturaleza de las cosas. ‖ Jugo que se extrae con ciertas materias alimenticias. ‖ Elementos nutritivos de los alimentos. ‖ fig. Parte más importante de una cosa, en la que reside su interés. ‖ fig. Valor y estimación de las cosas. ‖ Juicio, madurez.

sustantivo, va. adj. Que tiene existencia real, independiente, individual. ‖ De gran importancia. ‖ Perteneciente al sustantivo, o que desempeña su función. ‖ m. Parte variable de la oración que designa a los seres y objetos, y cuya principal función es la de núcleo del sintagma nominal.

sustentar. tr. Sostener un cuerpo a otro. ‖ Alimentar. U. t. c. prnl. ‖ Conservar, mantener. ‖ Defender una opinión, teoría, etc. ‖ prnl. Mantenerse un cuerpo en un medio sin perder el equilibrio.

sustituir. tr. Poner a una persona o cosa en lugar de otra.

susto. m. Impresión repentina de sorpresa, miedo o espanto. ‖ fig. Preocupación vehemente por alguna adversidad o daño que se teme.

sustraer. tr. Apartar, separar, extraer. ‖ Hurtar, robar. ‖ Restar, hallar la diferencia entre dos cantidades. ‖ prnl. Desentenderse de una obligación, problema, etc.

sustrato. m. Sustancia, ser de las cosas. ‖ Terreno que queda debajo de otro. ‖ Parte o aspecto interior de algo que aflora a la superficie.

susurrar. intr. Hablar bajo. ‖ Empezarse a divulgar una cosa secreta o que

no se sabía. ‖ fig. Moverse con ruido suave alguna cosa.

sutil. adj. Delgado, delicado, tenue. ‖ fig. Agudo, ingenioso.

sutura. f. Costura con que se unen los bordes de una herida.

suyo, suya, suyos, suyas. pron.pos de tercera persona, en gén. m. y f. y núm. sing.y pl. Indica pertenencia o relación con una personao cosa. Ú. t. c. s. ‖ m. pl. Precedido de art. det., personas unidas a otra por parentesco, amistad, etc.

T

t. f. Vigesimoprimeraletra del abecedario español y decimoséptima de susconsonantes. Su nombre es *te*.

tabaco. m. Planta originaria de las Antillas, cuyas hojas, secadas, sirven para elaborar cigarrillos y cigarros.

tabarra. f. Persona o cosa molesta y pesada por su insistencia. ‖ Esa misma molestia y pesadez.

taberna. f. Establecimiento público donde se venden bebidas, principalmente alcohólicas, al por menor y, a veces, se sirven comidas.

tabernáculo. m. Lugar donde los hebreos tenían colocada el arca del Testamento. ‖ Sagrario donde se guarda el Santísimo Sacramento.

tabique. m. Pared delgada que se hace de cascotes, ladrillos o adobes. ‖ División o separación.

tabla. f. Pieza de madera de poco grosor. ‖ Pieza plana y de poco espesor de alguna otra materia. ‖ Doble pliegue ancho y plano de una tela o prenda. ‖ Índice, por lo general alfabético, de las materias de un libro. ‖ pl. En el juego de las damas y el del ajedrez, estado en que ninguno de los jugadores puede ganar la

partida. ‖ fig. Empate en cualquier asunto, que queda indeciso. ‖ El escenario del teatro. ‖ fig. Soltura en cualquier actuación ante el público.

tablado. m. Suelo de tablas. ‖ Pavimento del escenario de un teatro.

tablero. m. Tabla o conjunto de tablas unidas de modo que eviten el alabeo. ‖ Tabla de una materia rígida. ‖ Tabla cuadrada con cuadritos alternados de dos colores, para jugar al ajedrez, a las damas y otros juegos de mesa. ‖ Panel con alguna información o sobre el que se anotan ciertos datos. ‖ Encerado en las escuelas.

tableta. f. Pastilla.

tabú. m. En las religiones de ciertos pueblos de Polinesia, cada una de las prohibiciones expresas que pesan sobre la conducta de las personas. ‖ Por ext., aquello que no puede mencionarse o tratarse debido a ciertos prejuicios y convenciones sociales. ‖ Palabra que por tener ciertas connotaciones se trata de evitar y suele sustituirse por otra que no las tenga.

taburete. m. Asiento sin brazo ni respaldo. ‖ Silla de respaldo muy estrecho.

tacaño, ña. adj. y s. Avaro, ruin, mezquino.

tacha. f. Falta o defecto. ‖ Cosa que deshonra o humilla.

tachar. tr. Hacer rayas o escribir sobre lo ya escrito para que no pueda leerse o para anularlo. ‖ fig. Culpar, censurar.

tacho. m. amer. Recipiente metálico o de cualquier otro material, utilizado para muy distintos usos.

tachuela. f. Clavo corto de cabeza grande.

tácito, ta. adj. Callado, silencioso. ‖ Que no se expresa formalmente, sino que se supone o infiere.

taciturno, na. adj. Callado, silencioso. ‖ Triste, melancólico.

taco. m. Pedazo de madera u otra materia, grueso y corto. ‖ Trozo en forma de prisma de algún alimento. ‖ Palabrota. ‖ fam. Embrollo, lío. ‖ amer. En México, tortilla de maíz rellena de carne y otros ingredientes. ‖ amer. Tacón.

tacón. m. Pieza más o menos alta que va unida a la suela del zapato en la parte que corresponde al talón.

táctica. f. Arte de poner en orden las cosas. ‖ Conjunto de reglas a que se ajustan en su ejecución las operaciones militares. ‖ fig. Sistema o plan que se emplea disimuladamente para conseguir un fin.

tacto. m. Sentido corporal con el que se percibe, por contacto directo, la forma y textura de los objetos. ‖ Acción de tocar o palpar. ‖ Habilidad, diplomacia. ‖ fig. Acierto, tino.

tahona. f. Panadería en que se cuece pan.

tahur, ra. m. y f. Persona que juega frecuentemente y por dinero a las cartas o a los dados. ‖ Jugador que hace trampas.

taimado, da. adj. Astuto, ladino.

tajada. f. Porción cortada de una cosa. ‖ fam. Embriaguez, borrachera.

tajo. m. Cortadura. ‖ Tarea, trabajo en tiempo limitado. ‖ Lugar de trabajo.

tal. adj. Igual, semejante. ‖ adv. m. Se usa como primer término de una comparación, seguido de *como*, *cual*. ‖ Así, de esta manera.

taladrar. tr. Horadar una cosa. ‖ fig. Herir los oídos algún sonido agudo.

taladro. m. Instrumento con que se agujerea una cosa. ‖ Agujero hecho con el taladro u otro instrumento semejante. ‖ Acción y efecto de taladrar.

tálamo. m. Lugar preeminente donde los novios celebraban sus bodas. ‖ Cama de los desposados y lecho conyugal.

talante. m. Modo de ejecutar una cosa. ‖ Semblante o disposición personal. ‖ Voluntad, deseo.

talar. adj. Se dice del traje que llega hasta los talones.

talar. tr. Cortar por el pie los árboles. ‖ Destruir, arrasar.

talco. m. Silicato de magnesia de estructura hojosa muy suave al tacto, que se usa mucho en dermatología.

talego. m. Saco largo y angosto. ‖ fig. y fam. Persona sin esbeltez ni gracia en el cuerpo. ‖ fam. Cárcel ‖ fam. Mil pesetas. ‖ fam. Porción de hachís equivalente a mil pesetas.

talento. m. fig. Conjunto de facultades o aptitudes para una cosa. ‖ fig. Por ant., entendimiento, inteligencia.

talismán. m. Objeto, figura o imagen a los que se atribuyen virtudes portentosas. ‖ fig. Cosa que produce un efecto maravilloso.

talla. f. Obra de escultura en madera o piedra. ‖ Estatura. ‖ Instrumento para medir la estatura. ‖ Medida de la ropa y de la persona que la usa. ‖ fig. Altura moral o intelectual.

tallar. tr. Hacer esculturas. ‖ Labrar piedras preciosas. ‖ Medir la altura de una persona.

talle. m. Disposición o proporción del cuerpo humano. ‖ Cintura del cuerpo humano. ‖ Forma que se da al vestido proporcionándolo al cuerpo. ‖ Parte del vestido que corresponde a la cintura. ‖ fig. Traza, apariencia.

taller. m. Lugar en que trabajan obreros, artistas, etc. || Lugar donde se reparan máquinas, y particularmente automóviles. || fig. Escuela, seminario. || En bellas artes, conjunto de colaboradores de un maestro.

tallo. m. Órgano de las plantas que se prolonga en sentido contrario al de la raíz. || Renuevo de las plantas. || Germen que ha brotado de una semilla, bulbo o tubérculo.

talón. m. Parte posterior del pie humano. || Parte del calzado que cubre el calcañar. || Cheque bancario.

talonario. m. Bloque de hojas impresas, que se pueden separar de una matriz para entregarlas a otra persona.

talud. m. Inclinación del paramento de un muro o de un terreno.

tamal. m. amer. Empanada de masa de harina de maíz, envuelta en hojas de plátano o de la mazorca del maíz y rellena de distintos condimentos según los lugares. || amer. Lío, intriga.

tamaño, ña. adj. comp. Tan grande o tan pequeño. || adj. superl. Muy grande o muy pequeño. || m. Volumen de una cosa.

tambalear. intr. y prnl. Menearse una cosa a uno y otro lado.

también. adv. m. Se usa para afirmar la igualdad, semejanza, conformidad o relación de una cosa con otra. || Además.

tambor. m. Instrumento músico de percusión de forma cilíndrica, hueco, cubierto en sus dos bases con piel estirada, que se toca con dos palillos. || Tamiz por donde pasan el azúcar los reposteros. || intr. Nombre que se da a algunos objetos o piezas de forma cilíndrica. || Envase grande, generalmente de forma cilíndrica. || Disco de acero acoplado a la cara interior de las ruedas, sobre el que actúan las zapatas de los frenos. || com. Persona que toca el tambor.

tamiz. m. Cedazo muy tupido.

tampoco. adv. neg. Niega una cosa después de haberse negado otra.

tampón. m. Almohadilla empapada en tinta que se emplea para entintar sellos, estampillas, etc. || Cilindro de material absorbente que utilizan las mujeres durante la menstruación como artículo higiénico.

tan. adv. c., apóc. de *tanto*. Encarece en proporción relativa la significación del adjetivo, participio y otras partes de la oración, a las que precede.

tanatorio. m. Local o edificio para velar a los muertos y en el que se realizan otros servicios funerarios.

tanda. f. Alternativa o turno. || Serie. || amer. Sección de una representación teatral.

tanga. m. Bañador o slip muy pequeño.

tángana. f. amer. Bronca, discusión violenta.

tango. m. Baile y música argentinos.

tanque. m. Automóvil de guerra blindado y con armas de artillería que puede andar por terrenos escabrosos. || Depósito, sobre todo el transportable.

tantear. tr. Medir una cosa con otra para ver si ajusta bien. || Apuntar los tantos en el juego. Ú. t. c. intr. || fig. Considerar con prudencia una cosa antes de ejecutarla. || fig. Examinar con cuidado a una persona o cosa.

tanto, ta. adj. Se dice de una cantidad indeterminada. || Se usa como correlativo de *como* en construcciones comparativas. || Tan grande o muy grande. || pron. dem. Equivale a *eso*. || adv. c. De tal modo, hasta tal punto. || m. Cantidad determinada. || Unidad de cuenta en muchos juegos, o su equivalente. || pl. Número que se ignora o no se quiere expresar.

tañer. tr. Tocar un instrumento músical. || Sonar la campana u otro medio.

tapa. f. Pieza que cierra por la parte superior las cajas, cofres y cosas semejantes. || Capa de suela del tacón de un zapato. || Cubierta de un libro encuadernado. || Compuerta de una presa. || Carne del medio de la pierna trasera de la ternera. || Alimento que se sirve como acompañamiento de la bebida.

tapadera. f. Pieza que se ajusta a la boca de alguna cavidad para cubrirla. ‖ fig. Persona, empleo, asunto, etc., que encubre o disimula lo que alguien desea que se ignore.

tapado. m. amer. Comida que preparan los indígenas con plátanos y carne. ‖ amer. Abrigo o capa de señora o de niño.

tapar. tr. Cubrir o cerrar lo que está descubierto o abierto. ‖ Abrigar o cubrir. Ú. t. c. prnl. ‖ fig. Encubrir, ocultar un defecto.

taparrabo o **taparrabos.** m. Pedazo de tela u otra materia con que se cubren algunos pueblos sus órganos sexuales. ‖ fam. Bañador o calzón muy reducido.

tapera. f. amer. Ruinas de un pueblo. ‖ amer. Habitación ruinosa y abandonada.

tapete. m. Cubierta de tela, ganchillo, etc., que se suele poner en las mesas y otros muebles.

tapia. f. Pared de tierra apisonada. ‖ Muro de cerca.

tapicero, ra. m. y f. Artesano que teje tapices o los arregla y compone. ‖ El que tiene por oficio poner alfombras, tapices y cortinajes, guarnecer almohadones, sofás, etc.

tapiz. m. Paño grande, tejido, en que se copian cuadros y con el que se adornan paredes.

tapón. m. Pieza de corcho, cristal, madera, etc., con que se tapan botellas, frascos, toneles y otras vasijas. ‖ Acumulación de cerumen en el oído. ‖ Embotellamiento de vehículos. ‖ En baloncesto, interceptación del balón que se lanza a canasta.

taquicardia. f. Frecuencia excesiva del ritmo de los latidos del corazón.

taquigrafía. f. Técnica que permite escribir a gran velocidad por medio de ciertos signos y abreviaturas.

taquilla. f. Armario para guardar cosas. ‖ Despacho de billetes, entradas de cine, etc.

tara. f. Peso del continente de una mercancía. ‖ Peso de un vehículo en vacío. ‖ Defecto físico o psíquico. ‖ fig. Lastre o peso inútil.

tarambana. com. y adj. fam. Persona alocada.

tarántula. f. Araña venenosa, muy común en el mediodía de Europa.

tararear. tr. Cantar entre dientes y sin articular palabras.

tardar. intr. Detenerse, no llegar oportunamente, retrasar la ejecución de algo. Ú. t. c. prnl. ‖ Emplear tiempo en hacer las cosas.

tarde. f. Tiempo que hay desde mediodía hasta anochecer. ‖ Últimas horas del día. ‖ adv. t. A hora avanzada del día o de la noche. ‖ Después de haber pasado el tiempo oportuno.

tarea. f. Cualquier obra o trabajo. ‖ Trabajo que debe hacerse en tiempo limitado.

tarifa. f. Tabla o catálogo de los precios, derechos o impuestos que se deben pagar por alguna cosa o trabajo. ‖ Precio de algo según ciertas circunstancias.

tarima. f. Entablado movible.

tarjeta. f. Pedazo de cartulina, pequeño y rectangular, con los datos personales del titular. ‖ Pedazo de cartulina rectangular, homologado para ser usado como carta.

tarro. m. Recipiente de vidrio o porcelana, generalmente cilíndrico y más alto que ancho. ‖ fam. Cabeza.

tarta. f. Pastel grande, de forma generalmente redonda.

tartajear. intr. Hablar pronunciando las palabras con dificultad o cambiando los sonidos por algún defecto de la boca.

tartamudez. f. Trastorno del habla caracterizado por una alteración en la fluidez y el ritmo al hablar.

tartana. f. Carruaje de dos ruedas con cubierta abovedada y asientos laterales.

tartera. f. Recipiente con tapa bien ajustada para llevar la comida fuera de casa.

tarugo. m. Pedazo de madera corto y grueso. ‖ Pedazo de madera preparado

para encajarlo en un taladro, clavija. ||
fig. Persona de rudo entendimiento.

tasar. tr. Poner tasa, valor, precio a
las cosas. || fig. Poner medida en algo,
restringirlo para que no haya exceso.

tasca. f. Taberna.

tatarear. tr. Cantar sin palabras sig-
nificativas, tararear.

tato. m. amer. Padre, papá.

tatuar. tr. y prnl. Grabar dibujos en
la piel humana, introduciendo materias
colorantes bajo la epidermis.

tauromaquia. f. Arte de lidiar toros.

taxativa, va. adj. Que limita, cir-
cunscribe y reduce un caso a determinadas circunstancias.

taxi. m. abr. de *taxímetro*, coche de
alquiler.

taxidermia. f. Arte de disecar los
animales.

taxímetro. m. Aparato que marca el
importe de la carrera en los coches de
alquiler. || Coche de alquiler provisto de
taxímetro.

taxonomía. f. Ciencia que trata de la
clasificación y nomenclatura científica
de los seres vivos.

taza. f. Vasija pequeña, con asa, que
se usa para tomar líquidos. || Lo que
cabe en ella. || Receptáculo redondo
donde vacían el agua a las fuentes. ||
Receptáculo del retrete.

te. pron. pers. de segunda persona.
Forma que funciona como complemento directo o indirecto, en ambos géneros
y números.

te. f. Nombre de la letra *t*.

té. m. Arbusto originario de China, de
flores blancas. || Hoja de este arbusto. ||
Infusión, en agua hirviendo, de las hojas
de este arbusto.

tea. f. Astilla de madera muy
impregnada en resina que sirve para
alumbrar.

teatro. m. Edificio o sitio destinado a
la representación de obras dramáticas.
|| Escenario. || Conjunto de todas las
producciones dramáticas de un pueblo,
época o autor. || Actividad de componer,
interpretar o poner en escena obras dra-

máticas. || fig. Fingimiento o exagera-
ción. || fig. Lugar donde se produce o
sucede una cosa.

tebeo. m. Revista infantil de historie-
tas cuyo asunto se desarrolla en series
de dibujos.

techo. m. Parte superior de un edifi-
cio, que lo cubre y cierra. || Cara infe-
rior del mismo, superficie que cierra en
lo alto una habitación o espacio cubier-
to. || fig. Casa, habitación o domicilio. ||
fig. Altura o límite máximo a que puede llegar y del que no puede pasar un
asunto, negociación, etc.

tecla. f. Pieza que se presiona con los
dedos en algunos instrumentos musica-
les para obtener el sonido. || Pieza que
se presiona con los dedos en las máquinas
de escribir, calcular, ordenadores, etc.

teclado. m. Conjunto ordenado de
teclas de piano, órgano, máquina de
escribir, ordenador, etc.

técnica. f. Conjunto de procedimien-
tos de que se sirve una ciencia, arte, ofi-
cio, etc. || Habilidad para usar de esos
procedimientos. || Método, táctica.

tecnicismo. m. Calidad de técnico. ||
Cada una de las voces técnicas empleadas en el lenguaje de un arte, ciencia,
oficio, etc.

tecnología. f. Conjunto de los conocimientos propios de un oficio mecánico o
arte industrial. || Tratado de los términos
técnicos. || Lenguaje propio, exclusivo,
de una ciencia, arte, oficio, etc.

tecolote. m. amer. Búho, ave.

tedio. m. Repugnancia, fastidio o
molestia. || Aburrimiento extremo.

teja. f. Pieza de barro cocido que se
usa para cubrir los tejados. || Color
marrón rojizo semejante al de las tejas
de barro. Ú. t. c. adj.

tejado. m. Parte superior del edificio,
cubierta comúnmente por tejas.

tejano, na. adj. y s. Texano, estado
de EE. UU. || m. pl. Pantalones va-
queros.

tejer. tr. Formar en el telar la tela. ||
Entrelazar hilos, cordones, espartos,
etc., para formar telas, trencillas, este-

ras u otras cosas semejantes. || Hacer punto a mano o con tejedora. || fig. Discurrir, formar planes o ideas. || fig. Intrigar, enredar.

tejido. m. Disposición de los hilos de una tela. || Cosa tejida. || Cada una de las estructuras de células de la misma naturaleza y origen, que desempeñan en conjunto una determinada función en los organismos vivos.

tela. f. Obra hecha de muchos hilos entrecruzados. || Lienzo, cuadro, pintura. || fig. Asunto o materia. || fig. y fam. Dinero, caudal. || adv. fam. Mucho, muy.

telar. m. Máquina para tejer.

telaraña. f. Tela que forma la araña.

tele. f. apóc. de *televisión.*

telecomunicación. f. Sistema de comunicación a distancia por medio de cables y ondas electromagnéticas. Puede ser telegráfica, telefónica, radiotelegráfica, etc.

telediario. m. Información de los acontecimientos más destacados del día, transmitida por televisión.

teledirigido, da. adj. Se dice del mecanismo que se dirige desde lejos, especialmente por medio de ondas hertzianas.

telefax. m. Fax.

teleférico. m. Sistema de transporte en que los vehículos van suspendidos de un cable de tracción.

telefilme. m. Película o serie hecha para la televisión o que se emite por este medio.

telefonillo. m. Dispositivo para comunicación oral interior, y particularmente el que hay en cada una de las viviendas conectado al portero automático.

teléfono. m. Conjunto de aparatos e hilos conductores con los cuales se transmite a distancia la palabra y toda clase de sonidos. || Cualquiera de los aparatos para hablar según este sistema y número que se asigna a cada uno.

telegrafía. f. Arte de construir, instalar y manejar los telégrafos. || Servicio público de comunicaciones telegráficas.

telégrafo. m. Sistema de comunicación que permite transmitir, con rapidez y a distancia, comunicaciones escritas mediante un código. || Aparato utilizado para emitir y recibir dichos mensajes.

telegrama. m. Despacho telegráfico. || Papel normalizado en que se recibe escrito el mensaje telegráfico.

telemática. f. Ciencia que reúne los adelantos de las técnicas de la telecomunicación y la informática.

teleobjetivo. m. Objetivo especial destinado a fotografiar objetos distantes.

telepatía. f. Coincidencia de pensamientos o sensaciones entre personas generalmente distantes entre sí, sin el concurso de los sentidos.

telequinesia. f. En parapsicología, desplazamientos de objetos sin causa física observable.

telescopio. m. Instrumento que permite observar una imagen agrandada de un objeto lejano.

telesilla. m. Asiento suspendido de un cable de tracción, para el transporte de personas a un lugar elevado.

telespectador, ra. m. y f. Espectador o espectadora de televisión.

telesquí. m. Tipo de teleférico para esquiadores.

teletexto. m. Sistema de transmisión de textos escritos mediante onda hertziana, como la señal de televisión, o por cable telefónico.

teletipo. m. Nombre comercial de un aparato telegráfico que emite y recibe mensajes y los imprime.

televisión. f. Transmisión de la imagen a distancia, valiéndose de las ondas hertzianas. || Televisor. || Empresa dedicada a las transmisiones televisivas.

televisor. m. Aparato receptor de televisión.

télex. m. Sistema de comunicación por teletipos entre particulares. || Servicio público de teletipos, y sus centrales automáticas, líneas, etc. || Mensaje o despacho enviado o recibido por télex.

telón. m. Lienzo grande que se pone en el escenario de un teatro.

telúrico, ca. adj. Relativo a la Tierra.

tema. m. Asunto, idea o materia sobre los que trata una obra, discurso, conversación, etc. ‖ Cuestión, negocio. ‖ Cada una de las lecciones o unidades de estudio de una asignatura, oposición, etc. ‖ Manía o idea fija.

temario. m. Conjunto de temas en que se divide una asignatura, oposición, etc., o que se proponen para su discusión o estudio en una conferencia o congreso.

temblar. intr. Agitarse con movimiento frecuente e involuntario. ‖ Vacilar, moverse rápidamente una cosa a uno y otro lado.

temer. tr. Tener a una persona o cosa por objeto de temor. ‖ Recelar un daño. ‖ Sospechar, recelar, creer. ‖ intr. Sentir temor.

temerario, ria. adj. Imprudente. ‖ Que se dice, hace o piensa sin fundamento.

temor. m. Sentimiento que provoca la necesidad de huir o evitar una persona, cosa o situación que se considera peligrosa o perjudicial. ‖ Presunción o sospecha, particularmente de un posible daño o perjuicio.

témpano. m. Pedazo de cualquier cosa dura, extendida o plana, particularmente de hielo.

témpera. f. Tipo de pintura al temple, espesa, que utiliza los colores diluidos en agua. ‖ Obra realizada con este tipo de pintura.

temperamento. m. Forma de ser de cada persona. ‖ Característica de la persona enérgica y emprendedora. ‖ Constitución particular de cada individuo.

temperar. intr. amer. Cambiar temporalmente de clima o aires una persona.

temperatura. f. Grado mayor o menor de calor en los cuerpos. ‖ Estado de calor de la atmósfera. ‖ Fiebre.

tempestad. f. Perturbación atmosférica. ‖ Perturbación de las aguas del mar. ‖ fig. Agitación o excitación grande en el estado de ánimo de las personas.

templar. tr. Moderar o suavizar la fuerza de una cosa. ‖ Calentarla ligeramente. ‖ Enfriar bruscamente en agua, aceite, etc., un material calentado por encima de determinada temperatura. ‖ Poner en tensión moderada una cosa. ‖ fig. Sosegar un sentimiento o estado de ánimo. ‖ Afinar un instrumento musical. ‖ intr. Empezar a calentarse una cosa. Ú. t. c. prnl. ‖ prnl. Contenerse, evitar el exceso en una materia. ‖ amer. Enamorarse, amartelarse.

templo. m. Edificio o lugar destinado al culto público y exclusivamente a un culto. ‖ fig. Lugar real o imaginario en que se rinde o se supone rendir culto al saber, la justicia, etc.

temporada. f. Espacio de varios días, meses o años que se consideran aparte formando un conjunto. ‖ Tiempo durante el cual se realiza habitualmente alguna cosa.

temporal. adj. Relativo al tiempo. ‖ Que dura por algún tiempo. ‖ Secular, profano. ‖ Que pasa con el tiempo. ‖ m. Tormenta muy fuerte en la tierra o en el mar. ‖ Período de lluvias persistentes y con temperaturas moderadas.

temporizador. m. Sistema de control de tiempo que se utiliza para abrir o cerrar un circuito en uno o más momentos determinados y que, conectado a un dispositivo, lo pone en acción.

temprano, na. adj. Adelantado, que es antes del tiempo regular u ordinario. ‖ adv. t. En las primeras horas del día o de la noche. ‖ Antes del tiempo oportuno, convenido o acostumbrado.

tenaz. adj. Que se pega, ase o prende a una cosa, y es difícil de separar. ‖ Que opone mucha resistencia a romperse o deformarse. ‖ fig. Firme, porfiado, pertinaz.

tenaza. f. Instrumento de metal, compuesto de dos brazos movibles trabados por un eje. Ú. m. en pl.

tender. tr. Desdoblar, extender, desplegar. ‖ Echar por el suelo una cosa, esparciéndola. ‖ Extender la ropa mojada para que se seque. ‖ Alargar, extender.

‖ intr. Demostrar una determinada tendencia u orientación. ‖ Parecerse o acercarse a cierta cualidad o característica.

tenderete. m. Puesto de venta al por menor, instalado al aire libre.

tendero, ra. m. y f. Persona que tiene tienda. ‖ Persona que vende al por menor.

tendón. m. Tejido conjuntivo que une un músculo con un hueso.

tenebroso, sa. adj. Oscuro, cubierto de tinieblas.

tenedor, ra. m. y f. Persona que tiene o posee una cosa. ‖ Persona que posee legítimamente una letra de cambio u otro valor endosable. ‖ m. Cubierto de mesa que sirve para pinchar los alimentos. ‖ Signo con la forma de este cubierto que en España indica la categoría de restaurantes y comedores según el número de ellos representados.

tener. tr. Asir o mantener asida una cosa. ‖ Poseer y gozar. ‖ Mantener, sostener. U. t. c. prnl. ‖ Contener o comprender en sí. ‖ Poseer, dominar o sujetar. ‖ Detener, parar. U. t. c. prnl. ‖ Guardar, cumplir. ‖ prnl. Hacer asiento un cuerpo sobre otro. ‖ aux. Construido con un participio, equivale a *haber*. ‖ Construido con la conj. *que* y el infinitivo de otro verbo, estar obligado a lo que se expresa.

tenia. f. Gusano en forma de cinta, que puede alcanzar varios metros de longitud y vive parásito en el intestino.

teniente. adj. Que tiene o posee una cosa. ‖ fam. Algo sordo. ‖ com. Persona que ejerce el cargo o ministerio de otro como sustituto. ‖ Oficial del ejército inmediatamente inferior al capitán.

tenis. m. Juego de pelota que se practica en un terreno llano, en forma de rectángulo, dividido en partes iguales por una red intermedia.

tenor. m. Voz media entre la de contralto y la de barítono. ‖ Persona que tiene esta voz.

tensión. f. Estado de un cuerpo sometido a la acción de fuerzas que lo estiran. ‖ Grado de energía eléctrica que se manifiesta en un cuerpo. ‖ Estado anímico de excitación, impaciencia, esfuerzo o exaltación. ‖ Oposición u hostilidad entre personas o grupos.

tentación. f. Estímulo que induce a obrar mal. ‖ Impulso repentino que excita a hacer una cosa. ‖ Persona o cosa que induce a ello.

tentáculo. m. Cualquiera de los apéndices móviles y blandos de muchos animales invertebrados.

tentar. tr. Palpar, tocar. ‖ Examinar y reconocer por medio del tacto lo que no se puede ver. ‖ Instigar, inducir, estimular. ‖ Intentar, procurar. ‖ Probar, experimentar.

tenue. adj. Delicado, suave, débil. ‖ Muy fino o poco denso.

teñir. tr. Dar a una cosa un color distinto del que tenía. U. t. c. prnl. ‖ fig. Imbuir de una opinión o afecto. ‖ Rebajar o apagar un color con otros más oscuros.

teología. f. Ciencia que trata de Dios y sobre el conocimiento que el hombre tiene de Él, mediante la fe o la razón.

teorema. m. Proposición que afirma una verdad demostrable.

teoría. f. Conocimiento especulativo considerado con independencia de toda aplicación. ‖ Serie de leyes que sirven para relacionar determinado orden de fenómenos. ‖ Hipótesis cuyas consecuencias se aplican a toda una ciencia o a una parte muy importante de la misma. ‖ Explicación que da una persona a algo, o propia opinión que se tiene sobre alguna cosa.

terapéutica. f. Parte de la medicina que tiene por objeto el tratamiento de las enfermedades.

terapia. f. Terapéutica. ‖ Tratamiento para combatir una enfermedad.

tercer. adj. apóc. de *tercero*.

tercero, ra. adj. Que sigue inmediatamente en orden al o a lo segundo. U. t. c. s. ‖ Que media entre dos o más personas para el ajuste o ejecución de una cosa. U. m. c. s. ‖ Se dice de las tres partes iguales en que se divide un todo. ‖ m. y f. Persona alcahueta.

terceto. m. Combinación métrica de tres versos endecasílabos. ‖ Composición musical para tres voces o instrumentos.

tercio, cia. adj. Que sigue al segundo. ‖ m. Cada una de las tres partes iguales en que se divide un todo.

terciopelo. m. Tela de seda velluda y tupida, formada por dos urdimbres y una trama. ‖ Tela velluda y semejante al verdadero terciopelo.

terco, ca. adj. Pertinaz, obstinado.

tergiversar. tr. Forzar, torcer las razones o argumentos, deformar los hechos. ‖ Trastrocar, trabucar.

termas. f. pl. Baños de aguas minerales calientes. ‖ Baños públicos de los antiguos romanos.

térmico, ca. adj. Relativo al calor o a la temperatura. ‖ Que conserva la temperatura.

terminante. adj. Que termina. ‖ Claro, preciso, concluyente.

terminar. tr. Poner término a una cosa, acabarla. ‖ Acabar, rematar. ‖ intr. Tener término una cosa. Ú. t. c. prnl. ‖ Entrar una enfermedad en su último período. ‖ Tener un objeto una determinada forma o cosa en su extremo.

término. m. Punto extremo de una cosa. ‖ Último momento en la existencia de una cosa. ‖ Señal que fija los linderos de campos y heredades. ‖ Línea divisoria de los Estados, provincias, distritos, etc. ‖ Cada uno de los dos elementos necesarios en la relación gramatical. ‖ Palabra o sintagma introducido por una preposición.

terminología. f. Conjunto de términos o vocablos propios de determinada profesión, ciencia o materia.

termo. m. Recipiente hermético que conserva la temperatura de las sustancias introducidas en él.

termómetro. m. Instrumento que sirve para medir la temperatura.

termostato o **termóstato.** m. Aparato que se conecta a una fuente de calor y que mantiene constante la temperatura.

ternario, ria. adj. Compuesto de tres elementos.

ternero, ra. m. y f. Cría de la vaca.

ternilla. f. Cartílago.

terraplén. m. Macizo de tierra con que se rellena un hueco, o que se levanta para hacer una defensa, un camino u otra obra semejante. ‖ Desnivel de tierra.

terrateniente. com. Dueño o poseedor de tierra o hacienda.

terraza. f. Era estrecha junto a las paredes para plantas de adorno. ‖ Sitio abierto de una casa desde el que se puede explayar la vista. ‖ Terreno situado delante de un café, bar, etc.

terrazo. m. Pavimento formado por chinas o trozos de mármol aglomerados con cemento y cuya superficie se pulimenta.

terremoto. m. Temblor terrestre.

terreno, na. adj. Relativo a la Tierra. ‖ m. Sitio o espacio de tierra. ‖ fig. Campo o esfera de acción en que con mayor eficacia pueden mostrarse la índole o las cualidades de personas o cosas. ‖ Lugar en que se desarrolla un encuentro deportivo.

terrible. adj. Digno o capaz de ser temido; que causa terror. ‖ Áspero, duro. ‖ Desmesurado, extraordinario.

terrícola. com. Habitante de la Tierra.

territorio. m. Parte de la superficie terrestre perteneciente a una nación, región, provincia, etc. ‖ Término que comprende una jurisdicción. ‖ Espacio habitado por un animal y que defiende como propio.

terrón. m. Masa pequeña y suelta de tierra compacta. ‖ Masa pequeña y suelta de otras sustancias.

terror. m. Miedo, espanto, pavor. ‖ Cosa que lo produce. ‖ Género literario y cinematográfico cuya finalidad es producir en el lector o espectador una sensación de miedo o angustia a través del argumento o de ciertos efectos.

terrorismo. m. Forma violenta de lucha política, mediante la cual se persigue la destrucción del orden establecido o la creación de un clima de temor e inseguridad.

terruño. m. Trozo de tierra. ‖ Comarca o tierra, especialmente el país natal. || Terreno, especialmente hablando de su calidad.

terso, sa. adj. Limpio, bruñido, resplandeciente. || Liso, sin arrugas. || fig. Tratándose del lenguaje, estilo, etc., puro.

tertulia. f. Grupo de personas que se reúnen habitualmente para conversar o recrearse. || Conversación que siguen.

tesela. f. Cada una de las piezas cúbicas de diversos materiales que forman un mosaico.

tesis. f. Conclusión, proposición que se mantiene con razonamientos. || Disertación escrita que presenta a la universidad el aspirante al título de doctor en una facultad.

tesitura. f. Situación, circunstancia, coyuntura. || Altura propia de cada voz o de cada instrumento.

tesón. m. Firmeza, constancia, inflexibilidad.

tesoro. m. Cantidad de dinero, valores u objetos preciosos, reunida y guardada. || Erario de una nación. || Abundancia de dinero guardado y conservado. || fig. Persona o cosa digna de estimación.

test. m. Prueba psicológica para medir las diversas facultades intelectuales del individuo. || Por ext., cualquier prueba para conseguir ciertos datos. || Tipo de examen en el que la respuesta a una pregunta debe seleccionarse marcando una de las varias que se proponen.

testaferro. m. El que presta su nombre en un contrato, pretensión o negocio que en realidad es de otra persona.

testamento. m. Declaración de la última voluntad de una persona, en la que dispone el reparto de sus bienes y otras cuestiones que deberán efectuarse después de su muerte. || Documento donde consta en forma legal la voluntad del testador. || fig. Escrito en que una persona expresa los puntos fundamentales de su pensamiento o las principales características de su arte, en forma que se considera definitiva.

testarazo. m. Golpe dado con la cabeza. || Por ext., golpe, porrazo.

testarudo, da. adj. y s. Porfiado, terco.

testear. tr. amer. Someter a alguien a un test.

testículo. m. Cada una de las dos glándulas genitales masculinas.

testificar. tr. Afirmar o probar una cosa. || Declarar como testigo. || fig. Declarar, explicar una cosa.

testigo. com. Persona que da testimonio de una cosa. || Persona que presencia o adquiere conocimiento directo de una cosa. || m. Cosa que prueba de la verdad de un hecho. || Dispositivo que sirve como indicador. || Palo u otro objeto que se van pasando los corredores en las carreras de relevos.

testimonio. m. Atestación o aseveración de una cosa. || Instrumento autorizado por notario en que se da fe de un hecho. || Prueba, justificación y comprobación de la certeza de una cosa.

testosterona. f. Hormona sexual masculina.

testuz. amb. En algunos animales, como el caballo, frente. || En otros, como el toro, nuca.

teta. f. Cada uno de los órganos que segregan la leche en los mamíferos. || Leche que segregan estos órganos. || Pezón de la teta.

tetera. f. Vasija que se usa para hacer o servir el té. || amer. Tetina.

tetero. m. amer. Biberón.

tetilla. f. Teta de los machos de los mamíferos. || Tetina.

tetina. f. Pezón de goma que se pone al biberón para que el niño haga la succión.

tétrico, ca. adj. Triste, grave, melancólico. || Fúnebre, relacionado con la muerte.

textil. adj. Se dice de la materia capaz de reducirse a hilos y ser tejida. || Relativo a los tejidos, fibras para tejer y a la industria derivada de ellos.

texto. m. Lo dicho o escrito por un autor o en una ley. || Pasaje citado de una obra literaria. || Sentencia de la Sagrada Escritura. || Libro de texto.

textura. f. Disposición y orden de los hilos de una tela. ‖ Disposición que tienen entre sí las partículas de un cuerpo y sensación que produce al tacto.

tez. f. Superficie. Se dice especialmente la del rostro humano.

ti. pron. pers. de 2.ª persona. Se usa siempre con preposición, y cuando ésta es *con*, forma la voz *contigo*.

tibia. f. Hueso principal y anterior de la pierna, que se articula con el fémur, el peroné y el astrágalo. ‖ Una de las piezas de las patas de los insectos. ‖ Flauta, instrumento musical.

tibio, bia. adj. Templado, entre caliente y frío. ‖ fig. Poco intenso y apasionado.

tiburón. m. Pez marino, con hendiduras branquiales laterales y boca situada en la parte inferior de la cabeza. Es muy voraz. ‖ fig. Intermediario que adquiere solapadamente el número de acciones de una empresa o entidad, necesario para hacerse con su control.

tic. m. Movimiento involuntario nervioso.

tiempo. m. Duración de las cosas sujetas a mudanza. ‖ Parte de esta duración. ‖ Época durante la cual vive alguna persona o sucede alguna cosa. ‖ Estación del año. ‖ Edad. ‖ Estado atmosférico. ‖ Ocasión o coyuntura de hacer algo. ‖ Cada uno de los actos sucesivos en que se divide la ejecución de una cosa. ‖ Cada una de las partes en que se dividen los partidos de ciertos deportes. ‖ Cada una de las varias divisiones de la conjugación del verbo. ‖ Cada una de las partes de igual duración en que se divide el compás.

tienda. f. Armazón de palos o tubos, con telas o lonas como cubierta, que sirve de alojamiento o aposentamiento en el campo. ‖ Comercio de artículos al por menor. ‖ Por ant., la de comestibles o la de mercería. ‖ amer. Aquella en que se venden tejidos.

tiento. m. Acción de tentar o palpar, ejercicio del taco. ‖ Habilidad para actuar o tratar a las personas. ‖ Cordura o sensatez en lo que se hace. ‖ Seguridad y firmeza de la mano para ejecutar alguna acción. ‖ Tentáculo de algunos animales que actúa como órgano táctil o de presión. ‖ fam. Trago que se da a una bebida o bocado a un alimento.

tierno, na. adj. Blando, fácil de doblar o cortar. ‖ fig. Reciente. ‖ fig. Se dice de la edad de la niñez. ‖ Que produce sentimientos de simpatía y dulzura. ‖ Afectuoso, cariñoso y amable. ‖ Inexperto. ‖ m. y f. amer. Niño o niña recién nacidos o de pocos meses.

tierra. f. Parte superficial del globo terráqueo no ocupada por el mar. ‖ Materia inorgánica desmenuzable de que principalmente se compone el suelo natural. ‖ Suelo o piso. ‖ Terreno dedicado a cultivo o propio para ello. ‖ Planeta que habitamos. ‖ Nación, región o lugar en que se ha nacido. ‖ País, región. ‖ El mundo, por oposición al cielo o a la vida eterna.

tieso, sa. adj. Duro, firme, rígido. ‖ Tenso, tirante. ‖ fig. Afectadamente, estirado, circunspecto y mesurado. ‖ fig. Terco, inflexible y tenaz en el propio dictamen.

tiesto. m. Pedazo de cualquier vasija de barro. ‖ Vaso de barro que sirve para criar plantas. ‖ amer. Vasija de cualquier clase.

tifón. m. Huracán de las costas orientales de Asia. ‖ Tromba marina.

tifus. m. Género de enfermedades infecciosas graves.

tigre, esa. m. y f. Mamífero carnívoro muy feroz y de gran tamaño, con rayas negras en el lomo y la cola. Habita principalmente en la India. ‖ fig. Persona cruel. ‖ amer. Jaguar.

tijera. f. Instrumento cortante, compuesto de dos hojas de acero que giran alrededor de un eje. Ú. m. en pl. ‖ Tijereta, ejercicio.

tila. f. Tilo. ‖ Flor del tilo. ‖ Infusión que se hace con estas flores.

tilde. amb. Ú. m. c. f. Virgulilla o rasgo que se pone sobre algunas letras, como el que lleva la ñ o el que denota su acentuación. ‖ fig. Tacha, nota denigrativa. ‖ f. Cosa mínima.

tiliche. m. amer. Baratija, cachivache.

tilingo, ga. adj. amer. Se dice de la persona insustancial, que dice tonterías y suele comportarse con afectación.

tilo. m. Árbol que llega a 20 m de alt., con tronco recto y grueso de corteza lisa, y flores blanquecinas y olorosas, de propiedades medicinales.

timar. tr. Quitar o hurtar con engaño. ‖ Engañar a otro con promesas o esperanzas. ‖ rec. Entenderse dos personas con la mirada, sobre todo intercambiarse miradas de cariño.

timba. f. fam. Partida de juego de azar. ‖ Casa de juego, garito. ‖ amer. Barriga, vientre.

timbal. m. Especie de tambor de un solo parche, con caja metálica en forma de media esfera. ‖ Tambor, atabal.

timbre. m. Sello, y especialmente el que se estampa en seco. ‖ Sello que en el papel donde se extienden algunos documentos públicos estampa el Estado. ‖ Aparato de llamada o de aviso movido por un resorte, la electricidad u otro agente. ‖ Modo propio y característico de sonar un instrumento músico o la voz de una persona.

tímido, da. adj. Se dice de la persona apocada y vergonzosa. ‖ Ligero, débil, leve.

timón. m. Palo derecho que sale de la cama del arado en su extremidad. ‖ Lanza o pértiga del carro. ‖ Varilla del cohete. ‖ fig. Dirección o gobierno de un negocio. ‖ Pieza de madera o de hierro que sirve para gobernar la nave.

tímpano. m. Membrana del oído que transmite el sonido al oído medio. ‖ Instrumento musical que se toca con una especie de macillo. ‖ Tambor, atabal.

tinaja. f. Vasija grande de barro, mucho más ancha por el medio que por el fondo y por la boca. ‖ Líquido que cabe en una tinaja.

tiniebla. f. Falta de luz. Ú. m. en pl. ‖ pl. fig. Suma ignorancia y confusión.

tino. m. Hábito o facilidad de acertar a tientas con las cosas que se buscan. ‖ Acierto y destreza para dar en el blanco. ‖ fig. Juicio y cordura para el gobierno y dirección de un asunto.

tinta. f. Color que se sobrepone a cualquier cosa, o con que se tiñe. ‖ Líquido que se emplea para escribir.

tinte. m. Acción y efecto de teñir. ‖ Color con que se tiñe. ‖ Establecimiento donde se limpian o tiñen telas, ropas y otras cosas. ‖ fig. Carácter que comunica a algo determinado aspecto. ‖ fig. Cualidad superficial o falsa apariencia.

tintero. m. Vaso en que se pone la tinta de escribir. ‖ Depósito que en las máquinas de imprimir recibe la tinta.

tintorería. f. Establecimiento donde se tiñe o limpia la ropa.

tinto, ta. adj. y s. Se dice del vino de color oscuro.

tintura. f. Acción y efecto de teñir. ‖ Sustancia con que se tiñe. ‖ Líquido en que se ha hecho disolver una sustancia que le comunica color.

tiña. f. Arañuelo o gusanillo que daña las colmenas. ‖ Cualquiera de las enfermedades producidas por diversos parásitos en la piel del cráneo.

tío, a. m. y f. Respecto de una persona, hermano o primo de su padre o madre. ‖ En algunos lugares, tratamiento que se da la persona casada o entrada ya en edad. ‖ fam. Persona de quien se pondera algo bueno o malo. ‖ fam. Individuo, sujeto.

tiovivo. m. Recreo de feria que consiste en varios asientos colocados en un círculo giratorio.

típico, ca. adj. Característico o representativo de un tipo. ‖ Peculiar de un grupo, país, región, época, etc.

tiple. m. La más aguda de las voces humanas, soprano. ‖ Guitarra de voces muy agudas. ‖ com. Persona que tiene voz de tiple.

tipo. m. Modelo, ejemplar. ‖ Símbolo representativo de cosa figurada. ‖ Pieza de metal de la imprenta en que está de realce una letra u otro signo. ‖ Cada una de las clases de esta letra. ‖ Figura o talle de una persona. ‖ Unidad taxonómica superior de los reinos animal y vegetal. ‖ Individuo, sujeto, a veces en sent. desp. Ú. t. c. f.

tipografía. f. Técnica de impresión mediante formas que contienen en relieve los tipos, que una vez entintados, se aplican sobre el papel, presionándolos. ‖ Taller donde se imprime.

tipoi. m. amer. Túnica larga, generalmente de lienzo o algodón, con escote cuadrado y mangas muy cortas.

tipología. f. Ciencia que estudia los distintos tipos raciales en que se divide la especie humana. ‖ En general, estudio o clasificación realizado sobre cualquier disciplina.

tique. m. Vale, bono, billete, entrada, cédula, recibo.

tiquete. m. amer. Tique.

tira. f. Pedazo largo y angosto de tela, papel, cuero, etc. ‖ En periódicos, revistas, etc., línea de viñetas que narran una historia.

tirabuzón. m. Rizo largo de cabello que cuelga en espiral. ‖ Instrumento en forma de hélice para sacar los tapones de corcho.

tirachinas. m. Horquilla con mango, que lleva dos gomas para lanzar piedras pequeñas.

tirado, da. adj. Se dice de las cosas muy baratas o que abundan mucho. ‖ Muy fácil. ‖ Despreciable, bajo, ruin. Ú. t. c. s. ‖ f. Acción de tirar. ‖ Distancia que hay de un lugar a otro, o de un tiempo a otro. ‖ Serie de cosas que se dicen o escriben de un tirón. ‖ Acción y efecto de imprimir. ‖ Número de ejemplares de que consta una edición.

tiralíneas. m. Instrumento que sirve para trazar líneas de tinta más o menos gruesas.

tirano, na. adj. Se apl. a quien tiene contra derecho el gobierno de un Estado, y principalmente al que lo rige sin justicia y a medida de su voluntad. Ú. t. c. s. ‖ fig. Se dice del que abusa de su poder, superioridad o fuerza.

tirar. tr. Despedir de la mano una cosa. ‖ Arrojar, lanzar en dirección determinada. ‖ Derribar algo. ‖ Disparar un arma. Ú. t. c. intr. ‖ Accionar otros mecanismos, como una máquina de fotos, etc. ‖ Estirar o extender. ‖ Reducir a hilo un metal. ‖ Hacer líneas. ‖ fig. Malgastar dinero, o cualquier otra cosa. ‖ Imprimir. ‖ intr. Manejar o esgrimir artísticamente armas. ‖ Producir el tiro o corriente de aire de un hogar, o de otra cosa que arde. ‖ fig. Atraer una persona o cosa la voluntad y el afecto de otra. ‖ Torcer, dirigirse a uno u otro lado. ‖ fig. Tender, propender, inclinarse. ‖ Quedar justa o estrecha una prenda o parte de ella. ‖ prnl. Abalanzarse, precipitarse a decir o ejecutar alguna cosa. ‖ Dejarse caer. ‖ Echarse. ‖ vulg. Poseer sexualmente a una persona.

tirita. f. Marca registrada de una tira de esparadrapo u otro material adhesivo con un preparado especial en el centro, que se pone sobre pequeñas heridas para desinfectarlas y protegerlas.

tiritar. intr. Temblar o estremecerse de frío.

tiroides. adj. y m. Se dice de la glándula endocrina de los animales vertebrados situada en la parte inferior y a ambos lados de la tráquea.

tironear. tr. e intr. amer. Dar tirones.

tirria. f. fam. Manía contra uno. ‖ Odio, mala voluntad, ojeriza.

tisana. f. Bebida medicinal que resulta del cocimiento ligero de hierbas.

tisis. f. Tuberculosis pulmonar.

títere. m. Figurilla que se mueve con alguna cuerda o introduciendo una mano en su interior. ‖ fig. y fam. Sujeto débil, que se deja manejar. ‖ fig. y fam. Sujeto o entidad que actúa siguiendo las órdenes de otro u otros.

titilar. intr. Agitarse con ligero temblor alguna parte del cuerpo. ‖ Centellear con ligero temblor un cuerpo luminoso.

titiritero, ra. m. y f. Persona que maneja los títeres.

titubear. intr. Oscilar, perdiendo la estabilidad y firmeza. ‖ Tropezar o vacilar en la elección o pronunciación de las palabras. ‖ fig. Sentir perplejidad en algún punto o materia.

titular. adj. y com. Se dice del que ejerce cargo, oficio o profesión con el título necesario para ello. ‖ Que consta en algún documento como propietario o beneficiario de algo. ‖ Que tiene algún título, por el cual se le denomina. ‖ m. Brevísimo resumen del contenido de una noticia que, en periódicos y revistas, aparece en letras de cuerpo mayor encabezándolas.

título. m. Palabra o frase con que se enuncia un libro. ‖ Nombre de una obra literaria, artística, etc. ‖ Dignidad nobiliaria. ‖ Persona que tiene esta dignidad. ‖ Distinción que consigue una persona, particularmente en un campeonato, concurso, etc. ‖ Cada una de las partes principales en que suelen dividirse las leyes, reglamentos, etc. ‖ Demostración auténtica de un derecho u obligación, de unos bienes, o de una dignidad o profesión. ‖ Rótulo con que se indica el contenido o destino de una cosa o la dirección de un envío. ‖ Causa, motivo, razón o pretexto. ‖ Cierto documento que representa deuda pública o valor comercial.

tiza. f. Arcilla terrosa blanca que se usa para escribir en los encerados.

tizne. amb. Humo que se pega a las sartenes, peroles, etc. U. m. c. m. ‖ m. Tizón o palo a medio quemar.

tizón. m. Palo a medio quemar. ‖ fig. Mancha, borrón o deshonra en la fama o estimación.

T. N. T. Siglas de *trinitrotolueno*.

toalla. f. Trozo de tejido de rizo, esponjoso, para limpiarse y secarse las manos y la cara.

tobillo. m. Protuberancia de cada uno de los dos huesos de la pierna llamados tibia y peroné.

tobogán. m. Especie de trineo bajo. ‖ Deslizadero artificial en declive por el que las personas, sentadas o tendidas, se dejan resbalar por diversión.

toca. f. Prenda de tela con que se cubría la cabeza. ‖ Prenda de lienzo

blanco que ceñida al rostro usan las monjas para cubrir la cabeza.

tocadiscos. m. Aparato eléctrico con que se reproducen los sonidos grabados en un disco.

tocado, da. adj. fig. Medio loco, algo perturbado. ‖ fig. Se dice de la fruta que ha empezado a dañarse. ‖ m. Prenda con que se cubre la cabeza. ‖ Peinado y adorno de la cabeza, en las mujeres.

tocador. m. Paño que servía para cubrirse y adornarse la cabeza. ‖ Mueble para el peinado y aseo de una persona. ‖ Aposento destinado a este fin. ‖ Caja o estuche para guardar alhajas, objetos de tocado o de costura, etc.

tocar. tr. Ejercitar el sentido del tacto. ‖ Llegar a una cosa con la mano, sin asirla.‖ Hacer sonar según arte cualquier instrumento. ‖ Avisar haciendo seña o llamada, con campana u otro instrumento. ‖ Tropezar ligeramente una cosa con otra. ‖ Herir una cosa, para reconocer su calidad por el sonido. ‖ Estar una cosa junto a otra o en contacto con ella. U. t. c. intr. y prnl. ‖ Revolver o curiosear en algo. ‖ Alterar o modificar algo. ‖ Emocionar, impresionar. ‖ intr. Haber llegado el momento oportuno de hacer algo. ‖ Ser de la obligación de uno, corresponderle hacer algo. ‖ Caer en suerte una cosa.

tocayo, ya. m. y f. Respecto de una persona, otra que tiene su mismo nombre.

tocino. m. Panículo adiposo, muy desarrollado, de ciertos mamíferos, especialmente el cerdo.

tocología. f. Parte de la medicina que trata de la gestación, del parto y del puerperio.

todavía. adv. t. Hasta un momento determinado desde tiempo anterior. ‖ adv. m. Con todo eso, no obstante. ‖ Tiene sentido concesivo corrigiendo una frase anterior. ‖ adv. c. Denota encarecimiento o ponderación.

todo, da. adj. Entero, cabal. ‖ Seguido de un sustantivo, en singular y sin artículo, cualquiera. ‖ pl. Puede equivaler a *cada*. ‖ m. Cosa íntegra. ‖ adv. m. Por completo, enteramente.

toga. f. Prenda principal exterior del traje de los antiguos romanos, que se ponía sobre la túnica. ‖ Traje exterior que usan los magistrados, letrados, catedráticos, etc., encima del ordinario.

toldo. m. Pabellón o cubierta de tela, que se tiende para hacer sombra en algún paraje. ‖ amer. Tienda de indios, hecha de ramas y cueros.

tolerar. tr. Sufrir, llevar con paciencia. ‖ Permitir algo que no se tiene por lícito. ‖ Resistir, soportar, especialmente alimentos, medicinas, etc.

tomar. tr. Coger o asir con la mano una cosa. ‖ Coger, aunque no sea con la mano. ‖ Recibir o aceptar. ‖ Ocupar o adquirir por la fuerza. ‖ Comer o beber. ‖ Contratar a una persona para que preste un servicio. ‖ Hacerse cargo de algo. ‖ Montar en un medio de transporte. ‖ Entender o interpretar una cosa en determinado sentido. ‖ Apuntar algo por escrito o grabar una información. ‖ Filmar o fotografiar. ‖ Empezar a seguir una dirección, entrar en una calle, camino, etc., encaminarse por ellos. Ú. t. c. intr. ‖ Poseer sexualmente. ‖ intr. amer. Beber alcohol. ‖ prnl. Ponerse ronca la voz.

tomate. m. Fruto de la tomatera, de color rojo, blando y brillante. ‖ Tomatera. ‖ fam. Agujero hecho en una prenda de punto. ‖ fig. Lío, enredo o asunto poco claro.

tomatera. f. Planta originaria de América, que se cultiva mucho en las huertas por su fruto.

tomavistas. m. Máquina fotográfica que se utiliza para filmar películas cinematográficas.

tómbola. f. Rifa pública de objetos diversos, cuyo producto se destina generalmente a fines benéficos. ‖ Local en que se efectúa esta rifa.

tomo. m. Cada uno de los volúmenes en que está dividida una obra escrita.

tonel. m. Cuba grande en que se echa el vino u otro líquido. ‖ fig. Persona muy gruesa.

tonelada. f. Unidad de peso o capacidad, equivalente a 1.000 kg.

tonelaje. m. Cabida de una embarcación, arqueo. ‖ Número de toneladas que pesa una cosa.

tongo. m. En competiciones deportivas, dejarse ganar, generalmente por dinero.

tónico, ca. adj. Que entona, o vigoriza. Ú. t. c. m. ‖ Se dice de la nota primera de una escala musical. Ú. t. c. f. ‖ Se dice de la vocal o sílaba que recibe el impulso del acento prosódico. ‖ m. Medicamento o preparado para dar fuerzas y abrir el apetito. ‖ Cosmético que se aplica sobre la piel para refrescarla o suavizarla. ‖ f. Bebida refrescante, gaseosa, que contiene quinina y ácido cítrico.

tono. m. Mayor o menor elevación del sonido. ‖ Inflexión de la voz y modo particular de decir algo. ‖ Carácter de la expresión de una obra artística. ‖ Energía, vigor. ‖ Señal sonora que indica que se ha establecido la comunicación, en el teléfono e instalaciones semejantes. ‖ Cada una de las distintas gradaciones de una gama de color. ‖ fig. Distinción y elegancia.

tonto, ta. adj. Mentecato, falto o escaso de entendimiento. Ú. t. c. s. ‖ Se dice del hecho o dicho propio de un tonto. ‖ Absurdo, sin sentido. ‖ Presumido o engreído. ‖ Pesado o molesto. ‖ Pasmado, totalmente asombrado ‖ m. El que en ciertas representaciones hace el papel de tonto.

topar. tr. Chocar una cosa con otra. ‖ Hallar casualmente. Ú. t. c. intr. y prnl.

tope. m. Parte por donde una cosa puede topar con otra. ‖ Pieza que en algunas armas e instrumentos sirve para impedir que se pase de un punto determinado. ‖ fig. Extremo hasta lo que algo puede llegar.

tópico, ca. adj. Relativo a determinado lugar. ‖ Relativo al lugar común. ‖ m. Medicamento externo. Ú. t. c. adj. ‖ Lugar común, expresión o frase manida.

top-less. m. Hecho de estar una mujer con los pechos al descubierto. ‖

Local de copas, espectáculos, etc., donde trabajan mujeres desnudas de cintura para arriba.

topo. m. Mamífero insectívoro del tamaño del ratón. Vive en galerías subterráneas.

topografía. f. Conjunto de técnicas y conocimientos para describir y delinear la superficie de un terreno. || Conjunto de particularidades que presenta un terreno en su configuración superficial.

topónimo. m. Nombre propio de lugar.

toquetear. tr. Tocar reiterado y sin tino ni orden.

toquilla. f. Pañuelo de punto que usan para abrigo las mujeres. || amer. Especie de palmera que suministra la paja con que se tejen sombreros.

torácico, ca. adj. Relativo al tórax.

tórax. m. Pecho del hombre y de los animales. || Cavidad del pecho. || Región media de las tres en que está dividido el cuerpo de los insectos, arácnidos y crustáceos.

torbellino. m. Remolino de viento. || fig. Abundancia de cosas que ocurren en un mismo tiempo. || fig. y fam. Persona demasiado viva e inquieta.

torcer. tr. Dar vueltas a una cosa sobre sí misma. Ú. t. c. prnl. || Encorvar o doblar una cosa. Ú. t. c. prnl. || Desviar una cosa de su dirección. Ú. t. c. intr. y prnl. || Dicho del gesto, adoptar una expresión de desagrado o enfado. || Dar un sentido que no tiene a una frase, razonamiento, etc. || prnl. Dificultarse y frustrarse un negocio o pretensión que iba por buen camino. || fig. Apartarse del camino y conducta correctos. Ú. t. c. tr.

torear. intr. y tr. Lidiar los toros en la plaza. || tr. fig. Evitar a alguien. || fig. Burlarse de alguien.

toril. m. Sitio donde se tienen encerrados los toros que han de lidiarse.

tormenta. f. Perturbación o tempestad de la atmósfera. || Perturbación o tempestad del mar. || fig. Adversidad, desgracia. || fig. Violenta manifestación del estado de los ánimos enardecidos.

tormento. m. Acción y efecto de atormentar. || Angustia o dolor físico. || Dolor corporal que se causaba al reo para obligarle a confesar o declarar.

tornachile. m. amer. Especie de chile de color verde claro, de forma de trompo, que se cultiva en tierras de regadío.

tornado. m. Viento impetuoso giratorio, huracán.

tornar. tr. Devolver a la persona que la poseía una cosa. || Mudar a una persona o cosa su naturaleza o su estado. Ú. t. c. prnl. || intr. Regresar al lugar de donde se partió.

torneo. m. Combate a caballo entre varias personas que se practicaba en la Edad Media. || Competición entre varios.

tornillo. m. Cilindro de metal, madera, etc., con resalto en hélice, que entra y juega en la tuerca. || Clavo con resalto en hélice.

torniquete. m. Puerta con varias hojas. || Instrumento quirúrgico para evitar o contener las hemorragias.

torno. m. Cilindro horizontal móvil, alrededor del cual va enrollada una soga o cable y sirve para elevar pesos. || Máquina que permite que una cosa dé vueltas sobre sí misma. || Armazón giratorio que se ajusta al hueco de una pared y sirve para pasar objetos de una parte a otra. || Instrumento eléctrico que utilizan los dentistas para tratar los dientes.

toro. m. Mamífero rumiante, de cabeza gruesa armada de dos cuernos; piel dura con pelo corto, y cola larga, cerdosa hacia el remate. || fig. Hombre muy robusto y fuerte. || m. pl. Fiesta o corrida de toros.

torpe. adj. Que es de movimiento lento, tardo y pesado. || Falto de habilidad y destreza. || Poco inteligente o ingenioso.

torpedo. m. Pez marino que produce una descarga eléctrica al que lo toca. || Proyectil submarino autopropulsado.

torrar. tr. Tostar al fuego.

torre. f. Edificio fuerte, más alto que ancho, y que servía para defenderse de los enemigos desde él. ‖ Edificio más alto que ancho que en las iglesias sirve para colocar las campanas. ‖ Cualquier edificio de mucha más altura que superficie. ‖ Pieza del juego de ajedrez. ‖ Estructura metálica que soporta los cables conductores de energía eléctrica. ‖ fig. Conjunto de cosas apiladas.

torrencial. adj. Se dice de las lluvias muy intensas y abundantes.

torrente. m. Corriente impetuosa de aguas que sobreviene en tiempos de muchas lluvias. ‖ fig. Muchedumbre de personas que afluyen a un lugar.

torreón. m. Torre grande, para defensa de una plaza o castillo.

torrezno. m. Pedazo de tocino frito o para freír.

tórrido, da. adj. Muy ardiente o quemado. ‖ Se dice de la zona comprendida entre ambos trópicos.

torso. m. Tronco del cuerpo humano. ‖ Estatua falta de cabeza, brazos y piernas.

torta. f. Masa de harina, de figura redonda, que se cuece a fuego lento. ‖ fam. Golpe dado con la palma de la mano, generalmente en la cara. ‖ Cualquier golpe.

tortícolis. f. Dolor del cuello que obliga a tener éste torcido.

tortilla. f. Fritura de huevo batido, en la cual se incluye a veces algún otro manjar. ‖ amer. Torta de harina, generalmente de maíz, hecha sin levadura y cocida en el horno. ‖ amer. Pan de trigo cocido en las brasas.

tortillero, ra. m. y f. amer. Persona que por oficio hace o vende tortillas, principalmente de maíz. ‖ f. vulg. Lesbiana, mujer homosexual.

tórtolo, la. m. y f. Ave parecida a la paloma, pero más pequeña. ‖ pl. Pareja de enamorados.

tortuga. f. Reptil marino o terrestre, cuyo cuerpo se encierra en un caparazón óseo. ‖ fig. y fam. Persona o vehículo muy lentos.

tortuoso, sa. adj. Que tiene vueltas y rodeos. ‖ fig. Solapado, cauteloso.

tortura. f. Dolor corporal que se causa a alguien, generalmente como castigo o para obligarle a algo. ‖ fig. Dolor o aflicción grandes.

toruno. m. amer. Toro que ha sido castrado después de tres o más años.

torvo, va. adj. Fiero, espantoso, airado.

tos. f. Movimiento convulsivo y ruidoso del aparato respiratorio.

tosco, ca. adj. Grosero. ‖ fig. Inculto. Ú. t. c. s. ‖ Hecho con poco cuidado o con materiales poco valiosos.

toser. intr. Tener y padecer la tos.

tósigo. m. Veneno, ponzoña.

tostada. f. Rebanada de pan que, después de tostada, se unta por lo común con manteca, miel u otra cosa.

tostar. tr. y prnl. Poner una cosa a la lumbre, para que se vaya desecando, sin quemarse. ‖ fig. Curtir el sol o el viento la piel del cuerpo. ‖ amer. Zurrar, vapulear.

total. adj. General, universal. ‖ fam. Excelente, muy bueno. ‖ m. Suma. ‖ adv. En suma, en conclusión.

totalitarismo. m. Régimen político que concentra la totalidad de los poderes estables en manos de un grupo o partido que no permite la actuación de otros partidos.

tótem. m. Ser u objeto de la naturaleza, generalmente un animal, que en la mitología de algunas sociedades se toma como emblema protector. ‖ Emblema tallado o pintado que representa estos seres u objetos.

totora. f. amer. Especie de anea o espadaña con la que se fabrican embarcaciones, cestos, etc.

tóxico, ca. adj. y m. Se dice de las sustancias venenosas.

toxicología. f. Parte de la medicina, que trata de los venenos.

toxicomanía. f. Consumo habitual de drogas y dependencia patológica de las mismas.

toxina. f. Sustancia elaborada por los seres vivos y que obra como veneno.

tozudo, da. adj. y s. Obstinado, testarudo.

traba. f. Instrumento con que se junta y sujeta una cosa con otra. || fig. Impedimento o estorbo.

trabajo. m. Acción y efecto de trabajar. || Esfuerzo humano aplicado a la producción de riqueza. || Ocupación que ejerce habitualmente una persona a cambio de un salario. || Producto de una actividad intelectual, artística, etc. || Dificultad o impedimento. || pl. Estrechez, miseria.

trabalenguas. m. Palabra o locución difícil de pronunciar.

trabar. tr. Juntar una cosa con otra. || fig. Comenzar una batalla, conversación, etc. || prnl. Entorpecérsele a uno la lengua al hablar.

trabilla. f. Tirilla colocada en una prenda a nivel del talle, por la que se pasa un cinturón, correa, etc. || Tirilla que pasa por debajo del pie para sujetar los bordes inferiores del pantalón.

traca. f. Serie de petardos que estallan sucesivamente.

trácala. f. amer. Trampa, ardid, engaño. Ú. t. c. adj.

tracalada. f. amer. Multitud ruidosa.

tracción. f. Acción y efecto de mover o arrastrar una cosa, especialmente carruajes.

tractor, ra. adj. Que produce tracción. || m. Vehículo automotor cuyas ruedas se adhieren fuertemente al terreno, y se emplea para arrastrar maquinaria agrícola, remolques, etc.

tradición. f. Comunicación de hechos, noticias, composiciones literarias, doctrinas, costumbres, etc., transmitidas de generación en generación. || Conjunto de lo que se transmite de este modo.

traducir. tr. Expresar en una lengua lo que está escrito o se ha expresado antes en otra. || fig. Explicar, interpretar. || fig. Convertir, transformar.

traer. tr. Conducir o trasladar una cosa al lugar en donde se habla. || Atraer, tirar hacia sí. || Causar, ocasionar. || fig. Alegar. || Llevar puesto o consigo. ||

Tener o poner a alguien en cierto estado o situación. || Contener lo que se expresa un libro, revista u otra publicación. || Tratar, andar haciendo una cosa. Ú. t. c. prnl.

traficar. intr. Comerciar, negociar, particularmente con algo ilegal o de forma irregular. || Andar, correr mundo.

tragaluz. m. Ventana abierta en un techo o en la parte superior de una pared.

tragaderas. f. Faringe. || fig. Credulidad. || fig. Excesiva tolerancia, especialmente en temas relacionados con la moral. || Capacidad para comer y beber mucho.

tragaperras. f. Aparato que funciona automáticamente, mediante la introducción de una moneda.

tragar. tr. Hacer que una cosa pase de la boca al estómago. || fig. Comer vorazmente. || fig. Absorber. Ú. t. c. prnl. || fig. Dar fácilmente crédito a las cosas. Ú. t. c. prnl. || intr. No tener más remedio que admitir o aceptar algo.

tragedia. f. Obra dramática capaz de infundir lástima y terror y con desenlace generalmente funesto. || Suceso fatal o desgraciado.

tragicomedia. f. Poema dramático que tiene condiciones propias de los géneros trágico y cómico. || Suceso de la vida real que conjuga ambos aspectos.

trago. m. Porción de líquido que se bebe o se puede beber de una vez. || Bebida alcohólica. || fig. y fam. Adversidad, infortunio.

traición. f. Violación de la fidelidad o lealtad que se debe guardar o tener. || Delito que se comete contra la patria o contra el Estado, en servicio del enemigo.

tráiler. m. Remolque de un automóvil, especialmente el de los camiones de gran tonelaje. || Resumen o avance de una película.

traje. m. Vestido peculiar de una época o de los naturales de un país. || Vestido completo de una persona. || Conjunto masculino de chaqueta, pantalón y, a veces, chaleco.

trajinar. tr. Llevar géneros o mercaderías de un lugar a otro. ‖ intr. Andar de un sitio a otro. ‖ vulg. Poseer sexualmente a una persona. Ú. m. c. prnl.

trama. f. Conjunto de hilos que, cruzados y enlazados con los de la urdimbre, forman una tela. ‖ Confabulación, intriga. ‖ Disposición interna de una cosa. ‖ Especialmente, el argumento o enredo de una obra literaria, cinematográfica, etc.

trámite. m. Cada uno de los estados o diligencias necesarios para resolver un asunto.

tramo. m. Trozo de terreno separado de otros por un distintivo. ‖ Parte de una escalera comprendida entre dos descansos.

tramoya. f. Máquina o artificio con el que en el teatro se efectúan los cambios de decoración. ‖ fig. Enredo dispuesto con astucia y disimulo.

trampa. f. Artificio para cazar. ‖ Puerta en el suelo. ‖ Infracción de las reglas de una competición. ‖ Deuda cuyo pago se demora. ‖ Plan concebido para engañar a alguien.

trampilla. f. Ventanilla en el suelo de las habitaciones altas.

trampolín. m. Plano inclinado y elástico en el que toma impulso el gimnasta. ‖ Plataforma elevada para saltar al agua. ‖ Plataforma dispuesta en un plano inclinado sobre la que se lanza un esquiador. ‖ fig. Persona, cosa o suceso que se aprovecha para medrar.

tranca. f. Palo con que se aseguran las puertas y ventanas cerradas. ‖ fam. Borrachera.

trance. m. Momento crítico y decisivo. ‖ Tiempo próximo a la muerte. ‖ Estado en que un médium manifiesta fenómenos paranormales. ‖ Estado de suspensión de los sentidos durante el éxtasis místico.

tranquera. amer. Especie de puerta rústica en un alambrado, hecha generalmente con trancas.

tranquilo, la. adj. Quieto, sosegado. ‖ Pacífico. ‖ Despreocupado y algo irres-

ponsable. Ú. t. c. s. ‖ Se apl. a la persona de conciencia libre de remordimientos.

tranquillo. m. Hábito especial que se logra a fuerza de repetición y con el que se consigue realizar más fácilmente un trabajo.

transacción. f. Acción y efecto de transigir. ‖ Convenio, negocio.

transar. intr. y prnl. amer. Transigir, ceder, llegar a una transacción o acuerdo.

transatlántico, ca. adj. Se dice de las regiones situadas al otro lado del Atlántico. ‖ m. Buque de grandes dimensiones destinado a hacer travesías por mares y océanos.

transbordar. tr. y prnl. Trasladar efectos o personas de una embarcación a otra, de un tren a otro, o de la orilla de un río a la otra.

transcribir. tr. Escribir en una parte lo escrito en otra. ‖ Escribir o anotar lo que se oye.

transcurrir. intr. Pasar, correr el tiempo.

transeúnte. adj. y com. Que pasa por un lugar. ‖ Que reside transitoriamente en un sitio.

transexual. adj. y com. Se dice de la persona que posee un sentimiento acusado de pertenecer al sexo opuesto, que se cristaliza en el deseo de transformación corporal.

transferir. tr. Pasar o llevar una cosa de un lugar a otro. ‖ Ceder a otro el derecho o dominio que se tiene sobre una cosa. ‖ Remitir fondos bancarios de una cuenta a otra.

transfigurar. tr. y prnl. Hacer cambiar de figura a una persona o cosa.

transformar. tr. y prnl. Hacer cambiar de forma a una persona o cosa. ‖ fig. Hacer cambiar de costumbres a una persona.

tránsfuga. com. Persona que pasa de un partido a otro.

transfusión. f. Operación que consiste en hacer pasar cierta cantidad de sangre de un individuo a otro.

transgredir. tr. Quebrantar, violar un precepto o ley.

transición. f. Acción y efecto de pasar de un modo de ser o estar a otro distinto. ‖ En España, período que comprende desde la muerte de Franco (1975) hasta la proclamación de la nueva Constitución (1978).

transigir. intr. y tr. Consentir en parte con lo que no se cree justo, razonable o verdadero. ‖ Tolerar, aceptar.

transistor. m. Dispositivo electrónico constituido por un pequeño bloque de materia semiconductora, que cuenta con tres electrodos: emisor, colector y base. ‖ Radiorreceptor provisto de transistores.

transitar. intr. Ir o pasar de un punto a otro por vías o parajes públicos.

transitivo. adj. Se dice del verbo que se construye con complemento directo.

transitorio, ria. adj. Pasajero, temporal. ‖ Caduco, perecedero, fugaz.

translúcido, da. adj. Cuerpo a través del cual pasa la luz, pero que no deja ver sino confusamente lo que hay detrás de él.

transmitir. tr. Hacer llegar a alguien algún mensaje. ‖ Comunicar una noticia por algún medio de comunicación. ‖ Difundir una estación de radio o televisión programas, espectáculos, etc. ‖ Trasladar, transferir. ‖ Comunicar estados de ánimo o sentimientos. ‖ Comunicar el movimiento de una pieza a otra en una máquina. Ú. t. c. prnl.

transmutar. tr. y prnl. Mudar o convertir una cosa en otra.

transparente. adj. Cuerpo a través del cual pueden verse los objetos distintamente. ‖ Translúcido. ‖ Que se deja adivinar o vislumbrar sin declararse o manifestarse.

transpirar. intr. Sudar.

transponer. tr. Trasladar. ‖ prnl. Ocultarse el Sol detrás del horizonte. ‖ Quedarse uno algo dormido.

transportar. tr. Llevar algo de un lugar a otro. ‖ prnl. fig. Enajenarse.

transvasar. tr. Pasar un líquido de un recipiente a otro.

transversal. adj. Que se halla o se extiende atravesado de un lado a otro. ‖ Que se aparta o desvía de la dirección principal o recta.

tranvía. m. Vehículo de tracción eléctrica que circula sobre raíles en el interior de una ciudad.

trapear. tr. amer. Fregar el suelo con trapo o estropajo.

trapecio. m. Barra horizontal suspendida de dos cuerdas por sus extremos y que sirve para ejercicios gimnásticos. ‖ Cuadrilátero irregular que tiene paralelos solamente dos de sus lados, los cuales se llaman bases.

trapero, ra. m. y f. Persona que tiene por oficio recoger o comprar y vender trapos y otros objetos usados.

trapo. m. Pedazo de tela desechado por viejo. ‖ Paño utilizado en las tareas domésticas. ‖ Capote que usa el torero en la lidia. ‖ pl. fam. Prendas de vestir, especialmente de la mujer.

tráquea. f. En los vertebrados de respiración pulmonar, conducto que va de la faringe a los bronquios. ‖ Vaso conductor de la savia de las plantas. ‖ En los insectos y miriápodos, órgano respiratorio.

traquear. tr. amer. Recorrer o frecuentar alguien un sitio o camino.

traqueotomía. f. Abertura que se hace artificialmente en la tráquea para facilitar la respiración a ciertos enfermos.

traqueteo. m. Ruido del disparo de los cohetes. ‖ Movimiento de una persona o cosa que se golpea al transportarla de un lugar a otro.

tras. prep. Después de, a continuación de. ‖ fig. En busca o seguimiento de. ‖ Detrás de, en situación posterior.

trasbocar. tr. amer. Vomitar, expulsar lo que se tiene en el estómago.

trascender. intr. Exhalar olor vivo y penetrante. ‖ Empezar a ser conocida una cosa. ‖ Extender o comunicarse los efectos de unas cosas a otras. ‖ Ir más allá, sobrepasar cierto límite. Ú. t. c. tr. ‖ tr. Comprender, averiguar alguna cosa.

trasegar. tr. Cambiar un líquido de una vasija a otra. ‖ fig. Trastornar, revolver. ‖ fig. Tomar bebidas alcohólicas.

trasero, ra. adj. Que está, se queda o viene detrás. ‖ m. Culo, asentaderas. ‖ f. Parte posterior de un coche, una casa.

trasfondo. m. Lo que está o parece estar más allá del fondo visible de una cosa o detrás de la apariencia o intención de una acción.

trashumar. intr. Pasar el ganado desde las dehesas de invierno a las de verano, y viceversa.

traslación. f. Acción y efecto de trasladar. ‖ Movimiento que efectúan los planetas alrededor del Sol. ‖ Metáfora.

trasladar. tr. Llevar una persona o cosa de un lugar a otro. Ú. t. c. prnl. ‖ Hacer pasar a una persona de un puesto o cargo a otro. ‖ Cambiar la fecha de celebración de un acto. ‖ Traducir de una lengua a otra.

traslúcido, da. adj. Translúcido.

trasluz. m. Luz que pasa a través de un cuerpo translúcido.

trasmano, a. loc. adv. Fuera del alcance habitual o de los caminos frecuentados.

trasnochado, da. adj. Anticuado, anacrónico. ‖ Desmejorado.

trasnochar. intr. Pasar uno sin dormir toda la noche o gran parte de ella.

traspapelar. tr. y prnl. Perderse o figurar en sitio equivocado un papel.

traspasar. tr. Pasar o llevar una cosa de un sitio a otro. ‖ Atravesar de parte a parte con un arma o instrumento. Ú. t. c. prnl. ‖ Ceder a favor de otro el derecho de una cosa. ‖ Pasar más allá, rebasar. ‖ fig. Transgredir, quebrantar. ‖ fig. Exceder en lo debido o razonable. ‖ fig. Hacerse sentir intensamente un dolor físico o moral.

traspié. m. Resbalón, tropezón. ‖ Zancadilla. ‖ fig. Error, equivocación.

trasplantar. tr. Trasladar plantas del sitio en que están arraigadas y plantarlas en otro. ‖ Sustituir a un individuo un órgano enfermo por otro sano procedente de otra persona. ‖ fig. Introducir

en un país o lugar ideas, costumbres, etc., de otro. Ú. t. c. prnl.

trasponer. tr. y prnl. Transponer.

trasquilar. tr. Cortar el pelo de forma desigual. Ú. t. c. prnl. ‖ Cortar el pelo o la lana de algunos animales.

trastabillar. intr. Dar traspiés o tropezones. ‖ Vacilar, titubear. ‖ Tartamudear.

trastada. f. fam. Acción informal. ‖ Travesura.

trastazo. m. fam. Golpe, porrazo.

traste. m. Cada uno de los resaltos de metal o hueso que se colocan en el mástil de la guitarra y otros instrumentos semejantes. ‖ amer. Trasto. Ú. m. en pl.

trastienda. f. Cuarto situado detrás de la tienda. ‖ fig. Cautela o reserva en el modo de actuar.

trasto. m. Cualquiera de los muebles o utensilios de una casa. ‖ Mueble inútil arrinconado. ‖ fig. y fam. Persona inútil o traviesa. ‖ pl. Utensilios o herramientas de algún oficio o actividad.

trastocar. tr. Trastornar, revolver.

trastornar. tr. Volver una cosa de abajo arriba o de un lado a otro. ‖ fig. Inquietar. ‖ fig. Perturbar el sentido, enloquecer. Ú. t. c. prnl.

trasunto. m. Copia que se saca del original. ‖ Lo que imita o refleja con propiedad una cosa.

trata. f. Tráfico o comercio con personas.

tratado. m. Convenio. ‖ Escrito sobre una materia determinada.

tratar. tr. Manejar una cosa o usar de ella. ‖ Comunicar. Ú. t. c. intr. y prnl. ‖ Tener relación con alguien. Ú. m. c. intr. ‖ Cuidar bien o mal a uno. Ú. t. c. prnl. ‖ Tildar o motejar. ‖ Discutir un asunto. ‖ En inform., procesar datos. ‖ intr. Procurar el logro de algún fin. ‖ Comerciar. ‖ Referirse a cierto tema o ocuparse de él en un escrito, discurso, etc. Ú. t. c. prnl.

tratativa. f. amer. Etapa preliminar de una negociación en la que comúnmente se discuten problemas laborales, políticos, económicos, etc. Ú. m. en pl.

trauma. m. Traumatismo. || Choque o sentimiento emocional que deja una impresión duradera.

traumatismo. m. Lesión interna o externa provocada por una violencia exterior.

traumatología. f. Parte de la medicina referente a los traumatismos y a su tratamiento.

través. m. Inclinación o torcimiento. || fig. Desgracia, fatalidad.

travesaño. m. Pieza que atraviesa de una parte a otra. || Pieza que forma cada uno de los peldaños de las escaleras portátiles.

travesía. f. Camino transversal entre otros dos. || Distancia entre dos puntos de tierra o mar. || Viaje por mar.

travestido, da. adj. y s. Que se viste con ropa del sexo contrario al suyo.

traviesa. f. Madero o pieza que se atraviesa en una vía férrea para asentar sobre ella los rieles.

travieso, sa. adj. Puesto al través. || fig. Sutil, sagaz. || fig. Inquieto, revoltoso. Se dice comúnmente de los niños.

trayecto. m. Espacio que se recorre para ir de un sitio a otro.

traza. f. Planta o diseño de un edificio u otra obra. || fig. Plan. || fig. Invención, arbitrio. || fig. Apariencia o figura de una persona o cosa.

trazado. m. Traza, diseño. || Recorrido o dirección de un camino, canal, línea ferroviaria, carretera, etc.

trazo. m. Línea, raya.

trébol. m. Planta herbácea de flores blancas o moradas que se cultiva para forraje.

trece. adj. Diez y tres. || Decimotercero. || m. Conjunto de signos con que se representa el número trece.

trecho. m. Espacio, distancia.

tregua. f. Suspensión de hostilidades, por tiempo determinado, entre beligerantes. || fig. Descanso.

treinta. adj. Tres veces diez. || m. Conjunto de signos con que se representa el número treinta.

treintena. f. Conjunto de treinta unidades.

tremendo, da. adj. Terrible. || Digno de respeto. || fig. y fam. Muy grande.

tremolina. f. Movimiento ruidoso del aire. || fig. y fam. Bulla, griterío.

trémulo, la. adj. Que tiembla. || Vibratorio.

tren. m. Serie de vagones enlazados unos tras otros y arrastrados por una locomotora. || Conjunto de instrumentos o útiles para una misma operación o servicio. || Modo de vida de una persona, especialmente si está rodeada de lujos y comodidades, realiza muchas actividades, etc. || Marcha, ritmo.

trenca. f. Abrigo corto con capucha.

trenza. f. Entrecruzamiento de tres o más hebras, cordones, etc. || La que se hace entretejiendo el cabello largo.

trepanar. tr. Perforar el cráneo u otro hueso con fin curativo o diagnóstico.

trepar. intr. Subir a un lugar alto o dificultoso. Ú. t. c. tr. || Crecer las plantas agarrándose a árboles y paredes. || fig. Prosperar social o laboralmente sirviéndose de cualquier medio, sin escrúpulos.

trepidar. intr. Temblar fuertemente. || amer. Vacilar, dudar.

tres. adj. Dos y uno. || Tercero. || m. Signo con que se representa el número tres.

trescientos, tas. adj. Tres veces ciento. || Conjunto de signos con que se representa el número trescientos.

tresillo. m. Cierto juego de naipes entre tres personas. || Conjunto de un sofá y dos butacas que hacen juego.

treta. f. Artificio, artimaña.

trial. m. Modalidad de motociclismo que se practica en el campo, consistente en una prueba de habilidad por terrenos accidentados.

triángulo. m. Figura formada por tres rectas que se cortan mutuamente. || Instrumento musical de percusión en forma de triángulo.

tribu. f. Cada una de las agrupaciones en que se dividían algunos pueblos antiguos. || Conjunto de familias, por lo común del mismo origen, que obedecen a un patriarca o jefe.

tribulación. f. Congoja, pena. ‖ Adversidad.

tribuna. f. Plataforma elevada desde donde los oradores dirigen la palabra al pueblo. ‖ Localidad preferente en un campo de deporte. ‖ Actividad del orador, y conjunto de oradores, principalmente políticos, de un país, época, etc. ‖ Medio a través del cual se expresa alguien, p. ej., la prensa.

tribunal. m. Lugar destinado a los jueces para administrar justicia. ‖ Magistrado o magistrados con esa misión. ‖ Conjunto de personas ante quienes se efectúan exámenes, oposiciones, etc. ‖ pl. Vía judicial.

tributo. m. Lo que el ciudadano paga para contribuir a los gastos del Estado. ‖ fig. Cualquier carga continua. ‖ fig. Sentimiento de admiración, respeto o afecto hacia alguien o algo.

triceps. adj. y m. Nombre de varios músculos que tienen tres partes.

triciclo. m. Vehículo de tres ruedas y provisto de pedales.

tricota. f. amer. Suéter, prenda de punto.

tricotar. tr. Tejer, hacer punto a mano o con máquina.

tridente. adj. De tres dientes. ‖ m. Cetro en forma de arpón que tienen en la mano las figuras de Saturno o Neptuno.

tridimensional. adj. Se dice de lo que se desarrolla en las tres dimensiones del espacio.

trienio. m. Tiempo de tres años. ‖ Incremento económico en un salario, cada tres años de servicio activo en una empresa u organismo.

trifulca. f. Desorden, gresca, riña.

trigo. m. Planta gramínea con espigas compuestas de tres o más carreras de granos, de los cuales, triturados, se saca la harina con que se hace el pan. ‖ Grano de esta planta.

trilingüe. adj. Que habla tres lenguas. ‖ Escrito en tres lenguas.

trillar. tr. Separar el grano de la paja triturando la mies. ‖ fig. y fam. Frecuentar mucho una cosa. ‖ fig. Utilizar algo con exceso, particularmente tratar muchas veces un tema, de forma que pierda originalidad.

trillizo, za. adj. y s. Se dice de cada uno de los hermanos nacidos de un parto triple.

trillón. m. Un millón de billones.

trilogía. f. Conjunto de tres tragedias de un mismo autor. ‖ Conjunto de tres obras dramáticas que tienen entre sí una unidad argumental.

trimestre. m. Espacio de tiempo de tres meses.

trinar. intr. Gorjear. ‖ Hacer trinos. ‖ fig. y fam. Rabiar, impacientarse.

trincar. tr. Partir, desmenuzar. ‖ Atar fuertemente. ‖ pop. Apresar, encarcelar. ‖ pop. Matar. ‖ fam. Beber. ‖ amer. Apretar, oprimir.

trinchar. tr. Partir en trozos la vianda para servirla.

trinche. m. amer. Tenedor de mesa. ‖ amer. Trinchero, mueble donde se trincha.

trinchera. f. Defensa de tierra para cubrir el cuerpo del soldado. ‖ Gabardina impermeable.

trineo. m. Vehículo sin ruedas para caminar sobre el hielo y la nieve.

trinidad. f. Unión, según el cristianismo, de tres personas distintas en un solo Dios.

trinitario, ria. adj. y s. Se apl. a los religiosos de la Orden de la Santísima Trinidad. ‖ De Trinidad (Cuba). ‖ f. Planta herbácea anual, de jardín y común en España, donde se la conoce con el nombre de *pensamiento*.

trinitrotolueno. m. Producto en forma de sólido cristalino, que constituye un explosivo muy potente.

trío. m. Composición musical para tres voces o instrumentos. ‖ Conjunto que las interpreta. ‖ Grupo de tres.

tripa. f. Intestino. ‖ Vientre, especialmente el grueso o abultado. ‖ Trozo de intestino de un animal utilizado como material o en alimentación. || pl. Relleno de algunas cosas o parte interior de algo.

tripartito, ta. adj. Dividido en tres partes, órdenes o clases. || Constituido por tres partidos políticos. || Realizado entre tres.

triple. adj. y m. Se dice del número que contiene a otro tres veces. || Compuesto de tres elementos.

trípode. m. Mesa, banquillo o armazón de tres pies.

tríptico. m. Pintura, grabado o relieve en tres hojas, unidas de tal modo que las laterales pueden doblarse sobre la del centro.

triptongo. m. Conjunto de tres vocales (débil, fuerte y débil) en una sola sílaba.

tripulación. f. Conjunto de personas que atienden el manejo y otros servicios de una embarcación o vehículo aéreo o espacial.

tripular. tr. Dotar de tripulación. || Conducir, especialmente un barco, avión o vehículo espacial.

tripulina. f. amer. Tremolina, algarabía.

triquina. f. Gusano de unos tres milímetros de largo, cuya larva se enquista en forma de espiral en los músculos del cerdo y del hombre.

triquiñuela. f. fam. Rodeo, treta.

tris. m. Tiempo y lugar pequeños, ocasión levísima.

triste. adj. Afligido, apesadumbrado. || De carácter melancólico. || Funesto, deplorable. || Doloroso o injusto. || Insignificante, insuficiente, escaso.

triturar. tr. Moler, desmenuzar. || Mascar. || fig. Maltratar, molestar.

triunfo. m. Victoria. || Éxito. || Carta del palo preferido en ciertos juegos de naipes. || amer. Cierta danza popular.

trivial. adj. Vulgarizado, común y sabido de todos. || Mediocre, insignificante.

triza. f. Pedazo pequeño o partícula dividida de un cuerpo.

trocar. tr. Permutar una cosa por otra. || Cambiar, alterar. Ú. t. c. prnl. || Equivocar, decir una cosa por otra.

trofeo. m. Objeto que reciben los ganadores en señal de victoria. || Botín obtenido en la guerra.

troglodita. adj. y com. Que habita en cavernas. || fig. Se dice del hombre bárbaro y cruel. || fig. Muy comedor.

trola. f. Engaño, falsedad, mentira.

tromba. f. Columna de agua que se levanta en el mar por efecto de un torbellino. || Gran cantidad de agua de lluvia caída en poco tiempo.

trombo. m. Coágulo de sangre en el interior de una vena o en el corazón.

trombón. m. Instrumento musical de metal cuyos sonidos se obtienen alargando las varas que lleva. || com. Persona que toca este instrumento.

trombosis. f. Proceso de formación de un trombo en el interior de una vena o en el corazón.

trompa. f. Instrumento musical de viento que consiste en un tubo de latón enroscado circularmente. || Prolongación muscular, hueca y elástica, de la nariz de algunos animales, como el elefante. || Aparato chupador de algunos insectos. || fig. y fam. Borrachera. || com. Persona que toca la trompa.

trompazo. m. Cualquier golpe fuerte.

trompear. tr. amer. Dar trompazos, pegar. || prnl. amer. Emborracharse.

trompeta. f. Instrumento musical de viento que produce diversidad de sonidos según la fuerza con que la boca impele el aire. || com. Trompetista.

trompetilla. f. Instrumento en forma de trompeta que servía para que los sordos recibieran los sonidos, aplicándoselo al oído.

trompicón. m. Cada tropezón o paso tambaleante de una persona. || Tumbo o vaivén de un vehículo. || Porrazo, golpe fuerte.

trompudo, da. adj. amer. De labios muy abultados y boca saliente.

tronado, da. adj. Loco. || f. Tempestad de truenos.

tronchar. tr. y prnl. Partir o romper con violencia un vegetal por su tronco, tallo o ramas principales. || fig. Agotar, cansar muchísimo. || prnl. Partirse de risa, reírse mucho.

troncho. m. Tallo de las hortalizas.

tronco. m. Cuerpo truncado. || Tallo fuerte y macizo de árboles y arbustos. || Cuerpo humano o de cualquier animal, prescindiendo de la cabeza y de las extremidades. || Ascendiente común de dos o más ramas, líneas o familias.

tronco, ca. m. y f. fam. Compañero, amigo, colega.

tronera. f. Abertura en el costado de un buque, en el costado de una muralla o en el espaldón de una batería, para disparar los cañones. || Ventana pequeña y angosta.

trono. m. Asiento con gradas y dosel de que usan los reyes y personas de alta dignidad. || Dignidad de rey o soberano. || fig. y fam. Retrete, váter.

tropa. f. Gente militar. || Conjunto de soldados, cabos y sargentos. || Turba, muchedumbre de gentes. || Conjunto de militares, en distinción de los civiles. || amer. Recua de ganado. || pl. Conjunto de cuerpos que componen un ejército, división, guarnición, etc.

tropezar. intr. Dar con los pies en un estorbo. || Ser impedida una cosa por encontrar un estorbo. || fig. y fam. Hallar casualmente una persona a otra. || fig. Cometer un error o falta. || prnl. Rozarse un pie con otro.

trópico. m. Cada uno de los dos círculos menores que se consideran en la esfera celeste paralelos al ecuador. || Región comprendida entre estos dos círculos.

troquel. m. Molde empleado en la acuñación de monedas, medallas, etc. || Instrumento análogo de mayores dimensiones utilizado para el estampado de piezas metálicas. || Instrumento para cortar por medio de presión cartón, cuero, planchas metálicas, etc.

trote. m. Modo de caminar acelerado, natural a todas las caballerías. || Trabajo o faena apresurada y fatigosa. || fig. Mucho uso que se da a una cosa.

trova. f. Composición métrica escrita generalmente para canto. || Canción amorosa compuesta o cantada por los trovadores.

trovador, ra. adj. y s. Que trova. || m. Poeta provenzal de la Edad Media.

trozo. m. Pedazo de una cosa que se considera aparte del resto.

trucha. f. Pez de agua dulce, que tiene una carne muy estimada por su sabor. || amer. Persona astuta.

truco. m. Cada una de las mañas o habilidades que se adquieren en el ejercicio de un arte, oficio o profesión. || Engaño, trampa. || Artificio para producir determinados efectos en ilusionismo, fotografía, cine, etc.

truculento, ta. adj. Cruel, atroz y tremendo.

trueno. m. Estampido o estruendo producido en las nubes por una descarga eléctrica.

trueque. m. Cambio, canje.

trufa. f. Hongo carnoso comestible que se cría bajo tierra. || Dulce de chocolate en forma de bombón. || Crema de chocolate y nata. || Nariz del perro. || fig. Mentira.

truhán, na. adj. y s. Persona sin vergüenza, que vive de engaños y estafas.

truncar. tr. Cortar una parte a alguna cosa. || fig. Omitir algunas palabras de un escrito, especialmente cuando se hace intencionadamente. || Interrumpir una acción dejándola incompleta o impidiendo que se lleve a cabo.

tu, tus. adj. pos. Apóc. de *tuyo, tuya, tuyos, tuyas*. Sólo se emplea antepuesto al nombre.

tú. pron. pers. de 2.ª persona sing., com. Funciona como sujeto y vocativo.

tubérculo. m. Parte de un tallo subterráneo o de una raíz que se desarrolla considerablemente; en sus células se acumula una gran cantidad de sustancias de reserva, como en la patata y el boniato.

tuberculosis. f. Enfermedad infecciosa del hombre y de muchas especies animales producida por el bacilo de Koch.

tubería. f. Conducto formado de tubos.

tubo. m. Pieza hueca, de forma por lo común cilíndrica y generalmente abierta por ambos extremos. ‖ Recipiente de forma cilíndrica. ‖ Recipiente flexible con un tapón en el extremo y un pliegue en el otro, destinado a contener sustancias blandas, como pintura, pomadas, etc. ‖ Nombre que reciben algunos conductos de organismos animales y vegetales.

tuco. m. amer. Salsa de tomate frito con cebolla, orégano, perejil, ají, etc.

tuerca. f. Pieza con un hueco labrado en espiral que ajusta exactamente en el filete de un tornillo.

tuerto, ta. adj. y s. Falto de la vista en un ojo.

tuétano. m. Sustancia blanca contenida dentro de los huesos.

tufo. m. Emanación gaseosa que se desprende de las fermentaciones y de las combustiones imperfectas. ‖ fam. Olor fuerte y desagradable. ‖ fig. Soberbia, vanidad. Ú. m. en pl. ‖ fig. Sospecha, intuición, corazonada.

tugurio. m. Choza de pastores. ‖ fig. Habitación pequeña y miserable. ‖ Local sucio y descuidado o de mala reputación.

tul. m. Tejido fino y transparente que forma malla, generalmente en octágonos.

tulipán. m. Planta herbácea, vivaz, con raíz bulbosa, tallo liso y flor única, de hermosos colores e inodora. ‖ Flor de esta planta.

tullido, da. adj. y s. Que ha perdido el movimiento del cuerpo o de alguno de sus miembros.

tullir. tr. Hacer que uno quede tullido. ‖ prnl. Perder uno el uso y movimiento de su cuerpo o de un miembro de él.

tumba. f. Lugar en que está sepultado un cadáver.

tumbar. tr. Hacer caer o derribar a una persona o cosa. ‖ Aturdir o quitar a uno el sentido una cosa fuerte. ‖ Acostar, tender. Ú. t. c. prnl.

tumbo. m. Vaivén violento.

tumbona. f. Silla con largo respaldo y con tijera que permite inclinarlo en ángulos muy abiertos.

tumefacto, ta. adj. Hinchado.

tumor. m. Hinchazón y bulto que se forma anormalmente en alguna parte del cuerpo. ‖ Alteración patológica de un órgano o de parte de él, producida por la proliferación creciente de las células que lo componen.

túmulo. m. Sepulcro levantado de la tierra. ‖ Armazón para las honras de un difunto.

tumulto. m. Motín, alboroto producido por una multitud. ‖ Confusión agitada o desorden ruidoso.

tunante, ta. adj. y s. Pícaro, bribón, taimado.

tunda. f. fam. Paliza, somanta, zurra.

túnel. m. Paso subterráneo abierto artificialmente para establecer una comunicación.

túnica. f. Vestidura sin mangas, que usaban los antiguos y les servía como de camisa. ‖ Vestidura exterior amplia y larga.

tuno, na. adj. Pícaro, tunante. ‖ m. Estudiante que forma parte de una tuna. ‖ f. Estudiantina, grupo musical universitario que se acompaña de guitarras, bandurrias, panderetas, etc.

tupé. m. Cabello que cae sobre la frente. ‖ fig. y fam. Atrevimiento, desfachatez.

tupido, da. adj. Que tiene sus elementos muy juntos o apretados.

turba. f. Muchedumbre de gente confusa y desordenada.

turbante. m. Tocado propio de las naciones orientales, que consiste en una faja larga de tela rodeada a la cabeza. ‖ Tocado femenino inspirado en el anterior.

turbar. tr. y prnl. Alterar o conmover el estado o curso natural de una cosa. ‖ Enturbiar. ‖ fig. Aturdir a uno de modo que no acierte a hablar o a proseguir lo que estaba haciendo. ‖ Interrumpir violenta o molestamente la quietud, el silencio, etc.

turbina. f. Máquina destinada a transformar en movimiento giratorio de una rueda la fuerza viva o presión de un fluido.

turbio, bia. adj. Mezclado o alterado por algo que oscurece o quita la transparencia y claridad que le son propias. ‖ fig. Revuelto, dudoso, turbulento. ‖ fig. Confuso, poco claro.

turbo. adj. Se dice de los motores que tienen turbocompresor y de los vehículos que lo llevan. ‖ Apóc. de *turbocompresor.*

turbulento, ta. adj. Turbio. ‖ fig. Confuso, alborotado y desordenado. ‖ fig. Se dice de la persona agitadora, que promueve disturbios o discusiones, y de su carácter. Ú. t. c. s.

turco, ca. adj. y s. De Turquía. ‖ f. fam. Borrachera, embriaguez.

turgente. adj. Abultado, elevado y firme.

turismo. m. Afición a viajar por gusto de recorrer un país o región. ‖ Organización de los medios conducentes a facilitar estos viajes. ‖ Automóvil de uso privado.

turno. m. Orden o alternativa que se observa entre varias personas para realizar una tarea, desempeñar un cargo, etc. ‖ Ocasión en que a alguien le corresponde hacer algo. ‖ Cada una de las intervenciones que, en pro o en contra de una propuesta, permiten los reglamentos de las cámaras legislativas y las corporaciones.

turquesa. f. Mineral amorfo, formado por un fosfato de alúmina con algo de cobre y hierro, de color azul verdoso, que se emplea en joyería. ‖ Color azul verdoso, como el de este mineral. Ú. t. c. adj.

turro, rra. adj. amer. Se dice de la persona deshonesta, de malas intenciones. Ú. t. c. s. ‖ f. amer. Prostituta.

turrón. m. Dulce hecho de almendras, piñones, avellanas o nueces, tostado todo y mezclado con miel o azúcar. ‖ Nombre dado a otros dulces típicos de Navidad y dispuestos también en pastillas o porciones.

tutear. tr. y rec. Hablar a uno empleando el pronombre de segunda persona.

tutela. f. Autoridad que, en defecto de la paterna o materna, se confiere para cuidar de la persona y los bienes de aquel que no tiene completa capacidad civil. ‖ fig. Dirección, amparo.

tutor. m. y f. Persona que ejerce la tutela. ‖ Profesor encargado de seguir de cerca los estudios de los alumnos de una clase. ‖ fig. Defensor, protector.

tuturuto, ta. adj. amer. Turulato, lelo.

tuyo, tuya, tuyos, tuyas. pron. y adj. pos. de 2.ª persona, m. y f., sing. y pl. Indica pertenencia o relación respecto a la segunda persona, y cuando acompaña a un sustantivo se usa pospuesto a éste.

U

u. f. Vigesimosegunda letra del abecedario español y última de sus vocales.

u. conj. disy. Se emplea en vez de *o* ante palabras que empiezan por *o, ho.*

ubicar. intr. y prnl. Estar situado. ‖ tr. amer. Situar.

ubicuo, cua. adj. Que está presente a un mismo tiempo en todas partes. ‖ Se apl. a la persona de gran actividad que

está continuamente en movimiento para no perderse nada.

ubre. f. En los mamíferos, cada una de las tetas de la hembra.

uchú. m. amer. Guindilla americana.

U.C.I. (siglas de *Unidad de Cuidados Intensivos*). f. U.V.I.

ufano, na. adj. Orgulloso. ‖ Satisfecho, alegre. ‖ Resuelto, decidido.

ujier. m. Ordenanza de algunos tribunales y administraciones públicas.

úlcera. f. Lesión en la piel o mucosa de un órgano con destrucción de tejidos.

ulterior. adj. Que está en la parte de allá. || Posterior.

ultimátum. m. Última proposición escrita de un Estado a otro, cuya no aceptación puede ocasionar la guerra. || Decisión definitiva.

último, ma. adj. Posterior a todos, final. || Definitivo. || Lo más remoto. || Lo más reciente. || Definitivo.

ultra. adj. Se dice del extremista político, generalmente violento. Ú. t. c. com. || Perteneciente o relativo a ellos.

ultrajar. tr. Injuriar gravemente.

ultramar. m. Conjunto de territorios del otro lado de un océano.

ultranza (a). loc. adv. Sin vacilar, resueltamente. || Hasta el límite.

ultrasonido. m. Sonido cuya frecuencia de vibraciones es superior al límite perceptible por el oído humano, que tiene muchas aplicaciones industriales y médicas.

ultravioleta. adj. De la parte invisible del espectro solar a continuación del color violeta.

umbilical. adj. Del ombligo.

umbral. m. Parte inferior, contrapuesta al dintel, del vano de una puerta. || Valor a partir del cual empiezan a ser perceptibles los efectos de un efecto físico. || fig. Entrada, principio.

umbrío, a. adj. En sombra.

un, una. art. indet. Presenta o introduce sustantivos que designan personas o cosas desconocidas o no mencionadas todavía. || adj. indef. Uno cualquiera. || adj. num. Uno.

unanimidad. f. Conformidad total entre varios pareceres.

uncir. tr. Atar o sujetar al yugo bueyes, mulas, etc.

undécimo, ma. adj. Que sigue inmediatamente en orden al décimo. || De cada una de las once partes iguales en que se divide un todo. Ú. t. c. s.

ungir. tr. Frotar con una materia grasa una cosa. || Signar con óleo sagrado a una persona, para denotar el carácter de su dignidad o para la recepción de un sacramento.

único, ca. adj. Solo en su especie. || Extraordinario.

unicornio. m. Animal fabuloso de figura de caballo y con un cuerno en la frente.

unidad. f. Propiedad de lo que no puede ser dividido. || Cualidad de algo entre cuyas partes hay coordinación. || Unanimidad. || Cualidad de la producción literaria o artística con temas o características comunes. || Uno, primer número natural. || Cantidad o magnitud que sirve como término de comparación de las demás de su especie. || Porción independiente de una serie, conjunto, ejército, etc.

uniforme. adj. Con la misma forma, sin variedad. || m. Traje igual y reglamentario de las personas de un cuerpo, comunidad, etc.

unilateral. adj. Que se refiere a un solo aspecto de algo.

unir. tr. y prnl. Hacer por distintos medios de varias cosas una. || Juntar. || Poner en comunicación. || Vincular, casar. || Aliar, asociar para un fin común.

unisex. adj. Se dice de la moda o de ciertos establecimientos adecuados tanto para hombres como para mujeres.

unísono, na. adj. Con el mismo sonido. || m. Precedido de *al*, conjuntamente, al mismo tiempo, sin discrepancias.

universal. adj. Perteneciente o relativo al universo. || Que comprende y es común a todos los de su especie, sin excepción. || Que pertenece o se extiende a todo el mundo, a todos los países, a todos los tiempos. || m. pl. En fil., conceptos o ideas generales.

universidad. f. Institución de enseñanza superior con diversas facultades que concede los correspondientes títulos académicos. || Edificio o conjunto de edificios destinado a universidad.

universo. m. Conjunto de las cosas creadas, mundo. || La totalidad de los habitantes de la Tierra. || Medio en que uno vive. || Conjunto de personas con características comunes.

unívoco, ca. adj. y s. Con un solo significado. || Se dice de lo que tiene igual naturaleza o valor que otra cosa.

uno, na. adj. Que no se puede dividir. || Idéntico, igual. || Se dice del número entero más pequeño. Ú. t. c. m. || De la persona muy unida a otra. || pl. Algunos. || Pocos más o menos. || pron. indef. Persona o personas cuyo nombre se ignora. || pl. Algunos, unos indeterminados. || pron. indef. Persona o personas cuyo nombre se ignora. || m. Unidad, el primero de los números naturales. || Signo que lo representa (1). || Cantidad que se utiliza como término de comparación.

untar. tr. Extender una materia grasa sobre una superficie. || fam. Sobornar. || prnl. Mancharse.

uña. f. Revestimiento córneo del extremo de los dedos. || Nombre de objetos de forma parecida.

urbanizar. tr. Construir en un terreno, previamente delimitado, viviendas y dotarle de todos los servicios urbanos necesarios para ser habitado. || Hacer urbano y sociable a alguien. Ú. t. c. prnl.

urbano, na. adj. De la ciudad. || Cortés, educado.

urbe. f. Ciudad grande y poblada.

urdir. tr. Preparar los hilos para tejer. || Preparar, tramar.

urea. f. Principio que contiene gran cantidad de nitrógeno y constituye la mayor parte de la materia orgánica contenida en la orina en su estado normal.

urgencia. f. Prisa. || Necesidad o falta apremiante de algo. || Caso urgente. || pl. Departamento de los hospitales para atender a enfermos y heridos que necesitan cuidados médicos inmediatos.

urgir. intr. Correr prisa algo. || Ser muy necesario.

urinario, ria. adj. Perteneciente o relativo a la orina. || m. Lugar para orinar, especialmente el público.

urna. f. Arca, caja, a veces de cristal, para depositar las papeletas en sorteos y votaciones, y otros usos. || Caja de cristales planos para exponer y proteger del polvo objetos preciosos. || Cofre para guardar las cenizas de un difunto.

urología. f. Parte de la medicina que estudia el aparato urinario.

urpila. f. amer. Paloma pequeña.

urraca. f. Pájaro de plumaje blanco y negro. || fam. Persona habladora. || fig. Persona que recoge y guarda todo tipo de objetos.

urticaria. f. Erupción alérgica de la piel, con mucho picor.

urú. m. amer. Ave de unos 20 cm de largo, de plumaje pardo, y que se asemeja a la perdiz.

urubú. m. amer. Especie de buitre americano de 60 cm de largo y más de un metro de envergadura.

urunday. m. amer. Árbol que alcanza 20 m de altura, con excelente madera, de color rojo oscuro, que se emplea en la construcción de casas y buques, y para fabricar muebles.

urutaú. m. amer. Ave nocturna, especie de lechuza de gran tamaño y cola larga, que lanza un grito característico agudo y prolongado que al final se asemeja a una carcajada.

usar. tr. Hacer que una cosa sirva para algo. || Disfrutar uno de alguna cosa, sea o no dueño de ella. || Hacer o practicar alguna cosa habitualmente o por costumbre. || Llevar una prenda de vestir, adorno, etc., o tener por costumbre ponerse algo. || prnl. Estar de moda algo.

usina. f. amer. Instalación industrial importante, en especial la destinada a producción de gas, energía eléctrica, etc.

usted, ustedes. pron. pers. de 2.ª persona, com. Se suele emplear como tratamiento de respeto, seguido del verbo en tercera persona. || pl. En América y Andalucía se usa con el verbo en 3.ª persona, en lugar de *vosotros*.

usual. adj. Que habitualmente se usa o se hace.

usuario, ria. adj. y s. Que habitualmente utiliza algo.

usufructo. m. Derecho a disfrutar bienes ajenos con la obligación de conservarlos. ‖ Utilidades, frutos o beneficios que se sacan de cualquier cosa.

usura. f. Interés, ganancia excesiva por un préstamo; y este préstamo. ‖ fig. Cualquier ganancia excesiva que se obtiene de algo.

usurpar. tr. Apoderarse de un bien o derecho ajeno. ‖ Usar de él. ‖ Apoderarse de la dignidad, empleo u oficio de otro, y usarlos como si fueran propios.

usuta. f. amer. Especie de sandalia.

utensilio. m. Objeto de uso manual y frecuente. Ú. m. en pl. ‖ Herramienta o instrumento de un oficio o arte. Ú. m. en pl.

útero. m. Matriz, órgano de la gestación.

útil. adj. Eficiente, beneficioso. ‖ Que puede utilizarse para algo. ‖ Se dice de

los días hábiles para la realización de algo, normalmente fijados por la ley o la costumbre. ‖ m. pl. Utensilios, herramientas.

utilitario, ria. adj. Que antepone la utilidad. ‖ Se dice de cierto automóvil pequeño. Ú. t. c. m.

utilizar. tr. y prnl. Aprovecharse o servirse de algo.

utillaje. m. Conjunto de herramientas, instrumentos, máquinas utilizados en una industria.

utopía. f. Proyecto, sistema o gobierno ideal, pero irrealizable.

uva. f. Fruto de la vid; es una baya blanca o morada formando racimo.

uve. f. Nombre de la letra *v*.

U.V.I. (siglas de *Unidad de Vigilancia Intensiva*) f. Sección hospitalaria con aparatos y personal especializado para atender casos de enfermedades muy graves y que requieren atención continuada.

V

v. f. Vigesimotercera letra del abecedario español y decimoctava de sus consonantes. Su nombre es *ve* o *uve*. ‖ Letra numeral romana con valor de cinco.

vaca. f. Hembra del toro. ‖ Su carne y piel. ‖ fig. y fam. Mujer muy gorda. ‖ amer. Contrato por el que la ganancia del negocio se reparte proporcionalmente a lo que cada uno había invertido.

vacación. f. Tiempo de descanso en trabajo y estudios. Ú. m. en pl.

vacante. adj. Se dice del cargo y empleo libre y por cubrir. Ú. t. c. f. ‖ Se dice de la persona que no está trabajando, disponible. ‖ Sin ocupar.

vacilada. m. amer. Juerga, jolgorio.

vacilar. intr. Mover a un lado u otro, tambalearse. ‖ Estar poco firme, oscilar.

‖ Dudar, estar perplejo, indeciso. ‖ fam. Tomar el pelo. Ú. t. c. tr. ‖ amer. Divertirse en una juerga.

vacío, a. adj. Falto de contenido. ‖ Desocupado, hueco. ‖ Ocioso, insustancial. ‖ m. Espacio sin aire ni materia alguna. ‖ Sentimiento de ausencia o privación.

vacuna. f. Virus convenientemente preparado que, aplicado al organismo, lo preserva de una enfermedad.

vacuno, na. adj. Bovino. ‖ m. Animal bovino.

vacuo, a. adj. Vacío, insustancial.

vado. m. Lugar poco profundo de un río por donde se puede pasar a pie. ‖ Parte rebajada del bordillo de la acera de una calle para facilitar el acceso de vehículos a garajes, almacenes, etc., en la que no se puede aparcar.

vagabundo, da. adj. Errante. ‖ Se dice de la persona que vaga de un lado a otro sin trabajar. Ú. t. c. s.

vagar. intr. Andar errante. ‖ Estar ocioso. ‖ Andar por un sitio sin hallar lo que se busca.

vagina. f. En las hembras de los mamíferos, conducto entre la vulva y la matriz.

vago, ga. adj. Vagabundo. ocioso, holgazán. Ú. t. c. s. ‖ Impreciso, confuso.

vagón. m. Vehículo para transporte por ferrocarril. ‖ Carro grande de mudanzas destinado a ser transportado sobre una plataforma de ferrocarril.

vaguada. f. Parte más honda de un valle.

vahído. m. Desvanecimiento, mareo pasajero.

vaho. m. Vapor que despide un cuerpo en ciertas condiciones. ‖ Aliento. ‖ pl. Método curativo que consiste en respirar vahos con alguna sustancia balsámica.

vaina. f. Funda de algunas armas o instrumentos de hoja afilada. ‖ Cáscara de las semillas de las legumbres. ‖ amer. Molestia, contratiempo. ‖ com. fam. Botarate.

vainilla. f. Planta aromática americana, cuyo fruto se emplea en pastelería.

vaivén. m. Movimiento alternativo, balanceo. ‖ Inconstancia.

vajilla. f. Conjunto de platos y demás utensilios para servir la mesa.

vale. m. Papel o documento que acredita una deuda, la entrega de algo. ‖ Bono o tarjeta para adquirir algo. ‖ Entrada gratuita para un espectáculo público.

valentía. f. Valor. ‖ Hazaña.

valer. m. Valía.

valer. tr. Tener algo determinado precio, costar. ‖ Amparar, ayudar. ‖ Equivaler. ‖ Producir, proporcionar. ‖ intr. Servir para algo. ‖ Tener vigencia una cosa. ‖ prnl. Servirse de algo.

válido, da. adj. Que vale.

valiente. adj. y com. Intrépido. ‖ desp. De poco valor.

valija. f. Saco de cuero, cerrado con llave, donde se lleva la correspondencia. ‖ El mismo correo.

valla. f. Armazón de estacas o tablas que cierra o marca un lugar. ‖ Obstáculo que deben saltar los participantes en ciertas competiciones hípicas o atléticas. ‖ Cartelera situada en calles, carreteras, etc., con fines publicitarios

valle. m. Llanura entre montes. ‖ Cuenca de un río. ‖ Conjunto de lugares, caseríos o aldeas de un valle.

valor. m. Grado de utilidad, aptitud, importancia y buenas cualidades de algo. ‖ Precio. ‖ Intrepidez, coraje. ‖ Osadía, desvergüenza. ‖ Equivalencia. ‖ pl. Títulos de renta, acciones, obligaciones.

vals. m. Baile de origen alemán. ‖ Su música.

valse. m. amer. Vals.

válvula. f. Pieza que abre o cierra un conducto. ‖ Lámpara de radio. ‖ Pliegue membranoso de la cara interna del corazón o de un vaso que impide el retroceso de la sangre o la linfa.

vampiresa. f. Mujer que aprovecha su capacidad de seducción para sacar beneficio de sus conquistas. ‖ Mujer fatal.

vampiro. m. Murciélago americano. ‖ Espectro o cadáver que, según una creencia popular, salía de noche a chupar la sangre de los vivos. ‖ fig. Persona codiciosa que se enriquece con malos medios, a costa de los demás.

vanagloria. f. Presunción de los méritos propios.

vanarse. prnl. amer. Malograrse un fruto, o cualquier cosa, sin llegar a madurar.

vándalo, la. adj. y s. Se dice de un antiguo pueblo germano que invadió España y N. de África en los s. V y VI. ‖ fig. Que actúa con brutalidad y espíritu destructor.

vanguardia. f. Parte de una fuerza armada, que va delante del cuerpo principal. ‖ Conjunto de personas, ideas, precursoras o renovadoras en relación a la sociedad que les rodea.

vanidad. f. Calidad de vano. || Palabra o cosa vana. || Ostentación.

vanidoso, sa. adj. y s. Que tiene vanidad y la muestra.

vano, na. adj. Vacío, sin fundamento. || Inútil, infructuoso. || Vanidoso. || m. Hueco de un muro que sirve de puerta o ventana.

vapor. m. Estado gaseoso que, por la acción del calor, adoptan ciertos cuerpos, en especial el agua. || Buque de vapor.

vaporizar. tr. Convertir un líquido en vapor, por la acción del calor. Ú. t. c. prnl. || Dispersar un líquido en pequeñas gotas.

vaporoso, a. adj. Ligero.

vapulear. tr. Azotar. Ú. t. c. prnl. || Zarandear de un lado a otro a una persona o cosa. || fig. Reprender, criticar o hacer reproches duramente a una persona.

vaquero, ra. adj. Propio de los pastores de ganado vacuno. || Se dice de una tela de tejido muy resistente, generalmente de color azul, y de lo que se fabrica con esta tela. || m. y f. Persona que cuida el ganado vacuno. || m. Pantalones de tela vaquera. Ú. m. en pl.

vaqueta. f. Cuero de ternera, curtido y adobado.

vaquillona. f. amer. Vaca de dos a tres años.

vara. f. Rama delgada, limpia y sin hojas. || Palo largo y delgado || Pica con que se hiere al toro. || Bastón de mando. || Medida de longitud que equivale a 836 mm.

varar. intr. Encallar la embarcación en la costa o en las peñas, o en un banco de arena. || tr. Sacar a la playa y poner en seco una embarcación. || prnl. fig. Quedar parado o detenido un asunto. || amer. Quedarse detenido en un vehículo por avería.

variante. f. Cada una de las diversas formas en que se presenta algo. || Variedad o diferencia entre diversas clases o formas de una misma cosa. || Desviación de un trecho de una carretera o camino. || Cada uno de los resultados con que en las quinielas de fútbol se indican los resultados de los partidos. || m. Fruto o verdura que se encurte en vinagre. Ú. m. en pl.

variar. tr. Hacer que algo sea diferente de lo que era antes. || Dar variedad. || intr. Cambiar, ser diferente.

varicela. f. Enfermedad contagiosa benigna, frecuente en los niños, con erupción parecida a la de la viruela.

variedad. f. Diferencia, diversidad. || Inestabilidad, inconstancia. || Conjunto de cosas diversas. || Alteración, cambio. || pl. Espectáculo teatral compuesto de números diversos, sin relación entre ellos.

varilla. f. Barra larga y delgada. || Cada una de las piezas unidas por un extremo que forman el armazón del abanico, paraguas, etc.

vario, a. adj. Diverso, diferente. || Que tiene variedad. || adj. y pron. indef. pl. Algunos, unos cuantos. || m. pl. Apartado de cualquier conjunto que reúne elementos de diversos tipos, sin clasificar. || Conjunto de libros, folletos, hojas sueltas o documentos, de diferentes autores, materias o tamaños, reunidos en tomos, legajos o cajas.

variopinto, ta. adj. Que ofrece diversidad de colores o de aspecto. || Multiforme, diverso, mezclado, abigarrado.

variz. f. Dilatación permanente de una vena por la acumulación de sangre en ella.

varón. m. Persona de sexo masculino.

vasallo, lla. adj. y s. Súbdito. || m. y f. Persona que estaba sujeta a un señor feudal por juramento de fidelidad.

vasco, ca. adj. y s. Del País Vasco, especialmente de la comunidad autónoma española así llamada. || m. Vascuence.

vascuence. m. Euskera o eusquera, lengua hablada en el País Vasco (antiguas provincias Vascongadas, parte de Navarra y una zona del departamento francés de los Bajos Pirineos).

vasectomía. f. Operación quirúrgica de esterilización de los varones, que consiste en cerrar el conducto deferente por el que salen los espermatozoides del testículo.

vaselina. f. Sustancia grasa, con aspecto de cera, que se saca de la parafina y aceites densos del petróleo y se utiliza en farmacia y en perfumería.

vasija. f. Recipiente para contener líquidos.

vaso. m. Recipiente cilíndrico para beber. || Cantidad de líquido que cabe en él. || Conducto por el que circula en el vegetal la savia o el látex. || Conducto por el que circula la sangre o la linfa en el cuerpo del hombre y de los animales.

vástago. m. Ramo tierno del árbol o planta. || Hijo, descendiente. || Varilla, barra que transmite el movimiento. || amer. Tallo del plátano.

vasto, ta. adj. Extenso, muy grande.

váter. m. Retrete.

vaticinio. m. Predicción, adivinación, pronóstico.

vatio. m. Unidad de potencia eléctrica.

vecino, na. adj. Se dice de los que habitan en una misma población, calle, casa. Ú. t. c. s. || Cercano. || Semejante.

vedar. tr. Prohibir.

vega. f. Extensión de tierra baja, llana y fértil. || Tierra de labor que se extiende en las márgenes de los ríos. || amer. Terreno sembrado de tabaco. || amer. Terreno muy húmedo.

vegetación. f. Conjunto de los vegetales de un terreno, región, país. || pl. Carnosidades que se desarrollan en la faringe.

vegetal. adj. Que vegeta. || Se dice de las plantas. || m. Ser orgánico que vive y se desarrolla, pero no tiene sensibilidad ni se mueve voluntariamente.

vegetar. intr. Vivir, desarrollarse las plantas. || Vivir inconsciente una persona. || Disfrutar voluntariamente de una vida tranquila, sin trabajos ni preocupaciones.

vegetariano, na. adj. Se dice de la persona que se alimenta exclusivamente de vegetales. Ú. t. c. s. || Se dice de este régimen alimenticio.

vegetativo, va. adj. Que vegeta. || Se dice de las funciones básicas de nutrición o reproducción.

vehemente. adj. Que obra o se mueve con ímpetu y violencia o se expresa con viveza.

vehículo. m. Medio de locomoción, transporte. || Lo que sirve para transmitir fácilmente algo.

veinte. adj. Dos veces diez. Ú. t. c. m. y pron. || m. Conjunto de signos con que se representa este número.

vejar. tr. Maltratar. || Injuriar. || Menospreciar. || Satirizar, burlarse.

vejez. f. Calidad de viejo. || Último período de la vida, edad senil.

vejiga. f. Bolsa membranosa del abdomen que contiene la orina. || Ampolla a la piel.

vela. f. Pieza de lona o lienzo fuerte para recibir el viento que impulsa la nave. || Deporte en que se compite con embarcaciones de vela.

velador. m. Mesita de un solo pie. || amer. Mesilla de noche y lámpara que se pone sobre ella.

velamen. m. Conjunto de velas de una nave.

velar. tr. Cubrir con un velo. Ú. t. c. prnl. || Cubrir, ocultar. || Borrarse una fotografía por exceso de luz. Ú. t. c. prnl.

velar. intr. Permanecer despierto. || Continuar trabajando después de la jornada ordinaria. || Cuidar a un enfermo o difunto. Ú. t. c. tr.

velatorio. m. Acto de velar a un difunto.

veleidad. f. Carácter o acto caprichoso. || Inconstancia.

velero, ra. adj. Se dice de la embarcación con muy buenas condiciones para la navegación o que navega mucho. || m. Barco de vela. || Avión planeador sin motor.

veleta. f. Pieza metálica giratoria que, colocada en lo alto de un edificio, señala la dirección del viento. || com. Persona inconstante y mudable. Ú. t. c. adj.

vello. m. Pelo corto y suave del cuerpo humano. || Pelusilla de algunas frutas y plantas.

vellón. m. Toda la lana esquilada de un carnero u oveja. || Mechón de lana.

velo. m. Cortina o tela que cubre algo. || Prenda fina con que las mujeres se cubren la cabeza. || Lo que impide ver, descubrir, pensar con claridad.

velocidad. f. Rapidez en el movimiento. || Prontitud, prisa. || Relación entre el espacio recorrido y el tiempo empleado en recorrerlo. || En el motor de un vehículo, cualquiera de las posiciones de un dispositivo de cambio de velocidades.

veloz. adj. Ligero, rápido en el movimiento. || Ágil.

vena. f. Vaso o conducto por donde vuelve al corazón la sangre que ha corrido por las arterias. || Filón. || fig. Inspiración. || fig. Humor.

venablo. m. Dardo o lanza corta.

venado. m. Ciervo.

vencer. tr. Derrotar, rendir al enemigo, competidor o adversario. || Rendir a uno aquellas cosas físicas o morales difíciles de resistir. Ú. t. c. prnl. || Aventajar en algún aspecto a los demás. || Dominar a alguien sus pasiones, sentimientos, etc. Ú. t. c. prnl. || Ladear, torcer o inclinar una cosa. Ú. t. c. prnl. || intr. Cumplirse un plazo. || Expirar un contrato por cumplirse la condición o el plazo fijados en él. || Conseguir uno lo que desea en una disputa física o moral.

venda. f. Banda, tira de gasa o tela para cubrir una herida, sujetar un miembro, hueso roto, etc.

vendaval. m. Viento fuerte.

vender. tr. Traspasar la propiedad de algo por un precio convenido. || Traicionar, delatar. || prnl. Dejarse sobornar. || Decir o hacer uno por descuido algo que descubre lo que quería ocultar.

vendimia. f. Recolección y cosecha de la uva. || Tiempo en que se hace.

veneno. m. Sustancia que produce en el organismo graves trastornos y a veces la muerte. || fig. Cosa nociva para la salud o la moral. || fig. Mala intención.

venerar. tr. Respetar mucho. || Dar culto, adorar.

venéreo, a. adj. Se dice de las enfermedades que se contraen por contacto sexual.

venezolano, na. adj. y s. De Venezuela.

venganza. f. Satisfacción, compensación de una ofensa o daño causando generalmente otro daño.

venia. f. Consentimiento, permiso.

venir. intr. Trasladarse o llegar hasta donde está el que habla. || Comparecer. || Ajustarse, sentar. || Proceder. || Resultar. || Llegar el tiempo en que algo va a suceder. || Aparecer en un libro, periódico, etc. || Inferirse, deducirse o ser una cosa consecuencia de otra. || Excitarse o empezar a sentir un deseo, sentimiento, etc.

venta. f. Acción y resultado de vender. || Cantidad de cosas que se venden. || Posada en un camino.

ventaja. f. Superioridad. || Utilidad, conveniencia. || Margen que un jugador concede a otro presuntamente inferior.

ventajear. tr. amer. Aventajar, obtener ventaja. || amer. desp. Sacar ventaja mediante procedimientos reprobables o abusivos.

ventana. f. Abertura en una pared para dar luz y ventilación. || Armazón con que se cierra esa abertura. || Cada uno de los orificios de la nariz.

ventanilla. f. Ventana pequeña de despachos y oficinas para comunicar con el público. || Abertura de cristal que tienen en su costado los coches, vagones del tren y otros vehículos. || Abertura rectangular cubierta con un material transparente, que llevan algunos sobres, por la que se ve la dirección del destinatario escrita en la misma carta.

ventilar. tr. Hacer circular el aire en un lugar cerrado. Ú. t. c. prnl. || Agitar en el aire. || Exponer al viento. || Renovar el aire de un local. || Examinar, resolver.

ventisca. f. Tempestad de viento y nieve.

ventosa. f. Pieza cóncava de material elástico que se adhiere a una superficie al hacer presión sobre ella, por producirse el vacío en la zona de contacto. || Órgano que tienen ciertos animales en pies, boca y otras partes del cuerpo, que les permite adherirse o agarrarse, mediante el vacío, al moverse o hacer presa.

ventosidad. f. Gas intestinal encerrado o comprimido en el cuerpo, especialmente cuando se expulsa.

ventrículo. m. Cada una de las dos cavidades del corazón, que reciben la sangre de las aurículas y la envían a las arterias. || Cada una de las cuatro cavidades del encéfalo de los vertebrados.

ventrílocuo, cua. adj. y s. Se dice de la persona capaz de hablar sin mover la boca ni los labios, como si la voz saliera del vientre.

ventura. f. Felicidad. || Casualidad. || Riesgo, peligro.

ver. m. Apariencia.

ver. tr. Percibir con los ojos. Ú. t. c. intr. || Observar. || Examinar. || Tener una entrevista, visitar a una persona. Ú. t. c. prnl. || Remitir, aludir. || Prevenir las cosas del futuro, preverlas o deducirlas de lo que sucede en el presente. || Ser un lugar escenario de un acontecimiento. || prnl. Hallarse en algún estado o situación. || Hallarse en un sitio.

verano. m. Estación más calurosa del año que en el hemisferio Norte transcurre entre el 22 de junio y el 23 de septiembre, y en el hemisferio Sur, entre el 22 de diciembre y el 21 de marzo.

veraz. adj. Verdadero.

verbena. f. Planta con flores de varios colores. || Fiesta y feria popular nocturna.

verbigracia. adv. Por ejemplo.

verbo. m. Parte conjugable de la oración que expresa la acción y estado del sujeto y ejerce la función sintáctica de núcleo del predicado. || Palabra.

verborrea. f. fam. Palabrería excesiva.

verdad. f. Coincidencia de algo con el concepto que de ello forma la mente. || Conformidad de lo que se dice con lo que se siente o piensa. || Juicio o proposición que no se puede negar racionalmente. || Cualidad de veraz. || Expresión clara y directa con que se corrige o reprende a alguien. Ú. m. en pl. || Realidad, existencia real de una cosa.

verde. adj. De color semejante al de la hierba fresca, la esmeralda, etc. Ú. t. c. s. || De los árboles y plantas que no están secos. || fig. Inmaduro. || fig. Obsceno. || Se apl. a ciertos partidos ecologistas y a sus miembros. Ú. t. c. m. pl.

verdugo. m. Vástago del árbol. || Funcionario de justicia que ejecuta las penas de muerte. || Gorro de lana que cubre la cabeza y el cuello, dejando descubiertos los ojos, la nariz y la boca. || fig. Persona muy cruel.

verdulero, ra. com. Persona que vende verduras. || f. Mujer descarada y ordinaria.

verdura. f. Verdor. || Hortaliza.

vereda. f. Camino estrecho. || Camino reservado al ganado trashumante. || amer. Acera de una calle o plaza.

veredicto. m. Decisión, dictamen sobre un hecho de un jurado o tribunal. || Juicio, parecer.

verga. f. Miembro genital de los mamíferos. || Palo delgado. || Percha de los barcos en que se sujeta la vela.

vergel. m. Huerto con variedad de flores y árboles frutales.

vergüenza. f. Sentimiento ocasionado por alguna falta cometida, o por alguna acción deshonrosa y humillante. || Pundonor, amor propio. || Timidez. || Sonrojo. || Acto o suceso escandaloso e indignante. || pl. Partes externas de los órganos sexuales humanos.

vericueto. m. Sitio accidentado por donde se anda con dificultad. || pl. Partes o aspectos más difíciles o escondidos de algo.

verídico, ca. adj. Verdadero.

verja. f. Enrejado que sirve de puerta, ventana o cerca.

vermú o **vermut.** m. Aperitivo compuesto de vino blanco, ajenjo y otras sustancias amargas y tónicas.

vernáculo, la. adj. Se dice del idioma del propio país o región.

verosímil. adj. Con apariencia de verdadero. || Creíble.

verruga. f. Carnosidad cutánea.

versado, da. adj. Instruido, experto.

versal. adj. y f. En impr., se dice de la letra mayúscula.

versalita. adj. y f. En impr., se dice de la letra mayúscula igual en tamaño a la minúscula.

versar. intr. Tratar de una determinada materia un libro, discurso o conversación.

versátil. adj. De genio o carácter voluble e inconstante. || Adaptable a muchas cosas.

versículo. m. Cada división breve de los capítulos de ciertos libros.

versión. f. Traducción. || Modo que tiene cada uno de referir un mismo suceso. || Cada narración o interpretación distinta de un mismo hecho, del texto de una obra, etc., o cada variación sobre un modelo.

verso. m. En contraposición a prosa, palabra o conjunto de palabras sujetas a medida y cadencia, o sólo a cadencia. || Composición en verso.

vértebra. f. Cada hueso del espinazo de los animales vertebrados.

vertebrado, a. adj. Se dice de una gran división del reino animal formada por los animales cordados que tienen esqueleto con columna vertebral y cráneo, y sistema nervioso central constituido por médula espinal y encéfalo. Ú. t. c. s. || fig. Estructurado, dividido.

vertebrar. tr. Dar consistencia o estructura internas; dar organización y cohesión.

verter. tr. Derramar líquidos y cosas menudas. Ú. t. c. prnl. || Inclinar un recipiente para vaciar su contenido. Ú. t. c. prnl. || Traducir. || Expresar un concepto, sentimiento, etc. || intr. Desembocar una corriente de agua. Ú. t. c. prnl.

vertical. adj. y f. Se dice de la recta o plano perpendicular al horizonte.

vértice. m. Punto en que se unen los lados de un ángulo o las caras de un poliedro.

vertiente. f. Declive por donde corre el agua. || Cada falda de una montaña, o conjunto de las de una cordillera con la misma orientación. || Cada plano inclinado de un tejado. || Aspecto, punto de vista.

vertiginoso, sa. adj. Que causa vértigo. || Muy rápido.

vértigo. m. Trastorno del sentido del equilibrio caracterizado por una sensación de movimiento rotatorio del cuerpo o de los objetos que lo rodean. || Sensación semejante al mareo, producida por una impresión muy fuerte. || fig. Apresuramiento anormal de la actividad de una persona o colectividad.

vesícula. f. Ampolla en la piel. || Bolsa membranosa parecida a una vejiga.

vespertino, na. adj. De la tarde. || Periódico que sale por la tarde.

vestíbulo. m. Espacio, estancia a la entrada de un edificio o piso. || Cavidad del laberinto del oído. || En los hoteles y otros grandes edificios, sala de amplias dimensiones próxima a la entrada.

vestido. m. Lo que cubre el cuerpo para abrigo o adorno. || Conjunto de las principales prendas que sirven para este uso. || Prenda de vestir exterior femenina de una sola pieza.

vestigio. m. Huella. || Indicio por donde se deduce algo. || Recuerdo, señal o noticia que queda de algo pasado.

vestir. tr. Cubrir con el vestido. || Cubrir, adornar. || Proveer. || Hacer los vestidos para otro. Ú. t. c. prnl. || intr. y prnl. Ser elegante un vestido, estar de moda. || Ir vestido de determinada forma. || prnl. Sobreponerse una cosa a otra, cubriéndola.

vestuario. m. Conjunto de vestidos. || Conjunto de trajes necesarios para una representación escénica. || En instalaciones deportivas, fábricas, etc., local destinado a cambiarse de ropa. Ú. m. en pl.

veterano, na. adj. y s. Se dice del militar que ha servido mucho tiempo. || Experimentado.

veterinario, ria. adj. Perteneciente o relativo a la veterinaria. || m. y f. Persona que profesionalmente ejerce la veterinaria. || f. Ciencia que estudia y cura las enfermedades de los animales.

veto. m. En algunas organizaciones internacionales, derecho que tienen las grandes potencias de oponerse a una resolución mayoritaria. || Denegación, rechazo, prohibición.

vetusto, ta. adj. Muy antiguo o de mucha edad.

vez. f. Cada momento, ocasión en que sucede algo que puede repetirse. || Turno. || Tiempo u ocasión determinada en que se ejecuta una acción, aunque no incluya orden sucesivo. || pl. Actuación en sustitución de otra persona.

vía. f. Camino por donde se transita. || Carriles del ferrocarril o tranvía, y terreno en el que se asientan. || Conducto. || Procedimiento. || Sistema de transporte o comunicación. || Sistema, método o procedimiento. || En der., ordenamiento procesal. || Modo de administración de un medicamento.

viable. adj. Posible. || Que puede vivir. || Que se puede transitar.

viaducto. m. Puente para el paso de un camino sobre una hondonada.

viajar. intr. Trasladarse de un lugar a otro. || fig. Estar bajo los efectos de un alucinógeno.

vianda. f. Comida, sustento. || amer. Frutos y tubérculos comestibles que se sirven guisados. || amer. Fiambrera.

viandante. com. Persona que camina o transita un lugar.

víbora. f. Culebra venenosa de cabeza triangular. || fig. Persona de malas intenciones.

vibrar. tr. Mover un cuerpo elástico a uno y otro lado de su posición de equilibrio. || intr. Moverse con vibraciones. || Sonar trémula la voz. || Sentir excitación.

vicario, ria. adj. Que hace las veces de otro. || m. Juez eclesiástico.

vicepresidente, ta. m. y f. Persona que suple a quien ejerce la presidencia.

viceversa. adv. m. Al contrario, al revés.

vicio. m. Defecto. || Hábito perjudicial. || Inclinación al mal. || Deformación. || Cosa a la que es fácil aficionarse.

vicisitud. f. Circunstancia cambiante. || Sucesión de acontecimientos favorables y adversos.

víctima. f. Persona o animal destinado al sacrificio. || Persona que se expone u ofrece a un grave riesgo por otra. || Persona que resulta perjudicada por causa ajena o por un hecho fortuito. || Persona que muere en dichas circunstancias. || Persona que sufre las consecuencias de sus propias acciones o las de otros.

victimario. m. amer. Asesino.

victoria. f. Acción y resultado de vencer.

vid. f. Arbusto trepador, cuyo fruto es la uva.

vida. f. Capacidad de los seres vivos para desarrollarse, reproducirse y mantenerse en un ambiente. || Existencia, estado de actividad y funcionamiento de un ser orgánico. || Tiempo que dura la vida. || Duración de las cosas. || Modo de vivir. || Conjunto de medios para vivir. || Persona o ser humano. || Relato de la existencia de una persona. || Prostitución, dicho de las mujeres. || Cualquier cosa que produce una gran satisfacción o da valor a la existencia de alguien. || Animación, diversión. || Expresión, viveza.

vidente. adj. Que ve. || com. Persona capaz de adivinar el futuro y esclarecer lo pasado.

vídeo. m. Técnica y aparato que permite grabar por medios electrónicos la imagen y el sonido para reproducirlos inmediatamente en un televisor. || Sistema que utiliza. || Filmación obtenida mediante este sistema. || Videocasete.

videocasete o **videocinta.** f. Cinta magnética en que se registran imágenes y sonidos.

videoclip. m. Filmación de vídeo con que se acompaña o promociona una canción.

videoclub. m. Establecimiento donde se alquilan y venden cintas de vídeo grabadas.

videojuego. m. Juego electrónico para ordenador o para televisor.

videoteca. f. Colección de cintas de vídeo grabadas. || Lugar donde se guardan. || Videoclub.

vidriera. f. Vano con vidrios de distintos colores con que se cierran puertas y ventanas. || Ventanales artísticos con figuras de las catedrales góticas. || Escaparate.

vidrio. m. Sustancia dura, frágil, transparente, formada de sílice, potasa o sosa y pequeñas cantidades de otras bases. || Pieza o vaso de vidrio.

viejo, ja. adj. Se dice de la persona o animal de mucha edad. Ú. t. c. s. || fam. Se dice de la persona que ya no es joven. Ú. t. c. s. || Antiguo. || Que no es reciente. || Deslucido, estropeado por el uso. || amer. Expresión de cariño para referirse a los padres. Ú. t. c. s.

viento. m. Corriente atmosférica de aire. || Cuerda o alambre para mantener vertical o tirante un poste, tienda de campaña, etc. || Conjunto de instrumentos de viento. || fig. Cualquier cosa que mueve con violencia sentimientos y pasiones.

vientre. m. Cavidad del cuerpo de los animales vertebrados que contiene los órganos principales del aparato digestivo, genital y urinario. || Conjunto de las vísceras contenidas en esta cavidad. || Región exterior del cuerpo correspondiente al abdomen.

viernes. m. Quinto día de la semana.

viga. f. Madero largo y grueso o barra de hierro usados en construcción.

vigente. adj. De las leyes en vigor, o estilos y costumbres de moda.

vigía. m. Centinela en la arboladura de un barco o en una atalaya. || f. Atalaya. Ú. t. c. adj.

vigilar. intr. y tr. Cuidar de una persona o cosa. || Espiar, acechar.

vigilia. f. Vela. || Insomnio. || Víspera de una fiesta religiosa. || Abstinencia de comer carne algunos días de la semana por motivos religiosos.

vigor. m. Fuerza física, o actividad notable de los seres o las cosas. || Fuerza en la expresión. || Hecho de tener validez leyes, ordenanzas, etc.

vihuela. f. Instrumento de cuerda parecido al laúd, que alcanzó en España su apogeo en el s. XVI.

vil. adj. Despreciable. || Indigno, infame. || Se dice de la persona que no corresponde a la confianza puesta en ella. Ú. t. c. com.

vilipendiar. tr. Despreciar a alguien, ofenderle, humillarle.

villa. f. Casa de recreo en el campo. || Población con privilegios e importancia histórica.

villancico. m. Canción popular de Navidad. || Composición poética con estribillo.

villano, na. adj. Del vecino de una villa, frente al noble o hidalgo. Ú. t. c. s. || Ruin, indigno.

vilo (en). m. adv. Sin apoyo, seguridad. || Con inquietud.

vinagre. m. Líquido agrio producido por la fermentación del vino, que se emplea como condimento. || Persona áspera y desapacible.

vinagreta. f. Salsa de aceite, cebolla y vinagre.

vincha. f. amer. Cinta, elástico grueso o accesorio con que se sujeta el pelo sobre la frente.

vínculo. m. Lazo, atadura. || Unión entre personas. || Lo que relaciona, une.

vino. m. Bebida alcohólica obtenida por fermentación del zumo de las uvas exprimidas.

viña. f. Terreno plantado de vides.

viñatero, ra. m. y f. amer. Persona que cultiva las vides o trabaja en la elaboración de los vinos.

viñedo. m. Viña.

viñeta. f. Dibujo como adorno al principio o fin de los libros y capítulos, o en los márgenes de las páginas. ||

Dibujo para un fin muy determinado. ‖ Cada uno de los cuadros que forman una historieta gráfica.

viola. f. Especie de violín, algo mayor y de sonido más grave. ‖ com. Persona que lo toca.

violar. tr. Infringir una ley. ‖ Forzar, imponer por la fuerza a alguien el acto sexual. ‖ Entrar en un sitio prohibido. ‖ Revelar secretos una persona que los tiene por razón de su cargo. ‖ Por ext., revelar cualquier secreto. ‖ Profanar un lugar sagrado o cualquier otra cosa que merezca mucho respeto.

violencia. f. Fuerza grande, intensidad. ‖ Abuso de la fuerza. ‖ fig. Molestia, desasosiego.

violento, ta. adj. Propenso a la violencia, o que obra con ella. Ú. t. c. s. ‖ De mucha fuerza, intensidad. ‖ Cohibido, molesto. ‖ Se dice de la época, período, etc., en que suceden guerras y otros acontecimientos sangrientos. ‖ fig. Comprometido, difícil, apurado.

violeta. f. Planta con flores moradas. ‖ Flor de esta planta. ‖ adj. y m. Se dice del color morado claro, parecido al de la violeta.

violín. m. Instrumento musical de cuatro cuerdas que se tocan con un arco, de sonido agudo y brillante. ‖ com. Violinista.

violón. m. Contrabajo.

violonchelo. m. Instrumento musical más pequeño que el violón, de sonido menos grave. ‖ com. Violonchelista.

viperino, na. adj. De la víbora. ‖ Se dice de un lenguaje maldiciente, injurioso.

virar. tr. e intr. Cambiar de sentido, girar un vehículo. ‖ fig. Evolucionar, cambiar de ideas o formas de actuar. ‖ tr. Sustituir la sal de plata del papel fotográfico impresionado por otra más estable que produzca un color determinado.

virgen. adj. Se dice de la persona que no ha tenido relaciones sexuales. Ú. t. c. com. ‖ Se dice de la tierra que no ha sido cultivada, o de la que está aún sin explo-

rar. ‖ Sin ningún conocimiento previo relativo al trabajo asignado. ‖ Que está en su estado original, que no ha recibido un tratamiento artificial o que todavía no ha sido utilizado. ‖ f. Virgen María.

virgo. m. Himen. ‖ Sexto signo del Zodiaco. ‖ com. Persona nacida bajo este signo.

virguería. f. fam. Cosa delicada, exquisita y bien hecha.

viril. adj. Varonil.

virreina. f. Mujer del virrey. ‖ La que gobierna como tal.

virrey. m. El que con este título gobierna en nombre y autoridad del rey.

virtual. adj. Con propiedad para producir un efecto aunque no lo produzca. ‖ Implícito, tácito. ‖ Aparente, irreal.

virtud. f. Propiedad para producir un efecto. ‖ Predisposición hacia lo naturalmente bueno o lo legal. ‖ Capacidad de algo para obrar o surtir efecto.

viruela. f. Enfermedad infecciosa, contagiosa y epidémica, caracterizada por la erupción de pústulas que, al desaparecer, dejan huellas en la piel.

virulento, ta. adj. Ocasionado por un virus. ‖ Se dice del lenguaje mordaz. ‖ Violento.

virus. m. Microbio invisible en el microscopio ordinario, responsable de las enfermedades infecciosas. ‖ En inform., programa que se incorpora a un ordenador a través de disquetes u otros sistemas de comunicación, y que se ejecuta automáticamente en determinados momentos, modificando o destruyendo los datos contenidos en el ordenador.

viruta. f. Laminilla delgada de madera o metal que salta con el cepillo, la lija y otras herramientas.

visa. f. amer. Visado.

visado. m. Acción y resultado de visar. ‖ Certificación firmada por una autoridad competente que da validez a un pasaporte u otro documento.

víscera. f. Cualquiera de los órganos contenidos en las principales cavidades del cuerpo (corazón, estómago, hígado).

viscoso, sa. adj. Pegajoso y denso. ‖ f. Cierto tipo de fibra textil artificial.

visera. f. Parte del yelmo que cubría el rostro. ‖ Parte delantera de la gorra y otras prendas semejantes para proteger la vista. ‖ Pieza independiente que se sujeta a la cabeza con una cinta.

visible. adj. Perceptible con la vista. ‖ Evidente. ‖ Presentable.

visillo. m. Cortinilla que se coloca en la parte interior de las ventanas.

visión. f. Acción y resultado de ver. ‖ Capacidad de ver. ‖ Objeto que se ve. ‖ fig. Percepción fantástica que se toma por real. ‖ fig. Comprensión inmediata y directa de las cosas, de manera sobrenatural. ‖ Capacidad o habilidad para algo. ‖ Punto de vista particular sobre algún asunto.

visitar. tr. Ir a ver a alguien a su casa. ‖ Ir el médico a ver al enfermo. ‖ Inspeccionar. ‖ Recorrer un lugar para conocerlo. ‖ Acudir con frecuencia a un lugar.

vislumbrar. tr. y prnl. Ver un objeto confusamente. ‖ Conjeturar por leves indicios.

visón. m. Mamífero carnívoro semejante a la nutria, que habita en América del Norte y es muy apreciado por su piel. ‖ Piel de este animal. ‖ Prenda hecha de su piel.

visor. m. Lente o sistema óptico para enfocar una imagen. ‖ Dispositivo empleado en ciertas armas de fuego para una mayor precisión en el disparo.

víspera. f. Día anterior. ‖ Cualquier cosa que antecede a otra. ‖ pl. Una de las divisiones del día entre los antiguos romanos. ‖ Una de las horas del oficio canónico.

vista. f. Sentido corporal con que se perciben los objetos. ‖ Acción y efecto de ver. ‖ Mirada. ‖ Ojo humano o conjunto de ambos ojos. ‖ Conocimiento claro que se tiene de las cosas. ‖ Aspecto que presentan los objetos. ‖ Panorama que se ve desde un punto. Ú. t. c. pl. ‖ Cuadro, estampa, etc., que representa un lugar tomado del natural. ‖ Encuentro en que

uno ve a otro. ‖ pl. Ventanas, puertas o galerías de un edificio por donde entra la luz o por las cuales se ve el exterior.

vistazo. m. Mirada superficial y ligera.

vistoso, sa. adj. Que atrae mucho la atención por su colorido, forma, etc.

visual. adj. Relativo a la vista. ‖ f. Línea recta desde el ojo del espectador hasta el objeto.

vital. adj. Relativo a la vida. ‖ De suma importancia. ‖ Se dice de la persona activa, animosa y optimista.

vitalicio, cia. adj. Que dura hasta la muerte. ‖ m. Póliza de seguro sobre la vida. ‖ Pensión que se obtiene.

vitamina. f. Nombre genérico de ciertas sustancias indispensables para la vida, que los animales no pueden sintetizar, y que por ello han de recibir, ya formadas, con los alimentos.

viticultura. f. Cultivo de la vid. ‖ Técnica de cultivar las vides.

¡vítor! interj. de alegría o aplauso.

vitral. m. Vidriera de colores.

vítreo, a. adj. De vidrio o parecido a él.

vitrina. f. Escaparate, armario o caja con puertas o tapas de cristales para exponer cualquier objeto.

vitualla. f. Víveres. Ú. m. en pl. ‖ fam. Abundancia de comida.

vituperio. m. Afrenta, oprobio.

viudo, da. adj. y s. Se dice de la persona a quien se le ha muerto su cónyuge y no ha vuelto a casarse. ‖ Se dice de algunos alimentos, como legumbres, patatas, etc., que se cocinan solos o sin acompañamiento de carne.

vivar. tr. amer. Vitorear, dar vivas.

vivaz. adj. Eficaz, vigoroso. ‖ Agudo, de rápida comprensión. ‖ Se dice de la planta que vive más de dos años.

vivencia. f. Experiencia que alguien vive y que de alguna manera entra a formar parte de su carácter.

víveres. m. pl. Provisiones de boca. ‖ Comestibles necesarios para el alimento de las personas.

vivero. m. Criadero de árboles y plantas. ‖ Lugar donde se mantienen o se crían peces, moluscos y otros animales. || fig. Origen de algunas cosas.

vívido, da. adj. Apl. a descripciones, relatos, etc., muy fieles, por lo que es muy fácil imaginarlos.

vivienda. f. Edificio, construcción o habitación adecuado para que vivan las personas.

vivificar. tr. Dar vida o al que no la tenía. || Confortar, vigorizar al decaído o débil.

vivíparo, ra. adj. y s. Se dice de los animales que paren a sus crías.

vivir. m. Conjunto de los recursos o medios de vida.

vivir. intr. Tener vida. || Durar con vida. || Durar las cosas. || Pasar y mantener la vida. || Habitar en un lugar. Ú. t. c. tr. || Obrar. || Mantenerse en la memoria después de muerto. || Acomodarse uno a las circunstancias o aprovecharlas. || Llevar un determinado tipo de vida. || Acomodarse uno a las circunstancias o saber aprovecharlas. || Compartir la vida con una persona sin estar casados. || Experimentar. || Sentir profundamente lo que se hace o disfrutar con ello. || tr. Experimentar alguna vivencia.

vizcacha. f. amer. Roedor parecido a la liebre, de su tamaño y pelaje y con cola tan larga como la del gato, que vive en Perú, Bolivia, Chile y Argentina.

vizconde, esa. m. Título de nobleza inmediatamente inferior al de conde. || Antiguo sustituto del conde. || f. Mujer del vizconde.

vocablo. m. Palabra.

vocabulario. m. Conjunto de palabras de un idioma. || Libro en que se contiene. || Conjunto de palabras de una región, actividad determinada, etc. || Catálogo o lista de palabras ordenadas con arreglo a un sistema, y con definiciones sucintas. || Conjunto de palabras que conoce una persona.

vocación. f. Inspiración especial para adoptar el estado religioso. || Inclinación a una profesión o carrera.

vocal. adj. Relativo a la voz. || Se dice de lo que se expresa con la voz. || f.

Sonido del lenguaje humano en el que el aire no encuentra ningún obstáculo en los órganos del habla al ser expulsado. || Cada una de las letras que representan estos sonidos: *a*, *e*, *i*, *o* y *u*. || com. Persona con voz en un consejo, junta, etc.

vocalizar. intr. Articular claramente las vocales, consonantes y sílabas de las palabras para hacerlas inteligibles. || Transformar en vocal una consonante. Ú. t. c. tr. y prnl. || Añadir vocales en textos escritos en lenguas como la árabe o la hebrea, en las que suelen escribirse sólo las consonantes.

vocativo. m. Caso de la declinación para invocar, llamar o nombrar.

vocear. intr. Dar voces. || tr. Anunciar o decir a voces una cosa. || Llamar a uno en voz alta o dándole voces. || Aplaudir con voces. || Manifestar con claridad.

vociferar. intr. Vocear, hablar a voces.

vodka o **vodca.** amb. Aguardiente aromatizado de centeno de origen ruso.

volandero, ra. adj. Suspenso en el aire y que se mueve fácilmente a su impulso. || Accidental, casual, imprevisto. || Que no se fija ni detiene en ningún lugar. Ú. t. c. s.

volante. adj. Que va de una parte a otra sin asiento fijo. || m. Adorno de algunos vestidos femeninos. || Rueda que regula el movimiento de una máquina. || Pieza del reloj. || Pieza de los automóviles que regula la dirección. || Papel en el que se escribe alguna comunicación.

volar. intr. Moverse por el aire sosteniéndose con las alas. || Moverse una cosa en el aire. Ú. t. c. prnl. || Viajar en un medio de transporte aéreo. || Caminar con gran prisa. || fig. Desaparecer rápida e inesperadamente. || fig. Ir por el aire una cosa arrojada con violencia. || fig. Propagarse con celeridad. || tr. Hacer saltar por el aire por medio de una explosión. || amer. Irritar, enfadar. Ú. m. c. prnl.

volátil. adj. Que vuela o puede volar. Ú. t. c. com. || Mudable, inconstante. || Se dice de los líquidos que se volatilizan rápidamente.

volatilizar. tr. Transformar en vapor. || intr. Disiparse. || prnl. Desaparecer.

volcán. m. Abertura en una montaña por donde salen de tiempo en tiempo humo, llamas y materias encendidas o derretidas. || Pasión ardiente. || Persona ardorosa, apasionada. || amer. Precipicio. || amer. Montón.

volcar. tr. Volver una cosa hacia un lado o totalmente de modo que caiga lo contenido en ella. Ú. t. c. intr. y prnl. || prnl. fig. Favorecer a una persona o propósito, todo cuanto se pueda.

voleibol. m. Juego entre dos equipos de seis jugadores, que consiste en lanzar con las manos un balón por encima de una red al campo contrario.

voltaje. m. Cantidad de voltios que actúan en un sistema eléctrico.

volteada. f. amer. Acción y efecto de voltear. || amer. En faenas rurales, operación que consiste en derribar un animal para atarle las manos.

voltear. tr. Dar vueltas a una persona o cosa. Ú. t. c. prnl. e intr. || Volver una cosa hasta ponerla al revés de como estaba. || Trastrocar o cambiar una cosa a otro estado o de un sitio a otro. || amer. Derribar. || intr. amer. Volver. Ú. t. c. prnl. || prnl. amer. Cambiar de partido político.

voltereta. f. Vuelta ligera dada en el aire.

voltio. m. Unidad de potencial eléctrico y de fuerza electromotriz.

voluble. adj. Que fácilmente se puede volver. || De carácter inconstante.

volumen. m. Corpulencia o bulto de una cosa. || Libro encuadernado. || Espacio ocupado por un cuerpo. || Intensidad de la voz o de otros sonidos.

voluntad. f. Facultad de hacer o no hacer una cosa. || Ejercicio de dicha facultad. || Libre albedrío. || Intención de hacer una cosa. || Ganas o deseo de hacer una cosa. || Coraje, esfuerzo. ||

Disposición de una persona. || Consentimiento.

voluntario, ria. adj. Se dice del acto que nace de la voluntad. || Que se hace por espontánea voluntad. || m. Soldado que hace el servicio militar antes de que le corresponda hacerlo por su edad. || m. y f. Persona que se ofrece a hacer un trabajo u otra cosa, no estando obligada a ello.

voluptuoso, sa. adj. Que incita o satisface los placeres de los sentidos, especialmente el sexual. || Dado a los placeres sensuales. Ú. t. c. s.

voluta. f. Adorno espiral en los capiteles jónico y corintio.

volver. tr. Dar la vuelta a algo. || Cambiar de sentido o dirección. Ú. t. c. intr. y prnl. || Cambiar a una persona o cosa de estado, aspecto, opinión, etc. Ú. m. c. prnl. || Dar vueltas a una cosa. || intr. Regresar al punto de partida. Ú. t. c. prnl. || Producirse de nuevo una cosa. || Hacer de nuevo o repetir lo que ya se había hecho. || Reanudar una conversación, discurso, etc., en el punto en que se había dejado. || prnl. Girar la cabeza, el torso o todo el cuerpo, para mirar lo que estaba a la espalda.

vomitar. tr. Arrojar violentamente por la boca lo contenido en el estómago. Ú. t. c. intr. || Arrojar de sí violentamente una cosa algo que tiene dentro, como un volcán la lava, etc. || fig. Decir violentamente maldiciones o insultos.

vorágine. f. Remolino impetuoso que hacen en ciertos lugares las aguas del mar, de ríos o lagos. || fig. Confusión, desorden y precipitación en los sentimientos, forma de vida, etc.

voraz. adj. Se dice del que come mucho y con ansia. || fig. Que destruye o consume rápidamente.

vos. pron. per. de 2ª persona, m. y f., sing. y pl. En América, se usa como sustituto de *tu* en concordancia con una fórmula verbal característica en 2.ª pers. pl. || Fórmula antigua de tratamiento que exige el verbo en pl., aunque concierta en sing. con el adjetivo aplicado a la persona a quien se dirige.

voseo. m. Uso del pron. *vos* en lugar de *tú*, como tratamiento de confianza, que se da en parte de Hispanoamérica. ‖ Uso del antiguo tratamiento de *vos*.

vosotros, tras. pron. pers. de 2.ª persona, m. y f. pl. Puede funcionar como sujeto o complemento, y en este caso lleva preposición.

voto. m. Promesa hecha a Dios, a la Virgen o a un santo. ‖ Cualquiera de las promesas que constituyen juntas el estado religioso. ‖ Parecer expresado en una asamblea, junta o elección. ‖ Derecho que se tiene a emitir dicho parecer o dictamen. ‖ Juramento, maldición u otra expresión de ira. ‖ Deseo.

voz. f. Sonido que el aire expelido de los pulmones produce al salir de la laringe, haciendo que vibren las cuerdas vocales. ‖ Cualidad, timbre o intensidad de este sonido. ‖ Sonido que forman algunas cosas inanimadas. ‖ Grito. Ú. m. en pl. ‖ Palabra o vocablo. ‖ Cantante. ‖ Facultad de hablar, aunque no de votar, en una asamblea. ‖ Medio a través del cual se expresan las opiniones, sentimientos, etc., de una persona o de un colectivo. ‖ Accidente gramatical que expresa si el sujeto es agente o paciente. ‖ Cada uno de los sonidos de una coral.

vudú. m. Conjunto de creencias y prácticas religiosas de origen africano, practicado entre la población negra de las Indias occidentales y S. de EE. UU., que incluyen fetichismo, sacrificios rituales, culto a las serpientes y empleo del trance como medio de comunicación con sus deidades. Ú. t. c. adj.

vuestro, tra, tras. pron. pos. de 2.ª persona, m. y f., sing. y pl. Indica pertenencia o relación respecto a la 2.ª persona de pl., y cuando acompaña a un sustantivo se usa pospuesto a éste. ‖ A veces se refiere en sus cuatro formas a un solo poseedor.

vulgar. adj. Relativo al vulgo. ‖ Común o general, por contraposición a especial o técnico. ‖ Falto de originalidad. ‖ Grosero, ordinario. ‖ Se dice de las lenguas derivadas del latín, por oposición a éste.

vulgarismo. m. Palabra, expresión o frase vulgar.

vulgo. m. Conjunto de la gente popular, sin una cultura ni una posición económica elevada.

vulnerar. tr. Transgredir una ley o precepto. ‖ fig. Dañar, perjudicar.

vulva. f. Parte del aparato genital externo femenino de los mamíferos, que constituye la abertura de la vagina.

W

w. f. Vigesimocuartaletra del abecedario español y decimonovena de sus consonan~tes. Su nombre es *uve doble*.

walkie-talkie. m. Aparato portátil de radiodifusión que actúa tanto de receptor como de transmisor a cortadistancia.

walkman. m. Caseteo radiocasete portátil con auriculares.

váter o **water-closet.** m. Retrete.

waterpolo. m. Juego de pelota, parecido al balón mano, que se desarrolla en una piscina.

western. m. Película cuyo escenario es el Oeste de EE. UU. ‖ Género cinematográfico al que pertenecen estas películas.

whisky o **whiski.** m. Güisqui.

windsurf o **windsurfing.** m. Deporte acuático que se practica sobreuna tabla impulsada por una vela.

X

x. f. Vigesimoquinta letra del abecedario español, y vigésima de sus consonantes. Su nombre es *equis*. ‖ Letra numeral quetiene el valor de diez en la numeración romana. ‖ En mat., signo con que se expresa la incógnita, o la primera de las incógnitas, si son dos o más.

xenofobia. f. Odio u hostilidad hacia los extranjeros.

xilofón o **xilófono.** m.Instrumento de percusión formado por una serie de listonesde madera.

xilografía.f. Arte de grabar sobre planchas de madera. ‖ Impresión tipográfica hecha con planchas de madera grabadas.

Y

y. f. Vigesimosexta letra del abecedario español, y vigesimoprimera desus consonantes. Su nombre es *i griega* o *ye*.

y. conj. cop. cuyo oficio es unir palabras o cláusulas en concepto afirmativo.

ya. adv. t. Denota el tiempo pasado. ‖ En el tiempo presente, haciendo relación al pasado.‖ En tiempo u ocasión futura. ‖ Finalmenteo últimamente. ‖ Inmediatamente. ‖ conj. distributiva. ‖ Sirve para conceder o apoyar lo que otros dicen.

yacer. intr. Estar echada o tendida una persona. ‖ Estar un cadáver en la fosa o enel sepulcro. ‖ Tener relaciones sexuales.

yacimiento. m. Sitio donde se halla naturalmenteuna roca, un mineral o un fósil, o restos arqueológicos.

yagua. f. amer. Tejido fibroso que rodea la parte superior del tronco de la palma real.

yaguareté. m. amer. Jaguar.

yaguré. m. amer. Mofeta, mamífero carnívoro.

yanqui. adj. y com. De Nueva Inglaterra, región estadounidense. ‖ Por ext., de EE. UU.

yantar. tr. Comer.

yapa. f. amer. Añadidura, regalo que hace el vendedor al comprador.

yataí. m. amer. Palmera, que alcanza de 8 a 10 m de altura, de hojas pinadas, curvas y rígidas; su fruto se emplea para elaborar aguardiente, y con las fibras de las hojas se tejen sombreros.

yate. m. Embarcación de recreo.

ye. f. Nombre de la letra *y*.

yedra. f. Hiedra.

yegua. f. Hembra del caballo. ‖ adj. amer. Tonto.

yeísmo. m. Pronunciación de la *ll* como *y*.

yelmo. m. Parte de la armadura antigua, que resguardaba la cabeza.

yema. f. Renuevo vegetal en forma de botón. ‖ Porción central del huevo del ave. ‖ Lado de la punta del dedo, opuesta a la uña. ‖ Dulce seco compuesto de yema de huevo y azúcar.

yerba. f. Hierba.

yerbatero, ra. adj. amer. Se dice del médico o curandero que cura con hierbas. Ú. t. c. s. || m. y f. amer. Vendedor de yerbas o de forraje.

yermo, ma. adj. y s. Inhabitado. || Incultivado.

yerno. m. Respecto de una persona, marido de su hija.

yerro. m. Falta, pecado. || Equivocación por descuido o inadvertencia.

yerto, ta. adj. Que se ha quedado rígido por el frío.

yeso. m. Sulfato de calcio hidratado, que se emplea en la construcción y en escultura. || Obra de escultura vaciada de este material.

yeta. f. amer. Mala suerte.

yo. pron. pers. de 1.ª persona, com., sing. Realiza la función de sujeto. || m. Sujeto humano en cuanto persona.

yodo. m. Elemento no metálico, de color gris negruzco, que se emplea como desinfectante. Su símbolo es *I*.

yoga. m. Conjunto de disciplinas físico-mentales de la India, destinadas a conseguir la perfección espiritual y la unión con lo absoluto. || Por ext., conjunto de prácticas derivadas de estas disciplinas y dirigidas a obtener un mayor dominio del cuerpo y de la concentración mental.

yogur. m. Leche fermentada y cuajada de gran poder vitamínico.

yonqui. com. Persona adicta a las drogas duras.

yóquey o **yoqui.** m. Jinete profesional de carreras de caballos.

yoyó. m. Juguete en forma de pequeño disco giratorio que se hace subir y bajar mediante un cordón.

yuca. f. Planta de América tropical, con flores blancas y que se cultiva en Europa como planta de adorno. || Nombre vulgar de algunas especies de mandioca.

yudo. m. Sistema de lucha japonés, que se practica como deporte y que también tiene por objeto saber defenderse sin armas.

yudoka. com. Persona que practica el yudo.

yugo. m. Instrumento de madera al cual se unce la yunta.

yugoslavo, va. adj. y s. De Yugoslavia.

yugular. adj. y s. Cada una de las dos venas que hay a uno y otro lado del cuello.

yunque. m. Prisma de hierro acerado encajado en un tajo de madera fuerte, y a propósito para trabajar en él a martillo los metales. || Uno de los huesecillos que hay en la parte media del oído. || fig. Persona firme y paciente en las adversidades.

yunta. f. Par de bueyes, mulas u otros animales que sirven en la labor del campo o en los acarreos. || amer. Gemelos para poner en los puños de las camisas.

yuppie. com. Joven profesional de posición social y económica elevada. Es una voz derivada de las siglas de *Young Urban Professional* (profesional joven y urbano).

yute. m. Material textil que se saca de la corteza interior de varios árboles oriundos de Asia y África. || Tejido de esta fibra.

yuxtaponer. tr. y prnl. Poner una cosa junto a otra o inmediata a ella.

Z

z. f. Vigesimoséptima y última letra del abecedario español, y vigesimosegundade sus consonantes. Su nombre es *zeda* o *zeta*.

zacatal. m. amer. Terreno de abundante pasto, pastizal.

zacate. m. amer. Hierba, pasto, forraje. ‖ amer. Estropajo.

zafacoca. f. amer. Riña, pelea.

zafacón. m. amer. Cubo para recoger la basura.

zafado, da. adj. amer. Descarado, atrevido en su conducta o lenguaje. Ú. t. c. s.

zafar. tr. Soltar lo que estaba amarrado u sujeto. Ú.t. c. prnl. ‖ prnl. Escaparse o esconderse para evitarun encuentro o riesgo. ‖ fig. Excusarse de hacer una cosa. ‖ fig. Librarse de una molestia.

zafarrancho. m. Acción y efecto de desembarazary limpiar una parte de la embarcación para que pueda desempeñarse en ella determinada actividad. ‖ fig.y fam. Riña, destrozo. ‖ fig. y fam. Limpieza general

zafio, fia. adj. Tosco, grosero.

zafiro. m. Corindón cristalizadode color azul. Es una piedra preciosa.

zagal, la. m. y f. Persona joven. ‖ Pastor o pastora joven, subordinado a otro pastor.

zaguán. m. Espacio cubierto, situado dentro de una casa e inmediato a la puerta de la calle.

zaherir. tr. Reprender, mortificar.

zahorí. com. Persona a quien se atribuye la facultad de ver lo que está oculto, incluso debajo de la tierra. ‖ fig. Persona perspicaz y escudriñadora.

zahúrda. f. Pocilga para los cerdos.

zaino, na. adj. Traidor, falso. ‖ Se dice de la caballería que da indicios de ser falsa. ‖ Caballo o yegua castaño oscuro que no tiene otro color. ‖ En el ganado vacuno, el de color negro que no tiene ningún pelo blanco.

zalamería. f. Demostración de cariño afectada y empalagosa.

zamarra. f. Prenda de abrigo, hecha de piel con su lana o pelo. ‖ Piel de carnero.

zambo, ba. adj. y s. Persona que tiene juntas las rodillas y separadas las piernas hacia afuera. ‖ amer. Se dice del hijo de negro e india, o al contrario. Ú. t. c. s.

zambomba. f. Instrumento rústico musical, que produce un sonido ronco y monótono.

zambullir. tr. y prnl. Meter debajo del agua con ímpetu o de golpe. ‖ prnl. fig. Esconderse o meterse en alguna parte, o cubrirse con algo.

zampoña. f. Instrumento rústico, a modo de flauta, o compuesto de muchas flautas. ‖ Flautilla de la caña del alcacer. ‖ fig. y fam. Dicho trivial o sin sustancia.

zanahoria. f. Planta herbácea anual, de raíz fusiforme, amarilla o rojiza, jugosa y comestible. ‖ Raíz de esta planta.

zancada. f. Paso largo.

zancadilla. f. Acción de cruzar uno la pierna delante de la de otro para derribarlo. ‖ fig. y fam. Engaño, trampa, ardid.

zanco. m. Cada uno de los palos altos, con salientes sobre los que se ponen los pies, para andar en alto.

zancudo, da. adj. De zancas largas. ‖ m. amer. Mosquito.

zángano, na. m. fig. Persona perezosa, vaga. ‖ Persona torpe o tonta. ‖ Macho de la abeja reina.

zanja. f. Excavación larga y estrecha que se hace en la tierra. ‖ amer. Surco producido por una corriente de agua.

zanjar. tr. Echar zanjas o abrirlas. ‖ fig. Resolver, concluir.

zapata. f. Pedazo de cuero o suela que a veces se pone debajo del quicio de la puerta para que no rechine. || Pieza del freno de los coches que actúa por fricción contra el eje o contra las ruedas.

zapatear. intr. Golpear con el zapato. U. t. c. tr. || Dar golpes en el suelo con los pies calzados, especialmente al compás de la música.

zapatero, ra. adj. Se dice de los alimentos duros o correosos. || m. y f. Persona que hace, vende o arregla calzado.

zapatilla. f. Zapato deportivo ligero, generalmente con cordones y de suela de goma. || Zapato cómodo o abrigo para estar en casa. || Pieza de cuero, goma, etc., que sirve para mantener herméticamente adheridas dos partes diferentes.

zapato. m. Calzado que no pasa del tobillo.

zar. m. Título que se daba al emperador de Rusia y al soberano de Bulgaria.

zarabanda. f. Danza popular española de los s. XVI y XVII, frecuentemente censurada por los moralistas. || Copla que se cantaba con esta danza. || Alboroto, ruido.

zaranda. f. Criba.

zarandaja. f. fam. Cosa menuda, sin valor. Ú. m. en pl.

zarandear. tr. Limpiar el grano o la uva, pasándolos por la zaranda. || fig. y fam. Mover una cosa deprisa, con ligereza y facilidad. Ú. t. c. prnl. || prnl. amer. Contonearse.

zarina. f. Esposa del zar. || Emperatriz de Rusia.

zarpa. f. Garra de ciertos animales. || Por ext., mano de una persona.

zarpar. tr. e intr. Levar anclas, hacerse a la mar.

zarrapastroso, sa. adj. y s. Desaseado, andrajoso, desaliñado.

zarza. f. Arbusto con tallos sarmentosos y flores blancas o rosadas en racimos terminales, cuyo fruto es la zarzamora.

zarzamora. f. Fruto de la zarza, de granillos negros y lustrosos, semejante a la mora. || Zarza.

zarzuela. f. Obra dramática y musical ligera en la que se alternan la declamación y el canto. || Letra y música de esta obra. || Plato consistente en varias clases de pescado y marisco condimentados con una salsa.

zascandil. com. fam. Persona informal, enredadora, que no para quieta en ningún sitio.

zecear. intr. Pronunciarla s como z.

zeda. f. Nombre de la letra z.

zelandés, sa. adj. y s. De Zelanda.

zepelín. m. Globo dirigible.

zeta. f. Sexta letra del alfabeto griego. || Zeda.

zigzag. m. Serie de líneas trayectorias que forman alternativamente ángulos entrantes y salientes.

zipizape. m. fam. Riña ruidosa o con golpes.

zócalo. m. Cuerpo inferior de un edificio u obra, para elevar los basamentos a un mismo nivel. || Friso o franja que se pinta o coloca en la parte inferior de una pared.

zoco. m. En Marruecos, lugar en que se celebra un mercado.

zodiaco o **zodíaco.** m. Faja celeste por el centro de la cual pasa la Eclíptica; comprende las doce constelaciones que recorre el Sol en su curso anual aparente: Aries, Tauro, Géminis, Cáncer, Leo, Virgo, Libra, Escorpio, Sagitario, Capricornio, Acuario y Piscis.

zombi o **zombie.** m. En el culto del vudú, persona resucitada que carece de voluntad y se comporta como un autómata. || fig. Atontado. Ú. t. c. adj.

zona. f. Lista o faja. || Extensión considerable de terreno en forma de franja o banda. || Cada una de las cinco partes en que se considera dividida la superficie de la Tierra por los trópicos y los círculos polares. || Extensión considerable de terreno cuyos límites están determinados por razones administrativas, políticas, etc.

zoo. m. abrev. de *parque zoológico*.

zoología. f. Ciencia que estudia los animales vivientes y extinguidos.

zoológico, ca. adj. Relativo a la zoología. ‖ m. Lugar donde se muestran al público animales salvajes o poco comunes.

zoom. m. Objetivo de foco variable en una cámara fotográfica o cinematográfica.

zopenco, ca. adj. y s. fam. Tonto, bruto.

zopilote. m. amer. Ave rapaz americana semejante al buitre común, pero de menor tamaño, de plumaje negro, y cabeza desprovista de plumas. También se le conoce como *aura*.

zoquete. m. Pedazo de madera corto y grueso. ‖ fig. Pedazo de pan grueso e irregular. ‖ com. fig. y fam. Persona torpe y lenta en aprender. Ú. t. c. adj.

zorro, ra. m. y f. Mamífero carnívoro cánido, de cabeza ancha, hocico puntiagudo, pelaje largo, espeso y suave y cola larga y poblada. ‖ Piel curtida de este animal. ‖ fig. Persona taimada y astuta. ‖ f. Prostituta. ‖ pl. Tiras de piel, tela, etc., que unidas y puestas en un mango sirven para sacudir el polvo.

zote. adj. y com. Ignorante, torpe.

zozobrar. intr. Peligrar la embarcación por la fuerza y contraste de los vientos. ‖ Perderse o irse a pique. Ú. t. c. prnl. ‖ fig. Estar en gran riesgo y muy cerca de perderse el logro de una cosa. ‖ fig. Acongojarse, afligirse.

zueco. m. Zapato de madera de una pieza. ‖ Zapato de cuero con suela de corcho o de madera.

zulo. m. Agujero. ‖ Escondite subterráneo.

zulú. adj. y com. Se dice de un pueblo de raza negra que habita en el Africa austral. Ú. m. en pl. ‖ fig. y fam. Bárbaro, salvaje.

zumbado, da. adj. y s. Loco, chiflado.

zumbar. intr. Hacer una cosa ruido o sonido continuado, seguido y bronco. ‖ tr. Dar, atizar golpes. ‖ fig. Burlarse.

zumo. m. Líquido que se extrae de las hierbas, flores, frutos, etc. ‖ fig. Utilidad o provecho que se saca de una cosa.

zurcir. tr. Coser la rotura de una tela. ‖ Suplir con puntadas muy juntas y entrecruzadas los hilos que faltan en el agujero de un tejido. ‖ fig. Unir y juntar sutilmente una cosa con otra.

zurdo, da. adj. y s. Que usa la mano izquierda del mismo modo que las demás personas usan la derecha. ‖ Relativo a la mano o a la pierna izquierdas.

zurrar. tr. Curtir y suavizar las pieles quitándoles el pelo. ‖ fig. y fam. Castigar a uno, especialmente con azotes o golpes. ‖ fig. Censurar a uno con dureza, y especialmente en público.

zurrón. m. Bolsa grande de pellejo que usan los pastores. ‖ Cualquier bolsa de cuero. ‖ Cáscara primera y más tierna de algunos frutos.

zurullo. m. fam. Pedazo rollizo de materia blanda. ‖ fam. Excremento sólido.

zutano, na. m. y f. Vocablos usados como complemento, y a veces en contraposición de *fulano* y *mengano*, para aludir a alguna persona indeterminada.